CATECISMO

DE LA
IGLESIA
CATÓLICA

Esta versión oficial en español es propiedad de la Santa Sede

Ha sido preparada por un grupo de teólogos y catequetas presidido por el Arzobispo José Manuel Estepa Llaurens, con quien han colaborado el Arzobispo Karlic (Paraná-Argentina) y el Obispo Medina (Rancagua-Chile).

Han sido miembros del grupo: Antonio Cañizares Llovera, Obispo de Avila; Manuel del Campo Guilarte, Director del Secretariado Nacional de Catequesis de España; Mariano Herranz Marco y César A. Franco Martínez.

El logotipo de portada ha sido diseñado según una lápida sepulcral cristiana de las catacumbas de Domitila, en Roma, de final del siglo tercero. Esta figura bucólica, de origen pagano, se utilizó desde el comienzo por los cristianos como símbolo del descanso y la felicidad que el alma del difunto encuentra en la vida eterna.

Esta imagen sugiere también algunos aspectos que caracterizan el presente Catecismo: Jesucristo, Buen Pastor, que guía y protege a sus fieles (las ovejas) con su autoridad (el cayado), les atrae con la sinfonía melodiosa de la verdad (la flauta) y les hace reposar a la sombra del «árbol de la vida» (su Cruz redentora que abre las puertas del Paraíso).

© COEDITORES LITURGICOS ET ALII-LIBRERIA EDITRICE VATICANA. Editorial Alfredo Ortells - Editorial Atenas - Editorial Balmes - Biblioteca de Autores Cristianos (BAC) - Editorial Carlos Hofmann - Editorial Claret - Editorial Desclée de Brouwer - Ediciones Beta - Edice - Edicep - Ediciones Encuentro - Editorial Eset - Eunsa (Ediciones Universidad Navarra) - Ediciones Marova - Ediciones Mensajero - Ediciones Palabra - Ediciones Paulinas - Editorial El Perpetuo Socorro - Promoción Popular Cristiana (PPC) - Editorial Regina - Ediciones Rialp - Ediciones Sígueme - Editorial Verbo Divino.

Por invitación de la Conferencia Episcopal Española, estas editoriales han constituido la Asociación de Editores del Catecismo de la Iglesia Católica.

Impreso por: Impresos y Revistas, S. A. (IMPRESA)
Herreros, 42. Políg. Ind. Los Angeles
GETAFE (Madrid)

Depósito legal: M. 36.781-1992
ISBN: 84-288-1102-4

Impreso en España - Printed in Spain

CATECISMO

DE LA IGLESIA CATÓLICA

ASOCIACIÓN DE EDITORES DEL CATECISMO

CONSTITUCION APOSTOLICA
"FIDEI DEPOSITUM"

Para la publicación del
Catecismo de la Iglesia Católica
escrito en orden a la aplicación del
Concilio Ecuménico Vaticano II

JUAN PABLO, OBISPO
Siervo de los Siervos de Dios
para perpetua memoria

1. Introducción

Conservar el depósito de la fe es la misión que el Señor confió a su Iglesia y que ella realiza en todo tiempo. El Concilio Ecuménico Vaticano II, inaugurado hace treinta años por mi predecesor Juan XXIII, de feliz memoria, tenía como propósito y deseo hacer patente la misión apostólica y pastoral de la Iglesia; y conducir a todos los hombres, mediante el resplandor de la verdad del Evangelio, a la búsqueda y acogida del amor de Cristo que está sobre toda cosa (cf. Ef 3, 19).

A esta Asamblea, el Papa Juan XXIII le fijó como principal tarea la de conservar y explicar mejor el depósito precioso de la doctrina cristiana, con el fin de hacerlo más accesible a los fieles de Cristo y a todos los hombres de buena voluntad. Para esto, el Concilio no debía comenzar por condenar los errores de la época, sino, ante todo, debía dedicarse a mostrar serenamente la fuerza y la belleza de la doctrina de la fe. "Confiamos que la Iglesia —decía él—, iluminada por la luz de este Concilio, crecerá en riquezas espirituales, cobrará nuevas fuerzas y mirará sin miedo hacia el futuro... Debemos dedicarnos con alegría, sin temor, al trabajo que exige nuestra época, manteniéndonos en el camino por el que la Iglesia marcha desde hace casi veinte siglos" (1).

Con la ayuda de Dios, los Padres conciliares pudieron elaborar, a lo largo de cuatro años de trabajo, un conjunto considerable de exposiciones doctrinales y de directrices pastorales ofrecidas a toda la Iglesia. Pastores y fieles encuentran en ellas orientaciones para la "renovación de pensamiento, de actividad, de costumbres, de fuerza moral, de alegría y de esperanza, que ha sido el objetivo del Concilio" (2).

Desde su clausura, el Concilio no ha cesado de inspirar la vida eclesial. En 1985, yo pude afirmar: "Para mí —que tuve la gracia especial de participar en él y de colaborar activamente en su desarrollo—, el Vaticano II ha sido siempre, y es de una manera particular en estos años de mi pontificado, el punto constante de referencia de toda mi acción pastoral, en un esfuerzo consciente por traducir sus directrices en aplicaciones concretas y fieles, en el seno de cada Iglesia y de toda la Iglesia. Es preciso volver sin cesar a esta fuente" (3).

En este espíritu, el 25 de enero de 1985, convoqué una asamblea extraordinaria del Sínodo de los Obispos, con ocasión del vigésimo aniversario de la clausura del Concilio. El fin de esta asamblea era dar gracias y celebrar los frutos espirituales del Concilio Vaticano II, profundizando en sus enseñanzas para una más perfecta adhesión a ellas y promoviendo el conocimiento y aplicación de las mismas.

En la celebración de esta asamblea, los Padres del Sínodo expresaron el deseo de "que fuese redactado un Catecismo o compendio de toda la doctrina católica tanto sobre la fe como sobre la moral, que sería como un texto de referencia para los catecismos o compendios que se redactan en los diversos países. La presentación de la doctrina debería ser bíblica y litúrgica, exponiendo una doctrina segura y, al mismo tiempo, adaptada a la vida actual de los cristianos" (4). Desde la clausura del Sínodo, hice mío este deseo, juzgando que "responde enteramente a una verdadera necesidad de la Iglesia universal y de las Iglesias particulares" (5).

De todo corazón, hay que dar gracias al Señor, en este día en que podemos ofrecer a toda la Iglesia, con el título de "Catecismo de la Iglesia Católica", este "texto de referencia" para una catequesis renovada en las fuentes vivas de la fe.

---

(1) Juan XXIII, Discurso de apertura del Concilio Ecuménico Vaticano II, 11 de octubre de 1962: *AAS* 54 (1962), pág. 788.

(2) Pablo VI, Discurso de clausura del Concilio Ecuménico Vaticano II, 8 diciembre 1965: *AAS* 58 (1966), págs. 7-8.

(3) Discurso del 30 mayo 1986, n. 5: *AAS* 78 (1986), pág. 1273.

(4) Relación final del Sínodo extraordinario, 7 diciembre 1985, II, B, a, n. 4: *Enchiridion Vaticanum*, vol. 9, pág. 1758, n. 1797.

(5) Discurso de clausura del Sínodo extraordinario, 7 diciembre 1985, n. 6: *AAS* 78 (1986), página 435.

Tras la renovación de la Liturgia y el nuevo Código de Derecho Canónico de la Iglesia latina y de los Cánones de las Iglesias orientales católicas, este Catecismo es una contribución importantísima a la obra de renovación de la vida eclesial, deseada y promovida por el Concilio Vaticano II.

2. Itinerario y espíritu de la preparación del texto

El "Catecismo de la Iglesia Católica" es fruto de una amplísima colaboración. Es el resultado de seis años de trabajo intenso llevado a cabo en un espíritu de atenta apertura y con perseverante ánimo.

En 1986, confié a una Comisión de doce cardenales y obispos, presidida por el cardenal Joseph Ratzinger, la tarea de preparar un proyecto del Catecismo solicitado por los Padres del Sínodo. Un Comité de redacción de siete obispos de diócesis, expertos en teología y en catequesis, fue encargado de realizar el trabajo junto a la Comisión.

La Comisión, encargada de dar directrices y de velar por el desarrollo de los trabajos, ha seguido atentamente todas las etapas de la redacción de las nueve versiones sucesivas. El Comité de redacción, por su parte, asumió la responsabilidad de escribir el texto, de introducir en él las modificaciones indicadas por la Comisión y de examinar las observaciones que numerosos teólogos, exegetas, catequetas y, sobre todo, obispos del mundo entero, formularon en orden al perfeccionamiento del texto. Los miembros del Comité redactor han llevado a cabo su tarea en un intercambio enriquecedor y fructuoso que ha contribuido a garantizar la unidad y homogeneidad del texto.

El proyecto fue objeto de una amplia consulta a todos los obispos católicos, a sus Conferencias episcopales o Sínodos, a institutos de teología y de catequesis. En su conjunto, el proyecto recibió una acogida considerablemente favorable por parte del Episcopado. Podemos decir ciertamente que este Catecismo es fruto de una colaboración de todo el Episcopado de la Iglesia católica, que ha acogido cumplidamente mi invitación a corresponsabilizarse en una iniciativa que atañe de cerca a toda la vida eclesial. Esta respuesta suscita en mí un profundo sentimiento de gozo, porque el concurso de tantas voces expresa verdaderamente lo que se puede llamar "sinfonía" de la fe. La realización de este Catecismo refleja así la naturaleza colegial del Episcopado y atestigua la catolicidad de la Iglesia.

3. Distribución de la materia

Un catecismo debe presentar fiel y orgánicamente la enseñanza de la Sagrada Escritura, de la Tradición viva en la Iglesia y del Magisterio auténtico, así como la herencia espiritual de los Padres, de los santos y santas de la Iglesia, para permitir conocer mejor el misterio cristiano y reavivar la fe del Pueblo de Dios. Debe tener en cuenta las explicitaciones de la doctrina que el Espíritu Santo ha sugerido a la Iglesia a lo largo de los siglos. Es preciso también que ayude a iluminar con la luz de la fe las situaciones nuevas y los problemas que en el pasado aún no se habían planteado. El Catecismo, por tanto, contiene cosas nuevas y cosas antiguas (cf. Mt 13, 52), pues la fe es siempre la misma y fuente siempre de luces nuevas.

Para responder a esta doble exigencia, el "Catecismo de la Iglesia Católica", por una parte, recoge el orden "antiguo", tradicional, y seguido ya por el Catecismo de San Pío V, dividiendo el contenido en cuatro partes: el *Credo;* la *Sagrada Liturgia,* con los sacramentos en primer plano; el *obrar cristiano,* expuesto a partir de los mandamientos, y, finalmente, la *oración cristiana.* Pero, al mismo tiempo, el contenido es expresado con frecuencia de una forma «nueva», con el fin de responder a los interrogantes de nuestra época.

Las cuatro partes se articulan entre sí: el misterio cristiano es el objeto de la fe (primera parte); es celebrado y comunicado en las acciones litúrgicas (segunda parte); está presente para iluminar y sostener a los hijos de Dios en su obrar (tercera parte); es el fundamento de nuestra oración, cuya expresión privilegiada es el "Padrenuestro", que expresa el objeto de nuestra petición, nuestra alabanza y nuestra intercesión (cuarta parte).

La Liturgia es, por sí misma, oración; la confesión de la fe tiene su justo lugar en la celebración del culto. La gracia, fruto de los sacramentos, es la condición insustituible del obrar cristiano, igual que la participación en la Liturgia de la Iglesia requiere la fe. Si la fe no se concreta en obras permanece muerta (cf. St 2, 14-26) y no puede dar frutos de vida eterna.

En la lectura del "Catecismo de la Iglesia Católica" se puede percibir la admirable unidad del misterio de Dios, de su designio de salvación, así como el lugar central de Jesucristo Hijo único de Dios, enviado por el Padre, hecho hombre en el seno de la Santísima Virgen María por el Espíritu Santo, para ser nuestro Salvador. Muerto y resucitado, está siempre presente en su Iglesia, particularmente en los sacramentos; es la fuente de la fe, el modelo del obrar cristiano y el Maestro de nuestra oración.

4. Valor doctrinal del texto

El "Catecismo de la Iglesia Católica" que aprobé el 25 de junio pasado, y cuya publicación ordeno hoy en virtud de la autoridad apostólica, es una exposición de la fe de la Iglesia y de la doctrina católica, atestiguadas o iluminadas por la Sagrada Escritura, la Tradición apostólica y el Magisterio eclesiástico. Lo reconozco como un instrumento válido y autorizado al servicio de la comunión eclesial y como norma segura para la enseñanza de la fe. Dios quiera que sirva para la renovación a la que el Espíritu Santo llama sin cesar a la Iglesia, Cuerpo de Cristo, en peregrinación hacia la luz sin sombra del Reino.

La aprobación y la publicación del "Catecismo de la Iglesia Católica" constituyen un servicio que el sucesor de Pedro quiere prestar a la Santa Iglesia Católica, a todas las Iglesias particulares en paz y comunión con la Sede apostólica de Roma: el de sostener y confirmar la fe de todos los discípulos del Señor Jesús (cf. Lc 22, 23), así como de reforzar los vínculos de unidad en la misma fe apostólica.

Pido, por tanto, a los pastores de la Iglesia y a los fieles, que reciban este Catecismo con un espíritu de comunión y lo utilicen constantemente cuando realizan su misión de anunciar la fe y llamar a la vida evangélica. Este Catecismo les es dado para que les sirva de texto de referencia seguro y auténtico para la enseñanza de la doctrina católica, y muy particularmente para la composición de los catecismos locales. Se ofrece también a todos aquellos fieles que deseen conocer mejor las riquezas inagotables de la salvación (cf. Jn 8, 32). Quiere proporcionar un punto de apoyo a los esfuerzos ecuménicos animados por el santo deseo de unidad de todos los cristianos, mostrando con exactitud el contenido y la coherencia armoniosa de la fe católica. El "Catecismo de la Iglesia Católica" es finalmente ofrecido a todo hombre que nos pida razón de la esperanza que hay en nosotros (cf. 1 P 3, 15) y que quiera conocer lo que cree la Iglesia Católica.

Este Catecismo no está destinado a sustituir a los catecismos locales debidamente aprobados por las autoridades eclesiásticas, los obispos diocesanos y las Conferencias Episcopales, sobre todo cuando estos catecismos han sido aprobados por la Santa Sede. El "Catecismo de la Iglesia Católica" se destina a alentar y facilitar la redacción de nuevos catecismos locales que tengan en cuenta las diversas situaciones y culturas, pero que guarden cuidadosamente la unidad de la fe y la fidelidad a la doctrina católica.

5. Conclusión

Al terminar este documento que presenta el "Catecismo de la Iglesia Católica", pido a la Santísima Virgen María, Madre del Verbo encarnado y Madre de la Iglesia, que sostenga con su poderosa intercesión el trabajo catequético de la Iglesia entera en todos sus niveles, en este tiempo en que la Iglesia es llamada a un nuevo esfuerzo de evangelización. Que la luz de la verdadera fe libre a la humanidad de la ignorancia y de la esclavitud del pecado, para conducirla a la única libertad digna de este nombre (cf. Jn 8, 32): la de la vida en Jesucristo bajo la guía del Espíritu Santo, aquí y en el Reino de los cielos, en la plenitud de la bienaventuranza de la visión de Dios cara a cara (cf. 1 Co 13, 12; 2 Co 5, 6-8).

Dado el 11 de octubre de 1992, trigésimo aniversario de la apertura del Concilio Vaticano II y año decimocuarto de mi pontificado.

Ioannes Paulus Pp II

Prólogo

"PADRE, ésta es la vida eterna: que te conozcan a ti, el único Dios verdadero y a tu enviado Jesucristo" (Jn 17, 3). "Dios, nuestro Salvador... quiere que todos los hombres se salven y lleguen al conocimiento pleno de la verdad" (1 Tm 2, 3-4). "No hay bajo el cielo otro nombre dado a los hombres por el que nosotros debamos salvarnos" (Hch 4, 12), sino el nombre de JESÚS.

I   LA VIDA DEL HOMBRE: CONOCER Y AMAR A DIOS

1   Dios, infinitamente Perfecto y Bienaventurado en sí mismo, en un designio de pura bondad ha creado libremente al hombre para que tenga parte en su vida bienaventurada. Por eso, en todo tiempo y en todo lugar, está cerca del hombre. Le llama y le ayuda a buscarlo, a conocerle y a amarle con todas sus fuerzas. Convoca a todos los hombres, que el pecado dispersó, a la unidad de su familia, la Iglesia. Lo hace mediante su Hijo que envió como Redentor y Salvador al llegar la plenitud de los tiempos. En Él y por Él, llama a los hombres a ser, en el Espíritu Santo, sus hijos de adopción, y por tanto los herederos de su vida bienaventurada.

2   Para que esta llamada resuene en toda la tierra, Cristo envió a los apóstoles que había escogido, dándoles el mandato de anunciar el Evangelio: "Id, pues, y haced discípulos a todas las gentes bautizándolas en el nombre del Padre y del Hijo y del Espíritu Santo, y enseñándoles a guardar todo lo que yo os he mandado. Y sabed que yo estoy con vosotros todos los días hasta el fin del mundo" (Mt 28, 19-20). Fortalecidos con esta misión, los apóstoles "salieron a predicar por todas partes, colaborando el Señor con ellos y confirmando la Palabra con las señales que la acompañaban" (Mc 16, 20).

3   Quienes con la ayuda de Dios han acogido el llamamiento de Cristo y han respondido libremente a ella, se sienten por su parte urgidos por el amor de Cristo a anunciar por todas partes en el mundo la Buena Nueva. Este tesoro recibido de los apóstoles ha sido guardado fielmente por sus sucesores. Todos los fieles de Cristo son llamados a transmitirlo de generación en generación, anunciando la fe, viviéndola en la comunión fraterna y celebrándola en la liturgia y en la oración (cf Hch 2, 42).

II   TRANSMITIR LA FE: LA CATEQUESIS

4   Muy pronto se llamó *catequesis* al conjunto de los esfuerzos realizados en la Iglesia para hacer discípulos, para ayudar a los hombres a creer que Jesús es el Hijo de Dios a fin de que, por la fe, tengan la vida en su nombre, y para educarlos e instruirlos en esta vida y construir así el Cuerpo de Cristo (cf Juan Pablo II, CT 1, 2).

5   En un sentido más específico, "globalmente, se puede considerar aquí que la catequesis es una *educación en la fe* de los niños, de los jóvenes y adultos que comprende especialmente una enseñanza de la doctrina cristiana, dada generalmente de modo orgánico y sistemático con miras a iniciarlos en la plenitud de la vida cristiana" (CT 18).

6   Sin confundirse con ellos, la catequesis se articula dentro de un cierto número de elementos de la misión pastoral de la Iglesia, que tienen un aspecto catequético, que preparan para la catequesis o que derivan de ella: primer anuncio del Evangelio o predicación misionera para suscitar la fe; búsqueda de razones para creer; experiencia de vida cristiana: celebración de los sacramentos; integración en la comunidad eclesial; testimonio apostólico y misionero (cf CT 18).

7   "La catequesis está unida íntimamente a toda la vida de la Iglesia. No sólo la extensión geográfica y el aumento numérico de la Iglesia, sino también y más aún su crecimiento interior, su correspondencia con el designio de Dios dependen esencialmente de ella" (CT 13).

8   Los períodos de renovación de la Iglesia son también tiempos fuertes de la catequesis. Así, en la gran época de los Padres de la Iglesia, vemos a santos obispos consagrar una parte importante de su ministerio a la catequesis. Es la época de S. Cirilo de Jerusalén y de S. Juan Crisóstomo, de S. Ambrosio y de S. Agustín, y de muchos otros Padres cuyas obras catequéticas siguen siendo modelos.

9   El ministerio de la catequesis saca energías siempre nuevas de los concilios. El Concilio de Trento constituye a este respecto un ejemplo digno de ser destacado: dio a la catequesis una prioridad en sus constituciones y sus decretos; de él nació el Catecismo Romano que lleva también su nombre y que constituye una obra de primer orden como resumen de la doctrina cristiana; este Concilio suscitó en la Iglesia una organización notable de la catequesis; promovió, gracias a santos obispos y teólogos como S. Pedro Canisio, S. Carlos Borromeo, S. Toribio de Mogrovejo, S. Roberto Belarmino, la publicación de numerosos catecismos.

10   No es extraño, por ello, que, en el dinamismo del Concilio Vaticano II (que el Papa Pablo VI consideraba como el gran catecismo de los tiempos modernos), la catequesis de la Iglesia haya atraído de nuevo la atención. El "Directorio general de la catequesis" de 1971, las sesiones del Sínodo de los Obispos consagradas a la evangelización (1974) y a la catequesis (1977), las exhortaciones apostólicas correspondientes, "Evangelii nuntiandi" (1975) y "Catechesi tradendae" (1979), dan testimonio de ello. La sesión extraordinaria del Sínodo de los Obispos de 1985 pidió "que sea redactado un catecismo o compendio de toda la doctrina católica tanto sobre la fe como sobre la moral" (Relación final II, B, a 4). El Santo Padre, Juan Pablo II, hizo suyo este deseo emitido por el Sínodo de los Obispos reconociendo que "responde totalmente a una verdadera necesidad de la Iglesia universal y de las Iglesias particulares" (Discurso del 7 de diciembre de 1985). El Papa dispuso todo lo necesario para que se realizara la petición de los padres sinodales.

III   FIN Y DESTINATARIOS DE ESTE CATECISMO

11   Este catecismo tiene por fin presentar una exposición orgánica y sintética de los contenidos esenciales y fundamentales de la doctrina católica tanto sobre la fe como sobre la moral, a la luz del Concilio Vaticano II y del conjunto de la Tradición de la Iglesia. Sus fuentes principales son la Sagrada Escritura, los Santos Padres, la Liturgia y el Magisterio de la Iglesia. Está destinado a servir "como un punto de referencia para los catecismos o compendios que sean compuestos en los diversos países" (Sínodo de los Obispos 1985. Relación final II, B, a, 4).

12   El presente catecismo está destinado principalmente a los responsables de la catequesis: en primer lugar a los obispos, en cuanto doctores de la fe y pastores de la Iglesia. Les es ofrecido como instrumento en la realización de su tarea de enseñar al Pueblo de Dios. A través de los obispos, se dirige a los redactores de catecismos, a los sacerdotes y a los catequistas. Será también de útil lectura para todos los demás fieles cristianos.

IV   LA ESTRUCTURA DEL "CATECISMO DE LA IGLESIA CATOLICA"

13   El plan de este catecismo se inspira en la gran tradición de los catecismos, los cuales articulan la catequesis en torno a cuatro "pilares": la profesión de la fe bautismal (el Símbolo), los Sacramentos de la fe, la vida de fe (los Mandamientos), la oración del creyente (el Padre Nuestro).

Primera parte: La profesión de la fe

14   Los que por la fe y el Bautismo pertenecen a Cristo deben confesar su fe bautismal delante de los hombres (cf Mt 10, 32; Rm 10, 9). Para esto, el catecismo expone en primer lugar en qué consiste la Revelación por la que Dios se dirige y se da al hombre, y la fe, por la cual el hombre responde a Dios (Primera sección). El Símbolo de la fe resume los dones que Dios hace al hombre como Autor de todo bien, como Redentor, como Santificador y los articula en torno a los "tres capítulos" de nuestro Bautismo –la fe en un solo Dios: el Padre Todopoderoso, el Creador; y Jesucristo, su Hijo, nuestro Señor y Salvador; y el Espíritu Santo, en la Santa Iglesia (Segunda sección).

Segunda parte: Los sacramentos de la fe

15 La segunda parte del catecismo expone cómo la salvación de Dios, realizada una vez por todas por Cristo Jesús y por el Espíritu Santo, se hace presente en las acciones sagradas de la liturgia de la Iglesia (Primera sección), particularmente en los siete sacramentos (Segunda sección).

Tercera parte: La vida de fe

16 La tercera parte del catecismo presenta el fin último del hombre, creado a imagen de Dios: la bienaventuranza, y los caminos para llegar a ella: mediante un obrar recto y libre, con la ayuda de la ley y de la gracia de Dios (Primera sección); mediante un obrar que realiza el doble mandamiento de la caridad, desarrollado en los diez Mandamientos de Dios (Segunda sección).

Cuarta parte: La oración en la vida de la fe

17 La última parte del catecismo trata del sentido y la importancia de la oración en la vida de los creyentes (Primera sección). Se cierra con un breve comentario de las siete peticiones de la oración del Señor (Segunda sección). En ellas, en efecto, encontramos la suma de los bienes que debemos esperar y que nuestro Padre celestial quiere concedernos.

V INDICACIONES PRACTICAS PARA EL USO
   DE ESTE CATECISMO

18 Este catecismo está concebido como una *exposición orgánica* de toda la fe católica. Es preciso, por tanto, leerlo como una unidad. Numerosas referencias en el interior del texto y el índice analítico al final del volumen permiten ver cada tema en su vinculación con el conjunto de la fe.

19 Con frecuencia, los textos de la Sagrada Escritura no son citados literalmente, sino indicando sólo la referencia (mediante **cf**). Para una inteligencia más profunda de esos pasajes, es preciso recurrir a los textos mismos. Estas referencias bíblicas son un instrumento de trabajo para la catequesis.

20 Cuando, en ciertos pasajes, se emplea **letra pequeña**, con ello se indica que se trata de puntualizaciones de tipo histórico, apologético o de exposiciones doctrinales complementarias.

21 Las **citas**, en letra pequeña, de fuentes patrísticas, litúrgicas, magisteriales o hagiográficas tienen como fin enriquecer la exposición doctrinal. Con frecuencia estos textos han sido escogidos con miras a un uso directamente catequético.

22   *Al final de cada unidad temática, una serie de textos breves resumen en fórmulas condensadas lo esencial de la enseñanza. Estos "resúmenes" tienen como finalidad ofrecer sugerencias para fórmulas sintéticas y memorizables en la catequesis de cada lugar.*

VI   LAS NECESARIAS ADAPTACIONES

23   El acento de este catecismo se pone en la exposición doctrinal. Quiere, en efecto, ayudar a profundizar el conocimiento de la fe. Por lo mismo está orientado a la maduración de esta fe, su enraizamiento en la vida y su irradiación en el testimonio (cf CT 20-22; 25).

24   Por su misma finalidad, este catecismo no se propone dar una respuesta adaptada, tanto en el contenido cuanto en el método, a las exigencias que dimanan de las diferentes culturas, de edades, de la vida espiritual, de situaciones sociales y eclesiales de aquellos a quienes se dirige la catequesis. Estas indispensables adaptaciones corresponden a catecismos propios de cada lugar, y más aún a aquellos que toman a su cargo instruir a los fieles:

> El que enseña debe "hacerse todo a todos" (1 Co 9, 22), para ganarlos a todos para Jesucristo...¡Sobre todo que no se imagine que le ha sido confiada una sola clase de almas, y que, por consiguiente, le es lícito enseñar y formar igualmente a todos los fieles en la verdadera piedad, con un único método y siempre el mismo! Que sepa bien que unos son, en Jesucristo, como niños recién nacidos, otros como adolescentes, otros finalmente como poseedores ya de todas sus fuerzas... Los que son llamados al ministerio de la predicación deben, al transmitir la enseñanza del misterio de la fe y de las reglas de las costumbres, acomodar sus palabras al espíritu y a la inteligencia de sus oyentes (Catech. R., prefacio, 11).

25   *Por encima de todo, la Caridad.* Para concluir esta presentación es oportuno recordar el principio pastoral que enuncia el Catecismo Romano:

> Toda la finalidad de la doctrina y de la enseñanza debe ser puesta en el amor que no acaba. Porque se puede muy bien exponer lo que es preciso creer, esperar o hacer; pero sobre todo se debe siempre hacer aparecer el Amor de Nuestro Señor a fin de que cada uno comprenda que todo acto de virtud perfectamente cristiano no tiene otro origen que el Amor, ni otro término que el Amor (Catech. R., prefacio, 10).

Primera parte
La profesión de la fe

PRIMERA SECCION
"CREO" - "CREEMOS"

26 Cuando profesamos nuestra fe, comenzamos diciendo: "Creo" o "Creemos". Antes de exponer la fe de la Iglesia tal como es confesada en el Credo, celebrada en la Liturgia, vivida en la práctica de los Mandamientos y en la oración, nos preguntamos qué significa "creer". La fe es la respuesta del hombre a Dios que se revela y se entrega a él, dando al mismo tiempo una luz sobreabundante al hombre que busca el sentido último de su vida. Por ello consideramos primeramente esta búsqueda del hombre (capítulo primero), a continuación la Revelación divina, por la cual Dios viene al encuentro del hombre (capítulo segundo), y finalmente la respuesta de la fe (capítulo tercero).

CAPITULO PRIMERO

EL HOMBRE ES "CAPAZ" DE DIOS

I   EL DESEO DE DIOS

27 El deseo de Dios está inscrito en el corazón del hombre, porque el hombre ha sido creado por Dios y para Dios; y Dios no cesa de atraer al hombre hacia sí, y sólo en Dios encontrará el hombre la verdad y la dicha que no cesa de buscar:

355; 1701*

1718

> La razón más alta de la dignidad humana consiste en la vocación del hombre a la comunión con Dios. El hombre es invitado al diálogo con Dios desde su nacimiento; pues no existe sino porque, creado por Dios por amor, es conservado siempre por amor; y no vive plenamente según la verdad si no reconoce libremente aquel amor y se entrega a su Creador (GS 19, 1).

---

* Los números marginales, indican los correspondientes párrafos del texto con los que el pasaje tiene una correlación temática. Aparecen en proximidad al punto o asunto con el que se relacionan.

28 De múltiples maneras, en su historia, y hasta el día de hoy,
843; 2566 los hombres han expresado su búsqueda de Dios por medio de sus
2095-2109 creencias y sus comportamientos religiosos (oraciones, sacrificios,
cultos, meditaciones, etc.). A pesar de las ambigüedades que pueden entrañar, estas formas de expresión son tan universales que se
puede llamar al hombre _un ser religioso_:

> El creó, de un solo principio, todo el linaje humano, para
> que habitase sobre toda la faz de la tierra y determinó con exac-
> titud el tiempo y los límites del lugar donde habían de habitar,
> con el fin de que buscasen a Dios, para ver si a tientas le busca-
> ban y le hallaban; por más que no se encuentra lejos de cada uno
> de nosotros; pues en él vivimos, nos movemos y existimos (Hch
> 17, 26-28).

29 Pero esta "unión íntima y vital con Dios" (GS 19, 1) puede
2123-2128 ser olvidada, desconocida e incluso rechazada explícitamente por
el hombre. Tales actitudes pueden tener orígenes muy diversos (cf
GS 19-21): la rebelión contra el mal en el mundo, la ignorancia o
la indiferencia religiosas, los afanes del mundo y de las riquezas
(cf Mt 13, 22), el mal ejemplo de los creyentes, las corrientes de
pensamiento hostiles a la religión, y finalmente esa actitud del
398 hombre pecador que, por miedo, se oculta de Dios (cf Gn 3, 8-10)
y huye ante su llamada (cf Jon 1, 3).

30 "Se alegre el corazón de los que buscan a Dios" (Sal 105,
3). Si el hombre puede olvidar o rechazar a Dios, Dios no cesa de
2567 llamar a todo hombre a buscarle para que viva y encuentre la di-
845 cha. Pero esta búsqueda exige del hombre todo el esfuerzo de su
368 inteligencia, la rectitud de su voluntad, "un corazón recto", y también el testimonio de otros que le enseñen a buscar a Dios.

> Tú eres grande, Señor, y muy digno de alabanza: grande es
> tu poder, y tu sabiduría no tiene medida. Y el hombre, pequeña
> parte de tu creación, pretende alabarte, precisamente el hombre
> que, revestido de su condición mortal, lleva en sí el testimonio
> de su pecado y el testimonio de que tú resistes a los soberbios.
> A pesar de todo, el hombre, pequeña parte de tu creación, quiere
> alabarte. Tú mismo le incitas a ello, haciendo que encuentre sus
> delicias en tu alabanza, porque nos has hecho para ti y nuestro
> corazón está inquieto mientras no descansa en ti (S. Agustín,
> conf. 1, 1, 1).

II   LAS VIAS DE ACCESO AL CONOCIMIENTO DE DIOS

31 Creado a imagen de Dios, llamado a conocer y amar a
Dios, el hombre que busca a Dios descubre ciertas "vías" para acceder al conocimiento de Dios. Se las llama también "pruebas de
la existencia de Dios", no en el sentido de las pruebas propias de

las ciencias naturales, sino en el sentido de "argumentos convergentes y convincentes" que permiten llegar a verdaderas certezas.

Estas "vías" para acercarse a Dios tienen como punto de partida la creación: el mundo material y la persona humana.

32 El *mundo:* A partir del movimiento y del devenir, de la contingencia, del orden y de la belleza del mundo se puede conocer a Dios como origen y fin del universo. **54; 337**

S. Pablo afirma refiriéndose a los paganos: "Lo que de Dios se puede conocer, está en ellos manifiesto: Dios se lo manifestó. Porque lo invisible de Dios, desde la creación del mundo se deja ver a la inteligencia a través de sus obras: su poder eterno y su divinidad" (Rm 1, 19-20; cf Hch 14, 15.17; 17, 27-28; Sb 13, 1-9).

Y S. Agustín: "Interroga a la belleza de la tierra, interroga a la belleza del mar, interroga a la belleza del aire que se dilata y se difunde, interroga a la belleza del cielo... interroga a todas estas realidades. Todas te responden: Ve, nosotras somos bellas. Su belleza es una profesión ('confessio'). Estas bellezas sujetas a cambio, ¿quién las ha hecho sino la Suma Belleza ('Pulcher'), no sujeto a cambio?" (serm. 241, 2).

33 El *hombre:* Con su apertura a la verdad y a la belleza, con su sentido del bien moral, con su libertad y la voz de su conciencia, con su aspiración al infinito y a la dicha, el hombre se interroga sobre la existencia de Dios. En estas aperturas, percibe signos de su alma espiritual. La "semilla de eternidad que lleva en sí, al ser irreductible a la sola materia" (GS 18, 1; cf 14, 2), su alma, no puede tener origen más que en Dios. **2500 / 1730 1776 / 1703 / 366**

34 El mundo y el hombre atestiguan que no tienen en ellos mismos ni su primer principio ni su fin último, sino que participan de Aquel que es el Ser en sí, sin origen y sin fin. Así, por estas diversas "vías", el hombre puede acceder al conocimiento de la existencia de una realidad que es la causa primera y el fin último de todo, "y que todos llaman Dios" (S. Tomás de A., s. th. 1, 2, 3). **199**

35 Las facultades del hombre lo hacen capaz de conocer la existencia de un Dios personal. Pero para que el hombre pueda entrar en su intimidad, Dios ha querido revelarse al hombre y darle la gracia de poder acoger en la fe esa revelación en la fe. Sin embargo, las pruebas de la existencia de Dios pueden disponer a la fe y ayudar a ver que la fe no se opone a la razón humana. **50 / 159**

III EL CONOCIMIENTO DE DIOS SEGUN LA IGLESIA

36 "La santa Iglesia, nuestra madre, mantiene y enseña que Dios, principio y fin de todas las cosas, puede ser conocido con certeza mediante la luz natural de la razón humana a partir de las cosas creadas" (Cc. Vaticano I: DS 3004; cf 3026; Cc. Vaticano II, DV 6). Sin esta capacidad, el hombre no podría acoger la revelación de Dios. El hombre tiene esta capacidad porque ha sido creado "a imagen de Dios" (cf Gn 1, 26).

355

37 Sin embargo, en las condiciones históricas en que se encuentra, el hombre experimenta muchas dificultades para conocer a Dios con la sola luz de su razón:

1960

A pesar de que la razón humana, hablando simplemente, pueda verdaderamente por sus fuerzas y su luz naturales, llegar a un conocimiento verdadero y cierto de un Dios personal, que protege y gobierna el mundo por su providencia, así como de una ley natural puesta por el Creador en nuestras almas, sin embargo hay muchos obstáculos que impiden a esta misma razón usar eficazmente y con fruto su poder natural; porque las verdades que se refieren a Dios y a los hombres sobrepasan absolutamente el orden de las cosas sensibles y cuando deben traducirse en actos y proyectarse en la vida exigen que el hombre se entregue y renuncie a sí mismo. El espíritu humano, para adquirir semejantes verdades, padece dificultad por parte de los sentidos y de la imaginación, así como de los malos deseos nacidos del pecado original. De ahí procede que en semejantes materias los hombres se persuadan fácilmente de la falsedad o al menos de la incertidumbre de las cosas que no quisieran que fuesen verdaderas (Pío XII, enc. "Humani generis": DS 3875).

38 Por esto el hombre necesita ser iluminado por la revelación de Dios, no solamente acerca de lo que supera su entendimiento, sino también sobre "las verdades religiosas y morales que de suyo no son inaccesibles a la razón, a fin de que puedan ser, en el estado actual del género humano, conocidas de todos sin dificultad, con una certeza firme y sin mezcla de error" (ibíd., DS 3876; cf Cc. Vaticano I: DS 3005; DV 6; S. Tomás de A., s. th. 1, 1, 1).

2036

IV   ¿COMO HABLAR DE DIOS?

39 Al defender la capacidad de la razón humana para conocer a Dios, la Iglesia expresa su confianza en la posibilidad de hablar de Dios a todos los hombres y con todos los hombres. Esta convicción está en la base de su diálogo con las otras religiones, con la filosofía y las ciencias, y también con los no creyentes y los ateos.

851

40 Puesto que nuestro conocimiento de Dios es limitado, nuestro lenguaje sobre Dios lo es también. No podemos nombrar a Dios sino a partir de las criaturas, y según nuestro modo humano limitado de conocer y de pensar.

41   *Todas las criaturas poseen una cierta semejanza con Dios,* muy especialmente el hombre creado a imagen y semejanza de Dios. Las múltiples perfecciones de las criaturas (su verdad, su bondad, su belleza) reflejan, por tanto, la perfección infinita de   213; 299 Dios. Por ello, podemos nombrar a Dios a partir de las perfecciones de sus criaturas, "pues de la grandeza y hermosura de las criaturas se llega, por analogía, a contemplar a su Autor" (Sb 13, 5).

42   *Dios trasciende toda criatura.* Es preciso, pues, purificar   212; 300 sin cesar nuestro lenguaje de todo lo que tiene de limitado, de expresión por medio de imágenes, de imperfecto, para no confundir al Dios "inefable, incomprensible, invisible, inalcanzable" (Anáfora de la Liturgia de San Juan Crisóstomo) con nuestras representa-   370 ciones humanas. Nuestras palabras humanas quedan siempre más acá del Misterio de Dios.

43   Al hablar así de Dios, nuestro lenguaje se expresa ciertamente de modo humano, pero capta realmente a Dios mismo, sin poder, no obstante, expresarlo en su infinita simplicidad. Es preciso recordar, en efecto, que "entre el Creador y la criatura no se puede señalar una semejanza tal que la diferencia entre ellos no sea mayor todavía" (Cc. Letrán IV: DS 806), y que "nosotros no podemos captar de Dios lo que Él es, sino solamente lo que no es y   206 cómo los otros seres se sitúan con relación a Él" (S. Tomás de A., s. gent. 1, 30).

RESUMEN

44   *El hombre es por naturaleza y por vocación un ser religioso. Viniendo de Dios y yendo hacia Dios, el hombre no vive una vida plenamente humana si no vive libremente su vínculo con Dios.*

45   *El hombre está hecho para vivir en comunión con Dios, en quien encuentra su dicha. "Cuando yo me adhiera a ti con todo mi ser, no habrá ya para mí penas ni pruebas, y mi vida, toda llena de ti, será plena" (S. Agustín, conf. 10, 28, 39).*

46   *Cuando el hombre escucha el mensaje de las criaturas y la voz de su conciencia, entonces puede alcanzar la certeza de la existencia de Dios, causa y fin de todo.*

47   *La Iglesia enseña que el Dios único y verdadero, nuestro Creador y Señor, puede ser conocido con certeza por sus*

obras, gracias a la luz natural de la razón humana (cf Cc.
Vaticano I: DS 3026).

48   *Nosotros podemos realmente nombrar a Dios partiendo*
de las múltiples perfecciones de las criaturas, semejanzas
del Dios infinitamente perfecto, aunque nuestro lenguaje
limitado no agote su misterio.

49   *"Sin el Creador la criatura se diluye" (GS 36). He aquí*
por qué los creyentes saben que son impulsados por el
amor de Cristo a llevar la luz del Dios vivo a los que no le
conocen o le rechazan.

CAPITULO SEGUNDO

DIOS AL ENCUENTRO
DEL HOMBRE

36

50   Mediante la razón natural, el hombre puede conocer a
Dios con certeza a partir de sus obras. Pero existe otro orden de
conocimiento que el hombre no puede de ningún modo alcanzar
por sus propias fuerzas, el de la Revelación divina (cf Cc. Vaticano I: DS 3015). Por una decisión enteramente libre, Dios se revela
y se da al hombre. Lo hace revelando su misterio, su designio be-

1066   nevolente que estableció desde la eternidad en Cristo en favor de
todos los hombres. Revela plenamente su designio enviando a su
Hijo amado, nuestro Señor Jesucristo, y al Espíritu Santo.

Artículo 1   **LA REVELACION DE DIOS**

I   DIOS REVELA SU DESIGNIO AMOROSO

51   "Dispuso Dios en su sabiduría revelarse a sí mismo y dar a

2823   conocer el misterio de su voluntad, mediante el cual los hombres,
por medio de Cristo, Verbo encarnado, tienen acceso al Padre en el

1996   Espíritu Santo y se hacen consortes de la naturaleza divina" (DV 2).

52   Dios, que "habita una luz inaccesible" (1 Tm 6, 16), quiere
comunicar su propia vida divina a los hombres libremente creados
por él, para hacer de ellos, en su Hijo único, hijos adoptivos (cf Ef
1, 4-5). Al revelarse a sí mismo, Dios quiere hacer a los hombres
capaces de responderle, de conocerle y de amarle más allá de lo
que ellos serían capaces por sus propias fuerzas.

53 El designio divino de la revelación se realiza a la vez "mediante acciones y palabras", íntimamente ligadas entre sí y que se esclarecen mutuamente (DV 2). Este designio comporta una "pedagogía divina" particular: Dios se comunica gradualmente al hombre, lo prepara por etapas para acoger la Revelación sobrenatural que hace de sí mismo y que culminará en la Persona y la misión del Verbo encarnado, Jesucristo.

1953
1950

> S. Ireneo de Lyón habla en varias ocasiones de esta pedagogía divina bajo la imagen de un mutuo acostumbrarse entre Dios y el hombre: "El Verbo de Dios ha habitado en el hombre y se ha hecho Hijo del hombre para acostumbrar al hombre a comprender a Dios y para acostumbrar a Dios a habitar en el hombre, según la voluntad del Padre" (haer. 3, 20, 2; cf por ejemplo 17, 1; 4, 12, 4; 21, 3).

II   LAS ETAPAS DE LA REVELACION

Desde el origen, Dios se da a conocer

54 "Dios, creándolo todo y conservándolo por su Verbo, da a los hombres testimonio perenne de sí en las cosas creadas, y, queriendo abrir el camino de la salvación sobrenatural, se manifestó, además, personalmente a nuestros primeros padres ya desde el principio" (DV 3). Los invitó a una comunión íntima con El revistiéndolos de una gracia y de una justicia resplandecientes.

32

374

55 Esta revelación no fue interrumpida por el pecado de nuestros primeros padres. Dios, en efecto, "después de su caída alentó en ellos la esperanza de la salvación con la promesa de la redención, y tuvo incesante cuidado del género humano, para dar la vida eterna a todos los que buscan la salvación con la perseverancia en las buenas obras" (DV 3).

397; 410

> Cuando por desobediencia perdió tu amistad, no lo abandonaste al poder de la muerte... Reiteraste, además, tu alianza a los hombres (MR, Plegaria eucarística IV, 118).

761

La alianza con Noé

56 Una vez rota la unidad del género humano por el pecado, Dios decide desde el comienzo salvar a la humanidad a través de una serie de etapas. La alianza con Noé después del diluvio (cf Gn 9, 9) expresa el principio de la Economía divina con las "naciones", es decir, con los hombres agrupados "según sus países, cada uno según su lengua, y según sus clanes" (Gn 10, 5; cf 10, 20-31).

401

1219

57   Este orden a la vez cósmico, social y religioso de la pluralidad de las naciones (cf Hch 17, 26-27), confiado por la providencia divina a la custodia de los ángeles (cf Dt 4, 19; Dt [LXX], 32, 8), está destinado a limitar el orgullo de una humanidad caída que, unánime en su perversidad (cf Sb 10, 5), quisiera hacer por sí misma su unidad a la manera de Babel (cf Gn 11, 4-6). Pero, a causa del pecado (cf Rm 1, 18-25), el politeísmo así como la idolatría de la nación y de su jefe son una amenaza constante de vuelta al paganismo para esta economía aún no definitiva.

58   La alianza con Noé permanece en vigor mientras dura el tiempo de las naciones (cf Lc 21, 24), hasta la proclamación universal del Evangelio. La Biblia venera algunas grandes figuras de las "naciones", como "Abel el justo", el rey-sacerdote Melquisedec (cf Gn 14, 18), figura de Cristo (cf Hb 7, 3), o los justos "Noé, Daniel y Job" (Ez 14, 14). De esta manera, la Escritura expresa qué altura de santidad pueden alcanzar los que viven según la alianza de Noé en la espera de que Cristo "reúna en uno a todos los hijos de Dios dispersos" (Jn 11, 52).

674

2569

Dios elige a Abraham

145; 2570   **59**   Para reunir a la humanidad dispersa, Dios elige a Abram llamándolo "fuera de su tierra, de su patria y de su casa" (Gn 12, 1), para hacer de él "Abraham", es decir, "el padre de una multitud de naciones" (Gn 17, 5): "En ti serán benditas todas las naciones de la tierra" (Gn 12, 3 [LXX]; cf Ga 3, 8).

760   **60**   El pueblo nacido de Abraham será el depositario de la promesa hecha a los patriarcas, el pueblo de la elección (cf Rm 11, 28), llamado a preparar la reunión un día de todos los hijos de Dios en la unidad de la Iglesia (cf Jn 11, 52; 10, 16); ese pueblo será la raíz en la que serán injertados los paganos hechos creyentes (cf Rm 11, 17-18.24).

762;781

61   Los patriarcas, los profetas y otros personajes del Antiguo Testamento han sido y serán siempre venerados como santos en todas las tradiciones litúrgicas de la Iglesia.

Dios forma a su pueblo Israel

62   Después de la etapa de los patriarcas, Dios constituyó a Israel como su pueblo salvándolo de la esclavitud de Egipto. Estableció con él la alianza del Sinaí y le dio por medio de Moisés su Ley, para que lo reconociese y le sirviera como al único Dios vivo

2060
2574

y verdadero, Padre providente y juez justo, y para que esperase al
Salvador prometido (cf DV 3).   1961

63   Israel es el pueblo sacerdotal de Dios (cf Ex 19, 6), el que
"lleva el Nombre del Señor" (Dt 28, 10). Es el pueblo de aquellos   204; 2801
"a quienes Dios habló primero" (MR, Viernes Santo 13: oración   839
universal VI), el pueblo de los "hermanos mayores" en la fe de
Abraham.

64   Por los profetas, Dios forma a su pueblo en la esperanza 711
de la salvación, en la espera de una Alianza nueva y eterna destinada a todos los hombres (cf Is 2, 2-4), y que será grabada en los 1965
corazones (cf Jr 31, 31-34; Hb 10, 16). Los profetas anuncian una
redención radical del pueblo de Dios, la purificación de todas sus
infidelidades (cf Ez 36), una salvación que incluirá a todas las naciones (cf Is 49, 5-6; 53, 11). Serán sobre todo los pobres y los humildes del Señor (cf So 2, 3) quienes mantendrán esta esperanza.
Las mujeres santas como Sara, Rebeca, Raquel, Miriam, Débora,
Ana, Judit y Ester conservaron viva la esperanza de la salvación de   489
Israel. De ellas la figura más pura es María (cf Lc 1, 38).

III   CRISTO JESUS, "MEDIADOR Y PLENITUD
        DE TODA LA REVELACION" (DV 2)

Dios ha dicho todo en su Verbo

65   "De una manera fragmentaria y de muchos modos habló
Dios en el pasado a nuestros Padres por medio de los Profetas; en
estos últimos tiempos nos ha hablado por su Hijo" (Hb 1, 1-2).
Cristo, el Hijo de Dios hecho hombre, es la Palabra única, perfecta   102
e insuperable del Padre. En El lo dice todo, no habrá otra palabra
más que ésta. S. Juan de la Cruz, después de otros muchos, lo expresa de manera luminosa, comentando Hb 1, 1-2:

> Porque en darnos, como nos dio a su Hijo, que es una Pala-
> bra suya, que no tiene otra, todo nos lo habló junto y de una vez
> en esta sola Palabra...; porque lo que hablaba antes en partes a
> los profetas ya lo ha hablado todo en El, dándonos al Todo, que   516
> es su Hijo. Por lo cual, el que ahora quisiese preguntar a Dios, o
> querer alguna visión o revelación, no sólo haría una necedad, si-
> no haría agravio a Dios, no poniendo los ojos totalmente en   2717
> Cristo, sin querer otra alguna cosa o novedad (Carm. 2, 22).

No habrá otra revelación

66   "La economía cristiana, por ser alianza nueva y definitiva,
nunca pasará; ni hay que esperar otra revelación pública antes de

la gloriosa manifestación de nuestro Señor Jesucristo" (DV 4). Sin embargo, aunque la Revelación esté acabada, no está completamente explicitada; corresponderá a la fe cristiana comprender gradualmente todo su contenido en el transcurso de los siglos.

67   A lo largo de los siglos ha habido revelaciones llamadas "privadas", algunas de las cuales han sido reconocidas por la autoridad de la Iglesia. Éstas, sin embargo, no pertenecen al depósito de la fe. Su función no es la de "mejorar" o "completar" la Revelación definitiva de Cristo, sino la de ayudar a vivirla más plenamente en una cierta época de la historia. Guiado por el Magisterio de la Iglesia, el sentir de los fieles *(sensus fidelium)* sabe discernir y acoger lo que en estas revelaciones constituye una llamada auténtica de Cristo o de sus santos a la Iglesia.

La fe cristiana no puede aceptar "revelaciones" que pretenden superar o corregir la Revelación de la que Cristo es la plenitud. Es el caso de ciertas religiones no cristianas y también de ciertas sectas recientes que se fundan en semejantes "revelaciones".

RESUMEN

68   *Por amor, Dios se ha revelado y se ha entregado al hombre. De este modo da una respuesta definitiva y sobreabundante a las cuestiones que el hombre se plantea sobre el sentido y la finalidad de su vida.*

69   *Dios se ha revelado al hombre comunicándole gradualmente su propio Misterio mediante obras y palabras.*

70   *Más allá del testimonio que Dios da de sí mismo en las cosas creadas, se manifestó a nuestros primeros padres. Les habló y, después de la caída, les prometió la salvación (cf Gn 3, 15), y les ofreció su alianza.*

71   *Dios selló con Noé una alianza eterna entre El y todos los seres vivientes (cf Gn 9, 16). Esta alianza durará tanto como dure el mundo.*

72   *Dios eligió a Abraham y selló una alianza con él y su descendencia. De él formó a su pueblo, al que reveló su ley por medio de Moisés. Lo preparó por los profetas para acoger la salvación destinada a toda la humanidad.*

73   *Dios se ha revelado plenamente enviando a su propio Hijo, en quien ha establecido su alianza para siempre. El Hijo es la Palabra definitiva del Padre, de manera que no habrá ya otra Revelación después de El.*

Artículo 2   LA TRANSMISION DE LA
                REVELACION DIVINA

74   Dios "quiere que todos los hombres se salven y lleguen al
conocimiento de la verdad" (1 Tm 2, 4), es decir, al conocimiento   851
de Cristo Jesús (cf Jn 14, 6). Es preciso, pues, que Cristo sea anunciado a todos los pueblos y a todos los hombres y que así la Revelación llegue hasta los confines del mundo:

> Dios quiso que lo que había revelado para salvación de to-
> dos los pueblos se conservara por siempre íntegro y fuera trans-
> mitido a todas las edades (DV 7).

I   LA TRADICION APOSTOLICA

75   "Cristo nuestro Señor, plenitud de la revelación, mandó a
los apóstoles predicar a todos los hombres el Evangelio como
fuente de toda verdad salvadora y de toda norma de conducta,   171
comunicándoles así los bienes divinos: el Evangelio prometido
por los profetas, que El mismo cumplió y promulgó con su voz"
(DV 7).

La predicación apostólica...

76   La transmisión del Evangelio, según el mandato del Señor,
se hizo de dos maneras:

oralmente: "los apóstoles, con su predicación, sus ejemplos, sus instituciones, transmitieron de palabra lo que habían
aprendido de las obras y palabras de Cristo y lo que el Espíritu
Santo les enseñó";

por escrito: "los mismos apóstoles y otros de su generación pusieron por escrito el mensaje de la salvación inspirados por
el Espíritu Santo" (DV 7).

continuada en la sucesión apostólica

77   "Para que este Evangelio se conservara siempre vivo y entero en la Iglesia, los apóstoles nombraron como sucesores a los
obispos, 'dejándoles su cargo en el magisterio'" (DV 7). En efecto,   861
"la predicación apostólica, expresada de un modo especial en los
libros sagrados, se ha de conservar por transmisión continua hasta
el fin de los tiempos" (DV 8).

78   Esta transmisión viva, llevada a cabo en el Espíritu Santo
es llamada la Tradición en cuanto distinta de la Sagrada Escritura,   174

1124; 2651 aunque estrechamente ligada a ella. Por ella, "la Iglesia con su enseñanza, su vida, su culto, conserva y transmite a todas las edades lo que es y lo que cree" (DV 8). "Las palabras de los Santos Padres atestiguan la presencia viva de esta Tradición, cuyas riquezas van pasando a la práctica y a la vida de la Iglesia que cree y ora" (DV 8).

79 Así, la comunicación que el Padre ha hecho de sí mismo por su Verbo en el Espíritu Santo sigue presente y activa en la Iglesia: "Dios, que habló en otros tiempos, sigue conversando siempre con la Esposa de su Hijo amado; así el Espíritu Santo, por quien la voz viva del Evangelio resuena en la Iglesia, y por ella en el mundo entero, va introduciendo a los fieles en la verdad plena y hace que habite en ellos intensamente la palabra de Cristo" (DV 8).

II   LA RELACION ENTRE LA TRADICION
          Y LA SAGRADA ESCRITURA

Una fuente común...

80 La Tradición y la Sagrada Escritura "están íntimamente unidas y compenetradas. Porque surgiendo ambas de la misma fuente, se funden en cierto modo y tienden a un mismo fin" (DV 9). Una y otra hacen presente y fecundo en la Iglesia el misterio de Cristo que ha prometido estar con los suyos "para siempre hasta el fin del mundo" (Mt 28, 20).

dos modos distintos de transmisión

81 "La *Sagrada Escritura* es la palabra de Dios, en cuanto escrita por inspiración del Espíritu Santo".

113   "La *Tradición* recibe la palabra de Dios, encomendada por Cristo y el Espíritu Santo a los apóstoles, y la transmite íntegra a los sucesores; para que ellos, iluminados por el Espíritu de la verdad, la conserven, la expongan y la difundan fielmente en su predicación".

82 De ahí resulta que la Iglesia, a la cual está confiada la transmisión y la interpretación de la Revelación "no saca exclusivamente de la Escritura la certeza de todo lo revelado. Y así se han de recibir y respetar con el mismo espíritu de devoción" (DV 9).

Tradición apostólica y tradiciones eclesiales

83 La Tradición de que hablamos aquí es la que viene de los apóstoles y transmite lo que éstos recibieron de las enseñanzas y del ejemplo de Jesús y lo que aprendieron por el Espíritu Santo. En efecto, la primera generación de cristianos no tenía aún un Nuevo Testamento escrito, y el Nuevo Testamento mismo atestigua el proceso de la Tradición viva.

Es preciso distinguir de ella las "tradiciones" teológicas, disciplinares, litúrgicas o devocionales nacidas en el transcurso del tiempo en las Iglesias locales. Estas constituyen formas particulares en las que la gran Tradición recibe expresiones adaptadas a los diversos lugares y a las diversas épocas. Sólo a la luz de la gran Tradición aquéllas pueden ser mantenidas, modificadas o también abandonadas bajo la guía del Magisterio de la Iglesia.

1202; 2041; 2684

III LA INTERPRETACION DEL DEPOSITO DE LA FE

El depósito de la fe confiado a la totalidad de la Iglesia

84 "El depósito sagrado" (cf 1 Tm 6, 20; 2 Tm 1, 12-14) de la fe ("depositum fidei"), contenido en la Sagrada Tradición y en la Sagrada Escritura fue confiado por los apóstoles al conjunto de la Iglesia. "Fiel a dicho depósito, el pueblo cristiano entero, unido a sus pastores, persevera siempre en la doctrina apostólica y en la unión, en la Eucaristía y la oración, y así se realiza una maravillosa concordia de pastores y fieles en conservar, practicar y profesar la fe recibida" (DV 10).

857; 871

2033

El Magisterio de la Iglesia

85 "El oficio de interpretar auténticamente la palabra de Dios, oral o escrita, ha sido encomendado sólo al Magisterio vivo de la Iglesia, el cual lo ejercita en nombre de Jesucristo" (DV 10), es decir, a los obispos en comunión con el sucesor de Pedro, el obispo de Roma.

888-892; 2032-2040

86 "El Magisterio no está por encima de la palabra de Dios, sino a su servicio, para enseñar puramente lo transmitido, pues por mandato divino y con la asistencia del Espíritu Santo, lo escucha devotamente, lo custodia celosamente, lo explica fielmente; y de este único depósito de la fe saca todo lo que propone como revelado por Dios para ser creído" (DV 10).

688

87 Los fieles, recordando la palabra de Cristo a sus apóstoles: "El que a vosotros escucha a mí me escucha" (Lc 10, 16; cf LG 20), reciben con docilidad las enseñanzas y directrices que sus pastores les dan de diferentes formas.

1548

2037

Los dogmas de la fe

88   El Magisterio de la Iglesia ejerce plenamente la autoridad
que tiene de Cristo cuando define dogmas, es decir, cuando propone, de una forma que obliga al pueblo cristiano a una adhesión
irrevocable de fe, verdades contenidas en la Revelación divina o
verdades que tienen con ellas un vínculo necesario.

2625   **89**   Existe un vínculo orgánico entre nuestra vida espiritual y
los dogmas. Los dogmas son luces en el camino de nuestra fe, lo
iluminan y lo hacen seguro. De modo inverso, si nuestra vida es
recta, nuestra inteligencia y nuestro corazón estarán abiertos para
acoger la luz de los dogmas de la fe (cf Jn 8, 31-32).

90   Los vínculos mutuos y la coherencia de los dogmas pueden ser hallados en el conjunto de la Revelación del Misterio de
114; 158   Cristo (cf Cc. Vaticano I: DS 3016: "nexus mysteriorum"; LG 25).
234   "Existe un orden o 'jerarquía' de las verdades de la doctrina católica, puesto que es diversa su conexión con el fundamento de la fe
cristiana" (UR 11).

El sentido sobrenatural de la fe

91   Todos los fieles tienen parte en la comprensión y en la
transmisión de la verdad revelada. Han recibido la unción del Es-
737   píritu Santo que los instruye (cf 1 Jn 2, 20.27) y los conduce a la
verdad completa (cf Jn 16, 13).

92   "La totalidad de los fieles... no puede equivocarse en la fe.
785   Se manifiesta esta propiedad suya, tan peculiar, en el sentido sobrenatural de la fe de todo el pueblo: cuando 'desde los obispos
hasta el último de los laicos cristianos' muestran estar totalmente
de acuerdo en cuestiones de fe y de moral" (LG 12).

93   "El Espíritu de la verdad suscita y sostiene este sentido de
la fe. Con él, el Pueblo de Dios, bajo la dirección del Magisterio...
889   se adhiere indefectiblemente a la fe transmitida a los santos de una
vez para siempre, la profundiza con un juicio recto y la aplica cada
día más plenamente en la vida" (LG 12).

El crecimiento en la inteligencia de la fe

94   Gracias a la asistencia del Espíritu Santo, la inteligencia
tanto de las realidades como de las palabras del depósito de la fe
66   puede crecer en la vida de la Iglesia:

2651   – "Cuando los fieles las contemplan y estudian repasándolas en su corazón" (DV 8); es en particular la investigación teológica quien debe "profundizar en el conocimiento de la verdad revelada" (GS 62, 7; cf 44, 2; DV 23; 24; UR 4).

– Cuando los fieles "comprenden internamente los misterios que viven" (DV 8); "Divina eloquia cum legente crescunt" ("la comprensión de las palabras divinas crece con su reiterada lectura", S. Gregorio Magno, Homilía sobre Ez 1, 7-8: PL 76, 843 D).

2038; 2518

– "Cuando las proclaman los obispos, que con la sucesión apostólica reciben un carisma de la verdad" (DV 8).

95 "La Tradición, la Escritura y el Magisterio de la Iglesia, según el plan prudente de Dios, están unidos y ligados, de modo que ninguno puede subsistir sin los otros; los tres, cada uno según su carácter, y bajo la acción del único Espíritu Santo, contribuyen eficazmente a la salvación de las almas" (DV 10, 3).

RESUMEN

96 *Lo que Cristo confió a los apóstoles, éstos lo transmitieron por su predicación y por escrito, bajo la inspiración del Espíritu Santo, a todas las generaciones hasta el retorno glorioso de Cristo.*

97 *"La Tradición y la Sagrada Escritura constituyen un único depósito sagrado de la palabra de Dios" (DV 10), en el cual, como en un espejo, la Iglesia peregrinante contempla a Dios, fuente de todas sus riquezas.*

98 *"La Iglesia con su enseñanza, su vida, su culto, conserva y transmite a todas las edades lo que es y lo que cree" (DV 8).*

99 *En virtud de su sentido sobrenatural de la fe, todo el Pueblo de Dios no cesa de acoger el don de la Revelación divina, de penetrarla más profundamente y de vivirla de modo más pleno.*

100 *El oficio de interpretar auténticamente la Palabra de Dios ha sido confiado únicamente al Magisterio de la Iglesia, al Papa y a los obispos en comunión con él.*

Artículo 3 **LA SAGRADA ESCRITURA**

I CRISTO, PALABRA UNICA DE LA SAGRADA ESCRITURA

101 En la condescendencia de su bondad, Dios, para revelarse a los hombres, les habla en palabras humanas: "La palabra de

Dios, expresada en lenguas humanas, se hace semejante al lenguaje humano, como la Palabra del eterno Padre asumiendo nuestra débil condición humana, se hizo semejante a los hombres" (DV 13).

102 A través de todas las palabras de la Sagrada Escritura, Dios dice sólo una palabra, su Verbo único, en quien él se dice en plenitud (cf Hb 1, 1-3):

65; 2763

426-429 Recordad que es una misma Palabra de Dios la que se extiende en todas las escrituras, que es un mismo Verbo que resuena en la boca de todos los escritores sagrados, el que, siendo al comienzo Dios junto a Dios, no necesita sílabas porque no está sometido al tiempo (S. Agustín, Psal. 103, 4, 1).

1100; 1184 **103** Por esta razón, la Iglesia ha venerado siempre las divinas
1378 Escrituras como venera también el Cuerpo del Señor. No cesa de presentar a los fieles el Pan de vida que se distribuye en la mesa de la Palabra de Dios y del Cuerpo de Cristo (cf DV 21).

104 En la Sagrada Escritura, la Iglesia encuentra sin cesar su alimento y su fuerza (cf DV 24), porque, en ella, no recibe solamente una palabra humana, sino lo que es realmente: la Palabra de Dios (cf 1 Ts 2,13). "En los libros sagrados, el Padre que está en el cielo sale amorosamente al encuentro de sus hijos para conversar con ellos" (DV 21).

II   INSPIRACION Y VERDAD DE LA SAGRADA
      ESCRITURA

105 *Dios es el autor de la Sagrada Escritura.* "Las verdades reveladas por Dios, que se contienen y manifiestan en la Sagrada Escritura, se consignaron por inspiración del Espíritu Santo".

"La santa madre Iglesia, fiel a la base de los apóstoles, reconoce que todos los libros del Antiguo y del Nuevo Testamento, con todas sus partes, son sagrados y canónicos, en cuanto que, escritos por inspiración del Espíritu Santo, tienen a Dios como autor, y como tales han sido confiados a la Iglesia" (DV 11).

106 *Dios ha inspirado a los autores humanos de los libros sagrados.* "En la composición de los libros sagrados, Dios se valió de hombres elegidos, que usaban de todas sus facultades y talentos; de este modo, obrando Dios en ellos y por ellos, como verdaderos autores, pusieron por escrito todo y sólo lo que Dios quería" (DV 11).

107   *Los libros inspirados enseñan la verdad.* "Como todo lo
que afirman los hagiógrafos, o autores inspirados, lo afirma el Es-   702
píritu Santo, se sigue que los libros sagrados enseñan sólidamente,
fielmente y sin error la verdad que Dios hizo consignar en dichos
libros para salvación nuestra" (DV 11).

108   Sin embargo, la fe cristiana no es una "religión del Libro".
El cristianismo es la religión de la "Palabra" de Dios, "no de un
verbo escrito y mudo, sino del Verbo encarnado y vivo" (S. Ber-
nardo, hom. miss. 4, 11). Para que las Escrituras no queden en letra
muerta, es preciso que Cristo, Palabra eterna del Dios vivo, por el
Espíritu Santo, nos abra el espíritu a la inteligencia de las mismas
(cf Lc 24, 45).

III   EL ESPIRITU SANTO, INTERPRETE
          DE LA ESCRITURA

109   En la Sagrada Escritura, Dios habla al hombre a la manera
de los hombres. Por tanto, para interpretar bien la Escritura, es preciso estar atento a lo que los autores humanos quisieron verdaderamente afirmar y a lo que Dios quiso manifestarnos mediante sus
palabras (cf DV 12, 1).

110   Para descubrir *la intención de los autores sagrados* es preciso tener en cuenta las condiciones de su tiempo y de su cultura,
los "géneros literarios" usados en aquella época, las maneras de
sentir, de hablar y de narrar en aquel tiempo. "Pues la verdad se
presenta y se enuncia de modo diverso en obras de diversa índole
histórica, en libros proféticos o poéticos, o en otros géneros literarios" (DV 12, 2).

111   Pero, dado que la Sagrada Escritura es inspirada, hay otro
principio de la recta interpretación, no menos importante que el
precedente, y sin el cual la Escritura sería letra muerta: "La Escritura se ha de leer e interpretar con el mismo Espíritu con que fue
escrita" (DV 12, 3).

          El Concilio Vaticano II señala *tres criterios* para una inter-
pretación de la Escritura conforme al Espíritu que la inspiró (cf
DV 12, 3).

112   1. Prestar una gran atención *"al contenido y a la unidad*   128
de toda la Escritura". En efecto, por muy diferentes que sean los
libros que la componen, la Escritura es una en razón de la unidad
del designio de Dios, del que Cristo Jesús es el centro y el corazón,   368
abierto desde su Pascua (cf Lc 24, 25-27. 44-46).

El corazón (cf Sal 22, 15) de Cristo designa la Sagrada Escritura que hace conocer el corazón de Cristo. Este corazón estaba cerrado antes de la Pasión porque la Escritura era oscura. Pero la Escritura fue abierta después de la Pasión, porque los que en adelante tienen inteligencia de ella consideran y disciernen de qué manera deben ser interpretadas las profecías (S. Tomás de A., Psal. 21, 11).

81   **113**   2. *Leer la Escritura en "la Tradición viva de toda la Iglesia".* Según un adagio de los Padres, "Sacra Scriptura principalius est in corde Ecclesiae quam in materialibus instrumentis scripta" ("La Sagrada Escritura está más en el corazón de la Iglesia que en la materialidad de los libros escritos"). En efecto, la Iglesia encierra en su Tradición la memoria viva de la Palabra de Dios, y el Espíritu Santo le da la interpretación espiritual de la Escritura ("...secundum spiritualem sensum quem Spiritus donat Ecclesiae": Orígenes, hom. in Lev. 5, 5).

      114   3. *Estar atento "a la analogía de la fe"* (cf Rm 12, 6). Por
90   "analogía de la fe" entendemos la cohesión de las verdades de la fe entre sí y en el proyecto total de la Revelación.

El sentido de la Escritura

      115   Según una antigua tradición, se pueden distinguir dos *sentidos* de la Escritura: el sentido literal y el sentido espiritual; este último se subdivide en sentido alegórico, moral y anagógico. La concordancia profunda de los cuatro sentidos asegura toda su riqueza a la lectura viva de la Escritura en la Iglesia.

110   **116**   El *sentido literal*. Es el sentido significado por las palabras de la Escritura y descubierto por la exégesis que sigue las reglas de la justa interpretación. "Omnes sensus (sc. sacrae Scripturae) fundentur super litteralem" (S. Tomás de A., s. th. 1, 1, 10, ad 1) Todos los sentidos de la Sagrada Escritura se fundan sobre el sentido literal.

1101 **117**   El *sentido espiritual*. Gracias a la unidad del designio de Dios, no solamente el texto de la Escritura, sino también las realidades y los acontecimientos de que habla pueden ser signos.

      1. El sentido *alegórico*. Podemos adquirir una comprensión más profunda de los acontecimientos reconociendo su significación en Cristo; así, el paso del mar Rojo es un signo de la victoria de Cristo y por ello del Bautismo (cf 1 Co 10, 2).

      2. El sentido *moral*. Los acontecimientos narrados en la Escritura pueden conducirnos a un obrar justo. Fueron escritos "para nuestra instrucción" (1 Co 10, 11; cf Hb 3-4, 11).

      3. El sentido *anagógico*. Podemos ver realidades y acontecimientos en su significación eterna, que nos conduce (en griego: "anagoge") hacia nuestra Patria. Así, la Iglesia en la tierra es signo de la Jerusalén celeste (cf Ap 21, 1-22, 5).

118 Un dístico medieval resume la significación de los cuatro sentidos:
> Littera gesta docet, quid credas allegoria,
> Moralis quid agas, quo tendas anagogia.

119 "A los exegetas toca aplicar estas normas en su trabajo para ir penetrando y exponiendo el sentido de la Sagrada Escritura,
de modo que con dicho estudio pueda madurar el juicio de la Igle-   94
sia. Todo lo dicho sobre la interpretación de la Escritura queda sometido al juicio definitivo de la Iglesia, que recibió de Dios el encargo y el oficio de conservar e interpretar la Palabra de Dios"
(DV 12, 3):
> Ego vero Evangelio non credere, nisi me catholicae Ecclesiae   113
> commoveret auctoritas (S. Agustín, fund. 5,6).

IV   EL CANON DE LAS ESCRITURAS

120   La Tradición apostólica hizo discernir a la Iglesia qué es-   1117
critos constituyen la lista de los Libros Santos (cf DV 8, 3). Esta
lista integral es llamada "Canon" de las Escrituras. Comprende para el Antiguo Testamento 46 escritos (45 si se cuentan Jr y Lm como uno solo), y 27 para el Nuevo (cf DS 179; 1334-1336; 1501-
1504):

Génesis, Exodo, Levítico, Números, Deuteronomio, Josué, Jueces, Rut, los dos libros de Samuel, los dos libros de los Reyes,
los dos libros de las Crónicas, Esdras y Nehemías, Tobías, Judit,
Ester, los dos libros de los Macabeos, Job, los Salmos, los Pro-
verbios, el Eclesiastés, el Cantar de los Cantares, la Sabiduría, el
Eclesiástico, Isaías, Jeremías, las Lamentaciones, Baruc, Eze-
quiel, Daniel, Oseas, Joel, Amós, Abdías, Jonás, Miqueas, Na-
húm, Habacuc, Sofonías, Ageo, Zacarías, Malaquías para el Antiguo Testamento;

los Evangelios de Mateo, de Marcos, de Lucas y de Juan, los
Hechos de los Apóstoles, las cartas de Pablo a los Romanos, la
primera y segunda a los Corintios, a los Gálatas, a los Efesios, a
los Filipenses, a los Colosenses, la primera y la segunda a los
Tesalonicenses, la primera y la segunda a Timoteo, a Tito, a Fi-
lemón, la carta a los Hebreos, la carta de Santiago, la primera y
la segunda de Pedro, las tres cartas de Juan, la carta de Judas y
el Apocalipsis para el Nuevo Testamento.

El Antiguo Testamento

121   El Antiguo Testamento es una parte de la Sagrada Escritu-   1093
ra de la que no se puede prescindir. Sus libros son libros divinamente inspirados y conservan un valor permanente (cf DV 14),
porque la Antigua Alianza no ha sido revocada.

702
763
708

2568

122 En efecto, "el fin principal de la economía antigua era preparar la venida de Cristo, redentor universal". "Aunque contienen elementos imperfectos y pasajeros", los libros del Antiguo Testamento dan testimonio de toda la divina pedagogía del amor salvífico de Dios: "Contienen enseñanzas sublimes sobre Dios y una sabiduría salvadora acerca del hombre, encierran tesoros de oración y esconden el misterio de nuestra salvación" (DV 15).

123 Los cristianos veneran el Antiguo Testamento como verdadera Palabra de Dios. La Iglesia ha rechazado siempre vigorosamente la idea de prescindir del Antiguo Testamento so pretexto de que el Nuevo lo habría hecho caduco (marcionismo).

El Nuevo Testamento

124 "La Palabra de Dios, que es fuerza de Dios para la salvación del que cree, se encuentra y despliega su fuerza de modo privilegiado en el Nuevo Testamento" (DV 17). Estos escritos nos ofrecen la verdad definitiva de la Revelación divina. Su objeto central es Jesucristo, el Hijo de Dios encarnado, sus obras, sus enseñanzas, su pasión y su glorificación, así como los comienzos de su Iglesia bajo la acción del Espíritu Santo (cf DV 20).

515

125 Los *Evangelios* son el corazón de todas las Escrituras "por ser el testimonio principal de la vida y doctrina de la Palabra hecha carne, nuestro Salvador" (DV 18).

126 En la formación de los Evangelios se pueden distinguir tres etapas:

1. *La vida y la Enseñanza de Jesús.* La Iglesia mantiene firmemente que los cuatro evangelios, "cuya historicidad afirma sin vacilar, comunican fielmente lo que Jesús, Hijo de Dios, viviendo entre los hombres, hizo y enseñó realmente" para la salvación de ellos, hasta el día en que fue levantado al cielo" (DV 19).

76

2. *La tradición oral.* "Los apóstoles ciertamente después de la ascensión del Señor predicaron a sus oyentes lo que El había dicho y obrado, con aquella crecida inteligencia de que ellos gozaban, amaestrados por los acontecimientos gloriosos de Cristo y por la luz del Espíritu de verdad" (DV 19).

76

3. *Los evangelios escritos.* "Los autores sagrados escribieron los cuatro evangelios escogiendo algunas cosas de las muchas que ya se transmitían de palabra o por escrito, sintetizando otras, o explicándolas atendiendo a la condición de las Iglesias, conservando por fin la forma de proclamación, de manera que siempre nos comunicaban la verdad sincera acerca de Jesús" (DV 19).

1154

127 El Evangelio cuatriforme ocupa en la Iglesia un lugar único; de ello dan testimonio la veneración de que lo rodea la liturgia y el atractivo incomparable que ha ejercido en todo tiempo sobre los santos:

No hay ninguna doctrina que sea mejor, más preciosa y más espléndida que el texto del Evangelio. Ved y retened lo que nuestro Señor y Maestro, Cristo, ha enseñado mediante sus palabras y realizado mediante sus obras (Santa Cesárea la Joven, Rich.).

Es sobre todo el *Evangelio* lo que me ocupa durante mis oraciones; en él encuentro todo lo que es necesario a mi pobre alma. En él descubro siempre nuevas luces, sentidos escondidos y misteriosos (Santa Teresa del Niño Jesús, ms. auto. A 83v).

2705

La unidad del Antiguo y del Nuevo Testamento

128 La Iglesia, ya en los tiempos apostólicos (cf 1 Co 10, 6.11; Hb 10, 1; 1 P 3, 21), y después constantemente en su tradición, esclareció la unidad del plan divino en los dos Testamentos gracias a la *tipología*. Esta reconoce, en las obras de Dios en la Antigua Alianza, prefiguraciones de lo que Dios realizó en la plenitud de los tiempos en la persona de su Hijo encarnado.

1094
489

129 Los cristianos, por tanto, leen el Antiguo Testamento a la luz de Cristo muerto y resucitado. Esta lectura tipológica manifiesta el contenido inagotable del Antiguo Testamento. Ella no debe hacer olvidar que el Antiguo Testamento conserva su valor propio de revelación que nuestro Señor mismo reafirmó (cf Mc 12, 29-31). Por otra parte, el Nuevo Testamento exige ser leído también a la luz del Antiguo. La catequesis cristiana primitiva recurrirá constantemente a él (cf 1 Co 5, 6-8; 10, 1-11). Según un viejo adagio, el Nuevo Testamento está escondido en el Antiguo, mientras que el Antiguo se hace manifiesto en el Nuevo: "Novum in Vetere latet et in Novo Vetus patet" (S. Agustín, Hept. 2, 73; cf DV 16).

651

2055

1968

130 La tipología significa un dinamismo que se orienta al cumplimiento del plan divino cuando "Dios sea todo en todos" (1 Co 15, 28). Así la vocación de los patriarcas y el éxodo de Egipto, por ejemplo, no pierden su valor propio en el plan de Dios por el hecho de que son al mismo tiempo etapas intermedias.

V   LA SAGRADA ESCRITURA EN LA VIDA DE LA IGLESIA

131 "Es tan grande el poder y la fuerza de la palabra de Dios, que constituye sustento y vigor de la Iglesia, firmeza de fe para sus hijos, alimento del alma, fuente límpida y perenne de vida espiritual" (DV 21). "Los fieles han de tener fácil acceso a la Sagrada Escritura" (DV 22).

132 "La Escritura debe ser el alma de la teología. El ministerio de la palabra, que incluye la predicación pastoral, la catequesis, toda la instrucción cristiana y en puesto privilegiado, la homilía, re-

94

cibe de la palabra de la Escritura alimento saludable y por ella da frutos de santidad" (DV 24)

2653   **133**   La Iglesia "recomienda insistentemente a todos los fieles...
       la lectura asidua de la Escritura para que adquieran 'la ciencia su-
1792   prema de Jesucristo' (Flp 3, 8), 'pues desconocer la Escritura es
       desconocer a Cristo' (S. Jerónimo)" (DV 25).

RESUMEN

134   *"Toda la Escritura divina es un libro y este libro es Cris-
          to, porque toda la Escritura divina habla de Cristo, y toda
          la Escritura divina se cumple en Cristo" (Hugo de San
          Víctor, Noe 2, 8).*

135   *"La sagrada Escritura contiene la Palabra de Dios y, en
          cuanto inspirada, es realmente Palabra de Dios" (DV 24).*

136   *Dios es el Autor de la Sagrada Escritura porque inspira a
          sus autores humanos: actúa en ellos y por ellos. Da así la
          seguridad de que sus escritos enseñan sin error la verdad
          salvífica* (cf DV 11).

137   *La interpretación de las Escrituras inspiradas debe estar
          sobre todo atenta a lo que Dios quiere revelar por medio
          de los autores sagrados para nuestra salvación. "Lo que
          viene del Espíritu sólo es plenamente percibido por la ac-
          ción del Espíritu" (Orígenes, hom. in Ex. 4, 5).*

138   *La Iglesia recibe y venera como inspirados los cuarenta y
          seis libros del Antiguo Testamento y los veintisiete del
          Nuevo.*

139   *Los cuatro evangelios ocupan un lugar central, pues su
          centro es Cristo Jesús.*

140   *La unidad de los dos Testamentos se deriva de la unidad
          del plan de Dios y de su Revelación. El Antiguo Testamen-
          to prepara el Nuevo mientras que éste da cumplimiento al
          Antiguo; los dos se esclarecen mutuamente; los dos son
          verdadera Palabra de Dios.*

141   *"La Iglesia siempre ha venerado la Sagrada Escritura,
          como lo ha hecho con el Cuerpo de Cristo" (DV 21):
          aquélla y éste alimentan y rigen toda la vida cristiana.
          "Para mis pies antorcha es tu palabra, luz para mi sende-
          ro" (Sal 119, 105; Is 50, 4).*

CAPITULO TERCERO
LA RESPUESTA DEL HOMBRE A DIOS

142 *Por su revelación,* "Dios invisible habla a los hombres como amigo, movido por su gran amor y mora con ellos para invitarlos a la comunicación consigo y recibirlos en su compañía" (DV 2). 1102
La respuesta adecuada a esta invitación es la fe.

143 *Por la fe,* el hombre somete completamente su inteligencia y su voluntad a Dios. Con todo su ser, el hombre da su asentimiento a Dios que revela (cf DV 5). La Sagrada Escritura llama "obe- 2087
diencia de la fe" a esta respuesta del hombre a Dios que revela (cf Rom 1, 5; 16, 26).

Artículo 1   **CREO**   1814-1816

I   LA OBEDIENCIA DE LA FE

144 Obedecer ("ob-audire") en la fe, es someterse libremente a la palabra escuchada, porque su verdad está garantizada por Dios, la Verdad misma. De esta obediencia, Abraham es el modelo que nos propone la Sagrada Escritura. La Virgen María es la realización más perfecta de la misma.

Abraham, "el padre de todos los creyentes"

145 La carta a los Hebreos, en el gran elogio de la fe de los antepasados insiste particularmente en la fe de Abraham: "Por la fe, 59; 2570
Abraham *obedeció* y salió para el lugar que había de recibir en herencia, y salió sin saber a dónde iba" (Hb 11, 8; cf Gn 12, 1-4). Por la fe, vivió como extranjero y peregrino en la Tierra prometida (cf Gn 23, 4). Por la fe, a Sara se otorgó el concebir al hijo de la pro- 489
mesa. Por la fe, finalmente, Abraham ofreció a su hijo único en sacrificio (cf Hb 11, 17).

146 Abraham realiza así la definición de la fe dada por la carta 1819
a los Hebreos: "La fe es garantía de lo que se espera; la prueba de las realidades que no se ven" (Hb 11, 1). "Creyó Abraham en Dios y le fue reputado como justicia" (Rm 4, 3; cf Gn 15, 6). Gracias a esta "fe poderosa" (Rm 4, 20), Abraham vino a ser "el padre de todos los creyentes" (Rm 4, 11.18; cf Gn 15, 15).

147 El Antiguo Testamento es rico en testimonios acerca de esta fe. La carta a los Hebreos proclama el elogio de la fe ejemplar de los antiguos, por la cual "fueron alabados" (Hb 11, 2.39). Sin 839
embargo, "Dios tenía ya dispuesto algo mejor": la gracia de creer en su Hijo Jesús, "el que inicia y consuma la fe" (Hb 11, 40; 12, 2).

María: "Dichosa la que ha creído"

494; 2617   **148**   La Virgen María realiza de la manera más perfecta la obediencia de la fe. En la fe, María acogió el anuncio y la promesa
que le traía el ángel Gabriel, creyendo que "nada es imposible para Dios" (Lc 1, 37; cf Gn 18, 14) y dando su asentimiento: "He
aquí la esclava del Señor; hágase en mí según tu palabra" (Lc 1,
506   38). Isabel la saludó: "¡Dichosa la que ha creído que se cumpli-
rían las cosas que le fueron dichas de parte del Señor!" (Lc 1, 45).
Por esta fe todas las generaciones la proclamarán bienaventurada
(cf Lc 1, 48).

             149   Durante toda su vida, y hasta su última prueba (cf Lc 2,
969   35), cuando Jesús, su hijo, murió en la cruz, su fe no vaciló. María
no cesó de creer en el "cumplimiento" de la palabra de Dios. Por
todo ello, la Iglesia venera en María la realización más pura de la
507; 829   fe.

II   "YO SE EN QUIEN TENGO PUESTA MI FE"
             (2 Tm 1, 12)

Creer sólo en Dios

             150   La fe es ante todo una *adhesión personal* del hombre *a
Dios*; es al mismo tiempo e inseparablemente *el asentimiento libre
a toda la verdad que Dios ha revelado*. En cuanto adhesión personal a Dios y asentimiento a la verdad que él ha revelado, la fe cris-
222   tiana difiere de la fe en una persona humana. Es justo y bueno con-
fiarse totalmente a Dios y creer absolutamente lo que él dice. Sería
vano y errado poner una fe semejante en una criatura (cf Jr 17, 5-6;
Sal 40, 5; 146, 3-4).

Creer en Jesucristo, el Hijo de Dios

             151   Para el cristiano, creer en Dios es inseparablemente creer
en Aquel que él ha enviado, "su Hijo amado", en quien ha puesto
toda su complacencia (Mc 1, 11). Dios nos ha dicho que les escu-
chemos (cf Mc 9, 7). El Señor mismo dice a sus discípulos: "Creed
en Dios, creed también en mí" (Jn 14, 1). Podemos creer en Jesu-
424   cristo porque es Dios, el Verbo hecho carne: "A Dios nadie le ha
visto jamás: el Hijo único, que está en el seno del Padre, él lo ha
contado" (Jn 1, 18). Porque "ha visto al Padre" (Jn 6, 46), él es
único en conocerlo y en poderlo revelar (cf Mt 11, 27).

Creer en el Espíritu Santo

152   No se puede creer en Jesucristo sin tener parte en su Espí-   243; 683
ritu. Es el Espíritu Santo quien revela a los hombres quién es Je-
sús. Porque "nadie puede decir: 'Jesús es Señor' sino bajo la acción del Espíritu Santo" (1 Co 12, 3). "El Espíritu todo lo sondea,
hasta las profundidades de Dios... Nadie conoce lo íntimo de Dios,
sino el Espíritu de Dios" (1 Co 2, 10-11). Sólo Dios conoce a Dios
enteramente. Nosotros creemos *en* el Espíritu Santo porque es
Dios.

La Iglesia no cesa de confesar su fe en un solo Dios, Pa-   232
dre, Hijo y Espíritu Santo.

III   LAS CARACTERISTICAS DE LA FE

La fe es una gracia

153   Cuando San Pedro confiesa que Jesús es el Cristo, el Hijo
de Dios vivo, Jesús le declara que esta revelación no le ha venido   552
"de la carne y de la sangre, sino de mi Padre que está en los cielos" (Mt 16, 17; cf Ga 1, 15; Mt 11, 25). La fe es un don de Dios,
una virtud sobrenatural infundida por El. "Para dar esta respuesta   1814
de la fe es necesaria la gracia de Dios, que se adelanta y nos ayuda,   1996
junto con el auxilio interior del Espíritu Santo, que mueve el cora-   2606
zón, lo dirige a Dios, abre los ojos del espíritu y concede 'a todos
gusto en aceptar y creer la verdad'" (DV 5).

La fe es un acto humano

154   Sólo es posible creer por la gracia y los auxilios interiores
del Espíritu Santo. Pero no es menos cierto que creer es un acto
auténticamente humano. No es contrario ni a la libertad ni a la in-   1749
teligencia del hombre depositar la confianza en Dios y adherirse a
las verdades por El reveladas. Ya en las relaciones humanas no es
contrario a nuestra propia dignidad creer lo que otras personas nos   2126
dicen sobre ellas mismas y sobre sus intenciones, y prestar confianza a sus promesas (como, por ejemplo, cuando un hombre y
una mujer se casan), para entrar así en comunión mutua. Por ello,
es todavía menos contrario a nuestra dignidad "presentar por la fe
la sumisión plena de nuestra inteligencia y de nuestra voluntad al
Dios que revela" (Cc. Vaticano I: DS 3008) y entrar así en comunión íntima con El.

2008 **155** En la fe, la inteligencia y la voluntad humanas cooperan con la gracia divina: "Creer es un acto del entendimiento que asiente a la verdad divina por imperio de la voluntad movida por Dios mediante la gracia" (S. Tomás de A., s. th. 2-2, 2, 9; cf Cc. Vaticano I: DS 3010).

La fe y la inteligencia

156 El *motivo* de creer no radica en el hecho de que las verdades reveladas aparezcan como verdaderas e inteligibles a la luz de

1063 nuestra razón natural. Creemos "a causa de la autoridad de Dios
2465 mismo que revela y que no puede engañarse ni engañarnos". "Sin embargo, para que el homenaje de nuestra fe fuese conforme a la razón, Dios ha querido que los auxilios interiores del Espíritu Santo vayan acompañados de las pruebas exteriores de su revelación"

548 (ibíd., DS 3009). Los milagros de Cristo y de los santos (cf Mc 16, 20; Hch 2, 4), las profecías, la propagación y la santidad de la Igle-

812 sia, su fecundidad y su estabilidad "son signos ciertos de la revelación, adaptados a la inteligencia de todos", "motivos de credibilidad que muestran que el asentimiento de la fe no es en modo alguno un movimiento ciego del espíritu" (Cc. Vaticano I: DS 3008-3010).

157 La fe es *cierta*, más cierta que todo conocimiento humano, porque se funda en la Palabra misma de Dios, que no puede mentir. Ciertamente las verdades reveladas pueden parecer oscuras a la razón y a la experiencia humanas, pero "la certeza que da la luz divina es mayor que la que da la luz de la razón natural" (S. Tomás de A., s. th. 2-2, 171, 5, obj. 3). "Diez mil dificultades no hacen

2088 una sola duda" (J. H. Newman, apol.).

158 "La fe *trata de comprender*" (S. Anselmo, prosl. proem.):
2705 es inherente a la fe que el creyente desee conocer mejor a aquel en quien ha puesto su fe, y comprender mejor lo que le ha sido revelado; un conocimiento más penetrante suscitará a su vez una fe

1827 mayor, cada vez más encendida de amor. La gracia de la fe abre "los ojos del corazón" (Ef 1, 18) para una inteligencia viva de los contenidos de la Revelación, es decir, del conjunto del designio de

90 Dios y de los misterios de la fe, de su conexión entre sí y con Cristo, centro del Misterio revelado. Ahora bien, "para que la inteligencia de la Revelación sea más profunda, el mismo Espíritu Santo perfecciona constantemente la fe por medio de sus dones"

2518 (DV 5). Así, según el adagio de S. Agustín (serm. 43, 7, 9), "creo para comprender y comprendo para creer mejor".

159 *Fe y ciencia.* "A pesar de que la fe esté por encima de la razón, jamás puede haber desacuerdo entre ellas. Puesto que el mismo Dios que revela los misterios y comunica la fe ha hecho descender en el espíritu humano la luz de la razón, Dios no podría negarse a sí mismo ni lo verdadero contradecir jamás a lo verdadero" (Cc. Vaticano I: DS 3017). "Por eso, la investigación metódica en todas las disciplinas, si se procede de un modo realmente científico y según las normas morales, nunca estará realmente en oposición con la fe, porque las realidades profanas y las realidades de fe tienen su origen en el mismo Dios. Más aún, quien con espíritu humilde y ánimo constante se esfuerza por escrutar lo escondido de las cosas, aun sin saberlo, está como guiado por la mano de Dios, que, sosteniendo todas las cosas, hace que sean lo que son" (GS 36, 2).

283

2293

La libertad de la fe

160 "El hombre, al creer, debe responder voluntariamente a Dios; nadie debe estar obligado contra su voluntad a abrazar la fe. En efecto, el acto de fe es voluntario por su propia naturaleza" (DH 10; cf CIC, can. 748, 2). "Ciertamente, Dios llama a los hombres a servirle en espíritu y en verdad. Por ello, quedan vinculados por su conciencia, pero no coaccionados... Esto se hizo patente, sobre todo, en Cristo Jesús" (DH 11). En efecto, Cristo invitó a la fe y a la conversión, El no forzó jamás a nadie jamás. "Dio testimonio de la verdad, pero no quiso imponerla por la fuerza a los que le contradecían. Pues su reino... crece por el amor con que Cristo, exaltado en la cruz, atrae a los hombres hacia El" (DH 11).

1738
2106

616

La necesidad de la fe

161 Creer en Cristo Jesús y en Aquel que lo envió para salvarnos es necesario para obtener esa salvación (cf Mc 16, 16; Jn 3, 36; 6, 40 e.a.). "Puesto que 'sin la fe... es imposible agradar a Dios' (Hb 11, 6) y llegar a participar en la condición de sus hijos, nadie es justificado sin ella y nadie, a no ser que 'haya perseverado en ella hasta el fin' (Mt 10, 22; 24, 13), obtendrá la vida eterna" (Cc. Vaticano I: DS 3012; cf Cc. de Trento: DS 1532).

432
1257

846

La perseverancia en la fe

162 La fe es un don gratuito que Dios hace al hombre. Este don inestimable podemos perderlo; S. Pablo advierte de ello a Timoteo: "Combate el buen combate, conservando la fe y la concien-

2089

cia recta; algunos, por haberla rechazado, naufragaron en la fe"
(1 Tm 1, 18-19). Para vivir, crecer y perseverar hasta el fin en la fe debemos alimentarla con la Palabra de Dios; debemos pedir al Señor que la aumente (cf Mc 9, 24; Lc 17, 5; 22, 32); debe "actuar por la caridad" (Ga 5, 6; cf St 2, 14-26), ser sostenida por la esperanza (cf Rm 15, 13) y estar enraizada en la fe de la Iglesia.

1037; 2016;
2573; 2849

La fe, comienzo de la vida eterna

163 La fe nos hace gustar de antemano el gozo y la luz de la visión beatífica, fin de nuestro caminar aquí abajo. Entonces veremos a Dios "cara a cara" (1 Co 13, 12), "tal cual es" (1 Jn 3, 2). La fe es, pues, ya el comienzo de la vida eterna:

1088

> Mientras que ahora contemplamos las bendiciones de la fe como el reflejo en un espejo, es como si poseyéramos ya las cosas maravillosas de que nuestra fe nos asegura que gozaremos un día (S. Basilio, Spir. 15,36; cf S. Tomás de A., s. th. 2-2,4,1).

164 Ahora, sin embargo, "caminamos en la fe y no en la visión" (2 Co 5, 7), y conocemos a Dios "como en un espejo, de una manera confusa,... imperfecta" (1 Co 13, 12). Luminosa por aquel en quien cree, la fe es vivida con frecuencia en la oscuridad. La fe puede ser puesta a prueba. El mundo en que vivimos parece con frecuencia muy lejos de lo que la fe nos asegura; las experiencias del mal y del sufrimiento, de las injusticias y de la muerte parecen contradecir la buena nueva, pueden estremecer la fe y llegar a ser para ella una tentación.

2846
309
1502 1006

165 Entonces es cuando debemos volvernos hacia los *testigos de la fe*: Abraham, que creyó, "esperando contra toda esperanza" (Rm 4, 18); la Virgen María que, en "la peregrinación de la fe" (LG 58), llegó hasta la "noche de la fe" (Juan Pablo II, RM 18) participando en el sufrimiento de su Hijo y en la noche de su sepulcro; y tantos otros testigos de la fe: "También nosotros, teniendo en torno nuestro tan gran nube de testigos, sacudamos todo lastre y el pecado que nos asedia, y corramos con fortaleza la prueba que se nos propone, fijos los ojos en Jesús, el que inicia y consuma la fe" (Hb 12, 1-2).

2719

Artículo 2   **CREEMOS**

166 La fe es un acto personal: la respuesta libre del hombre a la iniciativa de Dios que se revela. Pero la fe no es un acto aislado. Nadie puede creer solo, como nadie puede vivir solo. Nadie se ha

875

dado la fe a sí mismo, como nadie se ha dado la vida a sí mismo. El creyente ha recibido la fe de otro, debe transmitirla a otro. Nuestro amor a Jesús y a los hombres nos impulsa a hablar a otros de nuestra fe. Cada creyente es como un eslabón en la gran cadena de los creyentes. Yo no puedo creer sin ser sostenido por la fe de los otros, y por mi fe yo contribuyo a sostener la fe de los otros.

167 "Creo" (Símbolo de los Apóstoles): Es la fe de la Iglesia   1124
profesada personalmente por cada creyente, principalmente en su bautismo. "Creemos" (Símbolo de Nicea-Constantinopla, en el original griego): Es la fe de la Iglesia confesada por los obispos reunidos en Concilio o, más generalmente, por la asamblea litúrgica de los creyentes. "Creo", es también la Iglesia, nuestra Madre,   2040
que responde a Dios por su fe y que nos enseña a decir: "creo", "creemos".

I   "MIRA, SEÑOR, LA FE DE TU IGLESIA"

168 La Iglesia es la primera que cree, y así conduce, alimenta y sostiene mi fe. La Iglesia es la primera que, en todas partes, confiesa al Señor ("Te per orbem terrarum sancta confitetur Ecclesia", cantamos en el Te Deum), y con ella y en ella somos impulsados y llevados a confesar también : "creo", "creemos". Por medio de la Iglesia recibimos la fe y la vida nueva en Cristo por el bautismo.   1253
En el Ritual Romano, el ministro del bautismo pregunta al catecúmeno: "¿Qué pides a la Iglesia de Dios?" Y la respuesta es: "La fe". "¿Qué te da la fe?" "La vida eterna".

169 La salvación viene sólo de Dios; pero puesto que recibimos la vida de la fe a través de la Iglesia, ésta es nuestra madre: "Creemos en la Iglesia como la madre de nuestro nuevo nacimiento, y no en la Iglesia como si ella fuese el autor de nuestra salvación" (Fausto de Riez, Spir. 1, 2). Porque es nuestra madre, es también la educadora de nuestra fe.   750
2030

II   EL LENGUAJE DE LA FE

170 No creemos en las fórmulas, sino en las realidades que éstas expresan y que la fe nos permite "tocar". "El acto (de fe) del creyente no se detiene en el enunciado, sino en la realidad (enunciada)" (S. Tomás de A., s. th. 2-2, 1, 2, ad 2). Sin embargo, nos acercamos a estas realidades con la ayuda de las formulaciones de   186 la fe. Estas permiten expresar y transmitir la fe, celebrarla en comunidad, asimilarla y vivir de ella cada vez más.

78; 857; 84   **171**   La Iglesia, que es "columna y fundamento de la verdad" (1 Tm 3, 15), guarda fielmente "la fe transmitida a los santos de una vez para siempre" (Judas 3). Ella es la que guarda la memoria de las palabras de Cristo, la que transmite de generación en generación la confesión de fe de los apóstoles. Como una madre que enseña a sus hijos a hablar y con ello a comprender y a comunicar, 185   la Iglesia, nuestra Madre, nos enseña el lenguaje de la fe para introducirnos en la inteligencia y la vida de la fe.

III   UNA SOLA FE

813   **172**   Desde siglos, a través de muchas lenguas, culturas, pueblos y naciones, la Iglesia no cesa de confesar su única fe, recibida de un solo Señor, transmitida por un solo bautismo, enraizada en la convicción de que todos los hombres no tienen más que un solo Dios y Padre (cf Ef 4, 4-6). S. Ireneo de Lyón, testigo de esta fe, declara:

830   **173**   "La Iglesia, en efecto, aunque dispersada por el mundo entero hasta los confines de la tierra, habiendo recibido de los apóstoles y de sus discípulos la fe... guarda (esta predicación y esta fe) con cuidado, como no habitando más que una sola casa, cree en ella de una manera idéntica, como no teniendo más que una sola alma y un solo corazón, las predica, las enseña y las transmite con una voz unánime, como no poseyendo más que una sola boca" (haer. 1, 10, 1-2).

78   **174**   "Porque, si las lenguas difieren a través del mundo, el contenido de la Tradición es uno e idéntico. Y ni las Iglesias establecidas en Germania tienen otra fe u otra Tradición, ni las que están entre los iberos, ni las que están entre los celtas, ni las de Oriente, de Egipto, de Libia, ni las que están establecidas en el centro del mundo..." (ibíd.). "El mensaje de la Iglesia es, pues, verídico y sólido, ya que en ella aparece un solo camino de salvación a través del mundo entero" (ibíd., 5, 20, 1).

175   "Esta fe que hemos recibido de la Iglesia, la guardamos con cuidado, porque sin cesar, bajo la acción del Espíritu de Dios, como un contenido de gran valor encerrado en un vaso excelente, rejuvenece y hace rejuvenecer el vaso mismo que la contiene" (ibíd., 3, 24, 1).

RESUMEN

176   *La fe es una adhesión personal del hombre entero a Dios que se revela.* Comprende una adhesión de la inteligencia y de la voluntad a la Revelación que Dios ha hecho de sí mismo mediante sus obras y sus palabras.

177   *"Creer" entraña, pues, una doble referencia: a la persona y a la verdad; a la verdad por confianza en la persona que la atestigua.*

178   *No debemos creer en ningún otro que no sea Dios, Padre, Hijo, y Espíritu Santo.*

179   *La fe es un don sobrenatural de Dios. Para creer, el hombre necesita los auxilios interiores del Espíritu Santo.*

180   *"Creer" es un acto humano, consciente y libre, que corresponde a la dignidad de la persona humana.*

181   *"Creer" es un acto eclesial. La fe de la Iglesia precede, engendra, conduce y alimenta nuestra fe. La Iglesia es la madre de todos los creyentes. "Nadie puede tener a Dios por Padre si no tiene a la Iglesia por madre"* (S. Cipriano, unit. eccl.: PL 4, 503A).

182   *"Creemos todas aquellas cosas que se contienen en la Palabra de Dios escrita o transmitida y son propuestas por la Iglesia... para ser creídas como divinamente reveladas"* (Pablo VI, SPF 20).

183   *La fe es necesaria para la salvación. El Señor mismo lo afirma: "El que crea y sea bautizado, se salvará; el que no crea, se condenará"* (Mc 16, 16).

184   *"La fe es un gusto anticipado del conocimiento que nos hará bienaventurados en la vida futura"* (S. Tomás de A., comp. 1, 2).

EL CREDO

Símbolo de los Apóstoles	**Credo de Nicea-Constantinopla**

Creo en Dios,
Padre Todopoderoso,
Creador del cielo y de la tierra.

Creo en un solo Dios,
Padre Todopoderoso,
Creador del cielo y de la tierra, de
todo lo visible y lo invisible.

Creo en Jesucristo, su único Hijo,
Nuestro Señor,

Creo en un solo Señor, Jesucristo,
Hijo único de Dios,
nacido del Padre antes de todos los
siglos: Dios de Dios, Luz de Luz,
Dios verdadero de Dios verdadero,
engendrado, no creado,
de la misma naturaleza del Padre,
por quien todo fue hecho;
que por nosotros, los hombres, y
por nuestra salvación bajó del cielo,

que fue concebido por obra y
gracia del Espíritu Santo,
nació de Santa María Virgen,

y por obra del Espíritu Santo se
encarnó de María, la Virgen, y se
hizo hombre;

padeció bajo el poder de Poncio
Pilato,
fue crucificado,
muerto y sepultado,

y por nuestra causa fue crucificado
en tiempos de Poncio Pilato;
padeció
y fue sepultado,

descendió a los infiernos,
al tercer día resucitó de entre
los muertos,
subió a los cielos
y está sentado a la derecha
de Dios, Padre todopoderoso.
Desde allí ha de venir a
juzgar a vivos y muertos.

y resucitó al tercer día, según las
Escrituras,

y subio al cielo,
y está sentado a la derecha del Padre;

y de nuevo vendrá con gloria para
juzgar a vivos y muertos,
y su reino no tendrá fin.

Creo en el Espíritu Santo,

Creo en el Espíritu Santo,
Señor y dador de vida,
que procede del Padre y del Hijo,
que con el Padre y el Hijo recibe
una misma adoración y gloria,
y que habló por los profetas.

la santa Iglesia católica,
la comunión de los santos,

Creo en la Iglesia, que es una,
santa, católica y apostólica.
Confieso que hay un solo Bautismo
para el perdón de los pecados.

el perdón de los pecados,
la resurrección de la carne
y la vida eterna.
Amén.

Espero la resurrección de los muertos
y la vida del mundo futuro.
Amén.

SEGUNDA SECCION

LA PROFESION DE LA FE CRISTIANA

LOS SIMBOLOS DE LA FE

185 Quien dice "Yo creo", dice "Yo me adhiero a lo que *nosotros* creemos". La comunión en la fe necesita un lenguaje común de la fe, normativo para todos y que nos una en la misma confesión de fe. 171; 949

186 Desde su origen, la Iglesia apostólica expresó y transmitió su propia fe en fórmulas breves y normativas para todos (cf Rm 10, 9; 1 Co 15, 3-5). Pero muy pronto, la Iglesia quiso también recoger lo esencial de su fe en resúmenes orgánicos y articulados destinados sobre todo a los candidatos al bautismo:

> Esta síntesis de la fe no ha sido hecha según las opiniones humanas, sino que de toda la Escritura ha sido recogido lo que hay en ella de más importante, para dar en su integridad la única enseñanza de la fe. Y como el grano de mostaza contiene en un grano muy pequeño gran número de ramas, de igual modo este resumen de la fe encierra en pocas palabras todo el conocimiento de la verdadera piedad contenida en el Antiguo y el Nuevo Testamento (S. Cirilo de Jerusalén, catech. ill. 5, 12).

187 Se llama a estas síntesis de la fe "profesiones de fe" porque resumen la fe que profesan los cristianos. Se les llama "Credo" por razón de que en ellas la primera palabra es normalmente: "Creo". Se les denomina igualmente "símbolos de la fe".

188 La palabra griega "symbolon" significaba la mitad de un objeto partido (por ejemplo, un sello) que se presentaba como una señal para darse a conocer. Las partes rotas se ponían juntas para verificar la identidad del portador. El "símbolo de la fe" es, pues, un signo de identificación y de comunión entre los creyentes. "Symbolon" significa también recopilación, colección o sumario. El "símbolo de la fe" es la recopilación de las principales verdades de la fe. De ahí el hecho de que sirva de punto de referencia primero y fundamental de la catequesis.

189 La primera "profesión de fe" se hace en el Bautismo. El "símbolo de la fe" es ante todo el símbolo *bautismal*. Puesto que el Bautismo es dado "en el nombre del Padre y del Hijo y del Espíritu Santo" (Mt 28, 19), las verdades de fe profesadas en el Bautismo son articuladas según su referencia a las tres personas de la Santísima Trinidad. 1237 232

190   El Símbolo se divide, por tanto, en tres partes: "primero
habla de la primera Persona divina y de la obra admirable de la
creación; a continuación, de la segunda Persona divina y del Misterio de la Redención de los hombres; finalmente, de la tercera
Persona divina, fuente y principio de nuestra santificación" (Catech. R. 1, 1, 3). Son "los tres capítulos de nuestro sello (bautismal)" (S. Ireneo, dem. 100).

191   "Estas tres partes son distintas aunque están ligadas entre
sí. Según una comparación empleada con frecuencia por los Padres, las llamamos *artículos*. De igual modo, en efecto, que en
nuestros miembros hay ciertas articulaciones que los distinguen y
los separan, así también, en esta profesión de fe, se ha dado con
propiedad y razón el nombre de artículos a las verdades que debemos creer en particular y de una manera distinta" (Catch. R. 1, 1,
4). Según una antigua tradición, atestiguada ya por S. Ambrosio,
se acostumbra a enumerar *doce* artículos del Credo, simbolizando
con el número de los doce apóstoles el conjunto de la fe apostólica
(cf symb. 8).

192   A lo largo de los siglos, en respuesta a las necesidades de
diferentes épocas, han sido numerosas las profesiones o símbolos
de la fe: los símbolos de las diferentes Iglesias apostólicas y antiguas (cf DS 1-64), el Símbolo "Quicumque", llamado de S. Atanasio (cf DS 75-76), las profesiones de fe de ciertos Concilios (Toledo: DS 525-541; Letrán: DS 800-802; Lyón: DS 851-861; Trento:
DS 1862-1870) o de ciertos Papas, como la "fides Damasi" (cf DS
71-72) o el "Credo del Pueblo de Dios" (SPF) de Pablo VI (1968).

193   Ninguno de los símbolos de las diferentes etapas de la vida
de la Iglesia puede ser considerado como superado e inútil. Nos
ayudan a captar y profundizar hoy la fe de siempre a través de los
diversos resúmenes que de ella se han hecho.

Entre todos los símbolos de la fe, dos ocupan un lugar
muy particular en la vida de la Iglesia:

194   El *Símbolo de los Apóstoles*, llamado así porque es considerado con justicia como el resumen fiel de la fe de los apóstoles.
Es el antiguo símbolo bautismal de la Iglesia de Roma. Su gran autoridad le viene de este hecho: "Es el símbolo que guarda la Iglesia
romana, la que fue sede de Pedro, el primero de los apóstoles, y a la
cual él llevó la doctrina común" (S. Ambrosio, symb. 7).

242; 245; 465   **195**   El *Símbolo llamado de Nicea-Constantinopla* debe su gran
autoridad al hecho de que es fruto de los dos primeros Concilios

ecuménicos (325 y 381). Sigue siendo todavía hoy el símbolo común a todas las grandes Iglesias de Oriente y Occidente.

196 Nuestra exposición de la fe seguirá el *Símbolo de los Apóstoles*, que constituye, por así decirlo, "el más antiguo catecismo romano". No obstante, la exposición será completada con referencias constantes al *Símbolo de Nicea-Constantinopla*, que con frecuencia es más explícito y más detallado.

197 Como en el día de nuestro Bautismo, cuando toda nuestra vida fue confiada "a la regla de doctrina" (Rm 6, 17), acogemos el símbolo de esta fe nuestra que da la vida. Recitar con fe el Credo es entrar en comunión con Dios Padre, Hijo y Espíritu Santo, es entrar también en comunión con toda la Iglesia que nos transmite la fe y en el seno de la cual creemos: 1064

> Este símbolo es el sello espiritual, es la meditación de nuestro corazón y el guardián siempre presente, es, con toda certeza, el tesoro de nuestra alma (S. Ambrosio, symb. 1).   1274

CAPITULO PRIMERO

CREO EN DIOS PADRE

198 Nuestra profesión de fe comienza por *Dios*, porque Dios es "el Primero y el Ultimo" (Is 44, 6), el Principio y el Fin de todo. El Credo comienza por Dios *Padre*, porque el Padre es la Primera Persona Divina de la Santísima Trinidad; nuestro símbolo se inicia con la creación del cielo y de la tierra, ya que la creación es el comienzo y el fundamento de todas las obras de Dios.

Artículo 1   **"CREO EN DIOS, PADRE
TODOPODEROSO, CREADOR
DEL CIELO Y DE LA TIERRA"**

Párrafo 1   CREO EN DIOS

199 "Creo en Dios": Esta primera afirmación de la profesión de fe es también la más fundamental. Todo el símbolo habla de Dios, y si habla también del hombre y del mundo, lo hace por relación a Dios. Todos los artículos del Credo dependen del primero, así como los mandamientos son explicitaciones del primero. Los demás artículos nos hacen conocer mejor a Dios tal como se reveló progresivamente a los hombres. "Los fieles hacen primero profesión de creer en Dios" (Catech. R. 1, 2, 2).   2083

I "CREO EN UN SOLO DIOS"

200 Con estas palabras comienza el Símbolo de Nicea-Constantinopla. La confesión de la unicidad de Dios, que tiene su raíz
2085 en la Revelación Divina en la Antigua Alianza, es inseparable de
la confesión de la existencia de Dios y asimismo también fundamental. Dios es Unico: no hay más que un solo Dios: "La fe cristiana confiesa que hay un solo Dios, por naturaleza, por substancia
y por esencia" (Catech. R., 1, 2, 2).

2083 **201** A Israel, su elegido, Dios se reveló como el Unico: "Escucha Israel: el Señor nuestro Dios es el único Señor. Amarás al Señor tu Dios con todo tu corazón, con toda tu alma y con toda tu
fuerza" (Dt 6, 4-5). Por los profetas, Dios llama a Israel y a todas
las naciones a volverse a El, el Unico: "Volveos a mí y seréis salvados, confines todos de la tierra, porque yo soy Dios, no existe
ningún otro... ante mí se doblará toda rodilla y toda lengua jurará
diciendo: ¡Sólo en Dios hay victoria y fuerza!" (Is 45, 22-24; cf
Flp 2, 10-11).

202 Jesús mismo confirma que Dios es "el único Señor" y que
es preciso amarle con todo el corazón, con toda el alma, con todo
el espíritu y todas las fuerzas (cf Mc 12, 29-30). Deja al mismo
446 tiempo entender que El mismo es "el Señor" (cf Mc 12, 35-37).
Confesar que "Jesús es Señor" es lo propio de la fe cristiana. Esto
152 no es contrario a la fe en el Dios Unico. Creer en el Espíritu Santo,
"que es Señor y dador de vida", no introduce ninguna división en
el Dios único:

> Creemos firmemente y afirmamos sin ambages que hay un
42 > solo verdadero Dios, inmenso e inmutable, incomprensible, to-
> dopoderoso e inefable, Padre, Hijo y Espíritu Santo: Tres Perso-
> nas, pero una Esencia, una Substancia o Naturaleza absoluta-
> mente simple (Cc. de Letrán IV: DS 800).

II DIOS REVELA SU NOMBRE

203 A su pueblo Israel Dios, se reveló dándole a conocer su
2143 Nombre. El nombre expresa la esencia, la identidad de la persona
y el sentido de su vida. Dios tiene un nombre. No es una fuerza
anónima. Comunicar su nombre es darse a conocer a los otros. Es,
en cierta manera, comunicarse a sí mismo haciéndose accesible,
capaz de ser más íntimamente conocido y de ser invocado personalmente.

204 Dios se reveló progresivamente y bajo diversos nombres a
63 su pueblo, pero la revelación del Nombre Divino, hecha a Moisés

en la teofanía de la zarza ardiente, en el umbral del Exodo y de la
Alianza del Sinaí, demostró ser la revelación fundamental tanto
para la Antigua como para la Nueva Alianza.

El Dios vivo

205 Dios llama a Moisés desde una zarza que arde sin consu-
mirse. Dios dice a Moisés: "Yo soy el Dios de tus padres, el Dios
de Abraham, el Dios de Isaac y el Dios de Jacob" (Ex 3, 6). Dios
es el Dios de los padres. El que había llamado y guiado a los patriarcas en sus peregrinaciones. Es el Dios fiel y compasivo que se
acuerda de ellos y de sus promesas; viene para librar a sus descendientes de la esclavitud. Es el Dios que más allá del espacio y del
tiempo lo puede y lo quiere, y que pondrá en obra toda su Omnipotencia para este designio.

2575

268

"Yo soy el que soy"

Moisés dijo a Dios: "Si voy a los hijos de Israel y les digo:
'El Dios de vuestros padres me ha enviado a vosotros'; cuando
me pregunten: '¿Cuál es su nombre?', ¿qué les responderé?" Dijo Dios a Moisés: "Yo soy el que soy". Y añadió: "Así dirás a
los hijos de Israel: 'Yo soy' me ha enviado a vosotros... Este es
ni nombre para siempre, por él seré invocado de generación en
generación" (Ex 3, 13-15).

206 Al revelar su nombre misterioso de YHWH, "Yo soy el
que es" o "Yo soy el que soy" o también "Yo soy el que Yo soy",
Dios dice quién es y con qué nombre se le debe llamar. Este Nombre Divino es misterioso como Dios es Misterio. Es a la vez un
Nombre revelado y como la resistencia a tomar un nombre propio,
y por esto mismo expresa mejor a Dios como lo que El es, infinitamente por encima de todo lo que podemos comprender o decir: es
el "Dios escondido" (Is 45, 15), su nombre es inefable (cf Jc 13,
18), y es el Dios que se acerca a los hombres.

43

207 Al revelar su nombre, Dios revela, al mismo tiempo, su fi-
delidad que es de siempre y para siempre, valedera para el pasado
("Yo soy el Dios de tus padres", Ex 3, 6) como para el porvenir
("Yo estaré contigo", Ex 3, 12). Dios que revela su nombre como
"Yo soy" se revela como el Dios que está simpre allí, presente jun-
to a su pueblo para salvarlo.

208 Ante la presencia atrayente y misteriosa de Dios, el hombre descubre su pequeñez. Ante la zarza ardiente, Moisés se quita
las sandalias y se cubre el rostro (cf Ex 3, 5-6) delante de la Santidad Divina. Ante la gloria del Dios tres veces santo, Isaías excla-

724

ma: "¡ Ay de mí, que estoy perdido, pues soy un hombre de labios
impuros!" (Is 6, 5). Ante los signos divinos que Jesús realiza, Pe-
448   dro exclama: "Aléjate de mí, Señor, que soy un hombre pecador"
(Lc 5, 8). Pero porque Dios es santo, puede perdonar al hombre
que se descubre pecador delante de él: "No ejecutaré el ardor de
388   mi cólera... porque soy Dios, no hombre; en medio de ti yo el Santo" (Os 11, 9). El apóstol Juan dirá igualmente: "Tranquilizaremos
nuestra conciencia ante él, en caso de que nos condene nuestra
conciencia, pues Dios es mayor que nuestra conciencia y conoce
todo" (1 Jn 3, 19-20).

209   Por respeto a su santidad el pueblo de Israel no pronuncia el
Nombre de Dios. En la lectura de la Sagrada Escritura, el Nombre revelado es sustituido por el título divino "Señor" ("Adonai", en grigo "Ky-
446   rios"). Con este título será aclamada la divinidad de Jesús: "Jesús es Señor".

"Dios misericordioso y clemente"

2116   **210**   Tras el pecado de Israel, que se apartó de Dios para adorar
2577   al becerro de oro (cf Ex 32), Dios escucha la intercesión de Moisés
y acepta marchar en medio de un pueblo infiel, manifestando así
su amor (cf Ex 33, 12-17). A Moisés, que pide ver su gloria, Dios
le responde: "Yo haré pasar ante tu vista toda mi bondad (belleza)
y pronunciaré delante de ti el nombre de YHWH" (Ex 33, 18-19).
Y el Señor pasa delante de Moisés, y proclama: "YHWH,
YHWH, Dios misericordioso y clemente, tardo a la cólera y rico
en amor y fidelidad" (Ex 34, 5-6). Moisés confiesa entonces que el
Señor es un Dios que perdona (cf Ex 34, 9).

211   El Nombre divino "Yo soy" o "El es" expresa la fidelidad
de Dios que, a pesar de la infidelidad del pecado de los hombres y
del castigo que merece, "mantiene su amor por mil generaciones"
(Ex 34, 7). Dios revela que es "rico en misericordia" (Ef 2, 4) lle-
604   gando hasta dar su propio Hijo. Jesús, dando su vida para librarnos
del pecado, revelará que El mismo lleva el Nombre divino: "Cuando hayáis levantado al Hijo del hombre, entonces sabréis que Yo
soy" (Jn 8, 28)

Solo Dios ES

212   En el transcurso de los siglos, la fe de Israel pudo desarrollar y profundizar las riquezas contenidas en la revelación del
Nombre divino. Dios es único; fuera de El no hay dioses (cf Is 44,
42   6). Dios trasciende el mundo y la historia. El es quien ha hecho el
cielo y la tierra: "Ellos perecen, mas tú quedas, todos ellos como la

ropa se desgastan... pero tú siempre el mismo, no tienen fin tus años" (Sal 102, 27-28). En él "no hay cambios ni sombras de rotaciones" (St 1, 17). El es "El que es", desde siempre y para siempre y por eso permanece siempre fiel a sí mismo y a sus promesas.

469; 2086

213   Por tanto, la revelación del Nombre inefable "Yo soy el que soy" contiene la verdad que sólo Dios ES. En este mismo sentido, ya la traducción de los Setenta y, siguiéndola, la Tradición de la Iglesia han entendido el Nombre divino: Dios es la plenitud del Ser y de toda perfección, sin origen y sin fin. Mientras todas las criaturas han recibido de El todo su ser y su poseer. El solo es su ser mismo y es por sí mismo todo lo que es.

41

III   DIOS, "EL QUE ES", ES VERDAD Y AMOR

214   Dios, "El que es", se reveló a Israel como el que es "rico en amor y fidelidad" (Ex 34, 6). Estos dos términos expresan de forma condensada las riquezas del Nombre divino. En todas sus obras, Dios muestra su benevolencia, su bondad, su gracia, su amor; pero también su fiabilidad, su constancia, su fidelidad, su verdad. "Doy gracias a tu nombre por tu amor y tu verdad" (Sal 138, 2; cf Sal 85, 11). El es la Verdad, porque "Dios es Luz, en él no hay tiniebla alguna" (1 Jn 1, 5); él es "Amor", como lo enseña el apóstol Juan (1 Jn 4, 8).

1062

Dios es la Verdad

215   "Es verdad el principio de tu palabra, por siempre, todos tus justos juicios" (Sal 119, 160). "Ahora, mi Señor Dios, tú eres Dios, tus palabras son verdad" (2 S 7, 28); por eso las promesas de Dios se realizan siempre (cf Dt 7, 9). Dios es la Verdad misma, sus palabras no pueden engañar. Por ello el hombre se puede entregar con toda confianza a la verdad y a la fidelidad de la palabra de Dios en todas las cosas. El comienzo del pecado y de la caída del hombre fue una mentira del tentador que indujo a dudar de la palabra de Dios, de su benevolencia y de su fidelidad.

2465

1063
156

397

216   La verdad de Dios es su sabiduría que rige todo el orden de la creación y del gobierno del mundo (cf Sb 13, 1-9). Dios, único Creador del cielo y de la tierra (cf Sal 115, 15), es el único que puede dar el conocimiento verdadero de todas las cosas creadas en su relación con El (cf Sb 7, 17-21).

295

32

217   Dios es también verdadero cuando se revela: la enseñanza que viene de Dios es "una doctrina de verdad" (Ml 2, 6). Cuando

851
2466 envíe su Hijo al mundo, será para "dar testimonio de la Verdad" (Jn 18, 37): "Sabemos que el Hijo de Dios ha venido y nos ha dado inteligencia para que conozcamos al Verdadero" (1 Jn 5, 20; cf Jn 17, 3).

Dios es Amor

218 A lo largo de su historia, Israel pudo descubrir que Dios sólo tenía una razón para revelársele y escogerlo entre todos los
295 pueblos como pueblo suyo: su amor gratuito (cf Dt 4, 37; 7, 8; 10, 15). E Israel comprendió, gracias a sus profetas, que también por amor Dios no cesó de salvarlo (cf Is 43, 1-7) y de perdonarle su infidelidad y sus pecados (cf Os 2).

219 El amor de Dios a Israel es comparado al amor de un padre a su hijo (Os 11, 1). Este amor es más fuerte que el amor de
239 una madre a sus hijos (cf Is 49, 14-15). Dios ama a su Pueblo más
796 que un esposo a su amada (Is 62, 4-5); este amor vencerá incluso las peores infidelidades (cf Ez 16; Os 11); llegará hasta el don más
458 precioso: "Tanto amó Dios al mundo que dio a su Hijo único" (Jn 3, 16).

220 El amor de Dios es "eterno" (Is 54, 8). "Porque los montes se correrán y las colinas se moverán, mas mi amor de tu lado no se apartará" (Is 54, 10). "Con amor eterno te he amado: por eso he reservado gracia para ti" (Jr 31, 3).

221 Pero S. Juan irá todavía más lejos al afirmar: "Dios es
733; 851 Amor" (1 Jn 4, 8.16); el ser mismo de Dios es Amor. Al enviar en la plenitud de los tiempos a su Hijo único y al Espíritu de Amor, Dios revela su secreto más íntimo (cf 1 Co 2, 7-16; Ef 3, 9-12); El mismo es una eterna comunicación de amor: Padre, Hijo y Espíritu
257 Santo, y nos ha destinado a participar en El.

IV CONSECUENCIAS DE LA FE EN EL DIOS UNICO

222 Creer en Dios, el Unico, y amarlo con todo el ser tiene consecuencias inmensas para toda nuestra vida:

223 *Es reconocer la grandeza y la majestad de Dios*: "Sí, Dios
400 es tan grande que supera nuestra ciencia" (Jb 36, 26). Por esto Dios debe ser "el primer servido" (Santa Juan de Arco).

2637 **224** *Es vivir en acción de gracias*: Si Dios es el Unico, todo lo que somos y todo lo que poseemos viene de él: "¿Qué tienes que no hayas recibido?" (1 Co 4, 7). "¿Cómo pagaré al Señor todo el bien que me ha hecho?" (Sal 116, 12).

225 *Es reconocer la unidad y la verdadera dignidad de todos los hombres*: Todos han sido hechos "a imagen y semejanza de Dios" (Gn 1, 26). 356; 360; 1700; 1934

226 *Es usar bien de las cosas creadas*: La fe en Dios, el Unico, nos lleva a usar de todo lo que no es él en la medida en que nos acerca a él, y a separarnos de ello en la medida en que nos aparta de él (cf Mt 5, 29-30; 16, 24; 19, 23-24): 339; 2402; 2415

> Señor mío y Dios mío, quítame todo lo que me aleja de ti. Señor mío y Dios mío, dame todo lo que me acerca a ti. Señor mío y Dios mío, despójame de mí mismo para darme todo a ti (S. Nicolás de Flüe, oración)

227 *Es confiar en Dios en todas las circunstancias*, incluso en la adversidad. Una oración de Santa Teresa de Jesús lo expresa admirablemente: 313; 2090

> Nada te turbe / Nada te espante
> Todo se pasa / Dios no se muda
> La paciencia todo lo alcanza / quien a Dios tiene
> Nada le falta / Sólo Dios basta. 2830
> 1723
> (poes. 30)

RESUMEN

228 *"Escucha, Israel, el Señor nuestro Dios es el Unico Señor..." (Dt 6, 4; Mc 12, 29). "Es absolutamente necesario que el Ser supremo sea único, es decir, sin igual... Si Dios no es único, no es Dios" (Tertuliano, Marc. 1, 3).*

229 *La fe en Dios nos mueve a volvernos sólo a El como a nuestro primer origen y nuestro fin último; y a no preferirle a nada ni sustituirle con nada.*

230 *Dios al revelarse sigue siendo Misterio inefable: "Si lo comprendieras, no sería Dios" (S. Agustín, serm. 52, 6, 16).*

231 *El Dios de nuestra fe se ha revelado como El que es; se ha dado a conocer como "rico en amor y fidelidad" (Ex 34, 6). Su Ser mismo es Verdad y Amor.*

Párrafo 2   EL PADRE

I   "EN EL NOMBRE DEL PADRE Y DEL HIJO
Y DEL ESPIRITU SANTO"

189; 1223 **232**   Los cristianos son bautizados "en el nombre del Padre y del Hijo y del Espíritu Santo" (Mt 28, 19). Antes responden "Creo" a la triple pregunta que les pide confesar su fe en el Padre, en el Hijo y en el Espíritu: "Fides omnium christianorum in Trinitate consistit" ("La fe de todos los cristianos se cimenta en la Santísima Trinidad", S. Cesáreo de Arlés, symb.).

233   Los cristianos son bautizados en "el nombre" del Padre y del Hijo y del Espíritu Santo y no en "los nombres" de éstos (cf Profesión de fe del Papa Vigilio en 552: DS 415), pues no hay más que un solo Dios, el Padre todopoderoso y su Hijo único y el Espíritu Santo: la Santísima Trinidad.

234   El misterio de la Santísima Trinidad es el misterio central
2157   de la fe y de la vida cristiana. Es el misterio de Dios en sí mismo. Es, pues, la fuente de todos los otros misterios de la fe; es la luz que los ilumina. Es la enseñanza más fundamental y esencial en la
90   "jerarquía de las verdades de fe" (DCG 43). "Toda la historia de la salvación no es otra cosa que la historia del camino y los medios por los cuales el Dios verdadero y único, Padre, Hijo y Espíritu
1449   Santo, se revela, reconcilia consigo a los hombres, apartados por el pecado, y se une con ellos" (DCG 47).

235   En este párrafo, se expondrá brevemente de qué manera es revelado el misterio de la Bienaventurada Trinidad (I), cómo la Iglesia ha formulado la doctrina de la fe sobre este misterio (II), y finalmente cómo, por las misiones divinas del Hijo y del Espíritu Santo, Dios Padre realiza su "designio amoroso" de creación, de redención, y de santificación (III).

1066   **236**   Los Padres de la Iglesia distinguen entre la "Theologia" y la "Oikonomia", designando con el primer término el misterio de la vida íntima del Dios-Trinidad, con el segundo todas las obras de Dios por las que se revela y comunica su vida. Por la "Oikonomia" nos es revelada la "Theologia"; pero inversamente, es la "Theologia", quien esclarece toda
259   la "Oikonomia". Las obras de Dios revelan quién es en sí mismo; e inversamente, el misterio de su Ser íntimo ilumina la inteligencia de todas sus obras. Así sucede, analógicamente, entre las personas humanas. La persona se muestra en su obrar y a medida que conocemos mejor a una persona, mejor comprendemos su obrar.

237   La Trinidad es un misterio de fe en sentido estricto, uno de los "misterios escondidos en Dios, que no pueden ser conocidos si
50   no son revelados desde lo alto" (Cc. Vaticano I: DS 3015). Dios, ciertamente, ha dejado huellas de su ser trinitario en su obra de

Creación y en su Revelación a lo largo del Antiguo Testamento. Pero la intimidad de su Ser como Trinidad Santa constituye un misterio inaccesible a la sola razón e incluso a la fe de Israel antes de la Encarnación del Hijo de Dios y el envío del Espíritu Santo.

II LA REVELACION DE DIOS COMO TRINIDAD

El Padre revelado por el Hijo

238 La invocación de Dios como "Padre" es conocida en muchas religiones. La divinidad es con frecuencia considerada como "padre de los dioses y de los hombres". En Israel, Dios es llamado Padre en cuanto Creador del mundo (cf Dt 32, 6; Ml 2, 10). Pues aún más, es Padre en razón de la alianza y del don de la Ley a Israel, su "primogénito" (Ex 4, 22). Es llamado también Padre del rey de Israel (cf 2 S 7, 14). Es muy especialmente "el Padre de los pobres", del huérfano y de la viuda, que están bajo su protección amorosa (cf Sal 68, 6).

2443

239 Al designar a Dios con el nombre de "Padre", el lenguaje de la fe indica principalmente dos aspectos: que Dios es origen primero de todo y autoridad trascendente y que es al mismo tiempo bondad y solicitud amorosa para todos sus hijos. Esta ternura paternal de Dios puede ser expresada también mediante la imagen de la maternidad (cf Is 66, 13; Sal 131, 2) que indica más expresivamente la inmanencia de Dios, la intimidad entre Dios y su criatura. El lenguaje de la fe se sirve así de la experiencia humana de los padres que son en cierta manera los primeros representantes de Dios para el hombre. Pero esta experiencia dice también que los padres humanos son falibles y que pueden desfigurar la imagen de la paternidad y de la maternidad. Conviene recordar, entonces, que Dios trasciende la distinción humana de los sexos. No es hombre ni mujer, es Dios. Trasciende también la paternidad y la maternidad humanas (cf Sal 27, 10), aunque sea su origen y medida (cf Ef 3, 14; Is 49, 15): Nadie es padre como lo es Dios.

370; 2779

240 Jesús ha revelado que Dios es "Padre" en un sentido nuevo: no lo es sólo en cuanto Creador, es eternamente Padre en relación a su Hijo Unico, que recíprocamente sólo es Hijo en relación a su Padre: "Nadie conoce al Hijo sino el Padre, ni al Padre le conoce nadie sino el Hijo, y aquel a quien el Hijo se lo quiera revelar" (Mt 11, 27).

2780

441-445

241 Por eso los apóstoles confiesan a Jesús como "el Verbo que en el principio estaba junto a Dios y que era Dios" (Jn 1, 1), como "la imagen del Dios invisible" (Col 1, 15), como "el resplandor de su gloria y la impronta de su esencia" (Hb 1, 3).

242 Después de ellos, siguiendo la tradición apostólica, la Iglesia confesó en el año 325 en el primer Concilio Ecuménico de Nicea que el Hijo es "consubstancial" al Padre, es decir, un solo Dios

465

con él. El segundo Concilio Ecuménico, reunido en Constantino-
pla en el año 381, conservó esta expresión en su formulación del
Credo de Nicea y confesó "al Hijo Unico de Dios, engendrado del
Padre antes de todos los siglos, luz de luz, Dios verdadero de
Dios verdadero, engendrado no creado, consubstancial al Padre"
(DS 150).

El Padre y el Hijo revelados por el Espíritu

243 Antes de su Pascua, Jesús anuncia el envío de "otro Pará-
683   clito" (Defensor), el Espíritu Santo. Este, que actuó ya en la Creación (cf Gn 1, 2) y "por los profetas" (Credo de Nicea-Constantinopla), estará ahora junto a los discípulos y en ellos (cf Jn 14, 17),
2780   para enseñarles (cf Jn 14, 16) y conducirlos "hasta la verdad com-
687   pleta" (Jn 16, 13). El Espíritu Santo es revelado así como otra persona divina con relación a Jesús y al Padre.

244 El origen eterno del Espíritu se revela en su misión temporal. El Espíritu Santo es enviado a los apóstoles y a la Iglesia tanto
por el Padre en nombre del Hijo, como por el Hijo en persona, una
vez que vuelve junto al Padre (cf Jn 14, 26; 15, 26; 16, 14). El en-
732   vío de la persona del Espíritu tras la glorificación de Jesús (cf Jn 7,
39), revela en plenitud el misterio de la Santísima Trinidad.

152   **245** La fe apostólica relativa al Espíritu fue confesada por el
segundo Concilio Ecuménico en el año 381 en Constantinopla:
"Creemos en el Espíritu Santo, Señor y dador de vida, que procede
del Padre" (DS 150). La Iglesia reconoce así al Padre como "la
fuente y el origen de toda la divinidad" (Cc. de Toledo VI, año
638: DS 490). Sin embargo, el origen eterno del Espíritu Santo está en conexión con el del Hijo: "El Espíritu Santo, que es la tercera
persona de la Trinidad, es Dios, uno e igual al Padre y al Hijo, de
la misma substancia y también de la misma naturaleza. Por eso, no
se dice que es sólo el Espíritu del Padre, sino a la vez el Espíritu
del Padre y del Hijo" (Cc. de Toledo XI, año 675: DS 527). El
685   Credo del Concilio de Constantinopla (año 381) confiesa: "Con el
Padre y el Hijo recibe una misma adoración y gloria" (DS 150).

246 La tradición latina del Credo confiesa que el Espíritu "procede del Padre *y del Hijo (filioque)*". El Concilio de Florencia, en
el año 1438, explicita: "El Espíritu Santo tiene su esencia y su ser
a la vez del Padre y del Hijo y procede eternamente tanto del Uno
como del Otro como de un solo Principio y por una sola espira-
ción... Y porque todo lo que pertenece al Padre, el Padre lo dio a
su Hijo único, al engendrarlo, a excepción de su ser de Padre,
esta procesión misma del Espíritu Santo a partir del Hijo, éste la

tiene eternamente de su Padre que lo engendró eternamente"
(DS 1300-1301).

247 La afirmación del *filioque* no figuraba en el símbolo confesado
el año 381 en Constantinopla. Pero sobre la base de una antigua tradición
latina y alejandrina, el Papa S. León la había ya confesado dogmática-
mente el año 447 (cf DS 284) antes incluso que Roma conociese y reci-
biese el año 451, en el Concilio de Calcedonia, el símbolo del 381. El uso
de esta fórmula en el Credo fue poco a poco admitido en la liturgia latina
(entre los siglos VIII y XI). La introducción del Filioque en el Símbolo
de Nicea-Constantinopla por la liturgia latina constituye, todavía hoy, un
motivo de no convergencia con las Iglesias ortodoxas.

248 La tradición oriental expresa en primer lugar el carácter de origen primero del Padre por relación al Espíritu Santo. Al confesar al Espíritu como "salido del Padre" (Jn 15, 26), esa tradición afirma que este
procede del Padre *por* el Hijo (cf AG 2). La tradición occidental expresa
en primer lugar la comunión consubstancial entre el Padre y el Hijo diciendo que el Espíritu procede del Padre y del Hijo (Filioque). Lo dice
"de manera legítima y razonable" (Cc. de Florencia, 1439: DS 1302),
porque el orden eterno de las personas divinas en su comunión consubstancial implica que el Padre sea el origen primero del Espíritu en tanto
que "principio sin principio" (DS 1331), pero también que, en cuanto Padre del Hijo Unico, sea con él "el único principio de que procede el Espíritu Santo" (Cc. de Lyón II, 1274: DS 850). Esta legítima complementariedad, si no se desorbita, no afecta a la identidad de la fe en la realidad
del mismo misterio confesado.

III   LA SANTISIMA TRINIDAD EN LA DOCTRINA DE LA FE

La formación del dogma trinitario

249 La verdad revelada de la Santísima Trinidad ha estado desde los orígenes en la raíz de la fe viva de la Iglesia, principalmente
en el acto del bautismo. Encuentra su expresión en la regla de la fe
bautismal, formulada en la predicación, la catequesis y la oración
de la Iglesia. Estas formulaciones se encuentran ya en los escritos
apostólicos, como este saludo recogido en la liturgia eucarística:
"La gracia del Señor Jesucristo, el amor de Dios Padre y la comunión del Espíritu Santo sean con todos vosotros" (2 Co 13, 13; cf 1
Co 12, 4-6; Ef 4, 4-6).

683
189

250 Durante los primeros siglos, la Iglesia formula más explícitamente su fe trinitaria tanto para profundizar su propia inteligencia de la fe como para defenderla contra los errores que la de-
formaban. Esta fue la obra de los Concilios antiguos, ayudados por
el trabajo teológico de los Padres de la Iglesia y sostenidos por el
sentido de la fe del pueblo cristiano.

94

251 Para la formulación del dogma de la Trinidad, la Iglesia debió
crear una terminología propia con ayuda de nociones de origen filosófico:

"substancia", "persona" o "hipóstasis", "relación", etc. Al hacer esto, no sometía la fe a una sabiduría humana, sino que daba un sentido nuevo, sorprendente, a estos términos destinados también a significar en adelante un Misterio inefable, "infinitamente más allá de todo lo que podemos concebir según la medida humana" (Pablo VI, SPF 2).

170

252 La Iglesia utiliza el término "substancia" (traducido a veces también por "esencia" o por "naturaleza") para designar el ser divino en su unidad; el término "persona" o "hipóstasis" para designar al Padre, al Hijo y al Espíritu Santo en su distinción real entre sí; el término "relación" para designar el hecho de que su distinción reside en la referencia de cada uno a los otros.

El dogma de la Santísima Trinidad

253 *La Trinidad es una.* No confesamos tres dioses sino un solo Dios en tres personas: "la Trinidad consubstancial" (Cc. Constantinopla II, año 553: DS 421). Las personas divinas no se reparten la única divinidad, sino que cada una de ellas es enteramente Dios: "El Padre es lo mismo que es el Hijo, el Hijo lo mismo que es el Padre, el Padre y el Hijo lo mismo que el Espíritu Santo, es decir, un solo Dios por naturaleza" (Cc. de Toledo XI, año 675: DS 530). "Cada una de las tres personas es esta realidad, es decir, la substancia, la esencia o la naturaleza divina" (Cc. de Letrán IV, año 1215: DS 804).

2789

590

254 *Las personas divinas son realmente distintas entre sí.* "Dios es único pero no solitario" (Fides Damasi: DS 71). "Padre", "Hijo", "Espíritu Santo" no son simplemente nombres que designan modalidades del ser divino, pues son realmente distintos entre sí: "El que es el Hijo no es el Padre, y el que es el Padre no es el Hijo, ni el Espíritu Santo el que es el Padre o el Hijo" (Cc. de Toledo XI, año 675: DS 530). Son distintos entre sí por sus relaciones de origen: "El Padre es quien engendra, el Hijo quien es engendrado, y el Espíritu Santo es quien procede" (Cc. Letrán IV, año 1215: DS 804). *La Unidad divina es Trina.*

468; 689

255 *Las personas divinas son relativas unas a otras.* La distinción real de las personas entre sí, porque no divide la unidad divina, reside únicamente en las relaciones que las refieren unas a otras: "En los nombres relativos de las personas, el Padre es referido al Hijo, el Hijo lo es al Padre, el Espíritu Santo lo es a los dos; sin embargo, cuando se habla de estas tres personas considerando las relaciones se cree en una sola naturaleza o substancia" (Cc. de Toledo XI, año 675: DS 528). En efecto, "todo es uno (en ellos) donde no existe oposición de relación" (Cc. de Florencia, año 1442: DS 1330). "A causa de esta unidad, el Padre está todo en el

240

Hijo, todo en el Espíritu Santo; el Hijo está todo en el Padre, todo en el Espíritu Santo; el Espíritu Santo está todo en el Padre, todo en el Hijo" (Cc. de Florencia 1442: DS 1331).

256 A los catecúmenos de Constantinopla, S. Gregorio Nacianceno, llamado también "el Teólogo", confía este resumen de la fe trinitaria: 236; 684

> Ante todo, guardadme este buen depósito, por el cual vivo y combato, con el cual quiero morir, que me hace soportar todos los males y despreciar todos los placeres: quiero decir la profesión de fe en el Padre y el Hijo y el Espíritu Santo. Os la confío hoy. Por ella os introduciré dentro de poco en el agua y os sacaré de ella. Os la doy como compañera y patrona de toda vuestra vida. Os doy una sola Divinidad y Poder, que existe Una en los Tres, y contiene los Tres de una manera distinta. Divinidad sin distinción de substancia o de naturaleza, sin grado superior que eleve o grado inferior que abaje... Es la infinita connaturalidad de tres infinitos. Cada uno, considerado en sí mismo, es Dios todo entero...Dios los Tres considerados en conjunto... No he comenzado a pensar en la Unidad cuando ya la Trinidad me baña con su esplendor. No he comenzado a pensar en la Trinidad cuando ya la unidad me posee de nuevo... (Or. 40, 41: PG 36, 417). 84

IV LAS OBRAS DIVINAS Y LAS MISIONES TRINITARIAS

257 "O lux beata Trinitas et principalis Unitas!" ("¡Oh Trinidad, luz bienaventurada y unidad esencial!", LH, himno de vísperas) Dios es eterna beatitud, vida inmortal, luz sin ocaso. Dios es amor: Padre, Hijo y Espíritu Santo. Dios quiere comunicar libremente la gloria de su vida bienaventurada. Tal es el "designio benevolente" (Ef 1, 9) que concibió antes de la creación del mundo en su Hijo amado, "predestinándonos a la adopción filial en él" (Ef 1, 4-5), es decir, "a reproducir la imagen de su Hijo" (Rm 8, 29) gracias al "Espíritu de adopción filial" (Rm 8, 15). Este designio es una "gracia dada antes de todos los siglos" (2 Tm 1, 9-10), nacido inmediatamente del amor trinitario. Se despliega en la obra de la creación, en toda la historia de la salvación después de la caída, en las misiones del Hijo y del Espíritu, cuya prolongación es la misión de la Iglesia (cf AG 2-9). 221 758 292 850

258 Toda la economía divina es la obra común de las tres personas divinas. Porque la Trinidad, del mismo modo que tiene una sola y misma naturaleza, así también tiene una sola y misma operación (cf Cc. de Constantinopla, año 553: DS 421). "El Padre, el Hijo y el Espíritu Santo no son tres principios de las criaturas, sino un solo principio" (Cc. de Florencia, año 1442: DS 1331). Sin embargo, cada persona divina realiza la obra común según su propiedad personal. Así la Iglesia confiesa, siguiendo al Nuevo Testa- 686 mento (cf 1 Co 8, 6): "uno es Dios y Padre de quien proceden todas las cosas, un solo el Señor Jesucristo por el cual son todas las cosas, y uno el Espíritu Santo en quien son todas las cosas (Cc. de Constantinopla II: DS 421). Son, sobre todo, las misiones divinas de la Encarnación del Hijo y del don del Espíritu Santo las que manifiestan las propiedades de las personas divinas.

236 **259** Toda la economía divina, obra a la vez común y personal, da a conocer la propiedad de las personas divinas y su naturaleza única. Así, toda la vida cristiana es comunión con cada una de las personas divinas, sin separarlas de ningún modo. El que da gloria al Padre lo hace por el Hijo en el Espíritu Santo; el que sigue a Cristo, lo hace porque el Padre lo atrae (cf Jn 6, 44) y el Espíritu lo mueve (cf Rm 8, 14).

1050; 1721 **260** El fin último de toda la economía divina es la entrada de las criaturas en la unidad perfecta de la Bienaventurada Trinidad
1997 (cf Jn 17, 21-23). Pero desde ahora somos llamados a ser habitados por la Santísima Trinidad: "Si alguno me ama –dice el Señor– guardará mi Palabra, y mi Padre le amará, y vendremos a él, y haremos morada en él" (Jn 14, 23).

Dios mío, Trinidad que adoro, ayúdame a olvidarme enteramente de mí mismo para establecerme en ti, inmóvil y apacible como si mi alma estuviera ya en la eternidad; que nada pueda turbar mi paz, ni hacerme salir de ti, mi inmutable, sino que cada minuto me lleve más lejos en la profundidad de tu Misterio. Pacifica mi alma. Haz de ella tu cielo, tu morada amada y el lugar de tu reposo. Que yo no te deje jamás solo en ella, sino
2565 que yo esté allí enteramente, totalmente despierta en mi fe, en adoración, entregada sin reservas a tu acción creadora (Oración de la Beata Isabel de la Trinidad).

RESUMEN

261 *El misterio de la Santísima Trinidad es es el misterio central de la fe y de la vida cristiana. Sólo Dios puede dárnoslo a conocer revelándose como Padre, Hijo y Espíritu Santo.*

262 *La Encarnación del Hijo de Dios revela que Dios es el Padre eterno, y que el Hijo es consubstancial al Padre, es decir, que es en él y con él el mismo y único Dios.*

263 *La misión del Espíritu Santo, enviado por el Padre en nombre del Hijo (cf Jn 14, 26) y por el Hijo "de junto al Padre" (Jn 15, 26), revela que él es con ellos el mismo Dios único. "Con el Padre y el Hijo recibe una misma adoración y gloria".*

264 *"El Espíritu Santo procede del Padre en cuanto fuente primera y, por el don eterno de éste al Hijo, del Padre y del Hijo en comunión" (S. Agustín, Trin. 15, 26, 47).*

265 *Por la gracia del bautismo "en el nombre del Padre y del Hijo y del Espíritu Santo" somos llamados a participar en la vida de la Bienaventurada Trinidad, aquí abajo en la oscuridad de la fe y, después de la muerte, en la luz eterna (cf Pablo VI, SPF 9).*

266 *"La fe católica es ésta: que veneremos un Dios en la Trinidad y la Trinidad en la unidad, no confundiendo las personas, ni separando las substancias; una es la persona del Padre, otra la del Hijo, otra la del Espíritu Santo; pero del Padre y del Hijo y del Espíritu Santo una es la divinidad, igual la gloria, coeterna la majestad" (Symbolum "Quicumque").*

267 *Las personas divinas, inseparables en su ser, son también inseparables en su obrar. Pero en la única operación divina cada una manifiesta lo que le es propio en la Trinidad, sobre todo en las misiones divinas de la Encarnación del Hijo y del don del Espíritu Santo.*

Párrafo 3   EL TODOPODEROSO

268 De todos los atributos divinos, sólo la omnipotencia de Dios es nombrada en el Símbolo: confesarla tiene un gran alcance para nuestra vida. Creemos que es esa omnipotencia *universal*, porque Dios, que ha creado todo (cf Gn 1, 1; Jn 1, 3), rige todo y lo puede todo; es *amorosa*, porque Dios es nuestro Padre (cf Mt 6, 9); es *misteriosa*, porque sólo la fe puede descubrirla cuando "se manifiesta en la debilidad" (2 Co 12, 9; cf 1 Co 1, 18).

222

"Todo lo que El quiere, lo hace" (Sal 115, 3)

269 Las Sagradas Escrituras confiesan con frecuencia el poder *universal* de Dios. Es llamado "el Poderoso de Jacob" (Gn 49, 24; Is 1, 24), "el Señor de los ejércitos", "el Fuerte, el Valeroso" (Sal 24, 8-10). Si Dios es Todopoderoso "en el cielo y en la tierra" (Sal 135, 6), es porque El los ha hecho. Por tanto, nada le es imposible (cf Jr 32, 17; Lc 1, 37) y dispone a su voluntad de su obra (cf Jr 27, 5); es el Señor del universo, cuyo orden ha establecido, que le permanece enteramente sometido y disponible; es el Señor de la

303

historia: gobierna los corazones y los acontecimientos según su voluntad (cf Est 4, 17b; Pr 21, 1; Tb 13, 2): "El actuar con inmenso poder siempre está en tu mano. ¿Quién podrá resistir la fuerza de tu brazo?" (Sb 11, 21).

"Te compadeces de todos porque lo puedes todo" (Sb 11, 23)

270 Dios es el *Padre* todopoderoso. Su paternidad y su poder se esclarecen mutuamente. Muestra, en efecto, su omnipotencia paternal por la manera como cuida de nuestras necesidades (cf Mt 6, 32); por la adopción filial que nos da ("Yo seré para vosotros padre, y vosotros seréis para mí hijos e hijas, dice el Señor todopoderoso" 2 Co 6, 18); finalmente, por su misericordia infinita, pues muestra su poder en el más alto grado perdonando libremente los pecados.

271 La omnipotencia divina no es en modo alguno arbitraria: "En Dios el poder y la esencia, la voluntad y la inteligencia, la sabiduría y la justicia son una sola cosa, de suerte que nada puede haber en el poder divino que no pueda estar en la justa voluntad de Dios o en su sabia inteligencia" (S. Tomás de A., s. th. 1, 25, 5, ad 1).

El misterio de la aparente impotencia de Dios

272 La fe en Dios Padre Todopoderoso puede ser puesta a prueba por la experiencia del mal y del sufrimiento. A veces Dios puede parecer ausente e incapaz de impedir el mal. Ahora bien, Dios Padre ha revelado su omnipotencia de la manera más *misteriosa* en el anonadamiento voluntario y en la Resurrección de su Hijo, por los cuales ha vencido el mal. Así, Cristo crucificado es "poder de Dios y sabiduría de Dios. Porque la necedad divina es más sabia que la sabiduría de los hombres, y la debilidad divina, más fuerte que la fuerza de los hombres" (1 Co 2, 24-25). En la Resurrección y en la exaltación de Cristo es donde el Padre "desplegó el vigor de su fuerza" y manifestó "la soberana grandeza de su poder para con nosotros, los creyentes" (Ef 1, 19-22).

273 Sólo la fe puede adherir a las vías misteriosas de la omnipotencia de Dios. Esta fe se gloría de sus debilidades con el fin de atraer sobre sí el poder de Cristo (cf 2 Co 12, 9; Flp 4, 13). De esta fe, la Virgen María es el modelo supremo: ella creyó que "nada es imposible para Dios" (Lc 1, 37) y pudo proclamar las grandezas del Señor: "el Poderoso ha hecho en mi favor maravillas, Santo es su nombre" (Lc 1, 49).

274 "Nada es, pues, más propio para afianzar nuestra Fe y nuestra Esperanza que la convicción profundamente arraigada en nuestras almas de que nada es imposible para Dios. Porque todo lo que (el Credo) propondrá luego a nuestra fe, las cosas más grandes, las más incomprensibles, así como las más elevadas por encima de las leyes ordinarias de la naturaleza, en la medida en que nuestra razón tenga la idea de la omnipotencia divina, las admitirá fácilmente y sin vacilación alguna" (Catech. R. 1, 2, 13). 1814; 1817

211

RESUMEN

275   *Con Job, el justo, confesamos: "Sé que eres Todopoderoso: lo que piensas, lo puedes realizar" (Job 42, 2).*

276   *Fiel al testimonio de la Escritura, la Iglesia dirige con frecuencia su oración al "Dios todopoderoso y eterno" ("omnipotens sempiterne Deus..."), creyendo firmemente que "nada es imposible para Dios" (Gn 18, 14; Lc 1, 37; Mt 19, 26).*

277   *Dios manifiesta su omnipotencia convirtiéndonos de nuestros pecados y restableciéndonos en su amistad por la gracia ("Deus, qui omnipotentiam tuam parcendo maxime et miserando manifestas...", "Oh Dios, que manifiestas especialmente tu poder con el perdón y la misericordia...", MR, colecta del domingo XXVI).*

278   *De no ser por nuestra fe en que el amor de Dios es todopoderoso, ¿cómo creer que el Padre nos ha podido crear, el Hijo rescatar, el Espíritu Santo santificar?*

Párrafo 4   **EL CREADOR**

279   "En el principio, Dios creó el cielo y la tierra" (Gn 1, 1). Con estas palabras solemnes comienza la Sagrada Escritura. El Símbolo de la fe las recoge confesando a Dios Padre Todopoderoso como "el Creador del cielo y de la tierra", "de todo lo visible y lo invisible". Hablaremos, pues, primero del Creador, luego de su creación, finalmente de la caída del pecado de la que Jesucristo, el Hijo de Dios, vino a levantarnos.

288   **280**   La creación es el *fundamento* de "todos los designios salvíficos de Dios", "el comienzo de la historia de la salvación"
(DCG 51) que culmina en Cristo. Inversamente, el Misterio de
Cristo es la luz decisiva sobre el Misterio de la creación; revela el
fin en vista del cual, "al principio, Dios creó el cielo y la tierra"
(Gn 1, 1): desde el principio Dios preveía la gloria de la nueva
1043   creación en Cristo (cf Rm 8, 18-23).

1095   **281**   Por esto, las lecturas de la Noche Pascual, celebración de la creación nueva en Cristo, comienzan con el relato de la creación; de igual
modo, en la liturgia bizantina, el relato de la creación constituye siempre
la primera lectura de las vigilias de las grandes fiestas del Señor. Según el
testimonio de los antiguos, la instrucción de los catecúmenos para el bautismo sigue el mismo camino (cf Aeteria, pereg. 46; S. Agustín, catech.
3, 5).

I   LA CATEQUESIS SOBRE LA CREACIÓN

282   La catequesis sobre la Creación reviste una importancia
capital. Se refiere a los fundamentos mismos de la vida humana y
cristiana: explicita la respuesta de la fe cristiana a la pregunta básica que los hombres de todos los tiempos se han formulado: "¿De
dónde venimos?" "¿A dónde vamos?" "¿Cuál es nuestro origen?"
"¿Cuál es nuestro fin?" "¿De dónde viene y a dónde va todo lo que
existe?" Las dos cuestiones, la del origen y la del fin, son inseparables. Son decisivas para el sentido y la orientación de nuestra vida
1730   y nuestro obrar.

159   **283**   La cuestión sobre los orígenes del mundo y del hombre es objeto de numerosas investigaciones científicas que han enriquecido magnífi-
camente nuestros conocimientos sobre la edad y las dimensiones del cosmos, el devenir de las formas vivientes, la aparición del hombre. Estos
341   descubrimientos nos invitan a admirar más la grandeza del Creador, a
darle gracias por todas sus obras y por la inteligencia y la sabiduría que
da a los sabios e investigadores. Con Salomón, éstos pueden decir: "Fue
él quien me concedió el conocimiento verdadero de cuanto existe, quien
me dio a conocer la estructura del mundo y las propiedades de los elementos... porque la que todo lo hizo, la Sabiduría, me lo enseñó" (Sb 7,
17-21).

284   El gran interés que despiertan estas investigaciones está fuerte-
mente estimulado por una cuestión de otro orden, y que supera el dominio propio de las ciencias naturales. No se trata sólo de saber cuándo y
cómo ha surgido materialmente el cosmos, ni cuándo apareció el hombre,
sino más bien de descubrir cuál es el sentido de tal origen: si está gober-
nado por el azar, un destino ciego, una necesidad anónima, o bien por un
Ser trascendente, inteligente y bueno, llamado Dios. Y si el mundo procede de la sabiduría y de la bondad de Dios, ¿por qué existe el mal?, ¿de
dónde viene?, ¿quién es responsable de él?, ¿dónde está la posibilidad de
liberarse del mal?

285 Desde sus comienzos, la fe cristiana se ha visto confrontada a respuestas distintas de las suyas sobre la cuestión de los orígenes. Así, en las religiones y culturas antiguas encontramos numerosos mitos referentes a los orígenes. Algunos filósofos han dicho que todo es Dios, que el mundo es Dios, o que el devenir del mundo es el devenir de Dios (panteísmo); otros han dicho que el mundo es una emanación necesaria de Dios, que brota de esta fuente y retorna a ella; otros han afirmado incluso la existencia de dos principios eternos, el Bien y el Mal, la Luz y las Tinieblas, en lucha permanente (dualismo, maniqueísmo); según algunas de estas concepciones, el mundo (al menos el mundo material) sería malo, producto de una caída, y por tanto que se ha de rechazar y superar (gnosis); otros admiten que el mundo ha sido hecho por Dios, pero a la manera de un relojero que, una vez hecho, lo habría abandonado a él mismo (deísmo); otros, finalmente, no aceptan ningún origen trascendente del mundo, sino que ven en él el puro juego de una materia que ha existido siempre (materialismo). Todas estas tentativas dan testimonio de la permanencia y de la universalidad de la cuestión de los orígenes. Esta búsqueda es inherente al hombre. 28

286 La inteligencia humana puede ciertamente encontrar por sí misma una respuesta a la cuestión de los orígenes. En efecto, la 32 existencia de Dios Creador puede ser conocida con certeza por sus obras gracias a la luz de la razón humana (cf DS: 3026), aunque este conocimiento es con frecuencia oscurecido y desfigurado por el error. Por eso la fe viene a confirmar y a esclarecer la razón para 37 la justa inteligencia de esta verdad: "Por la fe, sabemos que el universo fue formado por la palabra de Dios, de manera que lo que se ve resultase de lo que no aparece" (Hb 11, 3).

287 La verdad en la creación es tan importante para toda la vida humana que Dios, en su ternura, quiso revelar a su pueblo todo 107 lo que es saludable conocer a este respecto. Más allá del conocimiento natural que todo hombre puede tener del Creador (cf Hch 17, 24-29; Rm 1, 19-20), Dios reveló progresivamente a Israel el misterio de la creación. El que eligió a los patriarcas, el que hizo salir a Israel de Egipto y que, al escoger a Israel, lo creó y formó (cf Is 43,1), se revela como aquel a quien pertenecen todos los pueblos de la tierra y la tierra entera, como el único Dios que "hizo el cielo y la tierra" (Sal 115, 15; 124, 8; 134, 3).

288 Así, la revelación de la creación es inseparable de la reve- 280 lación y de la realización de la Alianza del Dios único, con su Pueblo. La creación es revelada como el primer paso hacia esta Alianza, como el primero y universal testimonio del amor todopoderoso de Dios (cf Gn 15, 5; Jr 33, 19-26). Por eso, la verdad de la creación se expresa con un vigor creciente en el mensaje de los profetas (cf Is 44, 24), en la oración de los salmos (cf Sal 104) y de la li- 2569 turgia, en la reflexión de la sabiduría (cf Pr 8, 22-31) del Pueblo elegido.

289   Entre todas las palabras de la Sagrada Escritura sobre la creación, los tres primeros capítulos del Génesis ocupan un lugar
390   único. Desde el punto de vista literario, estos textos pueden tener diversas fuentes. Los autores inspirados los han colocado al comienzo de la Escritura de suerte que expresa, en su lenguaje solemne, las verdades de la creación, de su origen y de su fin en Dios, de su orden y de su bondad, de la vocación del hombre, finalmente, del drama del pecado y de la esperanza de la salvación.
111   Leídas a la luz de Cristo, en la unidad de la Sagrada Escritura y en la Tradición viva de la Iglesia, estas palabras siguen siendo la fuente principal para la catequesis de los Misterios del "comienzo": creación, caída, promesa de la salvación.

II   LA CREACION: OBRA DE LA SANTISIMA TRINIDAD

290   "En el principio, Dios creó el cielo y la tierra": tres cosas se afirman en estas primeras palabras de la Escritura: el Dios eterno ha dado principio a todo lo que existe fuera de El. Sólo El es creador (el verbo "crear" –en hebreo "bara"– tiene siempre por sujeto a Dios). La totalidad de lo que existe (expresada por la fórmula "el cielo y la tierra") depende de Aquel que le da el ser.

326

241   **291**   "En el principio existía el Verbo... y el Verbo era Dios... Todo fue hecho por él y sin él nada ha sido hecho" (Jn 1, 1-3). El Nuevo Testamento revela que Dios creó todo por el Verbo Eterno, su Hijo amado. "En El fueron creadas todas las cosas, en los cielos
331   y en la tierra... todo fue creado por él y para él, él existe con anterioridad a todo y todo tiene en él su consistencia" (Col 1, 16-17). La fe de la Iglesia afirma también la acción creadora del Espíritu
703   Santo: él es el "dador de vida" (Símbolo de Nicea-Constantinopla), "el Espíritu Creador" ("Veni, Creator Spiritus"), la "Fuente de todo bien" (Liturgia bizantina, Tropario de vísperas de Pentecostés).

292   La acción creadora del Hijo y del Espíritu, insinuada en el Antiguo Testamento (cf Sal 33, 6; 104, 30; Gn 1, 2-3), revelada en la Nueva Alianza, inseparablemente una con la del Padre, es claramente afirmada por la regla de fe de la Iglesia: "Sólo existe un Dios...: es el Padre, es Dios, es el Creador, es el Autor, es el Ordenador. Ha hecho todas las cosas *por sí mismo*, es decir, por su Verbo y por su Sabiduría" (S. Ireneo, haer. 2, 30, 9), "por el Hijo y el
699   Espíritu", que son como "sus manos" (ibíd., 4, 20, 1). La creación
257   es la obra común de la Santísima Trinidad.

III "EL MUNDO HA SIDO CREADO PARA LA GLORIA
DE DIOS"

293 Es una verdad fundamental que la Escritura y la Tradición
no cesan de enseñar y de celebrar: "El mundo ha sido creado para
la gloria de Dios" (Cc. Vaticano I: DS 3025). Dios ha creado todas
las cosas, explica S. Buenaventura, "non propter gloriam augen-
dam, sed propter gloriam manifestandam et propter gloriam suam
communicandam" ("no para aumentar su gloria, sino para mani-   1361
festarla y comunicarla", sent. 2, 1, 2, 2, 1). Porque Dios no tiene
otra razón para crear que su amor y su bondad: "Aperta manu clave amoris creaturae prodierunt" ("Abierta su mano con la llave del
amor surgieron las criaturas", S. Tomás de A. sent. 2, prol.). Y el
Concilio Vaticano I explica.

En su bondad y por su fuerza todopoderosa, no para au-   759
mentar su bienaventuranza, ni para adquirir su perfección, sino
para manifestarla por los bienes que otorga a sus criaturas, el solo verdadero Dios, en su libérrimo designio, en el comienzo del
tiempo, creó de la nada a la vez una y otra criatura, la espiritual
y la corporal (DS 3002).

294 La gloria de Dios consiste en que se realice esta manifesta-   2809
ción y esta comunicación de su bondad para las cuales el mundo
ha sido creado. Hacer de nosotros "hijos adoptivos por medio de
Jesucristo, según el beneplácito de su voluntad, *para alabanza de
la gloria* de su gracia" (Ef 1, 5-6): "Porque la gloria de Dios es el
hombre vivo, y la vida del hombre es la visión de Dios: si ya la re-   1722
velación de Dios por la creación procuró la vida a todos los seres
que viven en la tierra, cuánto más la manifestación del Padre por el
Verbo procurará la vida a los que ven a Dios" (S. Ireneo, haer. 4,
20, 7). El fin último de la creación es que Dios , "Creador de todos
los seres, se hace por fin 'todo en todas las cosas' (1 Co 15, 28),   1992
procurando al mismo tiempo su gloria y nuestra felicidad" (AG 2).

IV EL MISTERIO DE LA CREACION

Dios crea por sabiduría y por amor

295 Creemos que Dios creó el mundo según su sabiduría (cf
Sb 9, 9). Este no es producto de una necesidad cualquiera, de un
destino ciego o del azar. Creemos que procede de la voluntad libre
de Dios que ha querido hacer participar a las criaturas de su ser, de
su sabiduría y de su bondad: "Porque tú has creado todas las cosas;   216; 1951
por tu voluntad lo que no existía fue creado" (Ap 4, 11). "¡Cuán
numerosas son tus obras, Señor! Todas las has hecho con sabidu-

ría" (Sal 104, 24). "Bueno es el Señor para con todos, y sus ternuras sobre todas sus obras" (Sal 145, 9).

Dios crea "de la nada"

296 Creemos que Dios no necesita nada preexistente ni ninguna ayuda para crear (cf Cc. Vaticano I: DS 3022). La creación tampoco es una emanación necesaria de la substancia divina (cf Cc. Vaticano I: DS 3023-3024). Dios crea libremente "de la nada" (DS 800; 3025):

285

> ¿Qué tendría de extraordinario si Dios hubiera sacado el mundo de una materia preexistente? Un artífice humano, cuando se le da un material, hace de él todo lo que quiere. Mientras que el poder de Dios se muestra precisamente cuando parte de la nada para hacer todo lo que quiere (S. Teófilo de Antioquía, Autol. 2, 4).

338 **297** La fe en la creación "de la nada" está atestiguada en la Escritura como una verdad llena de promesa y de esperanza. Así la madre de los siete hijos macabeos los alienta al martirio:

> Yo no sé cómo aparecisteis en mis entrañas, ni fui yo quien os regaló el espíritu y la vida, ni tampoco organicé yo los elementos de cada uno. Pues así el Creador del mundo, el que modeló al hombre en su nacimiento y proyectó el origen de todas las cosas, os devolverá el espíritu y la vida con misericordia, porque ahora no miráis por vosotros mismos a causa de sus leyes... Te ruego, hijo, que mires al cielo y a la tierra y, al ver todo lo que hay en ellos, sepas que a partir de la nada lo hizo Dios y que también el género humano ha llegado así a la existencia (2 M 7, 22-23.28).

1375 **298** Puesto que Dios puede crear de la nada, puede por el Espíritu Santo dar la vida del alma a los pecadores creando en ellos un corazón puro (cf Sal 51, 12), y la vida del cuerpo a los difuntos mediante la Resurrección. El "da la vida a los muertos y llama a las cosas que no son para que sean" (Rm 4, 17). Y puesto que, por su Palabra, pudo hacer resplandecer la luz en las tinieblas (cf Gn 1, 3), puede también dar la luz de la fe a los que lo ignoran (cf 2 Co 4, 6).

992

Dios crea un mundo ordenado y bueno

299 Porque Dios crea con sabiduría, la creación está ordenada: "Tú todo lo dispusiste con medida, número y peso" (Sb 11, 20). Creada en y por el Verbo eterno, "imagen del Dios invisible" (Col 1, 15), la creación está destinada, dirigida al hombre, imagen de Dios (cf Gn 1, 26), llamado a una relación personal con Dios.

339

Nuestra inteligencia, participando en la luz del Entendimiento divino, puede entender lo que Dios nos dice por su creación (cf Sal 19, 2-5), ciertamente no sin gran esfuerzo y en un espíritu de humildad y de respeto ante el Creador y su obra (cf Jb 42, 3). Salida de la bondad divina, la creación participa en esa bondad ("Y vio Dios que era bueno... muy bueno": Gn 1, 4.10.12.18.21.31). Porque la creación es querida por Dios como un don dirigido al hombre, como una herencia que le es destinada y confiada. La Iglesia ha debido, en repetidas ocasiones, defender la bondad de la creación, comprendida la del mundo material (cf DS 286; 455-463; 800; 1333; 3002).

41; 1147

358

2415

Dios trasciende la creación y está presente en ella

300 Dios es infinitamente más grande que todas sus obras (cf Si 43, 28): "Su majestad es más alta que los cielos" (Sal 8, 2), "su grandeza no tiene medida" (Sal 145, 3). Pero porque es el Creador soberano y libre, causa primera de todo lo que existe, está presente en lo más íntimo de sus criaturas: "En él vivimos, nos movemos y existimos" (Hch 17, 28). Según las palabras de S. Agustín, Dios es "superior summo meo et interior intimo meo" ("Dios está por encima de lo más alto que hay en mí y está en lo más hondo de mi intimidad", conf. 3, 6, 11).

42
223

Dios mantiene y conduce la creación

301 Realizada la creación, Dios no abandona su criatura a ella misma. No sólo le da el ser y el existir, sino que la mantiene a cada instante en el ser, le da el obrar y la lleva a su término. Reconocer esta dependencia completa con respecto al Creador es fuente de sabiduría y de libertad, de gozo y de confianza:

1951
396

> Amas a todos los seres y nada de lo que hiciste aborreces, pues, si algo odiases, no lo hubieras creado. Y ¿cómo podría subsistir cosa que no hubieses querido? ¿Cómo se conservaría si no la hubieses llamado? Mas tú todo lo perdonas porque todo es tuyo, Señor que amas la vida (Sb 11, 24-26).

V   DIOS REALIZA SU DESIGNIO: LA DIVINA PROVIDENCIA

302 La creación tiene su bondad y su perfección propias, pero no salió plenamente acabada de las manos del Creador. Fue creada "en estado de vía" ("in statu viae") hacia una perfección última todavía por alcanzar, a la que Dios la destinó. Llamamos divina providencia a las disposiciones por las que Dios conduce la obra de su creación hacia esta perfección:

> Dios guarda y gobierna por su providencia todo lo que creó, "alcanzando con fuerza de un extremo al otro del mundo y disponiéndolo todo con dulzura" (Sb 8, 1). Porque "todo está desnudo y patente a sus ojos" (Hb 4, 13), incluso lo que la acción libre de las criaturas producirá (Cc. Vaticano I: DS 3003).

303 El testimonio de la Escritura es unánime: la solicitud de la divina providencia es *concreta* e *inmediata*; tiene cuidado de todo, de las cosas más pequeñas hasta los grandes acontecimientos del mundo y de la historia. Las Sagradas Escrituras afirman con fuerza la soberanía absoluta de Dios en el curso de los acontecimientos: "Nuestro Dios en los cielos y en la tierra, todo cuanto le place lo realiza" (Sal 115, 3); y de Cristo se dice: "si él abre, nadie puede cerrar; si él cierra, nadie puede abrir" (Ap 3, 7); "hay muchos proyectos en el corazón del hombre, pero sólo el plan de Dios se realiza" (Pr 19, 21).

269

304 Así vemos al Espíritu Santo, autor principal de la Sagrada Escritura atribuir con frecuencia a Dios acciones sin mencionar causas segundas. Esto no es "una manera de hablar" primitiva, sino un modo profundo de recordar la primacía de Dios y su señorío absoluto sobre la historia y el mundo (cf Is 10, 5-15; 45, 5-7; Dt 32, 39; Si 11, 14) y de educar así para la confianza en El. La oración de los salmos es la gran escuela de esta confianza (cf Sal 22; 32; 35; 103; 138).

2115

305 Jesús pide un abandono filial en la providencia del Padre celestial que cuida de las más pequeñas necesidades de sus hijos: "No andéis, pues, preocupados diciendo: ¿qué vamos a comer? ¿qué vamos a beber?... Ya sabe vuestro Padre celestial que tenéis necesidad de todo eso. Buscad primero su Reino y su justicia, y todas esas cosas se os darán por añadidura" (Mt 6, 31-33; cf 10, 29-31).

La providencia y las causas segundas

306 Dios es el Señor soberano de su designio. Pero para su realización se sirve también del concurso de las criaturas. Esto no es un signo de debilidad, sino de la grandeza y bondad de Dios Todopoderoso. Porque Dios no da solamente a sus criaturas la existencia, les da también la dignidad de actuar por sí mismas, de ser causas y principios unas de otras y de cooperar así a la realización de su designio.

1884

1951

106
373

307 Dios concede a los hombres incluso poder participar libremente en su providencia confiándoles la responsabilidad de "someter" la tierra y dominarla (cf Gn 1, 26-28). Dios da así a los hombres el ser causas inteligentes y libres para completar la obra de la Creación, para perfeccionar su armonía para su bien y el de sus prójimos. Los hombres, cooperadores a menudo inconscientes de la voluntad divina, pueden entrar libremente en el plan divino no sólo por su acciones y sus oraciones, sino también por sus sufrimientos (cf Col 1, 24). Entonces llegan a ser plenamente "colaboradores de Dios" (1 Co 3, 9; 1 Ts 3, 2) y de su Reino (cf Col 4, 11).

1954
242

2738
618; 1505

308 Es una verdad inseparable de la fe en Dios Creador: Dios actúa en las obras de sus criaturas. Es la causa primera que opera en y por las causas segundas: "Dios es quien obra en vosotros el querer y el obrar, como bien le parece" (Flp 2, 13; cf 1 Co 12, 6). Esta verdad, lejos de disminuir la dignidad de la criatura, la realza. Sacada de la nada por el poder, la sabiduría y la bondad de Dios, no puede nada si está separada de su origen, porque "sin el Creador la criatura se diluye" (GS 36, 3); menos aún puede ella alcanzar su fin último sin la ayuda de la gracia (cf Mt 19, 26; Jn 15, 5; Flp 4, 13).

970

La providencia y el escándalo del mal

309 Si Dios Padre Todopoderoso, Creador del mundo ordenado y bueno, tiene cuidado de todas sus criaturas, ¿por qué existe el mal? A esta pregunta tan apremiante como inevitable, tan dolorosa como misteriosa no se puede dar una respuesta simple. El conjunto de la fe cristiana constituye la respuesta a esta pregunta: la bondad de la creación, el drama del pecado, el amor paciente de Dios que sale al encuentro del hombre con sus Alianzas, con la Encarnación redentora de su Hijo, con el don del Espíritu, con la congregación de la Iglesia, con la fuerza de los sacramentos, con la llamada a una vida bienaventurada que las criaturas son invitadas a aceptar libremente, pero a la cual, también libremente, por un misterio terrible, pueden negarse o rechazar. *No hay un rasgo del mensaje cristiano que no sea en parte una respuesta a la cuestión del mal.*

164; 385

2805

310 Pero ¿por qué Dios no creó un mundo tan perfecto que en él no pudiera existir ningún mal? En su poder infinito, Dios podría siempre crear algo mejor (cf S. Tomás de A., s. th. I, 25, 6). Sin embargo, en su sabiduría y bondad infinitas, Dios quiso libremente crear un mundo "en estado de vía" hacia su perfección última. Este devenir trae consigo en el designio de Dios, junto con la aparición de ciertos seres, la desaparición de otros; junto con lo más perfecto lo menos perfecto; junto con las construcciones de la naturaleza también las destrucciones. Por tanto, con el bien físico existe tam-

412

1042-1050

342

bién *el mal físico*, mientras la creación no haya alcanzado su perfección (cf S. Tomás de A., s. gent. 3, 71).

311   Los ángeles y los hombres, criaturas inteligentes y libres,
396   deben caminar hacia su destino último por elección libre y amor de
1849   preferencia. Por ello pueden desviarse. De hecho pecaron. Y fue
así como *el mal moral* entró en el mundo, incomparablemente más
grave que el mal físico. Dios no es de ninguna manera, ni directa
ni indirectamente, la causa del mal moral, (cf S. Agustín, lib. 1, 1,
1; S. Tomás de A., s. th. 1-2, 79, 1). Sin embargo, lo permite, respetando la libertad de su criatura, y, misteriosamente, sabe sacar de
él el bien:

> Porque el Dios Todopoderoso... por ser soberanamente bueno, no permitiría jamás que en sus obras existiera algún mal, si El no fuera sufientemente poderoso y bueno para hacer surgir un bien del mismo mal (S. Agustín, enchir. 11 , 3).

312   Así, con el tiempo, se puede descubrir que Dios, en su providencia todopoderosa, puede sacar un bien de las consecuencias
de un mal, incluso moral, causado por sus criaturas: "No fuisteis
vosotros, dice José a sus hermanos, los que me enviasteis acá, sino
Dios... aunque vosotros pensasteis hacerme daño, Dios lo pensó
para bien, para hacer sobrevivir... un pueblo numeroso" (Gn 45, 8;
598-600   50, 20; cf Tb 2, 12-18 Vg.). Del mayor mal moral que ha sido cometido jamás, el rechazo y la muerte del Hijo de Dios, causado por
los pecados de todos los hombres, Dios, por la superabundancia de
1994   su gracia (cf Rm 5, 20), sacó el mayor de los bienes: la glorificación de Cristo y nuestra Redención. Sin embargo, no por esto el
mal se convierte en un bien.

313   "Todo coopera al bien de los que aman a Dios" (Rm 8,
227   28). El testimonio de los santos no cesa de confirmar esta verdad:

> Así Santa Catalina de Siena dice a "los que se escandalizan y se rebelan por lo que les sucede": "Todo procede del amor, todo está ordenado a la salvación del hombre, Dios no hace nada que no sea con este fin" (dial. 4, 138).

> Y Santo Tomás Moro, poco antes de su martirio, consuela a su hija: "Nada puede pasarme que Dios no quiera. Y todo lo que El quiere, por muy malo que nos parezca, es en realidad lo mejor" (carta).

> Y Juliana de Norwich: "Yo comprendí, pues, por la gracia de Dios, que era preciso mantenerme firmemente en la fe y creer con no menos firmeza que todas las cosas serán para bien..." *"Thou shalt see thyself that all MANNER of thing shall be well"* (rev. 32).

314   Creemos firmemente que Dios es el Señor del mundo y de
la historia. Pero los caminos de su providencia nos son con fre-

cuenca desconocidos. Sólo al final, cuando tenga fin nuestro co- 1040
nocimiento parcial, cuando veamos a Dios "cara a cara" (1 Co 13,
12), nos serán plenamente conocidos los caminos por los cuales,
incluso a través de los dramas del mal y del pecado, Dios habrá
conducido su creación hasta el reposo de ese *Sabbat* (cf Gn 2, 2)
definitivo, en vista del cual creó el cielo y la tierra. 2550

RESUMEN

315 *En la creación del mundo y del hombre, Dios ofreció el primero y universal testimonio de su amor todopoderoso y de su sabiduría, el primer anuncio de su "designio benevolente" que encuentra su fin en la nueva creación en Cristo.*

316 *Aunque la obra de la creación se atribuya particularmente al Padre, es igualmente verdad de fe que el Padre, el Hijo y el Espíritu Santo son el principio único e indivisible de la creación.*

317 *Sólo Dios ha creado el universo, libremente, sin ninguna ayuda.*

318 *Ninguna criatura tiene el poder infinito que es necesario para "crear" en el sentido propio de la palabra, es decir, de producir y de dar el ser a lo que no lo tenía en modo alguno (llamar a la existencia de la nada) (cf DS 3624).*

319 *Dios creó el mundo para manifestar y comunicar su gloria. La gloria para la que Dios creó a sus criaturas consiste en que tengan parte en su verdad, su bondad y su belleza.*

320 *Dios, que ha creado el universo, lo mantiene en la existencia por su Verbo, "el Hijo que sostiene todo con su palabra poderosa" (Hb 1, 3) y por su Espíritu Creador que da la vida.*

321 *La divina providencia consiste en las disposiciones por las que Dios conduce con sabiduría y amor todas las criaturas hasta su fin último.*

322 *Cristo nos invita al abandono filial en la providencia de nuestro Padre celestial (cf Mt 6, 26-34) y el apóstol S. Pedro insiste: "Confiadle todas vuestras preocupaciones pues él cuida de vosotros" (1 P 5, 7; cf Sal 55, 23).*

323 *La providencia divina actúa también por la acción de las criaturas. A los seres humanos Dios les concede cooperar libremente en sus designios.*

324 *La permisión divina del mal físico y del mal moral es misterio que Dios esclarece por su Hijo, Jesucristo, muerto y resucitado para vencer el mal. La fe nos da la certeza de que Dios no permitiría el mal si no hiciera salir el bien del mal mismo, por caminos que nosotros sólo conoceremos plenamente en la vida eterna.*

Párrafo 5 **EL CIELO Y LA TIERRA**

325 El Símbolo de los Apóstoles profesa que Dios es "el Creador del cielo y de la tierra", y el Símbolo de Nicea-Constantinopla explicita: "...de todo lo visible y lo invisible".

290 **326** En la Sagrada Escritura, la expresión "cielo y tierra" significa: todo lo que existe, la creación entera. Indica también el vínculo que, en el interior de la creación, a la vez une y distingue cielo y tierra: "La tierra", es el mundo de los hombres (cf Sal 115, 1023; 2794 16). "El cielo" o "los cielos" puede designar el firmamento (cf Sal 19, 2), pero también el "lugar" propio de Dios: "nuestro Padre que está en los cielos" (Mt 5, 16; cf Sal 115, 16), y por consiguiente también el "cielo", que es la gloria escatológica. Finalmente, la palabra "cielo" indica el "lugar" de las criaturas espirituales –los ángeles– que rodean a Dios.

296 **327** La profesión de fe del IV Concilio de Letrán afirma que Dios, "al comienzo del tiempo, creó a la vez de la nada una y otra criatura, la espiritual y la corporal, es decir, la angélica y la mundana; luego, la criatura humana, que participa de las dos realidades, pues está compuesta de espíritu y de cuerpo" (DS 800; cf DS 3002 y SPF 8).

I   LOS ANGELES

La existencia de los ángeles, una verdad de fe

150 **328** La existencia de seres espirituales, no corporales, que la Sagrada Escritura llama habitualmente ángeles, es una verdad de fe. El testimonio de la Escritura es tan claro como la unanimidad de la Tradición.

Quiénes son los ángeles

329 S. Agustín dice respecto a ellos: "Angelus officii nomen est, non naturae. Quaeris nomen huius naturae, spiritus est; quaeris officium, angelus est: ex eo quod est, spiritus est, ex eo quod agit, angelus" ("El nombre de ángel indica su oficio, no su naturaleza. Si preguntas por su naturaleza, te diré que es un espíritu; si preguntas por lo que hace, te diré que es un ángel") (Psal. 103, 1, 15). Con todo su ser, los ángeles son *servidores* y mensajeros de Dios. Porque contemplan "constantemente el rostro de mi Padre que está en los cielos" (Mt 18, 10), son "agentes de sus órdenes, atentos a la voz de su palabra" (Sal 103, 20).

330 En tanto que criaturas puramente *espirituales*, tienen inteligencia y voluntad: son criaturas personales (cf Pío XII: DS 3891) e inmortales (cf Lc 20, 36). Superan en perfección a todas las criaturas visibles. El resplandor de su gloria da testimonio de ello (cf Dn 10, 9-12).

Cristo "con todos sus ángeles"

331 Cristo es el centro del mundo de los ángeles. Los ángeles le pertenecen: "Cuando el Hijo del hombre venga en su gloria acompañado de todos sus ángeles..." (Mt 25, 31). Le pertenecen porque fueron creados *por* y *para* Él: "Porque en él fueron creadas todas las cosas, en los cielos y en la tierra, las visibles y las invisibles, los Tronos, las Dominaciones, los Principados, las Potestades: todo fue creado por él y para él" (Col 1, 16). Le pertenecen más aún porque los ha hecho mensajeros de su designio de salvación: "¿Es que no son todos ellos espíritus servidores con la misión de asistir a los que han de heredar la salvación?" (Hb 1, 14). 291

332 Desde la creación (cf Jb 38, 7, donde los ángeles son llamados "hijos de Dios") y a lo largo de toda la historia de la salvación, los encontramos, anunciando de lejos o de cerca, esa salvación y sirviendo al designio divino de su realización: cierran el paraíso terrenal (cf Gn 3, 24), protegen a Lot (cf Gn 19), salvan a Agar y a su hijo (cf Gn 21, 17), detienen la mano de Abraham (cf Gn 22, 11), la ley es comunicada por su ministerio (cf Hch 7,53), conducen el pueblo de Dios (cf Ex 23, 20-23), anuncian nacimientos (cf Jc 13) y vocaciones (cf Jc 6, 11-24; Is 6, 6), asisten a los profetas (cf 1 R 19, 5), por no citar más que algunos ejemplos. Finalmente, el ángel Gabriel anuncia el nacimiento del Precursor y el de Jesús (cf Lc 1, 11.26).

333 De la Encarnación a la Ascensión, la vida del Verbo encarnado está rodeada de la adoración y del servicio de los ángeles. Cuando Dios introduce "a su Primogénito en el mundo, dice: 'adórenle todos los ángeles de Dios'" (Hb 1, 6). Su cántico de alabanza en el nacimiento de Cristo no ha cesado de resonar en la alabanza 559

de la Iglesia: "Gloria a Dios..." (Lc 2, 14). Protegen la infancia de
Jesús (cf Mt 1, 20; 2, 13.19), sirven a Jesús en el desierto (cf Mc 1,
12; Mt 4, 11), lo reconfortan en la agonía (cf Lc 22, 43), cuando El
habría podido ser salvado por ellos de la mano de sus enemigos (cf
Mt 26, 53) como en otro tiempo Israel (cf 2 M 10, 29-30; 11,8).
Son también los ángeles quienes "evangelizan" (Lc 2, 10) anunciando la Buena Nueva de la Encarnación (cf Lc 2, 8-14), y de la
Resurrección (cf Mc 16, 5-7) de Cristo. Con ocasión de la segunda
venida de Cristo, anunciada por los ángeles (cf Hb 1, 10-11), éstos
estarán presentes al servicio del juicio del Señor (cf Mt 13, 41; 25,
31; Lc 12, 8-9).

Los ángeles en la vida de la Iglesia

334   De aquí que toda la vida de la Iglesia se beneficie de la
ayuda misteriosa y poderosa de los ángeles (cf Hch 5, 18-20; 8,
26-29; 10, 3-8; 12, 6-11; 27, 23-25).

1138   **335**   En su liturgia, la Iglesia se une a los ángeles para adorar al
Dios tres veces santo (cf MR, "Sanctus"); invoca su asistencia (así
en el "supplices te rogamus..." ("Te pedimos humildemente...") del
Canon romano o el "In Paradisum deducant te angeli..." ("Al Paraíso te lleven los ángeles...") de la liturgia de difuntos, o también en
el "Himno querubínico" de la liturgia bizantina) y celebra más particularmente la memoria de ciertos ángeles (S. Miguel, S. Gabriel,
S. Rafael, los ángeles custodios).

1020   **336**   Desde la infancia (cf Mt 18, 10) a la muerte (cf Lc 16, 22),
la vida humana está rodeada de su custodia (cf Sal 34, 8; 91, 10-
13) y de su intercesión (cf Jb 33, 23-24; Za 1,12; Tb 12, 12). "Cada fiel tiene a su lado un ángel como protector y pastor para con-
ducirlo a la vida" (S. Basilio, Eun. 3, 1). Desde esta tierra, la vida
cristiana participa, por la fe, en la sociedad bienaventurada de los
ángeles y de los hombres, unidos en Dios.

II   EL MUNDO VISIBLE

290   **337**   Dios mismo es quien ha creado el mundo visible en toda
su riqueza, su diversidad y su orden. La Escritura presenta la obra
del Creador simbólicamente como una secuencia de seis días "de
trabajo" divino que terminan en el "reposo" del día séptimo (Gn 1,
1-2,4). El texto sagrado enseña, a propósito de la creación, verdades reveladas por Dios para nuestra salvación (cf DV 11) que per-

miten "conocer la naturaleza íntima de todas las criaturas, su valor y su ordenación a la alabanza divina" (LG 36). 293

338 *Nada existe que no deba su existencia a Dios creador.* El mundo comenzó cuando fue sacado de la nada por la palabra de Dios; todos los seres existentes, toda la naturaleza, toda la historia humana están enraizados en este acontecimiento primordial: es el origen gracias al cual el mundo es constituido, y el tiempo ha comenzado (cf S. Agustín, Gen. Man. 1, 2, 4). 297

339 *Toda criatura posee su bondad y su perfección propias.* Para cada una de las obras de los "seis días" se dice: "Y vio Dios que era bueno". "Por la condición misma de la creación, todas las cosas están dotadas de firmeza, verdad y bondad propias y de un orden" (GS 36, 2). Las distintas criaturas, queridas en su ser propio, reflejan, cada una a su manera, un rayo de la sabiduría y de la bondad infinitas de Dios. Por esto, el hombre debe respetar la bondad propia de cada criatura para evitar un uso desordenado de las cosas, que desprecie al Creador y acarree consecuencias nefastas para los hombres y para su ambiente. 2501 299 266

340 *La interdependencia de las criaturas* es querida por Dios. El sol y la luna, el cedro y la florecilla, el águila y el gorrión: las innumerables diversidades y desigualdades significan que ninguna criatura se basta a sí misma, que no existen sino en dependencia unas de otras, para complementarse y servirse mutuamente. 1937

341 La *belleza del universo*: el orden y la armonía del mundo creado derivan de la diversidad de los seres y de las relaciones que entre ellos existen. El hombre las descubre progresivamente como leyes de la naturaleza que causan la admiración de los sabios. La belleza de la creación refleja la infinita belleza del Creador. Debe inspirar el respeto y la sumisión de la inteligencia del hombre y de su voluntad. 283 2500

342 La *jerarquía de las criaturas* está expresada por el orden de los "seis días", que va de lo menos perfecto a lo más perfecto. Dios ama todas sus criaturas (cf Sal 145, 9), cuida de cada una, incluso de los pajarillos. Pero Jesús dice: "Vosotros valéis más que muchos pajarillos" (Lc 12, 6-7), o también: "¡Cuánto más vale un hombre que una oveja!" (Mt 12, 12). 310

343 *El hombre es la cumbre* de la obra de la creación. El relato inspirado lo expresa distinguiendo netamente la creación del hombre y la de las otras criaturas (cf Gn 1, 26). 355

344 Existe una *solidaridad entre todas las criaturas* por el he-

cho de que todas tienen el mismo Creador, y que todas están ordenadas a su gloria:

> Loado seas por toda criatura, mi Señor,
> y en especial loado por el hermano Sol,
> que alumbra, y abre el día, y es bello en su esplendor
> y lleva por los cielos noticia de su autor.
> Y por la hermana agua, preciosa en su candor,
> que es útil, casta, humilde: ¡loado mi Señor!
> Y por la hermana tierra que es toda bendición,
> la hermana madre tierra, que da en toda ocasión
> las hierbas y los frutos y flores de color,
> y nos sustenta y rige: ¡loado mi Señor!
> Servidle con ternura y humilde corazón,
> agradeced sus dones, cantad su creación.
> Las criaturas todas, load a mi Señor. Amén.

(S. Francisco de Asís, Cántico de las criaturas.)

2168 **345** *El Sabbat, culminación de la obra de los "seis días".* El
texto sagrado dice que "Dios concluyó en el séptimo día la obra
que había hecho" y que así "el cielo y la tierra fueron acabados";
Dios, en el séptimo día, "descansó", santificó y bendijo este día
(Gn 2, 1-3). Estas palabras inspiradas son ricas en enseñanzas salvíficas:

2169 **346** En la creación Dios puso un fundamento y unas leyes que permanecen estables (cf Hb 4, 3-4), en los cuales el creyente podrá apoyarse
con confianza, y que son para él el signo y garantía de la fidelidad inquebrantable de la Alianza de Dios (cf Jr 31, 35-37; 33, 19-26). Por su parte,
el hombre deberá permanecer fiel a este fundamento y respetar las leyes
que el Creador ha inscrito en la creación.

347 La creación está hecha con miras al Sabbat y, por tanto, al culto
1145-1152 y a la adoración de Dios. El culto está inscrito en el orden de la creación
(cf Gn 1, 14). "Operi Dei nihil praeponatur" ("Nada se anteponga a la dedicación a Dios"), dice la regla de S. Benito, indicando así el recto orden
de las preocupaciones humanas.

2172 **348** El Sabbat pertenece al corazón de la ley de Israel. Guardar los
mandamientos es corresponder a la sabiduría y a la voluntad de Dios, expresadas en su obra de creación.

2174 **349** *El octavo día.* Pero para nosotros ha surgido un nuevo día:
el día de la Resurrección de Cristo. El séptimo día acaba la prime-
1046 ra creación. Y el octavo día comienza la nueva creación. Así, la
obra de la creación culmina en una obra todavía más grande: la
Redención. La primera creación encuentra su sentido y su cumbre
en la nueva creación en Cristo, cuyo esplendor sobrepasa el de la
primera (cf MR, vigilia pascual 24, oración después de la primera
lectura).

RESUMEN

350   *Los ángeles son criaturas espirituales que glorifican a*
Dios sin cesar y que sirven sus designios salvíficos con las
otras criaturas: "Ad omnia bona nostra cooperantur an-
geli" ("Los ángeles cooperan en toda obra buena que ha-
cemos") (S. Tomás de A., s. th . 1, 114, 3, ad 3).

351   *Los ángeles rodean a Cristo, su Señor. Le sirven particu-*
larmente en el cumplimiento de su misión salvífica para
con los hombres.

352   *La Iglesia venera a los ángeles que la ayudan en su pere-*
grinar terrestre y protegen a todo ser humano.

353   *Dios quiso la diversidad de sus criaturas y la bondad pe-*
culiar de cada una, su interdependencia y su orden. Desti-
nó todas las criaturas materiales al bien del género huma-
no. El hombre, y toda la creación a través de él, está des-
tinado a la gloria de Dios.

354   *Respetar las leyes inscritas en la creación y las relaciones*
que derivan de la naturaleza de las cosas es un principio
de sabiduría y un fundamento de la moral.

Párrafo 6   **EL HOMBRE**

355   "Dios creó al hombre a su imagen, a imagen de Dios lo   1700
creó, hombre y mujer los creó" (Gn 1, 27). El hombre ocupa un lu-   343
gar único en la creación: "está hecho a imagen de Dios" (I); en su
propia naturaleza une el mundo espiritual y el mundo material (II);
es creado "hombre y mujer" (III); Dios lo estableció en la amistad
con El (IV).

I   "A IMAGEN DE DIOS"

356   De todas las criaturas visibles sólo el hombre es "capaz de
conocer y amar a su Creador" (GS 12, 3); es la "única criatura en
la tierra a la que Dios ha amado por sí misma" (GS 24, 3); sólo él   1703; 2258
está llamado a participar, por el conocimiento y el amor, en la vida
de Dios. Para este fin ha sido creado y ésta es la razón fundamental
de su dignidad: 225

     ¿Qué cosa, o quién, fue el motivo de que establecieras al
hombre en semejante dignidad? Ciertamente, nada que no fuera
el amor inextinguible con el que contemplaste a tu criatura en ti
mismo y te dejaste cautivar de amor por ella. Por amor lo creaste, por amor le diste un ser capaz de gustar tu Bien eterno (S.   295
Catalina de Siena, Diálogo 4, 13).

357   Por haber sido hecho a imagen de Dios, el ser humano tiene la dignidad de *persona*; no es solamente algo, sino alguien. Es
capaz de conocerse, de poseerse y de darse libremente y entrar en
comunión con otras personas; y es llamado, por la gracia, a una
alianza con su Creador, a ofrecerle una respuesta de fe y de amor
que ningún otro ser puede dar en su lugar.

1935

1877

358   Dios creó todo para el hombre (cf GS 12, 1; 24, 3; 39, 1),
pero el hombre fue creado para servir y amar a Dios y para ofrecerle toda la creación:

299
901

> ¿Cuál es, pues, el ser que va a venir a la existencia rodeado
> de semejante consideración? Es el hombre, grande y admirable
> figura viviente, más precioso a los ojos de Dios que la creación
> entera; es el hombre, para él existen el cielo y la tierra y el mar y
> la totalidad de la creación, y Dios ha dado tanta importancia a su
> salvación que no ha perdonado a su Hijo único por él. Porque
> Dios no ha cesado de hacer todo lo posible para que el hombre
> subiera hasta Él y se sentara a su derecha (S. Juan Crisóstomo,
> in Gen. Sermo 2, 1).

359   "Realmente, el misterio del hombre sólo se esclarece en el
misterio del Verbo encarnado" (GS 22, 1):

1701

> San Pablo nos dice que dos hombres dieron origen al géne-
> ro humano, a saber, Adán y Cristo... El primer hombre, Adán,
> fue un ser animado; el último Adán, un espíritu que da vida.
> Aquel primer Adán fue creado por el segundo, de quien recibió
> el alma con la cual empezó a vivir... El segundo Adán es aquel
> que, cuando creó al primero, colocó en él su divina imagen. De
> aquí que recibiera su naturaleza y adoptara su mismo nombre,
> para que aquel a quien había formado a su misma imagen no pe-
> reciera. El primer Adán es, en realidad, el nuevo Adán; aquel
> primer Adán tuvo principio, pero este último Adán no tiene fin.
> Por lo cual, este último es, realmente, el primero, como él mis-
> mo afirma: "Yo soy el primero y yo soy el último" (S. Pedro
> Crisólogo, serm. 117).

388; 411

360   Debido a la comunidad de origen, *el género humano forma una unidad*. Porque Dios "creó, de un solo principio, todo el linaje humano" (Hch 17, 26; cf Tb 8, 6):

255; 404; 775
831; 842

> Maravillosa visión que nos hace contemplar el género hu-
> mano en la unidad de su origen en Dios...: en la unidad de su na-
> turaleza, compuesta de igual modo en todos de un cuerpo mate-
> rial y de un alma espiritual; en la unidad de su fin inmediato y
> de su misión en el mundo; en la unidad de su morada: la tierra,
> cuyos bienes todos los hombres, por derecho natural, pueden
> usar para sostener y desarrollar la vida; en la unidad de su fin
> sobrenatural: Dios mismo a quien todos deben tender; en la uni-
> dad de los medios para alcanzar este fin; ...en la unidad de su
> rescate realizado para todos por Cristo (Pío XII, enc. "Summi
> Pontificatus" 3; cf NA 1).

361 "Esta ley de solidaridad humana y de caridad" (ibíd.), sin excluir la rica variedad de las personas, las culturas y los pueblos, nos asegura que todos los hombres son verdaderamente hermanos.

1939

II "CORPORE ET ANIMA UNUS"

362 La persona humana, creada a imagen de Dios, es un ser a la vez corporal y espiritual. El relato bíblico expresa esta realidad con un lenguaje simbólico cuando afirma que "Dios formó al hombre con polvo del suelo e insufló en sus narices aliento de vida y resultó el hombre un ser viviente" (Gn 2, 7). Por tanto, el hombre en su totalidad es *querido* por Dios.

1146; 2332

363 A menudo, el término *alma* designa en la Sagrada Escritura la *vida* humana (cf Mt 16, 25-26; Jn 15, 13) o toda la *persona* humana (cf Hch 2, 41). Pero designa también lo que hay de más íntimo en el hombre (cf Mt 26, 38; Jn 12, 27) y de más valor en él (cf Mt 10, 28; 2 M 6, 30), aquello por lo que es particularmente imagen de Dios: "alma" significa el *principio espiritual* en el hombre.

1703

364 *El cuerpo* del hombre participa de la dignidad de la "imagen de Dios": es cuerpo humano precisamente porque está animado por el alma espiritual, y es toda la persona humana la que está destinada a ser, en el Cuerpo de Cristo, el Templo del Espíritu (cf 1 Co 6, 19-20; 15, 44-45):

1004

> Uno en cuerpo y alma, el hombre, por su misma condición corporal, reúne en sí los elementos del mundo material, de tal modo que, por medio de él, éstos alcanzan su cima y elevan la voz para la libre alabanza del Creador. Por consiguiente, no es lícito al hombre despreciar la vida corporal, sino que, por el contrario, tiene que considerar su cuerpo bueno y digno de honra, ya que ha sido creado por Dios y que ha de resucitar en el último día (GS 14, 1).

2289

365 La unidad del alma y del cuerpo es tan profunda que se debe considerar al alma como la "forma" del cuerpo (cf Cc. de Vienne, año 1312, DS 902); es decir, gracias al alma espiritual, la materia que integra el cuerpo es un cuerpo humano y viviente; en el hombre, el espíritu y la materia no son dos naturalezas unidas, sino que su unión constituye una única naturaleza.

366 La Iglesia enseña que cada alma espiritual es directamente creada por Dios (cf Pío XII, enc. Humani generis, 1950: DS 3896; Pablo VI, SPF 8) –no es "producida" por los padres–, y que es inmortal (cf Cc. de Letrán V, año 1513: DS 1440): no perece cuando se separa del cuerpo en la muerte, y se unirá de nuevo al cuerpo en la resurrección final.

1005; 997

367 A veces se acostumbra a distinguir entre alma y espíritu.
2083   Así S. Pablo ruega para que nuestro "ser entero, el espíritu, el alma
y el cuerpo" sea conservado sin mancha hasta la venida del Señor
(1 Ts 5, 23). La Iglesia enseña que esta distinción no introduce una
dualidad en el alma (Cc. de Constantinopla IV, año 870: DS 657).
"Espíritu" significa que el hombre está ordenado desde su creación
a su fin sobrenatural (Cc. Vaticano I: DS 3005; cf GS 22, 5), y que
su alma es capaz de ser elevada gratuitamente a la comunión con
Dios (cf Pío XII, Humani generis, año 1950: DS 3891).

478; 582; 1431   **368** La tradición espiritual de la Iglesia también presenta el *co-*
1764; 2517;   *razón* en su sentido bíblico de "lo más profundo del ser" (Jr 31,
2562; 2843   33), donde la persona se decide o no por Dios (cf Dt 6, 5; 29, 3; Is
29, 13; Ez 36, 26; Mt 6, 21; Lc 8, 15; Rm 5, 5).

2331-2336   III   "HOMBRE Y MUJER LOS CREO"

Igualdad y diferencia queridas por Dios

369 El hombre y la mujer son *creados*, es decir, son *queridos
por Dios*: por una parte, en una perfecta igualdad en tanto que personas humanas, y por otra, en su ser respectivo de hombre y de
mujer. "Ser hombre", "ser mujer" es una realidad buena y querida
por Dios: el hombre y la mujer tienen una dignidad que nunca se
pierde, que viene inmediatamente de Dios su creador (cf Gn 2,
7.22). El hombre y la mujer son, con la misma dignidad, "imagen
de Dios". En su "ser-hombre" y su "ser-mujer" reflejan la sabiduría y la bondad del Creador.

42; 239   **370** Dios no es, en modo alguno, a imagen del hombre. No es ni
hombre ni mujer. Dios es espíritu puro, en el cual no hay lugar para la diferencia de sexos. Pero las "perfecciones" del hombre y de la mujer reflejan algo de la infinita perfección de Dios: las de una madre (cf Is 49, 14-
15; 66, 13; Sal 131, 2-3) y las de un padre y esposo (cf Os 11, 1-4; Jr 3,
4-19).

"El uno para el otro", "una unidad de dos"

371 Creados *a la vez*, el hombre y la mujer son queridos por
1605   Dios el uno *para* el otro. La Palabra de Dios nos lo hace entender
mediante diversos acentos del texto sagrado. "No es bueno que el
hombre esté solo. Voy a hacerle una ayuda adecuada" (Gn 2, 18).
Ninguno de los animales es "ayuda adecuada" para el hombre (Gn
2, 19-20). La mujer, que Dios "forma" de la costilla del hombre y
presenta a éste, despierta en él un grito de admiración, una exclamación de amor y de comunión: "Esta vez sí que es hueso de mis

huesos y carne de mi carne" (Gn 2, 23). El hombre descubre en la mujer como un otro "yo", de la misma humanidad.

372 El hombre y la mujer están hechos "el uno para el otro": no que Dios los haya hecho "a medias" e "incompletos"; los ha creado para una comunión de personas, en la que cada uno puede ser "ayuda" para el otro porque son a la vez iguales en cuanto personas ("hueso de mis huesos...") y complementarios en cuanto masculino y femenino. En el matrimonio, Dios los une de manera que, formando "una sola carne" (Gn 2, 24), puedan transmitir la vida humana: "Sed fecundos y multiplicaos y llenad la tierra" (Gn 1, 28). Al transmitir a sus descendientes la vida humana, el hombre y la mujer, como esposos y padres, cooperan de una manera única en la obra del Creador (cf GS 50, 1).

1652; 2366

373 En el plan de Dios, el hombre y la mujer están llamados a "someter" la tierra (Gn 1, 28) como "administradores" de Dios. Esta soberanía no debe ser un dominio arbitrario y destructor. A imagen del Creador, "que ama todo lo que existe" (Sb 11, 24), el hombre y la mujer son llamados a participar en la providencia divina respecto a las otras cosas creadas. De ahí su responsabilidad frente al mundo que Dios les ha confiado.

307
2415

IV   EL HOMBRE EN EL PARAISO

374 El primer hombre fue no solamente creado bueno, sino también constituido en la amistad con su creador y en armonía consigo mismo y con la creación en torno a él; amistad y armonía tales que no serán superadas más que por la gloria de la nueva creación en Cristo.

54

375 La Iglesia, interpretando de manera auténtica el simbolismo del lenguaje bíblico a la luz del Nuevo Testamento y de la Tradición, enseña que nuestros primeros padres Adán y Eva fueron constituidos en un estado "de santidad y de justicia original" (Cc. de Trento: DS 1511). Esta gracia de la santidad original era una "participación de la vida divina" (LG 2).

1997

376 Por la irradiación de esta gracia, todas las dimensiones de la vida del hombre estaban fortalecidas. Mientras permaneciese en la intimidad divina, el hombre no debía ni morir (cf Gn 2, 17; 3, 19) ni sufrir (cf Gn 3, 16). La armonía interior de la persona humana, la armonía entre el hombre y la mujer, y, por último, la armonía entre la primera pareja y toda la creación constituía el estado llamado "justicia original".

1008; 1502

377 El "dominio" del mundo que Dios había concedido al hombre desde el comienzo, se realizaba ante todo dentro del hombre mismo como *dominio de sí.* El hombre estaba íntegro y ordenado en todo su ser por estar libre de la triple concupiscencia (cf 1 Jn 2, 16), que lo somete a los placeres de los sentidos, a la apetencia de los bienes terrenos y a la afirmación de sí contra los imperativos de la razón.

2514

378 Signo de la familiaridad con Dios es el hecho de que Dios lo coloca en el jardín (cf Gn 2, 8). Vive allí "para cultivar la tierra y guardarla" (Gn 2, 15): el trabajo no le es penoso (cf Gn 3, 17-19), sino que es la colaboración del hombre y de la mujer con Dios en el perfeccionamiento de la creación visible.

2415

2427

379 Toda esta armonía de la justicia original, prevista para el hombre por designio de Dios, se perderá por el pecado de nuestros primeros padres.

RESUMEN

380 *"A imagen tuya creaste al hombre y le encomendaste el universo entero, para que, sirviéndote sólo a ti, su Creador, dominara todo lo creado" (MR, Plegaria eucarística IV, 118).*

381 *El hombre es predestinado a reproducir la imagen del Hijo de Dios hecho hombre –"imagen del Dios invisible" (Col 1, 15)–, para que Cristo sea el primogénito de una multitud de hermanos y de hermanas (cf Ef 1, 3-6; Rm 8, 29).*

382 *El hombre es "corpore et anima unus" ("una unidad de cuerpo y alma", GS 14, 1). La doctrina de la fe afirma que el alma espiritual e inmortal es creada de forma inmediata por Dios.*

383 *"Dios no creó al hombre solo: en efecto, desde el principio 'los creó hombre y mujer' (Gn 1, 27). Esta asociación constituye la primera forma de comunión entre personas" (GS 12, 4).*

384 *La revelación nos da a conocer el estado de santidad y de justicia originales del hombre y la mujer antes del pecado: de su amistad con Dios nacía la felicidad de su existencia en el paraíso.*

Párrafo 7   LA CAIDA

385   Dios es infinitamente bueno y todas sus obras son buenas.
Sin embargo, nadie escapa a la experiencia del sufrimiento, de los
males en la naturaleza –que aparecen como ligados a los límites
propios de las criaturas–, y sobre todo a la cuestión del mal moral.
¿De dónde viene el mal? "Quaerebam unde malum et nonerat exi-
tus" ("Buscaba el origen del mal y no encontraba solución") dice   309
S. Agustín (conf. 7, 7.11), y su propia búsqueda dolorosa sólo encontrará salida en su conversión al Dios vivo. Porque "el misterio
de la iniquidad" (2 Ts 2, 7) sólo se esclarece a la luz del "Misterio
de la piedad" (1 Tm 3, 16). La revelación del amor divino en Cris-   457
to ha manifestado a la vez la extensión del mal y la sobreabundancia de la gracia (cf Rm 5, 20). Debemos, por tanto, examinar la
cuestión del origen del mal fijando la mirada de nuestra fe en el   1848
que es su único Vencedor (cf Lc 11, 21-22; Jn 16, 11; 1 Jn 3, 8).   539

I   DONDE ABUNDO EL PECADO, SOBREABUNDO
LA GRACIA

La realidad del pecado

386   El pecado está presente en la historia del hombre: sería vano intentar ignorarlo o dar a esta oscura realidad otros nombres.
Para intentar comprender lo que es el pecado, es preciso en primer
lugar reconocer el *vínculo profundo del hombre con Dios*, porque   1847
fuera de esta relación, el mal del pecado no es desenmascarado en
su verdadera identidad de rechazo y oposición a Dios, aunque con-
tinúe pesando sobre la vida del hombre y sobre la historia.

387   La realidad del pecado, y más particularmente del pecado
de los orígenes, sólo se esclarece a la luz de la Revelación divina.
Sin el conocimiento que ésta nos da de Dios no se puede reconocer   1848
claramente el pecado, y se siente la tentación de explicarlo únicamente como un defecto de crecimiento, como una debilidad psicológica, un error, la consecuencia necesaria de una estructura social
inadecuada, etc. Sólo en el conocimiento del designio de Dios sobre el hombre se comprende que el pecado es un abuso de la liber-   1739
tad que Dios da a las personas creadas para que puedan amarle y
amarse mutuamente.

El pecado original: una verdad esencial de la fe

388   Con el desarrollo de la Revelación se va iluminando tam-   431
bién la realidad del pecado. Aunque el Pueblo de Dios del Antiguo

208
359
729

Testamento conoció de alguna manera la condición humana a la luz de la historia de la caída narrada en el Génesis, no podía alcanzar el significado último de esta historia que sólo se manifiesta a la luz de la Muerte y de la Resurrección de Jesucisto (cf Rm 5, 12-21). Es preciso conocer a Cristo como fuente de la gracia para conocer a Adán como fuente del pecado. El Espíritu-Paráclito, enviado por Cristo resucitado, es quien vino "a convencer al mundo en lo referente al pecado" (Jn 16, 8) revelando al que es su Redentor.

422

389 La doctrina del pecado original es, por así decirlo, "el reverso" de la Buena Nueva de que Jesús es el Salvador de todos los hombres, que todos necesitan salvación y que la salvación es ofrecida a todos gracias a Cristo. La Iglesia, que tiene el sentido de Cristo (cf 1 Co 2, 16) sabe bien que no se puede lesionar la revelación del pecado original sin atentar contra el Misterio de Cristo.

Para leer el relato de la caída

289

390 El relato de la caída (Gn 3) utiliza un lenguaje hecho de imágenes, pero afirma un acontecimiento primordial, un hecho que tuvo lugar *al comienzo de la historia del hombre* (cf GS 13, 1). La Revelación nos da la certeza de fe de que toda la historia humana está marcada por el pecado original libremente cometido por nuestros primeros padres (cf Cc. de Trento: DS 1513; Pío XII: DS 3897; Pablo VI, discurso 11 julio 1966).

II   LA CAIDA DE LOS ANGELES

2538

391 Tras la elección desobediente de nuestros primeros padres se halla una voz seductora, opuesta a Dios (cf Gn 3, 1-5) que, por envidia, los hace caer en la muerte (cf Sb 2, 24). La Escritura y la Tradición de la Iglesia ven en este ser un ángel caído, llamado Satán o diablo (cf Jn 8, 44; Ap 12, 9). La Iglesia enseña que primero fue un ángel bueno, creado por Dios. "Diabolus enim et alii daemones a Deo quidem natura creati sunt boni, sed ipsi per se facti sunt mali" ("El diablo y los otros demonios fueron creados por Dios con una naturaleza buena, pero ellos se hicieron a sí mismos malos", Cc. de Letrán IV, año 1215: DS 800).

1850

392 La Escritura habla de un *pecado* de estos ángeles (2 P 2, 4). Esta "caída" consiste en la elección libre de estos espíritus creados que *rechazaron* radical e irrevocablemente a Dios y su Reino. Encontramos un reflejo de esta rebelión en las palabras del tentador a nuestros primeros padres: "Seréis como dioses" (Gn 3,

5). El diablo es "pecador desde el principio" (1 Jn 3, 8), "padre de		2482
la mentira" (Jn 8, 44).

393			Es el carácter *irrevocable* de su elección, y no un defecto		1033-1037
de la infinita misericordia divina lo que hace que el pecado de los
ángeles no pueda ser perdonado. "No hay arrepentimiento para
ellos después de la caída, como no hay arrepentimiento para los
hombres después de la muerte" (S. Juan Damasceno, f.o. 2, 4: PG		1022
94, 877C).

394			La Escritura atestigua la influencia nefasta de aquel a
quien Jesús llama "homicida desde el principio" (Jn 8, 44) y que
incluso intentó apartarlo de la misión recibida del Padre (cf Mt 4,		538-540
1-11). "El Hijo de Dios se manifestó para deshacer las obras del		550
diablo" (1 Jn 3, 8). La más grave en consecuencias de estas obras
ha sido la seducción mentirosa que ha inducido al hombre a deso-		2846-2849
bedecer a Dios.

395			Sin embargo, el poder de Satán no es infinito. No es más		309
que una criatura, poderosa por el hecho de ser espíritu puro, pero
siempre criatura: no puede impedir la edificación del Reino de
Dios. Aunque Satán actúe en el mundo por odio contra Dios y su
Reino en Jesucristo, y aunque su acción cause graves daños –de		1673
naturaleza espiritual e indirectamente incluso de naturaleza física–
en cada hombre y en la sociedad, esta acción es permitida por la		412
divina providencia que con fuerza y dulzura dirige la historia del
hombre y del mundo. El que Dios permita la actividad diabólica es
un gran misterio, pero "nosotros sabemos que en todas las cosas		2850-2854
interviene Dios para bien de los que le aman" (Rm 8, 28).

## III			EL PECADO ORIGINAL

La prueba de la libertad

396			Dios creó al hombre a su imagen y lo estableció en su		1730
amistad. Criatura espiritual, el hombre no puede vivir esta amistad
más que en la forma de libre sumisión a Dios. Esto es lo que ex-		311
presa la prohibición hecha al hombre de comer del árbol del conocimiento del bien y del mal, "porque el día que comieres de él,
morirás" (Gn 2, 17). "El árbol del conocimiento del bien y del
mal" evoca simbólicamente el límite infranqueable que el hombre
en cuanto criatura debe reconocer libremente y respetar con con-
fianza. El hombre depende del Creador, está sometido a las leyes		301
de la Creación y a las normas morales que regulan el uso de la libertad.

El primer pecado del hombre

1707; 2541 **397** El hombre, tentado por el diablo, dejó morir en su corazón la confianza hacia su creador (cf Gn 3, 1-11) y, abusando de su li-

1850 bertad, *desobedeció* al mandamiento de Dios. En esto consistió el primer pecado del hombre (cf Rm 5, 19). En adelante, todo pecado

215 será una desobediencia a Dios y una falta de confianza en su bondad.

398 En este pecado, el hombre se *prefirió* a sí mismo en lugar de Dios, y por ello despreció a Dios: hizo elección de sí mismo

2084 contra Dios, contra las exigencias de su estado de criatura y, por tanto, contra su propio bien. El hombre, creado en un estado de santidad, estaba destinado a ser plenamente "divinizado" por Dios

2113 en la gloria. Por la seducción del diablo quiso "ser como Dios" (cf Gn 3, 5), pero "sin Dios, antes que Dios y no según Dios" (S. Máximo Confesor, ambig.).

399 La Escritura muestra las consecuencias dramáticas de esta primera desobediencia. Adán y Eva pierden inmediatamente la gracia de la santidad original (cf Rm 3, 23). Tienen miedo del Dios (cf Gn 3, 9-10) de quien han concebido una falsa imagen, la de un Dios celoso de sus prerrogativas (cf Gn 3, 5).

400 La armonía en la que se encontraban, establecida gracias a la justicia original, queda destruida; el dominio de las facultades espirituales del alma sobre el cuerpo se quiebra (cf Gn 3, 7); la

1607 unión entre el hombre y la mujer es sometida a tensiones (cf Gn 3,
2514 11-13); sus relaciones estarán marcadas por el deseo y el dominio (cf Gn 3, 16). La armonía con la creación se rompe; la creación visible se hace para el hombre extraña y hostil (cf Gn 3, 17.19). A causa del hombre, la creación es sometida "a la servidumbre de la corrupción" (Rm 8, 21). Por fin, la consecuencia explícitamente anunciada para el caso de desobediencia (cf Gn 2, 17), se realizará: el hombre "volverá al polvo del que fue formado" (Gn 3, 19). *La*

602; 1008 *muerte hace su entrada en la historia de la humanidad* (cf Rm 5, 12).

1865 **401** Desde este primer pecado, una verdadera invasión de pe-
2259 cado inunda el mundo: el fratricidio cometido por Caín en Abel (cf Gn 4, 3-15); la corrupción universal, a raíz del pecado (cf Gn 6, 5.12; Rm 1, 18-32); en la historia de Israel, el pecado se manifiesta frecuentemente, sobre todo como una infidelidad al Dios de la Alianza y como transgresión de la Ley de Moisés; e incluso tras la Redención de Cristo, entre los cristianos, el pecado se manifiesta de múltiples maneras (cf 1 Co 1-6; Ap 2-3). La Escritura y la

Tradición de la Iglesia no cesan de recordar la presencia y *la uni-* 1739
versalidad del pecado en la historia del hombre:

Lo que la revelación divina nos enseña coincide con la misma experiencia. Pues el hombre, al examinar su corazón, se descubre también inclinado al mal e inmerso en muchos males que no pueden proceder de su Creador, que es bueno. Negándose con frecuencia a reconocer a Dios como su principio, rompió además el orden debido con respecto a su fin último y, al mismo tiempo, toda su ordenación en relación consigo mismo, con todos los otros hombres y con todas las cosas creadas (GS 13, 1).

Consecuencias del pecado de Adán para la humanidad

402 Todos los hombres están implicados en el pecado de Adán. S. Pablo lo afirma: "Por la desobediencia de un solo hombre, todos fueron constituidos pecadores" (Rm 5, 19): "Como por un solo hombre entró el pecado en el mundo y por el pecado la muerte y así la muerte alcanzó a todos los hombres, por cuanto todos pecaron..." (Rm 5, 12). A la universalidad del pecado y de la muerte, el 430; 605 apóstol opone la universalidad de la salvación en Cristo: "Como el delito de uno solo atrajo sobre todos los hombres la condenación, así también la obra de justicia de uno solo (la de Cristo) procura a todos una justificación que da la vida" (Rm 5, 18).

403 Siguiendo a S. Pablo, la Iglesia ha enseñado siempre que la inmensa miseria que oprime a los hombres y su inclinación al 2606 mal y a la muerte no son comprensibles sin su conexión con el pecado de Adán y con el hecho de que nos ha transmitido un pecado con que todos nacemos afectados y que es "muerte del alma" (Cc. de Trento: DS 1512). Por esta certeza de fe, la Iglesia concede el Bautismo para la remisión de los pecados incluso a los niños que 1250 no han cometido pecado personal (Cc. de Trento: DS 1514).

404 ¿Cómo el pecado de Adán vino a ser el pecado de todos sus descendientes? Todo el género humano es en Adán "sicut unum corpus unius hominis" ("Como el cuerpo único de un único hombre", S. Tomás de A., mal. 4, 1). Por esta "unidad del género 360 humano", todos los hombres están implicados en el pecado de Adán, como todos están implicados en la justicia de Cristo. Sin embargo, la transmisión del pecado original es un misterio que no 50 podemos comprender plenamente. Pero sabemos por la Revelación que Adán había recibido la santidad y la justicia originales no para él solo sino para toda la naturaleza humana: cediendo al tentador, Adán y Eva cometen un *pecado personal*, pero este pecado afecta a la *naturaleza humana*, que transmitirán *en un estado caído* (cf Cc. de Trento: DS 1511-1512). Es un pecado que será transmitido por propagación a toda la humanidad, es decir, por la transmisión de una naturaleza humana privada de la santidad y de la justicia originales. Por eso, el pecado original es llamado "pecado" de manera análoga: es un pecado "contraído", "no cometido", un estado y no un acto.

405 Aunque propio de cada uno (cf Cc. de Trento: DS 1513), el pecado original no tiene, en ningún descendiente de Adán, un carácter de falta personal. Es la privación de la santidad y de la justicia originales, pero la naturaleza humana no está totalmente corrompida: está herida en sus propias fuerzas naturales, sometida a la ignorancia, al sufrimiento y al imperio de la muerte e inclinada 2515 al pecado (esta inclinación al mal es llamada "concupiscencia"). El Bautismo, dando la vida de la gracia de Cristo, borra el pecado original y devuelve el hombre a Dios, pero las consecuencias para la naturaleza, debilitada e inclinada al mal, persisten en el hombre y 1264 lo llaman al combate espiritual.

406 La doctrina de la Iglesia sobre la transmisión del pecado original fue precisada sobre todo en el siglo V, en particular bajo el impulso de la reflexión de S. Agustín contra el pelagianismo, y en el siglo XVI, en oposición a la Reforma protestante. Pelagio sostenía que el hombre podía, por la fuerza natural de su voluntad libre, sin la ayuda necesaria de la gracia de Dios, llevar una vida moralmente buena: así reducía la influencia de la falta de Adán a la de un mal ejemplo. Los primeros reformadores protestantes, por el contrario, enseñaban que el hombre estaba radicalmente pervertido y su libertad anulada por el pecado de los orígenes; identificaban el pecado heredado por cada hombre con la tendencia al mal ("concupiscentia"), que sería insuperable. La Iglesia se pronunció especialmente sobre el sentido del dato revelado respecto al pecado original en el II Concilio de Orange en el año 529 (cf DS 371-372) y en el Concilio de Trento, en el año 1546 (cf DS 1510-1516).

Un duro combate...

407 La doctrina sobre el pecado original –vinculada a la de la 2015 Redención de Cristo– proporciona una mirada de discernimiento lúcido sobre la situación del hombre y de su obrar en el mundo. 2852 Por el pecado de los primeros padres, el diablo adquirió un cierto dominio sobre el hombre, aunque éste permanezca libre. El pecado original entraña "la servidumbre bajo el poder del que poseía el imperio de la muerte, es decir, del diablo" (Cc. de Trento: DS 1511; cf Hb 2, 14). Ignorar que el hombre posee una naturaleza herida, inclinada al mal, da lugar a graves errores en el dominio de la 1888 educación, de la política, de la acción social (cf CA 25) y de las costumbres.

408 Las consecuencias del pecado original y de todos los pecados personales de los hombres confieren al mundo en su conjunto una condición pecadora, que puede ser designada con la expresión de S. Juan: "el pecado del mundo" (Jn 1, 29). Mediante esta expresión se significa también la influencia negativa que ejercen sobre las personas las situaciones comunitarias y las estructuras sociales que son fruto de los pecados de los hombres (cf RP 16).

1869

409 Esta situación dramática del mundo que "todo entero yace en poder del maligno" (1 Jn 5, 19; cf 1 P 5, 8), hace de la vida del hombre un combate:

2516

> A través de toda la historia del hombre se extiende una dura batalla contra los poderes de las tinieblas que, iniciada ya desde el origen del mundo, durará hasta el último día según dice el Señor. Inserto en esta lucha, el hombre debe combatir continuamente para adherirse al bien, y no sin grandes trabajos, con la ayuda de la gracia de Dios, es capaz de lograr la unidad en sí mismo (GS 37, 2).

IV   "NO LO ABANDONASTE AL PODER DE LA MUERTE"

410 Tras la caída, el hombre no fue abandonado por Dios. Al contrario, Dios lo llama (cf Gn 3, 9) y le anuncia de modo misterioso la victoria sobre el mal y el levantamiento de su caída (cf Gn 3, 15). Este pasaje del Génesis ha sido llamado "Protoevangelio", por ser el primer anuncio del Mesías redentor, anuncio de un combate entre la serpiente y la Mujer, y de la victoria final de un descendiente de ésta.

55; 705; 1609
2568

675

411 La tradición cristiana ve en este pasaje un anuncio del "nuevo Adán" (cf 1 Co 15, 21-22.45) que, por su "obediencia hasta la muerte en la Cruz" (Flp 2, 8) repara con sobreabundancia la desobediencia de Adán (cf Rm 5, 19-20). Por otra parte, numerosos Padres y doctores de la Iglesia ven en la mujer anunciada en el "protoevangelio" la madre de Cristo, María, como "nueva Eva". Ella ha sido la que, la primera y de una manera única, se benefició de la victoria sobre el pecado alcanzada por Cristo: fue preservada de toda mancha de pecado original (cf Pío IX: DS 2803) y, durante toda su vida terrena, por una gracia especial de Dios, no cometió ninguna clase de pecado (cf Cc. de Trento: DS 1573).

359
615

491

412 Pero *¿por qué Dios no impidió que el primer hombre pecara?* S. León Magno responde: "La gracia inefable de Cristo nos ha dado bienes mejores que los que nos quitó la envidia del demonio" (serm. 73, 4). Y S. Tomás de Aquino: "Nada se opone a que

310; 395

272

1994

la naturaleza humana haya sido destinada a un fin más alto después del pecado. Dios, en efecto, permite que los males se hagan para sacar de ellos un mayor bien. De ahí las palabras de S. Pablo: 'Donde abundó el pecado, sobreabundó la gracia' (Rm 5, 20). Y el canto del Exultet: '¡Oh feliz culpa que mereció tal y tan grande Redentor!'" (s. th. 3, 1, 3, ad 3).

RESUMEN

413 *"No fue Dios quien hizo la muerte ni se recrea en la destrucción de los vivientes... por envidia del diablo entró la muerte en el mundo" (Sb 1, 13; 2, 24).*

414 *Satán o el diablo y los otros demonios son ángeles caídos por haber rechazado libremente servir a Dios y su designio. Su opción contra Dios es definitiva. Intentan asociar al hombre en su rebelión contra Dios.*

415 *"Constituido por Dios en la justicia, el hombre, sin embargo, persuadido por el Maligno, abusó de su libertad, desde el comienzo de la historia, levantándose contra Dios e intentando alcanzar su propio fin al margen de Dios" (GS 13, 1).*

416 *Por su pecado, Adán, en cuanto primer hombre, perdió la santidad y la justicia originales que había recibido de Dios no solamente para él, sino para todos los humanos.*

417 *Adán y Eva transmitieron a su descendencia la naturaleza humana herida por su primer pecado, privada por tanto de la santidad y la justicia originales. Esta privación es llamada "pecado original".*

418 *Como consecuencia del pecado original, la naturaleza humana quedó debilitada en sus fuerzas, sometida a la ignorancia, al sufrimiento y al dominio de la muerte, e inclinada al pecado (inclinación llamada "concupiscencia").*

419 *"Mantenemos, pues, siguiendo el Concilio de Trento, que el pecado original se transmite, juntamente con la naturaleza humana, 'por propagación, no por imitación' y que 'se halla como propio en cada uno'" (Pablo VI, SPF 16).*

420 *La victoria sobre el pecado obtenida por Cristo nos ha dado bienes mejores que los que nos quitó el pecado: "Donde abundó el pecado, sobreabundó la gracia" (Rm 5, 20).*

421 *"El mundo que los fieles cristianos creen creado y conservado por el amor del creador, colocado ciertamente bajo la esclavitud del pecado, pero liberado por Cristo crucificado y resucitado, una vez que fue quebrantado el poder del Maligno..." (GS 2, 2).*

CAPITULO SEGUNDO

CREO EN JESUCRISTO, HIJO UNICO DE DIOS

La Buena Nueva: Dios ha enviado a su Hijo

422 "Pero, al llegar la plenitud de los tiempos, envió Dios a su Hijo, nacido de mujer, nacido bajo la ley, para rescatar a los que se hallaban bajo la ley, y para que recibiéramos la filiación adoptiva" (Ga 4, 4-5). He aquí "la Buena Nueva de Jesucristo, Hijo de Dios" (Mc 1, 1): Dios ha visitado a su pueblo (cf Lc 1, 68), ha cumplido las promesas hechas a Abraham y a su descendencia (cf Lc 1, 55); lo ha hecho más allá de toda expectativa: El ha enviado a su "Hijo amado" (Mc 1, 11).

385

2763

423 Nosotros creemos y confesamos que Jesús de Nazaret, nacido judío de una hija de Israel, en Belén en el tiempo del rey Herodes el Grande y del emperador César Augusto; de oficio carpintero, muerto crucificado en Jerusalén, bajo el procurador Poncio Pilato, durante el reinado del emperador Tiberio, es el Hijo eterno de Dios hecho hombre, que ha "salido de Dios" (Jn 13, 3), "bajó del cielo" (Jn 3, 13; 6, 33), "ha venido en carne" (1 Jn 4, 2), porque "la Palabra se hizo carne, y puso su morada entre nosotros, y hemos visto su gloria, gloria que recibe del Padre como Hijo único, lleno de gracia y de verdad... Pues de su plenitud hemos recibido todos, y gracia por gracia" (Jn 1, 14.16).

424 Movidos por la gracia del Espíritu Santo y atraídos por el Padre nosotros creemos y confesamos a propósito de Jesús: "Tú eres el Cristo, el Hijo de Dios vivo" (Mt 16, 16). Sobre la roca de

683

552 esta fe, confesada por San Pedro, Cristo ha construido su Iglesia (cf Mt 16, 18; San León Magno, serm. 4, 3; 51, 1; 62, 2; 83, 3).

"Anunciar... la inescrutable riqueza de Cristo" (Ef 3, 8)

425 La transmisión de la fe cristiana es ante todo el anuncio de Jesucristo para llevar a la fe en El. Desde el principio, los primeros discípulos ardieron en deseos de anunciar a Cristo: "No podemos nosotros dejar de hablar de lo que hemos visto y oído" (Hch 4, 20).

850; 858 Y ellos mismos invitan a los hombres de todos los tiempos a entrar en la alegría de su comunión con Cristo:

> Lo que existía desde el principio, lo que hemos oído, lo que hemos visto con nuestros ojos, lo que contemplamos y tocaron nuestras manos acerca de la Palabra de vida –pues la Vida se manifestó, y nosotros la hemos visto y damos testimonio y os anunciamos la vida eterna, que estaba con el Padre y se nos manifestó–, lo que hemos visto y oído, os lo anunciamos, para que también vosotros estéis en comunión con nosotros. Y nosotros estamos en comunión con el Padre y con su Hijo, Jesucristo. Os escribimos esto para que vuestro gozo sea completo (1 Jn 1, 1-4).

En el centro de la catequesis: Cristo

1698 **426** "En el centro de la catequesis encontramos esencialmente una Persona, la de Jesús de Nazaret, Unigénito del Padre, que ha sufrido y ha muerto por nosotros y que ahora, resucitado, vive para siempre con nosotros... Catequizar es... descubrir en la Persona de Cristo el designio eterno de Dios... Se trata de procurar comprender 513 der el significado de los gestos y de las palabras de Cristo, los signos realizados por El mismo" (CT 5). El fin de la catequesis: "conducir a la comunión con Jesucristo: sólo El puede conducirnos al amor del Padre en el Espíritu y hacernos partícipes de la vida de la 260 Santísima Trinidad" (ibíd.).

2145 **427** "En la catequesis lo que se enseña es a Cristo, el Verbo encarnado e Hijo de Dios y todo lo demás en referencia a El; el único que enseña es Cristo, y cualquier otro lo hace en la medida en que es portavoz suyo, permitiendo que Cristo enseñe por su bo- 876 ca... Todo catequista debería poder aplicarse a sí mismo la misteriosa palabra de Jesús: 'Mi doctrina no es mía, sino del que me ha enviado' (Jn 7, 16)" (ibíd., 6)

428 El que está llamado a "enseñar a Cristo" debe por tanto, ante todo, buscar esta "ganancia sublime que es el conocimiento de Cristo"; es necesario "aceptar perder todas las cosas... para ganar a Cristo, y ser hallado en él" y "conocerle a él, el poder de su resurrección y la comunión en sus padecimientos hasta hacerme semejante a él en su muerte, tratando de llegar a la resurrección de entre los muertos" (Flp 3, 8-11).

429 De este conocimiento amoroso de Cristo es de donde brota el deseo de anunciarlo, de "evangelizar", y de llevar a otros al "sí" de la fe en Jesucristo. Y al mismo tiempo se hace sentir la necesidad de conocer siempre mejor esta fe. Con este fin, siguiendo el orden del Símbolo de la fe, presentaremos en primer lugar los principales títulos de Jesús: Cristo, Hijo de Dios, Señor (Artículo 2). El Símbolo confiesa a continuación los principales misterios de la vida de Cristo: los de su encarnación (Artículo 3), los de su Pascua (Artículos 4 y 5), y, por último, los de su glorificación (Artículos 6 y 7). `851`

Artículo 2   **"Y EN JESUCRISTO, SU UNICO HIJO, NUESTRO SEÑOR"**

I   JESUS

430 *Jesús* quiere decir en hebreo: "Dios salva". En el momento de la anunciación, el ángel Gabriel le dio como nombre propio el nombre de Jesús que expresa a la vez su identidad y su misión (cf Lc 1, 31). Ya que "¿quién puede perdonar pecados, sino sólo Dios?" (Mc 2, 7), es él quien, en Jesús, su Hijo eterno hecho hombre "salvará a su pueblo de sus pecados" (Mt 1, 21). En Jesús, Dios recapitula así toda la historia de la salvación en favor de los hombres. `210` `402`

431 En la historia de la salvación, Dios no se ha contentado con librar a Israel de "la casa de servidumbre" (Dt 5, 6) haciéndole salir de Egipto. El lo salva además de su pecado. Puesto que el pecado es siempre una ofensa hecha a Dios (cf Sal 51, 6), sólo él es quien puede absolverlo (cf Sal 51, 12). Por eso es por lo que Israel tomando cada vez más conciencia de la universalidad del pecado, ya no podrá buscar la salvación más que en la invocación del Nombre de Dios Redentor (cf Sal 79, 9). `1850-1441` `388`

432 El nombre de Jesús significa que el Nombre mismo de Dios está presente en la persona de su Hijo (cf Hch 5, 41; 3 Jn 7) hecho hombre para la redención universal y definitiva de los pecados. El es el Nombre divino, el único que trae la salvación (cf Jn 3, 18; Hch 2, 21) y de ahora en adelante puede ser invocado por to- `589; 2666` `389` dos porque se ha unido a todos los hombres por la Encarnación (cf Rm 10, 6-13) de tal forma que "no hay bajo el cielo otro nombre dado a los hombres por el que nosotros debamos salvarnos" (Hch 4, 12; cf Hch 9, 14; St 2, 7).

161

433 El Nombre de Dios Salvador era invocado una sola vez al año por el sumo sacerdote para la expiación de los pecados de Israel, cuando había asperjado el propiciatorio del Santo de los Santos con la sangre del sacrificio (cf Lv 16, 15-16; Si 50, 20; Hb 9, 7). El propiciatorio era el lugar de la presencia de Dios (cf Ex 25, 22; Lv 16, 2; Nm 7, 89; Hb 9, 5). Cuando San Pablo dice de Jesús que "Dios lo exhibió como instrumento de propiciación por su propia sangre" (Rm 3, 25), significa que en su humanidad "estaba Dios reconciliando al mundo consigo" (2 Co 5, 19).

615

434 La Resurrección de Jesús glorifica el nombre de Dios Salvador (cf Jn 12, 28) porque de ahora en adelante, el Nombre de Jesús es el que manifiesta en plenitud el poder soberano del "Nombre que está sobre todo nombre" (Flp 2, 9). Los espíritus malignos temen su Nombre (cf Hch 16, 16-18; 19, 13-16) y en su nombre los discípulos de Jesús hacen milagros (cf Mc 16, 17) porque todo lo que piden al Padre en su Nombre, él se lo concede (Jn 15, 16).

2812

2614

2667-2668

435 El Nombre de Jesús está en el corazón de la plegaria cristiana. Todas las oraciones litúrgicas se acaban con la fórmula *"Per Dominum Nostrum Jesum Christum..."* ("Por Nuestro Señor Jesucristo..."). El "Avemaría" culmina en "y bendito es el fruto de tu vientre, Jesús". La oración del corazón, en uso en Oriente, llamada "oración a Jesús" dice: "Jesucristo, Hijo de Dios, Señor ten piedad de mí, pecador". Numerosos cristianos mueren, como Santa Juana de Arco, teniendo en sus labios una única palabra: "Jesús".

2676

II   CRISTO

690; 695

436 *Cristo* viene de la traducción griega del término hebreo "Mesías" que quiere decir "ungido". No pasa a ser nombre propio de Jesús sino porque El cumple perfectamente la misión divina que esa palabra significa. En efecto, en Israel eran ungidos en el nombre de Dios los que le eran consagrados para una misión que habían recibido de El. Este era el caso de los reyes (cf 1 S 9, 16; 10, 1; 16, 1.12-13; 1 R 1, 39), de los sacerdotes (cf Ex 29, 7; Lv 8, 12) y, excepcionalmente, de los profetas (cf 1 R 19, 16). Este debía ser por excelencia el caso del Mesías que Dios enviaría para instaurar definitivamente su Reino (cf Sal 2, 2; Hch 4, 26-27). El Me-

sías debía ser ungido por el Espíritu del Señor (cf Is 11, 2) a la vez
como rey y sacerdote (cf Za 4, 14; 6, 13) pero también como profeta (cf Is 61, 1; Lc 4, 16-21). Jesús cumplió la esperanza mesiáni- 711-716
ca de Israel en su triple función de sacerdote, profeta y rey. 783

437 El ángel anunció a los pastores el nacimiento de Jesús co- 525
mo el del Mesías prometido a Israel: "Os ha nacido hoy, en la ciu- 486
dad de David, un salvador, que es el Cristo Señor" (Lc 2, 11). Desde el principio él es "a quien el Padre ha santificado y enviado al
mundo" (Jn 10, 36), concebido como "santo" (Lc 1, 35) en el seno
virginal de María. José fue llamado por Dios para "tomar consigo
a María su esposa" encinta "del que fue engendrado en ella por el
Espíritu Santo" (Mt 1, 20) para que Jesús "llamado Cristo" nazca
de la esposa de José en la descendencia mesiánica de David (Mt 1,
16; cf Rm 1, 3; 2 Tm 2, 8; Ap 22, 16).

438 La consagración mesiánica de Jesús manifiesta sumisión 727
divina. "Por otra parte eso es lo que significa su mismo nombre,
porque en el nombre de Cristo está sobrentendido El que ha ungido, El que ha sido ungido y la Unción misma con la que ha sido
ungido: El que ha ungido, es el Padre, El que ha sido ungido, es el
Hijo, y lo ha sido en el Espíritu que es la Unción" (S. Ireneo de
Lyón, haer. 3, 18, 3). Su eterna consagración mesiánica fue revelada en el tiempo de su vida terrena en el momento de su bautismo 535
por Juan cuando "Dios le ungió con el Espíritu Santo y con poder"
(Hch 10, 38) "para que él fuese manifestado a Israel" (Jn 1, 31) como su Mesías. Sus obras y sus palabras lo dieron a conocer como
"el santo de Dios" (Mc 1, 24; Jn 6, 69; Hch 3, 14).

439 Numerosos judíos e incluso ciertos paganos que compar- 528-529
tían su esperanza reconocieron en Jesús los rasgos fundamentales
del mesiánico "hijo de David" prometido por Dios a Israel (cf Mt 547
2, 2; 9, 27; 12, 23; 15, 22; 20, 30; 21, 9.15). Jesús aceptó el título
de Mesías al cual tenía derecho (cf Jn 4, 25-26; 11, 27), pero no sin
reservas porque una parte de sus contemporáneos lo comprendían
según una concepción demasiado humana (cf Mt 22, 41-46), esencialmente política (cf Jn 6, 15; Lc 24, 21).

440 Jesús acogió la confesión de fe de Pedro que le reconocía 552
como el Mesías anunciándole la próxima pasión del Hijo del Hombre (cf Mt 16, 23). Reveló el auténtico contenido de su realeza mesiánica en la identidad trascendente del Hijo del Hombre "que ha
bajado del cielo" (Jn 3, 13; cf Jn 6, 62; Dn 7, 13) a la vez que en su
misión redentora como Siervo sufriente: "el Hijo del hombre no ha
venido a ser servido, sino a servir y a dar su vida como rescate por
muchos" (Mt 20, 28; cf Is 53, 10-12). Por esta razón el verdadero

550 sentido de su realeza no se ha manifestado más que desde lo alto de la Cruz (cf Jn 19, 19-22; Lc 23, 39-43).

445 Solamente después de su resurrección su realeza mesiánica podrá ser proclamada por Pedro ante el pueblo de Dios: "Sepa, pues, con certeza toda la casa de Israel que Dios ha constituido Señor y Cristo a este Jesús a quien vosotros habéis crucificado" (Hch 2, 36).

III HIJO UNICO DE DIOS

441 *Hijo de Dios,* en el Antiguo Testamento, es un título dado a los ángeles (cf Dt 32, 8; Jb 1, 6), al pueblo elegido (cf Ex 4, 22; Os 11, 1; Jr 3, 19; Si 36, 11; Sb 18, 13), a los hijos de Israel (cf Dt 14, 1; Os 2, 1) y a sus reyes (cf 2 S 7, 14; Sal 82, 6). Significa entonces una filiación adoptiva que establece entre Dios y su criatura unas relaciones de una intimidad particular. Cuando el Rey-Mesías prometido es llamado "hijo de Dios" (cf 1 Cro 17, 13; Sal 2, 7), no implica necesariamente, según el sentido literal de esos textos, que sea más que humano. Los que designaron así a Jesús en cuanto Mesías de Israel (cf Mt 27, 54), quizá no quisieron decir nada más (cf Lc 23, 47).

442 No ocurre así con Pedro cuando confiesa a Jesús como "el Cristo, el Hijo de Dios vivo" (Mt 16, 16) porque Este le responde

552 con solemnidad "no *te ha revelado* esto ni la carne ni la sangre, sino *mi Padre* que está en los cielos" (Mt 16, 17). Paralelamente Pablo dirá a propósito de su conversión en el camino de Damasco: "Cuando Aquel que me separó desde el seno de mi madre y me llamó por su gracia, tuvo a bien revelar en mí a su Hijo para que le anunciase entre los gentiles..." (Ga 1, 15-16). "Y en seguida se puso a predicar a Jesús en las sinagogas: que él era el Hijo de Dios" (Hch 9, 20). Este será, desde el principio (cf 1 Ts 1, 10), el centro de la fe apostólica (cf Jn 20, 31) profesada en primer lugar por Pe-

424 dro como cimiento de la Iglesia (cf Mt 16, 18).

443 Si Pedro pudo reconocer el carácter trascendente de la filiación divina de Jesús Mesías es porque éste lo dejó entender claramente. Ante el Sanedrín, a la pregunta de sus acusadores: "Entonces, ¿tú eres el Hijo de Dios?", Jesús ha respondido: "Vosotros lo decís: yo soy" (Lc 22, 70; cf Mt 26, 64; Mc 14, 61). Ya mucho antes, El se designó como el "Hijo" que conoce al Padre (cf Mt 11, 27; 21, 37-38), que es distinto de los "siervos" que Dios envió antes a su pueblo (cf Mt 21, 34-36), superior a los propios ángeles (cf Mt 24, 36). Distinguió su filiación de la de sus discípulos, no

diciendo jamás "nuestro Padre" (cf Mt 5, 48; 6, 8; 7, 21; Lc 11, 13)   2786
salvo para ordenarles *vosotros,* pues, orad así: Padre Nuestro"
(Mt 6, 9); y subrayó esta distinción: "Mi Padre y vuestro Padre"
(Jn 20, 17).

444   Los evangelios narran en dos momentos solemnes, el bau-   536
tismo y la transfiguración de Cristo, que la voz del Padre lo desig-   554
na como su "Hijo amado" (Mt 3, 17; 17, 5). Jesús se designa a sí
mismo como "el Hijo Unico de Dios" (Jn 3, 16) y afirma mediante
este título su preexistencia eterna (cf Jn 10, 36). Pide la fe en "el
Nombre del Hijo Unico de Dios" (Jn 3, 18). Esta confesión cristiana aparece ya en la exclamación del centurión delante de Jesús en
la cruz: "Verdaderamente este hombre era Hijo de Dios" (Mc 15,
39), porque es solamente en el misterio pascual donde el creyente
puede alcanzar el sentido pleno del título "Hijo de Dios".

445   Después de su Resurrección, su filiación divina aparece en   653
el poder de su humanidad glorificada: "Constituido Hijo de Dios
con poder, según el Espíritu de santidad, por su Resurrección de
entre los muertos" (Rm 1, 4; cf Hch 13, 33). Los apóstoles podrán
confesar "Hemos visto su gloria, gloria que recibe del Padre como
Hijo único, lleno de gracia y de verdad" (Jn 1, 14).

IV   SEÑOR

446   En la traducción griega de los libros del Antiguo Testamento, el nombre inefable con el cual Dios se reveló a Moisés (cf
Ex 3, 14), YHWH, es traducido por "Kyrios" ["Señor"]. *Señor* se
convierte desde entonces en el nombre más habitual para designar
la divinidad misma del Dios de Israel. El Nuevo Testamento utiliza   209
en este sentido fuerte el título "Señor" para el Padre, pero lo emplea también, y aquí está la novedad, para Jesús reconociéndolo
como Dios (cf 1 Co 2, 8).

447   El mismo Jesús se atribuye de forma velada este título
cuando discute con los fariseos sobre el sentido del Salmo 109 (cf
Mt 22, 41-46; cf también Hch 2, 34-36; Hb 1, 13), pero también de
manera explícita al dirigirse a sus apóstoles (cf Jn 13, 13). A lo largo de toda su vida pública sus actos de dominio sobre la naturale-   548
za, sobre las enfermedades, sobre los demonios, sobre la muerte y
el pecado, demostraban su soberanía divina.

448   Con mucha frecuencia, en los evangelios, hay personas
que se dirigen a Jesús llamándole "Señor". Este título expresa el
respeto y la confianza de los que se acercan a Jesús y esperan de El

208; 683   socorro y curación (cf Mt 8, 2; 14, 30; 15, 22, etc.). Bajo la moción del Espíritu Santo, expresa el reconocimiento del misterio divino de Jesús (cf Lc 1, 43; 2, 11). En el encuentro con Jesús resucitado, se convierte en adoración: "Señor mío y Dios mío" (Jn 20, 28). Entonces toma una connotación de amor y de afecto que quedará como propio de la tradición cristiana: "¡Es el Señor!" (Jn 21, 7).

641

449   Atribuyendo a Jesús el título divino de Señor, las primeras confesiones de fe de la Iglesia afirman desde el principio (cf Hch 2, 34-36) que el poder, el honor y la gloria debidos a Dios Padre convienen también a Jesús (cf Rm 9, 5; Tt 2, 13; Ap 5, 13) porque El es de "condición divina" (Flp 2, 6) y el Padre manifestó esta soberanía de Jesús resucitándolo de entre los muertos y exaltándolo a su gloria (cf Rm 10, 9; 1 Co 12, 3; Flp 2, 11).

461
653

450   Desde el comienzo de la historia cristiana, la afirmación del señorío de Jesús sobre el mundo y sobre la historia (cf Ap 11, 15) significa también reconocer que el hombre no debe someter su libertad personal, de modo absoluto, a ningún poder terrenal sino sólo a Dios Padre y al Señor Jesucristo: César no es el "Señor" (cf Mc 12, 17; Hch 5, 29). "La Iglesia cree... que la clave, el centro y el fin de toda historia humana se encuentra en su Señor y Maestro" (GS 10, 2; cf 45, 2).

668-672

2242

2664-2665   **451**   La oración cristiana está marcada por el título "Señor", ya sea en la invitación a la oración "el Señor esté con vosotros", o en su conclusión "por Jesucristo nuestro Señor" o incluso en la exclamación llena de confianza y de esperanza: "Maran atha" ("¡el Señor viene!") o "Marana tha" ("¡Ven, Señor!") (1 Co 16, 22): "¡Amén! ¡Ven, Señor Jesús!" (Ap 22, 20).

2817

RESUMEN

452   *El nombre de Jesús significa "Dios salva". El niño nacido de la Virgen María se llama "Jesús" "porque él salvará a su pueblo de sus pecados" (Mt 1, 21); "No hay bajo el cielo otro nombre dado a los hombres por el que nosotros debamos salvarnos" (Hch 4, 12).*

453   *El nombre de Cristo significa "Ungido", "Mesías". Jesús es el Cristo porque "Dios le ungió con el Espíritu Santo y con poder" (Hch 10, 38). Era "el que ha de venir" (Lc 7, 19), el objeto de "la esperanza de Israel" (Hch 28, 20).*

454 *El nombre de Hijo de Dios significa la relación única y eterna de Jesucristo con Dios su Padre: El es el Hijo único del Padre (cf Jn 1, 14.18; 3, 16.18) y El mismo es Dios (cf Jn 1, 1). Para ser cristiano es necesario creer que Jesucristo es el Hijo de Dios (cf Hch 8, 37; 1 Jn 2, 23).*

455 *El nombre de Señor significa la soberanía divina. Confesar o invocar a Jesús como Señor es creer en su divinidad. "Nadie puede decir: "¡Jesús es Señor!" sino por influjo del Espíritu Santo" (1 Co 12, 3).*

Artículo 3 **"JESUCRISTO FUE CONCEBIDO POR OBRA Y GRACIA DEL ESPIRITU SANTO Y NACIO DE SANTA MARIA VIRGEN"**

Párrafo 1 **EL HIJO DE DIOS SE HIZO HOMBRE**

I POR QUE EL VERBO SE HIZO CARNE

456 Con el Credo Niceno–Constantinopolitano respondemos confesando: *"Por nosotros los hombres y por nuestra salvación* bajó del cielo, y por obra del Espíritu Santo se encarnó de María la Virgen y se hizo hombre".

457 El Verbo se encarnó *para salvarnos reconciliándonos con Dios:* "Dios nos amó y nos envió a su Hijo como propiciación por nuestros pecados" (1 Jn 4, 10)."El Padre envió a su Hijo para ser salvador del mundo" (1 Jn 4, 14). "El se manifestó para quitar los pecados" (1 Jn 3, 5): 607

> Nuestra naturaleza enferma exigía ser sanada; desgarrada, ser restablecida; muerta, ser resucitada. Habíamos perdido la posesión del bien, era necesario que se nos devolviera. Encerrados en las tinieblas, hacia falta que nos llegara la luz; estando cautivos, esperábamos un salvador; prisioneros, un socorro; esclavos, un libertador. ¿No tenían importancia estos razonamientos? ¿No merecían conmover a Dios hasta el punto de hacerle bajar hasta nuestra naturaleza humana para visitarla, ya que la humanidad se encontraba en un estado tan miserable y tan desgraciado? (San Gregorio de Nisa, or. catech. 15). 385

458 El Verbo se encarnó *para que nosotros conociésemos así el amor de Dios:* "En esto se manifestó el amor que Dios nos tie- 219 ne: en que Dios envió al mundo a su Hijo único para que vivamos por medio de él" (1 Jn 4, 9). "Porque tanto amó Dios al mundo que dio a su Hijo único, para que todo el que crea en él no perezca, sino que tenga vida eterna" (Jn 3, 16).

520

823; 2012

459 El Verbo se encarnó *para ser nuestro modelo de santidad*: "Tomad sobre vosotros mi yugo, y aprended de mí..." (Mt 11, 29). "Yo soy el Camino, la Verdad y la Vida. Nadie va al Padre sino por mí" (Jn 14, 6). Y el Padre, en el monte de la Transfiguración, ordena: "Escuchadle" (Mc 9, 7; cf Dt 6, 4-5). El es, en efecto, el modelo de las bienaventuranzas y la norma de la ley nueva: "Amaos los unos a los otros como yo os he amado" (Jn 15, 12). Este amor tiene como consecuencia la ofrenda efectiva de sí mismo (cf Mc 8, 34).

1717; 1965

1265; 1391

460 El Verbo se encarnó *para hacernos "partícipes de la naturaleza divina"* (2 P 1, 4): "Porque tal es la razón por la que el Verbo se hizo hombre, y el Hijo de Dios, Hijo del hombre: para que el hombre al entrar en comunión con el Verbo y al recibir así la filiación divina, se convirtiera en hijo de Dios" (S. Ireneo, haer., 3, 19, 1). "Porque el Hijo de Dios se hizo hombre para hacernos Dios" (S. Atanasio, inc., 54, 3). "Unigenitus Dei Filius, suae divinitatis volens nos esse participes, naturam nostram assumpsit, ut homines deos faceret factus homo" ("El Hijo Unigénito de Dios, queriendo hacernos partícipes de su divinidad, asumió nuestra naturaleza, para que, habiéndose hecho hombre, hiciera dioses a los hombres") (Santo Tomás de A., opusc 57 in festo Corp. Chr., 1).

1988

II   LA ENCARNACION

653; 661

449

461 Volviendo a tomar la frase de San Juan ("El Verbo se encarnó": Jn 1, 14), la Iglesia llama "Encarnación" al hecho de que el Hijo de Dios haya asumido una naturaleza humana para llevar a cabo por ella nuestra salvación. En un himno citado por S. Pablo, la Iglesia canta el misterio de la Encarnación:

> Tened entre vosotros los mismos sentimientos que tuvo Cristo: el cual, siendo de condición divina, no retuvo ávidamente el ser igual a Dios, sino que se despojó de sí mismo tomando condición de siervo, haciéndose semejante a los hombres y apareciendo en su porte como hombre; y se humilló a sí mismo, obedeciendo hasta la muerte y muerte de cruz. (Flp 2, 5-8; cf LH, cántico de vísperas del sábado).

462 La carta a los Hebreos habla del mismo misterio:

> Por eso, al entrar en este mundo, [Cristo] dice: No quisiste sacrificio y oblación; pero me has formado un cuerpo. Holo-

caustos y sacrificios por el pecado no te agradaron. Entonces dije: ¡He aquí que vengo... a hacer, oh Dios, tu voluntad! (Hb 10, 5-7, citando Sal 40, 7-9 [LXX]).

463 La fe en la verdadera encarnación del Hijo de Dios es el 90 signo distintivo de la fe cristiana: "Podréis conocer en esto el Espíritu de Dios: todo espíritu que confiesa a Jesucristo, venido en carne, es de Dios" (1 Jn 4, 2). Esa es la alegre convicción de la Iglesia desde sus comienzos cuando canta "el gran misterio de la piedad": "El ha sido manifestado en la carne" (1 Tm 3, 16).

III VERDADERO DIOS Y VERDADERO HOMBRE

464 El acontecimiento único y totalmente singular de la Encarnación del Hijo de Dios no significa que Jesucristo sea en parte Dios y en parte hombre, ni que sea el resultado de una mezcla confusa entre lo divino y lo humano. El se hizo verdaderamente hombre sin dejar de ser verdaderamente Dios. Jesucristo es verdadero Dios y verdadero hombre. La Iglesia debió defender y aclarar esta verdad de fe durante los primeros siglos frente a unas herejías que 88 la falseaban.

465 Las primeras herejías negaron menos la divinidad de Jesucristo que su humanidad verdadera (docetismo gnóstico). Desde la época apostólica la fe cristiana insistió en la verdadera encarnación del Hijo de Dios, "venido en la carne" (cf 1 Jn 4, 2-3; 2 Jn 7). Pero desde el siglo III, la Iglesia tuvo que afirmar frente a Pablo de Samosata, en un Concilio reunido en Antioquía, que Jesucristo es hijo de Dios por naturaleza y no por adopción. El primer Concilio Ecuménico de Nicea, en el año 325, confesó en su Credo que el Hijo de Dios es "engendrado, no creado, de la misma substancia ['homousios'] que el Padre" y condenó a Arrio que afirmaba que 242 "el Hijo de Dios salió de la nada" (DS 130) y que sería "de una substancia distinta de la del Padre" (DS 126).

466 La herejía nestoriana veía en Cristo una persona humana junto a la persona divina del Hijo de Dios. Frente a ella S. Cirilo de Alejandría y el tercer Concilio Ecuménico reunido en Efeso, en el año 431, confesaron que "el Verbo, al unirse en su persona a una carne animada por un alma racional, se hizo hombre" (DS 250). La humanidad de Cristo no tiene más sujeto que la persona divina del Hijo de Dios que la ha asumido y hecho suya desde su concepción. Por eso el Concilio de Efeso proclamó en el año 431 que María llegó a ser con toda verdad Madre de Dios mediante la concepción 495

humana del Hijo de Dios en su seno: "Madre de Dios, no porque el
Verbo de Dios haya tomado de ella su naturaleza divina, sino porque es de ella, de quien tiene el cuerpo sagrado dotado de un alma
racional, unido a la persona del Verbo, de quien se dice que el Verbo nació según la carne" (DS 251).

467   Los monofisitas afirmaban que la naturaleza humana había dejado de existir como tal en Cristo al ser asumida por su persona divina de Hijo de Dios. Enfrentado a esta herejía, el cuarto
Concilio Ecuménico, en Calcedonia, confesó en el año 451:

> Siguiendo, pues, a los Santos Padres, enseñamos unánime-
> mente que hay que confesar a un solo y mismo Hijo y Señor
> nuestro Jesucristo: perfecto en la divinidad, y perfecto en la hu-
> manidad; verdaderamente Dios y verdaderamente hombre com-
> puesto de alma racional y cuerpo; consubstancial con el Padre
> según la divinidad, y consubstancial con nosotros según la hu-
> manidad, "en todo semejante a nosotros, excepto en el pecado"
> (Hb 4, 15); nacido del Padre antes de todos los siglos según la
> divinidad; y por nosotros y por nuestra salvación, nacido en los
> últimos tiempos de la Virgen María, la Madre de Dios, según la
> humanidad.

> Se ha de reconocer a un solo y mismo Cristo Señor, Hijo
> único en dos naturalezas, sin confusión, sin cambio, sin divi-
> sión, sin separación. La diferencia de naturalezas de ningún mo-
> do queda suprimida por su unión, sino que quedan a salvo las
> propiedades de cada una de las naturalezas y confluyen en un
> solo sujeto y en una sola persona (DS 301-302).

468   Después del Concilio de Calcedonia, algunos concibieron
la naturaleza humana de Cristo como una especie de sujeto personal. Contra éstos, el quinto Concilio Ecuménico, en Constantinopla, el año 553, confesó a propósito de Cristo: "No hay más que
una sola hipóstasis [o persona], que es nuestro Señor Jesucristo,
254   *uno de la Trinidad"* (DS 424). Por tanto, todo en la humanidad de
Jesucristo debe ser atribuido a su persona divina como a su propio
sujeto (cf ya Cc. Efeso: DS 255), no solamente los milagros sino
616   también los sufrimientos (cf DS 424) y la misma muerte: "El que
ha sido crucificado en la carne, nuestro Señor Jesucristo, es verdadero Dios, Señor de la gloria y uno de la Santísima Trinidad" (DS
432).

469   La Iglesia confiesa así que Jesús es inseparablemente verdadero Dios y verdadero hombre. El es verdaderamente el Hijo de
212   Dios que se ha hecho hombre, nuestro hermano, y eso sin dejar de
ser Dios, nuestro Señor:

"Id quod fuit remansit et quod non fuit assumpsit" ("Permaneció en lo que era y asumió lo que no era"), canta la liturgia romana (LH, antífona de laudes del primero de enero; cf S. León Magno, serm. 21, 2-3). Y la liturgia de S. Juan Crisóstomo proclama y canta: "¡Oh Hijo Unico y Verbo de Dios, siendo inmortal te has dignado por nuestra salvación encarnarte en la santa Madre de Dios, y siempre Virgen María; sin mutación te has hecho hombre, y has sido crucificado. Oh Cristo Dios, que por tu muerte has aplastado la muerte, que eres Uno de la Santa Trinidad, glorificado con el Padre y el Santo Espíritu, sálvanos!" (Tropario "O monoghenis").

IV   COMO ES HOMBRE EL HIJO DE DIOS

470   Puesto que en la unión misteriosa de la Encarnación "la naturaleza humana ha sido asumida, no absorbida" (GS 22, 2), la Iglesia ha llegado a confesar con el correr de los siglos, la plena realidad del alma humana, con sus operaciones de inteligencia y de voluntad, y del cuerpo humano de Cristo. Pero paralelamente, ha tenido que recordar en cada ocasión que la naturaleza humana de Cristo pertenece propiamente a la persona divina del Hijo de Dios que la ha asumido. Todo lo que es y hace en ella pertenece a "uno de la Trinidad". El Hijo de Dios comunica, pues, a su humanidad su propio modo personal de existir en la Trinidad. Así, en su alma como en su cuerpo, Cristo expresa humanamente las costumbres divinas de la Trinidad (cf Jn 14, 9-10):   516   626

> El Hijo de Dios... trabajó con manos de hombre, pensó con inteligencia de hombre, obró con voluntad de hombre, amó con corazón de hombre. Nacido de la Virgen María, se hizo verdaderamente uno de nosotros, en todo semejante a nosotros, excepto en el pecado (GS 22, 2).   2599

El alma y el conocimiento humano de Cristo

471   Apolinar de Laodicea afirmaba que en Cristo el Verbo había sustituido al alma o al espíritu. Contra este error la Iglesia confesó que el Hijo eterno asumió también un alma racional humana (cf DS 149).   363

472   Este alma humana que el Hijo de Dios asumió está dotada de un verdadero conocimiento humano. Como tal, éste no podía ser de por sí ilimitado: se desenvolvía en las condiciones históricas de su existencia en el espacio y en el tiempo. Por eso el Hijo de Dios, al hacerse hombre, quiso progresar "en sabiduría, en estatura y en gracia" (Lc 2, 52) e igualmente adquirir aquello que en la condición humana se adquiere de manera experimental (cf Mc 6, 38; 8, 27; Jn 11, 34). Eso... correspondía a la realidad de su anonadamiento voluntario en "la condición de esclavo" (Flp 2, 7).

473 Pero, al mismo tiempo, este conocimiento verdaderamente humano del Hijo de Dios expresaba la vida divina de su persona (cf S. Gregorio Magno, ep. 10, 39: DS 475). "La naturaleza humana del Hijo de Dios, *no por ella misma sino por su unión con el Verbo,* conocía y manifestaba en ella todo lo que conviene a Dios" (S. Máximo el Confesor, qu. dub. 66). Esto sucede ante todo en lo que se refiere al conocimiento íntimo e inmediato que el Hijo de Dios hecho hombre tiene de su Padre (cf Mc 14, 36; Mt 11, 27; Jn 1, 18; 8, 55). El Hijo, en su conocimiento humano, demostraba también la penetración divina que tenía de los pensamientos secretos del corazón de los hombres (cf Mc 2, 8; Jn 2, 25; 6, 61).

240

474 Debido a su unión con la Sabiduría divina en la persona del Verbo encarnado, el conocimiento humano de Cristo gozaba en plenitud de la ciencia de los designios eternos que había venido a revelar (cf Mc 8, 31; 9, 31; 10, 33-34; 14, 18-20.26-30). Lo que reconoce ignorar en este campo (cf Mc 13, 32), declara en otro lugar no tener misión de revelarlo (cf Hch 1, 7).

La voluntad humana de Cristo

475 De manera paralela, la Iglesia confesó en el sexto Concilio Ecuménico (Cc. de Constantinopla III, en el año 681) que Cristo posee dos voluntades y dos operaciones naturales, divinas y humanas, no opuestas, sino cooperantes, de forma que el Verbo hecho carne, en su obediencia al Padre, ha querido humanamente todo lo que ha decidido divinamente con el Padre y el Espíritu Santo para nuestra salvación (cf DS 556-559). La voluntad humana de Cristo "sigue a su voluntad divina sin hacerle resistencia ni oposición, sino todo lo contrario estando subordinada a esta voluntad omnipotente" (DS 556).

2008
2824

El verdadero cuerpo de Cristo

476 Como el Verbo se hizo carne asumiendo una verdadera humanidad, el cuerpo de Cristo era limitado (cf Cc. de Letrán en el año 649: DS 504). Por eso se puede "pintar" la faz humana de Jesús (Ga 3, 2). En el séptimo Concilio Ecuménico (Cc. de Nicea II, en el año 787: DS 600-603) la Iglesia reconoció que es legítima su representación en imágenes sagradas.

1159-1162

2129-2132

477 Al mismo tiempo, la Iglesia siempre ha admitido que, en el cuerpo de Jesús, Dios "que era invisible en su naturaleza se hace visible" (Prefacio de Navidad). En efecto, las particularidades individuales del cuerpo de Cristo expresan la persona divina del Hijo de Dios. El ha hecho suyos los rasgos de su propio cuerpo humano hasta el punto de que, pintados en una imagen sagrada, pueden ser venerados porque el creyente que venera su imagen, "venera a la persona representada en ella" (Cc. Nicea II: DS 601).

El Corazón del Verbo encarnado

478 Jesús, durante su vida, su agonía y su pasión nos ha conocido y amado a todos y a cada uno de nosotros y se ha entregado por cada uno de nosotros: "El Hijo de Dios me amó y se entregó a sí mismo por mí" (Ga 2, 20). Nos ha amado a todos con un corazón humano. Por esta razón, el sagrado Corazón de Jesús, traspasado por nuestros pecados y para nuestra salvación (cf Jn 19, 34), "es considerado como el principal indicador y símbolo... del amor con que el divino Redentor ama continuamente al eterno Padre y a todos los hombres" (Pío XII, enc."Haurietis aquas": DS 3924; cf DS 3812).

487

368
2669

766

RESUMEN

479 *En el momento establecido por Dios, el Hijo único del Padre, la Palabra eterna, es decir, el Verbo e Imagen substancial del Padre, se hizo carne: sin perder la naturaleza divina asumió la naturaleza humana.*

480 *Jesucristo es verdadero Dios y verdadero hombre en la unidad de su Persona divina; por esta razón El es el único Mediador entre Dios y los hombres.*

481 *Jesucristo posee dos naturalezas, la divina y la humana, no confundidas, sino unidas en la única Persona del Hijo de Dios.*

482 *Cristo, siendo verdadero Dios y verdadero hombre, tiene una inteligencia y una voluntad humanas, perfectamente de acuerdo y sometidas a su inteligencia y a su voluntad divinas que tiene en común con el Padre y el Espíritu Santo.*

483 *La encarnación es, pues, el misterio de la admirable unión de la naturaleza divina y de la naturaleza humana en la única Persona del Verbo.*

Párrafo 2   "... CONCEBIDO POR OBRA Y GRACIA DEL ESPIRITU SANTO, NACIO DE SANTA MARIA VIRGEN"

I   CONCEBIDO POR OBRA Y GRACIA DEL ESPIRITU SANTO ...

461

721

484 La anunciación a María inaugura la plenitud de "los tiempos" (Ga 4, 4), es decir, el cumplimiento de las promesas y de los preparativos. María es invitada a concebir a aquel en quien habitará "corporalmente la plenitud de la divinidad" (Col 2, 9). La respuesta divina a su "¿cómo será esto, puesto que no conozco varón?" (Lc 1, 34) se dio mediante el poder del Espíritu: "El Espíritu Santo vendrá sobre ti" (Lc 1, 35).

689

723

485 La misión del Espíritu Santo está siempre unida y ordenada a la del Hijo (cf Jn 16, 14-15). El Espíritu Santo fue enviado para santificar el seno de la Virgen María y fecundarla por obra divina, él que es "el Señor que da la vida", haciendo que ella conciba al Hijo eterno del Padre en una humanidad tomada de la suya.

437

486 El Hijo único del Padre, al ser concebido como hombre en el seno de la Virgen María, es "Cristo", es decir, el ungido por el Espíritu Santo (cf Mt 1, 20; Lc 1, 35), desde el principio de su existencia humana, aunque su manifestación no tuviera lugar sino progresivamente: a los pastores (cf Lc 2, 8-20), a los magos (cf Mt 2, 1-12), a Juan Bautista (cf Jn 1, 31-34), a los discípulos (cf Jn 2, 11). Por tanto, toda la vida de Jesucristo manifestará "cómo Dios le ungió con el Espíritu Santo y con poder" (Hch 10, 38).

II   ...NACIDO DE LA VIRGEN MARIA

963

487 Lo que la fe católica cree acerca de María se funda en lo que cree acerca de Cristo, pero lo que enseña sobre María ilumina a su vez la fe en Cristo.

La predestinación de María

488 "Dios envió a su Hijo" (Ga 4, 4), pero para "formarle un cuerpo" (cf Hb 10, 5) quiso la libre cooperación de una criatura.

Para eso desde toda la eternidad, Dios escogió para ser la Madre de su Hijo, a una hija de Israel, una joven judía de Nazaret en Galilea, a "una virgen desposada con un hombre llamado José, de la casa de David; el nombre de la virgen era María" (Lc 1, 26-27):

> El Padre de las misericordias quiso que el consentimiento de la que estaba predestinada a ser la Madre precediera a la encarnación para que, así como una mujer contribuyó a la muerte, así también otra mujer contribuyera a la vida (LG 56; cf 61).

489 A lo largo de toda la Antigua Alianza, la misión de María fue *preparada* por la misión de algunas santas mujeres. Al principio de todo está Eva: a pesar de su desobediencia, recibe la promesa de una descendencia que será vencedora del Maligno (cf Gn 3, 15) y la de ser la Madre de todos los vivientes (cf Gn 3, 20). En virtud de esta promesa, Sara concibe un hijo a pesar de su edad avanzada (cf Gn 18, 10-14; 21, 1-2). Contra toda expectativa humana, Dios escoge lo que era tenido por impotente y débil (cf 1 Co 1, 27) para mostrar la fidelidad a su promesa: Ana, la madre de Samuel (cf 1 S 1), Débora, Rut, Judit y Ester, y muchas otras mujeres. María "sobresale entre los humildes y los pobres del Señor, que esperan de él con confianza la salvación y la acogen. Finalmente, con ella, excelsa Hija de Sión, después de la larga espera de la promesa, se cumple el plazo y se inaugura el nuevo plan de salvación" (LG 55).

722
410

145

64

La Inmaculada Concepción

490 Para ser la Madre del Salvador, María fue "dotada por Dios con dones a la medida de una misión tan importante" (LG 56). El ángel Gabriel en el momento de la anunciación la saluda como "llena de gracia" (Lc 1, 28). En efecto, para poder dar el asentimiento libre de su fe al anuncio de su vocación era preciso que ella estuviese totalmente poseída por la gracia de Dios.

2676; 2853

2001

491 A lo largo de los siglos, la Iglesia ha tomado conciencia de que María "llena de gracia" por Dios (Lc 1, 28) había sido redimida desde su concepción. Es lo que confiesa el dogma de la Inmaculada Concepción, proclamado en 1854 por el Papa Pío IX:

411

> ...la bienaventurada Virgen María fue preservada inmune de toda mancha de pecado original en el primer instante de su concepción por singular gracia y privilegio de Dios omnipotente, en atención a los méritos de Jesucristo Salvador del género humano (DS 2803).

492 Esta "resplandeciente santidad del todo singular" de la que ella fue "enriquecida desde el primer instante de su concepción"

2011 (LG 56), le viene toda entera de Cristo: ella es "redimida de la manera más sublime en atención a los méritos de su Hijo" (LG 53).

1077 El Padre la ha "bendecido con toda clase de bendiciones espirituales, en los cielos, en Cristo" (Ef 1, 3) más que a ninguna otra persona creada. El la ha "elegido en él, antes de la creación del mundo
para ser santa e inmaculada en su presencia, en el amor" (Ef 1, 4).

493 Los Padres de la tradición oriental llaman a la Madre de
Dios "la Toda Santa" ("Panagia"), la celebran "como inmune de
toda mancha de pecado y como plasmada por el Espíritu Santo y
hecha una nueva criatura" (LG 56). Por la gracia de Dios, María
ha permanecido pura de todo pecado personal a lo largo de toda su
vida.

"Hágase en mí según tu palabra ..."

2617 **494** Al anuncio de que ella dará a luz al "Hijo del Altísimo"
sin conocer varón, por la virtud del Espíritu Santo (cf Lc 1, 28-37),
148 María respondió por "la obediencia de la fe" (Rm 1, 5), segura de
que "nada hay imposible para Dios": "He aquí la esclava del Señor: hágase en mí según tu palabra" (Lc 1, 37-38). Así dando su
consentimiento a la palabra de Dios, María llegó a ser Madre de
Jesús y, aceptando de todo corazón la voluntad divina de salva-
968 ción, sin que ningún pecado se lo impidiera, se entregó a sí misma
por entero a la persona y a la obra de su Hijo, para servir, en su dependencia y con él, por la gracia de Dios, al Misterio de la Redención (cf LG 56):

> Ella, en efecto, como dice S. Ireneo, "por su obediencia
> fue causa de la salvación propia y de la de todo el género hu-
> mano". Por eso, no pocos Padres antiguos, en su predicación,
> coincidieron con él en afirmar "el nudo de la desobediencia de
> Eva lo desató la obediencia de María. Lo que ató la virgen Eva
> por su falta de fe lo desató la Virgen María por su fe". Compa-
726 > rándola con Eva, llaman a María 'Madre de los vivientes' y
> afirman con mayor frecuencia: "la muerte vino por Eva, la vida
> por María" (LG 56).

La maternidad divina de María

495 Llamada en los evangelios "la Madre de Jesús" (Jn 2, 1;
19, 25; cf Mt 13, 55), María es aclamada bajo el impulso del Espíritu como "la madre de mi Señor" desde antes del nacimiento de
su hijo (cf Lc 1, 43). En efecto, aquel que ella concibió como hombre, por obra del Espíritu Santo, y que se ha hecho verdaderamente
su Hijo según la carne, no es otro que el Hijo eterno del Padre, la

segunda persona de la Santísima Trinidad. La Iglesia confiesa que María es verdaderamente *Madre de Dios* ["Theotokos"] (cf DS 251).

466; 2677

La virginidad de María

496 Desde las primeras formulaciones de la fe (cf DS 10-64), la Iglesia ha confesado que Jesús fue concebido en el seno de la Virgen María únicamente por el poder del Espíritu Santo, afirmando también el aspecto corporal de este suceso: Jesús fue concebido "absque semine ex Spiritu Sancto" (Cc. Letrán, año 649; DS 503), esto es, sin elemento humano, por obra del Espíritu Santo. Los Padres ven en la concepción virginal el signo de que es verdaderamente el Hijo de Dios el que ha venido en una humanidad como la nuestra:

> Así, S. Ignacio de Antioquía (comienzos del siglo II): "Estáis firmemente convencidos acerca de que nuestro Señor es verdaderamente de la raza de David según la carne (cf Rm 1, 3), Hijo de Dios según la voluntad y el poder de Dios (cf Jn 1, 13), nacido verdaderamente de una virgen... Fue verdaderamente clavado por nosotros en su carne bajo Poncio Pilato... padeció verdaderamente, como también resucitó verdaderamente" (Smyrn. 1-2).

497 Los relatos evangélicos (cf Mt 1, 18-25; Lc 1, 26-38) presentan la concepción virginal como una obra divina que sobrepasa toda comprensión y toda posibilidad humanas (cf Lc 1, 34): "Lo concebido en ella viene del Espíritu Santo", dice el ángel a José a propósito de María, su desposada (Mt 1, 20). La Iglesia ve en ello el cumplimiento de la promesa divina hecha por el profeta Isaías: "He aquí que la virgen concebirá y dará a luz un hijo" (Is 7, 14 según la traducción griega de Mt 1, 23).

498 A veces ha desconcertado el silencio del Evangelio de S. Marcos y de las cartas del Nuevo Testamento sobre la concepción virginal de María. También se ha podido plantear si no se trataría en este caso de leyendas o de construcciones teológicas sin pretensiones históricas. A lo cual hay que responder: la fe en la concepción virginal de Jesús ha encontrado viva oposición, burlas o incomprensión por parte de los no creyentes, judíos y paganos (cf S. Justino, Dial 99, 7; Orígenes, Cels. 1, 32, 69; entre otros); no ha tenido su origen en la mitología pagana ni en una adaptación de las ideas de su tiempo. El sentido de este misterio no es accesible más que a la fe que lo ve en ese "nexo que reúne entre sí los misterios" (DS 3016), dentro del conjunto de los Misterios de Cristo, desde su Encarnación hasta su Pascua. S. Ignacio de Antioquía da ya testimonio de este vínculo: "El príncipe de este mundo ignoró la virginidad de María y su parto, así como la muerte del Señor: tres misterios resonantes que se realizaron en el silencio de Dios" (Eph. 19, 1; cf 1 Co 2, 8).

90

2717

María, la "siempre Virgen"

499 La profundización de la fe en la maternidad virginal ha llevado a la Iglesia a confesar la virginidad real y perpetua de María (cf DS 427) incluso en el parto del Hijo de Dios hecho hombre (cf DS 291; 294; 442; 503; 571; 1880). En efecto, el nacimiento de Cristo "lejos de disminuir consagró la integridad virginal" de su madre (LG 57). La liturgia de la Iglesia celebra a María como la "Aeiparthenos", la "siempre-virgen" (cf LG 52).

500 A esto se objeta a veces que la Escritura menciona unos hermanos y hermanas de Jesús (cf Mc 3, 31-55; 6, 3; 1 Co 9, 5; Ga 1, 19). La Iglesia siempre ha entendido estos pasajes como no referidos a otros hijos de la Virgen María; en efecto, Santiago y José "hermanos de Jesús" (Mt 13, 55) son los hijos de una María discípula de Cristo (cf Mt 27, 56) que se designa de manera significativa como "la otra María" (Mt 28, 1). Se trata de parientes próximos de Jesús, según una expresión conocida del Antiguo Testamento (cf Gn 13, 8; 14, 16; 29, 15).

₉₆₉ **501** Jesús es el Hijo único de María. Pero la maternidad espiritual de María se extiende (cf Jn 19, 26-27; Ap 12, 17) a todos los hombres a los cuales, El vino a salvar: "Dio a luz al Hijo, al que Dios constituyó el mayor de muchos hermanos (Rm 8, 29), es decir, de los creyentes, a cuyo nacimiento y educación colabora con ₉₇₀ amor de madre" (LG 63).

La maternidad virginal de María en el designio de Dios

₉₀ **502** La mirada de la fe, unida al conjunto de la Revelación, puede descubrir las razones misteriosas por las que Dios, en su designio salvífico, quiso que su Hijo naciera de una virgen. Estas razones se refieren tanto a la persona y a la misión redentora de Cristo como a la aceptación por María de esta misión para con los hombres.

₄₂₂ **503** La virginidad de María manifiesta la iniciativa absoluta de Dios en la Encarnación. Jesús no tiene como Padre más que a Dios (cf Lc 2, 48-49). "La naturaleza humana que ha tomado no le ha alejado jamás de su Padre...; consubstancial con su Padre en la divinidad, consubstancial con su Madre en nuestra humanidad, pero propiamente Hijo de Dios en sus dos naturalezas" (Cc. Friul en el año 796: DS 619).

504 Jesús fue concebido por obra del Espíritu Santo en el seno de la ₃₅₉ Virgen María porque él es el *Nuevo Adán* (cf 1 Co 15, 45) que inaugura la nueva creación: "El primer hombre, salido de la tierra, es terreno; el segundo viene del cielo" (1 Co 15, 47). La humanidad de Cristo, desde su concepción, está llena del Espíritu Santo porque Dios "le da el Espíritu sin medida" (Jn 3, 34). De "su plenitud", cabeza de la humanidad redimida (cf Col 1, 18), "hemos recibido todos gracia por gracia" (Jn 1, 16).

505 Jesús, el nuevo Adán, inaugura por su concepción virginal el *nuevo nacimiento* de los hijos de adopción en el Espíritu Santo por la fe. "¿Cómo será eso?" (Lc 1, 34; cf Jn 3, 9). La participación en la vida divina no nace "de la sangre, ni de deseo de carne, ni de deseo de hombre, sino de Dios" (Jn 1, 13). La acogida de esta vida es virginal porque toda ella es dada al hombre por el Espíritu. El sentido esponsal de la vocación humana con relación a Dios (cf 2 Co 11, 2) se lleva a cabo perfectamente en la maternidad virginal de María. 1265

506 María es virgen porque su virginidad es *el signo de su fe* "no adulterada por duda alguna" (LG 63) y de su entrega total a la voluntad de Dios (cf 1 Co 7, 34–35). Su fe es la que le hace llegar a ser la madre del Salvador: "Beatior est Maria percipiendo fidem Christi quam concipiendo carnem Christi" ("Más bienaventurada es María al recibir a Cristo por la fe que al concebir en su seno la carne de Cristo" (S. Agustín, virg. 3). 148 1814

507 María es a la vez virgen y madre porque ella es la figura y la más perfecta realización de la Iglesia (cf LG 63): "La Iglesia se convierte en Madre por la palabra de Dios acogida con fe, ya que, por la predicación y el bautismo, engendra para una vida nueva e inmortal a los hijos concebidos por el Espíritu Santo y nacidos de Dios. También ella es virgen que guarda íntegra y pura la fidelidad prometida al Esposo" (LG 64). 967 149

RESUMEN

508 *De la descendencia de Eva, Dios eligió a la Virgen María para ser la Madre de su Hijo. Ella, "llena de gracia", es "el fruto excelente de la redención" (SC 103); desde el primer instante de su concepción, fue totalmente preservada de la mancha del pecado original y permaneció pura de todo pecado personal a lo largo de toda su vida.*

509 *María es verdaderamente "Madre de Dios" porque es la madre del Hijo eterno de Dios hecho hombre, que es Dios mismo.*

510 *María "fue Virgen al concebir a su Hijo, Virgen durante el embarazo, Virgen en el parto, Virgen después del parto, Virgen siempre" (S. Agustín, serm. 186, 1): ella, con todo su ser, es "la esclava del Señor" (Lc 1, 38).*

511 *La Virgen María "colaboró por su fe y obediencia libres a la salvación de los hombres" (LG 56). Ella pronunció su "fiat" "loco totius humanae naturae" ("ocupando el lugar de toda la naturaleza humana") (Santo Tomás, s. th. 3, 30, 1): Por su obediencia, ella se convirtió en la nueva Eva, madre de los vivientes.*

Párrafo 3   LOS MISTERIOS DE LA VIDA DE CRISTO

512   Respecto a la vida de Cristo, el Símbolo de la Fe no habla
más que de los misterios de la Encarnación (concepción y nacimiento) y de la Pascua (pasión, crucifixión, muerte, sepultura, descenso a los infiernos, resurrección, ascensión). No dice nada explícitamente de los misterios de la vida oculta y pública de Jesús, pero los artículos de la fe referentes a la Encarnación y a la Pascua de
1163   Jesús iluminan *toda* la vida terrena de Cristo. "Todo lo que Jesús
hizo y enseñó desde el principio hasta el día en que... fue llevado
al cielo" (Hch 1, 1-2) hay que verlo a la luz de los misterios de Navidad y de Pascua.

426   **513**   La catequesis, según las circunstancias, debe presentar to-
561   da la riqueza de los Misterios de Jesús. Aquí basta indicar algunos
elementos comunes a todos los Misterios de la vida de Cristo (I),
para esbozar a continuación los principales misterios de la vida
oculta (II) y pública (III) de Jesús.

I   TODA LA VIDA DE CRISTO ES MISTERIO

514   Muchas de las cosas respecto a Jesús que interesan a la
curiosidad humana no figuran en el Evangelio. Casi nada se dice
sobre su vida en Nazaret, e incluso una gran parte de la vida pública no se narra (cf Jn 20, 30). Lo que se ha escrito en los evangelios
lo ha sido "para que creáis que Jesús es el Cristo, el Hijo de Dios,
y para que creyendo tengáis vida en su nombre" (Jn 20, 31).

126   **515**   Los evangelios fueron escritos por hombres que pertene-
cieron al grupo de los primeros que tuvieron fe (cf Mc 1, 1; Jn 21,
24) y quisieron compartirla con otros. Habiendo conocido por la fe
quién es Jesús, pudieron ver y hacer ver los rasgos de su Misterio
durante toda su vida terrena. Desde los pañales de su natividad (Lc
2, 7) hasta el vinagre de su Pasión (cf Mt 27, 48) y el sudario de su
Resurrección (cf Jn 20, 7), todo en la vida de Jesús es signo de su
Misterio. A través de sus gestos, sus milagros y sus palabras, se ha
revelado que "en él reside toda la plenitud de la Divinidad corporalmente" (Col 2, 9). Su humanidad aparece así como el "sacra-
609; 774   mento", es decir, el signo y el instrumento de su divinidad y de la
salvación que trae consigo: lo que había de visible en su vida terre-
477   na conduce al misterio invisible de su filiación divina y de su misión redentora.

Los rasgos comunes en los Misterios de Jesús

65   **516**   Toda la vida de Cristo es *Revelación* del Padre: sus palabras y sus obras, sus silencios y sus sufrimientos, su manera de ser

y de hablar. Jesús puede decir: "Quien me ve a mí, ve al Padre" (Jn 14, 9), y el Padre: "Este es mi Hijo amado; escuchadle" (Lc 9, 35).

Nuestro Señor, al haberse hecho para cumplir la voluntad del Padre (cf Hb 10, 5-7), nos "manifestó el amor que nos tiene" (1 Jn 4,9) con los menores rasgos de sus misterios.   2708

517   Toda la vida de Cristo es Misterio de *Redención*. La Redención nos viene ante todo por la sangre de la cruz (cf Ef 1, 7; Col 1, 13-14; 1 P 1, 18-19), pero este misterio está actuando en toda la vida de Cristo: ya en su Encarnación porque haciéndose pobre nos enriquece con su pobreza (cf 2 Co 8, 9); en su vida oculta donde repara nuestra insumisión mediante su sometimiento (cf Lc 2, 51); en su palabra que purifica a sus oyentes (cf Jn 15, 3); en sus curaciones y en sus exorcismos, por las cuales "él tomó nuestras flaquezas y cargó con nuestras enfermedades" (Mt 8, 17; cf Is 53, 4); en su Resurrección, por medio de la cual nos justifica (cf Rm 4, 25).   606   1115

518   Toda la vida de Cristo es Misterio de *Recapitulación*. Todo lo que Jesús hizo, dijo y sufrió, tuvo como finalidad restablecer al hombre caído en su vocación primera: 668; 2748

> Cuando se encarnó y se hizo hombre, recapituló en sí mismo la larga historia de la humanidad procurándonos en su propia historia la salvación de todos, de suerte que lo que perdimos en Adán, es decir, el ser imagen y semejanza de Dios, lo recuperamos en Cristo Jesús (S. Ireneo, haer. 3, 18, 1). Por lo demás, ésta es la razón por la cual Cristo ha vivido todas las edades de la vida humana, devolviendo así a todos los hombres la comunión con Dios (ibíd. 3, 18, 7; cf 2, 22, 4).

Nuestra comunión en los Misterios de Jesús

519   Toda la riqueza de Cristo "es para todo hombre y constituye el bien de cada uno" (RH 11). Cristo no vivió su vida para sí mismo, sino *para nosotros,* desde su Encarnación "por nosotros los hombres y por nuestra salvación" hasta su muerte "por nuestros pecados" (1 Co 15, 3) y en su Resurrección para nuestra justificación (Rm 4, 25). Todavía ahora, es "nuestro abogado cerca del Padre" (1 Jn 2, 1), "estando siempre vivo para interceder en nuestro favor" (Hb 7, 25). Con todo lo que vivió y sufrió por nosotros de una vez por todas, permanece presente para siempre "ante el acatamiento de Dios en favor nuestro" (Hb 9, 24).   793   602   1085

520   Toda su vida, Jesús se muestra como *nuestro modelo* (cf Rm 15, 5; Flp 2, 5): El es el "hombre perfecto" (GS 38) que nos   459   359

2607 invita a ser sus discípulos y a seguirle: con su anonadamiento, nos
ha dado un ejemplo que imitar (cf Jn 13, 15); con su oración atrae
a la oración (cf Lc 11, 1); con su pobreza, llama a aceptar libremente la privación y las persecuciones (cf Mt 5, 11-12).

2715 **521**   Todo lo que Cristo vivió hace que podamos *vivirlo en El* y
que El lo *viva en nosotros.* "El Hijo de Dios con su encarnación se
ha unido en cierto modo con todo hombre" (GS 22, 2). Estamos
1391 llamados a no ser más que una sola cosa con El; nos hace comulgar en cuanto miembros de su Cuerpo en lo que El vivió en su carne por nosotros y como modelo nuestro:

> Debemos continuar y cumplir en nosotros los estados y
> Misterios de Jesús, y pedirle con frecuencia que los realice y lle-
> ve a plenitud en nosotros y en toda su Iglesia... Porque el Hijo
> de Dios tiene el designio de hacer participar y de extender y
> continuar sus Misterios en nosotros y en toda su Iglesia por las
> gracias que El quiere comunicarnos y por los efectos que quiere
> obrar en nosotros gracias a estos Misterios. Y por este medio
> quiere cumplirlos en nosotros (S. Juan Eudes, regn.)

II   LOS MISTERIOS DE LA INFANCIA
Y DE LA VIDA OCULTA DE JESUS

Los preparativos

522   La venida del Hijo de Dios a la tierra es un acontecimien-
711; 762 to tan inmenso que Dios quiso prepararlo durante siglos. Ritos y
sacrificios, figuras y símbolos de la "Primera Alianza" (Hb 9, 15),
todo lo hace converger hacia Cristo; anuncia esta venida por boca
de los profetas que se suceden en Israel. Además, despierta en el
corazón de los paganos una espera, aún confusa, de esta venida.

712-720 **523**   *San Juan Bautista* es el precursor (cf Hch 13, 24) inmediato del Señor, enviado para prepararle el camino (cf Mt 3, 3).
"Profeta del Altísimo" (Lc 1, 76), sobrepasa a todos los profetas
(cf Lc 7, 26), de los que es el último (cf Mt 11, 13), e inaugura el
Evangelio (cf Hch 1, 22; Lc 16, 16); desde el seno de su madre (cf
Lc 1, 41) saluda la venida de Cristo y encuentra su alegría en ser
"el amigo del esposo" (Jn 3, 29) a quien señala como "el Cordero
de Dios que quita el pecado del mundo" (Jn 1, 29). Precediendo a
Jesús "con el espíritu y el poder de Elías" (Lc 1, 17), da testimonio
de él mediante su predicación, su bautismo de conversión y finalmente con su martirio (cf Mc 6, 17-29).

1171 **524**   Al celebrar anualmente la *liturgia de Adviento,* la Iglesia
actualiza esta espera del Mesías: participando en la larga prepara-

ción de la primera venida del Salvador, los fieles renuevan el ardiente deseo de su segunda Venida (cf Ap 22, 17). Celebrando la natividad y el martirio del Precursor, la Iglesia se une al deseo de éste: "Es preciso que él crezca y que yo disminuya" (Jn 3, 30).

El Misterio de Navidad

525 Jesús nació en la humildad de un establo, de una familia pobre (cf Lc 2, 6-7); unos sencillos pastores son los primeros testigos del acontecimiento. En esta pobreza se manifiesta la gloria del cielo (cf Lc 2, 8-20). La Iglesia no se cansa de cantar la gloria de esta noche: 437
2443

> La Virgen da hoy a luz al Eterno
> Y la tierra ofrece una gruta al Inaccesible.
> Los ángeles y los pastores le alaban
> Y los magos avanzan con la estrella.
> Porque Tú has nacido para nosotros,
> Niño pequeño, ¡Dios eterno!
>
> (Kontakion, de Romanos el Melódico)

526 "Hacerse niño" con relación a Dios es la condición para entrar en el Reino (cf Mt 18, 3-4); para eso es necesario abajarse (cf Mt 23, 12), hacerse pequeño; más todavía: es necesario "nacer de lo alto" (Jn 3, 7), "nacer de Dios" (Jn 1, 13) para "hacerse hijos de Dios" (Jn 1, 12). El Misterio de Navidad se realiza en nosotros cuando Cristo "toma forma" en nosotros (Ga 4, 19). Navidad es el Misterio de este "admirable intercambio":

> O admirabile commercium! El Creador del género humano, tomando cuerpo y alma, nace de una virgen y, hecho hombre sin concurso de varón, nos da parte en su divinidad (LH, antífona de la octava de Navidad). 460

Los Misterios de la infancia de Jesús

527 La *Circuncisión* de Jesús, al octavo día de su nacimiento (cf Lc 2, 21), es señal de su inserción en la descendencia de Abraham, en el pueblo de la Alianza, de su sometimiento a la Ley (cf Ga 4, 4) y de su consagración al culto de Israel en el que participará durante toda su vida. Este signo prefigura "la circuncisión en Cristo" que es el Bautismo (Col 2, 11-13). 580
1214

528 La *Epifanía* es la manifestación de Jesús como Mesías de Israel, Hijo de Dios y Salvador del mundo. Con el bautismo de Jesús en el Jordán y las bodas de Caná (cf LH, Antífona del Magníficat de las segundas vísperas de Epifanía), la Epifanía celebra la adoración de Jesús por unos "magos" venidos de Oriente (Mt 2, 1). 439

En estos "magos", representantes de religiones paganas de pueblos vecinos, el Evangelio ve las primicias de las naciones que acogen, por la Encarnación, la Buena Nueva de la salvación. La llegada de los magos a Jerusalén para "rendir homenaje al rey de los judíos" (Mt 2, 2) muestra que buscan en Israel, a la luz mesiánica de la estrella de David (cf Nm 24, 17; Ap 22, 16), al que será el rey de las naciones (cf Nm 24, 17-19). Su venida significa que los gentiles no pueden descubrir a Jesús y adorarle como Hijo de Dios y Salvador del mundo sino volviéndose hacia los judíos (cf Jn 4, 22) y recibiendo de ellos su promesa mesiánica tal como está contenida en el Antiguo Testamento (cf Mt 2, 4-6). La Epifanía manifiesta que "la multitud de los gentiles entra en la familia de los patriarcas" (S. León Magno, serm. 23) y adquiere la "israelitica dignitas" (MR, Vigilia pascual 26: oración después de la tercera lectura).

529   *La Presentación de Jesús en el Templo* (cf Lc 2, 22-39) lo muestra como el Primogénito que pertenece al Señor (cf Ex 13, 2.12-13). Con Simeón y Ana toda la expectación de Israel es la que viene al *Encuentro* de su Salvador (la tradición bizantina llama así a este acontecimiento). Jesús es reconocido como el Mesías tan esperado, "luz de las naciones" y "gloria de Israel", pero también "signo de contradicción". La espada de dolor predicha a María anuncia otra oblación, perfecta y única, la de la Cruz que dará la salvación que Dios ha preparado "ante todos los pueblos".

530   *La Huida a Egipto* y la matanza de los inocentes (cf Mt 2, 13-18) manifiestan la oposición de las tinieblas a la luz: "Vino a su Casa, y los suyos no lo recibieron" (Jn 1, 11). Toda la vida de Cristo estará bajo el signo de la persecución. Los suyos la comparten con él (cf Jn 15, 20). Su vuelta de Egipto (cf Mt 2, 15) recuerda el éxodo (cf Os 11, 1) y presenta a Jesús como el liberador definitivo.

Los Misterios de la vida oculta de Jesús

531   Jesús compartió, durante la mayor parte de su vida, la condición de la inmensa mayoría de los hombres: una vida cotidiana sin aparente importancia, vida de trabajo manual, vida religiosa judía sometida a la ley de Dios (cf Ga 4, 4), vida en la comunidad. De todo este período se nos dice que Jesús estaba "sometido" a sus padres y que "progresaba en sabiduría, en estatura y en gracia ante Dios y los hombres" (Lc 2, 51-52).

532   Con la sumisión a su madre, y a su padre legal, Jesús cumple con perfección el cuarto mandamiento. Es la imagen temporal de su obediencia filial a su Padre celestial. La sumisión cotidiana

711-716
122

583

439

614

574

2427

2214-2220

de Jesús a José y a María anunciaba y anticipaba la sumisión del Jueves Santo: "No se haga mi voluntad..." (Lc 22, 42). La obediencia de Cristo en lo cotidiano de la vida oculta inauguraba ya la obra de restauración de lo que la desobediencia de Adán había destruido (cf Rm 5, 19).

533 La vida oculta de Nazaret permite a todos entrar en comunión con Jesús a través de los caminos más ordinarios de la vida humana:

Nazaret es la escuela donde se comienza a entender la vida de Jesús: la escuela del Evangelio... Una lección de *silencio* ante todo. Que nazca en nosotros la estima del silencio, esta condición del espíritu admirable e inestimable... Una lección de *vida familiar*. Que Nazaret nos enseñe lo que es la familia, su comunión de amor, su austera y sencilla belleza, su carácter sagrado e inviolable... Una lección de *trabajo*. Nazaret, oh casa del "Hijo del Carpintero", aquí es donde querríamos comprender y celebrar la ley severa y redentora del trabajo humano...; cómo querríamos, en fin, saludar aquí a todos los trabajadores del mundo entero y enseñarles su gran modelo, su hermano divino (Pablo VI, discurso 5 enero 1964 en Nazaret). *[2717] [2204] [2427]*

534 *El hallazgo de Jesús en el Templo* (cf Lc 2, 41-52) es el único suceso que rompe el silencio de los Evangelios sobre los años ocultos de Jesús. Jesús deja entrever en ello el misterio de su consagración total a una misión derivada de su filiación divina: "¿No sabíais que me debo a los asuntos de mi Padre?" María y José "no comprendieron" esta palabra, pero la acogieron en la fe, y María "conservaba cuidadosamente todas las cosas en su corazón", a lo largo de todos los años en que Jesús permaneció oculto en el silencio de una vida ordinaria. *[583] [2599] [964]*

III   LOS MISTERIOS DE LA VIDA PUBLICA DE JESUS

El Bautismo de Jesús

535 El comienzo (cf Lc 3, 23) de la vida pública de Jesús es su bautismo por Juan en el Jordán (cf Hch 1, 22). Juan proclamaba "un bautismo de conversión para el perdón de los pecados" (Lc 3, 3). Una multitud de pecadores, publicanos y soldados (cf Lc 3, 10-14), fariseos y saduceos (cf Mt 3, 7) y prostitutas (cf Mt 21, 32) viene a hacerse bautizar por él. "Entonces aparece Jesús". El Bautista duda. Jesús insiste y recibe el bautismo. Entonces el Espíritu Santo, en forma de paloma, viene sobre Jesús, y la voz del cielo proclama que él es "mi Hijo amado" (Mt 3, 13-17). Es la manifestación ("Epifanía") de Jesús como Mesías de Israel e Hijo de Dios. *[719-720] [701] [438]*

536   El bautismo de Jesús es, por su parte, la aceptación y la inauguración de su misión de Siervo doliente. Se deja contar entre los pecadores (cf Is 53, 12); es ya "el Cordero de Dios que quita el pecado del mundo" (Jn 1, 29); anticipa ya el "bautismo" de su muerte sangrienta (cf Mc 10, 38; Lc 12, 50). Viene ya a "cumplir toda justicia" (Mt 3, 15), es decir, se somete enteramente a la voluntad de su Padre: por amor acepta el bautismo de muerte para la remisión de nuestros pecados (cf Mt 26, 39). A esta aceptación responde la voz del Padre que pone toda su complacencia en su Hijo (cf Lc 3, 22; Is 42, 1). El Espíritu que Jesús posee en plenitud desde su concepción viene a "posarse" sobre él (Jn 1, 32-33; cf Is 11, 2). De él manará este Espíritu para toda la humanidad. En su bautismo, "se abrieron los cielos" (Mt 3, 16) que el pecado de Adán había cerrado; y las aguas fueron santificadas por el descenso de Jesús y del Espíritu como preludio de la nueva creación.

537   Por el bautismo, el cristiano se asimila sacramentalmente a Jesús que anticipa en su bautismo su muerte y su resurrección: debe entrar en este misterio de rebajamiento humilde y de arrepentimiento, descender al agua con Jesús, para subir con él, renacer del agua y del Espíritu para convertirse, en el Hijo, en hijo amado del Padre y "vivir una vida nueva" (Rm 6, 4):

> Enterrémonos con Cristo por el Bautismo, para resucitar con él; descendamos con él para ser ascendidos con él; ascendamos con él para ser glorificados con él (S. Gregorio Nacianc., Or. 40, 9).

> Todo lo que aconteció en Cristo nos enseña que después del baño de agua, el Espíritu Santo desciende sobre nosotros desde lo alto del cielo y que, adoptados por la Voz del Padre, llegamos a ser hijos de Dios (S. Hilario, Mat. 2).

Las Tentaciones de Jesús

538   Los evangelios hablan de un tiempo de soledad de Jesús en el desierto inmediatamente después de su bautismo por Juan: "Impulsado por el Espíritu" al desierto, Jesús permanece allí sin comer durante cuarenta días; vive entre los animales y los ángeles le servían (cf Mc 1, 12-13). Al final de este tiempo, Satanás le tienta tres veces tratando de poner a prueba su actitud filial hacia Dios. Jesús rechaza estos ataques que recapitulan las tentaciones de Adán en el Paraíso y las de Israel en el desierto, y el diablo se aleja de él "hasta el tiempo determinado" (Lc 4, 13).

539   Los evangelistas indican el sentido salvífico de este acontecimiento misterioso. Jesús es el nuevo Adán que permaneció fiel

Margin references: 606, 1224, 444, 727, 739, 1262, 628, 394, 518

allí donde el primero sucumbió a la tentación. Jesús cumplió per-   397
fectamente la vocación de Israel: al contrario de los que anteriormente provocaron a Dios durante cuarenta años por el desierto (cf
Sal 95, 10), Cristo se revela como el Siervo de Dios totalmente
obediente a la voluntad divina. En esto Jesús es vencedor del dia-   385
blo; él ha "atado al hombre fuerte" para despojarle de lo que se había apropiado (Mc 3, 27). La victoria de Jesús en el desierto sobre
el Tentador es un anticipo de la victoria de la Pasión, suprema obediencia de su amor filial al Padre.   609

540   La tentación de Jesús manifiesta la manera que tiene de ser   2119
Mesías el Hijo de Dios, en oposición a la que le propone Satanás y
a la que los hombres (cf Mt 16, 21-23) le quieren atribuir. Es por
eso por lo que Cristo venció al Tentador *a favor nuestro:* "Pues no   519-2849
tenemos un Sumo Sacerdote que no pueda compadecerse de nues-
tras flaquezas, sino probado en todo igual que nosotros, excepto en
el pecado" (Hb 4, 15). La Iglesia se une todos los años, durante los
cuarenta días de *Cuaresma,* al Misterio de Jesús en el desierto.   1438

"El Reino de Dios está cerca"

541   "Después que Juan fue preso, marchó Jesús a Galilea; y
proclamaba la Buena Nueva de Dios: 'El tiempo se ha cumplido y
el Reino de Dios está cerca; convertíos y creed en la Buena Nue-   2816
va'" (Mc 1, 15). "Cristo, por tanto, para hacer la voluntad del Padre, inauguró en la tierra el Reino de los cielos" (LG 3). Pues bien,   763
la voluntad del Padre es "elevar a los hombres a la participación de
la vida divina" (LG 2). Lo hace reuniendo a los hombres en torno
a su Hijo, Jesucristo. Esta reunión es la Iglesia, que es sobre la tierra "el germen y el comienzo de este Reino" (LG 5).   669; 768; 865

542   Cristo es el corazón mismo de esta reunión de los hombres
como "familia de Dios". Los convoca en torno a él por su palabra,   2233
por sus señales que manifiestan el Reino de Dios, por el envío de
sus discípulos. Sobre todo, él realizará la venida de su Reino por
medio del gran Misterio de su Pascua: su muerte en la Cruz y su
Resurrección. "Cuando yo sea levantado de la tierra, atraeré a todos hacia mí" (Jn 12, 32). A esta unión con Cristo están llamados   789
todos los hombres (cf LG 3).

El anuncio del Reino de Dios

543   *Todos los hombres* están llamados a entrar en el Reino.
Anunciado en primer lugar a los hijos de Israel (cf Mt 10, 5-7), este reino mesiánico está destinado a acoger a los hombres de todas

764

las naciones (cf Mt 8, 11; 28, 19). Para entrar en él, es necesario acoger la palabra de Jesús:

> La Palabra de Dios se compara a una semilla sembrada en el campo: los que escuchan con fe y se unen al pequeño rebaño de Cristo han acogido el Reino; después la semilla, por sí misma, germina y crece hasta el tiempo de la siega (LG 5).

709

2443

2546

544 El Reino pertenece *a los pobres y a los pequeños,* es decir a los que lo acogen con un corazón humilde. Jesús fue enviado para "anunciar la Buena Nueva a los pobres" (Lc 4, 18; cf 7, 22). Los declara bienaventurados porque de "ellos es el Reino de los cielos" (Mt 5, 3); a los "pequeños" es a quienes el Padre se ha dignado revelar las cosas que ha ocultado a los sabios y prudentes (cf Mt 11, 25). Jesús, desde el pesebre hasta la cruz comparte la vida de los pobres; conoce el hambre (cf Mc 2, 23-26; Mt 21, 18), la sed (cf Jn 4, 6-7; 19, 28) y la privación (cf Lc 9, 58). Aún más: se identifica con los pobres de todas clases y hace del amor activo hacia ellos la condición para entrar en su Reino (cf Mt 25, 31-46).

1443

588; 1846

1439

545 Jesús invita a *los pecadores* al banquete del Reino: "No he venido a llamar a justos sino a pecadores" (Mc 2, 17; cf 1 Tm 1, 15). Les invita a la conversión, sin la cual no se puede entrar en el Reino, pero les muestra de palabra y con hechos la misericordia sin límites de su Padre hacia ellos (cf Lc 15, 11-32) y la inmensa "alegría en el cielo por un solo pecador que se convierta" (Lc 15, 7). La prueba suprema de este amor será el sacrificio de su propia vida "para remisión de los pecados" (Mt 26, 28).

2613

542

546 Jesús llama a entrar en el Reino a través de las *parábolas,* rasgo típico de su enseñanza (cf Mc 4, 33-34). Por medio de ellas invita al banquete del Reino (cf Mt 22, 1-14), pero exige también una elección radical para alcanzar el Reino, es necesario darlo todo (cf Mt 13, 44-45); las palabras no bastan, hacen falta obras (cf Mt 21, 28-32). Las parábolas son como un espejo para el hombre: ¿acoge la palabra como un suelo duro o como una buena tierra (cf Mt 13, 3-9)? ¿Qué hace con los talentos recibidos (cf Mt 25, 14-30)? Jesús y la presencia del Reino en este mundo están secretamente en el corazón de las parábolas. Es preciso entrar en el Reino, es decir, hacerse discípulo de Cristo para "conocer los Misterios del Reino de los cielos" (Mt 13, 11). Para los que están "fuera" (Mc 4, 11), la enseñanza de las parábolas es algo enigmático (cf Mt 13, 10-15).

Los signos del Reino de Dios

670

547 Jesús acompaña sus palabras con numerosos "milagros, prodigios y signos" (Hch 2, 22) que manifiestan que el Reino está presente en El. Ellos atestiguan que Jesús es el Mesías anunciado (cf, Lc 7, 18-23). 439

548 Los signos que lleva a cabo Jesús testimonian que el Padre le ha enviado (cf Jn 5, 36; 10, 25). Invitan a creer en Jesús (cf Jn 10, 38). Concede lo que le piden a los que acuden a él con fe (cf Mc 5, 25-34; 10, 52). Por tanto, los milagros fortalecen la fe en Aquel que hace las obras de su Padre: éstas testimonian que él es Hijo de Dios (cf Jn 10, 31-38). Pero también pueden ser "ocasión de escándalo" (Mt 11, 6). No pretenden satisfacer la curiosidad ni los deseos mágicos. A pesar de tan evidentes milagros, Jesús es rechazado por algunos (cf Jn 11, 47-48); incluso se le acusa de obrar movido por los demonios (cf Mc 3, 22).

156
2616

574

447

549 Al liberar a algunos hombres de los males terrenos del hambre (cf Jn 6, 5-15), de la injusticia (cf Lc 19, 8), de la enfermedad y de la muerte (cf Mt 11, 5), Jesús realizó unos signos mesiánicos; no obstante, no vino para abolir todos los males aquí abajo (cf Lc 12, 13. 14; Jn 18, 36), sino a liberar a los hombres de la esclavitud más grave, la del pecado (cf Jn 8, 34-36), que es el obstáculo en su vocación de hijos de Dios y causa de todas sus servidumbres humanas.

1503

440

550 La venida del Reino de Dios es la derrota del reino de Satanás (cf Mt 12, 26): "Pero si por el Espíritu de Dios expulso yo los demonios, es que ha llegado a vosotros el Reino de Dios" (Mt 12, 28). Los *exorcismos* de Jesús liberan a los hombres del dominio de los demonios (cf Lc 8, 26-39). Anticipan la gran victoria de Jesús sobre "el príncipe de este mundo" (Jn 12, 31). Por la Cruz de Cristo será definitivamente establecido el Reino de Dios: "Regnavit a ligno Deus" ("Dios reinó desde el madero de la Cruz", himno "Vexilla Regis").

394

1673

440; 2816

"Las llaves del Reino"

551 Desde el comienzo de su vida pública Jesús eligió unos hombres en número de doce para estar con El y participar en su misión (cf Mc 3, 13-19); les hizo partícipes de su autoridad "y los envió a proclamar el Reino de Dios y a curar" (Lc 9, 2). Ellos permanecen para siempre asociados al Reino de Cristo porque por medio de ellos dirige su Iglesia:

858

765

> Yo, por mi parte, dispongo el Reino para vosotros, como mi Padre lo dispuso para mí, para que comáis y bebáis a mi mesa en mi Reino y os sentéis sobre tronos para juzgar a las doce tribus de Israel (Lc 22, 29-30).

880 **552** En el colegio de los doce Simón Pedro ocupa el primer lugar (cf Mc 3, 16; 9, 2; Lc 24, 34; 1 Co 15, 5). Jesús le confía una
153; 442 misión única. Gracias a una revelación del Padre, Pedro había confesado: "Tú eres el Cristo, el Hijo de Dios vivo". Entonces Nuestro
Señor le declaró: "Tú eres Pedro, y sobre esta piedra edificaré mi
Iglesia, y las puertas del Infierno no prevalecerán contra ella" (Mt
16, 18). Cristo, "Piedra viva" (1 P 2, 4), asegura a su Iglesia, edificada sobre Pedro, la victoria sobre los poderes de la muerte. Pedro,
424 a causa de la fe confesada por él, será la roca inquebrantable de la
Iglesia. Tendrá la misión de custodiar esta fe ante todo desfallecimiento y de confirmar en ella a sus hermanos (cf Lc 22, 32).

553 Jesús ha confiado a Pedro una autoridad específica: "A ti
381 te daré las llaves del Reino de los cielos; y lo que ates en la tierra
quedará atado en los cielos, y lo que desates en la tierra quedará
desatado en los cielos" (Mt 16, 19). El poder de las llaves designa
la autoridad para gobernar la casa de Dios, que es la Iglesia. Jesús,
"el Buen Pastor" (Jn 10, 11) confirmó este encargo después de su
resurrección: "Apacienta mis ovejas" (Jn 21, 15-17). El poder de
1445 "atar y desatar" significa la autoridad para absolver los pecados,
pronunciar sentencias doctrinales y tomar decisiones disciplinares
en la Iglesia. Jesús confió esta autoridad a la Iglesia por el ministe-
641; 881 rio de los apóstoles (cf Mt 18, 18) y particularmente por el de Pedro, el único a quien El confió explícitamente las llaves del Reino.

Una visión anticipada del Reino: La Transfiguración.

554 A partir del día en que Pedro confesó que Jesús es el Cristo, el Hijo de Dios vivo, el Maestro "comenzó a mostrar a sus discípulos que él debía ir a Jerusalén, y sufrir... y ser condenado a
muerte y resucitar al tercer día" (Mt 16, 21): Pedro rechazó este
anuncio (cf Mt 16, 22-23), los otros no lo comprendieron mejor (cf
Mt 17, 23; Lc 9, 45). En este contexto se sitúa el episodio miste-
697; 2600 rioso de la Transfiguración de Jesús (cf Mt 17, 1-8 par.: 2 P 1, 16-
18), sobre una montaña, ante tres testigos elegidos por él: Pedro,
Santiago y Juan. El rostro y los vestidos de Jesús se pusieron ful-
gurantes como la luz, Moisés y Elías aparecieron y le "hablaban de
su partida, que estaba para cumplirse en Jerusalén" (Lc 9, 31). Una
nube les cubrió y se oyó una voz desde el cielo que decía: "Este es
444 mi Hijo, mi elegido; escuchadle" (Lc 9, 35).

555 Por un instante, Jesús muestra su gloria divina, confirmando así la confesión de Pedro. Muestra también que para "entrar en
2576; 2583 su gloria" (Lc 24, 26), es necesario pasar por la Cruz en Jerusalén.

Moisés y Elías habían visto la gloria de Dios en la Montaña; la Ley y los profetas habían anunciado los sufrimientos del Mesías (cf Lc 24, 27). La Pasión de Jesús es la voluntad por excelencia del Padre: el Hijo actúa como siervo de Dios (cf Is 42, 1). La nube indica la presencia del Espíritu Santo: "Tota Trinitas apparuit: Pater in voce; Filius in homine, Spiritus in nube clara" ("Apareció toda la Trinidad: el Padre en la voz, el Hijo en el hombre, el Espíritu en la nube luminosa", Santo Tomás, s. th. 3, 45, 4, ad 2). 257

> Tú te has transfigurado en la montaña, y, en la medida en que ellos eran capaces, tus discípulos han contemplado tu Gloria, oh Cristo Dios, a fin de que cuando te vieran crucificado comprendiesen que tu Pasión era voluntaria y anunciasen al mundo que Tú eres verdaderamente la irradiación del Padre (Liturgia bizantina, Kontakion de la Fiesta de la Transfiguración).

556 En el umbral de la vida pública se sitúa el Bautismo; en el de la Pascua, la Transfiguración. Por el Bautismo de Jesús "fue manifestado el misterio de la primera regeneración": nuestro bautismo; la Transfiguración "es es sacramento de la segunda regeneración": nuestra propia resurrección (Santo Tomás, s. th. 3, 45, 4, ad 2). Desde ahora nosotros participamos en la Resurrección del Señor por el Espíritu Santo que actúa en los sacramentos del Cuerpo de Cristo. La Transfiguración nos concede una visión anticipada de la gloriosa venida de Cristo "el cual transfigurará este miserable cuerpo nuestro en un cuerpo glorioso como el suyo" (Flp 3, 21). Pero ella nos recuerda también que "es necesario que pasemos por muchas tribulaciones para entrar en el Reino de Dios" (Hch 14, 22): 1003

> Pedro no había comprendido eso cuando deseaba vivir con Cristo en la montaña (cf Lc 9, 33). Te ha reservado eso, oh Pedro, para después de la muerte. Pero ahora, él mismo dice: Desciende para penar en la tierra, para servir en la tierra, para ser despreciado y crucificado en la tierra. La Vida desciende para hacerse matar; el Pan desciende para tener hambre; el Camino desciende para fatigarse andando; la Fuente desciende para sentir la sed; y tú, ¿vas a negarte a sufrir? (S. Agustín, serm. 78, 6).

La subida de Jesús a Jerusalén

557 "Como se iban cumpliendo los días de su asunción, él se afirmó en su voluntad de ir a Jerusalén" (Lc 9, 51; cf Jn 13, 1). Por esta decisión, manifestaba que subía a Jerusalén dispuesto a morir. En tres ocasiones había repetido el anuncio de su Pasión y de su Resurrección (cf Mc 8, 31-33; 9, 31-32; 10, 32-34). Al dirigirse a Jerusalén dice: "No cabe que un profeta perezca fuera de Jerusalén" (Lc 13, 33).

558 Jesús recuerda el martirio de los profetas que habían sido muertos en Jerusalén (cf Mt 23, 37a). Sin embargo, persiste en llamar a Jerusalén a reunirse en torno a él: "¡Cuántas veces he querido reunir a tus hijos, como una gallina reúne a sus pollos bajo las alas y no habéis querido!" (Mt 23, 37b). Cuando está a la vista de Jerusalén, llora sobre ella y expresa una vez más el deseo de su corazón:" ¡Si también tú conocieras en este día el mensaje de paz! pero ahora está oculto a tus ojos" (Lc 19, 41-42).

La entrada mesiánica de Jesús en Jerusalén

559 ¿Cómo va a acoger Jerusalén a su Mesías? Jesús rehuyó siempre las tentativas populares de hacerle rey (cf Jn 6, 15), pero elige el momento y prepara los detalles de su entrada mesiánica en la ciudad de "David, su padre" (Lc 1,32; cf Mt 21, 1-11). Es aclamado como hijo de David, el que trae la salvación ("Hosanna" quiere decir "¡sálvanos!", "¡Danos la salvación!"). Pues bien, el "Rey de la Gloria" (Sal 24, 7-10) entra en su ciudad "montado en un asno" (Za 9, 9): no conquista a la hija de Sión, figura de su Iglesia, ni por la astucia ni por la violencia, sino por la humildad que da testimonio de la Verdad (cf Jn 18, 37). Por eso los súbditos de su Reino, aquel día fueron los niños (cf Mt 21, 15-16; Sal 8, 3) ₃₃₃ y los "pobres de Dios", que le aclamaban como los ángeles lo anunciaron a los pastores (cf Lc 19, 38; 2, 14). Su aclamación, "Bendito el que viene en el nombre del Señor" (Sal 118, 26), ha si-₁₃₅₂ do recogida por la Iglesia en el "Sanctus" de la liturgia eucarística para introducir al memorial de la Pascua del Señor.

_{550; 2816} **560** La *entrada de Jesús en Jerusalén* manifiesta la venida del Reino que el Rey-Mesías llevará a cabo mediante la Pascua de su Muerte y de su Resurrección. Con su celebración, el domingo de ₁₁₆₉ Ramos, la liturgia de la Iglesia abre la Semana Santa.

RESUMEN

561 *"La vida entera de Cristo fue una continua enseñanza: su silencio, sus milagros, sus gestos, su oración, su amor al hombre, su predilección por los pequeños y los pobres, la aceptación total del sacrificio en la cruz por la salvación del mundo, su resurrección, son la actuación de su palabra y el cumplimiento de la revelación" (CT 9).*

562 *Los discípulos de Cristo deben asemejarse a él hasta que él crezca y se forme en ellos (cf Ga 4, 19). "Por eso somos integrados en los misterios de su vida: con él estamos identificados, muertos y resucitados hasta que reinemos con él" (LG 7).*

563   *Pastor o mago, nadie puede alcanzar a Dios aquí abajo*
sino arrodillándose ante el pesebre de Belén y adorando a
Dios escondido en la debilidad de un niño.

564   *Por su sumisión a María y a José, así como por su humil-*
de trabajo durante largos años en Nazaret, Jesús nos da el
ejemplo de la santidad en la vida cotidiana de la familia y
del trabajo.

565   *Desde el comienzo de su vida pública, en su bautismo, Je-*
sús es el "Siervo" enteramente consagrado a la obra re-
dentora que llevará a cabo en el "bautismo" de su pasión.

566   *La tentación en el desierto muestra a Jesús, humilde*
Mesías que triunfa de Satanás mediante su total adhesión
al designio de salvación querido por el Padre.

567   *El Reino de los cielos ha sido inaugurado en la tierra por*
Cristo. "Se manifiesta a los hombres en las palabras, en
las obras y en la presencia de Cristo" (LG 5). La Iglesia
es el germen y el comienzo de este Reino. Sus llaves son
confiadas a Pedro.

568   *La Transfiguración de Cristo tiene por finalidad fortalecer*
la fe de los apóstoles ante la proximidad de la Pasión: la
subida a un "monte alto" prepara la subida al Calvario.
Cristo, Cabeza de la Iglesia, manifiesta lo que su cuerpo
contiene e irradia en los sacramentos: "la esperanza de la
gloria" (Col 1, 27) (cf S. León Magno, serm. 51, 3).

569   *Jesús ha subido voluntariamente a Jerusalén sabiendo*
perfectamente que allí moriría de muerte violenta a causa
de la contradicción de los pecadores (cf Hb 12, 3).

570   *La entrada de Jesús en Jerusalén manifiesta la venida del*
Reino que el Rey-Mesías, recibido en su ciudad por los ni-
ños y por los humildes de corazón, va a llevar a cabo por
la Pascua de su Muerte y de su Resurrección.

Artículo 4   **"JESUCRISTO PADECIO BAJO**
                    EL PODER DE PONCIO PILATO,
                    FUE CRUCIFICADO, MUERTO
                    Y SEPULTADO"

571   El Misterio pascual de la Cruz y de la Resurrección de   1067
Cristo está en el centro de la Buena Nueva que los apóstoles, y la
Iglesia a continuación de ellos, deben anunciar al mundo. El desig-

nio salvador de Dios se ha cumplido de "una vez por todas" (Hb 9, 26) por la muerte redentora de su Hijo Jesucristo.

599
572 La Iglesia permanece fiel a "la interpretación de todas las Escrituras" dada por Jesús mismo, tanto antes como después de su Pascua: "¿No era necesario que Cristo padeciera eso y entrara así en su gloria?" (Lc 24, 26-27.44-45). Los padecimientos de Jesús han tomado una forma histórica concreta por el hecho de haber sido "reprobado por los ancianos, los sumos sacerdotes y los escribas" (Mc 8, 31), que lo "entregaron a los gentiles, para burlarse de él, azotarle y crucificarle" (Mt 20, 19).

158
573 Por lo tanto, la fe puede escrutar las circunstancias de la muerte de Jesús, que han sido transmitidas fielmente por los Evangelios (cf DV 19) e iluminadas por otras fuentes históricas, a fin de comprender mejor el sentido de la Redención.

Párrafo 1   JESUS E ISRAEL

530
574 Desde los comienzos del ministerio público de Jesús, fariseos y partidarios de Herodes, junto con sacerdotes y escribas, se pusieron de acuerdo para perderle (cf Mc 3, 6). Por algunas de sus obras (expulsión de demonios, cf Mt 12, 24; perdón de los pecados, cf Mc 2, 7; curaciones en sábado, cf Mc 3, 1-6; interpretación original de los preceptos de pureza de la Ley, cf Mc 7, 14-23; familiaridad con los publicanos y los pecadores públicos, cf Mc 2, 14-17), Jesús apareció a algunos malintencionados sospechoso de posesión diabólica (cf Mc 3, 22; Jn 8, 48; 10, 20). Se le acusa de
591
blasfemo (cf Mc 2, 7; Jn 5, 18; 10, 33) y de falso profetismo (cf Jn 7, 12; 7, 52), crímenes religiosos que la Ley castigaba con pena de muerte a pedradas (cf Jn 8, 59; 10, 31).

575 Muchas de las obras y de las palabras de Jesús han sido, pues, un "signo de contradicción" (Lc 2, 34) para las autoridades religiosas de Jerusalén, aquéllas a las que el evangelio de S. Juan denomina con frecuencia "los judíos" (cf Jn 1, 19; 2, 18; 5, 10; 7, 13; 9, 22; 18, 12; 19, 38; 20, 19), más incluso que a la generalidad del pueblo de Dios (cf Jn 7, 48–49). Ciertamente, sus relaciones con los fariseos no fueron solamente polémicas. Fueron unos fariseos los que le previnieron del peligro que corría (cf Lc 13, 31). Jesús alaba a alguno de ellos como al escriba de Mc 12, 34 y come varias veces en casa de fariseos (cf Lc 7, 36; 14, 1). Jesús
993
confirma doctrinas sostenidas por esta elite religiosa del pueblo de Dios: la resurrección de los muertos (cf Mt 22, 23-34; Lc 20, 39), las formas de piedad (limosna, ayuno y oración, cf Mt 6, 18) y la costumbre de dirigirse a Dios como Padre, carácter central del mandamiento del amor a Dios y al prójimo (cf Mc 12, 28-34).

576 A los ojos de muchos en Israel, Jesús parece actuar contra las instituciones esenciales del Pueblo elegido:

– Contra el sometimiento a la Ley en la integridad de sus preceptos escritos, y, para los fariseos, su interpretación por la tradición oral.

– Contra el carácter central del Templo de Jerusalén como lugar santo donde Dios habita de una manera privilegiada.

– Contra la fe en el Dios único, cuya gloria ningún hombre puede compartir.

I JESUS Y LA LEY

577 Al comienzo del Sermón de la Montaña, Jesús hace una advertencia solemne presentando la Ley dada por Dios en el Sinaí con ocasión de la Primera Alianza, a la luz de la gracia de la Nueva Alianza: **1965**

"No penséis que he venido a abolir la Ley y los Profetas. No he venido a abolir sino a dar cumplimiento. Sí, os lo aseguro: el cielo y la tierra pasarán antes que pase una 'i' o un ápice de la Ley sin que todo se haya cumplido. Por tanto, el que quebrante uno de estos mandamientos menores, y así lo enseñe a los hombres, será el menor en el Reino de los cielos; en cambio el que los observe y los enseñe, ése será grande en el Reino de los cielos" (Mt 5, 17-19). **1967**

578 Jesús, el Mesías de Israel, por lo tanto el más grande en el Reino de los cielos, se debía sujetar a la Ley cumpliéndola en su totalidad hasta en sus menores preceptos, según sus propias palabras. Incluso es el único en poderlo hacer perfectamente (cf Jn 8, 46). Los judíos, según su propia confesión, jamás han podido cumplir la Ley en su totalidad, sin violar el menor de sus preceptos (cf Jn 7, 19; Hch 13, 38-41; 15, 10). Por eso, en cada fiesta anual de la Expiación, los hijos de Israel piden perdón a Dios por sus transgresiones de la Ley. En efecto, la Ley constituye un todo y, como recuerda Santiago, "quien observa toda la Ley, pero falta en un solo precepto, se hace reo de todos" (St 2, 10; cf Ga 3, 10; 5, 3). **1953**

579 Este principio de integridad en la observancia de la Ley, no sólo en su letra sino también en su espíritu, era apreciado por los fariseos. Al subrayarlo para Israel, muchos judíos del tiempo de Jesús fueron conducidos a un celo religioso extremo (cf Rm 10, 2), el cual, si no quería convertirse en una casuística "hipócrita" (cf Mt 15, 3-7; Lc 11, 39-54) no podía más que preparar al pueblo a esta intervención inaudita de Dios que será la ejecución perfecta de la Ley por el único Justo en lugar de todos los pecadores (cf Is 53, 11; Hb 9, 15).

580   El cumplimiento perfecto de la Ley no podía ser sino obra
527   del divino Legislador que nació sometido a la Ley en la persona
del Hijo (cf Ga 4, 4). En Jesús la Ley ya no aparece grabada en tablas de piedra sino "en el fondo del corazón" (Jr 31, 33) del Siervo, quien, por "aportar fielmente el derecho" (Is 42, 3), se ha convertido en "la Alianza del pueblo" (Is 42, 6). Jesús cumplió la Ley
hasta tomar sobre sí mismo "la maldición de la Ley" (Ga 3, 13) en
la que habían incurrido los que no "practican todos los preceptos
de la Ley" (Ga 3, 10) porque, ha intervenido su muerte para remisión de las transgresiones de la Primera Alianza" (Hb 9, 15).

581   Jesús fue considerado por los judíos y sus jefes espirituales como un "rabbi" (cf Jn 11, 28; 3, 2; Mt 22, 23-24.34-36). Con frecuencia
argumentó en el marco de la interpretación rabínica de la Ley (cf Mt 12,
5; 9, 12; Mc 2, 23-27; Lc 6, 6-9; Jn 7, 22-23). Pero al mismo tiempo, Jesús no podía menos que chocar con los doctores de la Ley porque no se
2054   contentaba con proponer su interpretación entre los suyos, sino que "en-
señaba como quien tiene autoridad y no como los escribas" (Mt 7, 28-
29). La misma Palabra de Dios, que resonó en el Sinaí para dar a Moisés
la Ley escrita, es la que en El se hace oír de nuevo en el Monte de las
Bienaventuranzas (cf Mt 5, 1). Esa palabra no revoca la Ley sino que la
perfecciona aportando de modo divino su interpretación definitiva: "Habéis oído también que se dijo a los antepasados... pero yo os digo" (Mt 5,
33-34). Con esta misma autoridad divina, desaprueba ciertas "tradiciones
humanas" (Mc 7, 8) de los fariseos que "anulan la Palabra de Dios" (Mc
7, 13).

582   Yendo más lejos, Jesús da plenitud a la Ley sobre la pureza de
los alimentos, tan importante en la vida cotidiana judía, manifestando su
sentido "pedagógico" (cf Ga 3, 24) por medio de una interpretación divina: "Todo lo que de fuera entra en el hombre no puede hacerle impuro...
–así declaraba puros todos los alimentos– ... Lo que sale del hombre, eso
368   es lo que hace impuro al hombre. Porque de dentro, del corazón de los
hombres, salen las intenciones malas" (Mc 7, 18-21). Jesús, al dar con
autoridad divina la interpretación definitiva de la Ley, se vio enfrentado a
algunos doctores de la Ley que no recibían su interpretación a pesar de
548   estar garantizada por los signos divinos con que la acompañaba (cf Jn 5,
36; 10, 25. 37-38; 12, 37). Esto ocurre, en particular, respecto al proble-
2173   ma del sábado: Jesús recuerda, frecuentemente con argumentos rabínicos
(cf Mt 2, 25-27; Jn 7, 22-24), que el descanso del sábado no se quebranta
por el servicio de Dios (cf Mt 12, 5; Nm 28, 9) o al prójimo (cf Lc 13,
15-16; 14, 3-4) que realizan sus curaciones.

II   JESUS Y EL TEMPLO

583   Como los profetas anteriores a El, Jesús profesó el más
529   profundo respeto al Templo de Jerusalén. Fue presentado en él por
José y María cuarenta días después de su nacimiento (cf Lc. 2, 22-
534   39). A la edad de doce años, decidió quedarse en el Templo para

recordar a sus padres que se debía a los asuntos de su Padre (cf Lc 2, 46-49).

Durante su vida oculta, subió allí todos los años al menos con ocasión de la Pascua (cf Lc 2, 41); su ministerio público estuvo jalonado por sus peregrinaciones a Jerusalén con motivo de las grandes fiestas judías (cf Jn 2, 13-14; 5, 1.14; 7, 1.10.14; 8, 2; 10, 22-23).

584 Jesús subió al Templo como al lugar privilegiado para el encuentro con Dios. El Templo era para Él la casa de su Padre, una casa de oración, y se indigna porque el atrio exterior se haya convertido en un mercado (cf Mt 21, 13). Si expulsa a los mercaderes del Templo es por celo hacia las cosas de su Padre: "No hagáis de la Casa de mi Padre una casa de mercado. Sus discípulos se acordaron de que estaba escrito: 'El celo por tu Casa me devorará' (Sal 69, 10)" (Jn 2, 16-17). Después de su Resurrección, los apóstoles mantuvieron un respeto religioso hacia el Templo (cf Hch 2, 46; 3, 1; 5, 20.21). 2599

585 Jesús anunció, no obstante, en el umbral de su Pasión, la ruina de ese espléndido edificio del cual no quedará piedra sobre piedra (cf Mt 24, 1-2). Hay aquí un anuncio de una señal de los últimos tiempos que se van a abrir con su propia Pascua (cf Mt 24, 3; Lc 13, 35). Pero esta profecía pudo ser deformada por falsos testigos en su interrogatorio en casa del sumo sacerdote (cf Mc 14, 57-58) y serle reprochada como injuriosa cuando estaba clavado en la cruz (cf Mt 27, 39-40).

586 Lejos de haber sido hostil al Templo (cf Mt 8, 4; 23, 21; Lc 17, 14; Jn 4, 22) donde expuso lo esencial de su enseñanza (cf Jn 18, 20), Jesús quiso pagar el impuesto del Templo asociándose con Pedro (cf Mt 17, 24-27), a quien acababa de poner como fundamento de su futura Iglesia (cf Mt 16, 18). Aún más, se identificó con el Templo presentándose como la morada definitiva de Dios entre los hombres (cf Jn 2, 21; Mt 12, 6). Por eso su muerte corporal (cf Jn 2, 18-22) anuncia la destrucción del Templo que señalará la entrada en una nueva edad de la historia de la salvación:"Llega la hora en que, ni en este monte, ni en Jerusalén adoraréis al Padre" (Jn 4, 21; cf Jn 4, 23-24; Mt 27, 51; Hb 9, 11; Ap 21, 22). 797

1179

III   JESUS Y LA FE DE ISRAEL EN EL DIOS UNICO
        Y SALVADOR

587 Si la Ley y el Templo pudieron ser ocasión de "contradicción" (cf Lc 2, 34) entre Jesús y las autoridades religiosas de Israel, la razón está en que Jesús, para la redención de los pecados

–obra divina por excelencia–, acepta ser verdadera piedra de escándalo para aquellas autoridades (cf Lc 20, 17-18; Sal 118, 22).

588   Jesús escandalizó a los fariseos comiendo con los publicanos y los pecadores (cf Lc 5, 30) tan familiarmente como con ellos mismos (cf Lc 7, 36; 11, 37; 14, 1). Contra algunos de los "que se tenían por justos y despreciaban a los demás" (Lc 18, 9; cf Jn 7, 49; 9, 34), Jesús afirmó: "No he venido a llamar a conversión a justos, sino a pecadores" (Lc 5, 32). Fue más lejos todavía al proclamar frente a los fariseos que, siendo el pecado una realidad universal (cf Jn 8, 33–36), los que pretenden no tener necesidad de salvación se ciegan con respecto a sí mismos (cf Jn 9, 40-41).

589   Jesús escandalizó sobre todo porque identificó su conducta misericordiosa hacia los pecadores con la actitud de Dios mismo con respecto a ellos (cf Mt 9, 13; Os 6, 6). Llegó incluso a dejar entender que compartiendo la mesa con los pecadores (cf Lc 15, 1-2), los admitía al banquete mesiánico (cf Lc 15, 22-32). Pero es especialmente, al perdonar los pecados, cuando Jesús puso a las autoridades de Israel ante un dilema. Porque como ellas dicen, justamente asombradas, "¿Quién puede perdonar los pecados sino sólo Dios?" (Mc 2, 7). Al perdonar los pecados, o bien Jesús blasfema porque es un hombre que pretende hacerse igual a Dios (cf Jn 5, 18; 10, 33) o bien dice verdad y su persona hace presente y revela el Nombre de Dios (cf Jn 17, 6.26).

590   Sólo la identidad divina de la persona de Jesús puede justificar una exigencia tan absoluta como ésta: "El que no está conmigo está contra mí" (Mt 12, 30); lo mismo cuando dice que él es "más que Jonás... más que Salomón" (Mt 12, 41-42), "más que el Templo" (Mt 12, 6); cuando recuerda, refiriéndose a que David llama al Mesías su Señor (cf Mt 12, 36-37), cuando afirma: "Antes que naciese Abraham, Yo soy" (Jn 8, 58); e incluso: "El Padre y yo somos una sola cosa" (Jn 10, 30).

591   Jesús pidió a las autoridades religiosas de Jerusalén creer en El en virtud de las obras de su Padre que el realizaba (Jn 10, 36–38). Pero tal acto de fe debía pasar por una misteriosa muerte a sí mismo para un nuevo "nacimiento de lo alto" (Jn 3, 7) atraído por la gracia divina (cf Jn 6, 44). Tal exigencia de conversión frente a un cumplimiento tan sorprendente de las promesas (cf Is 53, 1) permite comprender el trágico desprecio del Sanedrín al estimar que Jesús merecía la muerte como blasfemo (cf Mc 3, 6; Mt 26, 64-66). Sus miembros obraban así tanto por "ignorancia" (cf Lc 23, 34; Hch 3, 17-18) como por el "endurecimiento" (Mc 3, 5; Rm 11, 25) de la "incredulidad" (Rm 11, 20).

Marginal references: 545; 431; 1441; 432; 253; 526; 574

RESUMEN

592   *Jesús no abolió la Ley del Sinaí, sino que la perfeccionó (cf Mt 5, 17-19) de tal modo (cf Jn 8, 46) que reveló su hondo sentido (cf Mt 5, 33) y satisfizo por las transgresiones contra ella (cf Hb 9, 15).*

593   *Jesús veneró el Templo subiendo a él en peregrinación en las fiestas judías y amó con gran celo esa morada de Dios entre los hombres. El Templo prefigura su Misterio. Anunciando la destrucción del Templo anuncia su propia muerte y la entrada en una nueva edad de la historia de la salvación, donde su cuerpo será el Templo definitivo.*

594   *Jesús realizó obras como el perdón de los pecados que lo revelaron como Dios Salvador (cf Jn 5, 16-18). Algunos judíos que no le reconocían como Dios hecho hombre (cf Jn 1, 14) veían en él a "un hombre que se hace Dios" (Jn 10, 33), y lo juzgaron como un blasfemo.*

Párrafo 2   **JESUS MURIO CRUCIFICADO**

I   EL PROCESO DE JESUS

Divisiones de las autoridades judías respecto a Jesús

595   Entre las autoridades religiosas de Jerusalén, no solamente el fariseo Nicodemo (cf Jn 7, 50) o el notable José de Arimatea eran en secreto discípulos de Jesús (cf Jn 19, 38-39), sino que durante mucho tiempo hubo disensiones a propósito de El (cf Jn 9, 16-17; 10, 19-21) hasta el punto de que en la misma víspera de su pasión, S. Juan pudo decir de ellos que "un buen número creyó en él", aunque de una manera muy imperfecta (Jn 12, 42). Eso no tiene nada de extraño si se considera que al día siguiente de Pentecostés "multitud de sacerdotes iban aceptando la fe" (Hch 6, 7) y que "algunos de la secta de los fariseos... habían abrazado la fe" (Hch 15, 5) hasta el punto de que Santiago puede decir a S. Pablo que "miles y miles de judíos han abrazado la fe, y todos son celosos partidarios de la Ley" (Hch 21, 20).

596   Las autoridades religiosas de Jerusalén no fueron unánimes en la conducta a seguir respecto de Jesús (cf Jn 9, 16; 10, 19). Los fariseos amenazaron de excomunión a los que le siguieran (cf Jn 9, 22). A los que temían que "todos creerían en él; y vendrían los romanos y destruirían nuestro Lugar Santo y nuestra nación" (Jn 11, 48), el sumo sacerdote Caifás les propuso profetizando: "Es mejor que muera uno solo por el pueblo y no que perezca toda la nación" (Jn 11, 49-50). El Sanedrín declaró a Jesús "reo de muerte" (Mt 26, 66) como blasfemo, pero, habiendo perdido

1753

el derecho a condenar a muerte a nadie (cf Jn 18, 31), entregó a Jesús a los romanos acusándole de revuelta política (cf Lc 23, 2), lo que le pondrá en paralelo con Barrabás acusado de "sedición" (Lc 23, 19). Son también las amenazas políticas las que los sumos sacerdotes ejercen sobre Pilato para que éste condene a muerte a Jesús (cf Jn 19, 12.15.21).

Los judíos no son responsables colectivamente de la muerte de Jesús

597 Teniendo en cuenta la complejidad histórica manifestada en las narraciones evangélicas sobre el proceso de Jesús y sea cual sea el pecado personal de los protagonistas del proceso (Judas, el Sanedrín, Pilato), lo cual solo Dios conoce, no se puede atribuir la responsabilidad del proceso al conjunto de los judíos de Jerusalén, a pesar de los gritos de una muchedumbre manipulada (cf Mc 15, 11) y de las acusaciones colectivas contenidas en las exhortaciones a la conversión después de Pentecostés (cf Hch 2, 23. 36; 3, 13-14; 4, 10; 5, 30; 7, 52; 10, 39; 13, 27-28; 1 Ts 2, 14-15). El mismo Jesús perdonando en la Cruz (cf Lc 23, 34) y Pedro siguiendo su ejemplo apelan a "la ignorancia" (Hch 3, 17) de los judíos de Jerusalén e incluso de sus jefes. Y aún menos, apoyándose en el grito del pueblo: "¡Su sangre sobre nosotros y sobre nuestros hijos!" (Mt 27, 25), que significa una fórmula de ratificación (cf Hch 5, 28; 18, 6), se podría ampliar esta responsabilidad a los restantes judíos en el espacio y en el tiempo:

> Tanto es así que la Iglesia ha declarado en el Concilio Vaticano II: "Lo que se perpetró en su pasión no puede ser imputado indistintamente a todos los judíos que vivían entonces ni a los judíos de hoy... No se ha de señalar a los judíos como reprobados por Dios y malditos como si tal cosa se dedujera de la Sagrada Escritura" (NA 4).

Todos los pecadores fueron los autores de la Pasión de Cristo

598 La Iglesia, en el magisterio de su fe y en el testimonio de sus santos no ha olvidado jamás que "los pecadores mismos fueron los autores y como los instrumentos de todas las penas que soportó el divino Redentor" (Catech. R. I, 5, 11; cf Hb 12, 3). Teniendo en cuenta que nuestros pecados alcanzan a Cristo mismo (cf Mt 25, 45; Hch 9, 4-5), la Iglesia no duda en imputar a los cristianos la responsabilidad más grave en el suplicio de Jesús, responsabilidad con la que ellos, con demasiada frecuencia, han abrumado únicamente a los judíos:

> Debemos considerar como culpables de esta horrible falta a los que continúan recayendo en sus pecados. Ya que son nues-

1735

839

1851

tras malas acciones las que han hecho sufrir a Nuestro Señor Jesucristo el suplicio de la cruz, sin ninguna duda los que se sumergen en los desórdenes y en el mal "crucifican por su parte de nuevo al Hijo de Dios y le exponen a pública infamia" (Hb 6, 6). Y es necesario reconocer que nuestro crimen en este caso es mayor que el de los judíos. Porque según el testimonio del apóstol, "de haberlo conocido ellos no habrían crucificado jamás al Señor de la Gloria" (1 Co 2, 8). Nosotros, en cambio, hacemos profesión de conocerle. Y cuando renegamos de El con nuestras acciones, ponemos de algún modo sobre El nuestras manos criminales (Catech. R. 1, 5, 11).

Y los demonios no son los que le han crucificado; eres tú quien con ellos lo has crucificado y lo sigues crucificando todavía, deleitándote en los vicios y en los pecados (S. Francisco de Asís, admon. 5, 3).

II   LA MUERTE REDENTORA DE CRISTO
EN EL DESIGNIO DIVINO DE SALVACION

"Jesús entregado según el preciso designio de Dios"

599   La muerte violenta de Jesús no fue fruto del azar en una desgraciada constelación de circunstancias. Pertenece al misterio del designio de Dios, como lo explica S. Pedro a los judíos de Jerusalén ya en su primer discurso de Pentecostés: "Fue entregado según el determinado designio y previo conocimiento de Dios" (Hch 2, 23). Este lenguaje bíblico no significa que los que han "entregado a Jesús" (Hch 3, 13) fuesen solamente ejecutores pasivos de un drama escrito de antemano por Dios. 517

600   Para Dios todos los momentos del tiempo están presentes en su actualidad. Por tanto establece su designio eterno de "predestinación" incluyendo en él la respuesta libre de cada hombre a su gracia: "Sí, verdaderamente, se han reunido en esta ciudad contra tu santo siervo Jesús, que tú has ungido, Herodes y Poncio Pilato con las naciones gentiles y los pueblos de Israel (cf Sal 2, 1-2), de tal suerte que ellos han cumplido todo lo que, en tu poder y tu sabiduría, habías predestinado" (Hch 4, 27-28). Dios ha permitido 312 los actos nacidos de su ceguera (cf Mt 26, 54; Jn 18, 36; 19, 11) para realizar su designio de salvación (cf Hch 3, 17-18).

"Muerto por nuestros pecados según las Escrituras"

601   Este designio divino de salvación a través de la muerte del "Siervo, el Justo" (Is 53, 11; cf Hch 3, 14) había sido anunciado antes en la Escritura como un misterio de redención universal, es

decir, de rescate que libera a los hombres de la esclavitud del pecado (cf Is 53, 11-12; Jn 8, 34-36). S. Pablo profesa en una confesión
de fe que dice haber "recibido" (1 Co 15, 3) que "Cristo ha muerto
652 por nuestros pecados *según las Escrituras*" (ibíd.; cf también Hch
3, 18; 7, 52; 13, 29; 26, 22-23). La muerte redentora de Jesús cum-
713 ple, en particular, la profecía del Siervo doliente (cf Is 53, 7-8 y
Hch 8, 32-35). Jesús mismo presentó el sentido de su vida y de su
muerte a la luz del Siervo doliente (cf Mt 20, 28). Después de su
Resurrección dio esta interpretación de las Escrituras a los discípulos de Emaús (cf Lc 24, 25-27), luego a los propios apóstoles (cf
Lc 24, 44-45).

"Dios le hizo pecado por nosotros"

602 En consecuencia, S. Pedro pudo formular así la fe apostólica en el designio divino de salvación: "Habéis sido rescatados de
la conducta necia heredada de vuestros padres, no con algo caduco, oro o plata, sino con una sangre preciosa, como de cordero sin
tacha y sin mancilla, Cristo, predestinado antes de la creación del
mundo y manifestado en los últimos tiempos a causa de vosotros"
(1 P 1, 18-20). Los pecados de los hombres, consecuencia del pe-
400 cado original, están sancionados con la muerte (cf Rm 5, 12; 1 Co
15, 56). Al enviar a su propio Hijo en la condición de esclavo (cf
Flp 2, 7), la de una humanidad caída y destinada a la muerte a causa del pecado (cf Rm 8, 3), "a quien no conoció pecado, Dios le hi-
519 zo pecado por nosotros, para que viniésemos a ser justicia de Dios
en él" (2 Co 5, 21).

603 Jesús no conoció la reprobación como si él mismo hubiese
pecado (cf Jn 8, 46). Pero, en el amor redentor que le unía siempre
al Padre (cf Jn 8, 29), nos asumió desde el alejamiento con relación a Dios por nuestro pecado hasta el punto de poder decir en
nuestro nombre en la cruz: "Dios mío, Dios mío, ¿por qué me has
abandonado?" (Mc 15, 34; Sal 22, 2). Al haberle hecho así solida-
2572 rio con nosotros, pecadores, "Dios no perdonó ni a su propio Hijo,
antes bien le entregó por todos nosotros" (Rm 8, 32) para que
fuéramos "reconciliados con Dios por la muerte de su Hijo" (Rm
5, 10).

Dios tiene la iniciativa del amor redentor universal

211 **604** Al entregar a su Hijo por nuestros pecados, Dios manifiesta que su designio sobre nosotros es un designio de amor benevo-
2009 lente que precede a todo mérito por nuestra parte: "En esto consis-

te él amor: no en que nosotros hayamos amado a Dios, sino en que El nos amó y nos envió a su Hijo como propiciación por nuestros pecados" (1 Jn 4, 10; cf 4, 19). "La prueba de que Dios nos ama es que Cristo, siendo nosotros todavía pecadores, murió por nosotros" (Rm 5, 8).

1825

605 Jesús ha recordado al final de la parábola de la oveja perdida que este amor es sin excepción: "De la misma manera, no es voluntad de vuestro Padre celestial que se pierda uno de estos pequeños" (Mt 18, 14). Afirma "dar su vida en rescate *por muchos*" (Mt 20, 28); este último término no es restrictivo: opone el conjunto de la humanidad a la única persona del Redentor que se entrega para salvarla (cf Rm 5, 18-19). La Iglesia, siguiendo a los Apóstoles (cf 2 Co 5, 15; 1 Jn 2, 2), enseña que Cristo ha muerto por todos los hombres sin excepción: "no hay, ni hubo ni habrá hombre alguno por quien no haya padecido Cristo" (Cc. Quiercy en el año 853: DS 624).

402

634; 2793

III CRISTO SE OFRECIO A SU PADRE POR NUESTROS PECADOS

Toda la vida de Cristo es ofrenda al Padre

606 El Hijo de Dios "bajado del cielo no para hacer su voluntad sino la del Padre que le ha enviado" (Jn 6, 38), "al entrar en este mundo, dice: ... He aquí que vengo... para hacer, oh Dios, tu voluntad... En virtud de esta voluntad somos santificados, merced a la oblación de una vez para siempre del cuerpo de Jesucristo" (Hb 10, 5-10). Desde el primer instante de su Encarnación el Hijo acepta el designio divino de salvación en su misión redentora: "Mi alimento es hacer la voluntad del que me ha enviado y llevar a cabo su obra" (Jn 4, 34). El sacrificio de Jesús "por los pecados del mundo entero" (1 Jn 2, 2), es la expresión de su comunión de amor con el Padre: "El Padre me ama porque doy mi vida" (Jn 10, 17). "El mundo ha de saber que amo al Padre y que obro según el Padre me ha ordenado" (Jn 14, 31).

517

536

607 Este deseo de aceptar el designio de amor redentor de su Padre anima toda la vida de Jesús (cf Lc 12, 50; 22, 15; Mt 16, 21-23) porque su Pasión redentora es la razón de ser de su Encarnación: "¡Padre líbrame de esta hora! Pero ¡si he llegado a esta hora para esto!" (Jn 12, 27). "El cáliz que me ha dado el Padre ¿no lo voy a beber?" (Jn 18, 11). Y todavía en la cruz, antes de que "todo esté cumplido" (Jn 19, 30), dice: "Tengo sed" (Jn 19, 28).

457

"El cordero que quita el pecado del mundo"

523 **608** Juan Bautista, después de haber aceptado bautizarle en compañía de los pecadores (cf Lc 3, 21; Mt 3, 14-15), vio y señaló a Jesús como el "Cordero de Dios que quita los pecados del mundo" (Jn 1, 29; cf Jn 1, 36). Manifestó así que Jesús es a la vez el Siervo doliente que se deja llevar en silencio al matadero (Is 53, 7; cf Jr 11, 19) y carga con el pecado de las multitudes (cf Is 53, 12) y el cordero pascual símbolo de la redención de Israel cuando celebró la primera Pascua (Ex 12, 3-14; cf Jn 19, 36; 1 Co 5, 7). Toda 517 la vida de Cristo expresa su misión: "Servir y dar su vida en rescate por muchos" (Mc 10, 45).

Jesús acepta libremente el amor redentor del Padre

478 **609** Jesús, al aceptar en su corazón humano el amor del Padre hacia los hombres, "los amó hasta el extremo" (Jn 13, 1) porque "nadie tiene mayor amor que el que da su vida por sus amigos" (Jn 15, 13). Tanto en el sufrimiento como en la muerte, su humanidad 515 se hizo el instrumento libre y perfecto de su amor divino que quiere la salvación de los hombres (cf Hb 2, 10.17-18; 4, 15; 5, 7-9). 272; 539 En efecto, aceptó libremente su pasión y su muerte por amor a su Padre y a los hombres que el Padre quiere salvar: "Nadie me quita la vida; yo la doy voluntariamente" (Jn 10, 18). De aquí la soberana libertad del Hijo de Dios cuando El mismo se encamina hacia la muerte (cf Jn 18, 4-6; Mt 26, 53).

Jesús anticipó en la cena la ofrenda libre de su vida

610 Jesús expresó de forma suprema la ofrenda libre de sí mis766 mo en la cena tomada con los Doce Apóstoles (cf Mt 26, 20), en "la noche en que fue entregado" (1 Co 11, 23). En la víspera de su 1337 Pasión, estando todavía libre, Jesús hizo de esta última Cena con sus apóstoles el memorial de su ofrenda voluntaria al Padre (cf 1 Co 5, 7), por la salvación de los hombres: "Este es mi Cuerpo que va a ser *entregado* por vosotros" (Lc 22, 19). "Esta es mi sangre de la Alianza que va a *ser derramada* por muchos para remisión de los pecados" (Mt 26, 28).

1364 **611** La Eucaristía que instituyó en este momento será el "memorial" (1 Co 11, 25) de su sacrificio. Jesús incluye a los apóstoles en su propia ofrenda y les manda perpetuarla (cf Lc 22, 19). Así 1341; 1566 Jesús instituye a sus apóstoles sacerdotes de la Nueva Alianza: "Por ellos me consagro a mí mismo para que ellos sean también consagrados en la verdad" (Jn 17, 19; cf Cc. Trento: DS 1752, 1764).

La agonía de Getsemaní

612 El cáliz de la Nueva Alianza que Jesús anticipó en la Cena al ofrecerse a sí mismo (cf Lc 22, 20), lo acepta a continuación de manos del Padre en su agonía de Getsemaní (cf Mt 26, 42) haciéndose "obediente hasta la muerte" (Flp 2, 8; cf Hb 5, 7-8). Jesús ora: "Padre mío, si es posible, que pase de mí este cáliz..." (Mt 26, 39). Expresa así el horror que representa la muerte para su naturaleza humana. Esta, en efecto, como la nuestra, está destinada a la vida eterna; además, a diferencia de la nuestra, está perfectamente exenta de pecado (cf Hb 4, 15) que es la causa de la muerte (cf Rm 5, 12); pero sobre todo está asumida por la persona divina del "Príncipe de la Vida" (Hch 3, 15), de "el que vive" (Ap 1, 18; cf Jn 1, 4; 5, 26). Al aceptar en su voluntad humana que se haga la voluntad del Padre (cf Mt 26, 42), acepta su muerte como redentora para "llevar nuestras faltas en su cuerpo sobre el madero" (1 P 2, 24).

532
2600

1009

La muerte de Cristo es el sacrificio único y definitivo

613 La muerte de Cristo es a la vez el *sacrificio* pascual que lleva a cabo la redención definitiva de los hombres (cf 1 Co 5, 7; Jn 8, 34-36) por medio del "cordero que quita el pecado del mundo" (Jn 1, 29; cf 1 P 1, 19) y el *sacrificio de la Nueva Alianza* (cf 1 Co 11, 25) que devuelve al hombre a la comunión con Dios (cf Ex 24, 8) reconciliándole con El por "la sangre derramada por muchos para remisión de los pecados" (Mt 26, 28; cf Lv 16, 15-16).

1366

2009

614 Este sacrificio de Cristo es único, da plenitud y sobrepasa a todos los sacrificios (cf Hb 10, 10). Ante todo es un don del mismo Dios Padre: es el Padre quien entrega al Hijo para reconciliarnos con El (cf Jn 4, 10). Al mismo tiempo es ofrenda del Hijo de Dios hecho hombre que, libremente y por amor (cf Jn 15, 13), ofrece su vida (cf Jn 10, 17-18) a su Padre por medio del Espíritu Santo (cf Hb 9, 14), para reparar nuestra desobediencia.

529; 1330

2100

Jesús reemplaza nuestra desobediencia por su obediencia

615 "Como por la desobediencia de un solo hombre, todos fueron constituidos pecadores, así también por la obediencia de uno solo todos serán constituidos justos" (Rm 5, 19). Por su obediencia hasta la muerte, Jesús llevó a cabo la sustitución del Siervo doliente que "se dio a sí mismo en *expiación*", "cuando llevó el

1850

433

411 pecado de muchos", a quienes "justificará y cuyas culpas soportará" (Is 53, 10-12). Jesús repara por nuestras faltas y satisface al Padre por nuestros pecados (cf Cc. de Trento: DS 1529).

En la cruz, Jesús consuma su sacrificio

616 El "amor hasta el extremo" (Jn 13, 1) es el que confiere su valor de redención y de reparación, de expiación y de satisfacción
478 al sacrificio de Cristo. Nos ha conocido y amado a todos en la ofrenda de su vida (cf Ga 2, 20; Ef 5, 2.25). "El amor de Cristo nos apremia al pensar que, si uno murió por todos, todos por tanto murieron" (2 Co 5, 14). Ningún hombre aunque fuese el más santo estaba en condiciones de tomar sobre sí los pecados de todos los hombres y ofrecerse en sacrificio por todos. La existencia en Cris-
468 to de la persona divina del Hijo, que al mismo tiempo sobrepasa y abraza a todas las personas humanas, y que le constituye Cabeza
519 de toda la humanidad, hace posible su sacrificio redentor *por todos.*

1992 **617** "Sua sanctissima passione in ligno crucis nobis justificationem meruit" ("Por su sacratísima pasión en el madero de la cruz nos mereció la justificación") enseña el Concilio de Trento (DS 1529) subrayando el carácter único del sacrificio de Cristo como
1235 "causa de salvación eterna" (Hb 5, 9). Y la Iglesia venera la Cruz cantando: "O crux, ave, spes unica" ("Salve, oh cruz, única esperanza", himno "Vexilla Regis").

Nuestra participación en el sacrificio de Cristo

618 La Cruz es el único sacrificio de Cristo "único mediador entre Dios y los hombres" (1 Tm 2, 5). Pero, porque en su Persona divina encarnada, "se ha unido en cierto modo con todo hombre" (GS 22, 2), El "ofrece a todos la posibilidad de que, en la forma de Dios sólo conocida, se asocien a este misterio pascual" (GS 22, 5).
1368; 1460 El llama a sus discípulos a "tomar su cruz y a seguirle" (Mt 16, 24) porque El "sufrió por nosotros dejándonos ejemplo para que siga-
307; 2100 mos sus huellas" (1 P 2, 21). El quiere en efecto asociar a su sacrificio redentor a aquellos mismos que son sus primeros beneficiarios (cf Mc 10, 39; Jn 21, 18-19; Col 1, 24). Eso lo realiza en for-
964 ma excelsa en su Madre, asociada más íntimamente que nadie al misterio de su sufrimiento redentor (cf Lc 2, 35):

> Fuera de la Cruz no hay otra escala por donde subir al cielo (Sta. Rosa de Lima, vida).

RESUMEN

619   *"Cristo murió por nuestros pecados según las Escrituras"(1 Co 15, 3).*

620   *Nuestra salvación procede de la iniciativa del amor de Dios hacia nosotros porque "El nos amó y nos envió a su Hijo como propiciación por nuestros pecados" (1 Jn 4, 10). "En Cristo estaba Dios reconciliando al mundo consigo" (2 Co 5, 19).*

621   *Jesús se ofreció libremente por nuestra salvación. Este don lo significa y lo realiza por anticipado durante la última cena: "Este es mi cuerpo que va a ser entregado por vosotros" (Lc 22, 19).*

622   *La redención de Cristo consiste en que El "ha venido a dar su vida como rescate por muchos" (Mt 20, 28), es decir, "a amar a los suyos hasta el extremo" (Jn 13, 1) para que ellos fuesen "rescatados de la conducta necia heredada de sus padres" (1 P 1, 18).*

623   *Por su obediencia amorosa a su Padre, "hasta la muerte de cruz" (Flp 2, 8), Jesús cumplió la misión expiatoria (cf Is 53, 10) del Siervo doliente que "justifica a muchos cargando con las culpas de ellos" (Is 53, 11; cf Rm 5, 19).*

Párrafo 3   **JESUCRISTO FUE SEPULTADO**

624   "Por la gracia de Dios, gustó la muerte para bien de todos" (Hb 2, 9). En su designio de salvación, Dios dispuso que su Hijo no solamente "muriese por nuestros pecados" (1 Co 15, 3) sino también que "gustase la muerte", es decir, que conociera el estado de muerte, el estado de separación entre su alma y su cuerpo, durante el tiempo comprendido entre el momento en que El expiró en la Cruz y el momento en que resucitó. Este estado de Cristo muerto es el misterio del sepulcro y del descenso a los infiernos. Es el misterio del Sábado Santo en el que Cristo depositado en la tumba (cf Jn 19, 42) manifiesta el gran reposo sabático de Dios (cf Hb 4, 4-9) después de realizar (cf Jn 19, 30) la salvación de los hombres, que establece en la paz al universo entero (cf Col 1, 18-20).

1005; 362

349

El cuerpo de Cristo en el sepulcro

625   La permanencia de Cristo en el sepulcro constituye el vínculo real entre el estado pasible de Cristo antes de Pascua y su actual estado glorioso de resucitado. Es la misma persona de "El que vive" que puede decir: "estuve muerto, pero ahora estoy vivo por los siglos de los siglos" (Ap 1, 18):

> Dios [el Hijo] no impidió a la muerte separar el alma del cuerpo, según el orden necesario de la naturaleza, pero los reunió de nuevo, uno con otro, por medio de la Resurrección, a fin de *ser El mismo en persona el punto de encuentro de la muerte y de la vida* deteniendo en El la descomposición de la naturaleza que produce la muerte y resultando El mismo el principio de reunión de las partes separadas (S. Gregorio Niceno, or. catech. 16).

626   Ya que el "Príncipe de la vida que fue llevado a la muerte" (Hch 3, 15) es al mismo tiempo "el Viviente que ha resucitado" (Lc 24, 5-6), era necesario que la persona divina del Hijo de Dios

470; 650   haya continuado asumiendo su alma y su cuerpo separados entre sí por la muerte:

> Por el hecho de que en la muerte de Cristo el alma haya sido separada de la carne, la persona única no se encontró dividida en dos personas; porque el cuerpo y el alma de Cristo existieron por la misma razón desde el principio en la persona del Verbo; y en la muerte, aunque separados el uno de la otra, permanecieron cada cual con la misma y única persona del Verbo (S. Juan Damasceno, f. o. 3, 27).

"No dejarás que tu santo vea la corrupción"

1009   **627**   La muerte de Cristo fue una verdadera muerte en cuanto que puso fin a su existencia humana terrena. Pero a causa de la unión que su cuerpo conservó con la persona del Hijo, no fue un

1683   despojo mortal como los demás porque "la virtud divina preservó de la corrupción al cuerpo de Cristo" (Tomás de Aquino, s. th. 3, 51, 3). De Cristo se puede decir a la vez: "Fue arrancado de la tierra de los vivos" (Is 53, 8); y: "mi carne reposará en la esperanza de que no abandonarás mi alma en el Infierno ni permitirás que tu santo experimente la corrupción" (Hch 2, 26-27; cfSal 16, 9-10). La Resurrección de Jesús "al tercer día" (1 Co 15, 4; Lc 24, 46; cf Mt 12, 40; Jon 2, 1; Os 6, 2) fue la prueba de ello porque se suponía que la corrupción se manifestaba a partir del cuarto día (cf Jn 11, 39).

"Sepultados con Cristo... "

537   **628**   El Bautismo, cuyo signo original y pleno es la inmersión, significa eficazmente la bajada del cristiano al sepulcro muriendo al pecado con Cristo para una nueva vida: "Fuimos, pues, con él

sepultados por el bautismo en la muerte, a fin de que, al igual que 1215
Cristo fue resucitado de entre los muertos por medio de la gloria
del Padre, así también nosotros vivamos una vida nueva" (Rm 6,
4; cf Col 2, 12; Ef 5, 26).

RESUMEN

629 *Jesús gustó la muerte para bien de todos (cf Hb 2, 9). Es*
verdaderamente el Hijo de Dios hecho hombre que murió
y fue sepultado.

630 *Durante el tiempo que Cristo permaneció en el sepulcro*
su Persona divina continuó asumiendo tanto su alma co-
mo su cuerpo, separados sin embargo entre sí por causa
de la muerte. Por eso el cuerpo muerto de Cristo "no co-
noció la corrupción" (Hch 13, 37).

Artículo 5 **"JESUCRISTO DESCENDIO**
A LOS INFIERNOS, AL TERCER DIA
RESUCITO DE ENTRE LOS MUERTOS"

631 "Jesús bajó a las regiones inferiores de la tierra. Este que
bajó es el mismo que subió" (Ef 4, 9-10). El Símbolo de los Apóstoles confiesa en un mismo artículo de fe el descenso de Cristo a
los infiernos y su Resurrección de los muertos al tercer día, porque
es en su Pascua donde, desde el fondo de la muerte, El hace brotar
la vida:

Christus, Filius tuus,
qui, regressus ab inferis,
humano generi serenus illuxit,
et vivit et regnat in saecula saeculorum. Amen.
(Es Cristo, tu Hijo resucitado,
que, al salir del sepulcro,
brilla sereno para el linaje humano,
y vive y reina glorioso por los siglos de los siglos. Amén).

(MR, Vigilia pascual 18: Exultet.)

Párrafo 1 **CRISTO DESCENDIO A LOS INFIERNOS**

632 Las frecuentes afirmaciones del Nuevo Testamento según
las cuales Jesús "resucitó de entre los muertos" (Hch 3, 15; Rm 8,

11; 1 Co 15, 20) presuponen que, antes de la resurrección, permaneció en la morada de los muertos (cf Hb 13, 20). Es el primer sentido que dio la predicación apostólica al descenso de Jesús a los infiernos; Jesús conoció la muerte como todos los hombres y se reunió con ellos en la morada de los muertos. Pero ha descendido como Salvador proclamando la buena nueva a los espíritus que estaban allí detenidos (cf 1 P 3, 18-19).

633   La Escritura llama infiernos, sheol o hades (cf Flp 2, 10; Hch 2, 24; Ap 1, 18; Ef 4, 9) a la morada de los muertos donde bajó Cristo después de muerto, porque los que se encontraban allí estaban privados de la visión de Dios (cf Sal 6, 6; 88, 11-13). Tal era, en efecto, a la espera del Redentor, el estado de todos los muertos, malos o justos (cf Sal 89, 49;1 S 28, 19; Ez 32, 17-32), lo que no quiere decir que su suerte sea idéntica como lo enseña Jesús en la parábola del pobre Lázaro recibido en el "seno de Abraham" (cf Lc 16, 22-26). "Son precisamente estas almas santas, que esperaban a su Libertador en el seno de Abraham, a las que Jesucristo liberó cuando descendió a los infiernos" (Catech. R. 1, 6, 3). Jesús no bajó a los infiernos para liberar allí a los condenados (cf Cc. de Roma del año 745: DS 587) ni para destruir el infierno de la condenación (cf DS 1011; 1077) sino para liberar a los justos que le habían precedido (cf Cc. de Toledo IV en el año 625: DS 485; cf también Mt 27, 52-53).

1033

634   "Hasta a los muertos ha sido anunciada la Buena Nueva..." (1 P 4, 6). El descenso a los infiernos es el pleno cumplimiento del anuncio evangélico de la salvación. Es la última fase de la misión mesiánica de Jesús, fase condensada en el tiempo pero inmensamente amplia en su significado real de extensión de la obra redentora a todos los hombres de todos los tiempos y de todos los lugares porque todos los que se salvan se hacen partícipes de la Redención.

605

635   Cristo, por tanto, bajó a la profundidad de la muerte (cf Mt 12, 40; Rm 10, 7; Ef 4, 9) para "que los muertos oigan la voz del Hijo de Dios y los que la oigan vivan" (Jn 5, 25). Jesús, "el Príncipe de la vida" (Hch 3, 15) aniquiló "mediante la muerte al señor de la muerte, es decir, al diablo y libertó a cuantos, por temor a la muerte, estaban de por vida sometidos a esclavitud" (Hb 2, 14-15). En adelante, Cristo resucitado "tiene las llaves de la muerte y del Hades" (Ap 1, 18) y "al nombre de Jesús toda rodilla se doble en el cielo, en la tierra y en los abismos" (Flp 2, 10).

> Un gran silencio reina hoy en la tierra, un gran silencio y una gran soledad. Un gran silencio porque el Rey duerme. La tie-

rra ha temblado y se ha calmado porque Dios se ha dormido en la carne y ha ido a despertar a los que dormían desde hacía siglos... Va a buscar a Adán, nuestro primer Padre, la oveja perdida. Quiere ir a visitar a todos los que se encuentran en las tinieblas y a la sombra de la muerte. Va para liberar de sus dolores a Adán encadenado y a Eva, cautiva con él, El que es al mismo tiempo su Dios y su Hijo... "Yo soy tu Dios y por tu causa he sido hecho tu Hijo. Levántate, tú que dormías porque no te he creado para que permanezcas aquí encadenado en el infierno. Levántate de entre los muertos, yo soy la vida de los muertos" (Antigua homilía para el Sábado Santo).

RESUMEN

636 *En la expresión "Jesús descendió a los infiernos", el símbolo confiesa que Jesús murió realmente, y que, por su muerte en favor nuestro, ha vencido a la muerte y al diablo "Señor de la muerte" (Hb 2, 14).*

637 *Cristo muerto, en su alma unida a su persona divina, descendió a la morada de los muertos. Abrió las puertas del cielo a los justos que le habían precedido.*

Párrafo 2   **AL TERCER DIA RESUCITO DE ENTRE LOS MUERTOS**

638 "Os anunciamos la Buena Nueva de que la Promesa hecha a los padres Dios la ha cumplido en nosotros, los hijos, al resucitar a Jesús" (Hch 13, 32-33). La Resurrección de Jesús es la verdad culminante de nuestra fe en Cristo, creída y vivida por la primera comunidad cristiana como verdad central, transmitida como fundamental por la Tradición, establecida en los documentos del Nuevo Testamento, predicada como parte esencial del Misterio Pascual al mismo tiempo que la Cruz:

90
651
991

Cristo resucitó de entre los muertos.
Con su muerte venció a la muerte.
A los muertos ha dado la vida.

(Liturgia bizantina, Troparia de Pascua.)

I   EL ACONTECIMIENTO HISTORICO
      Y TRASCENDENTE

639 El misterio de la resurrección de Cristo es un acontecimiento real que tuvo manifestaciones históricamente comprobadas como lo atestigua el Nuevo Testamento. Ya San Pablo, hacia el año 56, puede escribir a los Corintios: "Porque os transmití, en primer lugar, lo que a mi vez recibí: que Cristo murió por nuestros pecados, según las Escrituras; que fue sepultado y que resucitó al tercer día, según las Escrituras; que se apareció a Cefas y luego a los Doce" (1 Co 15, 3-4). El apóstol habla aquí de *la tradición viva de la Resurrección* que recibió después de su conversión a las puertas de Damasco (cf Hch 9, 3-18).

El sepulcro vacío

640   "¿Por qué buscar entre los muertos al que vive? No está aquí, ha resucitado" (Lc 24, 5-6). En el marco de los acontecimientos de Pascua, el primer elemento que se encuentra es el sepulcro vacío. No es en sí una prueba directa. La ausencia del cuerpo de Cristo en el sepulcro podría explicarse de otro modo (cf Jn 20, 13; Mt 28, 11-15). A pesar de eso, el sepulcro vacío ha constituido para todos un signo esencial. Su descubrimiento por los discípulos fue el primer paso para el reconocimiento del hecho de la Resurrección. Es el caso, en primer lugar, de las santas mujeres (cf Lc 24, 3. 22-23), después de Pedro (cf Lc 24, 12). "El discípulo que Jesús amaba" (Jn 20, 2) afirma que, al entrar en el sepulcro vacío y al descubrir "las vendas en el suelo" (Jn 20, 6) "vio y creyó" (Jn 20, 8). Eso supone que constató en el estado del sepulcro vacío 999 (cf Jn 20, 5-7) que la ausencia del cuerpo de Jesús no había podido ser obra humana y que Jesús no había vuelto simplemente a una vida terrenal como había sido el caso de Lázaro (cf Jn 11, 44).

Las apariciones del Resucitado

641   María Magdalena y las santas mujeres, que iban a embalsamar el cuerpo de Jesús (cf Mc 16,1; Lc 24, 1) enterrado a prisa en la tarde del Viernes Santo por la llegada del Sábado (cf Jn 19, 31. 42), fueron las primeras en encontrar al Resucitado (cf Mt 28, 9-10; Jn 20, 11-18). Así las mujeres fueron las primeras mensajeras de la Resurrección de Cristo para los propios apóstoles (cf Lc 553 24, 9-10). Jesús se apareció en seguida a ellos, primero a Pedro, después a los Doce (cf 1 Co 15, 5). Pedro, llamado a confirmar en la fe a sus hermanos (cf Lc 22, 31-32), ve por tanto al Resucitado antes que los demás y sobre su testimonio es sobre el que la comu448 nidad exclama: "¡Es verdad! ¡El Señor ha resucitado y se ha aparecido a Simón!" (Lc 24, 34).

642   Todo lo que sucedió en estas jornadas pascuales compromete a cada uno de los apóstoles –y a Pedro en particular– en la construcción de la era nueva que comenzó en la mañana de Pascua. Como testigos del Resucitado, los apóstoles son las piedras de fundación de su Iglesia. La fe de la primera comunidad de creyentes se funda en el testimonio de hombres concretos, conocidos de los cristianos y, para la mayoría, viviendo entre ellos todavía. Estos "testigos de la Resurrección de Cristo" (cf Hch 1, 22) son ante todo Pedro y los Doce, pero no solamente ellos: Pablo habla claramente de más de quinientas personas a las que se apareció Jesús en una sola vez, además de Santiago y de todos los apóstoles (cf 1 Co 15, 4-8).

659; 881

860

643 Ante estos testimonios es imposible interpretar la Resurrección de Cristo fuera del orden físico, y no reconocerlo como un hecho histórico. Sabemos por los hechos que la fe de los discípulos fue sometida a la prueba radical de la pasión y de la muerte en cruz de su Maestro, anunciada por El de antemano(cf Lc 22, 31-32). La sacudida provocada por la pasión fue tan grande que (por lo menos, algunos de ellos) no creyeron tan pronto en la noticia de la resurrección. Los evangelios, lejos de mostrarnos una comunidad arrobada por una exaltación mística, nos presentan a los discípulos abatidos ("la cara sombría": Lc 24, 17) y asustados (cf Jn 20, 19). Por eso no creyeron a las santas mujeres que regresaban del sepulcro y "sus palabras les parecían como desatinos" (Lc 24, 11; cf Mc 16, 11.13). Cuando Jesús se manifiesta a los once en la tarde de Pascua, "les echó en cara su incredulidad y su dureza de cabeza por no haber creído a quienes le habían visto resucitado" (Mc 16, 14).

644 Tan imposible les parece la cosa que, incluso puestos ante la realidad de Jesús resucitado, los discípulos dudan todavía (cf Lc 24, 38): creen ver un espíritu (cf Lc 24, 39). "No acaban de creerlo a causa de la alegría y estaban asombrados" (Lc 24, 41). Tomás conocerá la misma prueba de la duda (cf Jn 20, 24-27) y, en su última aparición en Galilea referida por Mateo, "algunos sin embargo dudaron" (Mt 28, 17). Por esto la hipótesis según la cual la resurrección habría sido un "producto" de la fe (o de la credulidad) de los apóstoles no tiene consistencia. Muy al contrario, su fe en la Resurrección nació –bajo la acción de la gracia divina– de la experiencia directa de la realidad de Jesús resucitado.

El estado de la humanidad resucitada de Cristo

645 Jesús resucitado establece con sus discípulos relaciones directas mediante el tacto (cf Lc 24, 39; Jn 20, 27) y el compartir la comida (cf Lc 24, 30. 41-43; Jn 21, 9. 13-15). Les invita así a reconocer que él no es un espíritu (cf Lc 24, 39) pero sobre todo a que comprueben que el cuerpo resucitado con el que se presenta ante ellos es el mismo que ha sido martirizado y crucificado ya que sigue llevando las huellas de su pasión (cf Lc 24, 40; Jn 20, 20. 27). Este cuerpo auténtico y real posee sin embargo al mismo tiempo las propiedades nuevas de un cuerpo glorioso: no está situado en el espacio ni en el tiempo, pero puede hacerse presente a

999

su voluntad donde quiere y cuando quiere (cf Mt 28, 9.16-17; Lc 24, 15.36; Jn 20, 14.19.26; 21, 4) porque su humanidad ya no puede ser retenida en la tierra y no pertenece ya más que al dominio divino del Padre (cf Jn 20, 17). Por esta razón también Jesús resucitado es soberanamente libre de aparecer como quiere: bajo la apariencia de un jardinero (cf Jn 20, 14-15) o "bajo otra figura" (Mc 16, 12) distinta de la que les era familiar a los discípulos, y eso para suscitar su fe (cf Jn 20, 14.16; 21, 4.7).

646 La Resurrección de Cristo no fue un retorno a la vida terrena como en el caso de las resurrecciones que El había realizado antes de Pascua: la hija de Jairo, el joven de Naím, Lázaro. Estos hechos eran acontecimientos milagrosos, pero las personas afectadas por el milagro volvían a tener, por el poder de Jesús, una vida terrena "ordinaria". En cierto momento, volverán a morir. La Resurrección de Cristo es esencialmente diferente. En su cuerpo resucitado, pasa del estado de muerte a otra vida más allá del tiempo y del espacio. En la Resurrección, el cuerpo de Jesús se llena del poder del Espíritu Santo; participa de la vida divina en el estado de su gloria, tanto que San Pablo puede decir de Cristo que es "el hombre celestial" (cf 1 Co 15, 35-50).

La Resurrección como acontecimiento trascendente

647 "¡Qué noche tan dichosa –canta el 'Exultet' de Pascua–, sólo ella conoció el momento en que Cristo resucitó de entre los muertos!". En efecto, nadie fue testigo ocular del acontecimiento mismo de la Resurrección y ningún evangelista lo describe. Nadie puede decir cómo sucedió físicamente. Menos aún, su esencia más íntima, el paso a otra vida, fue perceptible a los sentidos. Acontecimiento histórico demostrable por la señal del sepulcro vacío y por la realidad de los encuentros de los apóstoles con Cristo resucitado, no por ello la Resurrección pertenece menos al centro del Misterio de la fe en aquello que trasciende y sobrepasa a la historia. Por eso, Cristo resucitado no se manifiesta al mundo (cf Jn 14, 22) sino a sus discípulos, "a los que habían subido con él desde Galilea a Jerusalén y que ahora son testigos suyos ante el pueblo" (Hch 13, 31).

II   LA RESURRECCION OBRA DE
         LA SANTISIMA TRINIDAD

648 La Resurrección de Cristo es objeto de fe en cuanto es una intervención trascendente de Dios mismo en la creación y en la historia. En ella, las tres Personas divinas actúan juntas a la vez y manifiestan su propia originalidad. Se realiza por el poder del Padre que "ha resucitado" (cf Hch 2, 24) a Cristo, su Hijo, y de este modo ha introducido de manera perfecta su humanidad –con su cuerpo– en la Trinidad. Jesús se revela definitivamente "Hijo de Dios con poder, según el Espíritu de santidad, por su resurrección de entre los muertos" (Rm 1, 3-4). San Pablo insiste en la manifestación del poder de Dios (cf Rm 6, 4; 2 Co 13, 4; Flp 3, 10; Ef 1, 19-22; Hb 7, 16) por la acción del Espíritu que ha vivificado la humanidad muerta de Jesús y la ha llamado al estado glorioso de Señor.

663
445

272

649 En cuanto al Hijo, él realiza su propia Resurrección en virtud de su poder divino. Jesús anuncia que el Hijo del hombre deberá sufrir mucho, morir y luego resucitar (sentido activo del término) (cf Mc 8, 31; 9, 9-31; 10, 34). Por otra parte, él afirma explícitamente: "Doy mi vida, para recobrarla de nuevo... Tengo poder para darla y poder para recobrarla de nuevo" (Jn 10, 17-18). "Creemos que Jesús murió y resucitó" (1 Te 4, 14).

650 Los Padres contemplan la Resurrección a partir de la persona divina de Cristo que permaneció unida a su alma y a su cuerpo separados entre sí por la muerte: "Por la unidad de la naturaleza divina que permanece presente en cada una de las dos partes del hombre, éstas se unen de nuevo. Así la muerte se produce por la separación del compuesto humano, y la Resurrección por la unión de las dos partes separadas" (San Gregorio Niceno, res. 1; cf también DS 325; 359; 369; 539).

626

1005

III SENTIDO Y ALCANCE SALVIFICO
     DE LA RESURRECCION

651 "Si no resucitó Cristo, vana es nuestra predicación, vana también vuestra fe" (1 Co 15, 14). La Resurrección constituye ante todo la confirmación de todo lo que Cristo hizo y enseñó. Todas las verdades, incluso las más inaccesibles al espíritu humano, encuentran su justificación si Cristo, al resucitar, ha dado la prueba definitiva de su autoridad divina según lo había prometido.

129
274

652 La Resurrección de Cristo es *cumplimiento de las promesas* del Antiguo Testamento (cf Lc 24, 26-27.44-48) y del mismo Jesús durante su vida terrenal (cf Mt 28, 6; Mc 16, 7; Lc 24, 6-7). La expresión "según las Escrituras" (cf 1 Co 15, 3-4 y el Símbolo Nicenoconstantinopolitano) indica que la Resurrección de Cristo cumplió estas predicciones.

994
601

445 **653** La verdad de *la divinidad de Jesús* es confirmada por su Resurrección. El había dicho: "Cuando hayáis levantado al Hijo del hombre, entonces sabréis que Yo Soy" (Jn 8, 28). La Resurrección del Crucificado demostró que verdaderamente, él era "Yo Soy", el Hijo de Dios y Dios mismo. San Pablo pudo decir a los judíos: "La Promesa hecha a los padres, Dios la ha cumplido en nosotros... al resucitar a Jesús, como está escrito en el salmo primero: 'Hijo mío eres tú; yo te he engendrado hoy'" (Hch 13, 32-33; cf Sal 2, 7). La Resurrección de Cristo está estrechamente uni-
461 da al misterio de la Encarnación del Hijo de Dios: es su plenitud
422 según el designio eterno de Dios.

654 Hay un doble aspecto en el misterio pascual: por su muerte nos libera del pecado, por su Resurrección nos abre el acceso a
1987 una nueva vida. Esta es, en primer lugar, la *justificación* que nos devuelve a la gracia de Dios (cf Rm 4, 25) "a fin de que, al igual que Cristo fue resucitado de entre los muertos... así también nosotros vivamos una nueva vida" (Rm 6, 4). Consiste en la victoria sobre la muerte y el pecado y en la nueva participación en la gracia
1996 (cf Ef 2, 4-5; 1 P 1, 3). Realiza la *adopción filial* porque los hombres se convierten en hermanos de Cristo, como Jesús mismo llama a sus discípulos después de su Resurrección: "Id, avisad a mis hermanos" (Mt 28, 10; Jn 20, 17). Hermanos no por naturaleza, sino por don de la gracia, porque esta filiación adoptiva confiere una participación real en la vida del Hijo único, la que ha revelado plenamente en su Resurrección.

655 Por último, la Resurrección de Cristo –y el propio Cristo
989 resucitado– es principio y fuente de *nuestra resurrección futura:* "Cristo resucitó de entre los muertos como primicia de los que durmieron... del mismo modo que en Adán mueren todos, así también todos revivirán en Cristo" (1 Co 15, 20-22). En la espera de
1002 que esto se realice, Cristo resucitado vive en el corazón de sus fieles. En El los cristianos "saborean los prodigios del mundo futuro" (Hb 6, 5) y su vida es arrastrada por Cristo al seno de la vida divina (cf Col 3, 1-3) para que ya no vivan para sí los que viven, sino para aquel que murió y resucitó por ellos" (2 Co 5, 15).

RESUMEN

656 *La fe en la Resurrección tiene por objeto un acontecimiento a la vez históricamente atestiguado por los discípulos que se encontraron realmente con el Resucitado, y* *misteriosamente trascendente en cuanto entrada de la humanidad de Cristo en la gloria de Dios.*

657 *El sepulcro vacío y las vendas en el suelo significan por sí mismas que el cuerpo de Cristo ha escapado por el poder de Dios de las ataduras de la muerte y de la corrupción. Preparan a los discípulos para su encuentro con el Resucitado.*

658 *Cristo, "el primogénito de entre los muertos" (Col 1, 18), es el principio de nuestra propia resurrección, ya desde ahora por la justificación de nuestra alma (cf Rm 6, 4), más tarde por la vivificación de nuestro cuerpo (cf Rm 8, 11).*

Artículo 6 **"JESUCRISTO SUBIO A LOS CIELOS, Y ESTA SENTADO A LA DERECHA DE DIOS, PADRE TODOPODEROSO"**

659 "Con esto, el Señor Jesús, después de hablarles, fue elevado al Cielo y se sentó a la diestra de Dios" (Mc 16, 19). El cuerpo de Cristo fue glorificado desde el instante de su Resurrección como lo prueban las propiedades nuevas y sobrenaturales, de las que desde entonces su cuerpo disfruta para siempre (cf Lc 24, 31; Jn 20, 19. 26). Pero durante los cuarenta días en los que él come y bebe familiarmente con sus discípulos (cf Hch 10, 41) y les instruye sobre el Reino (cf Hch 1, 3), su gloria aún queda velada bajo los rasgos de una humanidad ordinaria (cf Mc 16, 12; Lc 24, 15; Jn 20, 14-15; 21, 4). La última aparición de Jesús termina con la entrada irreversible de su humanidad en la gloria divina simbolizada por la nube (cf Hch 1, 9; cf también Lc 9, 34-35; Ex 13, 22) y por el cielo (cf Lc 24, 51) donde él se sienta para siempre a la derecha de Dios (cf Mc 16, 19; Hch 2, 33; 7, 56; cf también Sal 110, 1). Sólo de manera completamente excepcional y única, se muestra a Pablo "como un abortivo" (1 Co 15, 8) en una última aparición que constituye a éste en apóstol (cf 1 Co 9, 1; Ga 1, 16).

645

66

697

642

660 El carácter velado de la gloria del Resucitado durante este tiempo se transparenta en sus palabras misteriosas a María Magdalena: "Todavía no he subido al Padre. Vete donde los hermanos y diles: Subo a mi Padre y vuestro Padre, a mi Dios y vuestro Dios" (Jn 20, 17). Esto indica una diferencia de manifestación entre la gloria de Cristo resucitado y la de Cristo exaltado a la derecha del

Padre. El acontecimiento a la vez histórico y trascendente de la Ascensión marca la transición de una a otra.

661 Esta última etapa permanece estrechamente unida a la primera, es decir, a la bajada desde el cielo realizada en la Encarnación. Sólo el que "salió del Padre" puede "volver al Padre": Cristo (cf Jn 16, 28). "Nadie ha subido al cielo sino el que bajó del cielo, el Hijo del hombre" (Jn 3, 13; cf, Ef 4, 8-10). Dejada a sus fuerzas naturales, la humanidad no tiene acceso a la "Casa del Padre" (Jn 14, 2), a la vida y a la felicidad de Dios. Sólo Cristo ha podido abrir este acceso al hombre, "ha querido precedernos como cabeza nuestra para que nosotros, miembros de su Cuerpo, vivamos con la ardiente esperanza de seguirlo en su Reino" (MR, Prefacio de la Ascensión).

461

792

662 "Cuando yo sea levantado de la tierra, atraeré a todos hacia mí" (Jn 12, 32). La elevación en la Cruz significa y anuncia la elevación en la Ascensión al cielo. Es su comienzo. Jesucristo, el único Sacerdote de la Alianza nueva y eterna, no "penetró en un Santuario hecho por mano de hombre..., sino en el mismo cielo, para presentarse ahora ante el acatamiento de Dios en favor nuestro" (Hb 9, 24). En el cielo, Cristo ejerce permanentemente su sacerdocio. "De ahí que pueda salvar perfectamente a los que por él se llegan a Dios, ya que está siempre vivo para interceder en su favor" (Hb 7, 25). Como "Sumo Sacerdote de los bienes futuros" (Hb 9, 11), es el centro y el oficiante principal de la liturgia que honra al Padre en los cielos (cf Ap 4, 6-11).

1545

1137

663 Cristo, desde entonces, *está sentado a la derecha del Padre:* "Por derecha del Padre entendemos la gloria y el honor de la divinidad, donde el que existía como Hijo de Dios antes de todos los siglos, como Dios y consubstancial al Padre, está sentado corporalmente después de que se encarnó y de que su carne fue glorificada" (San Juan Damasceno, f. o. 4, 2; PG 94, 1104C).

648

664 Sentarse a la derecha del Padre significa la inauguración del reino del Mesías, cumpliéndose la visión del profeta Daniel respecto del Hijo del hombre: "A él se le dio imperio, honor y reino, y todos los pueblos, naciones y lenguas le sirvieron. Su imperio es un imperio eterno, que nunca pasará, y su reino no será destruido jamás" (Dn 7, 14). A partir de este momento, los apóstoles se convirtieron en los testigos del "Reino que no tendrá fin" (Símbolo de Nicea-Constantinopla).

541

RESUMEN

665 *La ascensión de Jesucristo marca la entrada definitiva de la humanidad de Jesús en el dominio celestial de Dios de donde ha de volver (cf Hch 1, 11), aunque mientras tanto lo esconde a los ojos de los hombres (cf Col 3, 3).*

666 *Jesucristo, cabeza de la Iglesia, nos precede en el Reino glorioso del Padre para que nosotros, miembros de su cuerpo, vivamos en la esperanza de estar un día con él eternamente.*

667 *Jesucristo, habiendo entrado una vez por todas en el santuario del cielo, intercede sin cesar por nosotros como el mediador que nos asegura permanentemente la efusión del Espíritu Santo.*

Artículo 7   **"DESDE ALLI HA DE VENIR A JUZGAR A VIVOS Y MUERTOS"**

I   VOLVERA EN GLORIA

Cristo reina ya mediante la Iglesia...

668 "Cristo murió y volvió a la vida para eso, para ser Señor de muertos y vivos" (Rm 14, 9). La Ascensión de Cristo al Cielo significa su participación, en su humanidad, en el poder y en la autoridad de Dios mismo. Jesucristo es Señor: posee todo poder en los cielos y en la tierra. El está "por encima de todo Principado, Potestad, Virtud, Dominación" porque el Padre "bajo sus pies sometió todas las cosas" (Ef 1, 20-22). Cristo es el Señor del cosmos (cf Ef 4, 10; 1 Co 15, 24. 27-28) y de la historia. En él, la historia de la humanidad e incluso toda la Creación encuentran su recapitulación (Ef 1, 10), su cumplimiento trascendente. 450 518

669 Como Señor, Cristo es también la cabeza de la Iglesia que es su Cuerpo (cf Ef 1, 22). Elevado al cielo y glorificado, habiendo cumplido así su misión, permanece en la tierra en su Iglesia. La Redención es la fuente de la autoridad que Cristo, en virtud del Espíritu Santo, ejerce sobre la Iglesia (cf Ef 4, 11-13). "La Iglesia, o el reino de Cristo presente ya en misterio", "constituye el germen y el comienzo de este Reino en la tierra" (LG 3; 5). 792 1088 541

670 Desde la Ascensión, el designio de Dios ha entrado en su consumación. Estamos ya en la "última hora" (1 Jn 2, 18; cf 1 P 4,

1042

7). "El final de la historia ha llegado ya a nosotros y la renovación del mundo está ya decidida de manera irrevocable e incluso de alguna manera real está ya por anticipado en este mundo. La Iglesia, en efecto, ya en la tierra, se caracteriza por una verdadera santidad, aunque todavía imperfecta" (LG 48). El Reino de Cristo manifiesta ya su presencia por los signos milagrosos (cf Mc 16, 17-18) que acompañan su anuncio por la Iglesia (cf Mc 16, 20).

825
547

...esperando que todo le sea sometido

671   El Reino de Cristo, presente ya en su Iglesia, sin embargo, no está todavía acabado "con gran poder y gloria" (Lc 21, 27; cf Mt 25, 31) con el advenimiento del Rey a la tierra. Este Reino aún es objeto de los ataques de los poderes del mal (cf 2 Te 2, 7), a pesar de que estos poderes hayan sido vencidos en su raíz por la Pascua de Cristo. Hasta que todo le haya sido sometido (cf 1 Co 15, 28), y "mientras no haya nuevos cielos y nueva tierra, en los que habite la justicia, la Iglesia peregrina lleva en sus sacramentos e instituciones, que pertenecen a este tiempo, la imagen de este mundo que pasa. Ella misma vive entre las criaturas que gimen en dolores de parto hasta ahora y que esperan la manifestación de los hijos de Dios" (LG 48). Por esta razón los cristianos piden, sobre todo en la Eucaristía (cf 1 Co 11, 26), que se apresure el retorno de Cristo (cf 2 P 3, 11-12) cuando suplican: "Ven, Señor Jesús" (cf 1 Co 16, 22; Ap 22, 17-20).

•

1043
769
773

1043
2046
2817

672   Cristo afirmó antes de su Ascensión que aún no era la hora del establecimiento glorioso del Reino mesiánico esperado por Israel (cf Hch 1, 6-7) que, según los profetas (cf Is 11, 1-9), debía traer a todos los hombres el orden definitivo de la justicia, del amor y de la paz. El tiempo presente, según el Señor, es el tiempo del Espíritu y del testimonio (cf Hch 1, 8), pero es también un tiempo marcado todavía por la "tristeza" (1 Co 7, 26) y la prueba del mal (cf Ef 5, 16) que afecta también a la Iglesia (cf 1 P 4, 17) e inaugura los combates de los últimos días (1 Jn 2, 18; 4, 3; 1 Tm 4, 1). Es un tiempo de espera y de vigilia (cf Mt 25, 1-13; Mc 13, 33-37).

732

2612

El glorioso advenimiento de Cristo, esperanza de Israel

673   Desde la Ascensión, el advenimiento de Cristo en la gloria es inminente (cf Ap 22, 20), aun cuando a nosotros no nos "toca conocer el tiempo y el momento que ha fijado el Padre con su au-

1040; 1048

toridad" (Hch 1, 7; cf Mc 13, 32). Este advenimiento escatológico se puede cumplir en cualquier momento (cf Mt 24, 44; 1 Te 5, 2), aunque tal acontecimiento y la prueba final que le ha de preceder estén "retenidos" en las manos de Dios (cf 2 Te 2, 3-12).

674 La venida del Mesías glorioso, en un momento determinado de la historia (cf Rm 11, 31), se vincula al reconocimiento del Mesías por "todo Israel" (Rm 11, 26; Mt 23, 39) del que "una parte está endurecida" (Rm 11, 25) en "la incredulidad" (Rm 11, 20) respecto a Jesús. San Pedro dice a los judíos de Jerusalén después de Pentecostés: "Arrepentíos, pues, y convertíos para que vuestros pecados sean borrados, a fin de que del Señor venga el tiempo de la consolación y envíe al Cristo que os había sido destinado, a Jesús, a quien debe retener el cielo hasta el tiempo de la restauración universal, de que Dios habló por boca de sus profetas" (Hch 3, 19-21). Y San Pablo le hace eco: "Si su reprobación ha sido la reconciliación del mundo ¿qué será su readmisión sino una resurrección de entre los muertos?" (Rm 11, 5). La entrada de "la plenitud de los judíos" (Rm 11, 12) en la salvación mesiánica, a continuación de "la plenitud de los gentiles (Rm 11, 25; cf Lc 21, 24), hará al Pueblo de Dios "llegar a la plenitud de Cristo" (Ef 4, 13) en la cual "Dios será todo en nosotros" (1 Co 15, 28).

840
58

La última prueba de la Iglesia

675 Antes del advenimiento de Cristo, la Iglesia deberá pasar por una prueba final que sacudirá la fe de numerosos creyentes (cf Lc 18, 8; Mt 24, 12). La persecución que acompaña a su peregrinación sobre la tierra (cf Lc 21, 12; Jn 15, 19-20) desvelará el "Misterio de iniquidad" bajo la forma de una impostura religiosa que proporcionará a los hombres una solución aparente a sus problemas mediante el precio de la apostasía de la verdad. La impostura religiosa suprema es la del Anticristo, es decir, la de un seudo-mesianismo en que el hombre se glorifica a sí mismo colocándose en el lugar de Dios y de su Mesías venido en la carne (cf 2 Te 2, 4-12; 1 Te 5, 2-3; 2 Jn 7; 1 Jn 2, 18.22).

769

676 Esta impostura del Anticristo aparece esbozada ya en el mundo cada vez que se pretende llevar a cabo la esperanza mesiánica en la historia, lo cual no puede alcanzarse sino más allá del tiempo histórico a través del juicio escatológico: incluso en su forma mitigada, la Iglesia ha rechazado esta falsificación del Reino futuro con el nombre de milenarismo (cf DS 3839), sobre todo bajo la forma política de un mesianismo secularizado, "intrínsecamente perverso" (cf Pío XI, "Divini Redemptoris" que condena el "falso misticismo" de esta "falsificación de la redención de los humildes"; GS 20-21).

2425

677 La Iglesia sólo entrará en la gloria del Reino a través de
1340 esta última Pascua en la que seguirá a su Señor en su muerte y su
Resurrección (cf Ap 19, 1-9). El Reino no se realizará, por tanto,
mediante un triunfo histórico de la Iglesia (cf Ap 13, 8) en forma
de un proceso creciente, sino por una victoria de Dios sobre el últi-
2853 mo desencadenamiento del mal (cf Ap 20, 7-10) que hará descender desde el cielo a su Esposa (cf Ap 21, 2-4). El triunfo de Dios
sobre la rebelión del mal tomará la forma de Juicio final (cf Ap 20,
12) después de la última sacudida cósmica de este mundo que pasa
(cf 2 P 3, 12-13).

1038-1041 **II   PARA JUZGAR A VIVOS Y MUERTOS**

678 Siguiendo a los profetas (cf Dn 7, 10; Jl 3, 4; Ml 3,19) y a
Juan Bautista (cf Mt 3, 7-12), Jesús anunció en su predicación el
1470 Juicio del último Día. Entonces, se pondrán a la luz la conducta de
cada uno (cf Mc 12, 38-40) y el secreto de los corazones (cf Lc 12,
1-3; Jn 3, 20-21; Rm 2, 16; 1 Co 4, 5). Entonces será condenada la
incredulidad culpable que ha tenido en nada la gracia ofrecida por
Dios (cf Mt 11, 20-24; 12, 41-42). La actitud con respecto al prójimo revelará la acogida o el rechazo de la gracia y del amor divino
(cf Mt 5, 22; 7, 1-5). Jesús dirá en el último día: "Cuanto hicisteis
a uno de estos hermanos míos más pequeños, a mí me lo hicisteis"
(Mt 25, 40).

679 Cristo es Señor de la vida eterna. El pleno derecho de juzgar definitivamente las obras y los corazones de los hombres pertenece a Cristo como Redentor del mundo. "Adquirió" este derecho por su Cruz. El Padre también ha entregado "todo juicio al Hijo" (Jn 5, 22; cf Jn 5, 27; Mt 25, 31; Hch 10, 42; 17, 31; 2 Tm 4,
1). Pues bien, el Hijo no ha venido para juzgar sino para salvar (cf
Jn 3, 17) y para dar la vida que hay en él (cf Jn 5, 26). Es por el re-
1021 chazo de la gracia en esta vida por lo que cada uno se juzga ya a sí
mismo (cf Jn 3, 18; 12, 48); es retribuido según sus obras (cf 1 Co
3, 12-15) y puede incluso condenarse eternamente al rechazar el
Espíritu de amor (cf Mt 12, 32; Hb 6, 4-6; 10, 26-31).

RESUMEN

680 *Cristo, el Señor, reina ya por la Iglesia, pero todavía no le*
están sometidas todas las cosas de este mundo. El triunfo
del Reino de Cristo no tendrá lugar sin un último asalto
de las fuerzas del mal.

681 *El día del Juicio, al fin del mundo, Cristo vendrá en la gloria para llevar a cabo el triunfo definitivo del bien sobre el mal que, como el trigo y la cizaña, habrán crecido juntos en el curso de la historia.*

682 *Cristo glorioso, al venir al final de los tiempos a juzgar a vivos y muertos, revelará la disposición secreta de los corazones y retribuirá a cada hombre según sus obras y según su aceptación o su rechazo de la gracia.*

CAPITULO TERCERO

CREO EN EL ESPIRITU SANTO

683 "Nadie puede decir: '¡Jesús es Señor!' sino por influjo del Espíritu Santo" (1 Co 12, 3). "Dios ha enviado a nuestros corazones el Espíritu de su Hijo que clama ¡Abbá, Padre!" (Ga 4, 6). Este conocimiento de fe no es posible sino en el Espíritu Santo. Para entrar en contacto con Cristo, es necesario primeramente haber sido atraído por el Espíritu Santo. El es quien nos precede y despierta en nosotros la fe. Mediante el Bautismo, primer sacramento de la fe, la Vida, que tiene su fuente en el Padre y se nos ofrece por el Hijo, se nos comunica íntima y personalmente por el Espíritu Santo en la Iglesia: [424; 2670] [152]

> El Bautismo nos da la gracia del nuevo nacimiento en Dios Padre por medio de su Hijo en el Espíritu Santo. Porque los que son portadores del Espíritu de Dios son conducidos al Verbo, es decir al Hijo; pero el Hijo los presenta al Padre, y el Padre les concede la incorruptibilidad. Por tanto, sin el Espíritu no es posible ver al Hijo de Dios, y, sin el Hijo, nadie puede acercarse al Padre, porque el conocimiento del Padre es el Hijo, y el conocimiento del Hijo de Dios se logra por el Espíritu Santo (San Ireneo, dem. 7). [249]

684 El Espíritu Santo con su gracia es el "primero" que nos despierta en la fe y nos inicia en la vida nueva que es: "que te conozcan a ti, el único Dios verdadero, y a tu enviado, Jesucristo" (Jn 17, 3). No obstante, es el "último" en la revelación de las personas de la Santísima Trinidad. San Gregorio Nacianceno, "el Teólogo", explica esta progresión por medio de la pedagogía de la "condescendencia" divina: [236]

> El Antiguo Testamento proclamaba muy claramente al Padre, y más oscuramente al Hijo. El Nuevo Testamento revela al Hijo y hace entrever la divinidad del Espíritu. Ahora el Espíritu tiene derecho de ciudadanía entre nosotros y nos da una visión

más clara de sí mismo. En efecto, no era prudente, cuando todavía no se confesaba la divinidad del Padre, proclamar abiertamente la del Hijo y, cuando la divinidad del Hijo no era aún admitida, añadir el Espíritu Santo como un fardo suplementario si empleamos una expresión un poco atrevida... Así por avances y progresos "de gloria en gloria", es como la luz de la Trinidad estalla en resplandores cada vez más espléndidos (San Gregorio Nacianceno, or. theol. 5, 26).

685   Creer en el Espíritu Santo es, por tanto, profesar que el Espíritu Santo es una de las personas de la Santísima Trinidad Santa, consubstancial al Padre y al Hijo, "que con el Padre y el Hijo recibe una misma adoración y gloria" (Símbolo de Nicea-Constantinopla). Por eso se ha hablado del misterio divino del Espíritu Santo en la "teología" trinitaria, en tanto que aquí no se tratará del Espíritu Santo sino en la "Economía" divina.

236

258   **686**   El Espíritu Santo coopera con el Padre y el Hijo desde el comienzo del Designio de nuestra salvación y hasta su consumación. Pero es en los "últimos tiempos", inaugurados con la Encarnación redentora del Hijo, cuando el Espíritu se revela y nos es dado, cuando es reconocido y acogido como persona. Entonces, este Designio Divino, que se consuma en Cristo, "primogénito" y Cabeza de la nueva creación, se realiza en la humanidad por el Espíritu que nos es dado: la Iglesia, la comunión de los santos, el perdón de los pecados, la resurrección de la carne, la vida eterna.

Artículo 8   **"CREO EN EL ESPIRITU SANTO"**

243   **687**   "Nadie conoce lo íntimo de Dios, sino el Espíritu de Dios" (1 Co 2, 11). Pues bien, su Espíritu que lo revela nos hace conocer a Cristo, su Verbo, su Palabra viva, pero no se revela a sí mismo. El que "habló por los profetas" nos hace oír la Palabra del Padre. Pero a él no le oímos. No le conocemos sino en la obra mediante la cual nos revela al Verbo y nos dispone a recibir al Verbo en la fe. El Espíritu de verdad que nos "desvela" a Cristo "no habla de sí mismo" (Jn 16, 13). Un ocultamiento tan discreto, propiamente divino, explica por qué "el mundo no puede recibirle, porque no le ve ni le conoce", mientras que los que creen en Cristo le conocen porque él mora en ellos (Jn 14, 17).

688   La Iglesia, comunión viviente en la fe de los apóstoles que ella transmite, es el lugar de nuestro conocimiento del Espíritu Santo:
– en las Escrituras que El ha inspirado;
– en la Tradición, de la cual los Padres de la Iglesia son testigos siempre actuales;

– en el Magisterio de la Iglesia, al que El asiste;
– en la liturgia sacramental, a través de sus palabras y sus símbolos, en donde el Espíritu Santo nos pone en comunión con Cristo;
– en la oración en la cual El intercede por nosotros;
– en los carismas y ministerios mediante los que se edifica la Iglesia;
– en los signos de vida apostólica y misionera;
– en el testimonio de los santos, donde El manifiesta su santidad y continúa la obra de la salvación.

I   LA MISION CONJUNTA DEL HIJO Y DEL ESPIRITU

689   Aquél al que el Padre ha enviado a nuestros corazones, el Espíritu de su Hijo (cf Ga 4, 6) es realmente Dios. Consubstancial con el Padre y el Hijo, es inseparable de ellos, tanto en la vida íntima de la Trinidad como en su don de amor para el mundo. Pero al adorar a la Santísima Trinidad vivificante, consubstancial e individible, la fe de la Iglesia profesa también la distinción de las Personas. Cuando el Padre envía su Verbo, envía también su aliento: misión conjunta en la que el Hijo y el Espíritu Santo son distintos pero inseparables. Sin ninguna duda, Cristo es quien se manifiesta, Imagen visible de Dios invisible, pero es el Espíritu Santo quien lo revela. 245 254 485

690   Jesús es Cristo, "ungido", porque el Espíritu es su Unción y todo lo que sucede a partir de la Encarnación mana de esta plenitud (cf Jn 3, 34). Cuando por fin Cristo es glorificado (Jn 7, 39), puede a su vez, de junto al Padre, enviar el Espíritu a los que creen en él: El les comunica su Gloria (cf Jn 17, 22), es decir, el Espíritu Santo que lo glorifica (cf Jn 16, 14). La misión conjunta y mutua se desplegará desde entonces en los hijos adoptados por el Padre en el Cuerpo de su Hijo: la misión del Espíritu de adopción será unirlos a Cristo y hacerles vivir en El: 436 788

> La noción de la unción sugiere...que no hay ninguna distancia entre el Hijo y el Espíritu. En efecto, de la misma manera que entre la superficie del cuerpo y la unción del aceite ni la razón ni los sentidos conocen ningún intermediario, así es inmediato el contacto del Hijo con el Espíritu... de tal modo que quien va a tener contacto con el Hijo por la fe tiene que tener antes contacto necesariamente con el óleo. En efecto, no hay parte alguna que esté desnuda del Espíritu Santo. Por eso es por lo que la confesión del Señorío del Hijo se hace en el Espíritu Santo por aquellos que la aceptan, viniendo el Espíritu desde todas partes delante de los que se acercan por la fe (San Gregorio Niceno, Spir. 3, 1). 448

II   EL NOMBRE, LOS APELATIVOS
        Y LOS SIMBOLOS DEL ESPIRITU SANTO

El nombre propio del Espíritu Santo

691   "Espíritu Santo", tal es el nombre propio de Aquel que adoramos y glorificamos con el Padre y el Hijo. La Iglesia ha recibido este nombre del Señor y lo profesa en el bautismo de sus nuevos hijos (cf Mt 28, 19).

El término "Espíritu" traduce el término hebreo "Ruah", que en su primera acepción significa soplo, aire, viento. Jesús utiliza precisamente la imagen sensible del viento para sugerir a Nicodemo la novedad trascendente del que es personalmente el Soplo de Dios, el Espíritu divino (Jn 3, 5-8). Por otra parte, Espíritu y Santo son atributos divinos comunes a las Tres Personas divinas. Pero, uniendo ambos términos, la Escritura, la liturgia y el lenguaje teológico designan la persona inefable del Espíritu Santo, sin equívoco posible con los demás empleos de los términos "espíritu" y "santo".

Los apelativos del Espíritu Santo

692   Jesús, cuando anuncia y promete la Venida del Espíritu Santo, le llama el "Paráclito", literalmente "aquel que es llamado junto a uno", "advocatus" (Jn 14, 16. 26; 15, 26; 16, 7). "Paraclito" se traduce habitualmente por "Consolador", siendo Jesús el
1433   primer consolador (cf 1 Jn 2, 1). El mismo Señor llama al Espíritu Santo "Espíritu de Verdad" (Jn 16, 13).

693   Además de su nombre propio, que es el más empleado en el libro de los Hechos y en las cartas de los apóstoles, en San Pablo se encuentran los siguientes apelativos: el Espíritu de la promesa (Ga 3, 14; Ef 1, 13), el Espíritu de adopción (Rm 8, 15; Ga 4, 6), el Espíritu de Cristo (Rm 8, 11), el Espíritu del Señor (2 Co 3, 17), el Espíritu de Dios (Rm 8, 9.14; 15, 19; 1 Co 6, 11; 7, 40), y en San Pedro, el Espíritu de gloria (1 P 4, 14).

Los símbolos del Espíritu Santo

1218   **694**   *El agua.* El simbolismo del agua es significativo de la acción del Espíritu Santo en el Bautismo, ya que, después de la invocación del Espíritu Santo, ésta se convierte en el signo sacramental eficaz del nuevo nacimiento: del mismo modo que la gestación de nuestro primer nacimiento se hace en el agua, así el agua bautismal significa realmente que nuestro nacimiento a la vida divina se nos da en el Espíritu Santo. Pero "bautizados en un solo Espíritu", también "hemos bebido de un solo Espíritu" (1 Co 12, 13): el Espíritu es, pues, también personalmente el Agua viva que brota de Cristo crucificado (cf Jn 19, 34; 1 Jn 5, 8) como de su manantial y que en nosotros brota en vida eterna (cf Jn 4, 10-14; 7, 38; Ex 17, 1-6; Is 55, 1; Za 14, 8; 1 Co 10, 4; Ap 21, 6; 22, 17). **2652**

695 *La unción.* El simbolismo de la unción con el óleo es también **1293** significativo del Espíritu Santo, hasta el punto de que se ha convertido en sinónimo suyo (cf 1 Jn 2, 20. 27; 2 Co 1, 21). En la iniciación cristiana es el signo sacramental de la Confirmación, llamada justamente en las Iglesias de Oriente "Crismación". Pero para captar toda la fuerza que tiene, es necesario volver a la Unción primera realizada por el Espíritu Santo: la de Jesús. Cristo ["Mesías" en hebreo] significa "Ungido" del Espíritu de Dios. En la Antigua Alianza hubo "ungidos" del Señor (cf Ex 30, 22-32), **436** de forma eminente el rey David (cf 1 S 16, 13). Pero Jesús es el Ungido de Dios de una manera única: la humanidad que el Hijo asume está totalmente "ungida por el Espíritu Santo". Jesús es constituido "Cristo" por el Espíritu Santo (cf Lc 4, 18-19; Is 61, 1). La Virgen María concibe a Cristo del Espíritu Santo quien por medio del ángel lo anuncia como Cristo en su nacimiento (cf Lc 2,11) e impulsa a Simeón a ir al Templo a ver al Cristo del Señor (cf Lc 2, 26-27); es de quien Cristo está lleno (cf Lc 4, 1) y cuyo poder emana de Cristo en sus curaciones y en sus acciones sal- **1504** víficas (cf Lc 6, 19; 8, 46). Es él en fin quien resucita a Jesús de entre los muertos (cf Rm 1, 4; 8, 11). Por tanto, constituido plenamente "Cristo" en su Humanidad victoriosa de la muerte (cf Hch 2, 36), Jesús distribuye profusamente el Espíritu Santo hasta que "los santos" constituyan, en su unión con la Humanidad del Hijo de Dios, "ese Hombre perfecto... que realiza la plenitud de Cristo" (Ef 4, 13): "el Cristo total" según la expre- **794** sión de San Agustín.

696 *El fuego.* Mientras que el agua significaba el nacimiento y la fe- cundidad de la Vida dada en el Espíritu Santo, el fuego simboliza la ener- **1127** gía transformadora de los actos del Espíritu Santo. El profeta Elías que "surgió como el fuego y cuya palabra abrasaba como antorcha" (Si 48, 1), con su oración, atrajo el fuego del cielo sobre el sacrificio del monte **2586** Carmelo (cf 1 R 18, 38-39), figura del fuego del Espíritu Santo que trans- forma lo que toca. Juan Bautista, "que precede al Señor con el espíritu y el poder de Elías" (Lc 1, 17), anuncia a Cristo como el que "bautizará en **718** el Espíritu Santo y el fuego" (Lc 3, 16), Espíritu del cual Jesús dirá: "He venido a traer fuego sobre la tierra y ¡cuánto desearía que ya estuviese encendido!" (Lc 12, 49). Bajo la forma de lenguas "como de fuego", co- mo el Espíritu Santo se posó sobre los discípulos la mañana de Pentecos- tés y los llenó de él (Hch 2, 3-4). La tradición espiritual conservará este simbolismo del fuego como uno de los más expresivos de la acción del Espíritu Santo (cf San Juan de la Cruz, Llama de amor viva). "No extin- gáis el Espíritu" (1 Te 5, 19).

697 *La nube y la luz.* Estos dos símbolos son inseparables en las ma- nifestaciones del Espíritu Santo. Desde, las teofanías del Antiguo Testa- mento, la Nube, unas veces oscura, otras luminosa, revela al Dios vivo y salvador, tendiendo así un velo sobre la trascendencia de su Gloria: con Moisés en la montaña del Sinaí (cf Ex 24, 15-18), en la Tienda de Reu- nión (cf Ex 33, 9-10) y durante la marcha por el desierto (cf Ex 40, 36- 38; 1 Co 10, 1-2); con Salomón en la dedicación del Templo (cf 1 R 8, 10-12). Pues bien, estas figuras son cumplidas por Cristo en el Espíritu

484 Santo. El es quien desciende sobre la Virgen María y la cubre "con su sombra" para que ella conciba y dé a luz a Jesús (Lc 1, 35). En la monta-

554 ña de la Transfiguración es El quien "vino en una nube y cubrió con su sombra" a Jesús, a Moisés y a Elías, a Pedro, Santiago y Juan, y "se oyó una voz desde la nube que decía: 'Este es mi Hijo, mi Elegido, escuchadle'" (Lc 9, 34-35). Es, finalmente, la misma nube la que "ocultó a Jesús a

659 los ojos" de los discípulos el día de la Ascensión (Hch 1, 9), y la que lo revelará como Hijo del hombre en su Gloria el Día de su Advenimiento (cf Lc 21, 27).

1295-1296 **698** *El sello* es un símbolo cercano al de la unción. En efecto, es Cristo a quien *"Dios ha marcado con su sello"* (Jn 6, 27) y el Padre nos marca también en él con su sello (2 Co 1, 22; Ef 1, 13; 4, 30). Como la

1121 imagen del sello ["sphragis"] indica el carácter indeleble de la Unción del Espíritu Santo en los sacramentos del Bautismo, de la Confirmación y del Orden, esta imagen se ha utilizado en ciertas tradiciones teológicas para expresar el "carácter" imborrable impreso por estos tres sacramentos, los cuales no pueden ser reiterados.

292 **699** *La mano.* Imponiendo las manos Jesús cura a los enfermos (cf Mc 6, 5; 8, 23) y bendice a los niños (cf Mc 10, 16). En su Nombre, los apóstoles harán lo mismo (cf Mc 16, 18; Hch 5, 12; 14, 3). Más aún, me-

1288 diante la imposición de manos de los apóstoles el Espíritu Santo nos es dado (cf Hch 8, 17-19; 13, 3; 19, 6). En la carta a los Hebreos, la imposi-

1300; 1573; ción de las manos figura en el número de los "artículos fundamentales"
1668 de su enseñanza (cf Hb 6, 2). Este signo de la efusión todopoderosa del Espíritu Santo, la Iglesia lo ha conservado en sus epiclesis sacramentales.

700 *El dedo.* "Por el dedo de Dios expulso yo [Jesús] los demonios" (Lc 11, 20). Si la Ley de Dios ha sido escrita en tablas de piedra "por el

2056 dedo de Dios" (Ex 31, 18), la "carta de Cristo" entregada a los apóstoles "está escrita no con tinta, sino con el Espíritu de Dios vivo; no en tablas de piedra, sino en las tablas de carne del corazón" (2 Co 3, 3). El himno "Veni Creator" invoca al Espíritu Santo como "digitus paternae dexterae" ("dedo de la diestra del Padre").

701 *La paloma.* Al final del diluvio (cuyo simbolismo se refiere al
1219 Bautismo), la paloma soltada por Noé vuelve con una rama tierna de olivo en el pico, signo de que la tierra es habitable de nuevo (cf Gn 8, 8-12). Cuando Cristo sale del agua de su bautismo, el Espíritu Santo, en forma

535 de paloma, baja y se posa sobre él (cf Mt 3, 16 par.). El Espíritu desciende y reposa en el corazón purificado de los bautizados. En algunos templos, la santa Reserva eucarística se conserva en un receptáculo metálico en forma de paloma *(el columbarium)*, suspendido por encima del altar. El símbolo de la paloma para sugerir al Espíritu Santo es tradicional en la iconografía cristiana.

III   EL ESPIRITU Y LA PALABRA DE DIOS
      EN EL TIEMPO DE LAS PROMESAS

702   Desde el comienzo y hasta "la plenitud de los tiempos" (Ga 4, 4), la Misión conjunta del Verbo y del Espíritu del Padre

permanece *oculta* pero activa. El Espíritu de Dios preparaba enton-   122
ces el tiempo del Mesías, y ambos, sin estar todavía plenamente
revelados, ya han sido prometidos a fin de ser esperados y acepta-
dos cuando se manifiesten. Por eso, cuando la Iglesia lee el Antiguo Testamento (cf 2 Co 3, 14), investiga en él (cf Jn 5, 39-46) lo
que el Espíritu, "que habló por los profetas", quiere decirnos acer-   107
ca de Cristo.

> Por "profetas", la fe de la Iglesia entiende aquí a todos los   243
> que el Espíritu Santo ha inspirado en la redacción de los Libros
> Santos, tanto del Antiguo como del Nuevo Testamento. La tradi-
> ción judía distingue la Ley [los cinco primeros libros o Penta-
> teuco], los Profetas [que nosotros llamamos los libros históricos
> y proféticos] y los Escritos [sobre todo sapienciales, en particu-
> lar los Salmos, cf Lc 24, 44].

En la Creación

703   La Palabra de Dios y su Soplo están en el origen del ser y   292
de la vida de toda creatura (cf Sal 33, 6; 104, 30; Gn 1, 2; 2, 7; Qo
3, 20-21; Ez 37, 10):

> Es justo que el Espíritu Santo reine, santifique y anime la
> creación porque es Dios consubstancial al Padre y al Hijo... A El
> se le da el poder sobre la vida, porque siendo Dios guarda la
> creación en el Padre por el Hijo (Liturgia bizantina, Tropario de
> maitines, domingos del segundo modo).   291

704   "En cuanto al hombre, es con sus propias manos [es decir,
el Hijo y el Espíritu Santo] como Dios lo hizo... y El dibujó sobre
la carne moldeada su propia forma, de modo que incluso lo que
fuese visible llevase la forma divina" (San Ireneo, dem. 11).   356

El Espíritu de la promesa

705   Desfigurado por el pecado y por la muerte, el hombre con-   410
tinúa siendo "a imagen de Dios", a imagen del Hijo, pero "privado
de la Gloria de Dios" (Rm 3, 23), privado de la "semejanza". La
Promesa hecha a Abraham inaugura la Economía de la Salvación,
al final de la cual el Hijo mismo asumirá "la imagen" (cf Jn 1, 14;   2809
Flp 2, 7) y la restaurará en "la semejanza" con el Padre volviéndo-
le a dar la Gloria, el Espíritu "que da la Vida".

706   Contra toda esperanza humana, Dios promete a Abraham   60
una descendencia, como fruto de la fe y del poder del Espíritu Santo (cf Gn 18, 1-15; Lc 1, 26-38. 54-55; Jn 1, 12-13; Rm 4, 16-21).
En ella serán bendecidas todas las naciones de la tierra (cf Gn 12,
3). Esta descendencia será Cristo (cf Ga 3, 16) en quien la efusión

del Espíritu Santo formará "la unidad de los hijos de Dios dispersos" (cf Jn 11, 52). Comprometiéndose con juramento (cf Lc 1,
73), Dios se obliga ya al don de su Hijo Amado (cf Gn 22, 17-19;
Rm 8, 32; Jn 3, 16) y al don del "Espíritu Santo de la Promesa, que
es prenda... para redención del Pueblo de su posesión" (Ef 1, 13-
14; cf Ga 3, 14).

En las Teofanías y en la Ley

707 Las Teofanías [manifestaciones de Dios] iluminan el camino de la Promesa, desde los Patriarcas a Moisés y desde Josué
hasta las visiones que inauguran la misión de los grandes profetas.
La tradición cristiana siempre ha reconocido que, en estas Teofanías, el Verbo de Dios se dejaba ver y oír, a la vez revelado y "cubierto" por la nube del Espíritu Santo.

1961-1964 **708** Esta pedagogía de Dios aparece especialmente en el don
de la Ley (cf Ex 19-20; Dt 1-11; 29-30). La letra de la Ley fue da-
122 da como un "pedagogo" para conducir al Pueblo hacia Cristo (Ga
3, 24). Pero su impotencia para salvar al hombre privado de la "semejanza" divina y el conocimiento creciente que ella da del pecado (cf Rm 3, 20) suscitan el deseo del Espíritu Santo. Los gemidos
2585 de los Salmos lo atestiguan.

En el Reino y en el Exilio

709 La Ley, signo de la Promesa y de la Alianza, habría debido regir el corazón y las instituciones del Pueblo salido de la fe de
Abraham. "Si de veras escucháis mi voz y guardáis mi alianza...,
seréis para mí un reino de sacerdotes y una nación santa" (Ex 19,
5-6; cf 1 P 2, 9). Pero, después de David, Israel sucumbe a la ten-
2579 tación de convertirse en un reino como las demás naciones. Pues
bien, el Reino objeto de la promesa hecha a David (cf 2 S 7; Sal
89; Lc 1, 32-33) será obra del Espíritu Santo; pertenecerá a los po-
544 bres según el Espíritu.

710 El olvido de la Ley y la infidelidad a la Alianza llevan a la
muerte: el Exilio, aparente fracaso de las Promesas, es en realidad
fidelidad misteriosa del Dios Salvador y comienzo de una restauración prometida, pero según el Espíritu. Era necesario que el Pueblo de Dios sufriese esta purificación (cf Lc 24, 26); el Exilio lleva
ya la sombra de la Cruz en el Designio de Dios, y el Resto de pobres que vuelven del Exilio es una de las figuras más transparentes
de la Iglesia.

La espera del Mesías y de su Espíritu

711   "He aquí que yo lo renuevo" (Is 43, 19): dos líneas proféticas se van a perfilar, una se refiere a la espera del Mesías, la otra al anuncio de un Espíritu nuevo, y las dos convergen en el pequeño Resto, el pueblo de los Pobres (cf So 2, 3), que aguardan en la esperanza la "consolación de Israel" y "la redención de Jerusalén" (cf Lc 2, 25. 38).   64; 522

> Ya se ha dicho cómo Jesús cumple las profecías que a él se refieren. A continuación se describen aquéllas en que aparece sobre todo la relación del Mesías y de su Espíritu.

712   Los rasgos del rostro del *Mesías* esperado comienzan a aparecer en el Libro del Emmanuel (cf Is 6, 12) ("cuando Isaías tuvo la visión de la Gloria" de Cristo: Jn 12, 41), en particular en Is 11, 1-2:   439

> Saldrá un vástago del tronco de Jesé,
> y un retoño de sus raíces brotará.
> Reposará sobre él el Espíritu del Señor:
> espíritu de sabiduría e inteligencia,
> espíritu de consejo y de fortaleza,
> espíritu de ciencia y temor del Señor.

713   Los rasgos del Mesías se revelan sobre todo en los Cantos del Siervo (cf Is 42, 1-9; cf Mt 12, 18-21; Jn 1, 32-34; después Is 49, 1-6; cf Mt 3, 17; Lc 2, 32, y en fin Is 50, 4-10 y 52, 13-53, 12). Estos cantos anuncian el sentido de la Pasión de Jesús, e indican así cómo enviará el Espíritu Santo para vivificar a la multitud: no desde fuera, sino desposándose con nuestra "condición de esclavos" (Flp 2, 7). Tomando sobre sí nuestra muerte, puede comunicarnos su propio Espíritu de vida.   601

714   Por eso Cristo inaugura el anuncio de la Buena Nueva haciendo suyo este pasaje de Isaías (Lc 4, 18-19; cf Is 61, 1-2):

> El Espíritu del Señor está sobre mí,
> porque me ha ungido.
> Me ha enviado a anunciar a los pobres la Buena Nueva,
> a proclamar la liberación a los cautivos
> y la vista a los ciegos,
> para dar la libertad a los oprimidos
> y proclamar un año de gracia del Señor.

715   Los textos proféticos que se refieren directamente al envío del Espíritu Santo son oráculos en los que Dios habla al corazón de su Pueblo en el lenguaje de la Promesa, con los acentos del "amor y de la fidelidad" (cf Ez. 11, 19; 36, 25-28; 37, 1-14; Jr 31, 31-34; y Jl 3, 1-5, cuyo cumplimiento proclamará San Pedro la mañana de Pentecostés, cf Hch 2, 17-21). Según estas promesas,   214

1965   en los "últimos tiempos", el Espíritu del Señor renovará el corazón de los hombres grabando en ellos una Ley nueva; reunirá y reconciliará a los pueblos dispersos y divididos; transformará la primera creación y Dios habitará en ella con los hombres en la paz.

716   El Pueblo de los "pobres" (cf So 2, 3; Sal 22, 27; 34, 3; Is 49, 13; 61, 1; etc.), los humildes y los mansos, totalmente entregados a los designios misteriosos de Dios, los que esperan la justicia, no de los hombres sino del Mesías, todo esto es, finalmente, la gran obra de la Misión escondida del Espíritu Santo durante el tiempo de las Promesas para preparar la venida de Cristo. Esta es

368   la calidad de corazón del Pueblo, purificado e iluminado por el Espíritu, que se expresa en los Salmos. En estos pobres, el Espíritu prepara para el Señor "un pueblo bien dispuesto" (cf Lc 1, 17).

IV   EL ESPIRITU DE CRISTO EN LA PLENITUD
      DE LOS TIEMPOS

Juan, Precursor, Profeta y Bautista

523   **717**   "Hubo un hombre, enviado por Dios, que se llamaba Juan. (Jn 1, 6). Juan fue "lleno del Espíritu Santo ya desde el seno de su madre" (Lc 1, 15.41) por obra del mismo Cristo que la Virgen María acababa de concebir del Espíritu Santo. La "visitación" de María a Isabel se convirtió así en "visita de Dios a su pueblo" (Lc 1, 68).

696   **718**   Juan es "Elías que debe venir" (Mt 17, 10-13): El fuego del Espíritu lo habita y le hace correr delante [como "precursor"] del Señor que viene. En Juan el Precursor, el Espíritu Santo culmina la obra de "preparar al Señor un pueblo bien dispuesto" (Lc 1, 17).

719   Juan es "más que un profeta" (Lc 7, 26). En él, el Espíritu Santo consuma el "hablar por los profetas". Juan termina el ciclo

2684   de los profetas inaugurado por Elías (cf Mt 11, 13-14). Anuncia la inminencia de la consolación de Israel, es la "voz" del Consolador que llega (Jn 1, 23; cf Is 40, 1-3). Como lo hará el Espíritu de Verdad, "vino como testigo para dar testimonio de la luz" (Jn 1, 7; cf Jn 15, 26; 5, 33). Con respecto a Juan, el Espíritu colma así las "indagaciones de los profetas" y la ansiedad de los ángeles (1 P 1, 10-12): "Aquél sobre quien veas que baja el Espíritu y se queda sobre él, ése es el que bautiza con el Espíritu Santo... Y yo lo he visto y doy testimonio de que éste es el Elegido de Dios... He ahí

536   el Cordero de Dios" (Jn 1, 33-36).

720 En fin, con Juan Bautista, el Espíritu Santo, inaugura, prefigurándolo, lo que realizará con y en Cristo: volver a dar al hombre la "semejanza" divina. El bautismo de Juan era para el arrepentimiento, el del agua y del Espíritu será un nuevo nacimiento (cf Jn 3, 5).

535

"Alégrate, llena de gracia"

721 María, la Santísima Madre de Dios, la siempre Virgen, es la obra maestra de la Misión del Hijo y del Espíritu Santo en la Plenitud de los tiempos. Por primera vez en el designio de Salvación y porque su Espíritu la ha preparado, el Padre encuentra la *Morada* en donde su Hijo y su Espíritu pueden habitar entre los hombres. Por ello, los más bellos textos sobre la sabiduría, la tradición de la Iglesia los ha entendido frecuentemente con relación a María (cf Pr 8, 1–9, 6; Si 24): María es cantada y representada en la Liturgia como el trono de la "Sabiduría".

484

En ella comienzan a manifestarse las "maravillas de Dios", que el Espíritu va a realizar en Cristo y en la Iglesia:

722 El Espíritu Santo *preparó* a María con su gracia. Convenía que fuese "llena de gracia" la madre de Aquel en quien "reside toda la Plenitud de la Divinidad corporalmente" (Col 2, 9). Ella fue concebida sin pecado, por pura gracia, como la más humilde de todas las criaturas, la más capaz de acoger el don inefable del Omnipotente. Con justa razón, el ángel Gabriel la saluda como la "Hija de Sión": "Alégrate" (cf So 3, 14; Za 2, 14). Cuando ella lleva en sí al Hijo eterno, es la acción de gracias de todo el Pueblo de Dios, y por tanto de la Iglesia, esa acción de gracias que ella eleva en su cántico al Padre en el Espíritu Santo (cf Lc 1, 46-55).

489

2676

723 En María el Espíritu Santo *realiza* el designio benevolente del Padre. La Virgen concibe y da a luz al Hijo de Dios con y por medio del Espíritu Santo. Su virginidad se convierte en fecundidad única por medio del poder del Espíritu y de la fe (cf Lc 1, 26-38; Rm 4, 18-21; Ga 4, 26-28).

485

506

724 En María, el Espíritu Santo *manifiesta* al Hijo del Padre hecho Hijo de la Virgen. Ella es la zarza ardiente de la teofanía definitiva: llena del Espíritu Santo, presenta al Verbo en la humildad de su carne dándolo a conocer a los pobres (cf Lc 2, 15-19) y a las primicias de las naciones (cf Mt 2, 11).

208

2619

725 En fin, por medio de María, el Espíritu Santo comienza a *poner en Comunión* con Cristo a los hombres "objeto del amor benevolente de Dios" (cf Lc 2, 14), y los humildes son siempre los

963

primeros en recibirle: los pastores, los magos, Simeón y Ana, los esposos de Caná y los primeros discípulos.

726 Al término de esta Misión del Espíritu, María se convierte

494; 2618

en la "Mujer", nueva Eva "madre de los vivientes", Madre del "Cristo total" (cf Jn 19, 25-27). Así es como ella está presente con los Doce, que "perseveraban en la oración, con un mismo espíritu" (Hch 1, 14), en el amanecer de los "últimos tiempos" que el Espíritu va a inaugurar en la mañana de Pentecostés con la manifestación de la Iglesia.

Cristo Jesús

438
695
536

727 Toda la Misión del Hijo y del Espíritu Santo en la plenitud de los tiempos se resume en que el Hijo es el Ungido del Padre desde su Encarnación: Jesús es Cristo, el Mesías.

> Todo el segundo capítulo del Símbolo de la fe hay que leerlo a la luz de esto. Toda la obra de Cristo es misión conjunta del Hijo y del Espíritu Santo. Aquí se mencionará solamente lo que se refiere a la promesa del Espíritu Santo hecha por Jesús y su don realizado por el Señor glorificado.

728 Jesús no revela plenamente el Espíritu Santo hasta que él mismo no ha sido glorificado por su Muerte y su Resurrección. Sin embargo, lo sugiere poco a poco, incluso en su enseñanza a la muchedumbre, cuando revela que su Carne será alimento para la vida del mundo (cf Jn 6, 27.51.62-63). Lo sugiere también a Nicodemo (cf Jn 3, 5-8), a la Samaritana (cf Jn 4, 10.14.23-24) y a los que participan en la fiesta de los Tabernáculos (cf Jn 7, 37-39). A sus

2615

discípulos les habla de él abiertamente a propósito de la oración (cf Lc 11, 13) y del testimonio que tendrán que dar (cf Mt 10, 19-20).

729 Solamente cuando ha llegado la hora en que va a ser glorificado, Jesús *promete* la venida del Espíritu Santo, ya que su Muerte y su Resurrección serán el cumplimiento de la Promesa hecha a los Padres (cf Jn 14, 16–17. 26; 15, 26; 16, 7–15; 17, 26): El Espíritu de Verdad, el otro Paráclito, será dado por el Padre en virtud de la oración de Jesús; será enviado por el Padre en nombre de Jesús; Jesús lo enviará de junto al Padre porque él ha salido del Padre. El Espíritu Santo vendrá, nosotros lo conoceremos, estará con nosotros para siempre, permanecerá con nosotros; nos lo enseñará todo y nos recordará todo lo que Cristo nos ha dicho y dará testimonio de él; nos conducirá a la verdad completa y glorificará a

288; 1433

Cristo. En cuanto al mundo, lo acusará en materia de pecado, de justicia y de juicio.

730 Por fin llega la hora de Jesús (cf Jn 13, 1; 17, 1): Jesús entrega su espíritu en las manos del Padre (cf Lc 23, 46; Jn 19, 30) en el momento en que por su Muerte es vencedor de la muerte, de modo que, "resucitado de los muertos por la Gloria del Padre" (Rm 6, 4), en seguida *da* a sus discípulos el Espíritu Santo dirigiendo sobre ellos su aliento (cf Jn 20, 22). A partir de esta hora, la misión de Cristo y del Espíritu se convierte en la misión de la Iglesia: "Como el Padre me envió, también yo os envío" (Jn 20, 21; cf Mt 28, 19; Lc 24, 47-48; Hch 1, 8).   850

V   EL ESPIRITU Y LA IGLESIA EN LOS ULTIMOS TIEMPOS

Pentecostés

731 El día de Pentecostés (al término de las siete semanas pascuales), la Pascua de Cristo se consuma con la efusión del Espíritu Santo que se manifiesta, da y comunica como Persona divina: desde su plenitud, Cristo, el Señor (cf Hch 2, 36), derrama profusamente el Espíritu.   2623
767
1302

732 En este día se revela plenamente la Santísima Trinidad. Desde ese día el Reino anunciado por Cristo está abierto a todos los que creen en El: en la humildad de la carne y en la fe, participan ya en la Comunión de la Santísima Trinidad. Con su venida, que no cesa, el Espíritu Santo hace entrar al mundo en los "últimos tiempos", el tiempo de la Iglesia, el Reino ya heredado, pero todavía no consumado: 244
672

> Hemos visto la verdadera Luz, hemos recibido el Espíritu celestial, hemos encontrado la verdadera fe: adoramos la Trinidad indivisible porque ella nos ha salvado (Liturgia bizantina, Tropario de Vísperas de Pentecostés; empleado también en las liturgias eucarísticas después de la comunión).   1386

El Espíritu Santo, El Don de Dios

733 "Dios es Amor" (1 Jn 4, 8. 16) y el Amor que es el primer don, contiene todos los demás. Este amor "Dios lo ha derramado en nuestros corazones por el Espíritu Santo que nos ha sido dado" (Rm 5, 5).   218

734 Puesto que hemos muerto, o al menos, hemos sido heridos por el pecado, el primer efecto del don del Amor es la remisión de nuestros pecados. La Comunión con el Espíritu Santo (2 Co 13, 13) es la que, en la Iglesia, vuelve a dar a los bautizados la semejanza divina perdida por el pecado.   1987

735 El nos da entonces las "arras" o las "primicias" de nuestra herencia (cf Rm 8, 23; 2 Co 1, 21): la Vida misma de la Santísima Trinidad que es amar "como él nos ha amado" (cf 1 Jn 4, 11-12). Este amor (la caridad de 1 Co 13) es el principio de la vida nueva en Cristo, hecha posible porque hemos "recibido una fuerza, la del Espíritu Santo" (Hch 1, 8).

1822

736 Gracias a este poder del Espíritu Santo los hijos de Dios pueden dar fruto. El que nos ha injertado en la Vid verdadera hará que demos "el fruto del Espíritu que es caridad, alegría, paz, paciencia, afabilidad, bondad, fidelidad, mansedumbre, templanza" (Ga 5, 22-23). "El Espíritu es nuestra Vida": cuanto más renunciamos a nosotros mismos (cf Mt 16, 24-26), más "obramos también según el Espíritu" (Ga 5, 25):

1832

> Por la comunión con él, el Espíritu Santo nos hace espirituales, nos restablece en el Paraíso, nos lleva al Reino de los cielos y a la adopción filial, nos da la confianza de llamar a Dios Padre y de participar en la gracia de Cristo, de ser llamado hijo de la luz y de tener parte en la gloria eterna (San Basilio, Spir. 15, 36).

El Espíritu Santo y la Iglesia

737 La misión de Cristo y del Espíritu Santo se realiza en la Iglesia, Cuerpo de Cristo y Templo del Espíritu Santo. Esta misión conjunta asocia desde ahora a los fieles de Cristo en su Comunión con el Padre en el Espíritu Santo: El Espíritu Santo *prepara* a los hombres, los previene por su gracia, para atraerlos hacia Cristo. Les *manifiesta* al Señor resucitado, les recuerda su palabra y abre su mente para entender su Muerte y su Resurrección. Les *hace presente* el Misterio de Cristo, sobre todo en la Eucaristía para reconciliarlos, para *conducirlos a la Comunión* con Dios, para que den "mucho fruto" (Jn 15, 5. 8. 16).

787-798

1093-1109

738 Así, la misión de la Iglesia no se añade a la de Cristo y del Espíritu Santo, sino que es su sacramento: con todo su ser y en todos sus miembros ha sido enviada para anunciar y dar testimonio, para actualizar y extender el Misterio de la Comunión de la Santísima Trinidad (esto será el objeto del próximo artículo):

850
777

> Todos nosotros que hemos recibido el mismo y único espíritu, a saber, el Espíritu Santo, nos hemos fundido entre nosotros y con Dios. Ya que por mucho que nosotros seamos numerosos separadamente y que Cristo haga que el Espíritu del Padre y suyo habite en cada uno de nosotros, este Espíritu único e indivisible lleva por sí mismo a la unidad a aquellos que son distintos entre sí... y hace que todos aparezcan como una sola cosa en él.

Y de la misma manera que el poder de la santa humanidad de Cristo hace que todos aquellos en los que ella se encuentra formen un solo cuerpo, pienso que también de la misma manera el Espíritu de Dios que habita en todos, único e indivisible, los lleva a todos a la unidad espiritual (San Cirilo de Alejandría, Jo. 12).

739 Puesto que el Espíritu Santo es la Unción de Cristo, es Cristo, Cabeza del Cuerpo, quien lo distribuye entre sus miembros para alimentarlos, sanarlos, organizarlos en sus funciones mutuas, vivificarlos, enviarlos a dar testimonio, asociarlos a su ofrenda al Padre y a su intercesión por el mundo entero. Por medio de los sacramentos de la Iglesia, Cristo comunica su Espíritu, Santo y Santificador, a los miembros de su Cuerpo (esto será el objeto de la segunda parte del Catecismo).

1076

740 Estas "maravillas de Dios", ofrecidas a los creyentes en los Sacramentos de la Iglesia, producen sus frutos en la vida nueva, en Cristo, según el Espíritu (esto será el objeto de la tercera parte del Catecismo).

741 "El Espíritu viene en ayuda de nuestra flaqueza. Pues nosotros no sabemos pedir como conviene; mas el Espíritu mismo intercede por nosotros con gemidos inefables" (Rm 8, 26). El Espíritu Santo, artífice de las obras de Dios, es el Maestro de la oración (esto será el objeto de la cuarta parte del Catecismo).

RESUMEN

742 *"La prueba de que sois hijos es que Dios ha enviado a nuestros corazones el Espíritu de su Hijo que clama: Abbá, Padre" (Ga 4, 6).*

743 *Desde el comienzo y hasta la consumación de los tiempos, cuando Dios envía a su Hijo, envía siempre a su Espíritu: la misión de ambos es conjunta e inseparable.*

744 *En la plenitud de los tiempos, el Espíritu Santo realiza en María todas las preparaciones para la venida de Cristo al Pueblo de Dios. Mediante la acción del Espíritu Santo en ella, el Padre da al mundo el Emmanuel, "Dios con nosotros" (Mt 1, 23).*

745 *El Hijo de Dios es consagrado Cristo [Mesías] mediante la Unción del Espíritu Santo en su Encarnación (cf Sal 2, 6-7).*

746   *Por su Muerte y su Resurrección, Jesús es constituido Se-*
ñor y Cristo en la gloria (Hch 2, 36). De su plenitud, de-
rrama el Espíritu Santo sobre los apóstoles y la Iglesia.

747   *El Espíritu Santo que Cristo, Cabeza, derrama sobre sus*
miembros, construye, anima y santifica a la Iglesia. Ella
es el sacramento de la Comunión de la Santísima Trinidad
con los hombres.

Artículo 9   **"CREO EN LA SANTA IGLESIA**
                  CATOLICA"

748   "Cristo es la luz de los pueblos. Por eso, este sacrosanto Sínodo, reunido en el Espíritu Santo, desea vehementemente iluminar
a todos los hombres con la luz de Cristo, que resplandece sobre el
rostro de la Iglesia, anunciando el Evangelio a todas las criaturas".
Con estas palabras comienza la "Constitución dogmática sobre la
Iglesia" del Concilio Vaticano II. Así, el Concilio muestra que el artículo de la fe sobre la Iglesia depende enteramente de los artículos
que se refieren a Cristo Jesús. La Iglesia no tiene otra luz que la de
Cristo; ella es, según una imagen predilecta de los Padres de la
Iglesia, comparable a la luna cuya luz es reflejo del sol.

749   El artículo sobre la Iglesia depende enteramente también
del que le precede, sobre el Espíritu Santo. "En efecto, después de
haber mostrado que el Espíritu Santo es la fuente y el dador de toda santidad, confesamos ahora que es El quien ha dotado de santidad a la Iglesia" (Catech. R. 1, 10, 1). La Iglesia, según la expresión de los Padres, es el lugar "donde florece el Espíritu" (San Hipólito, t. a. 35).

811   **750**   Creer que la Iglesia es "Santa" y "Católica", y que es
"Una" y "Apostólica" (como añade el Símbolo Nicenoconstantinopolitano) es inseparable de la fe en Dios, Padre, Hijo y Espíritu
Santo. En el Símbolo de los Apostóles, hacemos profesión de creer
169   que existe una Iglesia Santa ("Credo... Ecclesiam"), y no de creer
en la Iglesia para no confundir a Dios con sus obras y para atribuir
claramente a la bondad de Dios todos los dones que ha puesto en
su Iglesia (cf Catech. R. 1, 10, 22).

Párrafo 1   LA IGLESIA EN EL DESIGNIO DE DIOS

I   LOS NOMBRES Y LAS IMAGENES DE LA IGLESIA

751   La palabra "Iglesia" ["ekklèsia", del griego "ek-kalein" –
"llamar fuera"] significa "convocación". Designa asambleas del

pueblo (cf Hch 19, 39), en general de carácter religioso. Es el término frecuentemente utilizado en el texto griego del Antiguo Testamento para designar la asamblea del pueblo elegido en la presencia de Dios, sobre todo cuando se trata de la asamblea del Sinaí, en donde Israel recibió la Ley y fue constituido por Dios como su pueblo santo (cf Ex 19). Dándose a sí misma el nombre de "Iglesia", la primera comunidad de los que creían en Cristo se reconoce heredera de aquella asamblea. En ella, Dios "convoca" a su Pueblo desde todos los confines de la tierra. El término "Kiriaké", del que se deriva las palabras "church" en inglés, y "Kirche" en alemán, significa "la que pertenece al Señor".

752 En el lenguaje cristiano, la palabra "Iglesia" designa no sólo la asamblea litúrgica (cf 1 Co 11, 18; 14, 19.28.34.35), sino también la comunidad local (cf 1 Co 1, 2; 16, 1) o toda la comunidad universal de los creyentes (cf 1 Co 15, 9; Ga 1, 13; Flp 3, 6). Estas tres significaciones son inseparables de hecho. La "Iglesia" es el pueblo que Dios reúne en el mundo entero. La Iglesia de Dios existe en las comunidades locales y se realiza como asamblea litúrgica, sobre todo eucarística. La Iglesia vive de la Palabra y del Cuerpo de Cristo y de esta manera viene a ser ella misma Cuerpo de Cristo. 1140 832 830

Los símbolos de la Iglesia

753 En la Sagrada Escritura encontramos multitud de imágenes y de figuras relacionadas entre sí, mediante las cuales la revelación habla del Misterio inagotable de la Iglesia. Las imágenes tomadas del Antiguo Testamento constituyen variaciones de una idea de fondo, la del "Pueblo de Dios". En el Nuevo Testamento (cf Ef 1, 22; Col 1, 18), todas estas imágenes adquieren un nuevo centro por el hecho de que Cristo viene a ser "la Cabeza" de este Pueblo (cf LG 9), el cual es desde entonces su Cuerpo. En torno a este centro se agrupan imágenes "tomadas de la vida de los pastores, de la agricultura, de la construcción, incluso de la familia y del matrimonio" (LG 6). 781 789

754 "La Iglesia, en efecto, es el *redil* cuya puerta única y necesaria es Cristo (Jn 10, 1-10). Es también el rebaño cuyo pastor será el mismo Dios, como él mismo anunció (cf Is 40, 11; Ez 34, 11-31). Aunque son pastores humanos quienes gobiernan a las ovejas, sin embargo es Cristo mismo el que sin cesar las guía y alimenta; El, el Buen Pastor y Cabeza de los pastores (cf Jn 10, 11; 1 P 5, 4), que dio su vida por las ovejas (cf Jn 10, 11-15)". 857

755 "La Iglesia es *labranza* o campo de Dios (1 Co 3, 9). En este campo crece el antiguo olivo cuya raíz santa fueron los patriarcas y en el que tuvo y tendrá lugar la reconciliación de los judíos y de los gentiles (Rm 11, 13-26). El *labrador* del cielo la plantó como viña selecta (Mt 21, 33-43 par.; cf Is 5, 1-7). La verdadera vid es Cristo, que da vida y fecundidad a los sarmientos, es decir, a nosotros, que permanecemos en él por 795   medio de la Iglesia y que sin él no podemos hacer nada (Jn 15, 1-5)".

756 "También muchas veces a la Iglesia se la llama *construcción* de Dios (1 Co 3, 9). El Señor mismo se comparó a la piedra que desecharon los constructores, pero que se convirtió en la piedra angular (Mt 21, 42 857   par.; cf Hch 4, 11; 1 P 2, 7; Sal 118, 22). Los apóstoles construyen la Iglesia sobre ese fundamento (cf 1 Co 3, 11), que le da solidez y cohesión. Esta construcción recibe diversos nombres: casa de Dios (1 Tm 3, 15) en la que habita su *familia,* habitación de Dios en el Espíritu (Ef 2, 19-22), 797   tienda de Dios con los hombres (Ap 21, 3), y sobre todo, *templo* santo. Representado en los templos de piedra, los Padres cantan sus alabanzas, y 1045   la liturgia, con razón, lo compara a la ciudad santa, a la nueva Jerusalén. En ella, en efecto, nosotros como piedras vivas entramos en su construcción en este mundo (cf 1 P 2, 5). San Juan ve en el mundo renovado bajar del cielo, de junto a Dios, esta ciudad santa arreglada como una esposa embellecida para su esposo (Ap 21, 1-2)".

757 "La Iglesia que es llamada también "la Jerusalén de arriba" *y* 507   *"madre nuestra"* (Ga 4, 26; cf Ap 12, 17), y se la describe como la espo-796   sa inmaculada del Cordero inmaculado (Ap 19, 7; 21, 2. 9; 22, 17). Cristo 'la amó y se entregó por ella para santificarla' (Ef 5, 25-26); se unió a 1616   ella en alianza indisoluble, 'la alimenta y la cuida' (Ef 5, 29) sin cesar" (LG 6).

II   ORIGEN, FUNDACION Y MISION DE LA IGLESIA

257   **758** Para penetrar en el Misterio de la Iglesia, conviene primeramente contemplar su origen dentro del designio de la Santísima Trinidad y su realización progresiva en la historia.

Un designio nacido en el corazón del Padre

293   **759** "El Padre eterno creó el mundo por una decisión totalmente libre y misteriosa de su sabiduría y bondad. Decidió elevar a los hombres a la participación de la vida divina" a la cual llama a to-1655   dos los hombres en su Hijo: "Dispuso convocar a los creyentes en Cristo en la santa Iglesia". Esta "familia de Dios" se constituye y se realiza gradualmente a lo largo de las etapas de la historia humana, según las disposiciones del Padre: en efecto, la Iglesia ha sido "prefigurada ya desde el origen del mundo y preparada maravillosamente en la historia del pueblo de Israel y en la Antigua Alianza; se constituyó en los últimos tiempos, se manifestó por la

efusión del Espíritu y llegará gloriosamente a su plenitud al final de los siglos" (LG 2).

La Iglesia, prefigurada desde el origen del mundo

760 "El mundo fue creado en orden a la Iglesia", decían los cristianos de los primeros tiempos (Hermas, vis. 2, 4, 1; cf Arístides, apol. 16, 6; Justino, apol. 2, 7). Dios creó el mundo en orden a la comunión en su vida divina, "comunión" que se realiza mediante la "convocación" de los hombres en Cristo, y esta "convocación" es la Iglesia. La Iglesia es la finalidad de todas las cosas (cf San Epifanio, haer. 1, 1, 5), e incluso las vicisitudes dolorosas como la caída de los ángeles y el pecado del hombre, no fueron permitidas por Dios más que como ocasión y medio de desplegar toda la fuerza de su brazo, toda la medida del amor que quería dar al mundo: 294 309

> Así como la voluntad de Dios es un acto y se llama mundo, así su intención es la salvación de los hombres y se llama Iglesia (Clemente de Alej. paed. 1, 6).

La Iglesia, preparada en la Antigua Alianza

761 La reunión del pueblo de Dios comienza en el instante en que el pecado destruye la comunión de los hombres con Dios y la de los hombres entre sí. La reunión de la Iglesia es por así decirlo la reacción de Dios al caos provocado por el pecado. Esta reunificación se realiza secretamente en el seno de todos los pueblos: "En cualquier nación el que le teme [a Dios] y practica la justicia le es grato" (Hch 10, 35; cf LG 9; 13; 16). 55

762 La *preparación* lejana de la reunión del pueblo de Dios comienza con la vocación de Abraham, a quien Dios promete que llegará a ser padre de un gran pueblo (cf Gn 12, 2; 15, 5-6). La preparación inmediata comienza con la elección de Israel como pueblo de Dios (cf Ex 19, 5-6; Dt 7, 6). Por su elección, Israel debe ser el signo de la reunión futura de todas las naciones (cf Is 2, 2-5; Mi 4, 1-4). Pero ya los profetas acusan a Israel de haber roto la alianza y haberse comportado como una prostituta (cf Os 1; Is 1, 2-4; Jr 2). Anuncian, pues, una Alianza nueva y eterna (cf Jr 31, 31-34; Is 55, 3). "Jesús instituyó esta nueva alianza" (LG 9). 122; 522 60 64

La Iglesia, instituida por Cristo Jesús

763 Corresponde al Hijo realizar el plan de Salvación de su Padre, en la plenitud de los tiempos; ése es el motivo de su "mi-

sión" (cf LG 3; AG 3). "El Señor Jesús comenzó su Iglesia con el
541   anuncio de la Buena Noticia, es decir, de la llegada del Reino de
Dios prometido desde hacía siglos en las Escrituras" (LG 5). Para
cumplir la voluntad del Padre, Cristo inauguró el Reino de los cielos en la tierra. La Iglesia es el Reino de Cristo "presente ya en
misterio" (LG 3).

764   "Este Reino se manifiesta a los hombres en las palabras,
543   en las obras y en la presencia de Cristo" (LG 5). Acoger la palabra
de Jesús es acoger "el Reino" (ibíd.). El germen y el comienzo del
Reino son el "pequeño rebaño" (Lc 12, 32) de los que Jesús ha venido a convocar en torno suyo y de los que él mismo es el pastor
(cf Mt 10, 16; 26, 31; Jn 10, 1–21). Constituyen la verdadera familia de Jesús (cf Mt 12, 49). A los que reunió así en torno suyo, les
1691   enseñó no sólo una nueva "manera de obrar", sino también una
2558   oración propia (cf Mt 5-6).

765   El Señor Jesús dotó a su comunidad de una estructura que
860   permanecerá hasta la plena consumación del Reino. Ante todo está
551   la elección de los Doce con Pedro como su Cabeza (cf Mc 3, 14-
15); puesto que representan a las doce tribus de Israel (cf Mt 19,
28; Lc 22, 30), ellos son los cimientos de la nueva Jerusalén (cf Ap
21, 12-14). Los Doce (cf Mc 6, 7) y los otros discípulos (cf Lc 10,
1-2) participan en la misión de Cristo, en su poder, y también en su
suerte (cf Mt 10, 25; Jn 15, 20). Con todos estos actos, Cristo prepara y edifica su Iglesia.

813   **766**   Pero la Iglesia ha nacido principalmente del don total de
610; 1340 Cristo por nuestra salvación, anticipado en la institución de la Eucaristía y realizado en la Cruz. "El agua y la sangre que brotan del
costado abierto de Jesús crucificado son signo de este comienzo y
crecimiento" (LG 3). "Pues del costado de Cristo dormido en la
617   cruz nació el sacramento admirable de toda la Iglesia" (SC 5). Del
mismo modo que Eva fue formada del costado de Adán adormeci-
do, así la Iglesia nació del corazón traspasado de Cristo muerto en
478   la Cruz (cf San Ambrosio, Lc 2, 85-89).

La Iglesia, manifestada por el Espíritu Santo

767   "Cuando el Hijo terminó la obra que el Padre le encargó
731   realizar en la tierra, fue enviado el Espíritu Santo el día de Pentecostés para que santificara continuamente a la Iglesia" (LG 4). Es
entonces cuando "la Iglesia se manifestó públicamente ante la
multitud; se inició la difusión del Evangelio entre los pueblos mediante la predicación" (AG 4). Como ella es "convocatoria" de sal-

vación para todos los hombres, la Iglesia es, por su misma naturaleza, misionera enviada por Cristo a todas las naciones para hacer de ellas discípulos suyos (cf Mt 28, 19-20; AG 2, 5-6).

768 Para realizar su misión, el Espíritu Santo "la construye y dirige con diversos dones jerárquicos y carismáticos" (LG 4). "La Iglesia, enriquecida con los dones de su Fundador y guardando fielmente sus mandamientos del amor, la humildad y la renuncia, recibe la misión de anunciar y establecer en todos los pueblos el Reino de Cristo y de Dios. Ella constituye el germen y el comienzo de este Reino en la tierra" (LG 5). 541

La Iglesia, consumada en la gloria

769 La Iglesia "sólo llegará a su perfección en la gloria del cielo" (LG 48), cuando Cristo vuelva glorioso. Hasta ese día, "la Iglesia avanza en su peregrinación a través de las persecuciones del mundo y de los consuelos de Dios" (San Agustín, civ. 18, 51; cf LG 8). Aquí abajo, ella se sabe en exilio, lejos del Señor (cf 2 Co 5, 6; LG 6), y aspira al advenimiento pleno del Reino, "y espera y desea con todas sus fuerzas reunirse con su Rey en la gloria" (LG 5). La consumación de la Iglesia en la gloria, y a través de ella la del mundo, no sucederá sin grandes pruebas. Solamente entonces, "todos los justos desde Adán, 'desde el justo Abel hasta el último de los elegidos' se reunirán con el Padre en la Iglesia universal" (LG 2). 671 2818 675 1045

III EL MISTERIO DE LA IGLESIA

770 La Iglesia está en la historia, pero al mismo tiempo la trasciende. Solamente "con los ojos de la fe" (Catech. R. 1, 10, 20) se puede ver al mismo tiempo en esta realidad visible una realidad espiritual, portadora de vida divina. 812

La Iglesia, a la vez visible y espiritual

771 "Cristo, el único Mediador, estableció en este mundo su Iglesia santa, comunidad de fe, esperanza y amor, como un organismo visible. La mantiene aún sin cesar para comunicar por medio de ella a todos la verdad y la gracia". La Iglesia es a la vez: 827

– "sociedad dotada de órganos jerárquicos y el Cuerpo Místico de Cristo; 1880
– el grupo visible y la comunidad espiritual

954   – la Iglesia de la tierra y la Iglesia llena de bienes del cielo."

Estas dimensiones juntas constituyen "una realidad compleja, en la que están unidos el elemento divino y el humano" (LG 8):

> Es propio de la Iglesia "ser a la vez humana y divina, visible y dotada de elementos invisibles, entregada a la acción y dada a la contemplación, presente en el mundo y, sin embargo, peregrina. De modo que en ella lo humano esté ordenado y subordinado a lo divino, lo visible a lo invisible, la acción a la contemplación y lo presente a la ciudad futura que buscamos" (SC 2).

> ¡Qué humildad y qué sublimidad! Es la tienda de Cadar y el santuario de Dios; una tienda terrena y un palacio celestial; una casa modestísima y una aula regia; un cuerpo mortal y un templo luminoso; la despreciada por los soberbios y la esposa de Cristo. Tiene la tez morena pero es hermosa, hijas de Jerusalén. El trabajo y el dolor del prolongado exilio la han deslucido, pero también la embellece su forma celestial (San Bernardo, Cant. 27, 14).

La Iglesia, Misterio de la unión de los hombres con Dios

772   En la Iglesia es donde Cristo realiza y revela su propio
518   misterio como la finalidad de designio de Dios: "recapitular todo en El" (Ef 1, 10). San Pablo llama "gran misterio" (Ef 5, 32) al
796   desposorio de Cristo y de la Iglesia. Porque la Iglesia se une a Cristo como a su esposo (cf Ef 5, 25-27), por eso se convierte a su vez en Misterio (cf Ef 3, 9-11). Contemplando en ella el Misterio, San Pablo escribe: el misterio "es Cristo en vosotros, la esperanza de la gloria" (Col 1, 27)

773   En la Iglesia esta comunión de los hombres con Dios por "la caridad que no pasará jamás" (1 Co 13, 8) es la finalidad que
671   ordena todo lo que en ella es medio sacramental ligado a este mundo que pasa (cf LG 48). "Su estructura está totalmente ordenada a la santidad de los miembros de Cristo. Y la santidad se aprecia en función del 'gran Misterio' en el que la Esposa responde con el
972   don del amor al don del Esposo" (MD 27). María nos precede a todos en la santidad que es el Misterio de la Iglesia como la "Esposa sin tacha ni arruga" (Ef 5, 27). Por eso "la dimensión mariana de la Iglesia precede a su dimensión petrina" (ibíd.).

La Iglesia, sacramento universal de la salvación

774   La palabra griega *"mysterion"* ha sido traducida en latín por dos
1075   términos: *"mysterium"* y *"sacramentum"*. En la interpretación posterior,

el término "sacramentum" expresa mejor el signo visible de la realidad oculta de la salvación, indicada por el término "mysterium". En este sentido, Cristo es El mismo el Misterio de la salvación: "Non est enim aliud Dei mysterium, nisi Christus" ("No hay otro misterio de Dios fuera de Cristo", San Agustín, ep. 187, 34). La obra salvífica de su humanidad santa y santificante es el sacramento de la salvación que se manifiesta y actúa en los sacramentos de la Iglesia (que las Iglesias de Oriente llaman también "los santos Misterios"). Los siete sacramentos son los signos y los instrumentos mediante los cuales el Espíritu Santo distribuye la gracia de Cristo, que es la Cabeza, en la Iglesia que es su Cuerpo. La Iglesia contiene por tanto y comunica la gracia invisible que ella significa. En este sentido analógico ella es llamada "sacramento". $\quad$ 515 $\quad$ 2014 $\quad$ 1116

775 "La Iglesia es en Cristo como un sacramento o signo e instrumento de la unión íntima con Dios y de la unidad de todo el género humano"(LG 1): Ser el sacramento de la unión íntima de los hombres con Dios es el primer fin de la Iglesia. Como la comunión de los hombres radica en la unión con Dios, la Iglesia es también el sacramento de *la unidad del género humano*. Esta unidad ya está comenzada en ella porque reúne hombres "de toda nación, raza, pueblo y lengua" (Ap 7, 9); al mismo tiempo, la Iglesia es "signo e instrumento" de la plena realización de esta unidad que aún está por venir. $\quad$ 360

776 Como sacramento, la Iglesia es instrumento de Cristo. Ella es asumida por Cristo "como instrumento de redención universal" (LG 9), "sacramento universal de salvación" (LG 48), por medio del cual Cristo "manifiesta y realiza al mismo tiempo el misterio del amor de Dios al hombre" (GS 45, 1). Ella "es el proyecto visible del amor de Dios hacia la humanidad" (Pablo VI, discurso 22 junio 1973) que quiere "que todo el género humano forme un único Pueblo de Dios, se una en un único Cuerpo de Cristo, se coedifique en un único templo del Espíritu Santo" (AG 7; cf LG 17) $\quad$ 1088

RESUMEN

777 *La palabra "Iglesia" significa "convocación". Designa la asamblea de aquellos a quienes convoca la palabra de Dios para formar el Pueblo de Dios y que, alimentados con el Cuerpo de Cristo, se convierten ellos mismos en Cuerpo de Cristo.*

778 *La Iglesia es a la vez camino y término del designio de Dios: prefigurada en la creación, preparada en la Antigua Alianza, fundada por las palabras y las obras de Jesucris-*

to, realizada por su Cruz redentora y su Resurrección, se manifiesta como misterio de salvación por la efusión del Espíritu Santo. Quedará consumada en la gloria del cielo como asamblea de todos los redimidos de la tierra (cf Ap 14, 4).

779   *La Iglesia es a la vez visible y espiritual, sociedad jerárquica y Cuerpo Místico de Cristo. Es una, formada por un doble elemento humano y divino. Ahí está su Misterio que sólo la fe puede aceptar.*

780   *La Iglesia es, en este mundo, el sacramento de la salvación, el signo y el instrumento de la comunión con Dios y entre los hombres.*

Párrafo 2   **LA IGLESIA, PUEBLO DE DIOS, CUERPO DE CRISTO, TEMPLO DEL ESPIRITU SANTO**

I   LA IGLESIA, PUEBLO DE DIOS

781   "En todo tiempo y lugar ha sido grato a Dios el que le teme y practica la justicia. Sin embargo, quiso santificar y salvar a los hombres no individualmente y aislados, sin conexión entre sí, sino hacer de ellos un pueblo para que le conociera de verdad y le sirviera con una vida santa. Eligió, pues, a Israel para pueblo suyo, hizo una alianza con él y lo fue educando poco a poco. Le fue revelando su persona y su plan a lo largo de su historia y lo fue santificando. Todo esto, sin embargo, sucedió como preparación y figura de su alianza nueva y perfecta que iba a realizar en Cristo..., es decir, el Nuevo Testamento en su sangre convocando a las gentes de entre los judíos y los gentiles para que se unieran, no según la carne, sino en el Espíritu" (LG 9).

Las características del Pueblo de Dios

871   **782**   El Pueblo de Dios tiene características que le distinguen claramente de todos los grupos religiosos, étnicos, políticos o culturales de la historia:

2787   – Es el Pueblo *de Dios:* Dios no pertenece en propiedad a ningún pueblo. Pero El ha adquirido para sí un pueblo de aquellos que antes no eran un pueblo: "una raza elegida, un sacerdocio real, una nación santa" (1 P 2, 9).

– Se llega a ser *miembro* de este cuerpo no por el nacimiento físi- 1267
co, sino por el "nacimiento de arriba", "del agua y del Espíritu"
(Jn 3, 3-5), es decir, por la fe en Cristo y el Bautismo.

– Este pueblo tiene por *jefe* [cabeza] a Jesús el Cristo [Ungido, 695
Mesías]: porque la misma Unción, el Espíritu Santo fluye desde
la Cabeza al Cuerpo, es "el Pueblo mesiánico".

– "La *identidad* de este Pueblo, es la dignidad y la libertad de los 1741
hijos de Dios en cuyos corazones habita el Espíritu Santo como
en un templo".

– "Su *ley,* es el mandamiento nuevo: amar como el mismo Cristo 1972
mismo nos amó (cf Jn 13, 34)". Esta es la ley "nueva" del Espíritu Santo (Rm 8, 2; Ga 5, 25).

– Su *misión* es ser la sal de la tierra y la luz del mundo (cf Mt 5, 849
13-16). "Es un germen muy seguro de unidad, de esperanza y de
salvación para todo el género humano".

– "Su *destino* es el Reino de Dios, que él mismo comenzó en este 769
mundo, que ha de ser extendido hasta que él mismo lo lleve también a su perfección" (LG 9).

Un pueblo sacerdotal, profético y real

783   Jesucristo es aquél a quien el Padre ha ungido con el Espíritu Santo y lo ha constituido "Sacerdote, Profeta y Rey". Todo el 436
Pueblo de Dios participa de estas tres funciones de Cristo y tiene 873
las responsabilidades de misión y de servicio que se derivan de
ellas (cf RH 18-21).

784   Al entrar en el Pueblo de Dios por la fe y el Bautismo se
participa en la vocación única de este Pueblo: en su vocación
sacerdotal: "Cristo el Señor, Pontífice tomado de entre los hom- 1268
bres, ha hecho del nuevo pueblo 'un reino de sacerdotes para Dios,
su Padre'. Los bautizados, en efecto, por el nuevo nacimiento y
por la unción del Espíritu Santo, *quedan consagrados* como casa 1546
espiritual y sacerdocio santo" (LG 10).

785   "El pueblo santo de Dios participa también del carácter
profético de Cristo". Lo es sobre todo por el sentido sobrenatural 92
de la fe que es el de todo el pueblo, laicos y jerarquía, cuando "se
adhiere indefectiblemente a la fe transmitida a los santos de una
vez para siempre" (LG 12) y profundiza en su comprensión y se
hace testigo de Cristo en medio de este mundo.

786   El Pueblo de Dios participa, por último, en la función *re-*

gia de Cristo. Cristo ejerce su realeza atrayendo a sí a todos los hombres por su muerte y su resurrección (cf Jn 12, 32). Cristo, Rey y Señor del universo, se hizo el servidor de todos, no habiendo "venido a ser servido, sino a servir y dar su vida en rescate por muchos" (Mt 20, 28). Para el cristiano, "servir es reinar" (LG 36), particularmente "en los pobres y en los que sufren" donde descubre "la imagen de su Fundador pobre y sufriente" (LG 8). El pueblo de Dios realiza su "dignidad regia" viviendo conforme a esta vocación de servir con Cristo.

De todos los que han nacido de nuevo en Cristo, el signo de la cruz hace reyes, la unción del Espíritu Santo los consagra como sacerdotes, a fin de que, puesto aparte el servicio particular de nuestro ministerio, todos los cristianos espirituales y que usan de su razón se reconozcan miembros de esta raza de reyes y participantes de la función sacerdotal. ¿Qué hay, en efecto, más regio para un alma que gobernar su cuerpo en la sumisión a Dios? Y ¿qué hay más sacerdotal que consagrar a Dios una conciencia pura y ofrecer en el altar de su corazón las víctimas sin mancha de la piedad? (San León Magno, serm. 4, 1).

II   LA IGLESIA, CUERPO DE CRISTO

La Iglesia es comunión con Jesús

787   Desde el comienzo, Jesús asoció a sus discípulos a su vida (cf Mc. 1,16-20; 3, 13-19); les reveló el Misterio del Reino (cf Mt 13, 10-17); les dio parte en su misión, en su alegría (cf Lc 10, 17-20) y en sus sufrimientos (cf Lc 22, 28-30). Jesús habla de una comunión todavía más íntima entre El y los que le sigan: "Permaneced en mí, como yo en vosotros... Yo soy la vid y vosotros los sarmientos" (Jn 15, 4-5). Anuncia una comunión misteriosa y real entre su propio cuerpo y el nuestro: "Quien come mi carne y bebe mi sangre permanece en mí y yo en él" (Jn 6, 56).

788   Cuando fueron privados los discípulos de su presencia visible, Jesús no los dejó huérfanos (cf Jn 14, 18). Les prometió quedarse con ellos hasta el fin de los tiempos (cf Mt 28, 20), les envió su Espíritu (cf Jn 20, 22; Hch 2, 33). Por eso, la comunión con Jesús se hizo en cierto modo más intensa: "Por la comunicación de su Espíritu a sus hermanos, reunidos de todos los pueblos, Cristo los constituye místicamente en su cuerpo" (LG 7).

789   La comparación de la Iglesia con el cuerpo arroja un rayo de luz sobre la relación íntima entre la Iglesia y Cristo. No está solamente reunida *en torno a El:* siempre está unificada *en El,* en su

Cuerpo. Tres aspectos de la Iglesia 'Cuerpo de Cristo' se han de resaltar más específicamente: la unidad de todos los miembros entre sí por su unión con Cristo; Cristo Cabeza del Cuerpo; la Iglesia, Esposa de Cristo.

"Un solo cuerpo"

790 Los creyentes que responden a la Palabra de Dios y se hacen miembros del Cuerpo de Cristo, quedan estrechamente unidos a Cristo: "La vida de Cristo se comunica a los creyentes, que se unen a Cristo, muerto y glorificado, por medio de los sacramentos de una manera misteriosa pero real" (LG 7). Esto es particularmente verdad en el caso del Bautismo por el cual nos unimos a la muerte y a la Resurrección de Cristo (cf Rm 6, 4-5; 1 Co 12, 13), y en el caso de la Eucaristía, por la cual, "compartimos realmente el Cuerpo del Señor, que nos eleva hasta la comunión con él y entre nosotros" (LG 7).

947

1227

1329

791 La unidad del cuerpo no ha abolido la diversidad de los miembros: "En la construcción del Cuerpo de Cristo existe una diversidad de miembros y de funciones. Es el mismo Espíritu el que, según su riqueza y las necesidades de los ministerios, distribuye sus diversos dones para el bien de la Iglesia". La unidad del Cuerpo místico produce y estimula entre los fieles la caridad: "Si un miembro sufre, todos los miembros sufren con él; si un miembro es honrado, todos los miembros se alegran con él" (LG 7). En fin, la unidad del Cuerpo místico sale victoriosa de todas las divisiones humanas: "En efecto, todos los bautizados en Cristo os habéis revestido de Cristo: ya no hay judío ni griego; ni esclavo ni libre; ni hombre ni mujer, ya que todos vosotros sois uno en Cristo Jesús" (Ga 3, 27-28).

814

1937

Cristo, Cabeza de este Cuerpo

792 Cristo "es la Cabeza del Cuerpo que es la Iglesia" (Col 1, 18). Es el Principio de la creación y de la redención. Elevado a la gloria del Padre, "él es el primero en todo" (Col 1, 18), principalmente en la Iglesia por cuyo medio extiende su reino sobre todas las cosas:

669

1119

793 *El nos une a su Pascua:* Todos los miembros tienen que esforzarse en asemejarse a él "hasta que Cristo esté formado en ellos" (Ga 4, 19). "Por eso somos integrados en los misterios de su vida..., nos unimos a sus sufrimientos como el cuerpo a su cabeza. Sufrimos con él para ser glorificados con él" (LG 7).

661

519

872   **794**   *El provee a nuestro crecimiento* (cf Col 2, 19): Para hacernos crecer hacia él, nuestra Cabeza (cf Ef 4, 11-16), Cristo distribuye en su Cuerpo, la Iglesia, los dones y los servicios mediante los cuales nos ayudamos mutuamente en el camino de la salvación.

695   **795**   Cristo y la Iglesia son, por tanto, *el "Cristo total"* ["Christus totus"]. La Iglesia es una con Cristo. Los santos tienen conciencia muy viva de esta unidad:

> Felicitémonos y demos gracias por lo que hemos llegado a ser, no solamente cristianos sino el propio Cristo. ¿Comprendéis, hermanos, la gracia que Dios nos ha hecho al darnos a Cristo como Cabeza? Admiraos y regocijaos, hemos sido hechos Cristo. En efecto, ya que El es la Cabeza y nosotros somos los miembros, el hombre todo entero es El y nosotros... La plenitud de Cristo es, pues, la Cabeza y los miembros: ¿Qué quiere decir la Cabeza y los miembros? Cristo y la Iglesia (San Agustín, ev. Jo. 21, 8).

> Redemptor noster unam se personam cum sancta Ecclesia, quam assumpsit, exhibuit ("Nuestro Redentor muestra que forma una sola persona con la Iglesia que El asumió", San Gregorio Magno, mor. praef. 1, 6, 4).

1474
> Caput et membra, quasi una persona mystica ("La Cabeza y los miembros, como si fueran una sola persona mística", Santo Tomás de A., s. th. 3, 42, 2, ad 1).

> Una palabra de Santa Juana de Arco a sus jueces resume la fe de los santos doctores y expresa el buen sentido del creyente: "De Jesucristo y de la Iglesia, me parece que es todo uno y que no es necesario hacer una dificultad de ello" (Juana de Arco, proc.).

La Iglesia es la Esposa de Cristo

796   La unidad de Cristo y de la Iglesia, Cabeza y miembros del Cuerpo, implica también la distinción de ambos en una relación personal. Este aspecto es expresado con frecuencia mediante
757   la imagen del Esposo y de la Esposa. El tema de Cristo esposo de
219   la Iglesia fue preparado por los profetas y anunciado por Juan Bautista (cf Jn 3, 29). El Señor se designó a sí mismo como "el Esposo" (Mc 2, 19; cf Mt 22, 1-14; 25, 1-13). El apóstol presenta a la
772   Iglesia y a cada fiel, miembro de su Cuerpo, como una Esposa "desposada" con Cristo Señor para "no ser con él más que un solo
1602   Espíritu" (cf 1 Co 6, 15-17; 2 Co 11, 2). Ella es la Esposa inmaculada del Cordero inmaculado (cf Ap 22, 17; Ef 1, 4; 5, 27), a la que
1616   Cristo "amó y por la que se entregó a fin de santificarla" (Ef 5, 26), la que él se asoció mediante una Alianza eterna y de la que no cesa de cuidar como de su propio Cuerpo (cf Ef 5, 29):

He ahí el Cristo total, cabeza y cuerpo, un solo formado de muchos... Sea la cabeza la que hable, sean los miembros, es Cristo el que habla. Habla en el papel de cabeza ["ex persona capitis"] o en el de cuerpo ["ex persona corporis"]. Según lo que está escrito: "Y los dos se harán una sola carne. Gran misterio es éste, lo digo respecto a Cristo y la Iglesia." Ef 5, 31-32). Y el Señor mismo en el Evangelio dice: "De manera que ya no son dos sino una sola carne" (Mt 19, 6). Como lo habéis visto bien, hay en efecto dos personas diferentes y, no obstante, no forman más que una en el abrazo conyugal... *Como cabeza él se llama "esposo" y como cuerpo "esposa"* (San Agustín, psalm. 74, 4: PL 36, 948-949).

III   LA IGLESIA, TEMPLO DEL ESPIRITU SANTO

797   "Quod est spiritus noster, id est anima nostra, ad membra nostra, hoc est Spiritus Sanctus ad membra Christi, ad corpus Christi, quod est Ecclesia" ("Lo que nuestro espíritu, es decir, nuestra alma, es para nuestros miembros, eso mismo es el Espíritu Santo para los miembros de Cristo, para el Cuerpo de Cristo que es la Iglesia", San Agustín, serm. 267, 4). "A este Espíritu de Cristo, como a principio invisible, ha de atribuirse también el que todas las partes del cuerpo estén íntimamente unidas, tanto entre sí como con su excelsa Cabeza, puesto que está todo él en la Cabeza, todo en el Cuerpo, todo en cada uno de los miembros" (Pío XII, "Mystici Corporis": DS 3808). El Espíritu Santo hace de la Iglesia "el Templo del Dios vivo" (2 Co 6, 16; cf 1 Co 3, 16-17; Ef 2, 21): 813 586

En efecto, es a la misma Iglesia, a la que ha sido confiado el 'Don de Dios'... Es en ella donde se ha depositado la comunión con Cristo, es decir el Espíritu Santo, arras de la incorruptibilidad, confirmación de nuestra fe y escala de nuestra ascensión hacia Dios... Porque allí donde está la Iglesia, allí está también el Espíritu de Dios; y allí donde está el Espíritu de Dios, está la Iglesia y toda gracia (San Ireneo, haer. 3, 24, 1).

798   El Espíritu Santo es "el principio de toda acción vital y verdaderamente saludable en todas las partes del cuerpo" (Pío XII, "Mystici Corporis": DS 3808). Actúa de múltiples maneras en la edificación de todo el Cuerpo en la caridad (cf Ef 4, 16): por la Palabra de Dios, "que tiene el poder de construir el edificio" (Hch 20, 32), por el Bautismo mediante el cual forma el Cuerpo de Cristo (cf 1 Co 12, 13); por los sacramentos que hacen crecer y curan a los miembros de Cristo; por "la gracia concedida a los apóstoles" que "entre estos dones destaca" (LG 7), por las virtudes que hacen obrar según el bien, y por las múltiples gracias especiales [llamadas "carismas"] mediante las cuales los fieles quedan "preparados 737 1091- 1109 791

y dispuestos a asumir diversas tareas o ministerios que constribu-
yen a renovar y construir más y más la Iglesia" (LG 12; cf AA 3).

Los carismas

951; 2003   **799**   Extraordinarios o sencillos y humildes, los carismas son
gracias del Espíritu Santo, que tienen directa o indirectamente, una
utilidad eclesial; los carismas están ordenados a la edificación de
la Iglesia, al bien de los hombres y a las necesidades del mundo.

800   Los carismas se han de acoger con reconocimiento por el
que los recibe, y también por todos los miembros de la Iglesia. En
efecto, son una maravillosa riqueza de gracia para la vitalidad
apostólica y para la santidad de todo el Cuerpo de Cristo; los carismas constituyen tal riqueza siempre que se trate de dones que provienen verdaderamente del Espíritu Santo y que se ejerzan de modo plenamente conforme a los impulsos auténticos de este mismo
Espíritu, es decir, según la caridad, verdadera medida de los carismas (cf 1 Co 13).

801   Por esta razón aparece siempre necesario el discernimiento de carismas. Ningún carisma dispensa de la referencia y de la
894   sumisión a los pastores de la Iglesia. "A ellos compete sobre todo
no apagar el Espíritu, sino examinarlo todo y quedarse con lo bueno" (LG 12), a fin de que todos los carismas cooperen, en su diver-
1905   sidad y complementariedad, al "bien común" (cf 1 Co 12, 7; cf LG
30; CL, 24).

RESUMEN

802   *"Cristo Jesús se entregó por nosotros a fin de rescatarnos
de toda iniquidad y purificar para sí un pueblo que fuese
suyo" (Tt 2, 14).*

803   *"Vosotros sois linaje elegido, sacerdocio real, nación santa, pueblo adquirido" (1 P 2, 9).*

804   *Se entra en el Pueblo de Dios por la fe y el Bautismo.
"Todos los hombres están invitados al Pueblo de Dios"
(LG 13), a fin de que, en Cristo, "los hombres constituyan
una sola familia y un único Pueblo de Dios" (AG 1).*

805   *La Iglesia es el Cuerpo de Cristo. Por el Espíritu y su acción en los sacramentos, sobre todo en la Eucaristía,
Cristo muerto y resucitado constituye la comunidad de los
creyentes como Cuerpo suyo.*

806 *En la unidad de este cuerpo hay diversidad de miembros y de funciones. Todos los miembros están unidos unos a otros, particularmente a los que sufren, a los pobres y perseguidos.*

807 *La Iglesia es este Cuerpo del que Cristo es la Cabeza: vive de El, en El y por El; El vive con ella y en ella.*

808 *La Iglesia es la Esposa de Cristo: la ha amado y se ha entregado por ella. La ha purificado por medio de su sangre. Ha hecho de ella la Madre fecunda de todos los hijos de Dios.*

809 *La Iglesia es el Templo del Espíritu Santo. El Espíritu es como el alma del Cuerpo Místico, principio de su vida, de la unidad en la diversidad y de la riqueza de sus dones y carismas.*

810 *"Así toda la Iglesia aparece como el pueblo unido 'por la unidad del Padre, del Hijo y del Espíritu Santo' (San Cipriano)" (LG 4).*

Párrafo 3   LA IGLESIA ES UNA, SANTA, CATOLICA
                 Y APOSTOLICA

811 "Esta es la única Iglesia de Cristo, de la que confesamos en el Credo que es una, santa, católica y apostólica" (LG 8). Estos cuatro atributos, inseparablemente unidos entre sí (cf DS 2888), indican rasgos esenciales de la Iglesia y de su misión. La Iglesia no los tiene por ella misma; es Cristo, quien, por el Espíritu Santo, da a la Iglesia el ser una, santa, católica y apostólica, y El es también quien la llama a ejercitar cada una de estas cualidades.   750

832; 865

812 Sólo la fe puede reconocer que la Iglesia posee estas propiedades por su origen divino. Pero sus manifestaciones históricas son signos que hablan también con claridad a la razón humana.   156; 770
Recuerda el Concilio Vaticano I: "La Iglesia por sí misma es un grande y perpetuo motivo de credibilidad y un testimonio irrefutable de su misión divina a causa de su admirable propagación, de su eximia santidad, de su inagotable fecundidad en toda clase de bienes, de su unidad universal y de su invicta estabilidad" (DS 3013).

I   LA IGLESIA ES UNA

"El sagrado Misterio de la Unidad de la Iglesia" (UR 2)

813 *La Iglesia es una debida a su origen:* "El modelo y principio supremo de este misterio es la unidad de un solo Dios Padre e   172

Hijo en el Espíritu Santo, en la Trinidad de personas" (UR 2). La
766 Iglesia es una *debido a su Fundador:* " Pues el mismo Hijo encarnado, Príncipe de la paz, por su cruz reconcilió a todos los hombres con Dios... restituyendo la unidad de todos en un solo pueblo
797 y en un solo cuerpo" (GS 78, 3). La Iglesia es una *debido a su "alma":* "El Espíritu Santo que habita en los creyentes y llena y gobierna a toda la Iglesia, realiza esa admirable comunión de fieles y
une a todos en Cristo tan íntimamente que es el Principio de la unidad de la Iglesia" (UR 2). Por tanto, pertenece a la esencia misma
de la Iglesia ser una:

> ¡Qué sorprendente misterio! Hay un solo Padre del univer-
> so, un solo Logos del universo y también un solo Espíritu Santo,
> idéntico en todas partes; hay también una sola virgen hecha ma-
> dre, y me gusta llamarla Iglesia (Clemente de Alejandría, paed.
> 1, 6, 42).

814   Desde el principio, esta Iglesia una se presenta, no obstan-
791; 873 te, con una gran *diversidad* que procede a la vez de la variedad de
los dones de Dios y de la multiplicidad de las personas que los reciben. En la unidad del Pueblo de Dios se reúnen los diferentes
1202 pueblos y culturas. Entre los miembros de la Iglesia existe una diversidad de dones, cargos, condiciones y modos de vida; "dentro
832 de la comunión eclesial, existen legítimamente las Iglesias particulares con sus propias tradiciones" (LG 13). La gran riqueza de esta
diversidad no se opone a la unidad de la Iglesia. No obstante, el
pecado y el peso de sus consecuencias amenazan sin cesar el don
de la unidad. También el apóstol debe exhortar a "guardar la unidad del Espíritu con el vínculo de la paz" (Ef 4, 3).

815   ¿Cuáles son estos vínculos de la unidad? "Por encima de
1827 todo esto revestíos del amor, que es el vínculo de la perfección"
(Col 3, 14). Pero la unidad de la Iglesia peregrina está asegurada
830; 837 por vínculos visibles de comunión:

173 – la profesión de una misma fe recibida de los apóstoles;

– la celebración común del culto divino, sobre todo de los sacramentos;

– la sucesión apostólica por el sacramento del orden, que conserva
la concordia fraterna de la familia de Dios (cf UR 2; LG 14;
CIC, can. 205).

816   "La única Iglesia de Cristo..., Nuestro Salvador, después
de su resurrección, la entregó a Pedro para que la pastoreara. Le
encargó a él y a los demás apóstoles que la extendieran y la gober-
naran... Esta Iglesia, constituida y ordenada en este mundo como

una sociedad, subsiste en ["subsistit in"] la Iglesia católica, gobernada por el sucesor de Pedro y por los obispos en comunión con él" (LG 8).

> El decreto sobre Ecumenismo del Concilio Vaticano II explicita: "Solamente por medio de la Iglesia católica de Cristo, que es auxilio general de salvación, puede alcanzarse la plenitud total de los medios de salvación. Creemos que el Señor confió todos los bienes de la Nueva Alianza a un único colegio apostólico presidido por Pedro, para constituir un solo Cuerpo de Cristo en la tierra, al cual deben incorporarse plenamente los que de algún modo pertenecen ya al Pueblo de Dios" (UR 3).

830

Las heridas de la unidad

817 De hecho, "en esta una y única Iglesia de Dios, aparecieron ya desde los primeros tiempos algunas escisiones que el apóstol reprueba severamente como condenables; y en siglos posteriores surgieron disenciones más amplias y comunidades no pequeñas se separaron de la comunión plena con la Iglesia católica y, a veces, no sin culpa de los hombres de ambas partes" (UR 3). Tales rupturas que lesionan la unidad del Cuerpo de Cristo (se distingue la herejía, la apostasía y el cisma [cf CIC can. 751]) no se producen sin el pecado de los hombres:

2089

> Ubi peccata sunt, ibi est multitudo, ibi schismata, ibi haereses, ibi discussiones. Ubi autem virtus, ibi singularitas, ibi unio, ex quo omnium credentium erat cor unum et anima una ("Donde hay pecados, allí hay desunión, cismas, herejías, discusiones. Pero donde hay virtud, allí hay unión, de donde resultaba que todos los creyentes tenían un solo corazón y una sola alma", Orígenes, hom. in Ezech. 9, 1).

818 Los que nacen hoy en las comunidades surgidas de tales rupturas "y son instruidos en la fe de Cristo, no pueden ser acusados del pecado de la separación y la Iglesia católica los abraza con respeto y amor fraternos... justificados por la fe en el bautismo, se han incorporado a Cristo; por tanto, con todo derecho se honran con el nombre de cristianos y son reconocidos con razón por los hijos de la Iglesia católica como hermanos en el Señor" (UR 3).

1271

819 Además, "muchos elementos de santificación y de verdad" (LG 8) existen fuera de los límites visibles de la Iglesia católica: "la palabra de Dios escrita, la vida de la gracia, la fe, la esperanza y la caridad y otros dones interiores del Espíritu Santo y los elementos visibles" (UR 3; cf LG 15). El Espíritu de Cristo se sirve de estas Iglesias y comunidades eclesiales como medios de salvación cuya fuerza viene de la plenitud de gracia y de verdad que

Cristo ha confiado a la Iglesia católica. Todos estos bienes provienen de Cristo y conducen a El (cf UR 3) y de por sí impelen a "la unidad católica" (LG 8).

Hacia la unidad

820   Aquella unidad "que Cristo concedió desde el principio a la Iglesia... creemos que subsiste indefectible en la Iglesia católica y esperamos que crezca hasta la consumación de los tiempos" (UR 4). Cristo da permanentemente a su Iglesia el don de la unidad, pero la Iglesia debe orar y trabajar siempre para mantener, reforzar y perfeccionar la unidad que Cristo quiere para ella. Por eso Cristo

2748   mismo rogó en la hora de su Pasión, y no cesa de rogar al Padre por la unidad de sus discípulos: "Que todos sean uno. Como tú, Padre, en mí y yo en ti, que ellos sean también uno en nosotros, para que el mundo crea que tú me has enviado" (Jn 17, 21). El deseo de volver a encontrar la unidad de todos los cristianos es un don de Cristo y un llamamiento del Espíritu Santo (cf UR 1).

821   Para responder adecuadamente a este llamamiento se exige:

– una *renovación* permanente de la Iglesia en una fidelidad mayor a su vocación. Esta renovación es el alma del movimiento hacia la unidad (UR 6);

827   – la *conversión del corazón* para "llevar una vida más pura, según el Evangelio" (cf UR 7), porque la infidelidad de los miembros al don de Cristo es la causa de las divisiones;

2781   – la *oración en común,* porque "esta conversión del corazón y santidad de vida, junto con las oraciones privadas y públicas por la unidad de los cristianos, deben considerarse como el alma de todo el movimiento ecuménico, y pueden llamarse con razón ecumenismo espiritual" (UR 8);

– el *fraterno conocimiento recíproco* (cf UR 9);

– la *formación ecuménica* de los fieles y especialmente de los sacerdotes (cf UR 10);

– el *diálogo* entre los teólogos y los encuentros entre los cristianos de diferentes Iglesias y comunidades (cf UR 4, 9, 11);

– la *colaboración* entre cristianos en los diferentes campos de servicio a los hombres (cf UR 12).

822   "La preocupación por el restablecimiento de la unión atañe a la Iglesia entera, tanto a los fieles como a los pastores" (UR 5). Pero hay que ser "conocedor de que este santo propósito de reconciliar a todos los cristianos en la unidad de la única Iglesia de Jesucristo excede las fuerzas y la capacidad humana". Por eso hay que poner toda la esperanza "en la oración de Cristo por la Iglesia, en el amor del Padre para con nosotros, y en el poder del Espíritu Santo" (UR 24).

II   LA IGLESIA ES SANTA

823   "La fe confiesa que la Iglesia... no puede dejar de ser santa. En efecto, Cristo, el Hijo de Dios, a quien con el Padre y con el Espíritu se proclama 'el solo santo', amó a su Iglesia como a su esposa. El se entregó por ella para santificarla, la unió a sí mismo como su propio cuerpo y la llenó del don del Espíritu Santo para gloria de Dios" (LG 39). La Iglesia es, pues, "el Pueblo santo de Dios" (LG 12), y sus miembros son llamados "santos" (cf Hch 9, 13; 1 Co 6, 1; 16, 1). 459 796 946

824   La Iglesia, unida a Cristo, está santificada por El; por El y con El, ella también ha sido hecha *santificadora*. Todas las obras de la Iglesia se esfuerzan en conseguir "la santificación de los hombres en Cristo y la glorificación de Dios" (SC 10). En la Iglesia es en donde está depositada "la plenitud total de los medios de salvación" (UR 3). Es en ella donde "conseguimos la santidad por la gracia de Dios" (LG 48). 816

825   "La Iglesia, en efecto, ya en la tierra se caracteriza por una verdadera santidad, aunque todavía imperfecta" (LG 48). En sus miembros, la santidad perfecta está todavía por alcanzar: "Todos los cristianos, de cualquier estado o condición, están llamados cada uno por su propio camino, a la perfección de la santidad, cuyo modelo es el mismo Padre" (LG 11). 670 2013

826   La *caridad* es el alma de la santidad a la que todos están llamados: "dirige todos los medios de santificación, los informa y los lleva a su fin" (LG 42): 1827 2658

> Comprendí que si la Iglesia tenía un cuerpo, compuesto por diferentes miembros, el más necesario, el más noble de todos no le faltaba, comprendí que la Iglesia *tenía un corazón, y que este corazón estaba ARDIENDO DE AMOR*. Comprendí que el *Amor solo* hacía obrar a los miembros de la Iglesia, que si *el Amor* llegara a apagarse, los Apóstoles ya no anunciarían el Evangelio, los Mártires rehusarían verter su sangre... Comprendí que *EL AMOR ENCERRABA TODAS LAS VOCACIONES, QUE EL AMOR ERA TODO, QUE ABARCABA TODOS LOS TIEMPOS Y TODOS LOS LUGARES... EN UNA PALABRA, QUE ES ¡ETERNO!* (Santa Teresa del Niño Jesús, ms. autob. B 3v). 864

1425-1429   **827**   "Mientras que Cristo, santo, inocente, sin mancha, no conoció el pecado, sino que vino solamente a expiar los pecados del pueblo, la Iglesia, *abrazando en su seno a los pecadores*, es a la vez santa y siempre necesitada de purificación y busca sin cesar la

821   conversión y la renovación" (LG 8; cf UR 3; 6). Todos los miembros de la Iglesia, incluso sus ministros, deben reconocerse pecadores (cf 1 Jn 1, 8-10). En todos, la cizaña del pecado todavía se encuentra mezclada con la buena semilla del Evangelio hasta el fin de los tiempos (cf Mt 13, 24-30). La Iglesia, pues, congrega a pecadores alcanzados ya por la salvación de Cristo, pero aún en vías de santificación:

> La Iglesia es, pues, santa aunque abarque en su seno pecadores; porque ella no goza de otra vida que de la vida de la gracia; sus miembros, ciertamente, si se alimentan de esta vida se santifican; si se apartan de ella, contraen pecados y manchas del alma, que impiden que la santidad de ella se difunda radiante. Por lo que se aflige y hace penitencia por aquellos pecados, teniendo poder de librar de ellos a sus hijos por la sangre de Cristo y el don del Espíritu Santo (SPF 19).

1173   **828**   Al *canonizar* a ciertos fieles, es decir, al proclamar solemnemente que esos fieles han practicado heroicamente las virtudes y han vivido en la fidelidad a la gracia de Dios, la Iglesia reconoce el poder del Espíritu de santidad, que está en ella, y sostiene la esperanza de los fieles proponiendo a los santos como modelos e intercesores (cf LG 40; 48–51). "Los santos y las santas han sido siempre fuente y origen de renovación en las circunstancias más difíci-

2045   les de la historia de la Iglesia" (CL 16, 3). En efecto, "la santidad de la Iglesia es el secreto manantial y la medida infalible de su laboriosidad apostólica y de su ímpetu misionero" (CL 17, 3).

1172   **829**   "La Iglesia en la Santísima Virgen llegó ya a la perfección, sin mancha ni arruga. En cambio, los creyentes se esfuerzan todavía en vencer el pecado para crecer en la santidad. Por eso di-

972   rigen sus ojos a María" (LG 65): en ella, la Iglesia es ya enteramente santa.

III   LA IGLESIA ES CATOLICA

Qué quiere decir "católica"

830   La palabra "católica" significa "universal" en el sentido de "según la totalidad" o "según la integridad". La Iglesia es católica en un doble sentido:

Es católica porque Cristo está presente en ella. "Allí donde está Cristo Jesús, está la Iglesia Católica" (San Ignacio de Antioquía, Smyrn. 8, 2). En ella subsiste la plenitud del Cuerpo de Cristo unido a su Cabeza (cf Ef 1, 22-23), lo que implica que ella recibe de El "la plenitud de los medios de salvación" (AG 6) que El ha querido: confesión de fe recta y completa, vida sacramental íntegra y ministerio ordenado en la sucesión apostólica. La Iglesia, en este sentido fundamental, era católica el día de Pentecostés (cf AG 4) y lo será siempre hasta el día de la Parusía. 795
815-816

831 Es católica porque ha sido enviada por Cristo en misión a la totalidad del género humano (cf Mt 28, 19): 849

> Todos los hombres están invitados al Pueblo de Dios. Por eso este pueblo, uno y único, ha de extenderse por todo el mundo a través de todos los siglos, para que así se cumpla el designio de Dios, que en el principio creó una única naturaleza humana y decidió reunir a sus hijos dispersos... Este carácter de universalidad, que distingue al pueblo de Dios, es un don del mismo Señor. Gracias a este carácter, la Iglesia Católica tiende siempre y eficazmente a reunir a la humanidad entera con todos sus valores bajo Cristo como Cabeza, en la unidad de su Espíritu (LG 13). 360

518

Cada una de las Iglesias particulares es "católica"

832 "Esta Iglesia de Cristo está verdaderamente presente en todas las legítimas comunidades locales de fieles, unidas a sus pastores. Estas, en el Nuevo Testamento, reciben el nombre de Iglesias... En ellas se reúnen los fieles por el anuncio del Evangelio de Cristo y se celebra el misterio de la Cena del Señor... En estas comunidades, aunque muchas veces sean pequeñas y pobres o vivan dispersas, está presente Cristo, quien con su poder constituye a la Iglesia una, santa, católica y apostólica" (LG 26). 814

811

833 Se entiende por Iglesia particular, que es la diócesis (o la eparquía), una comunidad de fieles cristianos en comunión en la fe y en los sacramentos con su obispo ordenado en la sucesión apostólica (cf CD 11; CIC can. 368-369). Estas Iglesias particulares están "formadas a imagen de la Iglesia Universal. En ellas y a partir de ellas existe la Iglesia católica, una y única" (LG 23). 886

834 Las Iglesias particulares son plenamente católicas gracias a la comunión con una de ellas: la Iglesia de Roma "que preside en la caridad" (San Ignacio de Antioquía, Rom. 1, 1). "Porque con es- 882; 1369 ta Iglesia en razón de su origen más excelente debe necesariamente acomodarse toda Iglesia, es decir, los fieles de todas partes" (San Ireneo, haer. 3, 3, 2; citado por Cc. Vaticano I: DS 3057). "En efecto, desde la venida a nosotros del Verbo encarnado, todas las Iglesias cristianas de todas partes han tenido y tienen a la gran Iglesia que está aquí [en Roma] como única base y fundamento porque, según las mismas promesas del Salvador, las puertas del infierno no han prevalecido jamás contra ella" (San Máximo el Confesor, opusc.).

835   "Guardémonos bien de concebir la Iglesia universal como la suma o, si se puede decir, la federación más o menos anómala de Iglesias particulares esencialmente diversas. En el pensamiento del Señor es la Iglesia, universal por vocación y por misión, la que, echando sus raíces en la variedad de terrenos culturales, sociales, humanos, toma en cada parte del mundo aspectos, expresiones externas diversas" (EN 62). La rica variedad de disciplinas eclesiásticas, de ritos litúrgicos, de patrimonios teológicos y espirituales propios de las Iglesias locales "con un mismo objetivo muestra muy claramente la catolicidad de la Iglesia indivisa" (LG 23).

1202

Quién pertenece a la Iglesia católica

831   **836**   "Todos los hombres, por tanto, están invitados a esta unidad católica del Pueblo de Dios... A esta unidad pertenecen de diversas maneras o a ella están destinados los católicos, los demás cristianos e incluso todos los hombres en general llamados a la salvación por la gracia de Dios" (LG 13).

771   **837**   "Están plenamente incorporados a la sociedad que es la Iglesia aquellos que, teniendo el Espíritu de Cristo, aceptan íntegramente su constitución y todos los medios de salvación establecidos en ella y están unidos, dentro de su estructura visible, a Cristo, que la rige por medio del Sumo Pontífice y de los obispos, mediante los lazos de la profesión de la fe, de los sacramentos, del gobierno eclesiástico y de la comunión. No se salva, en cambio, el que no permanece en el amor, aunque esté incorporado a la Iglesia, pero está en el seno de la Iglesia con el 'cuerpo', pero no con el 'corazón'" (LG 14).

815

882

818   **838**   "La Iglesia se siente unida por muchas razones con todos los que se honran con el nombre de cristianos a causa del bautismo, aunque no profesan la fe en su integridad o no conserven la unidad de la comunión bajo el sucesor de Pedro" (LG 15). "Los que creen en Cristo y han recibido ritualmente el bautismo están en una cierta comunión, aunque no perfecta, con la Iglesia católica" (UR 3). *Con las Iglesias ortodoxas,* esta comunión es tan pro-

1271

funda "que le falta muy poco para que alcance la plenitud que haría posible una celebración común de la Eucaristía del Señor" (Pablo VI, discurso 14 diciembre 1975; cf UR 13-18).

1399

La Iglesia y los no cristianos

839 "Los que todavía no han recibido el Evangelio también están ordenados al Pueblo de Dios de diversas maneras" (LG 16):

856

La relación de la Iglesia con el pueblo judío. La Iglesia, Pueblo de Dios en la Nueva Alianza, al escrutar su propio misterio, descubre su vinculación con el pueblo judío (cf NA 4) "a quien Dios ha hablado primero" (MR, Viernes Santo 13: oración universal VI). A diferencia de otras religiones no cristianas la fe judía ya es una respuesta a la revelación de Dios en la Antigua Alianza. Pertenece al pueblo judío "la adopción filial, la gloria, las alianzas, la legislación, el culto, las promesas y los patriarcas; de todo lo cual procede Cristo según la carne" (cf Rm 9, 4-5), "porque los dones y la vocación de Dios son irrevocables" (Rm 11, 29).

63

147

840 Por otra parte, cuando se considera el futuro, el Pueblo de Dios de la Antigua Alianza y el nuevo Pueblo de Dios tienden hacia fines análogos: la espera de la venida (o el retorno) del Mesías; pues para unos, es la espera de la vuelta del Mesías, muerto y resucitado, reconocido como Señor e Hijo de Dios; para los otros, es la venida del Mesías cuyos rasgos permanecen velados hasta el fin de los tiempos, espera que está acompañada del drama de la ignorancia o del rechazo de Cristo Jesús.

674

597

841 *Las relaciones de la Iglesia con los musulmanes.* "El designio de salvación comprende también a los que reconocen al Creador. Entre ellos están, ante todo, los musulmanes, que profesan tener la fe de Abraham y adoran con nosotros al Dios único y misericordioso que juzgará a los hombres al fin del mundo" (LG 16; cf NA 3).

842 *El vínculo de la Iglesia con las religiones no cristianas* es en primer lugar el del origen y el del fin comunes del género humano:

360

> Todos los pueblos forman una única comunidad y tienen un mismo origen, puesto que Dios hizo habitar a todo el género humano sobre la entera faz de la tierra; tienen también un único fin último, Dios, cuya providencia, testimonio de bondad y designios de salvación se extienden a todos hasta que los elegidos se unan en la Ciudad Santa (NA 1).

843 La Iglesia reconoce en las otras religiones la búsqueda, "todavía en sombras y bajo imágenes", del Dios desconocido pero próximo ya que es Él quien da a todos vida, el aliento y todas las cosas y quiere que todos los hombres se salven. Así, la Iglesia

28

856

aprecia todo lo bueno y verdadero, que puede encontrarse en las diversas religiones, "como una preparación al Evangelio y como un don de aquel que ilumina a todos los hombres, para que al fin tengan la vida" (LG 16; cf NA 2; EN 53).

29 **844** Pero, en su comportamiento religioso, los hombres muestran también límites y errores que desfiguran en ellos la imagen de Dios:

> Con demasiada frecuencia los hombres, engañados por el Maligno, se pusieron a razonar como personas vacías y cambiaron el Dios verdadero por un ídolo falso, sirviendo a las criaturas en vez de al Creador. Otras veces, viviendo y muriendo sin Dios en este mundo, están expuestos a la desesperación más radical (LG 16).

30 **845** El Padre quiso convocar a toda la humanidad en la Iglesia de su Hijo para reunir de nuevo a todos sus hijos que el pecado había dispersado y extraviado. La Iglesia es el lugar donde la humanidad debe volver a encontrar su unidad y su salvación. Ella es el 953 "mundo reconciliado" (San Agustín, serm. 96, 7-9). Es, además, este barco que "pleno dominicae crucis velo Sancti Spiritus flatu in hoc bene navigat mundo" ("con su velamen que es la cruz de Cristo, empujado por el Espíritu Santo, navega bien en este mundo") (San Ambrosio, virg. 18, 188); según otra imagen estimada 1219 por los Padres de la Iglesia, está prefigurada por el Arca de Noé que es la única que salva del diluvio (cf 1 P 3, 20-21).

"Fuera de la Iglesia no hay salvación"

846 ¿Cómo entender esta afirmación tantas veces repetida por los Padres de la Iglesia? Formulada de modo positivo significa que toda salvación viene de Cristo-Cabeza por la Iglesia que es su Cuerpo:

> El santo Sínodo... basado en la Sagrada Escritura y en la Tradición, enseña que esta Iglesia peregrina es necesaria para la salvación. Cristo, en efecto, es el único Mediador y camino de salvación que se nos hace presente en su Cuerpo, en la Iglesia. El, al inculcar con palabras, bien explícitas, la necesidad de la fe 161; 1257 y del bautismo, confirmó al mismo tiempo la necesidad de la Iglesia, en la que entran los hombres por el bautismo como por una puerta. Por eso, no podrían salvarse los que, sabiendo que Dios fundó, por medio de Jesucristo, la Iglesia católica como necesaria para la salvación, sin embargo, no hubiesen querido entrar o perseverar en ella (LG 14).

847 Esta afirmación no se refiere a los que, sin culpa suya, no conocen a Cristo y a su Iglesia:

Los que sin culpa suya no conocen el Evangelio de Cristo y su Iglesia, pero buscan a Dios con sincero corazón e intentan en su vida, con la ayuda de la gracia, hacer la voluntad de Dios, conocida a través de lo que les dice su conciencia, pueden conseguir la salvación eterna (LG 16; cf DS 3866-3872).

848 "Aunque Dios, por caminos conocidos sólo por El, puede llevar a la fe, 'sin la que es imposible agradarle' (Hb 11, 6), a los hombres que ignoran el Evangelio sin culpa propia, corresponde, sin embargo, a la Iglesia la necesidad y, al mismo tiempo, el derecho sagrado de evangelizar" (AG 7). 1260

La misión, exigencia de la catolicidad de la Iglesia

849 *El mandato misionero.* "La Iglesia, enviada por Dios a las gentes para ser 'sacramento universal de salvación', por exigencia íntima de su misma catolicidad, obedeciendo al mandato de su Fundador se esfuerza por anunciar el Evangelio a todos los hombres" (AG 1): "Id, pues, y haced discípulos a todas las gentes bautizándolas en el nombre del Padre y del Hijo y del Espíritu Santo, y enseñándoles a guardar todo lo que yo os he mandado. Y sabed que yo estoy con vosotros todos los días hasta el fin del mundo" (Mt 28, 19-20). 738; 767

850 *El origen y la finalidad de la misión.* El mandato misionero del Señor tiene su fuente última en el amor eterno de la Santísima Trinidad: "La Iglesia peregrinante es, por su propia naturaleza, misionera, puesto que tiene su origen en la misión del Hijo y la misión del Espíritu Santo según el plan de Dios Padre" (AG 2). El fin último de la misión no es otro que hacer participar a los hombres en la comunión que existe entre el Padre y el Hijo en su Espíritu de amor (cf Juan Pablo II, RM 23). 257
730

851 *El motivo de la misión.* Del *amor* de Dios por todos los hombres la Iglesia ha sacado en todo tiempo la obligación y la fuerza de su impulso misionero: "porque el amor de Cristo nos apremia..." (2 Co 5, 14; cf AA 6; RM 11). En efecto, "Dios quiere que todos los hombres se salven y lleguen al conocimiento pleno de la verdad" (1 Tm 2, 4). Dios quiere la salvación de todos por el conocimiento de *la verdad*. La salvación se encuentra en la verdad. Los que obedecen a la moción del Espíritu de verdad están ya en el camino de la salvación; pero la Iglesia a quien esta verdad ha sido confiada, debe ir al encuentro de los que la buscan para ofrecérsela. Porque cree en el designio universal de salvación, la Iglesia debe ser misionera. 221
429
74; 217
2104
890

852   *Los caminos de la misión.* "El Espíritu Santo es en verdad
el protagonista de toda la misión eclesial" (RM 21). El es quien
conduce la Iglesia por los caminos de la misión. Ella "continúa y
desarrolla en el curso de la historia la misión del propio Cristo, que
2044   fue enviado a evangelizar a los pobres... impulsada por el Espíritu
Santo, debe avanzar por el mismo camino por el que avanzó Cristo; esto es, el camino de la pobreza, la obediencia, el servicio y la
inmolación de sí mismo hasta la muerte, de la que surgió victorio-
2473   so por su resurrección" (AG 5). Es así como la "sangre de los mártires es semilla de cristianos" (Tertuliano, apol. 50).

853   Pero en su peregrinación, la Iglesia experimenta también "hasta
qué punto distan entre sí el mensaje que ella proclama y la debilidad humana de aquellos a quienes se confía el Evangelio" (GS 43, 6). Sólo
1428   avanzando por el camino "de la conversión y la renovación" (LG 8; cf
15) y "por el estrecho sendero de Dios" (AG 1) es como el Pueblo de
Dios puede extender el reino de Cristo (cf RM 12-20). En efecto, "como
2443   Cristo realizó la obra de la redención en la persecución, también la Iglesia está llamada a seguir el mismo camino para comunicar a los hombres
los frutos de la salvación" (LG 8).

854   Por su propia misión, "la Iglesia... avanza junto con toda la humanidad y experimenta la misma suerte terrena del mundo, y existe como
fermento y alma de la sociedad humana, que debe ser renovada en Cristo
y transformada en familia de Dios" (GS 40, 2). El esfuerzo misionero
2105   exige entonces la *paciencia*. Comienza con el anuncio del Evangelio a los
pueblos y a los grupos que aún no creen en Cristo (cf RM 42-47); continúa con el establecimiento de comunidades cristianas, "signo de la
presencia de Dios en el mundo" (AG 15), y en la fundación de Iglesias
204   locales (cf RM 48-49); se implica en un proceso de inculturación para así
encarnar el Evangelio en las culturas de los pueblos (cf RM 52-54); en
este proceso no faltarán también los fracasos. "En cuanto se refiere a los
hombres, grupos y pueblos, solamente de forma gradual los toca y los penetra y de este modo los incorpora a la plenitud católica" (AG 6).

821   **855**   La misión de la Iglesia reclama el esfuerzo *hacia la unidad de
los cristianos* (cf RM 50). En efecto, "las divisiones entre los cristianos
son un obstáculo para que la Iglesia lleve a cabo la plenitud de la catolicidad que le es propia en aquellos hijos que, incorporados a ella ciertamente por el bautismo, están, sin embargo, separados de su plena comunión.
Incluso se hace más difícil para la propia Iglesia expresar la plenitud de
la catolicidad bajo todos los aspectos en la realidad misma de la vida"
(UR 4).

856   La tarea misionera implica un *diálogo respetuoso* con los que
839   todavía no aceptan el Evangelio (cf RM 55). Los creyentes pueden sacar
provecho para sí mismos de este diálogo aprendiendo a conocer mejor
"cuanto de verdad y de gracia se encontraba ya entre las naciones, como
por una casi secreta presencia de Dios" (AG 9). Si ellos anuncian la Bue-
843   na Nueva a los que la desconocen, es para consolidar, completar y elevar

la verdad y el bien que Dios ha repartido entre los hombres y los pueblos, y para purificarlos del error y del mal "para gloria de Dios, confusión del diablo y felicidad del hombre" (AG 9).

IV LA IGLESIA ES APOSTOLICA

857 La Iglesia es apostólica porque está fundada sobre los apóstoles, y esto en un triple sentido: 75

– Fue y permanece edificada sobre "el fundamento de los apóstoles" (Ef 2, 20; Hch 21, 14), testigos escogidos y enviados en misión por el mismo Cristo (cf Mt 28, 16-20; Hch 1, 8; 1 Co 9, 1; 15, 7-8; Ga 1, 1; etc.).

– Guarda y transmite, con la ayuda del Espíritu Santo que habita 171 en ella, la enseñanza (cf Hch 2, 42), el buen depósito, las sanas palabras oídas a los apóstoles (cf 2 Tm 1, 13-14).

– Sigue siendo enseñada, santificada y dirigida por los apóstoles hasta la vuelta de Cristo gracias a aquellos que les suceden en su 880 ministerio pastoral: el colegio de los obispos, "a los que asisten los presbíteros juntamente con el sucesor de Pedro y Sumo Pastor de la Iglesia" (AG 5):

> Porque no abandonas nunca a tu rebaño, sino que, por 1575 medio de los santos pastores, lo proteges y conservas, y quieres que tenga siempre por guía la palabra de aquellos mismos pastores a quienes tu Hijo dio la misión de anunciar el Evangelio (MR, Prefacio de los apóstoles).

La misión de los apóstoles

858 Jesús es el enviado del Padre. Desde el comienzo de su ministerio, "llamó a los que él quiso, y vinieron donde él. Instituyó 551 Doce para que estuvieran con él y para enviarlos a predicar" (Mc 3, 13-14). Desde entonces, serán sus "enviados" [es lo que significa la palabra griega "apostoloi"]. En ellos continúa su propia mi- 425; 1086 sión: "Como el Padre me envió, también yo os envío" (Jn 20, 21; cf 13, 20; 17, 18). Por tanto su ministerio es la continuación de la misión de Cristo: "Quien a vosotros recibe, a mí me recibe", dice a los Doce (Mt 10, 40; cf Lc 10, 16).

859 Jesús los asocia a su misión recibida del Padre: como "el Hijo no puede hacer nada por su cuenta" (Jn 5, 19.30), sino que todo lo recibe del Padre que le ha enviado, así, aquellos a quienes Jesús envía no pueden hacer nada sin El (cf Jn 15, 5) de quien reciben el encargo de la misión y el poder para cumplirla. Los apóstoles de Cristo saben por tanto que están calificados por Dios como "ministros de una nueva alianza" (2 Co 3, 6), "ministros de Dios" (2 Co 6, 4), "embajadores de Cristo" (2 Co 5, 20), "servidores de Cristo y administradores de los misterios de Dios" (1 Co 4, 1).

860 En el encargo dado a los apóstoles hay un aspecto intransmisible: ser los testigos elegidos de la Resurrección del Señor y los fundamentos de la Iglesia. Pero hay también un aspecto permanente de su misión. Cristo les ha prometido permanecer *con ellos* hasta el fin de los tiempos (cf Mt 28, 20). "Esta misión divina confiada por Cristo a los apóstoles tiene que durar hasta el fin del mundo, pues el Evangelio que tienen que transmitir es el principio de toda la vida de la Iglesia. Por eso los apóstoles se preocuparon de instituir... sucesores" (LG 20).

Los obispos sucesores de los apóstoles

861 "Para que continuase después de su muerte la misión a ellos confiada, encargaron mediante una especie de testamento a sus colaboradores más inmediatos que terminaran y consolidaran la obra que ellos empezaron. Les encomendaron que cuidaran de todo el rebaño en el que el Espíritu Santo les había puesto para ser los pastores de la Iglesia de Dios. Nombraron, por tanto, de esta manera a algunos varones y luego dispusieron que, después de su muerte, otros hombres probados les sucedieran en el ministerio" (LG 20; cf San Clemente Romano, Cor. 42; 44).

862 "Así como permanece el ministerio confiado personalmente por el Señor a Pedro, ministerio que debía ser transmitido a sus sucesores, de la misma manera permanece el ministerio de los apóstoles de apacentar la Iglesia, que debe ser elegido para siempre por el orden sagrado de los obispos". Por eso, la Iglesia enseña que "por institución divina los obispos han sucedido a los apóstoles como pastores de la Iglesia. El que los escucha, escucha a Cristo; el que, en cambio, los desprecia, desprecia a Cristo y al que lo envió" (LG 20).

El apostolado

863 Toda la Iglesia es apostólica mientras permanezca, a través de los sucesores de San Pedro y de los apóstoles, en comunión de fe y de vida con su origen. Toda la Iglesia es apostólica en cuanto que ella es "enviada" al mundo entero; todos los miembros de la Iglesia, aunque de diferentes maneras, tienen parte en este

---

Marginal references: 876, 642, 765, 1536, 77, 1087, 880, 1556, 900 envío. "La vocación cristiana, por su misma naturaleza, es también vocación al apostolado". Se llama "apostolado" a "toda la actividad del Cuerpo Místico" que tiende a "propagar el Reino de Cristo por toda la tierra" (AA 2). **2472**

864 "Siendo Cristo, enviado por el Padre, fuente y origen del apostolado de la Iglesia", es evidente que la fecundidad del apostolado, tanto el de los ministros ordenados como el de los laicos, depende de su unión vital con Cristo (cf Jn 15, 5; AA 4). Según sean **828** las vocaciones, las interpretaciones de los tiempos, los dones variados del Espíritu Santo, el apostolado toma las formas más diversas. Pero es siempre la caridad, conseguida sobre todo en la Euca- **824** ristía, "que es como el alma de todo apostolado" (AA 3). **1324**

865 La Iglesia es *una, santa, católica y apostólica* en su identi- **811** dad profunda y última, porque en ella existe ya y será consumado **541** al fin de los tiempos "el Reino de los cielos", "el Reino de Dios" (cf Ap 19, 6), que ha venido en la persona de Cristo y que crece misteriosamente en el corazón de los que le son incorporados hasta su plena manifestación escatológica. Entonces *todos* los hombres rescatados por él, hechos en él "*santos* e inmaculados en presencia de Dios en el Amor" (Ef 1, 4), serán reunidos como el *único* Pueblo de Dios, "la Esposa del Cordero" (Ap 21, 9), "la Ciudad Santa que baja del Cielo de junto a Dios y tiene la gloria de Dios" (Ap 21, 10-11); y "la muralla de la ciudad se asienta sobre doce piedras, que llevan los nombres de los *doce apóstoles del Cordero*" (Ap 21, 14).

RESUMEN

866 *La Iglesia es **una:** tiene un solo Señor, confiesa una sola fe, nace de un solo Bautismo, no forma más que un solo Cuerpo, vivificado por un solo Espíritu, orientado a una única esperanza (cf Ef 4, 3-5) a cuyo término se superarán todas las divisiones.*

867 *La Iglesia es **santa:** Dios santísimo es su autor; Cristo, su Esposo, se entregó por ella para santificarla; el Espíritu de santidad la vivifica. Aunque comprenda pecadores, ella es "ex maculatis immaculata" ("inmaculada aunque compuesta de pecadores"). En los santos brilla su santidad; en María es ya la enteramente santa.*

868 *La Iglesia es **católica:** Anuncia la totalidad de la fe; lleva en sí y administra la plenitud de los medios de salvación;*

es enviada a todos los pueblos; se dirige a todos los hombres; abarca todos los tiempos; "es, por su propia naturaleza, misionera" (AG 2).

869 *La Iglesia es **apostólica**: Está edificada sobre sólidos cimientos: "los doce apóstoles del Cordero" (Ap 21, 14); es indestructible (cf Mt 16, 18); se mantiene infaliblemente en la verdad: Cristo la gobierna por medio de Pedro y los demás apóstoles, presentes en sus sucesores, el Papa y el colegio de los obispos.*

870 *"La única Iglesia de Cristo, de la que confesamos en el Credo que es una, santa, católica y apostólica... subsiste en la Iglesia católica, gobernada por el sucesor de Pedro y por los obispos en comunión con él. Sin duda, fuera de su estructura visible pueden encontrarse muchos elementos de santificación y de verdad" (LG 8).*

Párrafo 4   **LOS FIELES DE CRISTO: JERARQUIA, LAICOS, VIDA CONSAGRADA**

1268-1269   **871**   "Son fieles cristianos quienes, incorporados a Cristo por el bautismo, se integran en el Pueblo de Dios y, hechos partícipes a su modo por esta razón de la función sacerdotal, profética y real de Cristo, cada uno según su propia condición, son llamados a desempeñar la misión que Dios encomendó cumplir a la Iglesia en el mundo" (CIC can. 204, 1; cf LG 31).

782-786

1934   **872**   "Por su regeneración en Cristo, se da entre todos los fieles una verdadera igualdad en cuanto a la dignidad y acción, en virtud de la cual todos, según su propia condición y oficio, cooperan a la edificación del Cuerpo de Cristo" (CIC can. 208; cf LG 32).

794

814; 1937   **873**   Las mismas diferencias que el Señor quiso poner entre los miembros de su Cuerpo sirven a su unidad y a su misión. Porque "hay en la Iglesia diversidad de ministerios, pero unidad de misión. A los apóstoles y sus sucesores les confirió Cristo la función de enseñar, santificar y gobernar en su propio nombre y autoridad. Pero también los laicos, partícipes de la función sacerdotal, profética y real de Cristo, cumplen en la Iglesia y en el mundo la parte que les corresponde en la misión de todo el Pueblo de Dios" (AA 2). En fin, "en esos dos grupos [jerarquía y laicos] hay fieles que por la profesión de los consejos evangélicos... se consagran a Dios y contribuyen a la misión salvífica de la Iglesia según la manera peculiar que les es propia" (CIC can. 207, 2).

I   LA CONSTITUCION JERARQUICA DE LA IGLESIA

Razón del ministerio eclesial

874   El mismo Cristo es la fuente del ministerio en la Iglesia.   1544
El lo ha instituido, le ha dado autoridad y misión, orientación y finalidad:

> Cristo el Señor, para dirigir al Pueblo de Dios y hacerle
> progresar siempre, instituyó en su Iglesia diversos ministerios
> que está ordenados al bien de todo el Cuerpo. En efecto, los mi-
> nistros que posean la sagrada potestad están al servicio de sus
> hermanos para que todos los que son miembros del Pueblo de
> Dios... lleguen a la salvación (LG 18).

875   "¿Cómo creerán en aquél a quien no han oído?, ¿cómo oirán sin que se les predique?, y ¿cómo predicarán si no son enviados?" (Rm 10, 14-15). Nadie, ningún individuo ni ninguna comunidad, puede anunciarse a sí mismo el Evangelio. "La fe viene de   166
la predicación" (Rm 10, 17). Nadie se puede dar a sí mismo el
mandato ni la misión de anunciar el Evangelio. El enviado del Señor habla y obra no con autoridad propia, sino en virtud de la autoridad de Cristo; no como miembro de la comunidad, sino hablando
a ella en nombre de Cristo. Nadie puede conferirse a sí mismo la
gracia, ella debe ser dada y ofrecida. Eso supone ministros de la
gracia, autorizados y habilitados por parte de Cristo. De El reciben
la misión y la facultad [el "poder sagrado"] de actuar "in persona
Christi Capitis". Este ministerio, en el cual los enviados de Cristo   1548
hacen y dan, por don de Dios, lo que ellos, por sí mismos, no pueden hacer ni dar, la tradición de la Iglesia lo llama "sacramento".
El ministerio de la Iglesia se confiere por medio de un sacramento   1536
específico.

876   El *carácter de servicio* del ministerio eclesial está intrín-   1551
secamente ligado a la naturaleza sacramental. En efecto, enteramente dependiente de Cristo que da misión y autoridad, los ministros son verdaderamente "esclavos de Cristo" (Rm 1, 1), a imagen
de Cristo que, libremente ha tomado por nosotros "la forma de esclavo" (Flp 2, 7). Como la palabra y la gracia de la cual son ministros no son de ellos, sino de Cristo que se las ha confiado para los   427
otros, ellos se harán libremente esclavos de todos (cf 1 Co 9, 19).

877   De igual modo es propio de la naturaleza sacramental del
ministerio eclesial tener un *carácter colegial*. En efecto, desde el   1559
comienzo de su ministerio, el Señor Jesús instituyó a los Doce,
"semilla del Nuevo Israel, a la vez que el origen de la jerarquía sagrada" (AG 5). Elegidos juntos, también fueron enviados juntos, y

su unidad fraterna estará al servicio de la comunión fraterna de todos los fieles; será como un reflejo y un testimonio de la comunión de las Personas divinas (cf Jn 17, 21-23). Por eso, todo obispo ejerce su ministerio en el seno del colegio episcopal, en comunión con el obispo de Roma, sucesor de San Pedro y jefe del colegio; los presbíteros ejercen su ministerio en el seno del presbiterio de la diócesis, bajo la dirección de su obispo.

878 Por último, es propio también de la naturaleza sacramental del ministerio eclesial tener *carácter personal.* Cuando los ministros de Cristo actúan en comunión, actúan siempre también de manera personal. Cada uno ha sido llamado personalmente ("Tú sígueme", Jn 21, 22; cf Mt 4, 19.21; Jn 1, 43) para ser, en la misión común, testigo personal, que es personalmente portador de la responsabilidad ante Aquel que da la misión, que actúa "in persona

1484   Christi" y en favor de personas : "Yo te bautizo en el nombre del Padre ..."; "Yo te perdono...".

879 El ministerio sacramental en la Iglesia es, pues, un servicio colegial y personal a la vez, ejercido en nombre de Cristo. Esto se verifica en los vínculos entre el colegio episcopal y su jefe, el sucesor de San Pedro, y en la relación entre la responsabilidad pastoral del obispo en su Iglesia particular y la común solicitud del colegio episcopal hacia la Iglesia universal.

El colegio episcopal y su cabeza, el Papa

552; 862   **880** Cristo, al instituir a los Doce, "formó una especie de Colegio o grupo estable y eligiendo de entre ellos a Pedro lo puso al frente de él" (LG 19). "Así como, por disposición del Señor, San Pedro y los demás apóstoles forman un único colegio apostólico, por análogas razones están unidos entre sí el Romano Pontífice, sucesor de Pedro, y los obispos, sucesores de los apóstoles" (LG 22; cf CIC can 330).

881 El Señor hizo de Simón, al que dio el nombre de Pedro, y
553   solamente de él, la piedra de su Iglesia. Le entregó las llaves de ella (cf Mt 16, 18-19); lo instituyó pastor de todo el rebaño (cf Jn 21, 15-17). "Está claro que también el Colegio de los apóstoles, unido a su Cabeza, recibió la función de atar y desatar dada a Pedro" (LG 22). Este oficio pastoral de Pedro y de los demás após-
642   les pertenece a los cimientos de la Iglesia. Se continúa por los obispos bajo el primado del Papa.

882 El *Papa,* obispo de Roma y sucesor de San Pedro, "es el principio y fundamento perpetuo y visible de unidad, tanto de los obispos como de la muchedumbre de los fieles" (LG 23). "El Pontífice Romano, en efecto, tiene en la Iglesia, en virtud de su función de Vicario de Cristo y Pastor de toda la Iglesia, la potestad plena, suprema y universal, que puede ejercer siempre con entera libertad" (LG 22; cf CD 2; 9).

834
1369
837

883 "El *Colegio o cuerpo episcopal* no tiene ninguna autoridad si no se le considera junto con el Romano Pontífice, sucesor de Pedro, como Cabeza del mismo". Como tal, este Colegio es "también sujeto de la potestad suprema y plena sobre toda la Iglesia" que "no se puede ejercer... a no ser con el consentimiento del Romano Pontífice" (LG 22; cf CIC can. 336).

884 "La potestad del Colegio de los obispos sobre toda la Iglesia se ejerce de modo solemne en el Concilio Ecuménico" (CIC can. 337, 1). "No existe concilio ecuménico si el sucesor de Pedro no lo ha aprobado o al menos aceptado como tal" (LG 22).

885 "Este colegio, en cuanto compuesto de muchos, expresa la diversidad y la unidad del Pueblo de Dios; en cuanto reunido bajo una única Cabeza, expresa la unidad del rebaño de Dios" (LG 22).

886 "Cada uno de los *obispos,* por su parte, es el principio y fundamento visible de unidad en sus Iglesias particulares" (LG 23). Como tales ejercen "su gobierno pastoral sobre la porción del Pueblo de Dios que le ha sido confiada" (LG 23), asistidos por los presbíteros y los diáconos. Pero, como miembros del colegio episcopal, cada uno de ellos participa de la solicitud por todas las Iglesias (cf CD 3), que ejercen primeramente "dirigiendo bien su propia Iglesia, como porción de la Iglesia universal", contribuyen eficazmente "al Bien de todo el Cuerpo místico que es también el Cuerpo de las Iglesias" (LG 23). Esta solicitud se extenderá particularmente a los pobres (cf Ga 2, 10), a los perseguidos por la fe y a los misioneros que trabajan por toda la tierra.

1560
833

2448

887 Las Iglesias particulares vecinas y de cultura homogénea forman provincias eclesiásticas o conjuntos más vastos llamados patriarcados o regiones (cf Canon de los Apóstoles 34). Los obispos de estos territorios pueden reunirse en sínodos o concilios provinciales. "De igual manera, hoy día, las Conferencias Episcopales pueden prestar una ayuda múltiple y fecunda para que el afecto colegial se traduzca concretamente en la práctica" (LG 23).

85-87;
2032-2040

La misión de enseñar

2068

888   Los obispos con los presbíteros, sus colaboradores, "tienen como primer deber el anunciar a todos el Evangelio de Dios" (PO 4), según la orden del Señor (cf Mc 16, 15). Son "los predicadores del Evangelio que llevan nuevos discípulos a Cristo. Son también los maestros auténticos, por estar dotados de la autoridad de Cristo" (LG 25).

889   Para mantener a la Iglesia en la pureza de la fe transmitida por los apóstoles, Cristo, que es la Verdad, quiso conferir a su Iglesia una participación en su propia infalibilidad. Por medio del 92 "sentido sobrenatural de la fe", el Pueblo de Dios "se une indefectiblemente a la fe", bajo la guía del Magisterio vivo de la Iglesia (cf LG 12; DV 10).

890   La misión del Magisterio está ligada al carácter definitivo 851 de la Alianza instaurada por Dios en Cristo con su Pueblo; debe protegerlo de las desviaciones y de los fallos, y garantizarle la posibilidad objetiva de profesar sin error la fe auténtica. El oficio pastoral del Magisterio está dirigido, así, a velar para que el Pueblo de Dios permanezca en la verdad que libera. Para cumplir este 1785 servicio, Cristo ha dotado a los pastores con el carisma de infalibilidad en materia de fe y de costumbres. El ejercicio de este carisma puede revestir varias modalidades:

891   "El Romano Pontífice, Cabeza del Colegio espicopal, goza de esta infalibilidad en virtud de su ministerio cuando, como Pastor y Maestro supremo de todos los fieles que confirma en la fe a sus hermanos, proclama por un acto definitivo la doctrina en cuestiones de fe y moral... La infalibilidad prometida a la Iglesia reside también en el Cuerpo episcopal cuando ejerce el magisterio supremo con el sucesor de Pedro", sobre todo en un concilio ecuménico (LG 25; cf Vaticano I: DS 3074). Cuando la Iglesia propone por medio de su Magisterio supremo que algo se debe aceptar "como revelado por Dios para ser creído" (DV 10) y como enseñanza de Cristo, "hay que aceptar sus definiciones con la obediencia de la fe" (LG 25). Esta infalibilidad abarca todo el depósito de la Revelación divina (cf LG 25).

892   La asistencia divina es también concedida a los sucesores de los apóstoles, cuando enseñan en comunión con el sucesor de Pedro (y, de una manera particular, al obispo de Roma, Pastor de toda la Iglesia), aunque, sin llegar a una definición infalible y sin pronunciarse de una "manera definitiva", proponen, en el ejercicio del magisterio ordinario, una enseñanza que conduce a una mejor inteligencia de la Revelación en materia de fe y de costumbres. A esta enseñanza ordinaria, los fieles deben "adherirse... con espíritu de obediencia religiosa" (LG 25) que, aunque distinto del asentimiento de la fe, es una prolongación de él.

La misión de santificar

893   El obispo "es el administrador de la gracia del sumo sacerdocio" (LG 26), en particular en la Eucaristía que él mismo ofrece, 1561 o cuya oblación asegura por medio de los presbíteros, sus colaboradores. Porque la Eucaristía es el centro de la vida de la Iglesia particular. El obispo y los presbíteros santifican la Iglesia con su oración y su trabajo, por medio del ministerio de la palabra y de los sacramentos. La santifican con su ejemplo, "no tiranizando a los que os ha tocado cuidar, sino siendo modelos de la grey" (1 P 5, 3). Así es como llegan "a la vida eterna junto con el rebaño que les fue confiado" (LG 26).

La misión de gobernar

894   "Los obispos, como vicarios y legados de Cristo, gobiernan las Iglesias particulares que se les han confiado no sólo con sus proyectos, con sus consejos y con ejemplos, sino también con su autoridad y potestad sagrada" (LG 27), que deben, no obstante, ejercer para edificar con espíritu de servicio que es el de su Maestro (cf Lc 22, 26-27). 801

895   "Esta potestad, que desempeñan personalmente en nombre 1558 de Cristo, es propia, ordinaria e inmediata. Su ejercicio, sin embargo, está regulado en último término por la suprema autoridad de la Iglesia" (LG 27). Pero no se debe considerar a los obispos como vicarios del Papa, cuya autoridad ordinaria e inmediata sobre toda la Iglesia no anula la de ellos, sino que, al contrario, la confirma y tutela. Esta autoridad debe ejercerse en comunión con toda la Iglesia bajo la guía del Papa.

896   El Buen Pastor será el modelo y la "forma" de la misión pastoral del obispo. Consciente de sus propias debilidades, el obis- 1550 po "puede disculpar a los ignorantes y extraviados. No debe negarse nunca a escuchar a sus súbditos, a los que cuida como verdaderos hijos... Los fieles, por su parte, deben estar unidos a su obispo como la Iglesia a Cristo y como Jesucristo al Padre" (LG 27):

> Seguid todos al obispo como Jesucristo (sigue) a su Padre, y al presbiterio como a los apóstoles; en cuanto a los diáconos, respetadlos como a la ley de Dios. Que nadie haga al margen del obispo nada en lo que atañe a la Iglesia (San Ignacio de Antioquía, Smyrn. 8, 1)

II   LOS FIELES LAICOS

873 **897**   "Por laicos se entiende aquí a todos los cristianos, excepto los miembros del orden sagrado y del estado religioso reconocido en la Iglesia. Son, pues, los cristianos que están incorporados a Cristo por el bautismo, que forman el Pueblo de Dios y que participan de las funciones de Cristo, Sacerdote, Profeta y Rey. Ellos realizan, según su condición, la misión de todo el pueblo cristiano en la Iglesia y en el mundo" (LG 31).

La vocación de los laicos

2105 **898**   "Los laicos tienen como vocación propia el buscar el Reino de Dios ocupándose de las realidades temporales y ordenándolas según Dios... A ellos de manera especial les corresponde iluminar y ordenar todas las realidades temporales, a las que están estrechamente unidos, de tal manera que éstas lleguen a ser según Cristo, se desarrollen y sean para alabanza del Creador y Redentor" (LG 31).

2442 **899**   La iniciativa de los cristianos laicos es particularmente necesaria cuando se trata de descubrir o de idear los medios para que las exigencias de la doctrina y de la vida cristianas impregnen las realidades sociales, políticas y económicas. Esta iniciativa es un elemento normal de la vida de la Iglesia:

> Los fieles laicos se encuentran en la línea más avanzada de la vida de la Iglesia; por ellos la Iglesia es el principio vital de la sociedad. Por tanto ellos, especialmente, deben tener conciencia, cada vez más clara, no sólo de pertenecer a la Iglesia, sino de ser la Iglesia; es decir, la comunidad de los fieles sobre la tierra bajo la guía del jefe común, el Papa, y de los obispos en comunión con él. Ellos son la Iglesia (Pío XII, discurso 20 febrero 1946; citado por Juan Pablo II, CL 9).

900   Como todos los fieles, los laicos están encargados por
863 Dios del apostolado en virtud del bautismo y de la confirmación y por eso tienen la obligación y gozan del derecho, individualmente o agrupados en asociaciones, de trabajar para que el mensaje divino de salvación sea conocido y recibido por todos los hombres y en toda la tierra; esta obligación es tanto más apremiante cuando sólo por medio de ellos los demás hombres pueden oír el Evange-

lio y conocer a Cristo. En las comunidades eclesiales, su acción es tan necesaria que, sin ella, el apostolado de los pastores no puede obtener en la mayoría de las veces su plena eficacia (cf LG 33).

La participación de los laicos en la misión sacerdotal de Cristo

901   "Los laicos, consagrados a Cristo y ungidos por el Espíritu Santo, están maravillosamente llamados y preparados para producir siempre los frutos más abundantes del Espíritu. En efecto, todas sus obras, oraciones, tareas apostólicas, la vida conyugal y familiar, el trabajo diario, el descanso espiritual y corporal, si se realizan en el Espíritu, incluso las molestias de la vida, si se llevan con paciencia, todo ello se convierte en sacrificios espirituales agradables a Dios por Jesucristo, que ellos ofrecen con toda piedad a Dios Padre en la celebración de la Eucaristía uniéndolos a la ofrenda del cuerpo del Señor. De esta manera, también los laicos, como adoradores que en todas partes llevan una conducta sana, consagran el mundo mismo a Dios" (LG 34; cf LG 10).

784; 1268

358

902   De manera particular, los padres participan de la misión de santificación "impregnando de espíritu cristiano la vida conyugal y procurando la educación cristiana de los hijos" (CIC can. 835, 4).

903   Los laicos, si tienen las cualidades requeridas, pueden ser admitidos de manera estable a los ministerios de lectores y de acólito (cf CIC can. 230, 1). "Donde lo aconseje la necesidad de la Iglesia y no haya ministros, pueden también los laicos, aunque no sean lectores ni acólitos, suplirles en algunas de sus funciones, es decir, ejercitar el ministerio de la palabra, presidir las oraciones litúrgicas, administrar el bautismo y dar la sagrada Comunión, según las prescripciones del derecho" (CIC can. 230, 3).

1143

Su participación en la misión profética de Cristo

904   "Cristo... realiza su función profética... no sólo a través de la jerarquía... sino también por medio de los laicos. El los hace sus testigos y les da el sentido de la fe y la gracia de la palabra" (LG 35).

785

92

> Enseñar a alguien para traerlo a la fe es tarea de todo predicador e incluso de todo creyente (Sto. Tomás de A., s. th. III, 71, 4, ad 3).

905   Los laicos cumplen también su misión profética evangelizando, con "el anuncio de Cristo comunicado con el testimonio de la vida y de la palabra". En los laicos, esta evangelización "adquiere una nota específica y una eficacia particular por el hecho

2044

de que se realiza en las condiciones generales de nuestro mundo"
(LG 35):

2472

> Este apostolado no consiste sólo en el testimonio de vida;
> el verdadero apostolado busca ocasiones para anunciar a Cristo
> con su palabra, tanto a los no creyentes... como a los fieles (AA
> 6; cf AG 15).

906 Los fieles laicos que sean capaces de ello y que se formen para ello también pueden prestar su colaboración en la formación catequética (cf CIC can. 774, 776, 780), en la enseñanza de las ciencias sagradas (cf CIC can. 229), en los medios de comunicación social (cf CIC can. 823, 1).

2495

907 "Tienen el derecho, y a veces incluso el deber, en razón de su propio conocimiento, competencia y prestigio, de manifestar a los pastores sagrados su opinión sobre aquello que pertenece al bien de la Iglesia y de manifestarla a los demás fieles, salvando siempre la integridad de la fe y de las costumbres y la reverencia hacia los pastores, habida cuenta de la utilidad común y de la dignidad de las personas" (CIC can. 212, 3).

Su participación en la misión real de Cristo

786

908 Por su obediencia hasta la muerte (cf Flp 2, 8-9), Cristo ha comunicado a sus discípulos el don de la libertad regia, "para que vencieran en sí mismos, con la propia renuncia y una vida santa, al reino del pecado" (LG 36).

> El que somete su propio cuerpo y domina su alma, sin
> dejarse llevar por las pasiones es dueño de sí mismo: se puede
> llamar rey porque es capaz de gobernar su propia persona; es li-
> bre e independiente y no se deja cautivar por una esclavitud cul-
> pable (San Ambrosio, Psal. 118, 14, 30: PL 15, 1403A).

909 "Los laicos, además, juntando también sus fuerzas, han de sanear las estructuras y las condiciones del mundo, de tal forma que, si algunas de sus costumbres incitan al pecado, todas ellas sean conformes con las normas de la justicia y favorezcan en vez de impedir la práctica de las virtudes. Obrando así, impregnarán de valores morales toda la cultura y las realizaciones humanas" (LG 36).

1887

910 "Los seglares también pueden sentirse llamados o ser llamados a colaborar con sus pastores en el servicio de la comunidad eclesial, para el crecimiento y la vida de ésta, ejerciendo ministerios muy diversos según la gracia y los carismas que el Señor quiera concederles" (EN 73).

799

911 En la Iglesia, "los fieles laicos pueden cooperar a tenor del derecho en el ejercicio de la potestad de gobierno" (CIC can. 129, 2). Así, con su presencia en los concilios particulares (can. 443, 4), los sínodos diocesanos (can. 463, 1 y 2), los consejos pastorales (can. 511; 536); en el ejercicio "in solidum" de la tarea pastoral de una parroquia (can. 517, 2); la colaboración en los consejos de los asuntos económicos (can. 492, 1; 536); la participación en los tribunales eclesiásticos (can. 1421, 2), etc.

912 Los fieles han de "aprender a distinguir cuidadosamente entre los derechos y deberes que tienen como miembros de la Iglesia y los que les corresponden como miembros de la sociedad humana. Deben esforzarse en integrarlos en buena armonía, recordando que en cualquier cuestión temporal han de guiarse por la conciencia cristiana. En efecto, ninguna actividad humana, ni siquiera en los asuntos temporales, puede sustraerse a la soberanía de Dios" (LG 36). 2245

913 "Así, todo laico, por el simple hecho de haber recibido sus dones, es a la vez testigo e instrumento vivo de la misión de la Iglesia misma 'según la medida del don de Cristo'" (LG 33).

III   LA VIDA CONSAGRADA

914 "El estado de vida que consiste en la profesión de los consejos evangélicos, aunque no pertenezca a la estructura de la Iglesia, pertenece, sin embargo, sin discusión a su vida y a su santidad" (LG 44). 2103

Consejos evangélicos, vida consagrada

915 Los consejos evangélicos están propuestos en su multiplicidad a todos los discípulos de Cristo. La perfección de la caridad a la cual son llamados todos los fieles implica, para quienes asumen libremente el llamamiento a la vida consagrada, la obligación de practicar la castidad en el celibato por el Reino, la pobreza y la obediencia. La *profesión* de estos consejos en un estado de vida estable reconocido por la Iglesia es lo que caracteriza la "vida consagrada" a Dios (cf LG 42-43; PC 1). 1973-1974

916 El estado religioso aparece por consiguiente como una de las maneras de vivir una consagración "más íntima" que tiene su raíz en el bautismo y se dedica totalmente a Dios (cf PC 5). En la vida consagrada, los fieles de Cristo se proponen, bajo la moción del Espíritu Santo, seguir más de cerca a Cristo, entregarse a Dios amado por encima de todo y, persiguiendo la perfección de la caridad en el servicio del Reino, significar y anunciar en la Iglesia la gloria del mundo futuro (cf CIC can. 573). 2687

933

Un gran árbol, múltiples ramas

2684   **917**   "El resultado ha sido una especie de árbol en el campo de Dios, maravilloso y lleno de ramas, a partir de una semilla puesta por Dios. Han crecido, en efecto, diversas formas de vida, solitaria o comunitaria, y diversas familias religiosas que se desarrollan para el progreso de sus miembros y para el bien de todo el Cuerpo de Cristo" (LG 43).

918   "Desde los comienzos de la Iglesia hubo hombres y mujeres que intentaron, con la práctica de los consejos evangélicos, seguir con mayor libertad a Cristo e imitarlo con mayor precisión. Cada uno a su manera, vivió entregado a Dios. Muchos, por inspiración del Espíritu Santo, vivieron en la soledad o fundaron familias religiosas, que la Iglesia reconoció y aprobó gustosa con su autoridad" (PC 1).

919   Los obispos se esforzarán siempre en discernir los nuevos dones de vida consagrada confiados por el Espíritu Santo a su Iglesia; la aprobación de nuevas formas de vida consagrada está reservada a la Sede Apostólica (cf CIC can. 605).

La vida eremítica

920   Sin profesar siempre públicamente los tres consejos evangélicos, los ermitaños, "con un apartamiento más estricto del mundo, el silencio de la soledad, la oración asidua y la penitencia, dedican su vida a la alabanza de Dios y salvación del mundo" (CIC can. 603 1).

2719   **921**   Los eremitas presentan a los demás ese aspecto interior del misterio de la Iglesia que es la intimidad personal con Cristo. Oculta a los ojos de los hombres, la vida del eremita es predicación silenciosa de Aquel a quien ha entregado su vida, porque El es todo para él. En este caso se trata de un llamamiento particular a 2015   encontrar en el desierto, en el combate espiritual, la gloria del Crucificado.

Las vírgenes consagradas

1618-1620   **922**   Desde los tiempos apostólicos, vírgenes cristianas llamadas por el Señor para consagrarse a El enteramente (cf 1 Co 7, 34-36) con una libertad mayor de corazón, de cuerpo y de espíritu, han tomado la decisión, aprobada por la Iglesia, de vivir en estado de virginidad "a causa del Reino de los cielos" (Mt 19, 12).

923   "Formulando el propósito santo de seguir más de cerca a 1537   Cristo, [las vírgenes] son consagradas a Dios por el obispo diocesano según el rito litúrgico aprobado, celebran desposorios místicos con Jesucristo, Hijo de Dios, y se entregan al servicio de la Iglesia" (CIC can. 604, 1). Por medio este rito solemne ("Consecratio virginum", "Consagración de vírgenes"), "la virgen es constituida en persona consagrada" como "signo trascendente del amor de la Iglesia hacia Cristo, imagen escatológica de esta Esposa del Cielo y de la vida futura" (Ordo Cons. Virg., Praenot. 1).

924 "Semejante a otras formas de vida consagrada" (CIC can. 604), el orden de las vírgenes sitúa a la mujer que vive en el mundo (o a la monja) en el ejercicio de la oración, de la penitencia, del servicio a los hermanos y del trabajo apostólico, según el estado y los carismas respectivos ofrecidos a cada una (OCV Praenot. 2). Las vírgenes consagradas pueden asociarse para guardar su propósito con mayor fidelidad (CIC can. 604, 2).

La vida religiosa

925 Nacida en Oriente en los primeros siglos del cristianismo (cf UR 15) y vivida en los institutos canónicamente erigidos por la Iglesia (cf CIC can. 573), la vida religiosa se distingue de las otras formas de vida consagrada por el aspecto cultual, la profesión pública de los consejos evangélicos, la vida fraterna llevada en común, y por el testimonio dado de la unión de Cristo y de la Iglesia (cf CIC can. 607).

926 La vida religiosa nace del misterio de la Iglesia. Es un don que la Iglesia recibe de su Señor y que ofrece como un estado de vida estable al fiel llamado por Dios a la profesión de los consejos. Así la Iglesia puede a la vez manifestar a Cristo y reconocerse como Esposa del Salvador. La vida religiosa está invitada a significar, bajo estas diversas formas, la caridad misma de Dios, en el lenguaje de nuestro tiempo.

927 Todos los religiosos, exentos o no (cf CIC can. 591), se encuentran entre los colaboradores del obispo diocesano en su misión pastoral (cf CD 33-35). La implantación y la expansión misionera de la Iglesia requieren la presencia de la vida religiosa en todas sus formas "desde el período de implantación de la Iglesia" (AG 18; 40). "La historia da testimonio de los grandes méritos de las familias religiosas en la propagación de la fe y en la formación de las nuevas Iglesias: desde las antiguas instituciones monásticas, las órdenes medievales y hasta las congregaciones modernas" (Juan Pablo II, RM 69).

Los institutos seculares

928 "Un instituto secular es un instituto de vida consagrada en el cual los fieles, viviendo en el mundo, aspiran a la perfección de la caridad, y se dedican a procurar la santificación del mundo sobre todo desde dentro de él" (CIC can. 710).

929 Por medio de una "vida perfectamente y enteramente consagrada a [esta] santificación" (Pío XII, const. ap. "Provida Mater"), los miembros de estos institutos participan en la tarea de evangelización de la Iglesia, "en el mundo y desde el mundo", donde su presencia obra a la manera de un "fermento" (PC 11). Su "testimonio de vida cristiana" mira a "ordenar según Dios las realidades temporales y a penetrar el mundo con la fuerza del Evangelio". Mediante vínculos sagrados, asumen los consejos evangélicos y observan entre sí la comunión y la fraternidad propias de su "modo de vida secular" (CIC can. 713, 2).

901

Las sociedades de vida apostólica

930 Junto a las diversas formas de vida consagrada se encuentran "las sociedades de vida apostólica, cuyos miembros, sin votos religiosos, buscan el fin apostólico propio de la sociedad y, llevando vida fraterna en común, según el propio modo de vida, aspiran a la perfección de la caridad por la observancia de las constituciones. Entre éstas, existen sociedades cuyos miembros abrazan los consejos evangélicos mediante un vínculo determinado por las constituciones" (CIC can. 731, 1 y 2).

Consagración y misión: anunciar el Rey que viene

931 Aquel que por el bautismo fue consagrado a Dios, entregándose a él como al sumamente amado, se consagra, de esta manera, aún más íntimamente al servicio divino y se entrega al bien de la Iglesia. Mediante el estado de consagración a Dios, la Iglesia manifiesta a Cristo y muestra cómo el Espíritu Santo obra en ella de modo admirable. Por tanto, los que profesan los consejos evangélicos tienen como primera misión vivir su consagración. Pero "ya que por su misma consagración se dedican al servicio de la Iglesia están obligados a contribuir de modo especial a la tarea misionera, según el modo propio de su instituto" (CIC 783; cf RM 69).

775 **932** En la Iglesia que es como el sacramento, es decir, el signo y el instrumento de la vida de Dios, la vida consagrada aparece como un signo particular del misterio de la Redención. Seguir e imitar a Cristo "desde más cerca", manifestar "más claramente" su

anonadamiento, es encontrarse "más profundamente" presente, en el corazón de Cristo, con sus contemporáneos. Porque los que siguen este camino "más estrecho" estimulan con su ejemplo a sus hermanos; les dan este testimonio admirable de "que sin el espíritu de las bienaventuranzas no se puede transformar este mundo y ofrecerlo a Dios" (LG 31).

933 Sea público este testimonio, como en el estado religioso, o más discreto, o incluso secreto, la venida de Cristo es siempre para todos los consagrados el origen y la meta de su vida: 672

> El Pueblo de Dios, en efecto, no tiene aquí una ciudad permanente, sino que busca la futura. Por eso el estado religioso... manifiesta también mucho mejor a todos los creyentes los bienes del cielo, ya presentes en este mundo. También da testimonio de la vida nueva y eterna adquirida por la redención de Cristo y anuncia ya la resurrección futura y la gloria del Reino de los cielos (LG 44). 769

RESUMEN

934 *"Por institución divina, entre los fieles hay en la Iglesia ministros sagrados, que en el derecho se denominan clérigos; los demás se llaman laicos". Hay, por otra parte, fieles que perteneciendo a uno de ambos grupos, por la profesión de los consejos evangélicos, se consagran a Dios y sirven así a la misión de la Iglesia (CIC can. 207, 1, 2).*

935 *Para anunciar su fe y para implantar su Reino, Cristo envía a sus apóstoles y a sus sucesores. El les da parte en su misión. De El reciben el poder de obrar en su nombre.*

936 *El Señor hizo de San Pedro el fundamento visible de su Iglesia. Le dio las llaves de ella. El obispo de la Iglesia de Roma, sucesor de San Pedro, es la "Cabeza del Colegio de los Obispos, Vicario de Cristo y Pastor de la Iglesia universal en la tierra" (CIC can. 331).*

937 *El Papa "goza, por institución divina, de una potestad suprema, plena, inmediata y universal para cuidar las almas" (CD 2).*

938 *Los obispos, instituidos por el Espíritu Santo, suceden a los apóstoles. "Cada uno de los obispos, por su parte, es el principio y fundamento visible de unidad en sus Iglesias particulares" (LG 23).*

939   *Los obispos, ayudados por los presbíteros, sus colabora-*
            dores, y por los diáconos, tienen la misión de enseñar au-
            ténticamente la fe, de celebrar el culto divino, sobre todo
            la Eucaristía, y de dirigir su Iglesia como verdaderos pas-
            tores. A su misión pertenece también el cuidado de todas
            las Iglesias, con y bajo el Papa.

940   *"Siendo propio del estado de los laicos vivir en medio del*
            mundo y de los negocios temporales, Dios les llama a que
            movidos por el espíritu cristiano, ejerzan su apostolado en
            el mundo a manera de fermento" (AA 2).

941   *Los laicos participan en el sacerdocio de Cristo: cada vez*
            más unidos a El, despliegan la gracia del Bautismo y la
            de la Confirmación a través de todas las dimensiones de
            la vida personal, familiar, social y eclesial y realizan así el
            llamamiento a la santidad dirigido a todos los bautizados.

942   *Gracias a su misión profética, los laicos "están llamados*
            a ser testigos de Cristo en todas las cosas, también en el
            interior de la sociedad humana" (GS 43, 4).

943   *Debido a su misión regia, los laicos tienen el poder de*
            arrancar al pecado su dominio sobre sí mismos y sobre el
            mundo por medio de su abnegación y santidad de vida (cf
            LG 36).

944   *La vida consagrada a Dios se caracteriza por la profesión*
            pública de los consejos evangélicos de pobreza, castidad y
            obediencia en un estado de vida estable reconocido por la
            Iglesia.

945   *Entregado a Dios supremamente amado, aquel a quien el*
            Bautismo ya había destinado a El, se encuentra en el esta-
            do de vida consagrada, más íntimamente comprometido
            en el servicio divino y dedicado al bien de toda la Iglesia.

1474-1477   Párrafo 5   **LA COMUNION DE LOS SANTOS**

946   Después de haber confesado "la Santa Iglesia Católica", el
Símbolo de los Apóstoles añade "la comunión de los santos". Este
artículo es, en cierto modo, una explicitación del anterior: "¿Qué
823   es la Iglesia, sino la asamblea de todos los santos?" (Nicetas,
symb. 10). La comunión de los santos es precisamente la Iglesia.

947   "Como todos los creyentes forman un solo cuerpo, el bien
de los unos se comunica a los otros... Es, pues, necesario creer que

existe una comunión de bienes en la Iglesia. Pero el miembro más importante es Cristo, ya que El es la cabeza... Así, el bien de Cristo es comunicado a todos los miembros, y esta comunicación se hace por los sacramentos de la Iglesia" (Santo Tomás, symb. 10). "Como esta Iglesia está gobernada por un solo y mismo Espíritu, todos los bienes que ella ha recibido forman necesariamente un fondo común" (Catech. R. 1, 10, 24). 790

948 La expresión "comunión de los santos" tiene entonces dos significados estrechamente relacionados: "comunión en las cosas santas ['sancta']" y "comunión entre las personas santas ['sancti']". 1331

> *"Sancta sanctis"* [lo que es santo para los que son santos] es lo que se proclama por el celebrante en la mayoría de las liturgias orientales en el momento de la elevación de los santos dones antes de la distribución de la comunión. Los fieles ["sancti"] se alimentan con el cuerpo y la sangre de Cristo ["sancta"] para crecer en la comunión con el Espíritu Santo ["Koinônia"] y comunicarla al mundo.

I   LA COMUNION DE LOS BIENES ESPIRITUALES

949   En la comunidad primitiva de Jerusalén, los discípulos "acudían asiduamente a la enseñanza de los apóstoles, a la comunión, a la fracción del pan y a las oraciones" (Hch 2, 42):

La *comunión en la fe.* La fe de los fieles es la fe de la Iglesia recibida de los apóstoles, tesoro de vida que se enriquece cuando se comparte. 185

950   La *comunión de los sacramentos.* "El fruto de todos los Sacramentos pertenece a todos. Porque los Sacramentos, y sobre todo el Bautismo que es como la puerta por la que los hombres entran en la Iglesia, son otros tantos vínculos sagrados que unen a todos y los ligan a Jesucristo. La comunión de los santos es la comunión de los sacramentos... El nombre de comunión puede aplicarse a cada uno de ellos, porque cada uno de ellos nos une a Dios... Pero este nombre es más propio de la Eucaristía que de cualquier otro, porque ella es la que lleva esta comunión a su culminación" (Catech. R. 1, 10, 24). 1130

1331

951   La *comunión de los carismas:* En la comunión de la Iglesia, el Espíritu Santo "reparte gracias especiales entre los fieles" para la edificación de la Iglesia (LG 12). Pues bien, "a cada cual se le otorga la manifestación del Espíritu para provecho común" (1 Co 12, 7). 799

2402

952 *"Todo lo tenían en común"* (Hch 4, 32): "Todo lo que po-see el verdadero cristiano debe considerarlo como un bien en co-mún con los demás y debe estar dispuesto y ser diligente para so-correr al necesitado y la miseria del prójimo" (Catech. R. 1, 10, 27). El cristiano es un administrador de los bienes del Señor (cf Lc 16, 1.3).

1827

953 La *comunión de la caridad:* En la "comunión de los san-tos", "ninguno de nosotros vive para sí mismo; como tampoco muere nadie para sí mismo" (Rm 14, 7). "Si sufre un miembro, to-dos los demás sufren con él. Si un miembro es honrado, todos los demás toman parte en su gozo. Ahora bien, vosotros sois el Cuer-po de Cristo, y sus miembros cada uno por su parte" (1 Co 12, 26-27). "La caridad no busca su interés" (1 Co 13, 5; cf 10, 24). El

2011 menor de nuestros actos hecho con caridad repercute en beneficio de todos, en esta solidaridad entre todos los hombres, vivos o

845; 1469 muertos, que se funda en la comunión de los santos. Todo pecado daña a esta comunión.

II   LA COMUNION ENTRE LA IGLESIA DEL CIELO
          Y LA DE LA TIERRA

771

954 *Los tres estados de la Iglesia.* "Hasta que el Señor venga en su esplendor con todos sus ángeles y, destruida la muerte, tenga sometido todo, sus discípulos, unos peregrinan en la tierra; otros,

1031 ya difuntos, se purifican; mientras otros están glorificados, con-
1023 templando 'claramente a Dios mismo, uno y trino, tal cual es'" (LG 49):

> Todos, sin embargo, aunque en grado y modo diversos, participamos en el mismo amor a Dios y al prójimo y cantamos el mismo himno de alabanza a nuestro Dios. En efecto, todos los de Cristo, que tienen su Espíritu, forman una misma Iglesia y están unidos entre sí en El (LG 49).

955 "La unión de los miembros de la Iglesia peregrina con los hermanos que durmieron en la paz de Cristo de ninguna manera se interrumpe. Más aún, según la constante fe de la Iglesia, se refuer-za con la comunicación de los bienes espirituales" (LG 49).

1370

956 *La intercesión de los santos.* "Por el hecho de que los del cielo están más íntimamente unidos con Cristo, consolidan más

1683 firmemente a toda la Iglesia en la santidad... no dejan de interceder por nosotros ante el Padre. Presentan por medio del único Media-dor entre Dios y los hombres, Cristo Jesús, los méritos que adqui-rieron en la tierra... Su solicitud fraterna ayuda, pues, mucho a nuestra debilidad" (LG 49):

> No lloréis, os seré más útil después de mi muerte y os ayudaré más eficazmente que durante mi vida (Santo Domingo, moribundo, a sus hermanos, cf Jordán de Sajonia, lib 43).

> Pasaré mi cielo haciendo el bien sobre la tierra (Santa Teresa del Niño Jesús, verba).

957 *La comunión con los santos.* "No veneramos el recuerdo de los del cielo tan sólo como modelos nuestros, sino, sobre todo, para que la unión de toda la Iglesia en el Espíritu se vea reforzada por la práctica del amor fraterno. En efecto, así como la unión entre los cristianos todavía en camino nos lleva más cerca de Cristo, así la comunión con los santos nos une a Cristo, del que mana, como de Fuente y Cabeza, toda la gracia y la vida del Pueblo de Dios" (LG 50): 1173

> Nosotros adoramos a Cristo porque es el Hijo de Dios: en cuanto a los mártires, los amamos como discípulos e imitadores del Señor, y es justo, a causa de su devoción incomparable hacia su rey y maestro; que podamos nosotros, también nosotros, ser sus compañeros y sus condiscípulos (San Policarpo, mart. 17).

958 *La comunión con los difuntos.* "La Iglesia peregrina, perfectamente consciente de esta comunión de todo el Cuerpo místico de Jesucristo, desde los primeros tiempos del cristianismo honró con gran piedad el recuerdo de los difuntos y también ofreció por ellos oraciones 'pues es una idea santa y provechosa orar por los difuntos para que se vean libres de sus pecados' (2 M 12, 45)" (LG 50). Nuestra oración por ellos puede no solamente ayudarles, sino también hacer eficaz su intercesión en nuestro favor. 1371 1032; 1689

959 *... en la única familia de Dios.* "Todos los hijos de Dios y miembros de una misma familia en Cristo, al unirnos en el amor mutuo y en la misma alabanza a la Santísima Trinidad, estamos respondiendo a la íntima vocación de la Iglesia" (LG 51). 1027

RESUMEN

960 *La Iglesia es "comunión de los santos": esta expresión designa primeramente las "cosas santas" ["sancta"], y ante todo la Eucaristía, "que significa y al mismo tiempo realiza la unidad de los creyentes, que forman un solo cuerpo en Cristo" (LG 3).*

961 *Este término designa también la comunión entre las "personas santas" ["sancti"] en Cristo que ha "muerto por todos", de modo que lo que cada uno hace o sufre en y por Cristo da fruto para todos.*

962   *"Creemos en la comunión de todos los fieles cristianos, es decir, de los que peregrinan en la tierra, de los que se purifican después de muertos y de los que gozan de la bienaventuranza celeste, y que todos se unen en una sola Iglesia; y creemos igualmente que en esa comunión está a nuestra disposición el amor misericordioso de Dios y de sus santos, que siempre ofrecen oídos atentos a nuestras oraciones" (SPF 30).*

Párrafo 6   MARIA, MADRE DE CRISTO, MADRE
                 DE LA IGLESIA

484-507;   **963**   Después de haber hablado del papel de la Virgen María en
721-726   el Misterio de Cristo y del Espiritu, conviene considerar ahora su lugar en el Misterio de la Iglesia. "Se la reconoce y se la venera como verdadera Madre de Dios y del Redentor... más aún, 'es verdaderamente la madre de los micmbros (dc Cristo) porquc colaboró con su amor a que nacieran en la Iglesia los creyentes, miembros de aquella cabeza' (S. Agustín, virg. 6)" (LG 53). "...María, Madre de Cristo, Madre de la Iglesia" (Pablo VI, discurso 21 de noviembre 1964).

I   LA MATERNIDAD DE MARIA RESPECTO DE LA IGLESIA

Totalmente unida a su Hijo...

964   El papel de María con relación a la Iglesia es inseparable de su unión con Cristo, deriva directamente de ella. "Esta unión de la Madre con el Hijo en la obra de la salvación se manifiesta desde el momento de la concepción virginal de Cristo hasta su muerte" (LG 57). Se manifiesta particularmente en la hora de su pasión:

534   La Bienaventurada Virgen avanzó en la peregrinación de la fe y mantuvo fielmente la unión con su Hijo hasta la cruz. Allí, por voluntad de Dios, estuvo de pie, sufrió intensamente con su Hijo y se unió a su sacrificio con corazón de madre que, llena de

618   amor, daba su consentimiento a la inmolación de su Hijo como víctima. Finalmente, Jesucristo, agonizando en la cruz, la dio como madre al discípulo con estas palabras: 'Mujer, ahí tienes a tu hijo' (Jn 19, 26-27) (LG 58).

965   Después de la Ascensión de su Hijo, María "estuvo presente en los comienzos de la Iglesia con sus oraciones" (LG 69). Reunida con los apóstoles y algunas mujeres, "María pedía con sus oraciones el don del Espíritu, que en la Anunciación la había cubierto con su sombra" (LG 59).

... también en su Asunción...

966 "Finalmente, la Virgen Inmaculada, preservada libre de to- 491
da mancha de pecado original, terminado el curso de su vida en la
tierra, fue llevada a la gloria del cielo y elevada al trono por el Señor como Reina del universo, para ser conformada más plenamente a su Hijo, Señor de los Señores y vencedor del pecado y de la
muerte" (LG 59; cf la proclamación del dogma de la Asunción de
la Bienaventurada Virgen María por el Papa Pío XII en 1950: DS
3903). La Asunción de la Santísima Virgen constituye una participación singular en la Resurrección de su Hijo y una anticipación
de la resurrección de los demás cristianos:

> En tu parto has conservado la virginidad, en tu dormición
> no has abandonado el mundo, oh Madre de Dios: tú te has reuni-
> do con la fuente de la Vida, tú que concebiste al Dios vivo y
> que, con tus oraciones, librarás nuestras almas de la muerte (Li-
> turgia bizantina, Troparion de la fiesta de la Dormición [15 de
> agosto]).

... ella es nuestra Madre en el orden de la gracia

967 Por su total adhesión a la voluntad del Padre, a la obra redentora de su Hijo, a toda moción del Espíritu Santo, la Virgen 2679
María es para la Iglesia el modelo de la fe y de la caridad. Por eso
es "miembro muy eminente y del todo singular de la Iglesia" (LG 507·
53), incluso constituye "la figura" ["typus"] de la Iglesia (LG 63).

968 Pero su papel con relación a la Iglesia y a toda la humanidad va aún más lejos. "Colaboró de manera totalmente singular a 494
la obra del Salvador por su fe, esperanza y ardiente amor, para restablecer la vida sobrenatural de los hombres. Por esta razón es
nuestra Madre en el orden de la gracia" (LG 61).

969 "Esta maternidad de María perdura sin cesar en la econo- 501
mía de la gracia, desde el consentimiento que dio fielmente en la 149
Anunciación, y que mantuvo sin vacilar al pie de la cruz, hasta la
realización plena y definitiva de todos los escogidos. En efecto,
con su asunción a los cielos, no abandonó su misión salvadora, sino que continúa procurándonos con su múltiple intercesión los do- 1370
nes de la salvación eterna... Por eso la Santísima Virgen es invocada en la Iglesia con los títulos de Abogada, Auxiliadora, Socorro,
Mediadora" (LG 62).

970 "La misión maternal de María para con los hombres de ninguna
manera disminuye o hace sombra a la única mediación de Cristo, sino 2008
que manifiesta su eficacia. En efecto, todo el influjo de la Santísima Vir-

gen en la salvación de los hombres... brota de la sobreabundancia de los méritos de Cristo, se apoya en su mediación, depende totalmente de ella y de ella saca toda su eficacia" (LG 60). "Ninguna criatura puede ser puesta nunca en el mismo orden con el Verbo encarnado y Redentor. Pe-

1545 ro, así como en el sacerdocio de Cristo participan de diversa manera tanto los ministros como el pueblo creyente, y así como la única bondad de Dios se difunde realmente en las criaturas de distintas maneras, así también la única mediación del Redentor no excluye, sino que suscita en las

308 criaturas una colaboración diversa que participa de la única fuente (LG 62).

2673-2679   II   EL CULTO A LA SANTISIMA VIRGEN

1172   **971**   *"Todas las generaciones me llamarán bienaventurada"* (Lc 1, 48): "La piedad de la Iglesia hacia la Santísima Virgen es un elemento intrínseco del culto cristiano" (MC 56). La Santísima Virgen "es honrada con razón por la Iglesia con un culto especial. Y, en efecto, desde los tiempos más antiguos, se venera a la Santísima Virgen con el título de 'Madre de Dios', bajo cuya protección se acogen los fieles suplicantes en todos sus peligros y necesidades... Este culto... aunque del todo singular, es esencialmente diferente del culto de adoración que se da al Verbo encarnado, lo mismo que al Padre y al Espíritu Santo, pero lo favorece muy poderosamente" (LG 66); encuentra su expresión en las fiestas litúrgicas dedicadas a la Madre de Dios (cf SC 103) y en la oración mariana,

2678   como el Santo Rosario, "síntesis de todo el Evangelio" (cf Pablo VI, MC 42).

III   MARIA, ICONO ESCATOLOGICO DE LA IGLESIA

972   Después de haber hablado de la Iglesia, de su origen, de su misión y de su destino, no se puede concluir mejor que volviendo la mirada a María para contemplar en ella lo que es la Iglesia en su

773   Misterio, en su "peregrinación de la fe", y lo que será al final de su marcha, donde le espera, "para la gloria de la Santísima e indivisible Trinidad", "en comunión con todos los santos" (LG 69), aque-

829   lla a quien la Iglesia venera como la Madre de su Señor y como su propia Madre:

> Entre tanto, la Madre de Jesús, glorificada ya en los cielos en cuerpo y alma, es la imagen y comienzo de la Iglesia que llegará a su plenitud en el siglo futuro. También en este mundo, hasta que llegue el día del Señor, brilla ante el Pueblo de Dios en

2853   marcha, como señal de esperanza cierta y de consuelo (LG 68).

RESUMEN

973   *Al pronunciar el "fiat" de la Anunciación y al dar su con-*
sentimiento al Misterio de la Encarnación, María colabo-
ra ya en toda la obra que debe llevar a cabo su Hijo. Ella
es madre allí donde Él es Salvador y Cabeza del Cuerpo
místico.

974   *La Santísima Virgen María, cumplido el curso de su vida*
terrena, fue llevada en cuerpo y alma a la gloria del cielo,
en donde ella participa ya en la gloria de la resurrección
de su Hijo, anticipando la resurrección de todos los miem-
bros de su Cuerpo.

975   *"Creemos que la Santísima Madre de Dios, nueva Eva,*
Madre de la Iglesia, continúa en el cielo ejercitando su
oficio materno con respecto a los miembros de Cristo
(SPF 15).

Artículo 10   **"CREO EN EL PERDON**
DE LOS PECADOS"

976   El Símbolo de los Apóstoles vincula la fe en el perdón de
los pecados a la fe en el Espíritu Santo, pero también a la fe en la
Iglesia y en la comunión de los santos. Al dar el Espíritu Santo a
sus apóstoles, Cristo resucitado les confirió su propio poder divino
de perdonar los pecados: "Recibid el Espíritu Santo. A quienes
perdonéis los pecados, les quedan perdonados; a quienes se los retengáis, les quedan retenidos" (Jn 20, 22-23).

> (La II parte del Catecismo tratará explícitamente del per-
> dón de los pecados por el Bautismo, el Sacramento de la Peni-
> tencia y los demás sacramentos, sobre todo la Eucaristía. Aquí
> basta con evocar brevemente, por tanto, algunos datos básicos.)

I   UN SOLO BAUTISMO PARA EL PERDON   1263
DE LOS PECADOS

977   Nuestro Señor vinculó el perdón de los pecados a la fe y al
Bautismo: "Id por todo el mundo y proclamad la Buena Nueva a
toda la creación. El que crea y sea bautizado se salvará" (Mc 16,
15-16). El Bautismo es el primero y principal sacramento del perdón de los pecados porque nos une a Cristo muerto por nuestros

pecados y resucitado para nuestra justificación (cf Rm 4, 25), a fin de que "vivamos también una vida nueva" (Rm 6, 4).

978   "En el momento en que hacemos nuestra primera profesión de fe, al recibir el santo Bautismo que nos purifica, es tan pleno y tan completo el perdón que recibimos, que no nos queda absolutamente nada por borrar, sea de la falta original, sea de las faltas cometidas por nuestra propia voluntad, ni ninguna pena que sufrir para expiarlas... Sin embargo, la gracia del Bautismo no libra a la persona de todas las debilidades de la naturaleza. Al contrario, todavía nosotros tenemos que combatir los movimientos de la con-
1264   cupiscencia que no cesan de llevarnos al mal" (Catech. R. 1, 11, 3).

979   En este combate contra la inclinación al mal, ¿quién será lo suficientemente valiente y vigilante para evitar toda herida del pecado? "Si, pues, era necesario que la Iglesia tuviese el poder de perdonar los pecados, también hacía falta que el Bautismo no fue-
1446   se para ella el único medio de servirse de las llaves del Reino de los cielos, que había recibido de Jesucristo; era necesario que fuese capaz de perdonar los pecados a todos los penitentes, incluso si hubieran pecado hasta en el último momento de su vida" (Catech. R. 1, 11, 4).

1422-1484   **980**   Por medio del sacramento de la Penitencia, el bautizado puede reconciliarse con Dios y con la Iglesia:

> Los padres tuvieron razón en llamar a la penitencia "un bautismo laborioso" (San Gregorio Nac., or. 39.17). Para los que han caído después del Bautismo, es necesario para la salvación este sacramento de la Penitencia, como lo es el Bautismo para quienes aún no han sido regenerados (Cc. de Trento: DS 1672).

II   EL PODER DE LAS LLAVES

981   Cristo, después de su Resurrección, envió a sus apóstoles a predicar "en su nombre la conversión para perdón de los pecados a todas las naciones" (Lc 24, 47). Este "ministerio de la reconcilia-
1444   ción" (2 Co 5, 18), no lo cumplieron los apóstoles y sus sucesores anunciando solamente a los hombres el perdón de Dios merecido para nosotros por Cristo y llamándoles a la conversión y a la fe, si-no comunicándoles también la remisión de los pecados por el Bautismo y reconciliándolos con Dios y con la Iglesia gracias al poder de las llaves recibido de Cristo:

553   > La Iglesia ha recibido las llaves del Reino de los cielos, a fin de que se realice en ella la remisión de los pecados por la

sangre de Cristo y la acción del Espíritu Santo. En esta Iglesia es donde revive el alma, que estaba muerta por los pecados, a fin de vivir con Cristo, cuya gracia nos ha salvado (San Agustín, serm. 214, 11).

982 No hay ninguna falta por grave que sea que la Iglesia no pueda perdonar. "No hay nadie, tan perverso y tan culpable, que no deba esperar con confianza su perdón siempre que su arrepentimiento sea sincero" (Catech. R. 1, 11, 5). Cristo, que ha muerto por todos los hombres, quiere que, en su Iglesia, estén siempre abiertas las puertas del perdón a cualquiera que vuelva del pecado (cf Mt 18, 21-22).

1463

605

983 La catequesis se esforzará por avivar y nutrir en los fieles la fe en la grandeza incomparable del don que Cristo resucitado ha hecho a su Iglesia: la misión y el poder de perdonar verdaderamente los pecados, por medio del ministerio de los apóstoles y de sus sucesores:

1442

El Señor quiere que sus discípulos tengan un poder inmenso: quiere que sus pobres servidores cumplan en su nombre todo lo que había hecho cuando estaba en la tierra (San Ambrosio, poenit. 1, 34).

1465

Los sacerdotes han recibido un poder que Dios no ha dado ni a los ángeles, ni a los arcángeles... Dios sanciona allá arriba todo lo que los sacerdotes hagan aquí abajo (San Juan Crisóstomo, sac. 3, 5).

Si en la Iglesia no hubiera remisión de los pecados, no habría ninguna esperanza, ninguna expectativa de una vida eterna y de una liberación eterna. Demos gracias a Dios que ha dado a la Iglesia semejante don (San Agustín, serm. 213, 8).

RESUMEN

984 *El Credo relaciona "el perdón de los pecados" con la profesión de fe en el Espíritu Santo. En efecto, Cristo resucitado confió a los apóstoles el poder de perdonar los pecados cuando les dio el Espíritu Santo.*

985 *El Bautismo es el primero y principal sacramento para el perdón de los pecados: nos une a Cristo muerto y resucitado y nos da el Espíritu Santo.*

986 *Por voluntad de Cristo, la Iglesia posee el poder de perdonar los pecados de los bautizados y ella lo ejerce de forma habitual en el sacramento de la Penitencia por medio de los obispos y de los presbíteros.*

987   *"En la remisión de los pecados, los sacerdotes y los sa-*
cramentos son meros instrumentos de los que quiere ser-
virse nuestro Señor Jesucristo, único autor y dispensador
de nuestra salvación, para borrar nuestras iniquidades y
darnos la gracia de la justificación" (Catech. R. 1, 11, 6).

Artículo 11   **"CREO EN LA RESURRECCION**
DE LA CARNE"

988   El Credo cristiano –profesión de nuestra fe en Dios Padre,
Hijo y Espíritu Santo, y en su acción creadora, salvadora y santificadora– culmina en la proclamación de la resurrección de los
muertos al fin de los tiempos, y en la vida eterna.

989   Creemos firmemente, y así lo esperamos, que del mismo
modo que Cristo ha resucitado verdaderamente de entre los muer-
655   tos, y que vive para siempre, igualmente los justos después de su
muerte vivirán para siempre con Cristo resucitado y que El los resucitará en el último día (cf Jn 6, 39-40). Como la suya, nuestra re-
648   surrección será obra de la Santísima Trinidad:

> Si el Espíritu de Aquel que resucitó a Jesús de entre los
> muertos habita en vosotros, Aquel que resucitó a Jesús de entre
> los muertos dará también la vida a vuestros cuerpos mortales
> por su Espíritu que habita en vosotros (Rm 8, 11; cf 1 Ts 4, 14; 1
> Co 6, 14; 2 Co 4, 14; Flp 3, 10-11).

990   El término "carne" designa al hombre en su condición de debilidad y de mortalidad (cf Gn 6, 3; Sal 56, 5; Is 40, 6). La "resurrección de
la carne" significa que, después de la muerte, no habrá solamente vida del
alma inmortal, sino que también nuestros "cuerpos mortales" (Rm 8, 11)
364   volverán a tener vida.

991   Creer en la resurrección de los muertos ha sido desde sus
638   comienzos un elemento esencial de la fe cristiana. "La resurrección de los muertos es esperanza de los cristianos; somos cristianos por creer en ella" (Tertuliano, res. 1.1):

> ¿Cómo andan diciendo algunos entre vosotros que no hay
> resurrección de muertos? Si no hay resurrección de muertos,
> tampoco Cristo resucitó. Y si no resucitó Cristo, vana es nuestra
> predicación, vana también vuestra fe... ¡Pero no! Cristo resucitó
> de entre los muertos como primicias de los que durmieron (1 Co
> 15, 12-14.20).

I   LA RESURRECCION DE CRISTO Y LA NUESTRA

Revelación progresiva de la Resurrección

992   La resurrección de los muertos fue revelada progresivamente por Dios a su Pueblo. La esperanza en la resurrección cor-

poral de los muertos se impuso como una consecuencia intrínseca de la fe en un Dios creador del hombre todo entero, alma y cuerpo. 297 El creador del cielo y de la tierra es también Aquel que mantiene fielmente su Alianza con Abraham y su descendencia. En esta doble perspectiva comienza a expresarse la fe en la resurrección. En sus pruebas, los mártires Macabeos confiesan:

> El Rey del mundo, a nosotros que morimos por sus leyes, nos resucitará a una vida eterna (2 M 7, 9). Es preferible morir a manos de los hombres con la esperanza que Dios otorga de ser resucitados de nuevo por él (2 M 7, 14; cf 7, 29; Dn 12, 1-13).

993 Los fariseos (cf Hch 23, 6) y muchos contemporáneos del 575 Señor (cf Jn 11, 24) esperaban la resurrección. Jesús la enseña firmemente. A los saduceos que la niegan responde: "Vosotros no conocéis ni las Escrituras ni el poder de Dios, vosotros estáis en el error" (Mc 12, 24). La fe en la resurrección descansa en la fe en 205 Dios que "no es un Dios de muertos sino de vivos" (Mc 12, 27).

994 Pero hay más: Jesús liga la fe en la resurrección a la fe en su propia persona: "Yo soy la resurrección y la vida" (Jn 11, 25). Es el mismo Jesús el que resucitará en el último día a quienes hayan creído en El. (cf Jn 5, 24-25; 6, 40) y hayan comido su cuerpo y bebido su sangre (cf Jn 6, 54). En su vida pública ofrece ya un signo y una prenda de la resurrección devolviendo la vida a algu- 646 nos muertos (cf Mc 5, 21-42; Lc 7, 11-17; Jn 11), anunciando así su propia Resurrección que, no obstante, será de otro orden. De este acontecimiento único, El habla como del "signo de Jonás" (Mt 12, 39), del signo del Templo (cf Jn 2, 19-22): anuncia su Resu- 652 rrección al tercer día después de su muerte (cf Mc 10, 34).

995 Ser testigo de Cristo es ser "testigo de su Resurrección" 860 (Hch 1, 22; cf 4, 33), "haber comido y bebido con él después de su Resurrección de entre los muertos" (Hch 10, 41). La esperanza cristiana en la resurrección está totalmente marcada por los encuentros con Cristo resucitado. Nosotros resucitaremos como El, 655 con El, por El.

996 Desde el principio, la fe cristiana en la resurrección ha encontrado incomprensiones y oposiciones (cf Hch 17, 32; 1 Co 15, 643 12-13). "En ningún punto la fe cristiana encuentra más contradicción que en la resurrección de la carne" (San Agustín, psal. 88, 2, 5). Se acepta muy comúnmente que, después de la muerte, la vida de la persona humana continúa de una forma espiritual. Pero ¿cómo creer que este cuerpo tan manifiestamente mortal pueda resucitar a la vida eterna?

Cómo resucitan los muertos

997   *¿Qué es resucitar?* En la muerte, separación del alma y el cuerpo, el cuerpo del hombre cae en la corrupción, mientras que su
366   alma va al encuentro con Dios, en espera de reunirse con su cuerpo glorificado. Dios en su omnipotencia dará definitivamente a nuestros cuerpos la vida incorruptible uniéndolos a nuestras almas, por la virtud de la Resurrección de Jesús.

1038   **998**   *¿Quién resucitará?* Todos los hombres que han muerto: "los que hayan hecho el bien resucitarán para la vida, y los que hayan hecho el mal, para la condenación" (Jn 5, 29; cf Dn 12, 2).

640   **999**   *¿Cómo?* Cristo resucitó con su propio cuerpo: "Mirad mis manos y mis pies; soy yo mismo" (Lc 24, 39); pero El no volvió a una vida terrenal. Del mismo modo, en El "todos resucitarán con
645   su propio cuerpo, que tienen ahora" (Cc. de Letrán IV: DS 801), pero este cuerpo será "transfigurado en cuerpo de gloria" (Flp 3, 21), en "cuerpo espiritual" (1 Co 15, 44):

> Pero dirá alguno: ¿cómo resucitan los muertos? ¿Con qué cuerpo vuelven a la vida? ¡Necio! Lo que tú siembras no revive si no muere. Y lo que tú siembras no es el cuerpo que va a brotar, sino un simple grano..., se siembra corrupción, resucita incorrupción...; los muertos resucitarán incorruptibles. En efecto, es necesario que este ser corruptible se revista de incorruptibilidad; y que este ser mortal se revista de inmortalidad (1 Co 15, 35-37. 42.53).

647   **1000**   Este "cómo" sobrepasa nuestra imaginación y nuestro entendimiento; no es accesible más que en la fe. Pero nuestra participación en la Eucaristía nos da ya un anticipo de la transfiguración de nuestro cuerpo por Cristo:

> Así como el pan que viene de la tierra, después de haber recibido la invocación de Dios, ya no es pan ordinario, sino Eucaristía, constituida por dos cosas, una terrena y otra celestial, así
1405   nuestros cuerpos que participan en la Eucaristía ya no son corruptibles, ya que tienen la esperanza de la resurrección (San Ireneo de Lyón, haer. 4, 18, 4-5).

1038   **1001**   *¿Cuándo?* Sin duda en el "último día" (Jn 6, 39-40.44.54; 11, 24); "al fin del mundo" (LG 48). En efecto, la resurrección de
673   los muertos está íntimamente asociada a la Parusía de Cristo:

> El Señor mismo, a la orden dada por la voz de un arcángel y por la trompeta de Dios, bajará del cielo, y los que murieron en Cristo resucitarán en primer lugar (1 Ts 4, 16).

Resucitados con Cristo

1002 Si es verdad que Cristo nos resucitará en "el último día", también lo es, en cierto modo, que nosotros ya hemos resucitado con Cristo. En efecto, gracias al Espíritu Santo, la vida cristiana en la tierra es, desde ahora, una participación en la muerte y en la Resurrección de Cristo: 655

> Sepultados con él en el bautismo, con él también habéis resucitado por la fe en la acción de Dios, que le resucitó de entre los muertos... Así pues, si habéis resucitado con Cristo, buscad las cosas de arriba, donde está Cristo sentado a la diestra de Dios (Col 2, 12; 3, 1).

1003 Unidos a Cristo por el Bautismo, los creyentes participan ya realmente en la vida celestial de Cristo resucitado (cf Flp 3, 20), pero esta vida permanece "escondida con Cristo en Dios" (Col 3, 3) "Con él nos ha resucitado y hecho sentar en los cielos con Cristo Jesús" (Ef 2, 6). Alimentados en la Eucaristía con su Cuerpo, nosotros pertenecemos ya al Cuerpo de Cristo. Cuando resucitemos en el último día también nos "manifestaremos con él llenos de gloria" (Col 3, 4).   1227   1796

1004 Esperando este día, el cuerpo y el alma del creyente participan ya de la dignidad de ser "en Cristo"; donde se basa la exigencia del respeto hacia el propio cuerpo, y también hacia el ajeno, particularmente cuando sufre: 364   1397

> El cuerpo es para el Señor y el Señor para el cuerpo. Y Dios, que resucitó al Señor, nos resucitará también a nosotros mediante su poder. ¿No sabéis que vuestros cuerpos son miembros de Cristo?... No os pertenecéis... Glorificad, por tanto, a Dios en vuestro cuerpo (1 Co 6, 13-15.19-20).

II   MORIR EN CRISTO JESUS

1005 Para resucitar con Cristo, es necesario morir con Cristo, es necesario "dejar este cuerpo para ir a morar cerca del Señor" (2 Co 5, 8). En esta "partida" (Flp 1, 23) que es la muerte, el alma se separa del cuerpo. Se reunirá con su cuerpo el día de la resurrección de los muertos (cf SPF 28).   624   650

La muerte

1006 "Frente a la muerte, el enigma de la condición humana alcanza su cumbre" (GS 18). En un sentido, la muerte corporal es natural, pero por la fe sabemos que realmente es "salario del pecado" (Rm 6, 23; cf Gn 2, 17). Y para los que mueren en la gracia de   164; 1500

Cristo, es una participación en la muerte del Señor para poder participar también en su Resurrección (cf Rm 6, 3-9; Flp 3, 10-11).

1007 *La muerte es el final de la vida terrena.* Nuestras vidas están medidas por el tiempo, en el curso del cual cambiamos, envejecemos y como en todos los seres vivos de la tierra, al final aparece la muerte como terminación normal de la vida. Este aspecto de la muerte da urgencia a nuestras vidas: el recuerdo de nuestra mortalidad sirve también para hacernos pensar que no contamos más que con un tiempo limitado para llevar a término nuestra vida:

> Acuérdate de tu Creador en tus días mozos ..., mientras no vuelva el polvo a la tierra, a lo que era, y el espíritu vuelva a Dios que es quien lo dio (Qo 12, 1.7).

401   **1008** *La muerte es consecuencia del pecado.* Intérprete auténtico de las afirmaciones de la Sagrada Escritura (cf Gn 2, 17; 3, 3; 3, 19; Sb 1, 13; Rm 5, 12; 6, 23) y de la Tradición, el Magisterio de la Iglesia enseña que la muerte entró en el mundo a causa del pecado del hombre (cf DS 1511). Aunque el hombre poseyera una naturaleza mortal, Dios lo destinaba a no morir. Por tanto, la muerte

376   fue contraria a los designios de Dios Creador, y entró en el mundo como consecuencia del pecado (cf Sb 2, 23-24). "La muerte temporal de la cual el hombre se habría liberado si no hubiera pecado" (GS 18), es así "el último enemigo" del hombre que debe ser vencido (cf 1 Co 15, 26).

1009 *La muerte fue transformada por Cristo.* Jesús, el Hijo de Dios, sufrió también la muerte, propia de la condición humana. Pe-

612   ro, a pesar de su angustia frente a ella (cf Mc 14, 33-34; Hb 5, 7-8), la asumió en un acto de sometimiento total y libre a la voluntad del Padre. La obediencia de Jesús transformó la maldición de la muerte en bendición (cf Rm 5, 19-21).

1681-1690   **El sentido de la muerte cristiana**

1010 Gracias a Cristo, la muerte cristiana tiene un sentido positivo. "Para mí, la vida es Cristo y morir una ganancia" (Flp 1, 21). "Es cierta esta afirmación: si hemos muerto con él, también viviremos con él" (2 Tm 2, 11). La novedad esencial de la muerte cris-

1220   tiana está ahí: por el Bautismo, el cristiano está ya sacramentalmente "muerto con Cristo", para vivir una vida nueva; y si morimos en la gracia de Cristo, la muerte física consuma este "morir con Cristo" y perfecciona así nuestra incorporación a El en su acto redentor:

> Para mí es mejor morir en ("eis") Cristo Jesús que reinar de un extremo a otro de la tierra. Lo busco a El, que ha muerto por

nosotros; lo quiero a El, que ha resucitado por nosotros. Mi parto se aproxima... Dejadme recibir la luz pura; cuando yo llegue allí, seré un hombre (San Ignacio de Antioquía, Rom. 6, 1-2).

1011   En la muerte, Dios llama al hombre hacia sí. Por eso, el cristiano puede experimentar hacia la muerte un deseo semejante al de San Pablo: "Deseo partir y estar con Cristo" (Flp 1, 23); y puede transformar su propia muerte en un acto de obediencia y de amor hacia el Padre, a ejemplo de Cristo (cf Lc 23, 46):

1025

> Mi deseo terreno ha desaparecido...; hay en mí un agua viva que murmura y que dice desde dentro de mí "ven al Padre" (San Ignacio de Antioquía, Rom. 7, 2).

> Yo quiero ver a Dios y para verlo es necesario morir (Santa Teresa de Jesús, vida 1).

> Yo no muero, entro en la vida (Santa Teresa del Niño Jesús, verba).

1012   La visión cristiana de la muerte (cf 1 Ts 4, 13-14) se expresa de modo privilegiado en la liturgia de la Iglesia:

> La vida de los que en ti creemos, Señor, no termina, se transforma; y, al deshacerse nuestra morada terrenal, adquirimos una mansión eterna en el cielo.(MR, Prefacio de difuntos).

1013   La muerte es el fin de la peregrinación terrena del hombre, del tiempo de gracia y de misericordia que Dios le ofrece para realizar su vida terrena según el designio divino y para decidir su último destino. Cuando ha tenido fin "el único curso de nuestra vida terrena" (LG 48), ya no volveremos a otras vidas terrenas. "Está establecido que los hombres mueran una sola vez" (Hb 9, 27). No hay "reencarnación" después de la muerte.

1014   La Iglesia nos anima a prepararnos para la hora de nuestra muerte ("De la muerte repentina e imprevista, líbranos Señor": Letanías de los santos), a pedir a la Madre de Dios que interceda por nosotros "en la hora de nuestra muerte" (Avemaría), y a confiarnos a San José, patrono de la buena muerte:

2676-2677

> Habrías de ordenarte en toda cosa como si luego hubieses de morir. Si tuvieses buena conciencia no temerías mucho la muerte. Mejor sería huir de los pecados que de la muerte. Si hoy no estás aparejado, ¿cómo lo estarás mañana? (Imitación de Cristo 1, 23, 1).

> Y por la hermana muerte, ¡loado mi Señor!

> Ningún viviente escapa de su persecución;

> ¡ay si en pecado grave sorprende al pecador!

> ¡Dichosos los que cumplen la voluntad de Dios!

> (San Francisco de Asís, cant.)

RESUMEN

1015 *"Caro salutis est cardo" ("La carne es soporte de la salvación") (Tertuliano, res., 8, 2). Creemos en Dios que es el creador de la carne; creemos en el Verbo hecho carne para rescatar la carne; creemos en la resurrección de la carne, perfección de la creación y de la redención de la carne.*

1016 *Por la muerte, el alma se separa del cuerpo, pero en la resurrección Dios devolverá la vida incorruptible a nuestro cuerpo transformado, reuniéndolo con nuestra alma. Así como Cristo ha resucitado y vive para siempre, todos nosotros resucitaremos en el último día.*

1017 *"Creemos en la verdadera resurrección de esta carne que poseemos ahora" (DS 854). No obstante se siembra en el sepulcro un cuerpo corruptible, resucita un cuerpo incorruptible (cf 1 Co 15, 42), un "cuerpo espiritual" (1 Co 15, 44).*

1018 *Como consecuencia del pecado original, el hombre debe sufrir "la muerte corporal, de la que el hombre se habría liberado, si no hubiera pecado" (GS 18).*

1019 *Jesús, el Hijo de Dios, sufrió libremente la muerte por nosotros en una sumisión total y libre a la voluntad de Dios, su Padre. Por su muerte venció a la muerte, abriendo así a todos los hombres la posibilidad de la salvación.*

Artículo 12   **"CREO EN LA VIDA ETERNA"**

1523-1525   **1020**   El cristiano que une su propia muerte a la de Jesús ve la muerte como una ida hacia El y la entrada en la vida eterna. Cuando la Iglesia dice por última vez las palabras de perdón de la absolución de Cristo sobre el cristiano moribundo, lo sella por última vez con una unción fortificante y le da a Cristo en el viático como alimento para el viaje. Le habla entonces con una dulce seguridad:

> Alma cristiana, al salir de este mundo, marcha en el nombre de Dios Padre Todopoderoso, que te creó, en el nombre de Jesucristo, Hijo de Dios vivo, que murió por ti, en el nombre del Espíritu Santo, que sobre ti descendió. Entra en el lugar de la paz y que tu morada esté junto a Dios en Sión, la ciudad santa, con Santa María Virgen, Madre de Dios, con San José y todos los ángeles y santos... Te entrego a Dios, y, como criatura suya, te pongo en sus manos, pues es tu Hacedor, que te formó del polvo de la tierra. Y al dejar esta vida, salgan a tu encuentro la Virgen María y todos los ángeles y santos... Que puedas contemplar cara a cara a tu Redentor... (OEx "Commendatio animae").

2677 336

I   EL JUICIO PARTICULAR

1021   La muerte pone fin a la vida del hombre como tiempo abierto a la aceptación o rechazo de la gracia divina manifestada en Cristo (cf 2 Tm 1, 9-10). El Nuevo Testamento habla del juicio principalmente en la perspectiva del encuentro final con Cristo en su segunda venida; pero también asegura reiteradamente la existencia de la retribución inmediata después de la muerte de cada uno como consecuencia de sus obras y de su fe. La parábola del pobre Lázaro (cf Lc 16, 22) y la palabra de Cristo en la Cruz al buen ladrón (cf Lc 23, 43), así como otros textos del Nuevo Testamento (cf 2 Co 5, 8; Flp 1, 23; Hb 9, 27; 12, 23) hablan de un último destino del alma (cf Mt 16, 26) que puede ser diferente para unos y para otros.

1038
679

1022   Cada hombre, después de morir, recibe en su alma inmortal su retribución eterna en un juicio particular que refiere su vida a Cristo, bien a través de una purificación (cf Cc. de Lyón: DS 857-858; Cc. de Florencia: DS 1304-1306; Cc. de Trento: DS 1820), bien para entrar inmediatamente en la bienaventuranza del cielo (cf Benedicto XII: DS 1000-1001; Juan XXII: DS 990), bien para condenarse inmediatamente para siempre (cf Benedicto XII: DS 1002).

393

> A la tarde te examinarán en el amor (San Juan de la Cruz, dichos 64).

1470

II   EL CIELO

1023   Los que mueren en la gracia y la amistad de Dios y están perfectamente purificados, viven para siempre con Cristo. Son para siempre semejantes a Dios, porque lo ven "tal cual es" (1 Jn 3, 2), cara a cara (cf 1 Co 13, 12; Ap 22, 4):

954

> Definimos con la autoridad apostólica: que, según la disposición general de Dios, las almas de todos los santos... y de todos los demás fieles muertos después de recibir el bautismo de Cristo en los que no había nada que purificar cuando murieron...; o en caso de que tuvieran o tengan algo que purificar, una vez que estén purificadas después de la muerte... aun antes de la reasunción de sus cuerpos y del juicio final, después de la Ascensión al cielo del Salvador, Jesucristo Nuestro Señor, estuvieron, están y estarán en el cielo, en el Reino de los cielos y paraíso celestial con Cristo, admitidos en la compañía de los ángeles. Y después de la muerte y pasión de nuestro Señor Jesucristo vieron y ven la divina esencia con una visión intuitiva y cara a cara, sin mediación de ninguna criatura (Benedicto XII: DS 1000; cf LG 49).

260   **1024**   Esta vida perfecta con la Santísima Trinidad, esta comu-
        nión de vida y de amor con ella, con la Virgen María, los ángeles y
326; 2734   todos los bienaventurados se llama "el cielo". El cielo es el fin úl-
1718   timo y la realización de las aspiraciones más profundas del hom-
        bre, el estado supremo y definitivo de dicha.

1011   **1025**   Vivir en el cielo es "estar con Cristo" (cf Jn 14, 3; Flp 1,
        23; 1 Ts 4, 17). Los elegidos viven "en El", aún más, tienen allí, o
        mejor, encuentran allí su verdadera identidad, su propio nombre
        (cf Ap 2, 17):

> Pues la vida es estar con Cristo; donde está Cristo, allí está
> la vida, allí está el reino (San Ambrosio, Luc. 10, 121).

1026   Por su muerte y su Resurrección Jesucristo nos ha "abierto" el cielo. La vida de los bienaventurados consiste en la plena
posesión de los frutos de la redención realizada por Cristo quien
asocia a su glorificación celestial a aquellos que han creído en El y
que han permanecido fieles a su voluntad. El cielo es la comuni-
793   dad bienaventurada de todos los que están perfectamente incorpo-
        rados a El.

959   **1027**   Este misterio de comunión bienaventurada con Dios y con
        todos los que están en Cristo sobrepasa toda comprensión y toda
1720   representación. La Escritura nos habla de ella en imágenes: vida,
        luz, paz, banquete de bodas, vino del reino, casa del Padre, Jerusa-
        lén celeste, paraíso: "Lo que ni el ojo vio, ni el oído oyó, ni al co-
        razón del hombre llegó, lo que Dios preparó para los que le aman"
        (1 Co 2, 9).

1722   **1028**   A causa de su trascendencia, Dios no puede ser visto tal
        cual es más que cuando El mismo abre su Misterio a la contempla-
        ción inmediata del hombre y le da la capacidad para ello. Esta con-
        templación de Dios en su gloria celestial es llamada por la Iglesia
163   "la visión beatífica":

> ¡Cuál no será tu gloria y tu dicha!: Ser admitido a ver a
> Dios, tener el honor de participar en las alegrías de la salvación
> y de la luz eterna en compañía de Cristo, el Señor tu Dios..., go-
> zar en el Reino de los cielos en compañía de los justos y de los
> amigos de Dios, las alegrías de la inmortalidad alcanzada (San
> Cipriano, ep. 56, 10, 1).

956   **1029**   En la gloria del cielo, los bienaventurados continúan cum-
        pliendo con alegría la voluntad de Dios con relación a los demás
668   hombres y a la creación entera. Ya reinan con Cristo; con El "ellos
        reinarán por los siglos de los siglos" (Ap 22, 5; cf Mt 25, 21.23).

III   LA PURIFICACION FINAL O PURGATORIO

1030   Los que mueren en la gracia y en la amistad de Dios, pero imperfectamente purificados, aunque están seguros de su eterna salvación, sufren después de su muerte una purificación, a fin de obtener la santidad necesaria para entrar en la alegría del cielo.

1031   La Iglesia llama *Purgatorio* a esta purificación final de los elegidos que es completamente distinta del castigo de los condenados. La Iglesia ha formulado la doctrina de la fe relativa al Purgatorio sobre todo en los Concilios de Florencia (cf DS 1304) y de Trento (cf DS 1820; 1580). La tradición de la Iglesia, haciendo referencia a ciertos textos de la Escritura (por ejemplo, 1 Co 3, 15; 1 P 1, 7) habla de un fuego purificador:

954; 1472

> Respecto a ciertas faltas ligeras, es necesario creer que, antes del juicio, existe un fuego purificador, según lo que afirma Aquel que es la Verdad, al decir que si alguno ha pronunciado una blasfemia contra el Espíritu Santo, esto no le será perdonado ni en este siglo, ni en el futuro (Mt 12, 31). En esta frase podemos entender que algunas faltas pueden ser perdonadas en este siglo, pero otras en el siglo futuro (San Gregorio Magno, dial. 4, 39).

1032   Esta enseñanza se apoya también en la práctica de la oración por los difuntos, de la que ya habla la Escritura: "Por eso mandó [Judas Macabeo] hacer este sacrificio expiatorio en favor de los muertos, para que quedaran liberados del pecado" (2 M 12, 46). Desde los primeros tiempos, la Iglesia ha honrado la memoria de los difuntos y ha ofrecido sufragios en su favor, en particular el sacrificio eucarístico (cf DS 856), para que, una vez purificados, puedan llegar a la visión beatífica de Dios. La Iglesia también recomienda las limosnas, las indulgencias y las obras de penitencia en favor de los difuntos:

958

1371

1479

> Llevémosles socorros y hagamos su conmemoración. Si los hijos de Job fueron purificados por el sacrificio de su padre (cf Jb 1, 5), ¿por qué habríamos de dudar de que nuestras ofrendas por los muertos les lleven un cierto consuelo? No dudemos, pues, en socorrer a los que han partido y en ofrecer nuestras plegarias por ellos (San Juan Crisóstomo, hom. in 1 Cor. 41, 5).

IV   EL INFIERNO

1033   Salvo que elijamos libremente amarle no podemos estar unidos con Dios. Pero no podemos amar a Dios si pecamos gravemente contra El, contra nuestro prójimo o contra nosotros mismos: "Quien no ama permanece en la muerte. Todo el que aborrece a su hermano es un asesino; y sabéis que ningún asesino tiene vida eterna permanente en él" (1 Jn 3, 15). Nuestro Señor nos advierte que estaremos separados de El si omitimos socorrer las necesidades graves de los pobres y de los pequeños que son sus hermanos

1861 (cf Mt 25, 31-46). Morir en pecado mortal sin estar arrepentido ni acoger el amor misericordioso de Dios, significa permanecer sepa-

393 rados de El para siempre por nuestra propia y libre elección. Este

633 estado de autoexclusión definitiva de la comunión con Dios y con los bienaventurados es lo que se designa con la palabra "infierno".

1034 Jesús habla con frecuencia de la "gehenna" y del "fuego que nunca se apaga" (cf Mt 5, 22.29; 13, 42.50; Mc 9, 43-48) reservado a los que, hasta el fin de su vida rehúsan creer y convertirse, y donde se puede perder a la vez el alma y el cuerpo (cf Mt 10, 28). Jesús anuncia en términos graves que "enviará a sus ángeles que recogerán a todos los autores de iniquidad..., y los arrojarán al horno ardiendo" (Mt 13, 41-42), y que pronunciará la condenación:" ¡Alejaos de mí, malditos al fuego eterno!" (Mt 25, 41).

393 **1035** La enseñanza de la Iglesia afirma la existencia del infierno y su eternidad. Las almas de los que mueren en estado de pecado mortal descienden a los infiernos inmediatamente después de la muerte y allí sufren las penas del infierno, "el fuego eterno" (cf DS 76; 409; 411; 801; 858; 1002; 1351; 1575; SPF 12). La pena principal del infierno consiste en la separación eterna de Dios en quien únicamente puede tener el hombre la vida y la felicidad para las que ha sido creado y a las que aspira.

1036 Las afirmaciones de la Escritura y las enseñanzas de la Iglesia a propósito del infierno son un *llamamiento a la responsa-*

1734 *bilidad* con la que el hombre debe usar de su libertad en relación con su destino eterno. Constituyen al mismo tiempo un *llamamien-*

1428 *to apremiante a la conversión:* "Entrad por la puerta estrecha; porque ancha es la puerta y espacioso el camino que lleva a la perdición, y son muchos los que entran por ella; mas ¡qué estrecha la puerta y qué angosto el camino que lleva a la Vida!; y pocos son los que la encuentran" (Mt 7, 13-14) :

> Como no sabemos ni el día ni la hora, es necesario, según el consejo del Señor, estar continuamente en vela. Así, terminada la única carrera que es nuestra vida en la tierra, mereceremos entrar con El en la boda y ser contados entre los santos y no nos mandarán ir, como siervos malos y perezosos, al fuego eterno, a las tinieblas exteriores, donde 'habrá llanto y rechinar de dientes' (LG 48).

1037 Dios no predestina a nadie a ir al infierno (cf DS 397; 1567); para que eso suceda es necesaria una aversión voluntaria a

Dios (un pecado mortal), y persistir en él hasta el final. En la litur-   162
gia eucarística y en las plegarias diarias de los fieles, la Iglesia implora la misericordia de Dios, que "quiere que nadie perezca, sino   1014; 1821
que todos lleguen a la conversión" (2 P 3, 9):

> Acepta, Señor, en tu bondad, esta ofrenda de tus siervos y
> de toda tu familia santa, ordena en tu paz nuestros días, líbranos
> de la condenación eterna y cuéntanos entre tus elegidos (MR,
> Canon Romano 88)

V   EL JUICIO FINAL   678-679

1038 La resurrección de todos los muertos, "de los justos y de
los pecadores" (Hch 24, 15), precederá al Juicio final. Esta será "la   1001
hora en que todos los que estén en los sepulcros oirán su voz y los
que hayan hecho el bien resucitarán para la vida, y los que hayan   998
hecho el mal, para la condenación" (Jn 5, 28-29). Entonces, Cristo
vendrá "en su gloria acompañado de todos sus ángeles... Serán
congregadas delante de él todas las naciones, y él separará a los
unos de los otros, como el pastor separa las ovejas de las cabras.
Pondrá las ovejas a su derecha, y las cabras a su izquierda... E irán
éstos a un castigo eterno, y los justos a una vida eterna" (Mt 25,
31.32.46).

1039 Frente a Cristo, que es la Verdad, será puesta al desnudo   678
definitivamente la verdad de la relación de cada hombre con Dios
(cf Jn 12, 49). El Juicio final revelará hasta sus últimas consecuencias lo que cada uno haya hecho de bien o haya dejado de hacer
durante su vida terrena:

> Todo el mal que hacen los malos se registra –y ellos no lo
> saben. El día en que "Dios no se callará" (Sal 50, 3)... Se volve-
> rá hacia los malos: "Yo había colocado sobre la tierra, dirá El, a
> mis pobrecitos para vosotros. Yo, su cabeza, gobernaba en el
> cielo a la derecha de mi Padre –pero en la tierra mis miembros
> tenían hambre. Si hubierais dado a mis miembros algo, eso ha-
> bría subido hasta la cabeza. Cuando coloqué a mis pequeñuelos
> en la tierra, los constituí comisionados vuestros para llevar vues-
> tras buenas obras a mi tesoro: como no habéis depositado nada
> en sus manos, no poseéis nada en Mí" (San Agustín, serm. 18,
> 4, 4).

1040 El Juicio final sucederá cuando vuelva Cristo glorioso. Sólo el Padre conoce el día y la hora en que tendrá lugar; sólo El de-   637
cidirá su advenimiento. Entonces, El pronunciará por medio de su
Hijo Jesucristo, su palabra definitiva sobre toda la historia. Nosotros conoceremos el sentido último de toda la obra de la creación y

314   de toda la economía de la salvación, y comprenderemos los cami-
       nos admirables por los que su Providencia habrá conducido todas
       las cosas a su fin último. El Juicio final revelará que la justicia de
       Dios triunfa de todas las injusticias cometidas por sus criaturas y
       que su amor es más fuerte que la muerte (cf Ct 8, 6).

1432   **1041**   El mensaje del Juicio final llama a la conversión mientras
       Dios da a los hombres todavía "el tiempo favorable, el tiempo de
       salvación" (2 Co 6, 2). Inspira el santo temor de Dios. Comprome-
       te para la justicia del Reino de Dios. Anuncia la "bienaventurada
2854   esperanza" (Tt 2, 13) de la vuelta del Señor que "vendrá para ser
       glorificado en sus santos y admirado en todos los que hayan creí-
       do" (2 Ts 1, 10).

VI   LA ESPERANZA DE LOS CIELOS NUEVOS
      Y DE LA TIERRA NUEVA

769   **1042**   Al fin de los tiempos el Reino de Dios llegará a su pleni-
       tud. Después del Juicio final, los justos reinarán para siempre con
670   Cristo, glorificados en cuerpo y alma, y el mismo universo será re-
       novado:

              La Iglesia... sólo llegará a su perfección en la gloria del cie-
              lo... cuando llegue el tiempo de la restauración universal y cuan-
              do, con la humanidad, también el universo entero, que está ínti-
              mamente unido al hombre y que alcanza su meta a través del
310   hombre, quede perfectamente renovado en Cristo (LG 48).

671   **1043**   La Sagrada Escritura llama "cielos nuevos y tierra nueva"
       a esta renovación misteriosa que transformará la humanidad y el
       mundo (2 P 3, 13; cf Ap 21, 1). Esta será la realización definitiva
280   del designio de Dios de "hacer que todo tenga a Cristo por Cabeza,
518   lo que está en los cielos y lo que está en la tierra" (Ef 1, 10).

       1044   En este "universo nuevo" (Ap 21, 5), la Jerusalén celes-
       tial, Dios tendrá su morada entre los hombres. "Y enjugará toda lá-
       grima de su ojos, y no habrá ya muerte ni habrá llanto, ni gritos ni
       fatigas, porque el mundo viejo ha pasado" (Ap 21, 4; cf 21, 27).

       1045   *Para el hombre* esta consumación será la realización final
775   de la unidad del género humano, querida por Dios desde la crea-
       ción y de la que la Iglesia peregrina era "como el sacramento" (LG
       1). Los que estén unidos a Cristo formarán la comunidad de los
1404   rescatados, la Ciudad Santa de Dios (Ap 21, 2), "la Esposa del
       Cordero" (Ap 21, 9). Ya no será herida por el pecado, las manchas
       (cf Ap 21, 27), el amor propio, que destruyen o hieren la comuni-
       dad terrena de los hombres. La visión beatífica, en la que Dios se

manifestará de modo inagotable a los elegidos, será la fuente inmensa de felicidad, de paz y de comunión mutua.

1046 *En cuanto al cosmos,* la Revelación afirma la profunda comunidad de destino del mundo material y del hombre:

> Pues la ansiosa espera de la creación desea vivamente la revelación de los hijos de Dios... en la esperanza de ser liberada de la servidumbre de la corrupción... Pues sabemos que la creación entera gime hasta el presente y sufre dolores de parto. Y no sólo ella; también nosotros, que poseemos las primicias del Espíritu, nosotros mismos gemimos en nuestro interior anhelando el rescate de nuestro cuerpo (Rm 8, 19-23). 349

1047 Así pues, el universo visible también está destinado a ser transformado, "a fin de que el mundo mismo restaurado a su primitivo estado, ya sin ningún obstáculo esté al servicio de los justos", participando en su glorificación en Jesucristo resucitado (San Ireneo, haer. 5, 32, 1).

1048 *"Ignoramos el momento de la consumación* de la tierra y de la humanidad, y no sabemos cómo se transformará el universo. Ciertamente, la figura de este mundo, deformada por el pecado, pasa, pero se nos enseña que Dios ha preparado una nueva morada y una nueva tierra en la que habita la justicia y cuya bienaventuranza llenará y superará todos los deseos de paz que se levantan en los corazones de los hombres" (GS 39, 1). 673

1049 "No obstante, la espera de una tierra nueva no debe debilitar, sino más bien avivar la preocupación de cultivar esta tierra, donde crece aquel cuerpo de la nueva familia humana, que puede ofrecer ya un cierto esbozo del siglo nuevo. Por ello, aunque hay que distiguir cuidadosamente el progreso terreno del crecimiento del Reino de Cristo, sin embargo, el primero, en la medida en que puede contribuir a ordenar mejor la sociedad humana, interesa mucho al Reino de Dios" (GS 39, 2). 2820

1050 "Todos estos frutos buenos de nuestra naturaleza y de nuestra diligencia, tras haberlos propagado por la tierra en el Espíritu del Señor y según su mandato, los encontramos después de nuevo, limpios de toda mancha, iluminados y transfigurados cuando Cristo entregue al Padre el reino eterno y universal" (GS 39, 3; cf LG 2). Dios será entonces "todo en todos" (1 Co 15, 22), en la *vida eterna:* 1709

260

> La vida subsistente y verdadera es el Padre que, por el Hijo y en el Espíritu Santo, derrama sobre todos sin excepción los dones celestiales. Gracias a su misericordia, nosotros también, hombres, hemos recibido la promesa indefectible de la vida eterna (San Cirilo de Jerusalén, catech. ill. 18, 29).

RESUMEN

1051 *Al morir cada hombre recibe en su alma inmortal su retribución eterna en un juicio particular por Cristo, juez de vivos y de muertos.*

1052 *"Creemos que las almas de todos aquellos que mueren en la gracia de Cristo... constituyen el Pueblo de Dios después de la muerte, la cual será destruida totalmente el día de la Resurrección, en el que estas almas se unirán con sus cuerpos" (SPF 28).*

1053 *"Creemos que la multitud de aquellas almas que con Jesús y María se congregan en el paraíso, forma la Iglesia celestial, donde ellas, gozando de la bienaventuranza eterna, ven a Dios como El es, y participan también, ciertamente en grado y modo diverso, juntamente con los santos ángeles, en el gobierno divino de las cosas, que ejerce Cristo glorificado, como quiera que interceden por nosotros y con su fraterna solicitud ayudan grandemente a nuestra flaqueza" (SPF 29).*

1054 *Los que mueren en la gracia y la amistad de Dios, pero imperfectamente purificados, aunque están seguros de su salvación eterna, sufren una purificación después de su muerte, a fin de obtener la santidad necesaria para entrar en el gozo de Dios.*

1055 *En virtud de la "comunión de los santos", la Iglesia encomienda los difuntos a la misericordia de Dios y ofrece sufragios en su favor, en particular el santo sacrificio eucarístico.*

1056 *Siguiendo las enseñanzas de Cristo, la Iglesia advierte a los fieles de la "triste y lamentable realidad de la muerte eterna" (DCG 69), llamada también "infierno".*

1057 *La pena principal del infierno consiste en la separación eterna de Dios en quien solamente puede tener el hombre la vida y la felicidad para las cuales ha sido creado y a las cuales aspira.*

1058 *La Iglesia ruega para que nadie se pierda: "Jamás permitas, Señor, que me separe de ti". Si bien es verdad que nadie puede salvarse a sí mismo, también es cierto que "Dios quiere que todos los hombres se salven" (1 Tm 2, 4) y que para El "todo es posible" (Mt 19, 26).*

1059 *"La misma santa Iglesia romana cree y firmemente confiesa que todos los hombres comparecerán con sus cuerpos en el día del juicio ante el tribunal de Cristo para dar cuenta de sus propias acciones (DS 859; cf DS 1549).*

1060 *Al fin de los tiempos, el Reino de Dios llegará a su plenitud. Entonces, los justos reinarán con Cristo para siempre, glorificados en cuerpo y alma, y el mismo universo material será transformado. Dios será entonces "todo en todos" (1 Co 15, 28), en la vida eterna.*

"AMEN"

1061 El Credo, como el último libro de la Sagrada Escritura (cf Ap 22, 21), se termina con la palabra hebrea *Amen*. Se encuentra también frecuentemente al final de las oraciones del Nuevo Testamento. Igualmente, la Iglesia termina sus oraciones con un "Amén". 2856

1062 En hebreo, "Amen" pertenece a la misma raíz que la palabra "creer". Esta raíz expresa la solidez, la fiabilidad, la fidelidad. Así se comprende por qué el "Amén" puede expresar tanto la fidelidad de Dios hacia nosotros como nuestra confianza en El. 214

1063 En el profeta Isaías se encuentra la expresión "Dios de verdad", literalmente "Dios del Amén", es decir, el Dios fiel a sus promesas: "Quien desee ser bendecido en la tierra, deseará serlo en el Dios del Amén" (Is 65, 16). Nuestro Señor emplea con frecuencia el término "Amén" (cf Mt 6, 2.5.16), a veces en forma duplicada (cf Jn 5, 19), para subrayar la fiabilidad de su enseñanza, su Autoridad fundada en la Verdad de Dios. 215

156

1064 Así pues, el "Amén" final del *Credo* recoge y confirma su primera palabra: "Creo". Creer es decir "Amén" a las palabras, a las promesas, a los mandamientos de Dios, es fiarse totalmente de El que es el Amén de amor infinito y de perfecta fidelidad. La vida cristiana de cada día será también el "Amén" al "Creo" de la Profesión de fe de nuestro Bautismo: 197; 2101

> Que tu símbolo sea para ti como un espejo. Mírate en él: para ver si crees todo lo que declaras creer. Y regocíjate todos los días en tu fe (San Agustín, serm. 58, 11, 13: PL 38, 399).

1065 Jesucristo mismo es el "Amén" (Ap 3, 14). Es el "Amén" definitivo del amor del Padre hacia nosotros; asume y completa nuestro "Amén" al Padre: "Todas las promesas hechas por Dios han tenido su 'sí' en él; y por eso decimos por él 'Amén' a la gloria de Dios" (2 Co 1, 20):

> Por El, con El y en El,
> A ti, Dios Padre omnipotente
> en la unidad del Espíritu Santo,
> todo honor y toda gloria,
> por los siglos de los siglos.

AMEN.

Segunda Parte
La celebración del misterio cristiano

Razón de ser de la liturgia

1066 En el Símbolo de la fe, la Iglesia confiesa el misterio de la Santísima Trinidad y su "designio benevolente" (Ef 1, 9) sobre toda la creación: El Padre realiza el "misterio de su voluntad" dando a su Hijo Amado y al Espíritu Santo para la salvación del mundo y para la gloria de su Nombre. Tal es el Misterio de Cristo (cf Ef 3, 4), revelado y realizado en la historia según un plan, una "disposición" sabiamente ordenada que S. Pablo llama "la Economía del Misterio" (Ef 3, 9) y que la tradición patrística llamará "la Economía del Verbo encarnado" o "la Economía de la salvación". 50 236

1067 "Cristo el Señor realizó esta obra de la redención humana y de la perfecta glorificación de Dios, preparada por las maravillas que Dios hizo en el pueblo de la Antigua Alianza, principalmente por el misterio pascual de su bienaventurada pasión, de su resurrección de entre los muertos y de su gloriosa ascensión. Por este misterio, 'con su muerte destruyó nuestra muerte y con su resurrección restauró nuestra vida'. Pues del costado de Cristo dormido en la cruz nació el sacramento admirable de toda la Iglesia" (SC 5). Por eso, en la liturgia, la Iglesia celebra principalmente el misterio pascual por el que Cristo realizó la obra de nuestra salvación. 571

1068 Es el Misterio de Cristo lo que la Iglesia anuncia y celebra en su liturgia a fin de que los fieles vivan de él y den testimonio del mismo en el mundo:

> En efecto, la liturgia, por medio de la cual "se ejerce la obra de nuestra redención", sobre todo en el divino sacrificio de la Eucaristía, contribuye mucho a que los fieles, en su vida, expresen y manifiesten a los demás el misterio de Cristo y la naturaleza genuina de la verdadera Iglesia (SC 2).

Significación de la palabra "Liturgia"

1069 La palabra "Liturgia" significa originariamente "obra o quehacer público", "servicio de parte de y en favor del pueblo". En la tradición cristiana quiere significar que el Pueblo de Dios toma parte en "la obra de Dios" (cf Jn 17, 4). Por la liturgia, Cristo, nuestro Redentor y Sumo Sacerdote, continúa en su Iglesia, con ella y por ella, la obra de nuestra redención.

1070 La palabra "Liturgia" en el Nuevo Testamento es empleada para designar no solamente la celebración del culto divino (cf
Hch 13, 2; Lc 1, 23), sino también el anuncio del Evangelio (cf
Rm 15, 16; Flp 2, 14-17.30) y la caridad en acto (cf Rm 15, 27; 2
Co 9, 12; Flp 2, 25). En todas estas situaciones se trata del servicio
de Dios y de los hombres. En la celebración litúrgica, la Iglesia es
servidora, a imagen de su Señor, el único "Liturgo" (cf Hb 8, 2 y
783   6), del cual ella participa en su sacerdocio, es decir, en el culto,
anuncio y servicio de la caridad:

> Con razón se considera la liturgia como el ejercicio de la
> función sacerdotal de Jesucristo en la que, mediante signos sen-
> sibles, se significa y se realiza, según el modo propio de cada
> uno, la santificación del hombre y, así, el Cuerpo místico de
> Cristo, esto es, la Cabeza y sus miembros, ejerce el culto públi-
> co. Por ello, toda celebración litúrgica, como obra de Cristo
> sacerdote y de su Cuerpo, que es la Iglesia, es acción sagrada
> por excelencia cuya eficacia, con el mismo título y en el mismo
> grado, no la iguala ninguna otra acción de la Iglesia (SC 7).

La Liturgia como fuente de Vida

1071 La Liturgia, obra de Cristo, es también una acción de su
Iglesia. Realiza y manifiesta la Iglesia como signo visible de la comunión entre Dios y de los hombres por Cristo. Introduce a los fie-
1692   les en la vida nueva de la comunidad. Implica una participación
"consciente, activa y fructífera" de todos (SC 11).

1072 "La sagrada liturgia no agota toda la acción de la Iglesia"
(SC 9): debe ser precedida por la evangelización, la fe y la conversión; sólo así puede dar sus frutos en la vida de los fieles: la Vida
nueva según el Espíritu, el compromiso en la misión de la Iglesia y
el servicio de su unidad.

Oración y Liturgia

1073 La Liturgia es también participación en la oración de Cristo, dirigida al Padre en el Espíritu Santo. En ella toda oración cristiana encuentra su fuente y su término. Por la liturgia el hombre interior es enraizado y fundado (cf Ef 3, 16-17) en "el gran amor con
que el Padre nos amó" (Ef 2, 4) en su Hijo Amado. Es la misma
2558   "maravilla de Dios" que es vivida e interiorizada por toda oración,
"en todo tiempo, en el Espíritu" (Ef 6, 18)

Catequesis y Liturgia

1074 "La Liturgia es la cumbre a la que tiende la acción de la
Iglesia y, al mismo tiempo, la fuente de donde mana toda su fuer-

za" (SC 10). Por tanto, es el lugar privilegiado de la catequesis del Pueblo de Dios. "La catequesis está intrínsecamente unida a toda la acción litúrgica y sacramental, porque es en los sacramentos, y sobre todo en la Eucaristía, donde Jesucristo actúa en plenitud para la transformación de los hombres" (CT 23).

1075 La catequesis litúrgica pretende introducir en el Misterio de Cristo (es "mistagogia"), procediendo de lo visible a lo invisible, del signo a lo significado, de los "sacramentos" a los "misterios". Esta modalidad de catequesis corresponde hacerla a los catecismos locales y regionales. El presente catecismo, que quiere ser un servicio para toda la Iglesia, en la diversidad de sus ritos y sus culturas (cf SC 3-4), enseña lo que es fundamental y común a toda la Iglesia en lo que se refiere a la Liturgia en cuanto misterio y celebración (Primera sección), y a los siete sacramentos y los sacramentales (Segunda sección).

426

774

PRIMERA SECCION

LA ECONOMIA SACRAMENTAL

1076   El día de Pentecostés, por la efusión del Espíritu Santo, la Iglesia se manifiesta al mundo (cf SC 6; LG 2). El don del Espíritu inaugura un tiempo nuevo en la "dispensación del Misterio": el tiempo de la Iglesia, durante el cual Cristo manifiesta, hace presente y comunica su obra de salvación mediante la Liturgia de su Iglesia, "hasta que él venga" (1 Co 11, 26). Durante este tiempo de la Iglesia, Cristo vive y actúa en su Iglesia y con ella ya de una manera nueva, la propia de este tiempo nuevo. Actúa por los sacramentos; esto es lo que la Tradición común de Oriente y Occidente llama "la Economía sacramental"; ésta consiste en la comunicación (o "dispensación") de los frutos del misterio pascual de Cristo en la celebración de la liturgia "sacramental" de la Iglesia.

739

Por ello es preciso explicar primero esta "dispensación sacramental" (Capítulo primero). Así aparecerán más claramente la naturaleza y los aspectos esenciales de la celebración litúrgica (Capítulo segundo).

CAPITULO PRIMERO

EL MISTERIO PASCUAL EN EL TIEMPO DE LA IGLESIA

Artículo 1   **LA LITURGIA, OBRA DE LA SANTISIMA TRINIDAD**

I   EL PADRE, FUENTE Y FIN DE LA LITURGIA

1077   "Bendito sea el Dios y Padre de nuestro Señor Jesucristo, que nos ha bendecido con toda clase de bendiciones espirituales, en los cielos, en Cristo; por cuanto nos ha elegido en él antes de la creación del mundo, para ser santos e inmaculados en su presencia, en el amor; eligiéndonos de antemano para ser sus hijos adoptivos por medio de Jesucristo, según el beneplácito de su voluntad, para alabanza de la gloria de su gracia con la que nos agració en el Amado" (Ef 1, 3-6).

492

2626   **1078**   Bendecir es una acción divina que da la vida y cuya fuente es el Padre. Su bendición es a la vez palabra y don (*"bene-dictio"*, *"eu-logia"*). Aplicado al hombre, este término significa la adoración y la entrega a su Creador en la acción de gracias.

1079   Desde el comienzo y hasta la consumación de los tiempos, toda la obra de Dios es *bendición*. Desde el poema litúrgico de la primera creación hasta los cánticos de la Jerusalén celestial, los autores inspirados anuncian el designio de salvación como una inmensa bendición divina.

1080   Desde el comienzo, Dios bendice a los seres vivos, especialmente al hombre y la mujer. La alianza con Noé y con todos los seres animados renueva esta bendición de fecundidad, a pesar del pecado del hombre por el cual la tierra queda "maldita". Pero es a partir de Abraham cuando la bendición divina penetra en la historia humana, que se encaminaba hacia la muerte, para hacerla volver a la vida, a su fuente: por la fe del "padre de los creyentes" que acoge la bendición se inaugura la historia de la salvación.

1081   Las bendiciones divinas se manifiestan en acontecimientos maravillosos y salvadores: el nacimiento de Isaac, la salida de Egipto (Pascua y Exodo), el don de la Tierra prometida, la elección de David, la Presencia de Dios en el templo, el exilio purificador y el retorno de un "pequeño resto". La Ley, los Profetas y los Salmos que tejen la liturgia del Pueblo elegido recuerdan a la vez estas bendiciones divinas y responden a ellas con las bendiciones de alabanza y de acción de gracias.

1082   En la Liturgia de la Iglesia, la bendición divina es plenamente revelada y comunicada: el Padre es reconocido y adorado como la fuente y el fin de todas las bendiciones de la Creación y de la Salvación; en su Verbo, encarnado, muerto y resucitado por nosotros, nos colma de sus bendiciones y por él derrama en nuestros corazones el don que contiene todos los dones: el Espíritu Santo.

2627   **1083**   Se comprende, por tanto, que en cuanto respuesta de fe y de amor a las "bendiciones espirituales" con que el Padre nos enriquece, la liturgia cristiana tiene una doble dimensión. Por una parte, la Iglesia, unida a su Señor y "bajo la acción el Espíritu Santo" (Lc 10, 21), bendice al Padre "por su don inefable" (2 Co 9, 15) mediante la adoración, la alabanza y la acción de gracias. Por otra parte, y hasta la consumación del designio de Dios, la Iglesia no

1360   cesa de presentar al Padre "la ofrenda de sus propios dones" y de implorar que el Espíritu Santo venga sobre esta ofrenda, sobre ella misma, sobre los fieles y sobre el mundo entero, a fin de que por la comunión en la muerte y en la resurreción de Cristo-Sacerdote y por el poder del Espíritu estas bendiciones divinas den frutos de vida "para alabanza de la gloria de su gracia" (Ef 1, 6).

II   LA OBRA DE CRISTO EN LA LITURGIA

Cristo glorificado...

1084   "Sentado a la derecha del Padre" y derramando el Espíritu   662
Santo sobre su Cuerpo que es la Iglesia, Cristo actúa ahora por medio de los sacramentos, instituidos por El para comunicar su gracia. Los sacramentos son signos sensibles (palabras y acciones), accesibles a nuestra humanidad actual. Realizan eficazmente la   1127
gracia que significan en virtud de la acción de Cristo y por el poder del Espíritu Santo.

1085   En la Liturgia de la Iglesia, Cristo significa y realiza principalmente su misterio pascual. Durante su vida terrestre Jesús anunciaba con su enseñanza y anticipaba con sus actos el misterio pascual. Cuando llegó su hora (cf Jn 13, 1; 17, 1), vivió el único acontecimiento de la historia que no pasa: Jesús muere, es sepultado, resucita de entre los muertos y se sienta a la derecha del Padre "una vez por todas" (Rm 6, 10; Hb 7, 27; 9, 12). Es un acontecimiento real, sucedido en nuestra historia, pero absolutamente singular: todos los demás acontecimientos suceden una vez, y luego pasan y son absorbidos por el pasado. El misterio pascual de Cristo, por el contrario, no puede permanecer solamente en el pasado, pues por su muerte destruyó a la muerte, y todo lo que Cristo es y   519
todo lo que hizo y padeció por los hombres participa de la eternidad divina y domina así todos los tiempos y en ellos se mantiene permanentemente presente. El acontecimiento de la Cruz y de la Resurrección *permanece* y atrae todo hacia la Vida.   1165

...desde la Iglesia de los apóstoles...

1086   "Por esta razón, como Cristo fue enviado por el Padre, El mismo envió también a los apóstoles, llenos del Espíritu Santo, no   858
sólo para que, al predicar el Evangelio a toda criatura, anunciaran que el Hijo de Dios, con su muerte y resurrección, nos ha liberado del poder de Satanás y de la muerte y nos ha conducido al reino del Padre, sino también para que realizaran la obra de salvación que anunciaban mediante el sacrificio y los sacramentos en torno a los cuales gira toda la vida litúrgica" (SC 6).

1087   Así, Cristo resucitado, dando el Espíritu Santo a los apóstoles, les confía su poder de santificación (cf Jn 20, 21-23); se convierten en signos sacramentales de Cristo. Por el poder del mismo
861   Espíritu Santo confían este poder a sus sucesores. Esta "sucesión
apostólica" estructura toda la vida litúrgica de la Iglesia. Ella mis-
1536   ma es sacramental, transmitida por el sacramento del Orden.

...está presente en la Liturgia terrena...

1088   "Para llevar a cabo una obra tan grande" –la dispensación
776   o comunicación de su obra de salvación–, "Cristo está siempre
669   presente en su Iglesia, principalmente en los actos litúrgicos. Está
presente en el sacrificio de la misa, no sólo en la persona del ministro, 'ofreciéndose ahora por ministerio de los sacerdotes el mismo que entonces se ofreció en la cruz', sino también, sobre todo,
1373   bajo las especies eucarísticas. Está presente con su virtud en los
sacramentos, de modo que, cuando alguien bautiza, es Cristo quien
bautiza. Está presente en su palabra, pues es El mismo el que habla
cuando se lee en la Iglesia la Sagrada Escritura. Está presente, finalmente, cuando la Iglesia suplica y canta salmos, el mismo que
prometió: 'Donde están dos o tres congregados en mi nombre, allí
estoy yo en medio de ellos' (Mt 18, 20)" (SC 7).

1089   "Realmente, en una obra tan grande por la que Dios es
perfectamente glorificado y los hombres santificados, Cristo aso-
796   cia siempre consigo a la Iglesia, su esposa amadísima, que invoca
a su Señor y por El rinde culto al Padre Eterno" (SC 7).

...que participa en la Liturgia celestial

1137-1139   **1090**   "En la liturgia terrena pregustamos y participamos en aquella liturgia celestial que se celebra en la ciudad santa, Jerusalén, hacia la cual nos dirigimos como peregrinos, donde Cristo está sentado a la derecha del Padre, como ministro del santuario y del tabernáculo verdadero; cantamos un himno de gloria al Señor con todo
el ejército celestial; venerando la memoria de los santos, esperamos
participar con ellos y acompañarlos; aguardamos al Salvador, nuestro Señor Jesucristo, hasta que se manifieste El, nuestra vida, y nosotros nos manifestamos con El en la gloria" (SC 8; cf LG 50).

III   EL ESPIRITU SANTO Y LA IGLESIA EN LA LITURGIA

1091   En la Liturgia, el Espíritu Santo es el pedagogo de la fe
798   del Pueblo de Dios, el artífice de las "obras maestras de Dios" que

son los sacramentos de la Nueva Alianza. El deseo y la obra del Espíritu en el corazón de la Iglesia es que vivamos de la vida de Cristo resucitado. Cuando encuentra en nosotros la respuesta de fe que él ha suscitado, entonces se realiza una verdadera cooperación. Por ella, la Liturgia viene a ser la obra común del Espíritu Santo y de la Iglesia.

1092 En esta dispensación sacramental del misterio de Cristo, el Espíritu Santo actúa de la misma manera que en los otros tiempos de la economía de la salvación: prepara la Iglesia para el encuentro con su Señor, recuerda y manifiesta a Cristo a la fe de la asamblea; hace presente y actualiza el misterio de Cristo por su poder transformador; finalmente, el Espíritu de comunión une la Iglesia a la vida y a la misión de Cristo. 737

El Espíritu Santo prepara a recibir a Cristo

1093 El Espíritu Santo realiza en la economía sacramental las figuras de la *Antigua Alianza*. Puesto que la Iglesia de Cristo estaba "preparada maravillosamente en la historia del pueblo de Israel y en la Antigua Alianza" (LG 2), la Liturgia de la Iglesia conserva como una parte integrante e irremplazable, haciéndolos suyos, algunos elementos del culto de la Antigua Alianza: 762

– principalmente la lectura del Antiguo Testamento; 121
– la oración de los Salmos; 2585
– y sobre todo la memoria de los acontecimientos salvíficos y de las realidades significativas que encontraron su cumplimiento en el misterio de Cristo (la Promesa y la Alianza; el Exodo y la Pascua, el Reino y el Templo; el Exilio y el Retorno). 1081

1094 Sobre esta armonía de los dos Testamentos (cf DV 14-16) se articula la catequesis pascual del Señor (cf Lc 24, 13-49), y luego la de los apóstoles y de los Padres de la Iglesia. Esta catequesis pone de manifiesto lo que permanecía oculto bajo la letra del Antiguo Testamento: el misterio de Cristo. Es llamada catequesis "tipológica", porque revela la novedad de Cristo a partir de "figuras" (tipos) que la anunciaban en los hechos, las palabras y los símbolos de la primera Alianza. Por esta relectura en el Espíritu de Verdad a partir de Cristo, las figuras son explicadas (cf 2 Co 3, 14-16). Así, el diluvio y el arca de Noé prefiguraban la salvación por el Bautismo (cf 1 P 3, 21), y lo mismo la nube, y el paso del mar Rojo; el agua de la roca era la figura de los dones espirituales de Cristo (cf 1 Co 10, 1-6); el maná del desierto prefiguraba la Eucaristía, "el verdadero Pan del Cielo" (Jn 6, 32). 128-130

1095   Por eso la Iglesia, especialmente durante los tiempos de
Adviento, Cuaresma y sobre todo en la noche de Pascua, relee y
revive todos estos acontecimientos de la historia de la salvación en
el "hoy" de su Liturgia. Pero esto exige también que la catequesis
ayude a los fieles a abrirse a esta inteligencia "espiritual" de la
economía de la salvación, tal como la Liturgia de la Iglesia la manifiesta y nos la hace vivir.

1096   *Liturgia judía y liturgia cristiana.* Un mejor conocimiento de la
fe y la vida religiosa del pueblo judío tal como son profesadas y vividas
aún hoy, puede ayudar a comprender mejor ciertos aspectos de la Liturgia
cristiana. Para los judíos y para los cristianos la Sagrada Escritura es una
parte esencial de sus respectivas liturgias: para la proclamación de la Palabra de Dios, la respuesta a esta Palabra, la adoración de alabanza y de
intercesión por los vivos y los difuntos, el recurso a la misericordia divina. La liturgia de la Palabra, en su estructura propia, tiene su origen en la
oración judía. La oración de las Horas, y otros textos y formularios litúrgicos tienen sus paralelos también en ella, igual que las mismas fórmulas
de nuestras oraciones más venerables, por ejemplo, el Padre Nuestro. Las
plegarias eucarísticas se inspiran también en modelos de la tradición judía. La relación entre liturgia judía y liturgia cristiana, pero también la diferencia de sus contenidos, son particularmente visibles en las grandes
fiestas del año litúrgico como la Pascua. Los cristianos y los judíos celebran la Pascua: Pascua de la historia, orientada hacia el porvenir en los
judíos; Pascua realizada en la muerte y la resurrección de Cristo en los
cristianos, aunque siempre en espera de la consumación definitiva.

1097   En la *Liturgia de la Nueva Alianza*, toda acción litúrgica,
especialmente la celebración de la Eucaristía y de los sacramentos
es un encuentro entre Cristo y la Iglesia. La asamblea litúrgica recibe su unidad de la "comunión del Espíritu Santo" que reúne a los
hijos de Dios en el único Cuerpo de Cristo. Esta reunión desborda
las afinidades humanas, raciales, culturales y sociales.

1098   La asamblea debe *prepararse* para encontrar a su Señor,
debe ser "un pueblo bien dispuesto". Esta preparación de los corazones es la obra común del Espíritu Santo y de la asamblea, en
particular de sus ministros. La gracia del Espíritu Santo tiende a
suscitar la fe, la conversión del corazón y la adhesión a la voluntad
del Padre. Estas disposiciones preceden a la acogida de las otras
gracias ofrecidas en la celebración misma y a los frutos de vida
nueva que está llamada a producir.

El Espíritu Santo recuerda el Misterio de Cristo

1099   El Espíritu y la Iglesia cooperan en la manifestación de
Cristo y de su obra de salvación en la Liturgia. Principalmente en
la Eucaristía, y análogamente en los otros sacramentos, la Liturgia

(marginal references: 281, 117, 1174, 1352, 840, 1430)

es *Memorial* del Misterio de la salvación. El Espíritu Santo es la
memoria viva de la Iglesia (cf Jn 14, 26).   91

1100   La *Palabra de Dios*. El Espíritu Santo recuerda primera-   1174
mente a la asamblea litúrgica el sentido del acontecimiento de la
salvación dando vida a la Palabra de Dios que es anunciada para
ser recibida y vivida:

> La importancia de la Sagrada Escritura en la celebración de   103; 131
> la liturgia es máxima. En efecto, de ella se toman las lecturas
> que luego se explican en la homilía, y los salmos que se cantan;
> las preces, oraciones e himnos litúrgicos están impregnados de
> su aliento y su inspiración; de ella reciben su significado las ac-
> ciones y los signos (SC 24).

1101   El Espíritu Santo es quien da a los lectores y a los oyentes,
según las disposiciones de sus corazones, la inteligencia espiritual   117
de la Palabra de Dios. A través de las palabras, las acciones y los
símbolos que constituyen la trama de una celebración, el Espíritu
Santo pone a los fieles y a los ministros en relación viva con Cristo, Palabra e Imagen del Padre, a fin de que puedan hacer pasar a
su vida el sentido de lo que oyen, contemplan y realizan en la celebración.

1102   "La fe se suscita en el corazón de los no creyentes y se alimenta en el corazón de los creyentes con la palabra de la salvación. Con la fe empieza y se desarrolla la comunidad de los creyentes" (PO 4). El anuncio de la Palabra de Dios no se reduce a
una enseñanza: exige la *respuesta de fe*, como consentimiento y   143
compromiso, con miras a la Alianza entre Dios y su pueblo. Es
también el Espíritu Santo quien da la gracia de la fe, la fortalece y
la hace crecer en la comunidad. La asamblea litúrgica es ante todo
comunión en la fe.

1103   *La Anamnesis*. La celebración litúrgica se refiere siempre   1362
a las intervenciones salvíficas de Dios en la historia. "El plan de la
revelación se realiza por obras y palabras intrínsecamente ligadas;... las palabras proclaman las obras y explican su misterio"
(DV 2). En la liturgia de la Palabra, el Espíritu Santo "recuerda" a
la asamblea todo lo que Cristo ha hecho por nosotros. Según la naturaleza de las acciones litúrgicas y las tradiciones rituales de las
Iglesias, una celebración "hace memoria" de las maravillas de
Dios en una Anamnesis más o menos desarrollada. El Espíritu
Santo, que despierta así la memoria de la Iglesia, suscita entonces
la acción de gracias y la alabanza *(Doxología)*.

El Espíritu Santo actualiza el Misterio de Cristo

1104   La Liturgia cristiana no sólo recuerda los acontecimientos que nos salvaron, sino que los actualiza, los hace presentes. El
1085   Misterio pascual de Cristo se celebra, no se repite; son las celebraciones las que se repiten; en cada una de ellas tiene lugar la efusión del Espíritu Santo que actualiza el único Misterio.

1105   La *Epiclesis* ("invocación sobre") es la intercesión mediante la cual el sacerdote suplica al Padre que envíe el Espíritu
1153   santificador para que las ofrendas se conviertan en el Cuerpo y la Sangre de Cristo y para que los fieles, al recibirlos, se conviertan ellos mismos en ofrenda viva para Dios.

1106   Junto con la Anamnesis, la Epiclesis es el centro de toda celebración sacramental, y muy particularmente de la Eucaristía:

1375   Preguntas cómo el pan se convierte en el Cuerpo de Cristo y el vino... en Sangre de Cristo. Te respondo: el Espíritu Santo irrumpe y realiza aquello que sobrepasa toda palabra y todo pensamiento... Que te baste oír que es por la acción del Espíritu Santo, de igual modo que gracias a la Santísima Virgen y al mismo Espíritu, el Señor, por sí mismo y en sí mismo, asumió la carne humana (S. Juan Damasceno, f.o., IV, 13).

1107   El poder transformador del Espíritu Santo en la Liturgia
2816   apresura la venida del Reino y la consumación del Misterio de la salvación. En la espera y en la esperanza nos hace realmente anticipar la comunión plena con la Trinidad Santa. Enviado por el Padre, que escucha la epiclesis de la Iglesia, el Espíritu da la vida a los que lo acogen, y constituye para ellos, ya desde ahora, "las arras" de su herencia (cf Ef 1, 14; 2 Co 1, 22).

La comunión del Espíritu Santo

1108   La finalidad de la misión del Espíritu Santo en toda acción
788   litúrgica es poner en comunión con Cristo para formar su Cuerpo. El Espíritu Santo es como la savia de la viña del Padre que da su fruto en los sarmientos (cf Jn 15, 1-17; Ga 5, 22). En la Liturgia se
1091   realiza la cooperación más íntima entre el Espíritu Santo y la Iglesia. El espíritu de comunión permanece indefectiblemente en la
775   Iglesia, y por eso la Iglesia es el gran sacramento de la comunión divina que reúne a los hijos de Dios dispersos. El fruto del Espíritu en la Liturgia es inseparablemente comunión con la Trinidad Santa y comunión fraterna (cf 1 Jn 1, 3-7).

1109   La Epiclesis es también oración por el pleno efecto de la comunión de la asamblea con el Misterio de Cristo. "La gracia de nuestro Señor Jesucristo, el amor de Dios Padre y la comunión del Espíritu Santo" (2 Co 13, 13) deben permanecer siempre con nosotros y dar frutos más allá de la celebración eucarística. La Iglesia, por tanto, pide al Padre que envíe el Espíritu Santo para que haga de la vida de los fieles una ofrenda viva a Dios mediante la transformación espiritual a imagen de Cristo, la preocupación por la unidad de la Iglesia y la participación en su misión por el testimonio y el servicio de la caridad.

1368

RESUMEN

1110 *En la liturgia de la Iglesia, Dios Padre es bendecido y adorado como la fuente de todas las bendiciones de la creación y de la salvación, con las que nos ha bendecido en su Hijo para darnos el Espíritu de adopción filial.*

1111 *La obra de Cristo en la liturgia es sacramental porque su Misterio de salvación se hace presente en ella por el poder de su Espíritu Santo; porque su Cuerpo, que es la Iglesia, es como el sacramento (signo e instrumento) en el cual el Espíritu Santo dispensa el Misterio de la salvación; porque a través de sus acciones litúrgicas, la Iglesia peregrina participa ya, como en primicias, en la liturgia celestial.*

1112 *La misión del Espíritu Santo en la liturgia de la Iglesia es la de preparar la Asamblea para el encuentro con Cristo; recordar y manifestar a Cristo a la fe de la asamblea de creyentes; hacer presente y actualizar la obra salvífica de Cristo por su poder transformador y hacer fructificar el don de la comunión en la Iglesia.*

Artículo 2 **EL MISTERIO PASCUAL EN LOS SACRAMENTOS DE LA IGLESIA**

1113 Toda la vida litúrgica de la Iglesia gravita en torno al sacrificio eucarístico y los sacramentos (cf SC 6). Hay en la Iglesia siete sacramentos: Bautismo, Confirmación o Crismación, Eucaristía, Penitencia, Unción de los enfermos, Orden sacerdotal y Matrimonio (cf DS 860; 1310; 1601). En este artículo se trata de lo que es común a los siete sacramentos de la Iglesia desde el punto de vista doctrinal. Lo que les es común bajo el aspecto de la celebración se expondrá en el Capítulo segundo, y lo que es propio de cada uno de ellos será objeto de la Segunda sección.

1210

I   LOS SACRAMENTOS DE CRISTO

1114   "Adheridos a la doctrina de las Santas Escrituras, a las tradiciones apostólicas y al sentimiento unánime de los Padres", profesamos que "los sacramentos de la nueva Ley fueron todos instituidos por nuestro Señor Jesucristo" (DS 1600-1601).

1115   Las palabras y las acciones de Jesús durante su vida oculta y su ministerio público eran ya salvíficas. Anticipaban la fuerza de su misterio pascual. Anunciaban y preparaban aquello que El daría a la Iglesia cuando todo tuviese su cumplimiento. Los misterios de la vida de Cristo son los fundamentos de lo que en adelante, por los ministros de su Iglesia, Cristo dispensa en los sacramentos, porque "lo que era visible en nuestro Salvador ha pasado a sus misterios" (S. León Magno, serm. 74, 2).

512-560

1116   Los sacramentos, como "fuerzas que brotan" del Cuerpo de Cristo (cf Lc 5, 17; 6, 19; 8, 46) siempre vivo y vivificante, y como acciones del Espíritu Santo que actúa en su Cuerpo que es la Iglesia, son "las obras maestras de Dios" en la nueva y eterna Alianza.

1504

774

II   LOS SACRAMENTOS DE LA IGLESIA

1117   Por el Espíritu que la conduce "a la verdad completa" (Jn 16, 13), la Iglesia reconoció poco a poco este tesoro recibido de Cristo y precisó su "dispensación", tal como lo hizo con el canon de las Sagradas Escrituras y con la doctrina de la fe, como fiel dispensadora de los misterios de Dios (cf Mt 13, 52; 1 Co 4, 1). Así, la Iglesia ha precisado a lo largo de los siglos, que, entre sus celebraciones litúrgicas, hay siete que son, en el sentido propio del término, sacramentos instituidos por el Señor.

120

1118   Los sacramentos son "de la Iglesia" en el doble sentido de que existen "por ella" y "para ella". Existen "por la Iglesia" porque ella es el sacramento de la acción de Cristo que actúa en ella gracias a la misión del Espíritu Santo. Y existen "para la Iglesia", porque ellos son "sacramentos que constituyen la Iglesia" (S. Agustín, civ. 22, 17; S. Tomás de A., s. th. 3, 64, 2 ad 3), manifiestan y comunican a los hombres, sobre todo en la Eucaristía, el misterio de la Comunión del Dios Amor, uno en tres Personas.

1396

1119   Formando con Cristo-Cabeza "como una única persona mística" (Pío XII, enc. "Mystici Corporis"), la Iglesia actúa en los

792

sacramentos como "comunidad sacerdotal", "orgánicamente estructurada" (LG 11): gracias al Bautismo y la Confirmación, el pueblo sacerdotal se hace apto para celebrar la liturgia; por otra parte, algunos fieles "que han recibido el sacramento del Orden están instituidos en nombre de Cristo para ser los pastores de la Iglesia con la palabra y la gracia de Dios" (LG 11).

1120 El ministerio ordenado o sacerdocio *ministerial* (LG 10) está al servicio del sacerdocio bautismal. Garantiza que, en los sacramentos, sea Cristo quien actúa por el Espíritu Santo en favor de la Iglesia. La misión de salvación confiada por el Padre a su Hijo encarnado es confiada a los apóstoles y por ellos a sus sucesores: reciben el Espíritu de Jesús para actuar en su nombre y en su persona (cf Jn 20, 21-23; Lc 24, 47; Mt 28, 18-20). Así, el ministro ordenado es el vínculo sacramental que une la acción litúrgica a lo que dijeron y realizaron los apóstoles, y por ellos a lo que dijo y realizó Cristo, fuente y fundamento de los sacramentos. {1547}

1121 Los tres sacramentos del Bautismo, de la Confirmación y del Orden sacerdotal confieren, además de la gracia, un *carácter* sacramental o "sello" por el cual el cristiano participa del sacerdocio de Cristo y forma parte de la Iglesia según estados y funciones diversos. Esta configuración con Cristo y con la Iglesia, realizada por el Espíritu, es indeleble (Cc. de Trento: DS 1609); permanece para siempre en el cristiano como disposición positiva para la gracia, como promesa y garantía de la protección divina y como vocación al culto divino y al servicio de la Iglesia. Por tanto, estos sacramentos no pueden ser reiterados. {1272; 1304; 1582}

III   LOS SACRAMENTOS DE LA FE

1122 Cristo envió a sus apóstoles para que, "en su Nombre, proclamasen a todas las naciones la conversión para el perdón de los pecados" (Lc 24, 47). "De todas las naciones haced discípulos bautizándolos en el nombre del Padre, del Hijo y del Espíritu Santo" (Mt 28, 19). La misión de bautizar, por tanto la misión sacramental, está implicada en la misión de evangelizar, porque el sacramento es preparado *por la Palabra de Dios y por la fe* que es consentimiento a esta Palabra: {849} {1236}

> "El pueblo de Dios se reúne, sobre todo, por la palabra de Dios vivo... necesita la predicación de la palabra para el ministerio de los sacramentos. En efecto, son sacramentos de la fe que nace y se alimenta de la palabra" (PO 4).

1123 "Los sacramentos están ordenados a la santificación de los hombres, a la edificación del Cuerpo de Cristo y, en definitiva, a dar culto a Dios, pero, como signos, también tienen un fin instruc-

1154   tivo. No sólo suponen la fe, también la fortalecen, la alimentan y la expresan con palabras y acciones; por eso se llaman sacramentos *de la fe"* (SC 59).

166   **1124** La fe de la Iglesia es anterior a la fe del fiel, el cual es invitado a adherirse a ella. Cuando la Iglesia celebra los sacramentos confiesa la fe recibida de los apóstoles, de ahí el antiguo adagio:

1327   *"Lex orandi, lex credendi"* ("La ley de la oración es la ley de la fe") (o: "legem credendi lex statuat supplicandi" ["La ley de la oración determine la ley de la fe"], según Próspero de Aquitania, siglo V, ep. 217). La ley de la oración es la ley de la fe, la Iglesia

78   cree como ora. La liturgia es un elemento constitutivo de la Tradición santa y viva (cf DV 8).

1205   **1125** Por eso ningún rito sacramental puede ser modificado o manipulado a voluntad del ministro o de la comunidad. Incluso la suprema autoridad de la Iglesia no puede cambiar la liturgia a su arbitrio, sino solamente en virtud del servicio de la fe y en el respeto religioso al misterio de la liturgia.

1126 Por otra parte, puesto que los sacramentos expresan y de-

815   sarrollan la comunión de fe en la Iglesia, la *lex orandi* es uno de los criterios esenciales del diálogo que intenta restaurar la unidad de los cristianos (cf UR 2 y 15).

IV   LOS SACRAMENTOS DE LA SALVACION

1127 Celebrados dignamente en la fe, los sacramentos confieren

1084   la gracia que significan (cf Cc. de Trento: DS 1605 y 1606). Son *eficaces* porque en ellos actúa Cristo mismo; El es quien bautiza, El quien actúa en sus sacramentos con el fin de comunicar la gracia que el sacramento significa. El Padre escucha siempre la ora-

1105   ción de la Iglesia de su Hijo que, en la epiclesis de cada sacramen-
696   to, expresa su fe en el poder del Espíritu. Como el fuego transforma en sí todo lo que toca, así el Espíritu Santo transforma en vida divina lo que se somete a su poder.

1128 Tal es el sentido de la siguiente afirmación de la Iglesia (cf Cc. de Trento: DS 1608): los sacramentos obran *ex opere operato* (según las palabras mismas del Concilio: "por el hecho mismo de que la acción es realizada"), es decir, en virtud de la obra

salvífica de Cristo, realizada de una vez por todas. De ahí se sigue
que "el sacramento no actúa en virtud de la justicia del hombre
que lo da o que lo recibe, sino por el poder de Dios" (S. Tomás de
A., s. th. 3, 68, 8). En consecuencia, siempre que un sacramento
es celebrado conforme a la intención de la Iglesia, el poder de
Cristo y de su Espíritu actúa en él y por él, independientemente de
la santidad personal del ministro. Sin embargo, los frutos de los
sacramentos dependen también de las disposiciones del que los
recibe.

1584

1129 La Iglesia afirma que para los creyentes los sacramentos
de la Nueva Alianza son *necesarios para la salvación* (cf Cc. de
Trento: DS 1604). La "gracia sacramental" es la gracia del Espíritu
Santo dada por Cristo y propia de cada sacramento. El Espíritu cu-
ra y transforma a los que lo reciben conformándolos con el Hijo de
Dios. El fruto de la vida sacramental consiste en que el Espíritu de
adopción deifica (cf 2 P 1, 4) a los fieles uniéndolos vitalmente al
Hijo único, el Salvador.

1257

2003

460

V   LOS SACRAMENTOS DE LA VIDA ETERNA

1130 La Iglesia celebra el Misterio de su Señor "hasta que él
venga" y "Dios sea todo en todos" (1 Co 11, 26; 15, 28). Desde la
era apostólica, la liturgia es atraída hacia su término por el gemido
del Espíritu en la Iglesia: "¡Maran atha!" (1 Co 16, 22). La liturgia
participa así en el deseo de Jesús: "Con ansia he deseado comer
esta Pascua con vosotros... hasta que halle su cumplimiento en el
Reino de Dios" (Lc 22, 15-16). En los sacramentos de Cristo, la
Iglesia recibe ya las arras de su herencia, participa ya en la vida
eterna, aunque "aguardando la feliz esperanza y la manifestación
de la gloria del gran Dios y Salvador nuestro Jesucristo" (Tt 2, 13).
"El Espíritu y la Esposa dicen: ¡Ven!... ¡Ven, Señor Jesús!" (Ap
22, 17.20).

2817

950

> S. Tomás resume así las diferentes dimensiones del signo
> sacramental: "Unde sacramentum est signum rememorativum
> eius quod praecessit, scilicet passionis Christi; et demonstrati-
> vum quod in nobis efficitur per Christi passionem, scilicet gra-
> tiae; et prognosticum, id est, praenuntiativum futurae gloriae"
> ("Por eso el sacramento es un signo que rememora lo que suce-
> dió, es decir, la pasión de Cristo; es un signo que demuestra lo
> que sucedió entre nosotros en virtud de la pasión de Cristo, es
> decir, la gracia; y es un signo que anticipa, es decir, que prea-
> nuncia la gloria venidera", s. th. III, 60, 3).

RESUMEN

1131 *Los sacramentos son signos eficaces de la gracia, instituidos por Cristo y confiados a la Iglesia por los cuales nos
es dispensada la vida divina. Los ritos visibles bajo los
cuales los sacramentos son celebrados significan y realizan las gracias propias de cada sacramento. Dan fruto en
quienes los reciben con las disposiciones requeridas.*

1132 *La Iglesia celebra los sacramentos como comunidad sacerdotal estructurada por el sacerdocio bautismal y el de
los ministros ordenados.*

1133 *El Espíritu Santo dispone a la recepción de los sacramentos por la Palabra de Dios y por la fe que acoge la Palabra en los corazones bien dispuestos. Así los sacramentos
fortalecen y expresan la fe.*

1134 *El fruto de la vida sacramental es a la vez personal y eclesial. Por una parte, este fruto es para todo fiel la vida para Dios en Cristo Jesús: por otra parte, es para la Iglesia
crecimiento en la caridad y en su misión de testimonio.*

CAPITULO SEGUNDO

LA CELEBRACION SACRAMENTAL DEL MISTERIO PASCUAL

1135 La catequesis de la Liturgia implica en primer lugar la inteligencia de la economía sacramental (Capítulo primero). A su luz
se revela la novedad de su *celebración*. Se tratará, pues, en este capítulo de la celebración de los sacramentos de la Iglesia. A través
de la diversidad de las tradiciones litúrgicas, se presenta lo que es
común a la celebración de los siete sacramentos. Lo que es propio
de cada uno de ellos, será presentado más adelante. Esta catequesis
fundamental de las celebraciones sacramentales responderá a las
cuestiones inmediatas que se presentan a un fiel al respecto:

– quién celebra,
– cómo celebrar,
– cuándo celebrar,
– dónde celebrar.

Artículo 1   **CELEBRAR LA LITURGIA
DE LA IGLESIA**

I   ¿QUIEN CELEBRA?

1136   La Liturgia es "acción" del "Cristo total" (*Christus totus*).   795
Por tanto, quienes celebran esta "acción", independientemente de
la existencia o no de signos sacramentales, participan ya de la li-   1090
turgia del cielo, allí donde la celebración es enteramente Comunión y Fiesta.

La celebración de la Liturgia celestial   2642

1137   El Apocalipsis de S. Juan, leído en la liturgia de la Iglesia,
nos revela primeramente que "un trono estaba erigido en el cielo y
Uno sentado en el trono" (Ap 4, 2): "el Señor Dios" (Is 6, 1; cf Ez
1, 26-28). Luego revela al Cordero, "inmolado y de pie" (Ap 5, 6;
cf Jn 1, 29): Cristo crucificado y resucitado, el único Sumo Sacer-   662
dote del santuario verdadero (cf Hb 4, 14-15; 10, 19-21), el mismo "que ofrece y que es ofrecido, que da y que es dado" (Liturgia
de San Juan Crisóstomo, Anáfora). Y por último, revela "el río de
Vida que brota del trono de Dios y del Cordero" (Ap 22, 1), uno
de los más bellos símbolos del Espíritu Santo (cf Jn 4, 10-14;
Ap 21, 6).

1138   "Recapitulados" en Cristo, participan en el servicio de la
alabanza de Dios y en la realización de su designio: las Potencias   335
celestiales (cf Ap 4-5; Is 6, 2-3), toda la creación (los cuatro Vivientes), los servidores de la Antigua y de la Nueva Alianza (los
veinticuatro ancianos), el nuevo Pueblo de Dios (los ciento cuarenta y cuatro mil, cf Ap 7, 1-8; 14, 1), en particular los mártires "degollados a causa de la Palabra de Dios" (Ap 6, 9-11), y la Santísima Madre de Dios (la Mujer, cf Ap 12, la Esposa del Cordero, cf   1370
Ap 21, 9), finalmente "una muchedumbre inmensa, que nadie podría contar, de toda nación, razas, pueblos y lenguas" (Ap 7, 9).

1139   En esta Liturgia eterna el Espíritu y la Iglesia nos hacen
participar cuando celebramos el Misterio de la salvación en los sacramentos.

Los celebrantes de la liturgia sacramental

1140   Es toda la *comunidad, el Cuerpo de Cristo unido a su Ca-*   752; 1348
beza quien celebra. "Las acciones litúrgicas no son acciones priva-

das, sino celebraciones de la Iglesia, que es 'sacramento de unidad', esto es, pueblo santo, congregado y ordenado bajo la dirección de los obispos. Por tanto, pertenecen a todo el Cuerpo de la Iglesia, influyen en él y lo manifiestan, pero afectan a cada miembro de este Cuerpo de manera diferente, según la diversidad de órdenes, funciones y participación actual" (SC 26). Por eso también, "siempre que los ritos, según la naturaleza propia de cada uno, admitan una celebración común, con asistencia y participación activa de los fieles, hay que inculcar que ésta debe ser preferida, en cuanto sea posible, a una celebración individual y casi privada" (SC 27).

1372

1141 La asamblea que celebra es la comunidad de los bautizados que, "por el nuevo nacimiento y por la unción del Espíritu Santo, quedan consagrados como casa espiritual y sacerdocio santo para que ofrezcan, a través de las obras propias del cristiano, sacrificios espirituales" (LG 10). Este "sacerdocio común" es el de Cristo, único Sacerdote, participado por todos sus miembros (cf LG 10; 34; PO 2):

1120

> La Madre Iglesia desea ardientemente que se lleve a todos los fieles a aquella participación plena, consciente y activa en las celebraciones litúrgicas que exige la naturaleza de la liturgia misma y a la cual tiene derecho y obligación, en virtud del bautismo, el pueblo cristiano "linaje escogido, sacerdocio real, nación santa, pueblo adquirido" (1 P 2, 9; cf 2, 4-5) (SC 14).

1268

1142 Pero "todos los miembros no tienen la misma función" (Rm 12, 4). Algunos son llamados por Dios en y por la Iglesia a un servicio especial de la comunidad. Estos servidores son escogidos y consagrados por el sacramento del Orden, por el cual el Espíritu Santo los hace aptos para actuar en representación de Cristo-Cabeza para el servicio de todos los miembros de la Iglesia (cf PO 2 y 15). El ministro ordenado es como el "icono" de Cristo Sacerdote. Por ser en la Eucaristía donde se manifiesta plenamente el sacramento de la Iglesia, es también en la presidencia de la Eucaristía donde el ministerio del obispo aparece en primer lugar, y en comunión con él, el de los presbíteros y los diáconos.

1549

1561

1143 En orden a ejercer las funciones del sacerdocio común de los fieles existen también otros *ministerios particulares*, no consagrados por el sacramento del Orden, y cuyas funciones son determinadas por los obispos según las tradiciones litúrgicas y las necesidades pastorales. "Los acólitos, lectores, comentadores y los que pertenecen a la 'schola cantorum' desempeñan un auténtico ministerio litúrgico" (SC 29).

903

1672

1144 Así, en la celebración de los sacramentos, toda la asamblea es "liturgo", cada cual según su función, pero en "la unidad del Espíritu" que actúa en todos. "En las celebraciones litúrgicas, cada cual, ministro o fiel, al desempeñar su oficio, hará *todo* y *sólo* aquello que le corresponde según la naturaleza de la acción y las normas litúrgicas" (SC 28).

II   ¿COMO CELEBRAR?

Signos y símbolos   1333-1340

1145 Una celebración sacramental está tejida de signos y de símbolos. Según la pedagogía divina de la salvación, su significa-   53
ción tiene su raíz en la obra de la creación y en la cultura humana, se perfila en los acontecimientos de la Antigua Alianza y se revela en plenitud en la persona y la obra de Cristo.

1146 *Signos del mundo de los hombres.* En la vida humana, signos y símbolos ocupan un lugar importante. El hombre, siendo un ser a la vez corporal y espiritual, expresa y percibe las realida-   362; 2702
des espirituales a través de signos y de símbolos materiales. Como ser social, el hombre necesita signos y símbolos para comunicarse   1879
con los demás, mediante el lenguaje, gestos y acciones. Lo mismo sucede en su relación con Dios.

1147 Dios habla al hombre a través de la creación visible. El   299
cosmos material se presenta a la inteligencia del hombre para que vea en él las huellas de su Creador (cf Sb 13, 1; Rm 1, 19-20; Hch 14, 17). La luz y la noche, el viento y el fuego, el agua y la tierra, el árbol y los frutos hablan de Dios, simbolizan a la vez su grandeza y su proximidad.

1148 En cuanto creaturas, estas realidades sensibles pueden llegar a ser lugar de expresión de la acción de Dios que santifica a los hombres, y de la acción de los hombres que rinden su culto a Dios. Lo mismo sucede con los signos y símbolos de la vida social de los hombres: lavar y ungir, partir el pan y compartir la copa pueden expresar la presencia santificante de Dios y la gratitud del hombre hacia su Creador.

1149 Las grandes religiones de la humanidad atestiguan, a me-   843
nudo de forma impresionante, este sentido cósmico y simbólico de los ritos religiosos. La liturgia de la Iglesia presupone, integra y santifica elementos de la creación y de la cultura humana confiriéndoles la dignidad de signos de la gracia, de la creación nueva en Jesucristo.

1334 **1150** *Signos de la Alianza*. El pueblo elegido recibe de Dios signos y símbolos distintivos que marcan su vida litúrgica: no son ya solamente celebraciones de ciclos cósmicos y de acontecimientos sociales, sino signos de la Alianza, símbolos de las grandes acciones de Dios en favor de su pueblo. Entre estos signos litúrgicos de la Antigua Alianza se puede nombrar la circuncisión, la unción y la consagración de reyes y sacerdotes, la imposición de manos, los sacrificios, y sobre todo la pascua. La Iglesia ve en estos signos una prefiguración de los sacramentos de la Nueva Alianza.

1335 **1151** *Signos asumidos por Cristo*. En su predicación, el Señor Jesús se sirve con frecuencia de los signos de la creación para dar a conocer los misterios el Reino de Dios (cf Lc 8, 10). Realiza sus curaciones o subraya su predicación por medio de signos materiales o gestos simbólicos (cf Jn 9, 6; Mc 7, 33-35; 8, 22-25). Da un sentido nuevo a los hechos y a los signos de la Antigua Alianza, sobre todo al Exodo y a la Pascua (cf Lc 9, 31; 22, 7-20), porque El mismo es el sentido de todos esos signos.

1152 *Signos sacramentales*. Desde Pentecostés, el Espíritu Santo realiza la santificación a través de los signos sacramentales de su Iglesia. Los sacramentos de la Iglesia no anulan, sino purifican e integran toda la riqueza de los signos y de los símbolos del cosmos y de la vida social. Aún más, cumplen los tipos y las figuras de la Antigua Alianza, significan y realizan la salvación obrada por Cristo, y prefiguran y anticipan la gloria del cielo.

Palabras y acciones

1153 Toda celebración sacramental es un encuentro de los hijos de Dios con su Padre, en Cristo y en el Espíritu Santo, y este encuentro se expresa como un diálogo a través de acciones y de palabras. Ciertamente, las acciones simbólicas son ya un lenguaje, pero es preciso que la Palabra de Dios y la respuesta de fe acompañen y vivifiquen estas acciones, a fin de que la semilla del Reino dé su fruto en la tierra buena. Las acciones litúrgicas significan lo que expresa la Palabra de Dios: a la vez la iniciativa gratuita de Dios y la respuesta de fe de su pueblo.

53

1100 **1154** La *liturgia de la Palabra* es parte integrante de las celebraciones sacramentales. Para nutrir la fe de los fieles, los signos de la Palabra de Dios deben ser puestos de relieve: el libro de la Palabra (leccionario o evangeliario), su veneración (procesión, incienso, luz), el lugar de su anuncio (ambón), su lectura audible e inteligible, la homilía del ministro, la cual prolonga su proclama-

103

ción, y las respuestas de la asamblea (aclamaciones, salmos de meditación, letanías, confesión de fe...).

1155   La palabra y la acción litúrgica, indisociables en cuanto signos y enseñanza, lo son también en cuanto que realizan lo que significan. El Espíritu Santo, al suscitar la fe, no solamente procura una inteligencia de la Palabra de Dios suscitando la fe, sino que también mediante los sacramentos realiza las "maravillas" de Dios que son anunciadas por la misma Palabra: hace presente y comunica la obra del Padre realizada por el Hijo amado.

1127

Canto y música

1156   "La tradición musical de la Iglesia universal constituye un tesoro de valor inestimable que sobresale entre las demás expresiones artísticas, principalmente porque el canto sagrado, unido a las palabras, constituye una parte necesaria o integral de la liturgia solemne" (SC 112). La composición y el canto de salmos inspirados, con frecuencia acompañados de instrumentos musicales, estaban ya estrechamente ligados a las celebraciones litúrgicas de la Antigua Alianza. La Iglesia continúa y desarrolla esta tradición: "Recitad entre vosotros salmos, himnos y cánticos inspirados; cantad y salmodiad en vuestro corazón al Señor" (Ef 5, 19; cf Col 3, 16-17). "El que canta ora dos veces" (S. Agustín, sal. 72, 1).

1157   El canto y la música cumplen su función de signos de una manera tanto más significativa cuanto "más estrechamente estén vinculadas a la acción litúrgica" (SC 112), según tres criterios principales: la belleza expresiva de la oración, la participación unánime de la asamblea en los momentos previstos y el carácter solemne de la celebración. Participan así de la finalidad de las palabras y de las acciones litúrgicas: la gloria de Dios y la santificación de los fieles (cf SC 112):

2502

> ¡Cuánto lloré al oír vuestros himnos y cánticos, fuertemente conmovido por las voces de vuestra Iglesia, que suavemente cantaba! Entraban aquellas voces en mis oídos, y vuestra verdad se derretía en mi corazón, y con esto se inflamaba el afecto de piedad, y corrían las lágrimas, y me iba bien con ellas (S. Agustín, Conf. IX, 6, 14).

1158   La armonía de los signos (canto, música, palabras y acciones) es tanto más expresiva y fecunda cuanto más se expresa en la *riqueza cultural* propia del pueblo de Dios que celebra (cf SC 119). Por eso "foméntese con empeño el canto religioso popular, de modo que en los ejercicios piadosos y sagrados y en las mismas acciones litúrgicas", conforme a las normas de la Iglesia "resuenen

1201
1674

las voces de los fieles" (SC 118). Pero "los textos destinados al canto sagrado deben estar de acuerdo con la doctrina católica; más aún, deben tomarse principalmente de la Sagrada Escritura y de las fuentes litúrgicas" (SC 121).

476-477
2129-2132

Imágenes sagradas

1159 La imagen sagrada, el icono litúrgico, representa principalmente *a Cristo*. No puede representar a Dios invisible e incomprensible; la Encarnación del Hijo de Dios inauguró una nueva "economía" de las imágenes:

> En otro tiempo, Dios, que no tenía cuerpo ni figura, no podía de ningún modo ser representado con una imagen. Pero ahora que se ha hecho ver en la carne y que ha vivido con los hombres, puedo hacer una imagen de lo que he visto de Dios... con el rostro descubierto contemplamos la gloria del Señor (S. Juan Damasceno, imag. 1, 16).

1160 La iconografía cristiana transcribe mediante la imagen el mensaje evangélico que la Sagrada Escritura transmite mediante la palabra. Imagen y Palabra se esclarecen mutuamente:

> Para expresar brevemente nuestra profesión de fe, conservamos todas las tradiciones de la Iglesia, escritas o no escritas, que nos han sido transmitidas sin alteración. Una de ellas es la representación pictórica de las imágenes, que está de acuerdo con la predicación de la historia evangélica, creyendo que, verdaderamente y no en apariencia, el Dios Verbo se hizo carne, lo cual es tan útil y provechoso, porque las cosas que se esclarecen mutuamente tienen sin duda una significación recíproca (Cc. de Nicea II, año 787: COD 111).

1161 Todos los signos de la celebración litúrgica hacen referencia a Cristo: también las imágenes sagradas de la Santísima Madre de Dios y de los santos. Significan, en efecto, a Cristo que es glorificado en ellos. Manifiestan "la nube de testigos" (Hb 12, 1) que continúan participando en la salvación del mundo y a los que estamos unidos, sobre todo en la celebración sacramental. A través de sus iconos, es el hombre "a imagen de Dios", finalmente transfigurado "a su semejanza" (cf Rm 8, 29; 1 Jn 3, 2), quien se revela a nuestra fe, e incluso los ángeles, recapitulados también en Cristo:

> Siguiendo la enseñanza divinamente inspirada de nuestros santos Padres y la tradición de la Iglesia católica (pues reconocemos ser del Espíritu Santo que habita en ella), definimos con toda exactitud y cuidado que las venerables y santas imágenes, como también la imagen de la preciosa y vivificante cruz, tanto las pintadas como las de mosaico u otra materia conveniente, se expongan en las santas iglesias de Dios, en los vasos sagrados y

ornamentos, en las paredes y en cuadros, en las casas y en los caminos: tanto las imágenes de nuestro Señor Dios y Salvador Jesucristo, como las de nuestra Señora inmaculada la santa Madre de Dios, de los santos ángeles y de todos los santos y justos (Cc. de Nicea II: DS 600).

1162 "La belleza y el color de las imágenes estimulan mi oración. Es una fiesta para mis ojos, del mismo modo que el espectáculo del campo estimula mi corazón para dar gloria a Dios" (S. Juan Damasceno, imag. 1, 27). La contemplación de las sagradas imágenes, unida a la meditación de la Palabra de Dios y al canto de los himnos litúrgicos, forma parte de la armonía de los signos de la celebración para que el misterio celebrado se grabe en la memoria del corazón y se exprese luego en la vida nueva de los fieles.

2502

III   ¿CUANDO CELEBRAR?

El tiempo litúrgico

1163 "La santa Madre Iglesia considera que es su deber celebrar la obra de salvación de su divino Esposo con un sagrado recuerdo, en días determinados a través del año. Cada semana, en el día que llamó 'del Señor', conmemora su resurrección, que una vez al año celebra también, junto con su santa pasión, en la máxima solemnidad de la Pascua. Además, en el círculo del año desarrolla todo el Misterio de Cristo... Al conmemorar así los misterios de la redención, abre la riqueza de las virtudes y de los méritos de su Señor, de modo que se los hace presentes en cierto modo, durante todo tiempo, a los fieles para que los alcancen y se llenen de la gracia de la salvación" (SC 102).

512

1164 El pueblo de Dios, desde la ley mosaica, tuvo fiestas fijas a partir de la Pascua, para conmemorar las acciones maravillosas del Dios Salvador, para darle gracias por ellas, perpetuar su recuerdo y enseñar a las nuevas generaciones a conformar con ellas su conducta. En el tiempo de la Iglesia, situado entre la Pascua de Cristo, ya realizada una vez por todas, y su consumación en el Reino de Dios, la liturgia celebrada en días fijos está toda ella impregnada por la novedad del Misterio de Cristo.

1165 Cuando la Iglesia celebra el Misterio de Cristo, hay una palabra que jalona su oración: *¡Hoy!*, como eco de la oración que le enseñó su Señor (Mt 6, 11) y de la llamada del Espíritu Santo (Hb 3, 7-4, 11; Sal 95, 7). Este "hoy" del Dios vivo al que el hombre está llamado a entrar, es la "Hora" de la Pascua de Jesús que es eje de toda la historia humana y la guía:

2659; 2836

1085

La vida se ha extendido sobre todos los seres y todos están
llenos de una amplia luz: el Oriente de los orientes invade el
universo, y el que existía "antes del lucero de la mañana" y antes de todos los astros, inmortal e inmenso, el gran Cristo brilla
sobre todos los seres más que el sol. Por eso, para nosotros que
creemos en él, se instaura un día de luz, largo, eterno, que no se
extingue: la Pascua mística (S. Hipólito, pasc. 1-2).

El día del Señor

2174-2188

1166   "La Iglesia, desde la tradición apostólica que tiene su origen en el mismo día de la resurrección de Cristo, celebra el misterio pascual cada ocho días, en el día que se llama con razón 'día

1343   del Señor' o domingo" (SC 106). El día de la Resurrección de
Cristo es a la vez el "primer día de la semana", memorial del primer día de la creación, y el "octavo día" en que Cristo, tras su "reposo" del gran Sabbat, inaugura el Día "que hace el Señor", el "día
que no conoce ocaso" (Liturgia bizantina). El "banquete del Señor" es su centro, porque es aquí donde toda la comunidad de los
fieles encuentra al Señor resucitado que los invita a su banquete
(cf Jn 21, 12; Lc 24, 30):

El día del Señor, el día de la Resurrección, el día de los
cristianos, es nuestro día. Por eso es llamado día del Señor: porque es en este día cuando el Señor subió victorioso junto al Padre. Si los paganos lo llaman día del sol, también lo hacemos
con gusto; porque hoy ha amanecido la luz del mundo, hoy ha
aparecido el sol de justicia cuyos rayos traen la salvación (S. Jerónimo, pasch.).

1167   El domingo es el día por excelencia de la asamblea litúrgica, en que los fieles "deben reunirse para, escuchando la Palabra
de Dios y participando en la Eucaristía, recordar la pasión, la resurrección y la gloria del Señor Jesús y dar gracias a Dios, que los
'hizo renacer a la esperanza viva por la resurrección de Jesucristo
de entre los muertos'" (SC 106):

Cuando meditamos, oh Cristo, las maravillas que fueron
realizadas en este día del domingo de tu santa Resurrección, decimos: Bendito es el día del domingo, porque en él tuvo comienzo la Creación... la salvación del mundo... la renovación
del género humano... en él el cielo y la tierra se regocijaron y el
universo entero quedó lleno de luz. Bendito es el día del domingo, porque en él fueron abiertas las puertas del paraíso para que
Adán y todos los desterrados entraran en él sin temor (Fanqîth,
Oficio siriaco de Antioquía, vol 6, 1ª parte del verano, p. 193 b).

El año litúrgico

1168   A partir del "Triduo Pascual", como de su fuente de luz, el

2698   tiempo nuevo de la Resurrección llena todo el año litúrgico con su resplandor. De esta fuente, por todas partes, el año entero queda transfigurado por la liturgia. Es realmente "año de gracia del Señor" (cf Lc 4, 19). La economía de la salvación actúa en el marco del tiempo, pero desde su cumplimiento en la Pascua de Jesús y la efusión del Espíritu Santo, el fin de la historia es anticipado, como pregustado, y el Reino de Dios irrumpe en el tiempo de la humanidad.

1169 Por ello, la *Pascua* no es simplemente una fiesta entre otras: es la "Fiesta de las fiestas", "Solemnidad de las solemnidades", como la Eucaristía es el Sacramento de los sacramentos (el gran sacramento). S. Atanasio la llama "el gran domingo" (Ep. fest. 329), así como la Semana Santa es llamada en Oriente "la gran semana". El Misterio de la Resurrección, en el cual Cristo ha aplastado a la muerte, penetra en nuestro viejo tiempo con su poderosa energía, hasta que todo le esté sometido. 1330
560

1170 En el Concilio de Nicea (año 325) todas las Iglesias se pusieron de acuerdo para que la Pascua cristiana fuese celebrada el domingo que sigue al plenilunio (14 del mes de Nisán) después del equinoccio de primavera. La reforma del calendario en Occidente (llamado "gregoriano", por el nombre del Papa Gregorio XIII, el año 1582) introdujo un desfase de varios días con el calendario oriental. Las Iglesias occidentales y orientales buscan hoy un acuerdo, para llegar de nuevo a celebrar en una fecha común el día de la Resurrección del Señor.

1171 El año litúrgico es el desarrollo de los diversos aspectos del único misterio pascual. Esto vale muy particularmente para el ciclo de las fiestas en torno al Misterio de la Encarnación (Anunciación, Navidad, Epifanía) que conmemoran el comienzo de nuestra salvación y nos comunican las primicias del misterio de Pascua. 524

El santoral en el año litúrgico

1172 "En la celebración de este círculo anual de los misterios de Cristo, la santa Iglesia venera con especial amor a la bienaventurada Madre de Dios, la Virgen María, unida con un vínculo indisoluble a la obra salvadora de su Hijo; en ella mira y exalta el fruto excelente de la redención y contempla con gozo, como en una imagen purísima, aquello que ella misma, toda entera, desea y espera ser" (SC 103). 971
2030

1173 Cuando la Iglesia, en el ciclo anual, hace memoria de los mártires y los demás santos "proclama el misterio pascual cumplido en ellos, que padecieron con Cristo y han sido glorificados con El; propone a los fieles sus ejemplos, que atraen a todos por medio 957

de Cristo al Padre, y por sus méritos implora los beneficios divinos" (SC 104; cf SC 108 y 111).

La Liturgia de las Horas

1174   El Misterio de Cristo, su Encarnación y su Pascua, que celebramos en la Eucaristía, especialmente en la asamblea dominical,
penetra y transfigura el tiempo de cada día mediante la celebración
de la Liturgia de las Horas, "el Oficio divino" (cf SC IV). Esta ce-
2698   lebración, en fidelidad a las recomendaciones apostólicas de "orar
sin cesar" (1 Ts 5, 17; Ef 6, 18), "está estructurada de tal manera
que la alabanza de Dios consagra el curso entero del día y de la noche" (SC 84). Es "la oración pública de la Iglesia" (SC 98) en la
cual los fieles (clérigos, religiosos y laicos) ejercen el sacerdocio
real de los bautizados. Celebrada "según la forma aprobada" por la
Iglesia, la Liturgia de las Horas "realmente es la voz de la misma
Esposa la que habla al Esposo; más aún, es la oración de Cristo,
con su mismo Cuerpo, al Padre" (SC 84).

1175   La Liturgia de las Horas está llamada a ser la oración de todo el
Pueblo de Dios. En ella, Cristo mismo "sigue ejerciendo su función sacerdotal a través de su Iglesia" (SC 83); cada uno participa en ella según
su lugar propio en la Iglesia y las circunstancias de su vida: los sacerdotes en cuanto entregados al ministerio pastoral, porque son llamados a
permanecer asiduos en la oración y el servicio de la Palabra (cf SC 86 y
96; PO 5); los religiosos y religiosas por el carisma de su vida consagrada
(cf SC 98); todos los fieles según sus posibilidades: "Los pastores de almas deben procurar que las Horas principales, sobre todo las Vísperas,
los domingos y fiestas solemnes, se celebren en la iglesia comunitaria-
mente. Se recomienda que también los laicos recen el Oficio divino, bien
con los sacerdotes o reunidos entre sí, e incluso solos" (SC 100).

1176   Celebrar la Liturgia de las Horas exige no solamente ar-
2700   monizar la voz con el corazón que ora, sino también "adquirir una
instrucción litúrgica y bíblica más rica especialmente sobre los salmos" (SC 90).

1177   Los signos y las letanías de la Oración de las Horas inser-
2586   tan la oración de los salmos en el tiempo de la Iglesia, expresando
el simbolismo del momento del día, del tiempo litúrgico o de la
fiesta celebrada. Además, la lectura de la Palabra de Dios en cada
hora (con los responsorios y los troparios que le siguen), y, a ciertas horas, las lecturas de los Padres y maestros espirituales, revelan
más profundamente el sentido del Misterio celebrado, ayudan a la
inteligencia de los salmos y preparan para la oración silenciosa. La
lectio divina, en la que la Palabra de Dios es leída y meditada para
convertirse en oración, se enraíza así en la celebración litúrgica.

1178   La Liturgia de las Horas, que es como una prolongación de la celebración eucarística, no excluye, sino que acoge de manera complementaria las diversas devociones del Pueblo de Dios, particularmente la adoración y el culto del Santísimo Sacramento.   1378

IV   ¿DONDE CELEBRAR?

1179   El culto "en espíritu y en verdad" (Jn 4, 24) de la Nueva Alianza no está ligado a un lugar exclusivo. Toda la tierra es santa y ha sido confiada a los hijos de los hombres. Cuando los fieles se reúnen en un mismo lugar, lo fundamental es que ellos son las "piedras vivas", reunidas para "la edificación de un edificio espiritual" (1 P 2, 4-5). El Cuerpo de Cristo resucitado es el templo espiritual de donde brota la fuente de agua viva. Incorporados a Cristo por el Espíritu Santo, "somos el templo de Dios vivo" (2 Co 6, 16).   586

1180   Cuando el ejercicio de la libertad religiosa no es impedido (cf DH 4), los cristianos construyen edificios destinados al culto divino. Estas iglesias visibles no son simples lugares de reunión, sino que significan y manifiestan a la Iglesia que vive en ese lugar, morada de Dios con los hombres reconciliados y unidos en Cristo.   2106

1181   "En la casa de oración se celebra y se reserva la sagrada Eucaristía, se reúnen los fieles y se venera para ayuda y consuelo de los fieles la presencia del Hijo de Dios, nuestro Salvador, ofrecido por nosotros en el altar del sacrificio. Esta casa de oración debe ser hermosa y apropiada para la oración y para las celebraciones sagradas" (PO 5; cf SC 122-127). En esta "casa de Dios", la verdad y la armonía de los signos que la constituyen deben manifestar a Cristo que está presente y actúa en este lugar (cf SC 7):   2691

1182   El *altar* de la Nueva Alianza es la Cruz del Señor (cf Hb 13, 10), de la que manan los sacramentos del Misterio pascual. Sobre el altar, que es el centro de la Iglesia, se hace presente el sacrificio de la cruz bajo los signos sacramentales. El altar es también la mesa del Señor, a la que el Pueblo de Dios es invitado (cf IGMR 259). En algunas liturgias orientales, el altar es también símbolo del sepulcro (Cristo murió y resucitó verdaderamente).   617; 1383

1183   El *tabernáculo* debe estar situado "dentro de las iglesias en un lugar de los más dignos con el mayor honor" (MF). La nobleza, la disposición y la seguridad del tabernáculo eucarístico (SC 128) deben favorecer la adoración del Señor realmente presente en el Santísimo Sacramento del altar.   1379

2120

El Santo Crisma (Myron), cuya unción es signo sacramental del sello del don del Espíritu Santo, es tradicionalmente conservado y vene-   1241 rado en un lugar seguro del santuario. Se puede colocar junto a él el óleo de los catecúmenos y el de los enfermos.

1184 *La sede* (cátedra) del obispo o del sacerdote "debe significar su oficio de presidente de la asamblea y director de la oración" (IGMR 271).

103   *El ambón:* "La dignidad de la Palabra de Dios exige que en la iglesia haya un sitio reservado para su anuncio, hacia el que, durante la liturgia de la Palabra, se vuelva espontáneamente la atención de los fieles" (IGMR 272).

1185 La reunión del pueblo de Dios comienza por el Bautismo; por tanto, el templo debe tener lugar apropiado para la celebración del *Bautismo* y favorecer el recuerdo de las promesas del bautismo (agua bendita).

La renovación de la vida bautismal exige *la penitencia.* Por tanto el templo debe estar preparado para que se pueda expresar el arrepentimiento y la recepción del perdón, lo cual exige asimismo un lugar apropiado.

El templo también debe ser un espacio que invite al recogimiento y a la oración silenciosa, que prolonga e interioriza la gran plegaria de
2717   la Eucaristía.

1186 Finalmente, el templo tiene una significación escatológica. Para entrar en la casa de Dios ordinariamente se franquea un umbral, símbolo del paso desde el mundo herido por el pecado al
1130   mundo de la vida nueva al que todos los hombres son llamados. La Iglesia visible simboliza la casa paterna hacia la cual el pueblo de Dios está en marcha y donde el Padre "enjugará toda lágrima de sus ojos" (Ap 21, 4). Por eso también la Iglesia es la casa de todos los hijos de Dios, ampliamente abierta y acogedora.

RESUMEN

1187 *La Liturgia es la obra de Cristo total, Cabeza y Cuerpo. Nuestro Sumo Sacerdote la celebra sin cesar en la Liturgia celestial, con la santa Madre de Dios, los apóstoles, todos los santos y la muchedumbre de seres humanos que han entrado ya en el Reino.*

1188 *En una celebración litúrgica, toda la asamblea es "liturgo", cada cual según su función. El sacerdocio bautismal es el sacerdocio de todo el Cuerpo de Cristo. Pero algunos fieles son ordenados por el sacramento del Orden sacerdotal para representar a Cristo como Cabeza del Cuerpo.*

1189 *La celebración litúrgica comprende signos y símbolos que se refieren a la creación (luz, agua, fuego), a la vida humana (lavar, ungir, partir el pan) y a la historia de la sal-*

vación (los ritos de la Pascua). Insertos en el mundo de la fe y asumidos por la fuerza del Espíritu Santo, estos elementos cósmicos, estos ritos humanos, estos gestos del recuerdo de Dios se hacen portadores de la acción salvífica y santificadora de Cristo.

1190   *La Liturgia de la Palabra es una parte integrante de la celebración. El sentido de la celebración es expresado por la Palabra de Dios que es anunciada y por el compromiso de la fe que responde a ella.*

1191   *El canto y la música están en estrecha conexión con la acción litúrgica. Criterios para un uso adecuado de ellos son: la belleza expresiva de la oración, la participación unánime de la asamblea, y el carácter sagrado de la celebración.*

1192   *Las imágenes sagradas, presentes en nuestras iglesias y en nuestras casas, están destinadas a despertar y alimentar nuestra fe en el Misterio de Cristo. A través del icono de Cristo y de sus obras de salvación, es a El a quien adoramos. A través de las sagradas imágenes de la Santísima Madre de Dios, de los ángeles y de los santos, veneramos a quienes en ellas son representados.*

1193   *El domingo, "día del Señor", es el día principal de la celebración de la Eucaristía porque es el día de la Resurrección. Es el día de la asamblea litúrgica por excelencia, el día de la familia cristiana, el día del gozo y de descanso del trabajo. El es "fundamento y núcleo de todo el año litúrgico" (SC 106).*

1194   *La Iglesia, "en el círculo del año desarrolla todo el Misterio de Cristo, desde la Encarnación y la Navidad hasta la Ascensión, Pentecostés y la expectativa de la dichosa esperanza y venida del Señor" (SC 102).*

1195   *Haciendo memoria de los santos, en primer lugar de la santa Madre de Dios, luego de los apóstoles, los mártires y los otros santos, en días fijos del año litúrgico, la Iglesia de la tierra manifiesta que está unida a la liturgia del cielo; glorifica a Cristo por haber realizado su salvación en sus miembros glorificados; su ejemplo la estimula en el camino hacia el Padre.*

1196   *Los fieles que celebran la Liturgia de las Horas se unen a Cristo, nuestro Sumo Sacerdote, por la oración de los sal-*

mos, la meditación de la Palabra de Dios, de los cánticos y de las bendiciones, a fin de ser asociados a su oración incesante y universal que da gloria al Padre e implora el don del Espíritu Santo sobre el mundo entero.

1197 *Cristo es el verdadero Templo de Dios, "el lugar donde reside su gloria"; por la gracia de Dios los cristianos son también templos del Espíritu Santo, piedras vivas con las que se construye la Iglesia.*

1198 *En su condición terrena, la Iglesia tiene necesidad de lugares donde la comunidad pueda reunirse: nuestras iglesias visibles, lugares santos, imágenes de la Ciudad Santa, la Jerusalén celestial hacia la cual caminamos como peregrinos.*

1199 *En estos templos, la Iglesia celebra el culto público para gloria de la Santísima Trinidad; en ellos escucha la Palabra de Dios y canta sus alabanzas, eleva su oración y ofrece el Sacrificio de Cristo, sacramentalmente presente en medio de la asamblea. Estas iglesias son también lugares de recogimiento y de oración personal.*

Artículo 2 **DIVERSIDAD LITURGICA Y UNIDAD DEL MISTERIO**

Tradiciones litúrgicas y catolicidad de la Iglesia

1200 Desde la primera comunidad de Jerusalén hasta la Parusía, las Iglesias de Dios, fieles a la fe apostólica, celebran en todo lugar el mismo Misterio pascual. El Misterio celebrado en la liturgia es 2625 uno, pero las formas de su celebración son diversas.

1201 La riqueza insondable del Misterio de Crito es tal que ninguna tradición litúrgica puede agotar su expresión. La historia del nacimiento y del desarrollo de estos ritos testimonia una maravillosa complementariedad. Cuando las Iglesias han vivido estas tradiciones litúrgicas en comunión en la fe y en los sacramentos de la fe, se han enriquecido mutuamente y crecen en la fidelidad a la tradición y a la misión común a toda la Iglesia (cf EN 63-64).

1202 Las diversas tradiciones litúrgicas nacieron por razón misma de la misión de la Iglesia. Las Iglesias de una misma área geográfica y cultural llegaron a celebrar el Misterio de Cristo a través de expresiones particulares, culturalmente tipificadas: en la tradición del "depósito de la fe" (2 Tm 1, 14), en el simbolismo litúrgi-

co, en la organización de la comunión fraterna, en la inteligencia
teológica de los misterios, y en tipos de santidad. Así, Cristo, Luz
y Salvación de todos los pueblos, mediante la vida litúrgica de una
Iglesia, se manifiesta al pueblo y a la cultura a los cuales es enviada y en los que se enraíza. La Iglesia es católica: puede integrar en   835
su unidad, purificándolas, todas las verdaderas riquezas de las cul-   1937
turas (cf LG 23; UR 4).

1203   Las tradiciones litúrgicas, o ritos, actualmente en uso en la Iglesia son el rito latino (principalmente el rito romano, pero también los
ritos de algunas Iglesias locales como el rito ambrosiano, el rito hispáni-
co–visigótico o los de diversas órdenes religiosas) y los ritos bizantino,
alejandrino o copto, siriaco, armenio, maronita y caldeo. "El sacrosanto
Concilio, fiel a la Tradición, declara que la santa Madre Iglesia concede
igual derecho y honor a todos los ritos legítimamente reconocidos y
quiere que en el futuro se conserven y fomenten por todos los medios"
(SC 4).

Liturgia y culturas

1204   Por tanto, la celebración de la liturgia debe corresponder
al genio y a la cultura de los diferentes pueblos (cf SC 37-40). Para   2684
que el Misterio de Cristo sea "dado a conocer a todos los gentiles
para obediencia de la fe" (Rm 16, 26), debe ser anunciado, celebrado y vivido en todas las culturas, de modo que éstas no son   854; 1232
abolidas sino rescatadas y realizadas por él (cf CT 53). La multitud
de los hijos de Dios, mediante su cultura humana propia, asumida   2527
y transfigurada por Cristo, tiene acceso al Padre, para glorificarlo
en un solo Espíritu.

1205   "En la liturgia, sobre todo en la de los sacramentos, existe   1125
una *parte inmutable* –por ser de institución divina– de la que la
Iglesia es guardiana, y partes *susceptibles de cambio*, que ella tiene el poder, y a veces incluso el deber, de adaptar a las culturas de
los pueblos recientemente evangelizados (cf SC 21)" (Juan Pablo
II, Lit. ap. "Vicesimus quintus annus" 16).

1206   "La diversidad litúrgica puede ser fuente de enriquecimiento, puede también provocar tensiones, incomprensiones re-
cíprocas e incluso cismas. En este campo es preciso que la diversidad no perjudique a la unidad. Sólo puede expresarse en la
fidelidad a la fe común, a los signos sacramentales que la Iglesia
ha recibido de Cristo, y a la comunión jerárquica. La adaptación a
las culturas exige una conversión del corazón, y, si es preciso, rupturas con hábitos ancestrales incompatibles con la fe católica"
(ibíd.).

RESUMEN

1207   *Conviene que la celebración de la liturgia tienda a expre-*
sarse en la cultura del pueblo en que se encuentra la Igle-
sia, sin someterse a ella. Por otra parte, la liturgia misma
es generadora y formadora de culturas.

1208   *Las diversas tradiciones litúrgicas, o ritos, legítimamente*
reconocidas, por significar y comunicar el mismo Misterio
de Cristo, manifiestan la catolicidad de la Iglesia.

1209   *El criterio que asegura la unidad en la pluriformidad de*
las tradiciones litúrgicas es la fidelidad a la Tradición
apostólica, es decir: la comunión en la fe y los sacramen-
tos recibidos de los apóstoles, comunión que está signifi-
cada y garantizada por la sucesión apostólica.

SEGUNDA SECCION

LOS SIETE SACRAMENTOS DE LA IGLESIA

1210 Los sacramentos de la Nueva Ley fueron instituidos por Cristo y son siete, a saber, Bautismo, Confirmación, Eucaristía, Penitencia, Unción de los enfermos, Orden sacerdotal y Matrimonio. Los siete sacramentos corresponden a todas las etapas y todos los momentos importantes de la vida del cristiano: dan nacimiento y crecimiento, curación y misión a la vida de fe de los cristianos. Hay aquí una cierta semejanza entre las etapas de la vida natural y las etapas de la vida espiritual (cf S. Tomás de A., s. th. 3, 65, 1). 1113

1211 Siguiendo esta analogía se explicarán en primer lugar los tres sacramentos de la iniciación cristiana (Capítulo primero), luego los sacramentos de la curación (Capítulo segundo), finalmente, los sacramentos que están al servicio de la comunión y misión de los fieles (Capítulo tercero). Ciertamente este orden no es el único posible, pero permite ver que los sacramentos forman un organismo en el cual cada sacramento particular tiene su lugar vital. En este organismo, la Eucaristía ocupa un lugar único, en cuanto "sacramento de los sacramentos": "todos los otros sacramentos están 1374 ordenados a éste como a su fin" (S. Tomás de A., s. th. 3, 65, 3).

CAPITULO PRIMERO

LOS SACRAMENTOS DE LA INICIACION CRISTIANA

1212 Mediante los sacramentos de la iniciación cristiana, el Bautismo, la Confirmación y la Eucaristía, se ponen los *fundamentos* de toda vida cristiana. "La participación en la naturaleza divina, que los hombres reciben como don mediante la gracia de Cristo, tiene cierta analogía con el origen, el crecimiento y el sustento de la vida natural. En efecto, los fieles renacidos en el Bautismo se fortalecen con el sacramento de la Confirmación y finalmente, son alimentados en la Eucaristía con el manjar de la vida eterna, y, así por medio de estos sacramentos de la iniciación cristiana, reciben cada vez con más abundancia los tesoros de la vida divina y avanzan hacia la perfección de la caridad" (Pablo VI, const. apost. "Divinae consortium naturae"; cf OICA, praen. 1-2).

Artículo 1   **EL SACRAMENTO DEL BAUTISMO**

1213   El santo Bautismo es el fundamento de toda la vida cristiana, el pórtico de la vida en el espíritu ("vitae spiritualis ianua") y la puerta que abre el acceso a los otros sacramentos. Por el Bautismo somos liberados del pecado y regenerados como hijos de Dios, llegamos a ser miembros de Cristo y somos incorporados a la Iglesia y hechos partícipes de su misión (cf Cc. de Florencia: DS 1314; CIC can. 204, 1; 849; CCEO 675, 1): *"Baptismus est sacramentum regenerationis per aquam in verbo"* ("El bautismo es el sacramento del nuevo nacimiento por el agua y la palabra", Cath. R. 2, 2, 5).

I   EL NOMBRE DE ESTE SACRAMENTO

1214   Este sacramento recibe el nombre de *Bautismo* en razón del carácter del rito central mediante el que se celebra: bautizar (*baptizein* en griego) significa "sumergir", "introducir dentro del agua"; la "inmersión" en el agua simboliza el acto de sepultar al catecúmeno en la muerte de Cristo de donde sale por la resurrección con El (cf Rm 6, 3-4; Col 2, 12) como "nueva criatura" (2 Co 5, 17; Ga 6, 15).

628

1215   Este sacramento es llamado también *"baño de regeneración y de renovación del Espíritu Santo"* (Tt 3, 5), porque significa y realiza ese nacimiento del agua y del Espíritu sin el cual "nadie puede entrar en el Reino de Dios" (Jn 3, 5).

1257

1216   "Este baño es llamado *iluminación* porque quienes reciben esta enseñanza (catequética) su espíritu es iluminado..." (S. Justino, apol. 1, 61, 12). Habiendo recibido en el Bautismo al Verbo, "la luz verdadera que ilumina a todo hombre" (Jn 1, 9), el bautizado, "tras haber sido iluminado" (Hb 10, 32), se convierte en "hijo de la luz" (1 Ts 5, 5), y en "luz" él mismo (Ef 5, 8):

1243

> El Bautismo es el más bello y magnífico de los dones de Dios... lo llamamos don, gracia, unción, iluminación, vestidura de incorruptibilidad, baño de regeneración, sello y todo lo más precioso que hay. *Don*, porque es conferido a los que no aportan nada; *gracia*, porque, es dado incluso a culpables; *bautismo,* porque el pecado es sepultado en el agua; *unción*, porque es sagrado y real (tales son los que son ungidos); *iluminación*, porque es luz

resplandeciente; *vestidura*, porque cubre nuestra vergüenza; *baño*, porque lava; *sello,* porque nos guarda y es el signo de la soberanía de Dios (S. Gregorio Nacianceno, or. 40, 3-4).

II   EL BAUTISMO EN LA ECONOMIA DE LA SALVACION

Las prefiguraciones del Bautismo en la Antigua Alianza

1217   En la liturgia de la Noche Pascual, cuando *se bendice el agua bautismal*, la Iglesia hace solemnemente memoria de los grandes acontecimientos de la historia de la salvación que prefiguraban ya el misterio del Bautismo:

> ¡Oh Dios!, que realizas en tus sacramentos obras admirables con tu poder invisible, y de diversos modos te has servido de tu criatura el agua para significar la gracia del bautismo (MR, Vigilia Pascual, bendición del agua bautismal, 42).

1218   Desde el origen del mundo, el agua, criatura humilde y admirable, es la fuente de la vida y de la fecundidad. La Sagrada Escritura dice que el Espíritu de Dios "se cernía" sobre ella (cf Gn 1, 2):

> ¡Oh Dios!, cuyo espíritu, en los orígenes del mundo, se cernía sobre las aguas, para que ya desde entonces concibieran el poder de santificar (MR, ibíd.).

344
694

1219   La Iglesia ha visto en el arca de Noé una prefiguración de la salvación por el bautismo. En efecto, por medio de ella "unos pocos, es decir, ocho personas, fueron salvados a través del agua" (1 P 3, 20):

701; 845

> ¡Oh Dios!, que incluso en las aguas torrenciales del diluvio prefiguraste el nacimiento de la nueva humanidad, de modo que una misma agua pusiera fin al pecado y diera origen a la santidad (MR, ibíd.).

1220   Si el agua de manantial simboliza la vida, el agua del mar es un símbolo de la muerte. Por lo cual, pudo ser símbolo del misterio de la Cruz. Por este simbolismo el bautismo significa la comunión con la muerte de Cristo.

1010

1221   Sobre todo el paso del mar Rojo, verdadera liberación de Israel de la esclavitud de Egipto, es el que anuncia la liberación obrada por el bautismo:

> ¡Oh Dios!, que hiciste pasar a pie enjuto por el mar Rojo a los hijos de Abraham, para que el pueblo liberado de la esclavitud del faraón fuera imagen de la familia de los bautizados (MR, ibíd.).

1222   Finalmente, el Bautismo es prefigurado en el paso del Jordán, por el que el pueblo de Dios recibe el don de la tierra prometida a la descendencia de Abraham, imagen de la vida eterna. La promesa de esta herencia bienaventurada se cumple en la nueva Alianza.

El Bautismo de Cristo

1223   Todas las prefiguraciones de la Antigua Alianza culminan en Cristo Jesús. Comienza su vida pública después de hacerse bautizar por S. Juan el Bautista en el Jordán (cf Mt 3, 13), y, después de su Resurrección, confiere esta misión a sus apóstoles: "Id, pues, y haced discípulos a todas las gentes bautizándolas en el nombre del Padre y del Hijo y del Espíritu Santo, y enseñándoles a guardar todo lo que yo os he mandado" (Mt 28, 19-20; cf Mc 16, 15-16).

232

1224   Nuestro Señor se sometió voluntariamente al Bautismo de S. Juan, destinado a los pecadores, para "cumplir toda justicia" (Mt 3, 15). Este gesto de Jesús es una manifestación de su "anonadamiento" (Flp 2, 7). El Espíritu que se cernía sobre las aguas de la primera creación desciende entonces sobre Cristo, como preludio de la nueva creación, y el Padre manifiesta a Jesús como su "Hijo amado" (Mt 3, 16-17).

536

1225   En su Pascua, Cristo abrió a todos los hombres las fuentes del Bautismo. En efecto, había hablado ya de su pasión que iba a sufrir en Jerusalén como de un "Bautismo" con que debía ser bautizado (Mc 10, 38; cf Lc 12, 50). La sangre y el agua que brotaron del costado traspasado de Jesús crucificado (cf Jn 19, 34) son figuras del Bautismo y de la Eucaristía, sacramentos de la vida nueva (cf 1 Jn 5, 6-8): desde entonces, es posible "nacer del agua y del Espíritu" para entrar en el Reino de Dios (Jn 3, 5).

766

> Considera dónde eres bautizado, de dónde viene el Bautismo: de la cruz de Cristo, de la muerte de Cristo. Ahí está todo el misterio: El padeció por ti. En él eres rescatado, en él eres salvado. (S. Ambrosio, sacr. 2, 6).

El bautismo en la Iglesia

1226   Desde el día de Pentecostés la Iglesia ha celebrado y administrado el santo Bautismo. En efecto, S. Pedro declara a la multitud conmovida por su predicación: "Convertíos y que cada uno de vosotros se haga bautizar en el nombre de Jesucristo, para remisión de vuestros pecados; y recibiréis el don del Espíritu Santo" (Hch 2, 38). Los apóstoles y sus colaboradores ofrecen el bautismo a quien crea en Jesús: judíos, hombres temerosos de Dios, paganos

849

(Hch 2, 41; 8, 12-13; 10, 48; 16, 15). El Bautismo aparece siempre ligado a la fe: "Ten fe en el Señor Jesús y te salvarás tú y tu casa", declara S. Pablo a su carcelero en Filipos. El relato continúa: "el carcelero inmediatamente recibió el bautismo, él y todos los suyos" (Hch 16, 31-33).

1227 Según el apóstol S. Pablo, por el Bautismo el creyente participa en la muerte de Cristo; es sepultado y resucita con El: 790

> ¿O es que ignoráis que cuantos fuimos bautizados en Cristo Jesús, fuimos bautizados en su muerte? Fuimos, pues, con él sepultados por el bautismo en la muerte, a fin de que, al igual que Cristo fue resucitado de entre los muertos por medio de la gloria del Padre, así también nosotros vivamos una vida nueva (Rm 6, 3-4; cf Col 2, 12).

Los bautizados se han "revestido de Cristo" (Ga 3, 27). Por el Espíritu Santo, el Bautismo es un baño que purifica, santifica y justifica (cf 1 Co 6, 11; 12, 13).

1228 El Bautismo es, pues, un baño de agua en el que la "semilla incorruptible" de la Palabra de Dios produce su efecto vivificador (cf 1 P 1, 23; Ef 5, 26). S. Agustín dirá del Bautismo: "Accedit verbum ad elementum, et fit sacramentum" ("Se une la palabra a la materia, y se hace el sacramento", ev. Jo. 80, 3).

III   LA CELEBRACION DEL SACRAMENTO DEL BAUTISMO

La iniciación cristiana

1229 Desde los tiempos apostólicos, para llegar a ser cristiano se sigue un camino y una iniciación que consta de varias etapas. Este camino puede ser recorrido rápida o lentamente. Y comprende siempre algunos elementos esenciales: el anuncio de la Palabra, la acogida del Evangelio que lleva a la conversión, la profesión de fe, el Bautismo, la efusión del Espíritu Santo, el acceso a la comunión eucarística.

1230 Esta iniciación ha variado mucho a lo largo de los siglos y según las circunstancias. En los primeros siglos de la Iglesia, la iniciación cristiana conoció un gran desarrollo, con un largo período de *catecumenado*, y una serie de ritos preparatorios que jalonaban litúrgicamente el camino de la preparación catecumenal y que desembocaban en la celebración de los sacramentos de la iniciación cristiana.   1248

1231 Desde que el bautismo de los niños vino a ser la forma habitual de celebración de este sacramento, ésta se ha convertido en un acto único que integra de manera muy abreviada las etapas previas a la iniciación cristiana. Por su naturaleza misma, el Bautismo de niños exige un *catecumenado postbautismal*. No se trata sólo de la necesidad de una instruc-

13   ción posterior al Bautismo, sino del desarrollo necesario de la gracia bautismal en el crecimiento de la persona. Es el momento propio de la *catequesis*.

1232 El Concilio Vaticano II ha restaurado para la Iglesia latina, "el catecumenado de adultos, dividido en diversos grados" (SC 64). Sus ritos se encuentran en el *Ordo initiationis christianae adultorum* (1972). Por otra parte, el Concilio ha permitido que "en tierras de misión, además de los elementos de iniciación contenidos en la tradición cristiana, pueden

1204   admitirse también aquellos que se encuentran en uso en cada pueblo siempre que puedan acomodarse al rito cristiano" (SC 65; cf SC 37-40).

1233 Hoy, pues, en todos los ritos latinos y orientales, la iniciación cristiana de adultos comienza con su entrada en el catecumenado, para alcanzar su punto culminante en una sola celebración de los tres sacramentos del Bautismo, de la Confirmación y de la Eucaristía (cf AG 14; CIC

1290   can. 851; 865; 866). En los ritos orientales la iniciación cristiana de los niños comienza con el Bautismo, seguido inmediatamente por la Confirmación y la Eucaristía, mientras que en el rito romano se continúa durante unos años de catequesis, para acabar más tarde con la Confirmación y la Eucaristía, cima de su iniciación cristiana (cf CIC can. 851, 2º; 868).

La mistagogia de la celebración

1234 El sentido y la gracia del sacramento del Bautismo aparece claramente en los ritos de su celebración. Cuando se participa atentamente en los gestos y las palabras de esta celebración, los fieles se inician en las riquezas que este sacramento significa y realiza en cada nuevo bautizado.

617   **1235** *La señal de la cruz*, al comienzo de la celebración, señala la impronta de Cristo sobre el que le va a pertenecer y significa la

2157   gracia de la redención que Cristo nos ha adquirido por su cruz.

1236 *El anuncio de la Palabra de Dios* ilumina con la verdad revelada a los candidatos y a la asamblea y suscita la respuesta de

1122   la fe, inseparable del Bautismo. En efecto, el Bautismo es de un modo particular "el sacramento de la fe" por ser la entrada sacramental en la vida de fe.

1237 Puesto que el Bautismo significa la liberación del pecado y

1673   de su instigador, el diablo, se pronuncian uno o varios *exorcismos* sobre el candidato. Este es ungido con el óleo de los catecúmenos o bien el celebrante le impone la mano y el candidato renuncia explí-

189   citamente a Satanás. Así preparado, puede *confesar la fe de la Iglesia*, a la cual será "confiado" por el Bautismo (cf Rm 6, 17).

1238 El *agua bautismal* es entonces consagrada mediante una

1217   oración de epíclesis (en el momento mismo o en la noche pascual).

La Iglesia pide a Dios que, por medio de su Hijo, el poder del Espíritu Santo descienda sobre esta agua, a fin de que los que sean bautizados con ella "nazcan del agua y del Espíritu" (Jn 3, 5).

1239 Sigue entonces *el rito esencial* del sacramento: *el Bautismo* propiamente dicho, que significa y realiza la muerte al pecado y la entrada en la vida de la Santísima Trinidad a través de la configuración con el misterio pascual de Cristo. El Bautismo es realizado de la manera más significativa mediante la triple inmersión en el agua bautismal. Pero desde la antigüedad puede ser también conferido derramando tres veces agua sobre la cabeza del candidato.

1214

1240 En la Iglesia latina, esta triple infusión va acompañada de las palabras del ministro: "N., Yo te bautizo en el nombre del Padre, y del Hijo y del Espíritu Santo". En las liturgias orientales, estando el catecúmeno vuelto hacia el Oriente, el sacerdote dice: "El siervo de Dios, N., es bautizado en el nombre del Padre, y del Hijo y del Espíritu Santo". Y mientras invoca a cada persona de la Santísima Trinidad, lo sumerge en el agua y lo saca de ella.

1241 *La unción con el santo crisma*, óleo perfumado y consagrado por el obispo, significa el don del Espíritu Santo al nuevo bautizado. Ha llegado a ser un cristiano, es decir, "ungido" por el Espíritu Santo, incorporado a Cristo, que es ungido sacerdote, profeta y rey (cf OBP, nº 62).

1294; 1574

783

1242 En la liturgia de las Iglesias de Oriente, la unción postbautismal es el sacramento de la Crismación (Confirmación). En la liturgia romana, dicha unción anuncia una segunda unción del santo crisma que dará el obispo: el sacramento de la Confirmación que, por así decirlo, "confirma" y da plenitud a la unción bautismal.

1291

1243 La *vestidura blanca* simboliza que el bautizado se ha "revestido de Cristo" (Ga 3, 27): ha resucitado con Cristo. El *cirio* que se enciende en el cirio pascual, significa que Cristo ha iluminado al neófito. En Cristo, los bautizados son "la luz del mundo" (Mt 5, 14; cf Flp 2, 15).

1216

El nuevo bautizado es ahora hijo de Dios en el Hijo Unico. Puede ya decir la oración de los hijos de Dios: *el Padre Nuestro*.

2769

1244 La *primera comunión eucarística*. Hecho hijo de Dios, revestido de la túnica nupcial, el neófito es admitido "al festín de las bodas del Cordero" y recibe el alimento de la vida nueva, el Cuerpo y la Sangre de Cristo. Las Iglesias orientales conservan una conciencia viva de la unidad de la iniciación cristiana por lo que

1292

dan la sagrada comunión a todos los nuevos bautizados y confirmados, incluso a los niños pequeños, recordando las palabras del Señor: "Dejad que los niños vengan a mí, no se lo impidáis" (Mc 10, 14). La Iglesia latina, que reserva el acceso a la Sagrada Comunión a los que han alcanzado el uso de razón, expresa cómo el Bautismo introduce a la Eucaristía acercando al altar al niño recién bautizado para la oración del Padre Nuestro.

1245 La *bendición solemne* cierra la celebración del Bautismo. En el Bautismo de recién nacidos, la bendición de la madre ocupa un lugar especial.

IV   QUIEN PUEDE RECIBIR EL BAUTISMO

1246 "Es capaz de recibir el bautismo todo ser humano, aún no bautizado, y sólo él" (CIC can. 864; CCEO can. 679).

El Bautismo de adultos

1247 En los orígenes de la Iglesia, cuando el anuncio del Evangelio está aún en sus primeros tiempos, el Bautismo de adultos es la práctica más común. El catecumenado (preparación para el Bautismo) ocupa entonces un lugar importante. Iniciación a la fe y a la vida cristiana, el catecumenado debe disponer a recibir el don de Dios en el Bautismo, la Confirmación y la Eucaristía.

1230 **1248** El catecumenado, o formación de los catecúmenos, tiene por finalidad permitir a estos últimos, en respuesta a la iniciativa divina y en unión con una comunidad eclesial, llevar a madurez su conversión y su fe. Se trata de una "formación y noviciado debidamente prolongado de la vida cristiana, en que los discípulos se unen con Cristo, su Maestro. Por lo tanto, hay que iniciar adecuadamente a los catecúmenos en el misterio de la salvación, en la práctica de las costumbres evangélicas y en los ritos sagrados que deben celebrarse en los tiempos sucesivos, e introducirlos en la vida de fe, la liturgia y la caridad del Pueblo de Dios" (AG 14; cf OICA 19 y 98).

1259 **1249** Los catecúmenos "están ya unidos a la Iglesia, pertenecen ya a la casa de Cristo y muchas veces llevan ya una vida de fe, esperanza y caridad" (AG 14). "La madre Iglesia los abraza ya con amor tomándolos a su cargo" (LG 14; cf CIC can. 206; 788, 3).

El Bautismo de niños

1250 Puesto que nacen con una naturaleza humana caída y man-   403
chada por el pecado original, los niños necesitan también el nuevo
nacimiento en el Bautismo (cf DS 1514) para ser librados del poder de las tinieblas y ser trasladados al dominio de la libertad de
los hijos de Dios (cf Col 1, 12-14), a la que todos los hombres están llamados. La pura gratuidad de la gracia de la salvación se ma-   1996
nifiesta particularmente en el bautismo de niños. Por tanto, la Iglesia y los padres privarían al niño de la gracia inestimable de ser
hijo de Dios si no le administraran el Bautismo poco después de su
nacimiento (cf CIC can. 867; CCEO can. 681; 686, 1).

1251 Los padres cristianos deben reconocer que esta práctica
corresponde también a su misión de alimentar la vida que Dios les
ha confiado (cf LG 11; 41; GS 48; CIC can. 868).

1252 La práctica de bautizar a los niños pequeños es una tradición in-
memorial de la Iglesia. Está atestiguada explícitamente desde el siglo II.
Sin embargo, es muy posible que, desde el comienzo de la predicación
apostólica, cuando "casas" enteras recibieron el Bautismo (cf Hch 16, 15.
33; 18, 8; 1 Co 1, 16), se haya bautizado también a los niños (cf CDF,
instr. "Pastoralis actio": AAS 72 [1980] 1137-1156).

Fe y Bautismo

1253 El Bautismo es el sacramento de la fe (cf Mc 16, 16). Pero   1123
la fe tiene necesidad de la comunidad de creyentes. Sólo en la fe
de la Iglesia puede creer cada uno de los fieles. La fe que se requiere para el Bautismo no es una fe perfecta y madura, sino un
comienzo que está llamado a desarrollarse. Al catecúmeno o a su   168
padrino se le pregunta: "¿Qué pides a la Iglesia de Dios?" Y él responde: "¡La fe!".

1254 En todos los bautizados, niños o adultos, la fe debe crecer
después del Bautismo. Por eso, la Iglesia celebra cada año en la
noche pascual la renovación de las promesas del Bautismo. La pre-   2101
paración al Bautismo sólo conduce al umbral de la vida nueva. El
Bautismo es la fuente de la vida nueva en Cristo, de la cual brota
toda la vida cristiana.

1255 Para que la gracia bautismal pueda desarrollarse es importante la ayuda de los padres. Ese es también el papel del *padrino* o   1311
de la *madrina*, que deben ser creyentes sólidos, capaces y prestos a
ayudar al nuevo bautizado, niño o adulto, en su camino de la vida
cristiana (cf CIC can. 872-874). Su tarea es una verdadera función

eclesial (*officium*; cf SC 67). Toda la comunidad eclesial participa de la responsabilidad de desarrollar y guardar la gracia recibida en el Bautismo.

V   QUIEN PUEDE BAUTIZAR

1256   Son ministros ordinarios del Bautismo el obispo y el presbítero y, en la Iglesia latina, también el diácono (cf CIC can. 861, 1; CCEO can. 677, 1). En caso de necesidad, cualquier persona, incluso no bautizada, si tiene la intención requerida, puede bauti-

1752   zar. La intención requerida consiste en querer hacer lo que hace la Iglesia al bautizar, y emplear la fórmula bautismal trinitaria. La Iglesia ve la razón de esta posibilidad en la voluntad salvífica universal de Dios (cf 1 Tm 2, 4) y en la necesidad del Bautismo para la salvación (cf Mc 16, 16; DS 1315, 646; CIC can. 861, 2).

VI   LA NECESIDAD DEL BAUTISMO

1129   **1257**   El Señor mismo afirma que el Bautismo es necesario para la salvación (cf Jn 3, 5). Por ello mandó a sus discípulos a anunciar el Evangelio y bautizar a todas las naciones (cf Mt 28, 19-20; cf

161; 846   DS 1618; LG 14; AG 5). El Bautismo es necesario para la salvación en aquellos a los que el Evangelio ha sido anunciado y han tenido la posibilidad de pedir este sacramento (cf Mc 16, 16). La Iglesia no conoce otro medio que el Bautismo para asegurar la entrada en la bienaventuranza eterna; por eso está obligada a no descuidar la misión que ha recibido del Señor de hacer "renacer del agua y del espíritu" a todos los que pueden ser bautizados. *Dios ha vinculado la salvación al sacramento del Bautismo, pero su intervención salvífica no queda reducida a los sacramentos.*

1258   Desde siempre, la Iglesia posee la firme convicción de que quienes padecen la muerte por razón de la fe, sin haber recibido el

2473   Bautismo, son bautizados por su muerte con Cristo y por Cristo. Este *Bautismo de sangre* como el *deseo del Bautismo*, produce los frutos del Bautismo sin ser sacramento.

1249   **1259**   A *los catecúmenos* que mueren antes de su Bautismo, el deseo explícito de recibir el Bautismo, unido al arrepentimiento de sus pecados y a la caridad, les asegura la salvación que no han podido recibir por el sacramento.

1260   "Cristo murió por todos y la vocación última del hombre en realmente una sola, es decir, la vocación divina. En consecuencia, debemos mantener que el Espíritu Santo ofrece a todos la posibilidad de que, de un modo conocido sólo por Dios, se asocien a este misterio pascual" (GS 22; cf LG 16; AG 7). Todo hombre que, ignorando el Evangelio de Cristo y su Iglesia, busca la verdad y hace la voluntad de Dios según él la conoce, puede ser salvado. Se puede suponer que semejantes personas *habrían deseado explícitamente el Bautismo* si hubiesen conocido su necesidad.

848

1261 En cuanto a los *niños muertos sin Bautismo*, la Iglesia sólo puede confiarlos a la misericordia divina, como hace en el rito de las exequias por ellos. En efecto, la gran misericordia de Dios, que quiere que todos los hombres se salven (cf 1 Tm 2, 4) y la ternura de Jesús con los niños, que le hizo decir: "Dejad que los niños se acerquen a mí, no se lo impidáis" (Mc 10, 14), nos permiten confiar en que haya un camino de salvación para los niños que mueren sin Bautismo. Por esto es más apremiante aún la llamada de la Iglesia a no impedir que los niños pequeños vengan a Cristo por el don del santo Bautismo.

1250

VII   LA GRACIA DEL BAUTISMO

1262 Los distintos efectos del Bautismo son significados por los elementos sensibles del rito sacramental. La inmersión en el agua evoca los simbolismos de la muerte y de la purificación, pero también los de la regeneración y de la renovación. Los dos efectos principales, por tanto, son la purificación de los pecados y el nuevo nacimiento en el Espíritu Santo (cf Hch 2, 38; Jn 3, 5).

1234

Para la remisión de los pecados...

1263 Por el Bautismo, *todos los pecados* son perdonados, el pecado original y todos los pecados personales, así como todas las penas del pecado (cf DS 1316). En efecto, en los que han sido regenerados no permanece nada que les impida entrar en el Reino de Dios, ni el pecado de Adán, ni el pecado personal, ni las consecuencias del pecado, la más grave de las cuales es la separación de Dios.

977

1425

1264 No obstante, en el bautizado permanecen ciertas consecuencias temporales del pecado, como los sufrimientos, la enfermedad, la muerte o las fragilidades inherentes a la vida como las debilidades de carácter, etc., así como una inclinación al pecado que la Tradición llama *concupiscencia*, o "fomes peccati": "La concupiscencia, dejada para el combate, no puede dañar a los que

975; 2514

1426

no la consienten y la resisten con coraje por la gracia de Jesucristo. Antes bien 'el que legítimamente luchare, será coronado'(2 Tm 2, 5)" (Cc. de Trento: DS 1515).

405

"Una criatura nueva"

1265 El Bautismo no solamente purifica de todos los pecados, hace también del neófito "una nueva creación" (2 Co 5, 17), un hijo adoptivo de Dios (cf Ga 4, 5-7) que ha sido hecho "partícipe de la naturaleza divina" (2 P 1, 4), miembro de Cristo (cf 1 Co 6, 15; 12, 27), coheredero con El (Rm 8, 17) y templo del Espíritu Santo (cf 1 Co 6, 19).

505

460

1266 La Santísima Trinidad da al bautizado *la gracia santificante, la gracia de la justificación* que:

1992

– le hace capaz de creer en Dios, de esperar en El y de amarlo mediante las *virtudes teologales;*

1812

– le concede poder vivir y obrar bajo la moción del Espíritu Santo mediante los *dones del Espíritu Santo;*

1831

1810 – le permite crecer en el bien mediante las *virtudes morales.*

Así todo el organismo de la vida sobrenatural del cristiano tiene su raíz en el santo Bautismo.

Incorporados a la Iglesia, Cuerpo de Cristo

782 **1267** El Bautismo hace de nosotros miembros del Cuerpo de Cristo. "Por tanto... somos miembros los unos de los otros" (Ef 4, 25). El Bautismo incorpora *a la Iglesia.* De las fuentes bautismales nace el único pueblo de Dios de la Nueva Alianza que trasciende todos los límites naturales o humanos de las naciones, las culturas, las razas y los sexos: "Porque en un solo Espíritu hemos sido todos bautizados, para no formar más que un cuerpo" (1 Co 12, 13).

1268 Los bautizados vienen a ser "piedras vivas" para "edificación de un edificio espiritual, para un sacerdocio santo" (1 P 2, 5). Por el Bautismo participan del sacerdocio de Cristo, de su misión profética y real, son "linaje elegido, sacerdocio real, nación santa, pueblo adquirido, para anunciar las alabanzas de aquel que os ha llamado de las tinieblas a su admirable luz" (1 P 2, 9). *El Bautismo hace participar en el sacerdocio común de los fieles.*

1141

784

1269 Hecho miembro de la Iglesia, el bautizado ya no se pertenece a sí mismo (1 Co 6, 19), sino al que murió y resucitó por nosotros (cf 2 Co 5, 15). Por tanto, está llamado a someterse a los demás (Ef 5, 21; 1 Co 16, 15-16), a servirles (cf Jn 13, 12-15) en la comunión de la Iglesia, y a ser "obediente y dócil" a los pastores de la Iglesia (Hb 13, 17) y a considerarlos con respeto y afecto (cf 1 Ts 5, 12-13). Del mismo modo que el Bautismo es la fuente de responsabilidades y deberes, el bautizado goza también de derechos en el seno de la Iglesia: recibir los sacramentos, ser alimentado con la palabra de Dios y ser sostenido por los otros auxilios espirituales de la Iglesia (cf LG 37; CIC can. 208-223; CCEO can. 675, 2). 871

1270 Los bautizados "por su nuevo nacimiento como hijos de Dios están obligados a confesar delante de los hombres la fe que recibieron de Dios por medio de la Iglesia" (LG 11) y de participar en la actividad apostólica y misionera del Pueblo de Dios (cf LG 17; AG 7, 23). 2472

El vínculo sacramental de la unidad de los cristianos

1271 El Bautismo constituye el fundamento de la comunión entre todos los cristianos, e incluso con los que todavía no están en plena comunión con la Iglesia católica: "Los que creen en Cristo y han recibido ritualmente el bautismo están en una cierta comunión, aunque no perfecta, con la Iglesia católica..., justificados por la fe en el bautismo, se han incorporado a Cristo; por tanto, con todo derecho se honran con el nombre de cristianos y son reconocidos con razón por los hijos de la Iglesia católica como hermanos del Señor" (UR 3). "Por consiguiente, el bautismo constituye un *vínculo sacramental de unidad,* vigente entre los que han sido regenerados por él" (UR 22). 818; 838

Un sello espiritual indeleble...

1272 Incorporado a Cristo por el Bautismo, el bautizado es configurado con Cristo (cf Rm 8, 29). El Bautismo imprime en el cristiano un sello espiritual indeleble (*character*) de su pertenencia a Cristo. Este sello no es borrado por ningún pecado, aunque el pecado impida al Bautismo dar frutos de salvación (cf DS 1609-1619). Dado una vez por todas, el Bautismo no puede ser reiterado. 1121

1273 Incorporados a la Iglesia por el Bautismo, los fieles han recibido el carácter sacramental que los consagra para el culto religioso cristiano (cf LG 11). El sello bautismal capacita y compro-

1070 mete a los cristianos a servir a Dios mediante una participación viva en la santa Liturgia de la Iglesia y a ejercer su sacerdocio bautismal por el testimonio de una vida santa y de una caridad eficaz (cf LG 10).

1274 El *"sello del Señor"* (Dominicus character: S. Agustín, ep. 98, 5), es el sello con que el Espíritu Santo nos ha marcado "para el día de la redención" (Ef 4, 30; cf Ef 1, 13-14; 2 Co 1, 21-22). "El Bautismo, en efecto, es el sello de la vida eterna" (S. Ireneo, 197 dem., 3). El fiel que "guarde el sello" hasta el fin, es decir, que permanezca fiel a las exigencias de su Bautismo, podrá morir marcado con "el signo de la fe" (MR, Canon romano, 97), con la fe de 2016 su Bautismo, en la espera de la visión bienaventurada de Dios –consumación de la fe– y en la esperanza de la resurrección.

RESUMEN

1275 *La iniciación cristiana se realiza mediante el conjunto de tres sacramentos: el Bautismo, que es el comienzo de la vida nueva; la Confirmación, que es su afianzamiento; y la Eucaristía, que alimenta al discípulo con el Cuerpo y la Sangre de Cristo para ser transformado en Él.*

1276 *"Id, pues, y haced discípulos a todas las gentes, bautizándolas en el nombre del Padre y del Hijo y del Espíritu Santo, enseñándoles a guardar todo lo que yo os he mandado" (Mt 28, 19-20).*

1277 *El Bautismo constituye el nacimiento a la vida nueva en Cristo. Según la voluntad del Señor, es necesario para la salvación, como lo es la Iglesia misma, a la que introduce el Bautismo.*

1278 *El rito esencial del Bautismo consiste en sumergir en el agua al candidato o derramar agua sobre su cabeza, pronunciando la invocación de la Santísima Trinidad, es decir, del Padre, del Hijo y del Espíritu Santo.*

1279 *El fruto del Bautismo, o gracia bautismal, es una realidad rica que comprende: el perdón del pecado original y de todos los pecados personales; el nacimiento a la vida nueva, por la cual el hombre es hecho hijo adoptivo del Padre, miembro de Cristo, templo del Espíritu Santo. Por la acción misma del bautismo, el bautizado es incorporado a la Iglesia, Cuerpo de Cristo, y hecho partícipe del sacerdocio de Cristo.*

1280 *El Bautismo imprime en el alma un signo espiritual indeleble, el carácter, que consagra al bautizado al culto de la* *religión cristiana. Por razón del carácter, el Bautismo no puede ser reiterado (cf DS 1609 y 1624).*

1281 *Los que padecen la muerte a causa de la fe, los catecúmenos y todos los hombres que, bajo el impulso de la gracia, sin conocer la Iglesia, buscan sinceramente a Dios y se esfuerzan por cumplir su voluntad, se salvan aunque no hayan recibido el Bautismo (cf LG 16).*

1282 *Desde los tiempos más antiguos, el Bautismo es dado a los niños, porque es una gracia y un don de Dios que no suponen méritos humanos; los niños son bautizados en la fe de la Iglesia. La entrada en la vida cristiana da acceso a la verdadera libertad.*

1283 *En cuanto a los niños muertos sin bautismo, la liturgia de la Iglesia nos invita a tener confianza en la misericordia divina y a orar por su salvación.*

1284 *En caso de necesidad, toda persona puede bautizar, con tal que tenga la intención de hacer lo que hace la Iglesia, y que derrame agua sobre la cabeza del candidato diciendo: "Yo te bautizo en el nombre del Padre y del Hijo y del Espíritu Santo".*

Artículo 2 **EL SACRAMENTO DE LA CONFIRMACION**

1285 Con el Bautismo y la Eucaristía, el sacramento de la Confirmación constituye el conjunto de los "sacramentos de la iniciación cristiana", cuya unidad debe ser salvaguardada. Es preciso, pues, explicar a los fieles que la recepción de este sacramento es necesaria para la plenitud de la gracia bautismal (cf OCf, Praenotanda 1). En efecto, a los bautizados "el sacramento de la Confirmación los une más íntimamente a la Iglesia y los enriquece con una fortaleza especial del Espíritu Santo. De esta forma se comprometen mucho más, como auténticos testigos de Cristo, a extender y defender la fe con sus palabras y sus obras" (LG 11; cf OCf, Praenotanda 2):

I   LA CONFIRMACION EN LA ECONOMIA
     DE LA SALVACION

1286 En *el Antiguo Testamento*, los profetas anunciaron que el Espíritu del Señor reposaría sobre el Mesías esperado (cf Is 11, 2) para realizar su misión salvífica (cf Lc 4, 16-22; Is 61, 1). El des-

702-716

censo del Espíritu Santo sobre Jesús en su Bautismo por Juan fue el signo de que Él era el que debía venir, el Mesías, el Hijo de Dios (cf Mt 3, 13-17; Jn 1, 33-34). Habiendo sido concebido por obra del Espíritu Santo, toda su vida y toda su misión se realizan en una comunión total con el Espíritu Santo que el Padre le da "sin medida" (Jn 3, 34).

1287   Ahora bien, esta plenitud del Espíritu no debía permanecer 739   únicamente en el Mesías, sino que debía ser comunicada a *todo el pueblo mesiánico* (cf Ez 36, 25-27; Jl 3, 1-2). En repetidas ocasiones Cristo prometió esta efusión del Espíritu (cf Lc 12, 12; Jn 3, 5-8; 7, 37-39; 16, 7-15; Hch 1, 8), promesa que realizó primero el día de Pascua (Jn 20, 22) y luego, de manera más manifiesta el día de Pentecostés (cf Hch 2, 1-4). Llenos del Espíritu Santo, los apóstoles comienzan a proclamar "las maravillas de Dios" (Hch 2, 11) y Pedro declara que esta efusión del Espíritu es el signo de los tiempos mesiánicos (cf Hch 2, 17-18). Los que creyeron en la predicación apostólica y se hicieron bautizar, recibieron a su vez el don del Espíritu Santo (cf Hch 2, 38).

1288   "Desde aquel tiempo, los apóstoles, en cumplimiento de la voluntad de Cristo, comunicaban a los neófitos, mediante la imposición de las manos, el don del Espíritu Santo, destinado a completar la gracia del Bautismo (cf Hch 8, 15-17; 19, 5-6). Esto explica por qué en la carta a los Hebreos se recuerda, entre los primeros elementos de la formación cristiana, la doctrina del Bautismo y de la imposición de las manos (cf Hb 6, 2). Es esta imposición de las manos la que ha sido con toda razón considerada por la tradición católica como el primitivo origen del sacramento de la Confirmación, el cual perpetúa, en cierto modo, en la Iglesia, la gracia de Pentecostés" (Pablo VI, const. apost. "Divinae consortium naturae").

1289   Muy pronto, para mejor significar el don del Espíritu San-
695   to, se añadió a la imposición de las manos una unción con óleo perfumado (crisma). Esta unción ilustra el nombre de "cristiano" que significa "ungido" y que tiene su origen en el nombre de Cris-
436   to, al que "Dios ungió con el Espíritu Santo" (Hch 10, 38). Y este rito de la unción existe hasta nuestros días tanto en Oriente como en Occidente. Por eso en Oriente, se llama a este sacramento *cris-
1297   mación*, unción con el crisma, o *myron*, que significa "crisma". En Occidente el nombre de *Confirmación* sugiere a la vez la "confirmación" del Bautismo, que completa la iniciación cristiana, y el robustecimiento de la gracia bautismal, frutos todos ellos del Espíritu Santo.

Dos tradiciones: Oriente y Occidente

1290   En los primeros siglos la Confirmación constituye generalmente
una única celebración con el Bautismo, y forma con éste, según la expresión de S. Cipriano, un "sacramento doble". Entre otras razones, la multiplicación de los bautismos de niños, durante todo el tiempo del año, y la
multiplicación de las parroquias (rurales), que agrandaron las diócesis, ya
no permite la presencia del obispo en todas las celebraciones bautismales.
En Occidente, por el deseo de reservar al obispo el acto de conferir la
plenitud al Bautismo, se establece la separación temporal de ambos sacramentos. El Oriente ha conservado unidos los dos sacramentos, de mo-   1233
do que la Confirmación es dada por el presbítero que bautiza. Este, sin
embargo, sólo puede hacerlo con el "myron" consagrado por un obispo
(cf CCEO can. 695, 1; 696, 1).

1291   Una costumbre de la Iglesia de Roma facilitó el desarrollo de la
práctica occidental; había una doble unción con el santo crisma después del   1242
Bautismo: realizada ya una por el presbítero al neófito al salir del baño
bautismal, es completada por una segunda unción hecha por el obispo en la
frente de cada uno de los recién bautizados (véase S. Hipólito de Roma,
trad. ap. 21). La primera unción con el santo crisma, la que daba el sacerdote, quedó unida al rito bautismal; significa la participación del bautizado en
las funciones profética, sacerdotal y real de Cristo. Si el Bautismo es conferido a un adulto, sólo hay una unción postbautismal: la de la Confirmación.

1292   La práctica de las Iglesias de Oriente destaca más la unidad de   1244
la iniciación cristiana. La de la Iglesia latina expresa más netamente la
comunión del nuevo cristiano con su obispo, garante y servidor de la unidad de su Iglesia, de su catolicidad y su apostolicidad, y por ello, el
vínculo con los orígenes apostólicos de la Iglesia de Cristo.

II   LOS SIGNOS Y EL RITO DE LA CONFIRMACION

1293   En el rito de este sacramento conviene considerar el signo
de la *unción* y lo que la unción designa e imprime: el *sello* espiritual.

La *unción*, en el simbolismo bíblico y antiguo, posee nu-   695
merosas significaciones: el aceite es signo de abundancia (cf Dt
11, 14) y de alegría (cf Sal 23, 5; 104, 15); purifica (unción antes y
después del baño) y da agilidad (la unción de los atletas y de los
luchadores); es signo de curación, pues suaviza las contusiones y
las heridas (cf Is 1, 6; Lc 10, 34) y el ungido irradia belleza, santidad y fuerza.

1294   Todas estas significaciones de la unción con aceite se encuentran en la vida sacramental. La unción antes del Bautismo con   1152
el óleo de los catecúmenos significa purificación y fortaleza; la unción de los enfermos expresa curación y consuelo. La unción del

santo crisma después del Bautismo, en la Confirmación y en la Ordenación, es el signo de una consagración. Por la Confirmación, los cristianos, es decir, los que son ungidos, participan más plenamente en la misión de Jesucristo y en la plenitud del Espíritu Santo que éste posee, a fin de que toda su vida desprenda "el buen olor de Cristo" (cf 2 Co 2, 15).

698   **1295**   Por medio de esta unción, el confirmando recibe "la marca", *el sello* del Espíritu Santo. El sello es el símbolo de la persona (cf Gn 38, 18; Ct 8, 9), signo de su autoridad (cf Gn 41, 42), de su propiedad sobre un objeto (cf Dt 32, 34) –por eso se marcaba a los soldados con el sello de su jefe y a los esclavos con el de su señor–; autentifica un acto jurídico (cf 1 R 21, 8) o un documento (cf Jr 32, 10) y lo hace, si es preciso, secreto (cf Is 29, 11).

1296   Cristo mismo se declara marcado con el sello de su Padre
1121   (cf Jn 6, 27). El cristiano también está marcado con un sello: "Y es Dios el que nos conforta juntamente con vosotros en Cristo y el que nos ungió, y el que nos marcó con su sello y nos dio en arras el Espíritu en nuestros corazones" (2 Co 1, 22; cf Ef 1, 13; 4, 30). Este sello del Espíritu Santo, marca la pertenencia total a Cristo, la puesta a su servicio para siempre, pero indica también la promesa de la protección divina en la gran prueba escatológica (cf Ap 7, 2-3; 9, 4; Ez 9, 4-6).

La celebración de la Confirmación

1297   Un momento importante que precede a la celebración de la Confirmación, pero que, en cierta manera forma parte de ella, es
1183   *la consagración del santo crisma.* Es el obispo quien, el Jueves
1241   Santo, en el transcurso de la Misa crismal, consagra el santo crisma para toda su diócesis. En las Iglesias de Oriente, esta consagración está reservada al Patriarca:

> La liturgia siriaca de Antioquía expresa así la epiclesis de la consagración del santo crisma (myron): "(Padre... envía tu Espíritu Santo) sobre nosotros y sobre este aceite que está delante de nosotros y conságralo, de modo que sea para todos los que sean ungidos y marcados con él, myron santo, myron sacerdotal, myron real, unción de alegría, vestidura de la luz, manto de salvación, don espiritual, santificación de las almas y de los cuerpos, dicha imperecedera, sello indeleble, escudo de la fe y casco terrible contra todas las obras del Adversario".

1298   Cuando la Confirmación se celebra separadamente del Bautismo, como es el caso en el rito romano, la liturgia del sacramento comienza con la renovación de las promesas del Bautismo y la profesión de fe de los confirmandos. Así aparece claramente que la Confirmación constituye una prolongación del Bautismo (cf SC 71). Cuando es bautizado un adulto, recibe inmediatamente la Confirmación y participa en la Eucaristía (cf CIC can. 866).

1299　En el rito romano, el obispo extiende las manos sobre todos los confirmandos, gesto que, desde el tiempo de los apóstoles, es el signo del don del Espíritu. Y el obispo invoca así la efusión del Espíritu:

> Dios Todopoderoso, Padre de nuestro Señor Jesucristo, que regeneraste, por el agua y el Espíritu Santo, a estos siervos tuyos y los libraste del pecado: escucha nuestra oración y envía sobre ellos el Espíritu Santo Paráclito; llénalos de espíritu de sabiduría y de inteligencia, de espíritu de consejo y de fortaleza, de espíritu de ciencia y de piedad; y cólmalos del espíritu de tu santo temor. Por Jesucristo nuestro Señor.

1831

1300　Sigue el *rito esencial* del sacramento. En el rito latino, "el sacramento de la Confirmación es conferido por la unción del santo crisma en la frente, hecha imponiendo la mano, y con estas palabras: 'Accipe signaculum doni Spiritus Sancti' (recibe por esta señal el don del Espíritu Santo')" (Pablo VI, cons. ap. "Divinae consortium naturae"). En las Iglesias orientales, la unción del *myron* se hace después de una oración de epiclesis, sobre las partes más significativas del cuerpo: la frente, los ojos, la nariz, los oídos, los labios, el pecho, la espalda, las manos y los pies, y cada unción va acompañada de la fórmula: "Sello del don que es el Espíritu Santo".

699

1301　El beso de paz con el que concluye el rito del sacramento significa y manifiesta la comunión eclesial con el obispo y con todos los fieles (cf S. Hipólito, trad. ap. 21).

III　LOS EFECTOS DE LA CONFIRMACION

1302　De la celebración se deduce que el efecto del sacramento es la efusión plena del Espíritu Santo, como fue concedida en otro tiempo a los apóstoles el día de Pentecostés.

731

1303　Por este hecho, la Confirmación confiere crecimiento y profundidad a la gracia bautismal:

1262-1274

– nos introduce más profundamente en la filiación divina que nos hace decir "Abbá, Padre" (Rm 8, 15);

– nos une más firmemente a Cristo;

– aumenta en nosotros los dones del Espíritu Santo;

– hace más perfecto nuestro vínculo con la Iglesia (cf LG 11);

– nos concede una fuerza especial del Espíritu Santo para difundir y defender la fe mediante la palabra y las obras como verdaderos testigos de Cristo, para confesar valientemente el nombre de Cristo y para no sentir jamás vergüenza de la cruz (cf DS 1319; LG 11, 12):

2044

> Recuerda, pues, que has recibido el signo espiritual, el Espíritu de sabiduría e inteligencia, el Espíritu de consejo y de fortaleza, el Espíritu de conocimiento y de piedad, el Espíritu de temor santo, y guarda lo que has recibido. Dios Padre te ha marcado con su signo, Cristo Señor te ha confirmado y ha puesto en tu corazón la prenda del Espíritu (S. Ambrosio, *Myst.* 7, 42).

1121 **1304** La Confirmación, como el Bautismo del que es la plenitud, sólo se da una vez. La Confirmación, en efecto, imprime en el alma *una marca espiritual indeleble*, el "carácter" (cf DS 1609), que es el signo de que Jesucristo ha marcado al cristiano con el sello de su Espíritu revistiéndolo de la fuerza de lo alto para que sea su testigo (cf Lc 24, 48-49).

1268 **1305** El "carácter" perfecciona el sacerdocio común de los fieles, recibido en el Bautismo, y "el confirmado recibe el poder de confesar la fe de Cristo públicamente, y como en virtud de un cargo *(quasi ex officio)"* (S. Tomás de A., s. th. 3, 72, 5, ad 2).

IV   QUIEN PUEDE RECIBIR ESTE SACRAMENTO

1306 Todo bautizado, aún no confirmado, puede y debe recibir el sacramento de la Confirmación (cf CIC can. 889, 1). Puesto que Bautismo, Confirmación y Eucaristía forman una unidad, de ahí se sigue que "los fieles tienen la obligación de recibir este sacramento en tiempo oportuno" (CIC, can. 890), porque sin la Confirmación y la Eucaristía, el sacramento del Bautismo es ciertamente válido y eficaz, pero la iniciación cristiana queda incompleta.

1212

1307 La tradición latina pone, como punto de referencia para recibir la Confirmación, "la edad del uso de razón". Sin embargo, en peligro de muerte, se debe confirmar a los niños incluso si no han alcanzado todavía la edad del uso de razón (cf CIC can. 891; 893, 3).

1308 Si a veces se habla de la Confirmación como del "sacramento de la madurez cristiana", es preciso, sin embargo, no confundir la edad adulta de la fe con la edad adulta del crecimiento

natural, ni olvidar que la gracia bautismal es una gracia de elección 1250
gratuita e inmerecida que no necesita una "ratificación" para hacerse efectiva. Santo Tomás lo recuerda:

> La edad del cuerpo no constituye un prejuicio para el al
> ma. Así, incluso en la infancia, el hombre puede recibir la per
> fección de la edad espiritual de que habla la Sabiduría (4, 8): 'la
> vejez honorable no es la que dan los muchos días, no se mide
> por el número de los años'. Así numerosos niños, gracias a la
> fuerza del Espíritu Santo que habían recibido, lucharon valiente
> mente y hasta la sangre por Cristo (s. th. 3, 72, 8, ad 2).

1309 *La preparación* para la Confirmación debe tener como meta conducir al cristiano a una unión más íntima con Cristo, a una familiaridad más viva con el Espíritu Santo, su acción, sus dones y
sus llamadas, a fin de poder asumir mejor las responsabilidades
apostólicas de la vida cristiana. Por ello, la catequesis de la Confirmación se esforzará por suscitar el sentido de la pertenencia a la
Iglesia de Jesucristo, tanto a la Iglesia universal como a la comunidad parroquial. Esta última tiene una responsabilidad particular en
la preparación de los confirmandos (cf OCf, Praenotanda 3).

1310 Para recibir la Confirmación es preciso hallarse en estado
de gracia. Conviene recurrir al sacramento de la Penitencia para
ser purificado en atención al don del Espíritu Santo. Hay que prepararse con una oración más intensa para recibir con docilidad 2670
y disponibilidad la fuerza y las gracias del Espíritu Santo (cf Hch
1, 14).

1311 Para la Confirmación, como para el Bautismo, conviene
que los candidatos busquen la ayuda espiritual de un *padrino* o de 1255
una *madrina*. Conviene que sea el mismo que para el Bautismo, a
fin de subrayar la unidad entre los dos sacramentos (cf OCf, Praenotanda 5; 6; CIC can. 893, 1.2).

V   EL MINISTRO DE LA CONFIRMACION

1312 *El ministro originario* de la Confirmación es el obispo
(LG 26).

> *En Oriente* es ordinariamente el presbítero que bautiza 1233
> quien da también inmediatamente la Confirmación en una sola ce
> lebración. Sin embargo, lo hace con el santo crisma consagrado
> por el patriarca o el obispo, lo cual expresa la unidad apostólica de
> la Iglesia cuyos vínculos son reforzados por el sacramento de la
> Confirmación. En la Iglesia latina se aplica la misma disciplina en
> los bautismos de adultos y cuando es admitido a la plena comu

nión con la Iglesia un bautizado de otra comunidad cristiana que no ha recibido válidamente el sacramento de la Confirmación (cf CIC can. 883, 2).

1313   *En el rito latino,* el ministro ordinario de la Confirmación 1290   es el obispo (CIC can. 882). Aunque el obispo puede, por razones graves, conceder a presbíteros la facultad de administrar el sacramento de la Confirmación (CIC can. 884, 2), es conveniente, por el sentido mismo del sacramento, que lo confiera él mismo, sin olvidar que por esta razón la celebración de la Confirmación fue temporalmente separada del Bautismo. Los obispos son los sucesores de los apóstoles y han recibido la plenitud del sacramento del Orden. Por esta razón, la administración de este sacramento por ellos mismos pone de relieve que la Confirmación tiene como 1285   efecto unir a los que la reciben más estrechamente a la Iglesia, a sus orígenes apostólicos y a su misión de dar testimonio de Cristo.

1314   Si un cristiano está en peligro de muerte, cualquier presbí- 1307   tero debe darle la Confirmación (cf CIC can. 883, 3). En efecto, la Iglesia quiere que ninguno de sus hijos, incluso en la más tierna edad, salga de este mundo sin haber sido perfeccionado por el Espíritu Santo con el don de la plenitud de Cristo.

RESUMEN

1315   *"Al enterarse los apóstoles que estaban en Jerusalén de que Samaría había aceptado la Palabra de Dios, les enviaron a Pedro y a Juan. Estos bajaron y oraron por ellos para que recibieran el Espíritu Santo; pues todavía no había descendido sobre ninguno de ellos; únicamente habían sido bautizados en el nombre del Señor Jesús. Entonces les imponían las manos y recibían el Espíritu Santo" (Hch 8, 14-17).*

1316   *La Confirmación perfecciona la gracia bautismal; es el sacramento que da el Espíritu Santo para enraizarnos más profundamente en la filiación divina, incorporarnos más firmemente a Cristo, hacer más sólido nuestro vínculo con la Iglesia, asociarnos todavía más a su misión y ayudarnos a dar testimonio de la fe cristiana por la palabra acompañada de las obras.*

1317   *La Confirmación, como el Bautismo, imprime en el alma del cristiano un signo espiritual o carácter indeleble; por eso este sacramento sólo se puede recibir una vez en la vida.*

1318 *En Oriente, este sacramento es administrado inmediatamente después del Bautismo y es seguido de la participación en la Eucaristía, tradición que pone de relieve la unidad de los tres sacramentos de la iniciación cristiana. En la Iglesia latina se administra este sacramento cuando se ha alcanzado el uso de razón, y su celebración se reserva ordinariamente al obispo, significando así que este sacramento robustece el vínculo eclesial.*

1319 *El candidato a la Confirmación que ya ha alcanzado el uso de razón debe profesar la fe, estar en estado de gracia, tener la intención de recibir el sacramento y estar preparado para asumir su papel de discípulo y de testigo de Cristo, en la comunidad eclesial y en los asuntos temporales.*

1320 *El rito esencial de la Confirmación es la unción con el Santo Crisma en la frente del bautizado (y en Oriente, también en los otros órganos de los sentidos), con la imposición de la mano del ministro y las palabras: "Accipe signaculum doni Spiritus Sancti" ("Recibe por esta señal el don del Espíritu Santo"), en el rito romano; "Sello del don del Espíritu Santo", en el rito bizantino.*

1321 *Cuando la Confirmación se celebra separadamente del Bautismo, su conexión con el Bautismo se expresa entre otras cosas por la renovación de los compromisos bautismales. La celebración de la Confirmación dentro de la Eucaristía contribuye a subrayar la unidad de los sacramentos de la iniciación cristiana.*

Artículo 3   **EL SACRAMENTO DE LA EUCARISTIA**

1322 La Sagrada Eucaristía culmina la iniciación cristiana. Los   1212
que han sido elevados a la dignidad del sacerdocio real por el Bautismo y configurados más profundamente con Cristo por la Confirmación, participan por medio de la Eucaristía con toda la comunidad en el sacrificio mismo del Señor.

1323 "Nuestro Salvador, en la última Cena, la noche en que fue entregado, instituyó el sacrificio eucarístico de su cuerpo y su sangre para perpetuar por los siglos, hasta su vuelta, el sacrificio de la cruz y confiar así a su Esposa amada, la Iglesia, el memorial de su muerte y resurrección, sacramento de piedad, signo de unidad,

1402 vínculo de amor, banquete pascual en el que se recibe a Cristo, el alma se llena de gracia y se nos da una prenda de la gloria futura" (SC 47).

I   LA EUCARISTIA, FUENTE Y CUMBRE
      DE LA VIDA ECLESIAL

864 **1324** La Eucaristía es "fuente y cima de toda la vida cristiana" (LG 11). "Los demás sacramentos, como también todos los ministerios eclesiales y las obras de apostolado, están unidos a la Eucaristía y a ella se ordenan. La sagrada Eucaristía, en efecto, contiene todo el bien espiritual de la Iglesia, es decir, Cristo mismo, nuestra Pascua" (PO 5).

775 **1325** "La Eucaristía significa y realiza la comunión de vida con Dios y la unidad del Pueblo de Dios por las que la Iglesia es ella misma. En ella se encuentra a la vez la cumbre de la acción por la que, en Cristo, Dios santifica al mundo, y del culto que en el Espíritu Santo los hombres dan a Cristo y por él al Padre" (CdR, inst. "Eucharisticum mysterium", 6).

1090 **1326** Finalmente, por la celebración eucarística nos unimos ya a la liturgia del cielo y anticipamos la vida eterna cuando Dios será todo en todos (cf 1 Co 15, 28).

1124 **1327** En resumen, la Eucaristía es el compendio y la suma de nuestra fe: "Nuestra manera de pensar armoniza con la Eucaristía, y a su vez la Eucaristía confirma nuestra manera de pensar" (S. Ireneo, haer. 4, 18, 5).

II   EL NOMBRE DE ESTE SACRAMENTO

1328 La riqueza inagotable de este sacramento se expresa mediante los distintos nombres que se le da. Cada uno de estos nombres evoca alguno de sus aspectos. Se le llama:

2637 *Eucaristía* porque es acción de gracias a Dios. Las palabras "eucharistein" (Lc 22, 19; 1 Co 11, 24) y "eulogein" (Mt 26, 26; Mc 14, 22) recuerdan las bendiciones judías que proclaman

1082
1359 –sobre todo durante la comida– las obras de Dios: la creación, la redención y la santificación.

1382 **1329** *Banquete del Señor* (cf 1 Co 11, 20) porque se trata de la *Cena* que el Señor celebró con sus discípulos la víspera de su pasión y de la anticipación del *banquete de bodas del Cordero* (cf Ap 19, 9) en la Jerusalén celestial.

Fracción del pan porque este rito, propio del banquete judío, fue utilizado por Jesús cuando bendecía y distribuía el pan como cabeza de familia (cf Mt 14, 19; 15, 36; Mc 8, 6.19), sobre todo en la última Cena (cf Mt 26, 26; 1 Co 11, 24). En este gesto los discípulos lo reconocerán después de su resurrección (Lc 24, 13-35), y con esta expresión los primeros cristianos designaron sus asambleas eucarísticas (cf Hch 2, 42.46; 20, 7.11). Con él se quiere significar que todos los que comen de este único pan, partido, que es Cristo, entran en comunión con él y forman un *solo cuerpo* en él (cf 1 Co 10, 16-17).   790

Asamblea eucarística (synaxis), porque la Eucaristía es   1348
celebrada en la asamblea de los fieles, expresión visible de la Iglesia (cf 1 Co 11, 17-34).

1330 *Memorial* de la pasión y de la resurrección del Señor.   1341

Santo Sacrificio, porque actualiza el único sacrificio de Cristo Salvador e incluye la ofrenda de la Iglesia; o también *santo sacrificio de la misa, "sacrificio de alabanza"* (Hch 13, 15; cf Sal   2643
116, 13.17), *sacrificio espiritual* (cf 1 P 2, 5), *sacrificio puro* (cf Ml 1, 11) *y santo*, puesto que completa y supera todos los sacrifi-   614
cios de la Antigua Alianza.

Santa y divina liturgia, porque toda la liturgia de la Iglesia encuentra su centro y su expresión más densa en la celebración de este sacramento; en el mismo sentido se la llama también celebración *de los santos misterios*. Se habla también del *Santísimo Sacramento* porque es el Sacramento de los Sacramentos. Con este   1169
nombre se designan las especies eucarísticas guardadas en el sagrario.

1331 *Comunión*, porque por este sacramento nos unimos a Cris-   950
to que nos hace partícipes de su Cuerpo y de su Sangre para formar un solo cuerpo (cf 1 Co 10, 16-17); se la llama también *las cosas santas* ["ta hagia; sancta"] (Const. Apost. 8, 13, 12; Didaché 9, 5; 10, 6) –es el sentido primero de la "comunión de los santos" de   948
que habla el Símbolo de los Apóstoles–, *pan de los ángeles, pan del cielo, medicina de inmortalidad* (S. Ignacio de Ant., Eph 20,   1405
2), *viático...*

1332 *Santa Misa* porque la liturgia en la que se realiza el misterio de salvación se termina con el envío de los fieles ("missio") a   849
fin de que cumplan la voluntad de Dios en su vida cotidiana.

III   LA EUCARISTIA EN LA ECONOMIA DE LA SALVACION

Los signos del pan y del vino

1333   En el corazón de la celebración de la Eucaristía se encuen-
1350   tran el pan y el vino que, por las palabras de Cristo y por la invocación del Espíritu Santo, se convierten en el Cuerpo y la Sangre
de Cristo. Fiel a la orden del Señor, la Iglesia continúa haciendo,
en memoria de El, hasta su retorno glorioso, lo que El hizo la víspera de su pasión: "Tomó pan...", "tomó el cáliz lleno de vino...".
Al convertirse misteriosamente en el Cuerpo y la Sangre de Cristo,
los signos del pan y del vino siguen significando también la bon-
1147   dad de la creación. Así, en el ofertorio, damos gracias al Creador
1148   por el pan y el vino (cf Sal 104, 13-15), fruto "del trabajo del hombre", pero antes, "fruto de la tierra" y "de la vid", dones del Creador. La Iglesia ve en el gesto de Melquisedec, rey y sacerdote, que
"ofreció pan y vino" (Gn 14, 18), una prefiguración de su propia
ofrenda (cf MR, Canon Romano 95).

1150   **1334**   En la Antigua Alianza, el pan y el vino eran ofrecidos como sacrificio entre las primicias de la tierra en señal de reconoci-
1363   miento al Creador. Pero reciben también una nueva significación
en el contexto del Exodo: los panes ácimos que Israel come cada
año en la Pascua conmemoran la salida apresurada y liberadora de
Egipto. El recuerdo del maná del desierto sugerirá siempre a Israel
que vive del pan de la Palabra de Dios (Dt 8, 3). Finalmente, el
pan de cada día es el fruto de la Tierra prometida, prenda de la fidelidad de Dios a sus promesas. El "caliz de bendición" (1 Co 10,
16), al final del banquete pascual de los judíos, añade a la alegría
festiva del vino una dimensión escatológica, la de la espera mesiánica del restablecimiento de Jerusalén. Jesús instituyó su Eucaristía dando un sentido nuevo y definitivo a la bendición del pan y
del cáliz.

1335   Los milagros de la multiplicación de los panes, cuando el
1151   Señor dijo la bendición, partió y distribuyó los panes por medio de
sus discípulos para alimentar la multitud, prefiguran la sobreabundancia de este único pan de su Eucaristía (cf Mt 14, 13-21; 15, 32-
29). El signo del agua convertida en vino en Caná (cf Jn 2, 11)
anuncia ya la Hora de la glorificación de Jesús. Manifiesta el cumplimiento del banquete de las bodas en el Reino del Padre, donde
los fieles beberán el vino nuevo (cf Mc 14, 25) convertido en Sangre de Cristo.

1336 El primer anuncio de la Eucaristía dividió a los discípulos, igual que el anuncio de la pasión los escandalizó: "Es duro este lenguaje, ¿quién puede escucharlo?" (Jn 6, 60). La Eucaristía y la cruz son piedras de tropiezo. Es el mismo misterio, y no cesa de ser ocasión de división. "¿También vosotros queréis marcharos?" (Jn 6, 67): esta pregunta del Señor resuena a través de las edades, como invitación de su amor a descubrir que sólo El tiene "palabras de vida eterna" (Jn 6, 68), y que acoger en la fe el don de su Eucaristía es acogerlo a El mismo.   1327

La institución de la Eucaristía

1337 El Señor, habiendo amado a los suyos, los amó hasta el fin. Sabiendo que había llegado la hora de partir de este mundo para retornar a su Padre, en el transcurso de una cena, les lavó los pies y les dio el mandamiento del amor (Jn 13, 1-17). Para dejarles una prenda de este amor, para no alejarse nunca de los suyos y hacerles partícipes de su Pascua, instituyó la Eucaristía como memorial de su muerte y de su resurrección y ordenó a sus apóstoles celebrarlo hasta su retorno, "constituyéndoles entonces sacerdotes del Nuevo Testamento" (Cc. de Trento: DS 1740).   610 611

1338 Los tres evangelios sinópticos y S. Pablo nos han transmitido el relato de la institución de la Eucaristía; por su parte, S. Juan relata las palabras de Jesús en la sinagoga de Cafarnaúm, palabras que preparan la institución de la Eucaristía: Cristo se designa a sí mismo como el pan de vida, bajado del cielo (cf Jn 6).

1339 Jesús escogió el tiempo de la Pascua para realizar lo que había anunciado en Cafarnaúm: dar a sus discípulos su Cuerpo y su Sangre: 1169

> Llegó el día de los Azimos, en el que se había de inmolar el cordero de Pascua; (Jesús) envió a Pedro y a Juan, diciendo: 'Id y preparadnos la Pascua para que la comamos'... fueron... y prepararon la Pascua. Llegada la hora, se puso a la mesa con los apóstoles; y les dijo: 'Con ansia he deseado comer esta Pascua con vosotros antes de padecer; porque os digo que ya no la comeré más hasta que halle su cumplimiento en el Reino de Dios'... Y tomó pan, dio gracias, lo partió y se lo dio diciendo: 'Esto es mi cuerpo que va a ser entregado por vosotros; haced esto en recuerdo mío'. De igual modo, después de cenar, tomó el cáliz, diciendo: 'Este cáliz es la Nueva Alianza en mi sangre, que va a ser derramada por vosotros' (Lc 22, 7-20; cf Mt 26, 17-29; Mc 14, 12-25; 1 Co 11, 23-26).

1340 Al celebrar la última Cena con sus apóstoles en el transcurso del banquete pascual, Jesús dio su sentido definitivo a la   1151 pascua judía. En efecto, el paso de Jesús a su Padre por su muerte y su resurrección, la Pascua nueva, es anticipada en la Cena y celebrada en la Eucaristía que da cumplimiento a la pascua judía y anticipa la pascua final de la Iglesia en la gloria del Reino.

677

"Haced esto en memoria mía"

611 **1341** El mandamiento de Jesús de repetir sus gestos y sus palabras "hasta que venga" (1 Co 11, 26), no exige solamente acordarse de Jesús y de lo que hizo. Requiere la celebración litúrgica por los apóstoles y sus sucesores del *memorial* de Cristo, de su vida, de su muerte, de su resurrección y de su intercesión junto al Padre.

1363

2624 **1342** Desde el comienzo la Iglesia fue fiel a la orden del Señor. De la Iglesia de Jerusalén se dice:

> Acudían asiduamente a la enseñanza de los apóstoles, fieles a la comunión fraterna, a la fracción del pan y a las oraciones... Acudían al Templo todos los días con perseverancia y con un mismo espíritu, partían el pan por las casas y tomaban el alimento con alegría y con sencillez de corazón (Hch 2, 42.46).

1166; 2177 **1343** Era sobre todo "el primer día de la semana", es decir, el domingo, el día de la resurrección de Jesús, cuando los cristianos se reunían para "partir el pan" (Hch 20, 7). Desde entonces hasta nuestros días la celebración de la Eucaristía se ha perpetuado, de suerte que hoy la encontramos por todas partes en la Iglesia, con la misma estructura fundamental. Sigue siendo el centro de la vida de la Iglesia.

1404 **1344** Así, de celebración en celebración, anunciando el misterio pascual de Jesús "hasta que venga" (1 Co 11, 26), el pueblo de Dios peregrinante "camina por la senda estrecha de la cruz" (AG 1) hacia el banquete celestial, donde todos los elegidos se sentarán a la mesa del Reino.

IV   LA CELEBRACION LITURGICA DE LA EUCARISTIA

La misa de todos los siglos

1345 Desde el siglo II, según el testimonio de S. Justino mártir, tenemos las grandes líneas del desarrollo de la celebración eucarística. Estas han permanecido invariables hasta nuestros días a través de la diversidad de tradiciones rituales litúrgicas. He aquí lo que el santo escribe, hacia el año 155, para explicar al emperador pagano Antonino Pío (138-161) lo que hacen los cristianos:

El día que se llama día del sol tiene lugar la reunión en un mismo sitio de todos los que habitan en la ciudad o en el campo.

Se leen las memorias de los apóstoles y los escritos de los profetas, tanto tiempo como es posible.

Cuando el lector ha terminado, el que preside toma la palabra para incitar y exhortar a la imitación de tan bellas cosas.

Luego nos levantamos todos juntos y oramos por nosotros... y por todos los demás donde quiera que estén, a fin de que seamos hallados justos en nuestra vida y nuestas acciones y seamos fieles a los mandamientos para alcanzar así la salvación eterna.

Cuando termina esta oración nos besamos unos a otros.

Luego se lleva al que preside a los hermanos pan y una copa de agua y de vino mezclados.

El presidente los toma y eleva alabanza y gloria al Padre del universo, por el nombre del Hijo y del Espíritu Santo y da gracias (en griego: *eucharistian*) largamente porque hayamos sido juzgados dignos de estos dones.

Cuando terminan las oraciones y las acciones de gracias todo el pueblo presente pronuncia una aclamación diciendo: Amén.

Cuando el que preside ha hecho la acción de gracias y el pueblo le ha respondido, los que entre nosotros se llaman diáconos distribuyen a todos los que están presentes pan, vino y agua "eucaristizados" y los llevan a los ausentes (S. Justino, apol. 1, 65; 67).

1346 La liturgia de la Eucaristía se desarrolla conforme a una estructura fundamental que se ha conservado a través de los siglos hasta nosotros. Comprende dos grandes momentos que forman una unidad básica:

– la reunión, *la liturgia de la Palabra*, con las lecturas, la homilía y la oración universal;

– *la liturgia eucarística*, con la presentación del pan y del vino, la acción de gracias consecratoria y la comunión.

Liturgia de la Palabra y liturgia eucarística constituyen juntas "un solo acto de culto" (SC 56); en efecto, la mesa preparada para nosotros en la Eucaristía es a la vez la de la Palabra de Dios y la del Cuerpo del Señor (cf DV 21).

103

1347 He aquí el mismo dinamismo del banquete pascual de Jesús resucitado con sus discípulos: en el camino les explicaba las Escrituras, luego, sentándose a la mesa con ellos, "tomó el pan, pronunció la bendición, lo partió y se lo dio" (cf Lc 24, 13-35).

El desarrollo de la celebración

1348 *Todos se reúnen.* Los cristianos acuden a un mismo lugar
1140   para la asamblea eucarística. A su cabeza está Cristo mismo que es
el actor principal de la Eucaristía. El es sumo sacerdote de la Nueva Alianza. El mismo es quien preside invisiblemente toda celebración eucarística. Como representante suyo, el obispo o el prebí-
1548   tero (actuando "in persona Christi capitis") preside la asamblea, toma la palabra después de las lecturas, recibe las ofrendas y dice la
plegaria eucarística. *Todos* tienen parte activa en la celebración,
cada uno a su manera: los lectores, los que presentan las ofrendas,
los que dan la comunión, y el pueblo entero cuyo "Amén" manifiesta su participación.

1184   **1349** *La liturgia de la Palabra* comprende "los escritos de los
profetas", es decir, el Antiguo Testamento, y "las memorias de los
apóstoles", es decir, sus cartas y los Evangelios; después la homilía que exhorta a acoger esta palabra como lo que es verdaderamente, Palabra de Dios (cf 1 Ts 2, 13), y a ponerla en práctica; vienen luego las intercesiones por todos los hombres, según la palabra
del apóstol: "Ante todo, recomiendo que se hagan plegarias, oraciones, súplicas y acciones de gracias por todos los hombres; por
los reyes y por todos los constituidos en autoridad" (1 Tm 2, 1-2).

1350 *La presentación de las ofrendas (*el ofertorio): entonces se
lleva al altar, a veces en procesión, el pan y el vino que serán ofrecidos por el sacerdote en nombre de Cristo en el sacrificio eucarístico en el que se convertirán en su Cuerpo y en su Sangre. Es la
acción misma de Cristo en la última Cena, "tomando pan y una co-
1359   pa". "Sólo la Iglesia presenta esta oblación, pura, al Creador, ofre-
ciéndole con acción de gracias lo que proviene de su creación" (S.
Ireneo, haer. 4, 18, 4; cf Ml 1, 11). La presentación de las ofrendas
en el altar hace suyo el gesto de Melquisedec y pone los dones del
614   Creador en las manos de Cristo. El es quien, en su sacrificio, lleva
a la perfección todos los intentos humanos de ofrecer sacrificios.

1351 Desde el principio, junto con el pan y el vino para la Euca-
1397   ristía, los cristianos presentan también sus dones para compartirlos
con los que tienen necesidad. Esta costumbre de la *colecta* (cf 1
2186   Co 16, 1), siempre actual, se inspira en el ejemplo de Cristo que se
hizo pobre para enriquecernos (cf 2 Co 8, 9):

> Los que son ricos y lo desean, cada uno según lo que se
> ha impuesto; lo que es recogido es entregado al que preside, y él
> atiende a los huérfanos y viudas, a los que la enfermedad u otra
> causa priva de recursos, los presos, los inmigrantes y, en una pa-

labra, socorre a todos los que están en necesidad (S. Justino, apol. 1, 67, 6).

1352 *La Anáfora*: Con la plegaria eucarística, oración de acción de gracias y de consagración llegamos al corazón y a la cumbre de la celebración:

en el *prefacio*, la Iglesia da gracias al Padre, por Cristo, en el Espíritu Santo, por todas sus obras, por la creación, la redención y la santificación. Toda la asamblea se une entonces a la alabanza incesante que la Iglesia celestial, los ángeles y todos los santos, cantan al Dios tres veces santo; 559

1353 en la *epiclesis*, la Iglesia pide al Padre que envíe su Espíritu Santo (o el poder de su bendición, cf MR, canon romano, 90) sobre el pan y el vino, para que se conviertan por su poder, en el Cuerpo y la Sangre de Jesucristo, y que quienes toman parte en la Eucaristía sean un solo cuerpo y un solo espíritu (algunas tradiciones litúrgicas colocan la epiclesis después de la anamnesis); 1105

en el *relato de la institución*, la fuerza de las palabras y de la acción de Cristo y el poder del Espíritu Santo hacen sacramentalmente presentes bajo las especies de pan y de vino su Cuerpo y su Sangre, su sacrificio ofrecido en la cruz de una vez para siempre; 1375

1354 en la *anamnesis* que sigue, la Iglesia hace memoria de la pasión, de la resurrección y del retorno glorioso de Cristo Jesús; presenta al Padre la ofrenda de su Hijo que nos reconcilia con El; 1103

en las *intercesiones*, la Iglesia expresa que la Eucaristía se celebra en comunión con toda la Iglesia del cielo y de la tierra, de los vivos y de los difuntos, y en comunión con los pastores de la Iglesia, el Papa, el obispo de la diócesis, su presbiterio y sus diáconos y todos los obispos del mundo entero con sus Iglesias. 954

1355 En la *comunión*, precedida por la oración del Señor y de la fracción del pan, los fieles reciben "el pan del cielo" y "el cáliz de la salvación", el Cuerpo y la Sangre de Cristo que se entregó "para la vida del mundo" (Jn 6, 51): 1382

Porque este pan y este vino han sido, según la expresión antigua "eucaristizados", "llamamos a este alimento *Eucaristía* y nadie puede tomar parte en él si no cree en la verdad de lo que se enseña entre nosotros, si no ha recibido el baño para el perdón de los pecados y el nuevo nacimiento, y si no vive según los preceptos de Cristo" (S. Justino, apol. 1, 66, 1-2). 1327

V   EL SACRIFICIO SACRAMENTAL: ACCION DE GRACIAS, MEMORIAL, PRESENCIA

1356 Si los cristianos celebran la Eucaristía desde los orígenes, y de forma que, en su substancia, no ha cambiado a través de la gran diversidad de épocas y de liturgias, sucede porque nos sabemos que estamos sujetos al mandato del Señor, dado la víspera de su pasión: "haced esto en memoria mía" (1 Co 11, 24-25).

1357   Cumplimos este mandato del Señor celebrando *el memorial de su sacrificio*. Al hacerlo, *ofrecemos al Padre* lo que El mismo nos ha dado: los dones de su Creación, el pan y el vino, convertidos por el poder del Espíritu Santo y las palabras de Cristo, en el Cuerpo y la Sangre del mismo Cristo: así Cristo se hace real y misteriosamente *presente*.

1358   Por tanto, debemos considerar la Eucaristía

– como acción de gracias y alabanza al *Padre,*
– como memorial del sacrificio de *Cristo* y de su Cuerpo,
– como presencia de Cristo por el poder de su Palabra y de su *Espíritu.*

La acción de gracias y la alabanza al Padre

1359   La Eucaristía, sacramento de nuestra salvación realizada por Cristo en la cruz, es también un sacrificio de alabanza en acción de gracias por la obra de la creación. En el sacrificio eucarístico, toda la creación amada por Dios es presentada al Padre a través de la muerte y resurrección de Cristo. Por Cristo, la Iglesia puede ofrecer el sacrificio de alabanza en acción de gracias por todo lo que Dios ha hecho de bueno, de bello y de justo en la creación y en la humanidad.

293

1360   La Eucaristía es un sacrificio de acción de gracias al Padre, una bendición por la cual la Iglesia expresa su reconocimiento a Dios por todos sus beneficios, por todo lo que ha realizado mediante la creación, la redención y la santificación. "Eucaristía" significa, ante todo, acción de gracias.

1083

1361   La Eucaristía es también el sacrificio de alabanza por medio del cual la Iglesia canta la gloria de Dios en nombre de toda la creación. Este sacrificio de alabanza sólo es posible a través de Cristo: El une los fieles a su persona, a su alabanza y a su intercesión, de manera que el sacrificio de alabanza al Padre es ofrecido *por* Cristo y *con* Cristo para ser aceptado *en* él.

294

El memorial sacrificial de Cristo y de su Cuerpo, que es la Iglesia

1362   La Eucaristía es el memorial de la Pascua de Cristo, la actualización y la ofrenda sacramental de su único sacrificio, en la liturgia de la Iglesia que es su Cuerpo. En todas las plegarias eucarísticas encontramos, tras las palabras de la institución, una oración llamada *anamnesis* o memorial.

1103

1363 En el sentido empleado por la Sagrada Escritura, el *memorial* no es solamente el recuerdo de los acontecimientos del pasado, sino la proclamación de las maravillas que Dios ha realizado en favor de los hombres (cf Ex 13, 3). En la celebración litúrgica, estos acontecimientos se hacen, en cierta forma, presentes y actuales. De esta manera Israel entiende su liberación de Egipto: cada vez que es celebrada la pascua, los acontecimientos del Exodo se hacen presentes a la memoria de los creyentes a fin de que conformen su vida a estos acontecimientos.

1099

1364 El memorial recibe un sentido nuevo en el Nuevo Testamento. Cuando la Iglesia celebra la Eucaristía, hace memoria de la Pascua de Cristo y ésta se hace presente: el sacrificio que Cristo ofreció de una vez para siempre en la cruz, permanece siempre actual (cf Hb 7, 25-27): "Cuantas veces se renueva en el altar el sacrificio de la cruz, en el que Cristo, nuestra Pascua, fue inmolado, se realiza la obra de nuestra redención" (LG 3).

611

1085

1365 Por ser memorial de la Pascua de Cristo, *la Eucaristía es también un sacrificio*. El carácter sacrificial de la Eucaristía se manifiesta en las palabras mismas de la institución: "Esto es mi Cuerpo que será entregado por vosotros" y "Esta copa es la nueva Alianza en mi sangre, que será derramada por vosotros" (Lc 22, 19-20). En la Eucaristía, Cristo da el mismo cuerpo que por nosotros entregó en la cruz, y la sangre misma que "derramó por muchos para remisión de los pecados" (Mt 26, 28).

2100

1846

1366 La Eucaristía es, pues, un sacrificio porque *representa* (= hace presente) el sacrificio de la cruz, porque es su *memorial* y *aplica* su fruto:

613

> (Cristo), nuestro Dios y Señor, se ofreció a Dios Padre una vez por todas, muriendo como intercesor sobre el altar de la cruz, a fin de realizar para ellos (los hombres) una redención eterna. Sin embargo, como su muerte no debía poner fin a su sacerdocio (Hb 7, 24.27), en la última Cena, "la noche en que fue entregado" (1 Co 11, 23), quiso dejar a la Iglesia, su esposa amada, un sacrificio visible (como lo reclama la naturaleza humana), donde sería representado el sacrificio sangriento que iba a realizarse una única vez en la cruz, cuya memoria se perpetuaría hasta el fin de los siglos (1 Co 11, 23) y cuya virtud saludable se aplicaría a la redención de los pecados que cometemos cada día (Cc. de Trento: DS 1740).

1367 El sacrificio de Cristo y el sacrificio de la Eucaristía son, pues, *un único sacrificio*: "Es una y la misma víctima, que se ofre-

1545

ce ahora por el ministerio de los sacerdotes, que se ofreció a sí misma entonces sobre la cruz. Sólo difiere la manera de ofrecer": "En este divino sacrificio que se realiza en la misa, este mismo Cristo, que se ofreció a sí mismo una vez de manera cruenta sobre el altar de la cruz, es contenido e inmolado de manera no cruenta" (Cc. de Trento: DS 1743).

1368 *La Eucaristía es igualmente el sacrificio de la Iglesia.* La Iglesia, que es el Cuerpo de Cristo, participa en la ofrenda de su Cabeza. Con El, ella se ofrece totalmente. Se une a su intercesión

618   ante el Padre por todos los hombres. En la Eucaristía, el sacrificio de Cristo es también el sacrificio de los miembros de su Cuerpo.

2031   La vida de los fieles, su alabanza, su sufrimiento, su oración y su

1109   trabajo se unen a los de Cristo y a su total ofrenda, y adquieren así un valor nuevo. El sacrificio de Cristo presente sobre el altar da a todas las generaciones de cristianos la posibilidad de unirse a su ofrenda.

> En las catacumbas, la Iglesia es con frecuencia representada como una mujer en oración, los brazos extendidos en actitud de orante. Como Cristo que extendió los brazos sobre la cruz, por él, con él y en él, la Iglesia se ofrece e intercede por todos los hombres.

1369 *Toda la Iglesia se une a la ofrenda y a la intercesión de*

834; 882 *Cristo.* Encargado del ministerio de Pedro en la Iglesia, *el Papa* es asociado a toda celebración de la Eucaristía en la que es nombrado

1561   como signo y servidor de la unidad de la Iglesia universal. *El obispo* del lugar es siempre responsable de la Eucaristía, incluso cuan-

1566   do es presidida por un *presbítero*; el nombre del obispo se pronuncia en ella para significar su presidencia de la Iglesia particular en medio del presbiterio y con la asistencia de los *diáconos*. La comunidad intercede también por todos los ministros que, por ella y con ella, ofrecen el sacrificio eucarístico:

> Que sólo sea considerada como legítima la Eucaristía que se hace bajo la presidencia del obispo o de quien él ha señalado para ello (S. Ignacio de Antioquía, Smyrn. 8, 1).

> Por medio del ministerio de los presbíteros, se realiza a la perfección el sacrificio espiritual de los fieles en unión con el sacrificio de Cristo, único Mediador. Este, en nombre de toda la Iglesia, por manos de los presbíteros, se ofrece incruenta y sacramentalmente en la Eucaristía, hasta que el Señor venga (PO 2).

1370 A la ofrenda de Cristo se unen no sólo los miembros que

956   están todavía aquí abajo, sino también los que están ya *en la gloria del cielo*: La Iglesia ofrece el sacrificio eucarístico en comunión

969   con la santísima Virgen María y haciendo memoria de ella así como de todos los santos y santas. En la Eucaristía, la Iglesia, con

María, está como al pie de la cruz, unida a la ofrenda y a la intercesión de Cristo.

1371 El sacrificio eucarístico es también ofrecido *por los fieles*   958; 1689
difuntos "que han muerto en Cristo y todavía no están plenamente   1032
purificados" (Cc. de Trento: DS 1743), para que puedan entrar en
la luz y la paz de Cristo:

> Enterrad este cuerpo en cualquier parte; no os preocupe
> más su cuidado; solamente os ruego que, dondequiera que os
> hallareis, os acordéis de mí ante el altar del Señor (S. Mónica,
> antes de su muerte, a S. Agustín y su hermano; conf. 9, 9, 27).
>
> A continuación oramos (en la anáfora) por los santos padres
> y obispos difuntos, y en general por todos los que han muerto antes
> que nosotros, creyendo que será de gran provecho para las almas,
> en favor de las cuales es ofrecida la súplica, mientras se halla
> presente la santa y adorable víctima... Presentando a Dios
> nuestras súplicas por los que han muerto, aunque fuesen pecadores...,
> presentamos a Cristo inmolado por nuestros pecados, haciendo
> propicio para ellos y para nosotros al Dios amigo de los
> hombres (S. Cirilo de Jerusalén, cateq. mist. 5, 9.10).

1372 S. Agustín ha resumido admirablemente esta doctrina que
nos impulsa a una participación cada vez más completa en el sacri-   1140
ficio de nuestro Redentor que celebramos en la Eucaristía:

> Esta ciudad plenamente rescatada, es decir, la asamblea y
> la sociedad de los santos, es ofrecida a Dios como un sacrificio
> universal por el Sumo Sacerdote que, bajo la forma de esclavo,
> llegó a ofrecerse por nosotros en su pasión, para hacer de nosotros
> el cuerpo de una tan gran Cabeza... Tal es el sacrificio de
> los cristianos: "siendo muchos, no formamos más que un solo
> cuerpo en Cristo" (Rm 12, 5). Y este sacrificio, la Iglesia no cesa
> de reproducirlo en el Sacramento del altar bien conocido de
> los fieles, donde se muestra que en lo que ella ofrece se ofrece a
> sí misma (civ. 10, 6).

La presencia de Cristo por el poder de su Palabra y del Espíritu Santo

1373 "Cristo Jesús que murió, resucitó, que está a la derecha de
Dios e intercede por nosotros" (Rm 8, 34), está presente de múltiples
maneras en su Iglesia (cf LG 48): en su Palabra, en la oración
de su Iglesia, "allí donde dos o tres estén reunidos en mi nombre"
(Mt 18, 20), en los pobres, los enfermos, los presos (Mt 25, 31-
46), en los sacramentos de los que El es autor, en el sacrificio de la
misa y en la persona del ministro. Pero, "*sobre todo,* (está presen-   1088
te) *bajo las especies eucarísticas*" (SC 7).

1374 El modo de presencia de Cristo bajo las especies eucarísticas
es singular. Eleva la Eucaristía por encima de todos los sacra-

1211   mentos y hace de ella "como la perfección de la vida espiritual y el
fin al que tienden todos los sacramentos" (S. Tomás de A., s. th. 3,
73, 3). En el santísimo sacramento de la Eucaristía están "contenidos *verdadera, real y substancialmente* el Cuerpo y la Sangre junto con el alma y la divinidad de nuestro Señor Jesucristo, y, por
consiguiente, *Cristo entero*" (Cc. de Trento: DS 1651). "Esta presencia se denomina 'real', no a título exclusivo, como si las otras
presencias no fuesen 'reales', sino por excelencia, porque es *substancial*, y por ella Cristo, Dios y hombre, se hace totalmente presente" (MF 39).

1375   Mediante la *conversión* del pan y del vino en su Cuerpo y
Sangre, Cristo se hace presente en este sacramento. Los Padres de
la Iglesia afirmaron con fuerza la fe de la Iglesia en la eficacia de
1105   la Palabra de Cristo y de la acción del Espíritu Santo para obrar esta conversión. Así, S. Juan Crisóstomo declara que:

> No es el hombre quien hace que las cosas ofrecidas se con-
> viertan en Cuerpo y Sangre de Cristo, sino Cristo mismo que
> fue crucificado por nosotros. El sacerdote, figura de Cristo, pro-
1128   > nuncia estas palabras, pero su eficacia y su gracia provienen de
> Dios. *Esto es mi Cuerpo*, dice. Esta palabra transforma las cosas
> ofrecidas (Prod. Jud. 1, 6).

Y S. Ambrosio dice respecto a esta conversión:

> Estemos bien persuadidos de que esto no es lo que la natu-
> raleza ha producido, sino lo que la bendición ha consagrado, y
> de que la fuerza de la bendición supera a la de la naturaleza,
> porque por la bendición la naturaleza misma resulta cambiada...
298   > La palabra de Cristo, que pudo hacer de la nada lo que no exis-
> tía, ¿no podría cambiar las cosas existentes en lo que no eran to-
> davía? Porque no es menos dar a las cosas su naturaleza primera
> que cambiársela (myst. 9, 50.52).

1376   El Concilio de Trento resume la fe católica cuando afirma:
"Porque Cristo, nuestro Redentor, dijo que lo que ofrecía bajo la
especie de pan era verdaderamente su Cuerpo, se ha mantenido
siempre en la Iglesia esta convicción, que declara de nuevo el Santo Concilio: por la consagración del pan y del vino se opera el
cambio de toda la substancia del pan en la substancia del Cuerpo
de Cristo nuestro Señor y de toda la substancia del vino en la substancia de su Sangre; la Iglesia católica ha llamado justa y apropia-
damente a este cambio *transubstanciación*" (DS 1642).

1377   La presencia eucarística de Cristo comienza en el momento de la consagración y dura todo el tiempo que subsistan las especies eucarísticas. Cristo está todo entero presente en cada una de
las especies y todo entero en cada una de sus partes, de modo que
la fracción del pan no divide a Cristo (cf Cc. de Trento: DS 1641).

1378 *El culto de la Eucaristía.* En la liturgia de la misa expresamos nuestra fe en la presencia real de Cristo bajo las especies de pan y de vino, entre otras maneras, arrodillándonos o inclinándonos profundamente en señal de adoración al Señor. "La Iglesia católica ha dado y continúa dando este culto de adoración que se debe al sacramento de la Eucaristía no solamente durante la misa, sino también fuera de su celebración: conservando con el mayor cuidado las hostias consagradas, presentándolas a los fieles para que las veneren con solemnidad, llevándolas en procesión" (MF 56).

1178

103; 2628

1379 El sagrario (tabernáculo) estaba primeramente destinado a guardar dignamente la Eucaristía para que pudiera ser llevada a los enfermos y ausentes fuera de la misa. Por la profundización de la fe en la presencia real de Cristo en su Eucaristía, la Iglesia tomó conciencia del sentido de la adoración silenciosa del Señor presente bajo las especies eucarísticas. Por eso, el sagrario debe estar colocado en un lugar particularmente digno de la iglesia; debe estar construido de tal forma que subraye y manifieste la verdad de la presencia real de Cristo en el santo sacramento.

1183

2691

1380 Es grandemente admirable que Cristo haya querido hacerse presente en su Iglesia de esta singular manera. Puesto que Cristo iba a dejar a los suyos bajo su forma visible, quiso darnos su presencia sacramental; puesto que iba a ofrecerse en la cruz por nuestra salvación, quiso que tuviéramos el memorial del amor con que nos había amado "hasta el fin" (Jn 13, 1), hasta el don de su vida. En efecto, en su presencia eucarística permanece misteriosamente en medio de nosotros como quien nos amó y se entregó por nosotros (cf Ga 2, 20), y se queda bajo los signos que expresan y comunican este amor:

669

478

> La Iglesia y el mundo tienen una gran necesidad del culto eucarístico. Jesús nos espera en este sacramento del amor. No escatimemos tiempo para ir a encontrarlo en la adoración, en la contemplación llena de fe y abierta a reparar las faltas graves y delitos del mundo. No cese nunca nuestra adoración (Juan Pablo II, lit. Dominicae cenae, 3).

2715

1381 "La presencia del verdadero Cuerpo de Cristo y de la verdadera Sangre de Cristo en este sacramento, 'no se conoce por los sentidos, dice S. Tomás, sino sólo *por la fe*, la cual se apoya en la autoridad de Dios'. Por ello, comentando el texto de S. Lucas 22, 19: 'Esto es mi Cuerpo que será entregado por vosotros', S. Cirilo declara: 'No te preguntes si esto es verdad, sino acoge más bien con fe las palabras del Señor, porque él, que es la Verdad, no miente'" (S. Tomás de Aquino, s. th. 3, 75, 1, citado por Pablo VI, MF 18):

156

215

> Adoro te devote, latens Deitas,
> Quae sub his figuris vere latitas:

Tibi se cor meum totum subjicit,
Quia te contemplans totum deficit.

Visus, gustus, tactus in te fallitur,
Sed auditu solo tuto creditur;
Credo quidquid dixit Dei Filius:
Nil hoc Veritatis verbo verius.

(Adórote devotamente, oculta Deidad,
que bajo estas sagradas especies te ocultas verdaderamente:
A ti mi corazón totalmente se somete,
pues al contemplarte, se siente desfallecer por completo.

La vista, el tacto, el gusto, son aquí falaces,
sólo con el oído se llega a tener fe segura ;
Creo todo lo que ha dicho el Hijo de Dios:
nada más verdadero que esta palabra de Verdad.)

VI   EL BANQUETE PASCUAL

1382   La misa es, a la vez e inseparablemente, el memorial sacrificial en que se perpetúa el sacrificio de la cruz, y el banquete
sagrado de la comunión en el Cuerpo y la Sangre del Señor. Pero
la celebración del sacrificio eucarístico está totalmente orientada
hacia la unión íntima de los fieles con Cristo por medio de la co-
950   munión. Comulgar es recibir a Cristo mismo que se ofrece por nosotros.

1182   **1383**   *El altar*, en torno al cual la Iglesia se reúne en la celebración de la Eucaristía, representa los dos aspectos de un mismo
misterio: el altar del sacrificio y la mesa del Señor, y esto, tanto
más cuanto que el altar cristiano es el símbolo de Cristo mismo,
presente en medio de la asamblea de sus fieles, a la vez como la
víctima ofrecida por nuestra reconciliación y como alimento celestial que se nos da. "¿Qué es, en efecto, el altar de Cristo sino la
imagen del Cuerpo de Cristo?", dice S. Ambrosio (sacr. 5, 7), y en
otro lugar: "El altar representa el Cuerpo (de Cristo), y el Cuerpo
de Cristo está sobre el altar" (sacr. 4, 7). La liturgia expresa esta
unidad del sacrificio y de la comunión en numerosas oraciones.
Así, la Iglesia de Roma ora en su anáfora:

> Te pedimos humildemente, Dios todopoderoso, que esta
> ofrenda sea llevada a tu presencia hasta el altar del cielo, por
> manos de tu ángel, para que cuantos recibimos el Cuerpo y la
> Sangre de tu Hijo, al participar aquí de este altar, seamos colma-
> dos de gracia y bendición.

"Tomad y comed todos de él": la comunión

2835   **1384**   El Señor nos dirige una invitación urgente a recibirle en el
sacramento de la Eucaristía: "En verdad, en verdad os digo: si no

coméis la carne del Hijo del hombre, y no bebéis su sangre, no tendréis vida en vosotros" (Jn 6, 53).

1385 Para responder a esta invitación, debemos *prepararnos* para este momento tan grande y santo. S. Pablo exhorta a un examen de conciencia: "Quien coma el pan o beba el cáliz del Señor indignamente, será reo del Cuerpo y de la Sangre del Señor. Examínese, pues, cada cual, y coma entonces del pan y beba del cáliz. Pues quien come y bebe sin discernir el Cuerpo, come y bebe su propio castigo" (1 Co 11, 27-29). Quien tiene conciencia de estar en pecado grave debe recibir el sacramento de la Reconciliación antes de acercarse a comulgar.

1457

1386 Ante la grandeza de este sacramento, el fiel sólo puede repetir humildemente y con fe ardiente las palabras del Centurión (cf Mt 8, 8): *"Señor, no soy digno de que entres en mi casa, pero una palabra tuya bastará para sanarme"*. En la Liturgia de S. Juan Crisóstomo, los fieles oran con el mismo espíritu:

> Hazme comulgar hoy en tu cena mística, oh Hijo de Dios. 732
> Porque no diré el secreto a tus enemigos ni te daré el beso de Judas. Sino que, como el buen ladrón, te digo: Acuérdate de mí, Señor, en tu Reino.

1387 Para prepararse convenientemente a recibir este sacramento, los fieles deben observar el ayuno prescrito por la Iglesia (cf CIC can. 919). Por la actitud corporal (gestos, vestido) se manifiesta el respeto, la solemnidad, el gozo de ese momento en que Cristo se hace nuestro huésped.

2043

1388 Es conforme al sentido mismo de la Eucaristía que los fieles, con las debidas disposiciones, *comulguen cuando* participan en la misa: "Se recomienda especialmente la participación más perfecta en la misa, recibiendo los fieles, después de la comunión del sacerdote, del mismo sacrificio, el cuerpo del Señor" (SC 55).

1389 La Iglesia obliga a los fieles "a participar los domingos y días de fiesta en la divina liturgia" (OE 15) y a recibir al menos una vez al año la Eucaristía, si es posible en tiempo pascual (cf CIC, can. 920), preparados por el sacramento de la Reconciliación. Pero la Iglesia recomienda vivamente a los fieles recibir la santa Eucaristía los domingos y los días de fiesta, o con más frecuencia aún, incluso todos los días.

2042

2837

1390 Gracias a la presencia sacramental de Cristo bajo cada una de las especies, la comunión bajo la sola especie de pan ya hace que se reciba todo el fruto de gracia propio de la Eucaristía. Por razones pastorales, esta manera de comulgar se ha establecido legítimamente como la más habitual en el rito latino. "La comunión tiene una expresión más plena por razón del signo cuando se hace bajo las dos especies. Ya que en esa forma es donde más perfectamente se manifiesta el signo del banquete eucarístico" (IGMR 240). Es la forma habitual de comulgar en los ritos orientales.

Los frutos de la comunión

1391   *La comunión acrecienta nuestra unión con Cristo.* Recibir la Eucaristía en la comunión da como fruto principal la unión íntima con Cristo Jesús. En efecto, el Señor dice: "Quien come mi Carne y bebe mi Sangre habita en mí y yo en él" (Jn 6, 56). La vida en Cristo encuentra su fundamento en el banquete eucarístico: "Lo mismo que me ha enviado el Padre, que vive, y yo vivo por el Padre, también el que me coma vivirá por mí" (Jn 6, 57):

460
521

> Cuando en las fiestas del Señor los fieles reciben el Cuerpo del Hijo, proclaman unos a otros la Buena Nueva de que se dan las arras de la vida, como cuando el ángel dijo a María de Magdala: "¡Cristo ha resucitado!" He aquí que ahora también la vida y la resurrección son comunicadas a quien recibe a Cristo (Fanqîth, Oficio siriaco de Antioquía, vol. I, Commun, 237 a-b).

1392   Lo que el alimento material produce en nuestra vida corporal, la comunión lo realiza de manera admirable en nuestra vida espiritual. La comunión con la Carne de Cristo resucitado, "vivificada por el Espíritu Santo y vivificante" (PO 5), conserva, acrecienta y renueva la vida de gracia recibida en el Bautismo. Este crecimiento de la vida cristiana necesita ser alimentado por la comunión eucarística, pan de nuestra peregrinación, hasta el momento de la muerte, cuando nos sea dada como viático.

1212
1524

1393   *La comunión nos separa del pecado.* El Cuerpo de Cristo que recibimos en la comunión es "entregado por nosotros", y la Sangre que bebemos es "derramada por muchos para el perdón de los pecados". Por eso la Eucaristía no puede unirnos a Cristo sin purificarnos al mismo tiempo de los pecados cometidos y preservarnos de futuros pecados:

613

> "Cada vez que lo recibimos, anunciamos la muerte del Señor" (1 Co 11, 26). Si anunciamos la muerte del Señor, anunciamos también el perdón de los pecados. Si cada vez que su Sangre es derramada, lo es para el perdón de los pecados, debo recibirle siempre, para que siempre me perdone los pecados. Yo que peco siempre, debo tener siempre un remedio (S. Ambrosio, sacr. 4, 28).

1394   Como el alimento corporal sirve para restaurar la pérdida de fuerzas, la Eucaristía fortalece la caridad que, en la vida cotidiana, tiende a debilitarse; y esta caridad vivificada *borra los pecados veniales* (cf Cc. de Trento: DS 1638). Dándose a nosotros, Cristo

1863

reaviva nuestro amor y nos hace capaces de romper los lazos de- 1436
sordenados con las criaturas y de arraigarnos en El:

> Porque Cristo murió por nuestro amor, cuando hacemos
> conmemoración de su muerte en nuestro sacrificio, pedimos que
> venga el Espíritu Santo y nos comunique el amor; suplicamos
> fervorosamente que aquel mismo amor que impulsó a Cristo a
> dejarse crucificar por nosotros sea infundido por el Espíritu San-
> to en nuestros propios corazones, con objeto de que considere-
> mos al mundo como crucificado para nosotros, y sepamos vivir
> crucificados para el mundo... y, llenos de caridad, muertos para
> el pecado vivamos para Dios (S. Fulgencio de Ruspe, Fab. 28,
> 16-19).

1395 Por la misma caridad que enciende en nosotros, la Eucaristía nos *preserva de futuros pecados mortales*. Cuanto más parti- 1855
cipamos en la vida de Cristo y más progresamos en su amistad,
tanto más difícil se nos hará romper con él por el pecado mortal.
La Eucaristía no está ordenada al perdón de los pecados mortales.
Esto es propio del sacramento de la Reconciliación. Lo propio de 1446
la Eucaristía es ser el sacramento de los que están en plena comunión con la Iglesia.

1396 *La unidad del Cuerpo místico: La Eucaristía hace la Igle-* 1118
sia. Los que reciben la Eucaristía se unen más estrechamente a
Cristo. Por ello mismo, Cristo los une a todos los fieles en un solo
cuerpo: la Iglesia. La comunión renueva, fortifica, profundiza esta
incorporación a la Iglesia realizada ya por el Bautismo. En el Bau- 1267
tismo fuimos llamados a no formar más que un solo cuerpo (cf 1
Co 12, 13). La Eucaristía realiza esta llamada: "El cáliz de bendición que bendecimos ¿no es acaso comunión con la sangre de
Cristo? y el pan que partimos ¿no es comunión con el Cuerpo de
Cristo? Porque aun siendo muchos, un solo pan y un solo cuerpo 790
somos, pues todos participamos de un solo pan" (1 Co 10, 16-17):

> Si vosotros mismos sois Cuerpo y miembros de Cristo, sois
> el sacramento que es puesto sobre la mesa del Señor, y recibís
> este sacramento vuestro. Respondéis "amén" (es decir, "sí", "es 1064
> verdad") a lo que recibís, con lo que, respondiendo, lo reafir-
> máis. Oyes decir "el Cuerpo de Cristo", y respondes "amén".
> Por lo tanto, sé tú verdadero miembro de Cristo para que tu
> "amén" sea también verdadero (S. Agustín, serm. 272).

1397 *La Eucaristía entraña un compromiso en favor de los po-*
bres: Para recibir en la verdad el Cuerpo y la Sangre de Cristo entregados por nosotros debemos reconocer a Cristo en los más po- 2449
bres, sus hermanos (cf Mt 25, 40):

> Has gustado la sangre del Señor y no reconoces a tu herma-
> no. Deshonras esta mesa, no juzgando digno de compartir tu ali-

mento al que ha sido juzgado digno de participar en esta mesa. Dios te ha liberado de todos los pecados y te ha invitado a ella. Y tú, aún así, no te has hecho más misericordioso (S. Juan Crisóstomo, hom. in 1 Co 27, 4).

1398 *La Eucaristía y la unidad de los cristianos.* Ante la grandeza de este misterio, S. Agustín exclama: "O sacramentum pietatis! O signum unitatis! O vinculum caritatis!" ("¡Oh sacramento de piedad, oh signo de unidad, oh vínculo de caridad!", ev. Jo. 26, 13; cf

817   SC 47). Cuanto más dolorosamente se hacen sentir las divisiones de la Iglesia que rompen la participación común en la mesa del Señor, tanto más apremiantes son las oraciones al Señor para que lleguen los días de la unidad completa de todos los que creen en El.

838   **1399** Las Iglesias orientales que no están en plena comunión con la Iglesia católica celebran la Eucaristía con gran amor. "Estas Iglesias, aunque separadas, tienen verdaderos sacramentos, y sobre todo, en virtud de la sucesión apostólica, el sacerdocio y la Eucaristía, con los que se unen aún más con nosotros con vínculo estrechísimo" (UR 15). Una cierta comunión *in sacris*, por tanto, en la Eucaristía, "no solamente es posible, sino que se aconseja... en circunstancias oportunas y aprobándolo la autoridad eclesiástica" (UR 15, cf CIC can. 844, 3).

1400 Las comunidades eclesiales nacidas de la Reforma, separadas de
1536   la Iglesia católica, "sobre todo por defecto del sacramento del Orden, no han conservado la sustancia genuina e íntegra del misterio eucarístico" (UR 22). Por esto, la intercomunión eucarística con estas comunidades no es posible para la Iglesia católica. Sin embargo, estas comunidades eclesiales "al conmemorar en la Santa Cena la muerte y la resurrección del Señor, profesan que en la comunión de Cristo se significa la vida, y esperan su venida gloriosa" (UR 22).

1483   **1401** Si, a juicio del ordinario, se presenta una necesidad grave, los ministros católicos pueden administrar los sacramentos (Eucaristía, Penitencia, Unción de los enfermos) a cristianos que no están en plena comunión con la Iglesia católica, pero que piden estos sacramentos con deseo y rectitud: en tal caso se precisa que profesen la fe católica respecto a es-
1385   tos sacramentos y estén bien dispuestos (cf CIC can. 844, 4).

VII   LA EUCARISTIA, "PIGNUS FUTURAE GLORIAE"

1402 En una antigua oración, la Iglesia aclama el misterio de la
1323   Eucaristía: "O sacrum convivium in quo Christus sumitur. Recolitur memoria passionis eius; mens impletur gratia et futurae gloriae nobis pignus datur" ("¡Oh sagrado banquete, en que Cristo es nuestra comida; se celebra el memorial de su pasión; el alma se llena de gracia, y se nos da la prenda de la gloria futura!"). Si la Eucaristía es el memorial de la Pascua del Señor y si por nuestra comunión en el altar somos colmados "de gracia y bendición"

(MR, Canon Romano 96: "Supplices te rogamus"), la Eucaristía es también la anticipación de la gloria celestial. 1130

1403 En la última Cena, el Señor mismo atrajo la atención de sus discípulos hacia el cumplimiento de la Pascua en el reino de Dios: "Y os digo que desde ahora no beberé de este fruto de la vid hasta el día en que lo beba con vosotros, de nuevo, en el Reino de mi Padre" (Mt 26, 29; cf Lc 22, 18; Mc 14, 25). Cada vez que la Iglesia celebra la Eucaristía recuerda esta promesa y su mirada se dirige hacia "el que viene" (Ap 1, 4). En su oración, implora su venida: "Marana tha" (1 Co 16, 22), "Ven, Señor Jesús" (Ap 22, 20), 671 "que tu gracia venga y que este mundo pase" (Didaché 10, 6).

1404 La Iglesia sabe que, ya ahora, el Señor viene en su Eucaristía y que está ahí en medio de nosotros. Sin embargo, esta presencia está velada. Por eso celebramos la Eucaristía "expectantes 1041 beatam spem et adventum Salvatoris nostri Jesu Christi" ("Mientras esperamos la gloriosa venida de Nuestro Salvador Jesucristo", Embolismo después del Padre Nuestro; cf Tt 2, 13), pidiendo entrar "en tu reino, donde esperamos gozar todos juntos de la plenitud eterna de tu gloria; allí enjugarás las lágrimas de nuestros ojos, porque, al contemplarte como Tú eres, Dios nuestro, seremos para 1028 siempre semejantes a ti y cantaremos eternamente tus alabanzas, por Cristo, Señor Nuestro" (MR, plegaria eucarística 3, 128: oración por los difuntos).

1405 De esta gran esperanza, la de los cielos nuevos y la tierra 1042 nueva en los que habitará la justicia (cf 2 P 3, 13), no tenemos prenda más segura, signo más manifiesto que la Eucaristía. En efecto, cada vez que se celebra este misterio, "se realiza la obra de nuestra redención" (LG 3) y "partimos un mismo pan que es remedio de inmortalidad, antídoto para no morir, sino para vivir en Je- 1000 sucristo para siempre" (S. Ignacio de Antioquía, Eph 20, 2).

RESUMEN

1406 *Jesús dijo: "Yo soy el pan vivo, bajado del cielo. Si uno come de este pan, vivirá para siempre... el que come mi Carne y bebe mi Sangre, tiene vida eterna... permanece en mí y yo en él" (Jn 6, 51.54.56).*

1407 *La Eucaristía es el corazón y la cumbre de la vida de la Iglesia, pues en ella Cristo asocia su Iglesia y todos sus miembros a su sacrificio de alabanza y acción de gracias ofrecido una vez por todas en la cruz a su Padre; por me-*

dio de este sacrificio derrama las gracias de la salvación sobre su Cuerpo, que es la Iglesia.

1408   *La celebración eucarística comprende siempre: la proclamación de la Palabra de Dios, la acción de gracias a Dios Padre por todos sus beneficios, sobre todo por el don de su Hijo, la consagración del pan y del vino y la participación en el banquete litúrgico por la recepción del Cuerpo y de la Sangre del Señor: estos elementos constituyen un solo y mismo acto de culto.*

1409   *La Eucaristía es el memorial de la Pascua de Cristo, es decir, de la obra de la salvación realizada por la vida, la muerte y la resurrección de Cristo, obra que se hace presente por la acción litúrgica.*

1410   *Es Cristo mismo, sumo sacerdote y eterno de la Nueva Alianza, quien, por el ministerio de los sacerdotes, ofrece el sacrificio eucarístico. Y es también el mismo Cristo, realmente presente bajo las especies del pan y del vino, la ofrenda del sacrificio eucarístico.*

1411   *Sólo los presbíteros válidamente ordenados pueden presidir la Eucaristía y consagrar el pan y el vino para que se conviertan en el Cuerpo y la Sangre del Señor.*

1412   *Los signos esenciales del sacramento eucarístico son pan de trigo y vino de vid, sobre los cuales es invocada la bendición del Espíritu Santo y el presbítero pronuncia las palabras de la consagración dichas por Jesús en la última Cena: "Esto es mi Cuerpo entregado por vosotros... Este es el cáliz de mi Sangre..."*

1413   *Por la consagración se realiza la transubstanciación del pan y del vino en el Cuerpo y la Sangre de Cristo. Bajo las especies consagradas del pan y del vino, Cristo mismo, vivo y glorioso, está presente de manera verdadera, real y substancial, con su Cuerpo, su Sangre, su alma y su divinidad (cf Cc. de Trento: DS 1640; 1651).*

1414   *En cuanto sacrificio, la Eucaristía es ofrecida también en reparación de los pecados de los vivos y los difuntos, y para obtener de Dios beneficios espirituales o temporales.*

1415   *El que quiere recibir a Cristo en la Comunión eucarística debe hallarse en estado de gracia. Si uno tiene conciencia de haber pecado mortalmente no debe acercarse a la Eu-*

caristía sin haber recibido previamente la absolución en el sacramento de la Penitencia.

1416   *La sagrada comunión del Cuerpo y de la Sangre de Cristo acrecienta la unión del comulgante con el Señor, le perdona los pecados veniales y lo preserva de pecados graves. Puesto que los lazos de caridad entre el comulgante y Cristo son reforzados, la recepción de este sacramento fortalece la unidad de la Iglesia, Cuerpo místico de Cristo.*

1417   *La Iglesia recomienda vivamente a los fieles que reciban la sagrada comunión cada vez que participan en la celebración de la Eucaristía; y les impone la obligación de hacerlo al menos una vez al año.*

1418   *Puesto que Cristo mismo está presente en el Sacramento del Altar, es preciso honrarlo con culto de adoración. "La visita al Santísimo Sacramento es una prueba de gratitud, un signo de amor y un deber de adoración hacia Cristo, nuestro Señor" (MF).*

1419   *Cristo, que pasó de este mundo al Padre, nos da en la Eucaristía la prenda de la gloria que tendremos junto a El: la participación en el Santo Sacrificio nos identifica con su Corazón, sostiene nuestras fuerzas a lo largo del peregrinar de esta vida, nos hace desear la Vida eterna y nos une ya desde ahora a la Iglesia del cielo, a la Santísima Virgen María y a todos los santos.*

CAPITULO SEGUNDO

LOS SACRAMENTOS DE CURACION

1420   Por los sacramentos de la iniciación cristiana, el hombre recibe la vida nueva de Cristo. Ahora bien, esta vida la llevamos en "vasos de barro" (2 Co 4, 7). Actualmente está todavía "escondida con Cristo en Dios" (Col 3, 3). Nos hallamos aún en "nuestra morada terrena" (2 Co 5, 1), sometida al sufrimiento, a la enfermedad y a la muerte. Esta vida nueva de hijo de Dios puede ser debilitada e incluso perdida por el pecado.

1421   El Señor Jesucristo, médico de nuestras almas y de nuestros cuerpos, que perdonó los pecados al paralítico y le devolvió la salud del cuerpo (cf Mc 2, 1-12), quiso que su Iglesia continuase, con la fuerza del Espíritu Santo, su obra de curación y de salvación, incluso en sus propios miembros. Esta es la finalidad de los dos sacramentos de curación: del sacramento de la Penitencia y de la Unción de los enfermos.

Artículo 4   **EL SACRAMENTO DE LA PENITENCIA Y DE LA RECONCILIACION**

980   **1422**   "Los que se acercan al sacramento de la Penitencia obtienen de la misericordia de Dios el perdón de los pecados cometidos contra El y, al mismo tiempo, se reconcilian con la Iglesia, a la que ofendieron con sus pecados. Ella les mueve a conversión con su amor, su ejemplo y sus oraciones" (LG 11).

I   EL NOMBRE DE ESTE SACRAMENTO

1989   **1423**   Se le denomina *sacramento de conversión* porque realiza sacramentalmente la llamada de Jesús a la conversión (cf Mc 1, 15), la vuelta al Padre (cf Lc 15, 18) del que el hombre se había alejado por el pecado.

1440   Se denomina *sacramento de la Penitencia* porque consagra un proceso personal y eclesial de conversión, de arrepentimiento y de reparación por parte del cristiano pecador.

1456   **1424**   Es llamado *sacramento de la confesión* porque la declaración o manifestación, la confesión de los pecados ante el sacerdote, es un elemento esencial de este sacramento. En un sentido profundo este sacramento es también una "confesión", reconocimiento y alabanza de la santidad de Dios y de su misericordia para con el hombre pecador.

1449   Se le llama *sacramento del perdón* porque, por la absolución sacramental del sacerdote, Dios concede al penitente "el perdón y la paz" (OP, fórmula de la absolución).

1442   Se le denomina *sacramento de reconciliación* porque otorga al pecador el amor de Dios que reconcilia: "Dejaos reconciliar con Dios" (2 Co 5, 20). El que vive del amor misericordioso de Dios está pronto a responder a la llamada del Señor: "Ve primero a reconciliarte con tu hermano" (Mt 5, 24).

II   POR QUE UN SACRAMENTO DE LA RECONCILIACION DESPUES DEL BAUTISMO

1263   **1425**   "Habéis sido lavados, habéis sido santificados, habéis sido justificados en el nombre del Señor Jesucristo y por el Espíritu de nuestro Dios" (1 Co 6, 11). Es preciso darse cuenta de la grandeza del don de Dios que se nos hace en los sacramentos de la iniciación cristiana para comprender hasta qué punto el pecado es algo que no cabe en aquel que "se ha revestido de Cristo" (Ga 3, 27). Pero el apóstol S. Juan dice también: "Si decimos: 'no tenemos pecado', nos engañamos y la verdad no está en nosotros" (1 Jn 1, 8). Y el Señor mismo nos enseñó a orar: "Perdona nuestras ofensas" (Lc 11, 4), uniendo el perdón mutuo de nuestras ofensas al perdón que Dios concederá a nuestros pecados.   2838

1426   La *conversión* a Cristo, el nuevo nacimiento por el Bautismo, el don del Espíritu Santo, el Cuerpo y la Sangre de Cristo recibidos como alimento nos han hecho "santos e inmaculados ante él" (Ef 1, 4), como la Iglesia misma, esposa de Cristo, es "santa e inmaculada ante él" (Ef 5, 27). Sin embargo, la vida nueva recibida en la iniciación cristiana no suprimió la fragilidad y la debilidad de la naturaleza humana, ni la inclinación al pecado que la tradición llama *concupiscencia*, y que permanece en los bautizados a   405; 978
fin de que sirva de prueba en ellos en el combate de la vida cristia-   1264
na ayudados por la gracia de Dios (cf DS 1515). Esta lucha es la de la *conversión* con miras a la santidad y la vida eterna a la que el Señor no cesa de llamarnos (cf DS 1545; LG 40).

III   LA CONVERSION DE LOS BAUTIZADOS

1427   Jesús llama a la conversión. Esta llamada es una parte   541
esencial del anuncio del Reino: "El tiempo se ha cumplido y el Reino de Dios está cerca; convertíos y creed en la Buena Nueva" (Mc 1, 15). En la predicación de la Iglesia, esta llamada se dirige primeramente a los que no conocen todavía a Cristo y su Evangelio. Así, el Bautismo es el lugar principal de la conversión primera y fundamental. Por la fe en la Buena Nueva y por el Bautismo (cf   1226
Hch 2, 38) se renuncia al mal y se alcanza la salvación, es decir, la remisión de todos los pecados y el don de la vida nueva.

1428   Ahora bien, la llamada de Cristo a la conversión sigue resonando en la vida de los cristianos. Esta *segunda conversión* es   1036
una tarea ininterrumpida para toda la Iglesia que "recibe en su propio seno a los pecadores" y que siendo "santa al mismo tiempo que necesitada de purificación constante, busca sin cesar la penitencia y la renovación" (LG 8). Este esfuerzo de conversión no es   853
sólo una obra humana. Es el movimiento del "corazón contrito" (Sal 51, 19), atraído y movido por la gracia (cf Jn 6, 44; 12, 32) a   1996
responder al amor misericordioso de Dios que nos ha amado primero (cf 1 Jn 4, 10).

1429   De ello da testimonio la conversión de S. Pedro tras la triple negación de su Maestro. La mirada de infinita misericordia de Jesús provoca las lágrimas del arrepentimiento (Lc 22, 61) y, tras la resurrección del Señor, la triple afirmación de su amor hacia él (cf Jn 21, 15-17). La segunda conversión tiene también una dimensión *comunitaria*. Esto aparece en la llamada del Señor a toda la Iglesia: "¡Arrepiéntete!" (Ap 2, 5.16).

> S. Ambrosio dice acerca de las dos conversiones que, en la Iglesia, "existen el agua y las lágrimas: el agua del Bautismo y las lágrimas de la Penitencia" (ep. 41, 12).

IV   LA PENITENCIA INTERIOR

1430   Como ya en los profetas, la llamada de Jesús a la conversión y a la penitencia no mira, en primer lugar, a las obras exteriores "el saco y la ceniza", los ayunos y las mortificaciones, sino a *la conversión del corazón, la penitencia interior*. Sin ella, las obras de penitencia permanecen estériles y engañosas; por el contrario, la conversión interior impulsa a la expresión de esta actitud por medio de signos visibles, gestos y obras de penitencia (cf Jl 2, 12-13; Is 1, 16-17; Mt 6, 1-6.16-18).

1098

1431   La penitencia interior es una reorientación radical de toda la vida, un retorno, una conversión a Dios con todo nuestro corazón, una ruptura con el pecado, una aversión del mal, con repugnancia hacia las malas acciones que hemos cometido. Al mismo tiempo, comprende el deseo y la resolución de cambiar de vida con la esperanza de la misericordia divina y la confianza en la ayuda de su gracia. Esta conversión del corazón va acompañada de dolor y tristeza saludables que los Padres llamaron *"animi cruciatus"* (aflicción del espíritu), *"compunctio cordis"* (arrepentimiento del corazón) (cf Cc. de Trento: DS 1676-1678; 1705; Catech. R. 2, 5, 4).

1451

368

1432   El corazón del hombre es rudo y endurecido. Es preciso que Dios dé al hombre un corazón nuevo (cf Ez 36, 26-27). La conversión es primeramente una obra de la gracia de Dios que hace volver a él nuestros corazones: "Conviértenos, Señor, y nos convertiremos" (Lc 5, 21). Dios es quien nos da la fuerza para comenzar de nuevo. Al descubrir la grandeza del amor de Dios, nuestro corazón se estremece ante el horror y el peso del pecado y comienza a temer ofender a Dios por el pecado y verse separado de él. El corazón humano se convierte mirando al que nuestros pecados traspasaron (cf Jn 19, 37; Za 12, 10).

1989

> Tengamos los ojos fijos en la sangre de Cristo y comprendamos cuán preciosa es a su Padre, porque, habiendo sido derramada para nuestra salvación, ha conseguido para el mundo entero la gracia del arrepentimiento (S. Clem. Rom. Cor 7, 4).

1433 Después de Pascua, el Espíritu Santo "convence al mundo en lo referente al pecado" (Jn 16, 8-9), a saber, que el mundo no ha creído en el que el Padre ha enviado. Pero este mismo Espíritu, que desvela el pecado, es el Consolador (cf Jn 15, 26) que da al corazón del hombre la gracia del arrepentimiento y de la conversión (cf Hch 2, 36-38; Juan Pablo II, DeV 27-48).

729

692; 1848

V DIVERSAS FORMAS DE PENITENCIA EN LA VIDA CRISTIANA

1434 La penitencia interior del cristiano puede tener expresiones muy variadas. La Escritura y los Padres insisten sobre todo en tres formas: *el ayuno, la oración, la limosna* (cf Tb 12, 8; Mt 6, 1-18), que expresan la conversión con relación a sí mismo, con relación a Dios y con relación a los demás. Junto a la purificación radical operada por el Bautismo o por el martirio, citan, como medio de obtener el perdón de los pecados, los esfuerzos realizados para reconciliarse con el prójimo, las lágrimas de penitencia, la preocupación por la salvación del prójimo (cf St 5, 20), la intercesión de los santos y la práctica de la caridad "que cubre multitud de pecados" (1 P 4, 8).

1969

1435 La conversión se realiza en la vida cotidiana mediante gestos de reconciliación, la atención a los pobres, el ejercicio y la defensa de la justicia y del derecho (cf Am 5, 24; Is 1, 17), por el reconocimiento de nuestras faltas ante los hermanos, la corrección fraterna, la revisión de vida, el examen de conciencia, la dirección espiritual, la aceptación de los sufrimientos, el padecer la persecución a causa de la justicia. Tomar la cruz cada día y seguir a Jesús es el camino más seguro de la penitencia (cf Lc 9, 23).

1436 *Eucaristía y Penitencia.* La conversión y la penitencia diarias encuentran su fuente y su alimento en la Eucaristía, pues en ella se hace presente el sacrificio de Cristo que nos reconcilió con Dios; por ella son alimentados y fortificados los que viven de la vida de Cristo; "es el antídoto que nos libera de nuestras faltas cotidianas y nos preserva de pecados mortales" (Cc. de Trento: DS 1638).

1394

1437 La lectura de la Sagrada Escritura, la oración de la Liturgia de las Horas y del Padre Nuestro, todo acto sincero de culto o de piedad reaviva en nosotros el espíritu de conversión y de penitencia y contribuye al perdón de nuestros pecados.

1438 *Los tiempos y los días de penitencia* a lo largo del año litúrgico (el tiempo de Cuaresma, cada viernes en memoria de la muerte del Señor) son momentos fuertes de la práctica penitencial de la Iglesia (cf SC 109-110; CIC can. 1249-1253; CCEO 880-883). Estos tiempos son particularmente apropiados para los ejercicios espirituales, las liturgias peni-

540

tenciales, las peregrinaciones como signo de penitencia, las privaciones
2043   voluntarias como el ayuno y la limosna, la comunicación cristiana de bienes (obras caritativas y misioneras).

1439   *El proceso de la conversión y de la penitencia* fue descrito maravillosamente por Jesús en la parábola llamada "del hijo pródigo", cuyo
545   centro es "el padre misericordioso" (Lc 15, 11-24): la fascinación de una libertad ilusoria, el abandono de la casa paterna; la miseria extrema en que el hijo se encuentra tras haber dilapidado su fortuna; la humillación profunda de verse obligado a apacentar cerdos, y peor aún, la de desear alimentarse de las algarrobas que comían los cerdos; la reflexión sobre los bienes perdidos; el arrepentimiento y la decisión de declararse culpable ante su padre, el camino del retorno; la acogida generosa del padre; la alegría del padre: todos éstos son rasgos propios del proceso de conversión. El mejor vestido, el anillo y el banquete de fiesta son símbolos de esta vida nueva, pura, digna, llena de alegría que es la vida del hombre que vuelve a Dios y al seno de su familia, que es la Iglesia. Sólo el corazón de Cristo que conoce las profundidades del amor de su Padre, pudo revelarnos el abismo de su misericordia de una manera tan llena de simplicidad y de belleza.

VI   EL SACRAMENTO DE LA PENITENCIA
       Y DE LA RECONCILIACION

1850   **1440**   El pecado es, ante todo, ofensa a Dios, ruptura de la comunión con El. Al mismo tiempo, atenta contra la comunión con la Iglesia. Por eso la conversión implica a la vez el perdón de Dios y la reconciliación con la Iglesia, que es lo que expresa y realiza litúrgicamente el sacramento de la Penitencia y de la Reconciliación (cf LG 11).

Sólo Dios perdona el pecado

270; 431   **1441**   Sólo Dios perdona los pecados (cf Mc 2, 7). Porque Jesús es el Hijo de Dios, dice de sí mismo: "El Hijo del hombre tiene poder de perdonar los pecados en la tierra" (Mc 2, 10) y ejerce ese po-
589   der divino: "Tus pecados están perdonados" (Mc 2, 5; Lc 7, 48). Más aún, en virtud de su autoridad divina, Jesús confiere este poder a los hombres (cf Jn 20, 21-23) para que lo ejerzan en su nombre.

1442   Cristo quiso que toda su Iglesia, tanto en su oración como en su vida y su obra, fuera el signo y el instrumento del perdón y de la reconciliación que nos adquirió al precio de su sangre. Sin
983   embargo, confió el ejercicio del poder de absolución al ministerio apostólico, que está encargado del "ministerio de la reconciliación" (2 Co 5, 18). El apóstol es enviado "en nombre de Cristo", y "es Dios mismo" quien, a través de él, exhorta y suplica: "Dejaos reconciliar con Dios" (2 Co 5, 20).

Reconciliación con la Iglesia

1443 Durante su vida pública, Jesús no sólo perdonó los pecados, también manifestó el efecto de este perdón: a los pecadores que son perdonados los vuelve a integrar en la comunidad del pueblo de Dios, de donde el pecado los había alejado o incluso excluido. Un signo manifiesto de ello es el hecho de que Jesús admite a los pecadores a su mesa, más aún, El mismo se sienta a su mesa, gesto que expresa de manera conmovedora, a la vez, el perdón de Dios (cf Lc 15) y el retorno al seno del pueblo de Dios (cf Lc 19, 9).

545

1444 Al hacer partícipes a los apóstoles de su propio poder de perdonar los pecados, el Señor les da también la autoridad de reconciliar a los pecadores con la Iglesia. Esta dimensión eclesial de su tarea se expresa particularmente en las palabras solemnes de Cristo a Simón Pedro: "A ti te daré las llaves del Reino de los cielos; y lo que ates en la tierra quedará atado en los cielos, y lo que desates en la tierra quedará desatado en los cielos" (Mt 16, 19). "Está claro que también el Colegio de los Apóstoles, unido a su Cabeza (cf Mt 18, 18; 28, 16-20), recibió la función de atar y desatar dada a Pedro (cf Mt 16, 19)" (LG 22).

981

1445 Las palabras *atar y desatar* significan: aquel a quien excluyáis de vuestra comunión, será excluido de la comunión con Dios; aquel a quien recibáis de nuevo en vuestra comunión, Dios lo acogerá también en la suya. *La reconciliación con la Iglesia es inseparable de la reconciliación con Dios.*

553

El sacramento del perdón

1446 Cristo instituyó el sacramento de la Penitencia en favor de todos los miembros pecadores de su Iglesia, ante todo para los que, después del Bautismo, hayan caído en el pecado grave y así hayan perdido la gracia bautismal y lesionado la comunión eclesial. El sacramento de la Penitencia ofrece a éstos una nueva posibilidad de convertirse y de recuperar la gracia de la justificación. Los Padres de la Iglesia presentan este sacramento como "la segunda tabla (de salvación) después del naufragio que es la pérdida de la gracia" (Tertuliano, paen. 4, 2; cf Cc. de Trento: DS 1542).

979

1856

1990

1447 A lo largo de los siglos la forma concreta, según la cual la Iglesia ha ejercido este poder recibido del Señor ha variado mucho. Durante los primeros siglos, la reconciliación de los cristianos que habían cometido pecados particularmente graves después de su Bautismo (por ejemplo, idolatría, homicidio o adulterio), estaba vinculada a una disciplina muy rigurosa, según la cual los penitentes debían hacer penitencia pública por sus pecados, a menudo, durante largos años, antes de recibir la reconciliación. A este "orden de los penitentes" (que sólo concernía a ciertos pecados graves) sólo se era admitido raramente y, en ciertas regiones, una sola vez en la vida. Durante el siglo VII, los misioneros irlandeses, inspirados en la tradición monástica de Oriente, trajeron a Europa continental la práctica "privada" de la Penitencia, que no exigía la realización pública y prolongada de obras de penitencia antes de recibir la reconciliación con la Iglesia. El sacramento se realiza desde entonces de una manera más secreta entre el penitente y el sacerdote. Esta nueva práctica preveía la posibilidad de la reiteración del sacramento y abría así el camino a una recepción regular del mismo. Permitía integrar en una sola celebración sacramental el perdón de los pecados graves y de los pecados veniales. A grandes líneas, ésta es la forma de penitencia que la Iglesia practica hasta nuestros días.

1448 A través de los cambios que la disciplina y la celebración de este sacramento han experimentado a lo largo de los siglos, se descubre una misma *estructura fundamental*. Comprende dos elementos igualmente esenciales: por una parte, los actos del hombre que se convierte bajo la acción del Espíritu Santo, a saber, la contrición, la confesión de los pecados y la satisfacción; y por otra parte, la acción de Dios por *ministerio de la Iglesia*. Por medio del obispo y de sus presbíteros, la Iglesia en nombre de Jesucristo concede el perdón de los pecados, determina la modalidad de la satisfacción, ora también por el pecador y hace penitencia con él. Así el pecador es curado y restablecido en la comunión eclesial.

1481
1449 La fórmula de absolución en uso en la Iglesia latina expresa el elemento esencial de este sacramento: el Padre de la misericordia es la fuente de todo perdón. Realiza la reconciliación de los pecadores por la Pascua de su Hijo y el don de su Espíritu, a través de la oracion y el ministerio de la Iglesia:

234

> Dios, Padre misericordioso, que reconcilió consigo al mundo por la muerte y la resurrección de su Hijo y derramó el Espíritu Santo para la remisión de los pecados, te conceda, por el ministerio de la Iglesia, el perdón y la paz. Y yo te absuelvo de tus pecados en el nombre del Padre y del Hijo y del Espíritu Santo (OP 102).

VII   LOS ACTOS DEL PENITENTE

1450 "La penitencia mueve al pecador a sufrir todo voluntariamente; en su corazón, contrición; en la boca, confesión; en la obra, toda humildad y fructífera satisfacción" (Catech. R. 2, 5, 21; cf Cc. de Trento: DS 1673).

La contrición

1451 Entre los actos del penitente, la contrición aparece en primer lugar. Es "un dolor del alma y una detestación del pecado cometido con la resolución de no volver a pecar" (Cc. de Trento: DS 1676).   431

1452 Cuando brota del amor de Dios amado sobre todas las cosas, la contrición se llama "contrición perfecta"(contrición de caridad). Semejante contrición perdona las faltas veniales; obtiene también el perdón de los pecados mortales si comprende la firme resolución de recurrir tan pronto sea posible a la confesión sacramental (cf Cc. de Trento: DS 1677).   1822

1453 La contrición llamada "imperfecta" (o "atrición") es también un don de Dios, un impulso del Espíritu Santo. Nace de la consideración de la fealdad del pecado o del temor de la condenación eterna y de las demás penas con que es amenazado el pecador. Tal conmoción de la conciencia puede ser el comienzo de una evolución interior que culmina, bajo la acción de la gracia, en la absolución sacramental. Sin embargo, por sí misma la contrición imperfecta no alcanza el perdón de los pecados graves, pero dispone a obtenerlo en el sacramento de la Penitencia (cf Cc. de Trento: DS 1678, 1705).

1454 Conviene preparar la recepción de este sacramento mediante un *examen de conciencia* hecho a la luz de la Palabra de Dios. Los textos más adaptados a este respecto se encuentran en la catequesis moral de los Evangelios y de las Cartas de los apóstoles: Sermón de la montaña y enseñanzas apostólicas (cf Rm 12-15; 1 Co 12-13; Ga 5; Ef 4-6).

La confesión de los pecados

1455 La confesión de los pecados, incluso desde un punto de vista simplemente humano, nos libera y facilita nuestra reconciliación con los demás. Por la confesión, el hombre se enfrenta a los pecados de que se siente culpable; asume su responsabilidad y, por ello, se abre de nuevo a Dios y a la comunión de la Iglesia con el fin de hacer posible un nuevo futuro.   1424   1734

1456 La confesión de los pecados hecha al sacerdote constituye una parte esencial del sacramento de la penitencia: "En la confesión, los penitentes deben enumerar todos los pecados mortales de que tienen conciencia tras haberse examinado seriamente, incluso si estos pecados son muy secretos y si han sido cometidos solamente contra los dos últimos mandamientos del Decálogo (cf Ex 20, 17; Mt 5, 28), pues, a veces, estos pecados hieren más grave-   1855 mente el alma y son más peligrosos que los que han sido cometidos a la vista de todos" (Cc. de Trento: DS 1680):

1505 Cuando los fieles de Cristo se esfuerzan por confesar todos los pecados que recuerdan, no se puede dudar que están presentando ante la misericordia divina para su perdón todos los pecados que han cometido. Quienes actúan de otro modo y callan conscientemente algunos pecados, no están presentando ante la bondad divina nada que pueda ser perdonado por mediación del sacerdote. Porque 'si el enfermo se avergüenza de descubrir su llaga al médico, la medicina no cura lo que ignora' (S. Jerónimo, Eccl. 10, 11) (Cc. de Trento: DS 1680).

2042 **1457** Según el mandamiento de la Iglesia "todo fiel llegado a la edad del uso de razón debe confesar al menos una vez al año, los pecados graves de que tiene conciencia" (CIC can. 989; cf DS 1683; 1708). "Quien tenga conciencia de hallarse en pecado grave que no celebre la misa ni
1385 comulgue el Cuerpo del Señor sin acudir antes a la confesión sacramental a no ser que concurra un motivo grave y no haya posibilidad de confesarse; y, en este caso, tenga presente que está obligado a hacer un acto de contrición perfecta, que incluye el propósito de confesarse cuanto antes" (CIC can. 916; cf Cc. de Trento: DS 1647; 1661; CCEO can. 711). Los niños deben acceder al sacramento de la Penitencia antes de recibir por primera vez la Sagrada Comunión (cf CIC can. 914).

1783 **1458** Sin ser estrictamente necesaria, la confesión de los pecados veniales, sin embargo, se recomienda vivamente por la Iglesia (cf Cc. de Trento: DS 1680; CIC 988, 2). En efecto, la confesión habitual de los pecados veniales ayuda a formar la conciencia, a luchar contra las malas inclinaciones, a dejarse curar por Cristo, a progresar en la vida del Espíritu. Cuando se recibe con frecuencia, mediante este sacramento, el don de la misericordia del Padre, el creyente se ve impulsado a ser él también misericordioso (cf Lc 6, 36):

2468 El que confiesa sus pecados actúa ya con Dios. Dios acusa tus pecados, si tú también te acusas, te unes a Dios. El hombre y el pecador, son por así decirlo, dos realidades: cuando oyes hablar del hombre, es Dios quien lo ha hecho; cuando oyes hablar del pecador, es el hombre mismo quien lo ha hecho. Destruye lo que tú has hecho para que Dios salve lo que Él ha hecho... Cuando comienzas a detestar lo que has hecho, entonces tus obras buenas comienzan porque reconoces tus obras malas. El comienzo de las obras buenas es la confesión de las obras malas. Haces la verdad y vienes a la Luz (S. Agustín, ev. Jo. 12, 13).

La satisfacción

2412
2487 **1459** Muchos pecados causan daño al prójimo. Es preciso hacer lo posible para repararlo (por ejemplo, restituir las cosas robadas, restablecer la reputación del que ha sido calumniado, compensar las heridas). La simple justicia exige esto. Pero además el pecado

hiere y debilita al pecador mismo, así como sus relaciones con Dios y con el prójimo. La absolución quita el pecado, pero no remedia todos los desórdenes que el pecado causó (cf Cc. de Trento: DS 1712). Liberado del pecado, el pecador debe todavía recobrar la plena salud espiritual. Por tanto, debe hacer algo más para reparar sus pecados: debe "satisfacer" de manera apropiada o "expiar" sus pecados. Esta satisfacción se llama también "penitencia".

1473

1460 La *penitencia* que el confesor impone debe tener en cuenta la situación personal del penitente y buscar su bien espiritual. Debe corresponder todo lo posible a la gravedad y a la naturaleza de los pecados cometidos. Puede consistir en la oración, en ofrendas, en obras de misericordia, servicios al prójimo, privaciones voluntarias, sacrificios, y sobre todo, la aceptación paciente de la cruz que debemos llevar. Tales penitencias ayudan a configurarnos con Cristo que, el Unico, expió nuestros pecados (cf Rm 3, 25; 1 Jn 2, 1-2) una vez por todas. Nos permiten llegar a ser coherederos de Cristo resucitado, "ya que sufrimos con él" (Rm 8, 17; cf Cc. de Trento: DS 1690):

2447

618

> Pero nuestra satisfacción, la que realizamos por nuestros pecados, sólo es posible por medio de Jesucristo: nosotros que, por nosotros mismos, no podemos nada, con la ayuda "del que nos fortalece, lo podemos todo" (Flp 4, 13). Así el hombre no tiene nada de que pueda gloriarse sino que toda "nuestra gloria" está en Cristo... en quien nos satisfacemos "dando frutos dignos de penitencia" (Lc 3, 8) que reciben su fuerza de El, por El son ofrecidos al Padre y gracias a El son aceptados por el Padre (Cc. de Trento: DS 1691).

2011

VIII   EL MINISTRO DE ESTE SACRAMENTO

1461 Puesto que Cristo confió a sus apóstoles el ministerio de la reconciliación (cf Jn 20, 23; 2 Co 5, 18), los obispos, sus sucesores, y los presbíteros, colaboradores de los obispos, continúan ejerciendo este ministerio. En efecto, los obispos y los presbíteros, en virtud del sacramento del Orden, tienen el poder de perdonar todos los pecados "en el nombre del Padre y del Hijo y del Espíritu Santo".

981

1462 El perdón de los pecados reconcilia con Dios y también con la Iglesia. El obispo, cabeza visible de la Iglesia particular, es considerado, por tanto, con justo título, desde los tiempos antiguos como el que tiene principalmente el poder y el ministerio de la reconciliación: es el moderador de la disciplina penitencial (LG 26). Los presbíteros, sus colaboradores, lo ejercen en la medida en que han recibido la tarea de administrarlo sea de su obispo (o de un superior religioso), sea del Papa, a través del derecho de la Iglesia (cf CIC can. 844; 967-969, 972; CCEO can. 722, 3-4).

886

1567

1463   Ciertos pecados particularmente graves están sancionados con la excomunión, la pena eclesiástica más severa, que impide la recepción de los sacramentos y el ejercicio de ciertos actos eclesiásticos, y cuya absolución, por consiguiente, sólo puede ser concedida, según el derecho de la Iglesia, al Papa, al obispo del lugar, o a sacerdotes autorizados por ellos (cf CIC can. 1331; 1354-1357; CCEO can. 1431; 1434; 1420). En caso de peligro de muerte, todo sacerdote, incluso privado de la facultad de oír confesiones, puede absolver de cualquier pecado (cf CIC can. 976; CCEO can. 725) y de toda excomunión.

982

1464   Los sacerdotes deben alentar a los fieles a acceder al sacramento de la Penitencia y deben mostrarse disponibles a celebrar este sacramento cada vez que los cristianos lo pidan de manera razonable (cf CIC can. 986; CCEO can. 735; PO 13).

1465   Cuando celebra el sacramento de la Penitencia, el sacerdote ejerce el ministerio del Buen Pastor que busca la oveja perdida, el del Buen Samaritano que cura las heridas, del Padre que espera al Hijo pródigo y lo acoge a su vuelta, del justo Juez que no hace acepción de personas y cuyo juicio es a la vez justo y misericordioso. En una palabra, el sacerdote es el signo y el instrumento del amor misericordioso de Dios con el pecador.

983

1551

2690

1466   El confesor no es dueño, sino el servidor del perdón de Dios. El ministro de este sacramento debe unirse a la intención y a la caridad de Cristo (cf PO 13). Debe tener un conocimiento probado del comportamiento cristiano, experiencia de las cosas humanas, respeto y delicadeza con el que ha caído; debe amar la verdad, ser fiel al magisterio de la Iglesia y conducir al penitente con paciencia hacia la curación y su plena madurez. Debe orar y hacer penitencia por él confiándolo a la misericordia del Señor.

2490

1467   Dada la delicadeza y la grandeza de este ministerio y el respeto debido a las personas, la Iglesia declara que todo sacerdote que oye confesiones está obligado a guardar un secreto absoluto sobre los pecados que sus penitentes le han confesado, bajo penas muy severas (cf CIC can. 1388, 1; CCEO can. 1456). Tampoco puede hacer uso de los conocimientos que la confesión le da sobre la vida de los penitentes. Este secreto, que no admite excepción, se llama "sigilo sacramental", porque lo que el penitente ha manifestado al sacerdote queda "sellado" por el sacramento.

IX   LOS EFECTOS DE ESTE SACRAMENTO

1468   "Toda la virtud de la penitencia reside en que nos restituye a la gracia de Dios y nos une con El con profunda amistad" (Catech. R. 2, 5, 18). El fin y el efecto de este sacramento son, pues, *la reconciliación con Dios*. En los que reciben el sacramento de la Penitencia con un corazón contrito y con una disposición religiosa, "tiene como resultado la paz y la tranquilidad de la conciencia, a las que acompaña un profundo consuelo espiritual" (Cc. de Trento: DS 1674). En efecto, el sacramento de la reconciliación con Dios produce una verdadera "resurrección espiritual", una restitución de la dignidad y de los bienes de la vida de los hijos de Dios, el más precioso de los cuales es la amistad de Dios (Lc 15, 32). *2305*

1469 Este sacramento *reconcilia con la Iglesia al penitente*. El pecado menoscaba o rompe la comunión fraterna. El sacramento de la Penitencia la repara o la restaura. En este sentido, no cura solamente al que se reintegra en la comunión eclesial, tiene también un efecto vivificante sobre la vida de la Iglesia que ha sufrido por el pecado de uno de sus miembros (cf 1 Co 12, 26). Restablecido o afirmado en la comunión de los santos, el pecador es fortalecido por el intercambio de los bienes espirituales entre todos los miembros vivos del Cuerpo de Cristo, estén todavía en situación de peregrinos o que se hallen ya en la patria celestial (cf LG 48-50): *953 949*

> Pero hay que añadir que tal reconciliación con Dios tiene como consecuencia, por así decir, otras reconciliaciones que reparan las rupturas causadas por el pecado: el penitente perdonado se reconcilia consigo mismo en el fondo más íntimo de su propio ser, en el que recupera la propia verdad interior; se reconcilia con los hermanos, agredidos y lesionados por él de algún modo; se reconcilia con la Iglesia, se reconcilia con toda la creación (RP 31).

1470 En este sacramento, el pecador, confiándose al juicio misericordioso de Dios, *anticipa* en cierta manera *el juicio* al que será sometido al fin de esta vida terrena. Porque es ahora, en esta vida, cuando nos es ofrecida la elección entre la vida y la muerte, y sólo por el camino de la conversión podemos entrar en el Reino del que el pecado grave nos aparta (cf 1 Co 5, 11; Ga 5, 19-21; Ap 22, 15). Convirtiéndose a Cristo por la penitencia y la fe, el pecador pasa de la muerte a la vida "y no incurre en juicio" (Jn 5, 24). *678; 1039*

X   LAS INDULGENCIAS

1471 La doctrina y la práctica de las indulgencias en la Iglesia están estrechamente ligadas a los efectos del sacramento de la Penitencia.

Qué son las indulgencias

"La indulgencia es la remisión ante Dios de la pena temporal por los pecados, ya perdonados, en cuanto a la culpa, que un fiel dispuesto y cumpliendo determinadas condiciones consigue por mediación de la

Iglesia, la cual, como administradora de la redención, distribuye y aplica con autoridad el tesoro de las satisfacciones de Cristo y de los santos."

"La indulgencia es parcial o plenaria según libere de la pena temporal debida por los pecados en parte o totalmente."

"Todo fiel puede lucrar para sí mismo o aplicar por los difuntos, a manera de sufragio, las indulgencias tanto parciales como plenarias" (CIC, can. 992-994).

Las penas del pecado

1472 Para entender esta doctrina y esta práctica de la Iglesia es preciso recordar que el pecado *tiene una doble consecuencia.* El pecado grave nos priva de la comunión con Dios y por ello nos hace incapaces de la vida eterna, cuya privación se llama la "pena eterna" del pecado. Por otra parte, todo pecado, incluso venial, entraña apego desordenado a las criaturas que tienen necesidad de purificación, sea aquí abajo, sea después de la muerte, en el estado que se llama Purgatorio. Esta purificación libera de lo que se llama la "pena temporal" del pecado. Estas dos penas no deben ser concebidas como una especie de venganza, infligida por Dios desde el exterior, sino como algo que brota de la naturaleza misma del pecado. Una conversión que procede de una ferviente caridad puede llegar a la total purificación del pecador, de modo que no subsistiría ninguna pena (cf Cc. de Trento: DS 1712-1713; 1820).

1473 El perdón del pecado y la restauración de la comunión con Dios entrañan la remisión de las penas eternas del pecado. Pero las penas temporales del pecado permanecen. El cristiano debe esforzarse, soportando pacientemente los sufrimientos y las pruebas de toda clase y, llegado el día, enfrentándose serenamente con la muerte, por aceptar como una gracia estas penas temporales del pecado; debe aplicarse, tanto mediante las obras de misericordia y de caridad, como mediante la oración y las distintas prácticas de penitencia, a despojarse completamente del "hombre viejo" y a revestirse del "hombre nuevo" (cf Ef 4, 24).

En la comunión de los santos

1474 El cristiano que quiere purificarse de su pecado y santificarse con ayuda de la gracia de Dios no se encuentra sólo. "La vida de cada uno de los hijos de Dios está ligada de una manera admirable, en Cristo y por Cristo, con la vida de todos los otros hermanos cristianos, en la unidad sobrenatural del Cuerpo místico de Cristo, como en una persona mística" (Pablo VI, const. ap. "Indulgentiarum doctrina", 5).

1475 En la comunión de los santos, por consiguiente, "existe entre los fieles –tanto entre quienes ya son bienaventurados como entre los que expían en el purgatorio o los que peregrinan todavía en la tierra– un constante vínculo de amor y un abundante intercambio de todos los bienes" (Pablo VI, ibíd.). En este intercambio admirable, la santidad de uno aprovecha a los otros, más allá del daño que el pecado de uno pudo causar a los demás. Así, el recurso a la comunión de los santos permite al pecador contrito estar antes y más eficazmente purificado de las penas del pecado.

(Márgenes: 1861, 1031, 2447, 946-959, 795)

1476 Estos bienes espirituales de la comunión de los santos, los llamamos también el *tesoro de la Iglesia*, "que no es suma de bienes, como lo son las riquezas materiales acumuladas en el transcurso de los siglos, sino que es el valor infinito e inagotable que tienen ante Dios las expiaciones y los méritos de Cristo nuestro Señor, ofrecidos para que la humanidad quedara libre del pecado y llegase a la comunión con el Padre. Sólo en Cristo, Redentor nuestro, se encuentran en abundancia las satisfacciones y los méritos de su redención (cf Hb 7, 23-25; 9, 11-28)" (Pablo VI, const. ap. "Indulgentiarum doctrina", ibíd.). 617

1477 "Pertenecen igualmente a este tesoro el precio verdaderamente inmenso, inconmensurable y siempre nuevo que tienen ante Dios las oraciones y las buenas obras de la Bienaventurada Virgen María y de todos los santos que se santificaron por la gracia de Cristo, siguiendo sus pasos, y realizaron una obra agradable al Padre, de manera que, trabajando en su propia salvación, cooperaron igualmente a la salvación de sus hermanos en la unidad del Cuerpo místico" (Pablo VI, ibíd.). 969

Obtener la indulgencia de Dios por medio de la Iglesia

1478 Las indulgencias se obtienen por la Iglesia que, en virtud del poder de atar y desatar que le fue concedido por Cristo Jesús, interviene en favor de un cristiano y le abre el tesoro de los méritos de Cristo y de los santos para obtener del Padre de la misericordia la remisión de las penas temporales debidas por sus pecados. Por eso la Iglesia no quiere solamente acudir en ayuda de este cristiano, sino también impulsarlo a hacer obras de piedad, de penitencia y de caridad (cf Pablo VI, ibíd. 8; Cc. de Trento: DS 1835). 981

1479 Puesto que los fieles difuntos en vía de purificación son también miembros de la misma comunión de los santos, podemos ayudarles, entre otras formas, obteniendo para ellos indulgencias, de manera que se vean libres de las penas temporales debidas por sus pecados. 1032

XI LA CELEBRACION DEL SACRAMENTO
DE LA PENITENCIA

1480 Como todos los sacramentos, la Penitencia es una acción litúrgica. Ordinariamente los elementos de su celebración son: saludo y bendición del sacerdote, lectura de la Palabra de Dios para iluminar la conciencia y suscitar la contrición, y exhortación al arrepentimiento; la confesión que reconoce los pecados y los manifiesta al sacerdote; la imposición y la aceptación de la penitencia; la absolución del sacerdote; alabanza de acción de gracias y despedida con la bendición del sacerdote.

1481 La liturgia bizantina posee expresiones diversas de absolución, en forma deprecativa, que expresan admirablemente el misterio del perdón: "Que el Dios que por el profeta Natán perdonó a David cuando confesó sus pecados, y a Pedro cuando lloró amargamente y a la pecadora 1449 cuando derramó lágrimas sobre sus pies, y al fariseo, y al pródigo, que este mismo Dios, por medio de mí, pecador, os perdone en esta vida y en la otra y que os haga comparecer sin condenaros en su temible tribunal. El que es bendito por los siglos de los siglos. Amén".

1482 El sacramento de la Penitencia puede también celebrarse en el marco de una *celebración comunitaria*, en la que los penitentes se preparan a la confesión y juntos dan gracias por el perdón recibido. Así la confesión personal de los pecados y la absolución individual están insertadas en una liturgia de la Palabra de Dios, con lecturas y homilía, examen de conciencia dirigido en común, petición comunitaria del perdón, rezo del Padre Nuestro y acción de gracias en común. Esta celebración comunitaria expresa más claramente el carácter eclesial de la penitencia. En todo caso, cualquiera que sea la manera de su celebración, el sacramento de la Penitencia es siempre, por su naturaleza misma, una acción litúrgica, por tanto, eclesial y pública (cf SC 26-27).

1140

1401

1483 En casos de necesidad grave se puede recurrir a la *celebración comunitaria de la reconciliación con confesión general y absolución general*. Semejante necesidad grave puede presentarse cuando hay un peligro inminente de muerte sin que el sacerdote o los sacerdotes tengan tiempo suficiente para oír la confesión de cada penitente. La necesidad grave puede existir también cuando, teniendo en cuenta el número de penitentes, no hay bastantes confesores para oír debidamente las confesiones individuales en un tiempo razonable, de manera que los penitentes, sin culpa suya, se verían privados durante largo tiempo de la gracia sacramental o de la sagrada comunión. En este caso, los fieles deben tener, para la validez de la absolución, el propósito de confesar individualmente sus pecados en su debido tiempo (cf CIC can. 962, 1). Al obispo diocesano corresponde juzgar si existen las condiciones requeridas para la absolución general (cf CIC can. 961, 2). Una gran concurrencia de fieles con ocasión de grandes fiestas o de peregrinaciones no constituyen por su naturaleza ocasión de la referida necesidad grave (cf CIC can. 961, 1).

1484 "La confesión individual e íntegra y la absolución continúan siendo el único modo ordinario para que los fieles se reconcilien con Dios y la Iglesia, a no ser que una imposibilidad física o moral excuse de este modo de confesión" (OP 31). Y esto se establece así por razones profundas. Cristo actúa en cada uno de los sacramentos. Se dirige personalmente a cada uno de los pecadores: "Hijo, tus pecados están perdonados" (Mc 2, 5); es el médico que se inclina sobre cada uno de los enfermos que tienen necesidad de él (cf Mc 2, 17) para curarlos; los restaura y los devuelve a la comunión fraterna. Por tanto, la confesión personal es la forma más significativa de la reconciliación con Dios y con la Iglesia.

878

RESUMEN

1485 *En la tarde de Pascua, el Señor Jesús se mostró a sus apóstoles y les dijo: "Recibid el Espíritu Santo. A quienes* *perdonéis los pecados, les quedan perdonados; a quienes se los retengáis, les quedan retenidos" (Jn 20, 22-23).*

1486 *El perdón de los pecados cometidos después del Bautismo es concedido por un sacramento propio llamado sacramento de la conversión, de la confesión, de la penitencia o de la reconciliación.*

1487 *Quien peca lesiona el honor de Dios y su amor, su propia dignidad de hombre llamado a ser hijo de Dios y el bien espiritual de la Iglesia, de la que cada cristiano debe ser una piedra viva.*

1488 *A los ojos de la fe, ningún mal es más grave que el pecado y nada tiene peores consecuencias para los pecadores mismos, para la Iglesia y para el mundo entero.*

1489 *Volver a la comunión con Dios, después de haberla perdido por el pecado, es un movimiento que nace de la gracia de Dios, rico en misericordia y deseoso de la salvación de los hombres. Es preciso pedir este don precioso para sí mismo y para los demás.*

1490 *El movimiento de retorno a Dios, llamado conversión y arrepentimiento, implica un dolor y una aversión respecto a los pecados cometidos, y el propósito firme de no volver a pecar. La conversión, por tanto, mira al pasado y al futuro; se nutre de la esperanza en la misericordia divina.*

1491 *El sacramento de la Penitencia está constituido por el conjunto de tres actos realizados por el penitente, y por la absolución del sacerdote. Los actos del penitente son: el arrepentimiento, la confesión o manifestación de los pecados al sacerdote y el propósito de realizar la reparación y las obras de penitencia.*

1492 *El arrepentimiento (llamado también contrición) debe estar inspirado en motivaciones que brotan de la fe. Si el arrepentimiento es concebido por amor de caridad hacia Dios, se le llama "perfecto"; si está fundado en otros motivos se le llama "imperfecto".*

1493 *El que quiere obtener la reconciliación con Dios y con la Iglesia debe confesar al sacerdote todos los pecados graves que no ha confesado aún y de los que se acuerda tras examinar cuidadosamente su conciencia. Sin ser necesaria, de suyo, la confesión de las faltas veniales está recomendada vivamente por la Iglesia.*

1494   *El confesor impone al penitente el cumplimiento de cier-*
tos actos de "satisfacción" o de "penitencia", para repa-
rar el daño causado por el pecado y restablecer los hábi-
tos propios del discípulo de Cristo.

1495   *Sólo los sacerdotes que han recibido de la autoridad de la*
Iglesia la facultad de absolver pueden ordinariamente
perdonar los pecados en nombre de Cristo.

1496   *Los efectos espirituales del sacramento de la Penitencia*
son:

— *la reconciliación con Dios por la que el penitente recu-*
pera la gracia;
— *la reconciliación con la Iglesia;*
— *la remisión de la pena eterna contraída por los pecados*
mortales;
— *la remisión, al menos en parte, de las penas temporales,*
consecuencia del pecado;
— *la paz y la serenidad de la conciencia, y el consuelo es-*
piritual;
— *el acrecentamiento de las fuerzas espirituales para el*
combate cristiano.

1497   *La confesión individual e íntegra de los pecados graves*
seguida de la absolución es el único medio ordinario para
la reconciliación con Dios y con la Iglesia.

1498   *Mediante las indulgencias, los fieles pueden alcanzar pa-*
ra sí mismos y también para las almas del Purgatorio la
remisión de las penas temporales, consecuencia de los pe-
cados.

Artículo 5   **LA UNCION DE LOS ENFERMOS**

1499   "Con la sagrada unción de los enfermos y con la oración
de los presbíteros, toda la Iglesia entera encomienda a los enfermos al Señor sufriente y glorificado para que los alivie y los salve.
Incluso los anima a unirse libremente a la pasión y muerte de Cristo; y contribuir, así, al bien del Pueblo de Dios" (LG 11).

I   FUNDAMENTOS EN LA ECONOMIA DE LA SALVACION

La enfermedad en la vida humana

1500   La enfermedad y el sufrimiento se han contado siempre
entre los problemas más graves que aquejan la vida humana. En la

enfermedad, el hombre experimenta su impotencia, sus límites y su finitud. Toda enfermedad puede hacernos entrever la muerte. · 1006

1501 La enfermedad puede conducir a la angustia, al repliegue sobre sí mismo, a veces incluso a la desesperación y a la rebelión contra Dios. Puede también hacer a la persona más madura, ayudarla a discernir en su vida lo que no es esencial para volverse hacia lo que lo es. Con mucha frecuencia, la enfermedad empuja a una búsqueda de Dios, un retorno a El.

El enfermo ante Dios

1502 El hombre del Antiguo Testamento vive la enfermedad de cara a Dios. Ante Dios se lamenta por su enfermedad (cf Sal 38) y de El, que es el Señor de la vida y de la muerte, implora la curación (cf Sal 6, 3; Is 38). La enfermedad se convierte en camino de conversión (cf Sal 38, 5; 39, 9.12) y el perdón de Dios inaugura la curación (cf Sal 32, 5; 107, 20; Mc 2, 5-12). Israel experimenta · 164 que la enfermedad, de una manera misteriosa, se vincula al pecado · 376 y al mal; y que la fidelidad a Dios, según su Ley, devuelve la vida: "Yo, el Señor, soy el que te sana" (Ex 15, 26). El profeta entrevé que el sufrimiento puede tener también un sentido redentor por los pecados de los demás (cf Is 53, 11). Finalmente, Isaías anuncia que Dios hará venir un tiempo para Sión en que perdonará toda falta y curará toda enfermedad (cf Is 33, 24).

Cristo, médico

1503 La compasión de Cristo hacia los enfermos y sus numerosas curaciones de dolientes de toda clase (cf Mt 4, 24) son un signo maravilloso de que "Dios ha visitado a su pueblo" (Lc 7, 16) y · 549 de que el Reino de Dios está muy cerca. Jesús no tiene solamente poder para curar, sino también de perdonar los pecados (cf Mc 2, 5-12): vino a curar al hombre entero, alma y cuerpo; es el médico · 1421 que los enfermos necesitan (cf Mc 2, 17). Su compasión hacia todos los que sufren llega hasta identificarse con ellos: "Estuve enfermo y me visitasteis" (Mt 25, 36). Su amor de predilección para con los enfermos no ha cesado, a lo largo de los siglos, de suscitar la atención muy particular de los cristianos hacia todos los que su- · 2288 fren en su cuerpo y en su alma. Esta atención dio origen a infatigables esfuerzos por aliviar a los que sufren.

1504 A menudo Jesús pide a los enfermos que crean (cf Mc 5, 34.36; 9, 23). Se sirve de signos para curar: saliva e imposición de manos (cf Mc 7, 32-36; 8, 22-25), barro y ablución (cf Jn 9, 6 s).

Los enfermos tratan de tocarlo (cf Mc 1, 41; 3, 10; 6, 56) "pues sa-
695   lía de él una fuerza que los curaba a todos" (Lc 6, 19). Así, en los
1116   sacramentos, Cristo continúa "tocándonos" para sanarnos.

1505   Conmovido por tantos sufrimientos, Cristo no sólo se deja
tocar por los enfermos, sino que hace suyas sus miserias: "El tomó
nuestras flaquezas y cargó con nuestras enfermedades" (Mt 8, 17;
cf Is 53, 4). No curó a todos los enfermos. Sus curaciones eran sig-
440   nos de la venida del Reino de Dios. Anunciaban una curación más
radical: la victoria sobre el pecado y la muerte por su Pascua. En la
Cruz, Cristo tomó sobre sí todo el peso del mal (cf Is 53, 4-6) y
quitó el "pecado del mundo" (Jn 1, 29), del que la enfermedad no
es sino una consecuencia. Por su pasión y su muerte en la Cruz,
Cristo dio un sentido nuevo al sufrimiento: desde entonces éste
307   nos configura con El y nos une a su pasión redentora.

"Sanad a los enfermos..."

1506   Cristo invita a sus discípulos a seguirle tomando a su vez
su cruz (cf Mt 10, 38). Siguiéndole adquieren una nueva visión sobre la enfermedad y sobre los enfermos. Jesús los asocia a su vida
859   pobre y humilde. Les hace participar de su ministerio de compasión y de curación: "Y, yéndose de allí, predicaron que se convir-
tieran; expulsaban a muchos demonios, y ungían con aceite a muchos enfermos y los curaban" (Mc 6, 12-13).

1507   El Señor resucitado renueva este envío ("En mi nombre...
impondrán las manos sobre los enfermos y se pondrán bien", Mc
16, 17-18) y lo confirma con los signos que la Iglesia realiza invocando su nombre (cf Hch 9, 34; 14, 3). Estos signos manifiestan de
430   una manera especial que Jesús es verdaderamente "Dios que salva" (cf Mt 1, 21; Hch 4, 12).

798   **1508**   El Espíritu Santo da a algunos un carisma especial de curación (cf 1 Co 12, 9.28.30) para manifestar la fuerza de la gracia
del Resucitado. Sin embargo, ni siquiera las oraciones más fervo-
rosas obtienen la curación de todas las enfermedades. Así S. Pablo
aprende del Señor que "mi gracia te basta, que mi fuerza se muestra perfecta en la flaqueza" (2 Co 12, 9), y que los sufrimientos
618   que tengo que padecer, tienen como sentido lo siguiente: "completo en mi carne lo que falta a las tribulaciones de Cristo, en favor de
su Cuerpo, que es la Iglesia" (Col 1, 24).

1509   "¡Sanad a los enfermos!" (Mt 10, 8). La Iglesia ha recibido
esta tarea del Señor e intenta realizarla tanto mediante los cuidados
que proporciona a los enfermos como por la oración de intercesión

con la que los acompaña. Cree en la presencia vivificante de Cristo, médico de las almas y de los cuerpos. Esta presencia actúa particularmente a través de los sacramentos, y de manera especial por la Eucaristía, pan que da la vida eterna (cf Jn 6, 54.58) y cuya conexión con la salud corporal insinúa S. Pablo (cf 1 Co 11, 30). 1405

1510 No obstante, la Iglesia apostólica tuvo un rito propio en favor de los enfermos, atestiguado por Santiago: "¿Está enfermo alguno de vosotros? Llame a los presbíteros de la Iglesia, que oren sobre él y le unjan con óleo en el nombre del Señor. Y la oración de la fe salvará al enfermo, y el Señor hará que se levante, y si hubiera cometido pecados, le serán perdonados" (St 5, 14-15). La Tradición ha reconocido en este rito uno de los siete sacramentos 1117 de la Iglesia (cf DS 216; 1324-1325; 1695-1696; 1716-1717).

Un sacramento de los enfermos

1511 La Iglesia cree y confiesa que, entre los siete sacramentos, existe un sacramento especialmente destinado a reconfortar a los atribulados por la enfermedad: la Unción de los enfermos:

> Esta unción santa de los enfermos fue instituida por Cristo nuestro Señor como un sacramento del Nuevo Testamento, verdadero y propiamente dicho, insinuado por Marcos (cf Mc 6, 13), y recomendado a los fieles y promulgado por Santiago, apóstol y hermano del Señor [cf St 5, 14-15] (Cc. de Trento: DS 1695).

1512 En la tradición litúrgica, tanto en Oriente como en Occidente, se poseen desde la antigüedad testimonios de unciones de enfermos practicadas con aceite bendito. En el transcurso de los siglos, la Unción de los enfermos fue conferida, cada vez más exclusivamente, a los que estaban a punto de morir. A causa de esto, había recibido el nombre de "Extremaunción". A pesar de esta evolución, la liturgia nunca dejó de orar al Señor a fin de que el enfermo pudiera recobrar su salud si así convenía a su salvación (cf DS 1696).

1513 La constitución apostólica "Sacram Unctionem infirmorum" del 30 de noviembre de 1972, de conformidad con el Concilio Vaticano II (cf SC 73), estableció que, en adelante, en el rito romano, se observara lo que sigue:

> El sacramento de la Unción de los enfermos se administra a los gravemente enfermos ungiéndolos en la frente y en las manos con aceite de oliva debidamente bendecido o, según las circunstancias, con otro aceite de plantas, y pronunciando una sola vez estas palabras: "Per istam sanctam unctionem et suam piissimam misericordiam adiuvet te Dominus gratia Spiritus Sancti ut a peccatis liberatum te salvet atque propitius allevet" ("Por esta santa unción, y por su bondadosa misericordia te ayude el Señor con la gracia del Espíritu Santo, para que, libre de tus pe-

cados, te conceda la salvación y te conforte en tu enfermedad",
cf CIC, can. 847, 1).

II   QUIEN RECIBE Y QUIEN ADMINISTRA
          ESTE SACRAMENTO

En caso de grave enfermedad...

1514   La Unción de los enfermos "no es un sacramento sólo para aquellos que están a punto de morir. Por eso, se considera tiempo oportuno para recibirlo cuando el fiel empieza a estar en peligro
de muerte por enfermedad o vejez" (SC 73; cf CIC can. 1004, 1;
1005; 1007; CCEO can. 738).

1515   Si un enfermo que recibió la unción recupera la salud,
puede, en caso de nueva enfermedad grave, recibir de nuevo este
sacramento. En el curso de la misma enfermedad, el sacramento
puede ser reiterado si la enfermedad se agrava. Es apropiado recibir la Unción de los enfermos antes de una operación importante.
Y esto mismo puede aplicarse a las personas de edad avanzada cuyas fuerzas se debilitan.

"...llame a los presbíteros de la Iglesia"

1516   Sólo los sacerdotes (obispos y presbíteros) son ministros
de la unción de los enfermos (cf Cc. de Trento: DS 1697; 1719;
CIC can. 1003; CCEO can. 739, 1). Es deber de los pastores instruir a los fieles sobre los beneficios de este sacramento. Los fieles
deben animar a los enfermos a llamar al sacerdote para recibir este
sacramento. Y que los enfermos se preparen para recibirlo en buenas disposiciones, con la ayuda de su pastor y de toda la comunidad eclesial a la cual se invita a acompañar muy especialmente a
los enfermos con sus oraciones y sus atenciones fraternas.

III   LA CELEBRACION DEL SACRAMENTO

1517   Como en todos los sacramentos, la Unción de los enfer-
1140   mos se celebra de forma litúrgica y comunitaria (cf SC 27), que
tiene lugar en familia, en el hospital o en la iglesia, para un solo
enfermo o para un grupo de enfermos. Es muy conveniente que se
celebre dentro de la Eucaristía, memorial de la Pascua del Señor.
Si las circunstancias lo permiten, la celebración del sacramento
puede ir precedida del sacramento de la Penitencia y seguida del

sacramento de la Eucaristía. En cuanto sacramento de la Pascua de Cristo, la Eucaristía debería ser siempre el último sacramento de la peregrinación terrenal, el "viático" para el "paso" a la vida eterna.

1524

1518 Palabra y sacramento forman un todo inseparable. La Liturgia de la Palabra, precedida de un acto de penitencia, abre la celebración. Las palabras de Cristo y el testimonio de los apóstoles suscitan la fe del enfermo y de la comunidad para pedir al Señor la fuerza de su Espíritu.

1519 La celebración del sacramento comprende principalmente estos elementos: "los presbíteros de la Iglesia" (St 5, 14) imponen –en silencio– las manos a los enfermos; oran por los enfermos en la fe de la Iglesia (cf St 5, 15); es la epiclesis propia de este sacramento; luego ungen al enfermo con óleo bendecido, si es posible, por el obispo.

Estas acciones litúrgicas indican la gracia que este sacramento confiere a los enfermos.

IV   EFECTOS DE LA CELEBRACION DE ESTE SACRAMENTO

1520 *Un don particular del Espíritu Santo.* La gracia primera de este sacramento es un gracia de consuelo, de paz y de ánimo para vencer las dificultades propias del estado de enfermedad grave o de la fragilidad de la vejez. Esta gracia es un don del Espíritu Santo que renueva la confianza y la fe en Dios y fortalece contra las tentaciones del maligno, especialmente tentación de desaliento y de angustia ante la muerte (cf Hb 2, 15). Esta asistencia del Señor por la fuerza de su Espíritu quiere conducir al enfermo a la curación del alma, pero también a la del cuerpo, si tal es la voluntad de Dios (cf Cc. de Florencia: DS 1325). Además, "si hubiera cometido pecados, le serán perdonados" (St 5, 15; cf Cc. de Trento: DS 1717).

733

1521 *La unión a la Pasión de Cristo.* Por la gracia de este sacramento, el enfermo recibe la fuerza y el don de unirse más íntimamente a la Pasión de Cristo: en cierta manera es *consagrado* para dar fruto por su configuración con la Pasión redentora del Salvador. El sufrimiento, secuela del pecado original, recibe un sentido nuevo, viene a ser participación en la obra salvífica de Jesús.

1535

1499

1522 *Una gracia eclesial.* Los enfermos que reciben este sacramento, "uniéndose libremente a la pasión y muerte de Cristo, contribuyen al bien del Pueblo de Dios" (LG 11). Cuando celebra este sacramento, la Iglesia, en la comunión de los santos, intercede por

953

el bien del enfermo. Y el enfermo, a su vez, por la gracia de este sacramento, contribuye a la santificación de la Iglesia y al bien de todos los hombres por los que la Iglesia sufre y se ofrece, por Cristo, a Dios Padre.

1020 **1523** *Una preparación para el último tránsito.* Si el sacramento de la Unción de los enfermos es concedido a todos los que sufren enfermedades y dolencias graves, lo es con mayor razón "a los que están a punto de salir de esta vida" ("in exitu viae constituti"; Cc. de Trento: DS 1698), de manera que se la ha llamado también "sacramentum exeuntium" ("sacramento de los que parten", ibíd.). La Unción de los enfermos acaba por conformarnos con la muerte y resurrección de Cristo, como el Bautismo había comenzado a hacerlo.

1294 Es la última de las sagradas unciones que jalonan toda la vida cristiana; la del Bautismo había sellado en nosotros la vida nueva; la de la Confirmación nos había fortalecido para el combate de esta vida. Esta última unción ofrece al término de nuestra vida terrena un escudo para defenderse en los últimos combates y entrar en la Casa del Padre (cf ibíd.: DS 1694).

1020

El Viático, último sacramento del cristiano

1392 **1524** A los que van a dejar esta vida, la Iglesia ofrece, además de la Unción de los enfermos, la Eucaristía como viático. Recibida en este momento del paso hacia el Padre, la Comunión del Cuerpo y la Sangre de Cristo tiene una significación y una importancia particulares. Es semilla de vida eterna y poder de resurrección, según las palabras del Señor: "El que come mi carne y bebe mi sangre, tiene vida eterna, y yo le resucitaré el último día" (Jn 6, 54). Puesto que es sacramento de Cristo muerto y resucitado, la Eucaristía es aquí sacramento del paso de la muerte a la vida, de este mundo al Padre (Jn 13, 1).

1680 **1525** Así, como los sacramentos del Bautismo, de la Confirmación y de la Eucaristía constituyen una unidad llamada "los sacramentos de la iniciación cristiana", se puede decir que la Penitencia, la Santa Unción y la Eucaristía, en cuanto viático, constituyen, cuando la vida cristiana toca a su fin, "los sacramentos que prepa-
2299 ran para entrar en la Patria" o los sacramentos que cierran la peregrinación.

RESUMEN

1526 *"¿Está enfermo alguno entre vosotros? Llame a los presbíteros de la Iglesia, que oren sobre él y le unjan con óleo* *en el nombre del Señor. Y la oración de la fe salvará al enfermo, y el Señor hará que se levante, y si hubiera cometido pecados, le serán perdonados" (St 5, 14-15).*

1527 *El sacramento de la Unción de los enfermos tiene por fin conferir una gracia especial al cristiano que experimenta las dificultades inherentes al estado de enfermedad grave o de vejez.*

1528 *El tiempo oportuno para recibir la Santa Unción llega ciertamente cuando el fiel comienza a encontrarse en peligro de muerte por causa de enfermedad o de vejez.*

1529 *Cada vez que un cristiano cae gravemente enfermo puede recibir la Santa Unción, y también cuando, después de haberla recibido, la enfermedad se agrava.*

1530 *Sólo los sacerdotes (presbíteros y obispos) pueden administrar el sacramento de la Unción de los enfermos; para conferirlo emplean óleo bendecido por el obispo, o, en caso necesario, por el mismo presbítero que celebra.*

1531 *Lo esencial de la celebración de este sacramento consiste en la unción en la frente y las manos del enfermo (en el rito romano) o en otras partes del cuerpo (en Oriente), unción acompañada de la oración litúrgica del sacerdote celebrante que pide la gracia especial de este sacramento.*

1532 *La gracia especial del sacramento de la Unción de los enfermos tiene como efectos:*

– la unión del enfermo a la Pasión de Cristo, para su bien y el de toda la Iglesia;

– el consuelo, la paz y el ánimo para soportar cristianamente los sufrimientos de la enfermedad o de la vejez;

– el perdón de los pecados si el enfermo no ha podido obtenerlo por el sacramento de la Penitencia;

– el restablecimiento de la salud corporal, si conviene a la salud espiritual;

– la preparación para el paso a la vida eterna.

CAPITULO TERCERO

LOS SACRAMENTOS AL SERVICIO DE LA COMUNIDAD

1533 El Bautismo, la Confirmación y la Eucaristía son los sacramentos de la iniciación cristiana. Fundamentan la vocación común de todos los discípulos de Cristo, que es vocación a la santidad y a la misión de evangelizar el mundo. Confieren las gracias necesarias para vivir según el Espíritu en esta vida de peregrinos en marcha hacia la patria.

1534   Otros dos sacramentos, el Orden y el Matrimonio, están ordenados a la salvación de los demás. Contribuyen ciertamente a la propia salvación, pero esto lo hacen mediante el servicio que prestan a los demás. Confieren una misión particular en la Iglesia y sirven a la edificación del Pueblo de Dios.

784   **1535**   En estos sacramentos, los que fueron ya *consagrados* por el Bautismo y la Confirmación (LG 10) para el sacerdocio común de todos los fieles, pueden recibir *consagraciones particulares*. Los que reciben el sacramento del Orden son *consagrados* para "en el nombre de Cristo ser los pastores de la Iglesia con la palabra y con la gracia de Dios" (LG 11). Por su parte, "los cónyuges cristianos, son fortificados y como *consagrados* para los deberes y dignidad de su estado por este sacramento especial" (GS 48, 2.)

Artículo 6   **EL SACRAMENTO DEL ORDEN**

    1536   El Orden es el sacramento gracias al cual la misión confiada
860   da por Cristo a sus apóstoles sigue siendo ejercida en la Iglesia hasta el fin de los tiempos: es, pues, el sacramento del ministerio apostólico. Comprende tres grados: el episcopado, el presbiterado y el diaconado.

> (Sobre la institución y la misión del ministerio apostólico por Cristo ya se ha tratado en la primera parte. Aquí sólo se trata de la realidad sacramental mediante la que se transmite este ministerio)

I   EL NOMBRE DE SACRAMENTO DEL ORDEN

    1537   La palabra *Orden* designaba, en la antigüedad romana, cuerpos constituidos en sentido civil, sobre todo el cuerpo de los que gobiernan. *Ordinatio* designa la integración en un *ordo*. En la Iglesia hay cuerpos constituidos que la Tradición, no sin fundamento en la Sagrada Escritura (cf Hb 5, 6; 7, 11; Sal 110, 4), llama desde los tiempos antiguos con el nombre de *taxeis* (en griego), de *ordines* (en latín): así la liturgia habla del *ordo episcoporum,* del *ordo presbyterorum,* del *ordo diaconorum.* También reciben este
923; 1631   nombre de *ordo* otros grupos: los catecúmenos, las vírgenes, los esposos, las viudas...

1538 La integración en uno de estos cuerpos de la Iglesia se hacía por un rito llamado *ordinatio*, acto religioso y litúrgico que era una consagración, una bendición o un sacramento. Hoy la palabra "ordinatio" está reservada al acto sacramental que incorpora al orden de los obispos, de los presbíteros y de los diáconos y que va más allá de una simple *elección, designación, delegación o institución* por la comunidad, pues confiere un don del Espíritu Santo que permite ejercer un "poder sagrado" ("sacra potestas"; cf LG 10) que sólo puede venir de Cristo, a través de su Iglesia. La ordenación también es llamada "consecratio" porque es un "poner a parte" y un "investir" por Cristo mismo para su Iglesia. La "imposición de manos" del obispo, con la oración consecratoria, constituye el signo visible de esta consagración.

875

699

II   EL SACRAMENTO DEL ORDEN EN LA ECONOMIA
      DE LA SALVACION

El sacerdocio de la Antigua Alianza

1539 El pueblo elegido fue constituido por Dios como "un reino de sacerdotes y una nación consagrada" (Ex 19, 6; cf Is 61, 6). Pero dentro del pueblo de Israel, Dios escogió una de las doce tribus, la de Leví, para el servicio litúrgico (cf Nm 1, 48-53); Dios mismo es la parte de su herencia (cf Jos 13, 33). Un rito propio consagró los orígenes del sacerdocio de la Antigua Alianza (cf Ex 29, 1-30; Lv 8). En ella los sacerdotes fueron establecidos "para intervenir en favor de los hombres en lo que se refiere a Dios, para ofrecer dones y sacrificios por los pecados" (Hb 5, 1).

1540 Instituido para anunciar la Palabra de Dios (cf Ml 2, 7-9) y para restablecer la comunión con Dios mediante los sacrificios y la oración, este sacerdocio de la Antigua Alianza, sin embargo, era incapaz de realizar la salvación, por lo cual tenía necesidad de repetir sin cesar los sacrificios, y no podía alcanzar una santificación definitiva (cf Hb 5, 3; 7, 27; 10, 1-4), que sólo podría ser lograda por el sacrificio de Cristo.

2099

1541 No obstante, la liturgia de la Iglesia ve en el sacerdocio de Aarón y en el servicio de los levitas, así como en la institución de los setenta "ancianos" (cf Nm 11, 24-25), prefiguraciones del ministerio ordenado de la Nueva Alianza. Por ello, en el rito latino la Iglesia se dirige a Dios en la oración consecratoria de la ordenación de los obispos de la siguiente manera:

> Dios y Padre de nuestro Señor Jesucristo... has establecido las reglas de la Iglesia: elegiste desde el principio un pueblo santo, descendiente de Abraham, y le diste reyes y sacerdotes que cuidaran del servicio de tu santuario...

1542   En la ordenación de presbíteros, la Iglesia ora:

> Señor, Padre Santo..., en la Antigua Alianza se fueron perfeccionando a través de los signos santos los grados del sacerdocio... cuando a los sumos sacerdotes, elegidos para regir el pueblo, les diste compañeros de menor orden y dignidad, para que les ayudaran como colaboradores... multiplicaste el espíritu de Moisés, comunicándolo a los setenta varones prudentes con los cuales gobernó fácilmente un pueblo numeroso. Así también transmitiste a los hijos de Aarón la abundante plenitud otorgada a su padre.

1543   Y en la oración consecratoria para la ordenación de diáconos, la Iglesia confiesa:

> Dios Todopoderoso... Tú haces crecer a la Iglesia... la edificas como templo de tu gloria... así estableciste que hubiera tres órdenes de ministros para tu servicio, del mismo modo que en la Antigua Alianza habías elegido a los hijos de Leví para que sirvieran al templo, y, como herencia, poseyeran una bendición eterna.

El único sacerdocio de Cristo

1544   Todas las prefiguraciones del sacerdocio de la Antigua Alianza encuentran su cumplimiento en Cristo Jesús, "único mediador entre Dios y los hombres" (1 Tm 2, 5). Melquisedec, "sacerdote del Altísimo" (Gn 14, 18), es considerado por la Tradición cristiana como una prefiguración del sacerdocio de Cristo, único "Sumo Sacerdote según el orden de Melquisedec" (Hb 5, 10; 6, 20), "santo, inocente, inmaculado" (Hb 7, 26), que, "mediante una sola oblación ha llevado a la perfección para siempre a los santificados" (Hb 10, 14), es decir, mediante el único sacrificio de su Cruz.

874

1545   El sacrificio redentor de Cristo es único, realizado una vez por todas. Y por esto se hace presente en el sacrificio eucarístico de la Iglesia. Lo mismo acontece con el único sacerdocio de Cristo: se hace presente por el sacerdocio ministerial sin que con ello se quebrante la unicidad del sacerdocio de Cristo: "Et ideo solus Christus est verus sacerdos, alii autem ministri eius" ("Y por eso sólo Cristo es el verdadero sacerdote; los demás son ministros suyos", S. Tomás de A., Hebr. 7, 4).

1367

662

Dos modos de participar en el único sacerdocio de Cristo

1546 Cristo, sumo sacerdote y único mediador, ha hecho de la Iglesia "un Reino de sacerdotes para su Dios y Padre" (Ap 1, 6; cf Ap 5, 9-10; 1 P 2, 5.9). Toda la comunidad de los creyentes es, como tal, sacerdotal. Los fieles ejercen su sacerdocio bautismal a través de su participación, cada uno según su vocación propia, en la misión de Cristo, Sacerdote, Profeta y Rey. Por los sacramentos del Bautismo y de la Confirmación los fieles son "consagrados para ser... un sacerdocio santo" (LG 10).

1268

1547 El sacerdocio ministerial o jerárquico de los obispos y de los presbíteros, y el sacerdocio común de todos los fieles, "aunque su diferecia es esencial y no sólo en grado, están ordenados el uno al otro; ambos, en efecto, participan, cada uno a su manera, del único sacerdocio de Cristo" (LG 10). ¿En qué sentido? Mientras el sacerdocio común de los fieles se realiza en el desarrollo de la gracia bautismal (vida de fe, de esperanza y de caridad, vida según el Espíritu), el sacerdocio ministerial está al servicio del sacerdocio común, en orden al desarrollo de la gracia bautismal de todos los cristianos. Es uno de los *medios* por los cuales Cristo no cesa de construir y de conducir a su Iglesia. Por esto es transmitido mediante un sacramento propio, el sacramento del Orden.

1142

1120

In persona Christi Capitis...

1548 En el servicio eclesial del ministro ordenado es Cristo mismo quien está presente en su Iglesia como Cabeza de su cuerpo, Pastor de su rebaño, sumo sacerdote del sacrificio redentor, Maestro de la Verdad. Es lo que la Iglesia expresa al decir que el sacerdote, en virtud del sacramento del Orden, actúa "in persona Christi Capitis" (cf LG 10; 28; SC 33; CD 11; PO 2, 6):

875

792

> El ministro posee en verdad el papel del mismo Sacerdote, Cristo Jesús. Si, ciertamente, aquél es asimilado al Sumo Sacerdote, por la consagración sacerdotal recibida, goza de la facultad de actuar por el poder de Cristo mismo a quien representa ("virtute ac persona ipsius Christi") (Pío XII, enc. "Mediator Dei").

> "Christus est fons totius sacerdotii: nan sacerdos legalis erat figura ipsius, sacerdos autem novae legis in persona ipsius operatur" ("Cristo es la fuente de todo sacerdocio, pues el sacerdote de la antigua ley era figura de El, y el sacerdote de la nueva ley actúa en representación suya", S. Tomás de A., s. th. 3, 22, 4).

1549 Por el ministerio ordenado, especialmente por el de los obispos y los presbíteros, la presencia de Cristo como cabeza de la Iglesia se hace visible en medio de la comunidad de los creyentes. Según la bella expresión de San Ignacio de Antioquía, el obispo es *"typos tou Patros"*, es imagen viva de Dios Padre (Trall. 3, 1; cf Magn. 6, 1).

1142

1550 Esta presencia de Cristo en el ministro no debe ser entendida como si éste estuviese exento de todas las flaquezas humanas, del afán de poder, de errores, es decir del pecado. No todos los actos del ministro son garantizados de la misma manera por la fuerza del Espíritu Santo. Mientras que en los sacramentos esta garantía es dada de modo que ni siquiera el pecado del ministro puede impedir el fruto de la gracia, existen muchos otros actos en que la condición humana del ministro deja huellas que no son siempre el signo de la fidelidad al Evangelio y que pueden dañar por consiguiente a la fecundidad apostólica de la Iglesia.

896

1128
1584

1551 Este sacerdocio es *ministerial*. "Esta función, que el Señor confió a los pastores de su pueblo, es un verdadero *servicio*" (LG 24). Está enteramente referido a Cristo y a los hombres. Depende totalmente de Cristo y de su sacerdocio único, y fue instituido en favor de los hombres y de la comunidad de la Iglesia. El sacramento del Orden comunica "un poder sagrado", que no es otro que el de Cristo. El ejercicio de esta autoridad debe, por tanto, medirse según el modelo de Cristo, que por amor se hizo el último y el servidor de todos (cf Mc 10, 43-45; 1 P 5, 3). "El Señor dijo claramente que la atención prestada a su rebaño era prueba de amor a El" (S. Juan Crisóstomo, sac. 2, 4; cf Jn 21, 15-17).

876

1538

608

"En nombre de toda la Iglesia"

1552 El sacerdocio ministerial no tiene solamente por tarea representar a Cristo –Cabeza de la Iglesia– ante la asamblea de los fieles, actúa también en nombre de toda la Iglesia cuando presenta a Dios la oración de la Iglesia (cf SC 33) y sobre todo cuando ofrece el sacrificio eucarístico (cf LG 10).

1553 "En nombre de *toda* la Iglesia", expresión que no quiere decir que los sacerdotes sean los delegados de la comunidad. La oración y la ofrenda de la Iglesia son inseparables de la oración y la ofrenda de Cristo, su Cabeza. Se trata siempre del culto de Cristo en y por su Iglesia. Es toda la Iglesia, Cuerpo de Cristo, la que ora y se ofrece, "per ipsum et cum ipso et in ipso", en la unidad del Espíritu Santo, a Dios Padre. Todo el cuerpo, "caput et membra",

795

ora y se ofrece, y por eso quienes, en este cuerpo, son específicamente sus ministros, son llamados ministros no sólo de Cristo, sino también de la Iglesia. El sacerdocio ministerial puede representar a la Iglesia porque representa a Cristo.

III   LOS TRES GRADOS DEL SACRAMENTO DEL ORDEN

1554 "El ministerio eclesiástico, instituido por Dios, está ejercido en diversos órdenes que ya desde antiguo reciben los nombres de obispos, presbíteros y diáconos" (LG 28). La doctrina católica, expresada en la liturgia, el magisterio y la práctica constante de la Iglesia, reconocen que existen dos grados de participación ministerial en el sacerdocio de Cristo: el episcopado y el presbiterado. El diaconado está destinado a ayudarles y a servirles. Por eso, el término *"sacerdos"* designa, en el uso actual, a los obispos y a los presbíteros, pero no a los diáconos. Sin embargo, la doctrina católica enseña que los grados de participación sacerdotal (episcopado y presbiterado) y el grado de servicio (diaconado) son los tres conferidos por un acto sacramental llamado "ordenación", es decir, por el sacramento del Orden: 1536   1538

> Que todos reverencien a los diáconos como a Jesucristo, como también al obispo, que es imagen del Padre, y a los presbíteros como al senado de Dios y como a la asamblea de los apóstoles: sin ellos no se puede hablar de Iglesia (S. Ignacio de Antioquía, Trall. 3, 1).

La ordenación episcopal, plenitud del sacramento del Orden

1555 "Entre los diversos ministerios que existen en la Iglesia, ocupa el primer lugar el ministerio de los obispos que, a través de una sucesión que se remonta hasta el principio, son los transmisores de la semilla apostólica" (LG 20).   861

1556 "Para realizar estas funciones tan sublimes, los apóstoles se vieron enriquecidos por Cristo con la venida especial del Espíritu Santo que descendió sobre ellos. Ellos mismos comunicaron a sus colaboradores, mediante la imposición de las manos, el don espiritual que se ha transmitido hasta nosotros en la consagración de los obispos" (LG 21).   862

1557 El Concilio Vaticano II "enseña que por la consagración episcopal se recibe *la plenitud del sacramento del Orden*. De hecho se le llama, tanto en la liturgia de la Iglesia como en los Santos

Padres, 'sumo sacerdocio' o 'cumbre del ministerio sagrado'" (ibíd.).

895   **1558**   "La consagración episcopal confiere, junto con la función de santificar, también las funciones de enseñar y gobernar... En efecto... por la imposición de las manos y por las palabras de la consagración se confiere la gracia del Espíritu Santo y queda mar-
1121   cado con el carácter sagrado. En consecuencia, los obispos, de manera eminente y visible, hacen las veces del mismo Cristo, Maestro, Pastor y Sacerdote, y actúan en su nombre ('in eius persona agant')" (ibíd.). "El Espíritu Santo que han recibido ha hecho de los obispos los verdaderos y auténticos maestros de la fe, pontífices y pastores" (CD 2).

1559   "Uno queda constituido miembro del Colegio episcopal en virtud de la consagración episcopal y por la comunión jerárquica con la Cabeza y con los miembros del Colegio" (LG 22). El carác-
877   ter y *la naturaleza colegial* del orden episcopal se manifiestan, entre otras cosas, en la antigua práctica de la Iglesia que quiere que para la consagración de un nuevo obispo participen varios obispos (cf ibíd.). Para la ordenación legítima de un obispo se requiere hoy
882   una intervención especial del Obispo de Roma por razón de su cualidad de vínculo supremo visible de la comunión de las Iglesias particulares en la Iglesia una y de garante de libertad de la misma.

833   **1560**   Cada obispo tiene, como vicario de Cristo, el oficio pastoral de la Iglesia particular que le ha sido confiada, pero al mismo tiempo tiene colegialmente con todos sus hermanos en el episcopa-
886   do *la solicitud de todas las Iglesias*: "Mas si todo obispo es propio solamente de la porción de grey confiada a sus cuidados, su cualidad de legítimo sucesor de los apóstoles por institución divina, le hace solidariamente responsable de la misión apostólica de la Iglesia" (Pío XII, enc. "Fidei donum", 11; cf LG 23; CD 4, 36-37; AG 5.6.38).

1369   **1561**   Todo lo que se ha dicho explica por qué la Eucaristía celebrada por el obispo tiene una significación muy especial como expresión de la Iglesia reunida en torno al altar bajo la presidencia de quien representa visiblemente a Cristo, Buen Pastor y Cabeza de su Iglesia (cf SC 41; LG 26).

La ordenación de los presbíteros, cooperadores de los obispos

1562   "Cristo, a quien el Padre santificó y envió al mundo, hizo a los obispos partícipes de su misma consagración y misión por medio de los apóstoles de los cuales son sucesores. Estos han confiado legítimamente la función de su ministerio en diversos grados a diversos sujetos en la Iglesia" (LG 28). "La función ministerial de los obispos, en grado subordinado, fue encomendada a los presbíteros para que, constituidos en el orden del presbiterado, fueran los colaboradores del Orden episcopal para realizar adecuadamente la misión apostólica confiada por Cristo" (PO 2).

1563 "El ministerio de los presbíteros, por estar unido al Orden episcopal, participa de la autoridad con la que el propio Cristo construye, santifica y gobierna su Cuerpo. Por eso el sacerdocio de los presbíteros supone ciertamente los sacramentos de la iniciación cristiana. Se confiere, sin embargo, por aquel sacramento peculiar que, mediante la unción del Espíritu Santo, marca a los sacerdotes con un carácter especial. Así quedan identificados con Cristo Sacerdote, de tal manera que puedan actuar como representantes de Cristo Cabeza" (PO 2).

1121

1564 "Los presbíteros, aunque no tengan la plenitud del sacerdocio y dependan de los obispos en el ejercicio de sus poderes, sin embargo están unidos a éstos en el honor del sacerdocio y, en virtud del sacramento del Orden, quedan consagrados como verdaderos sacerdotes de la Nueva Alianza, a imagen de Cristo, sumo y eterno Sacerdote (Hb 5, 1-10; 7, 24; 9, 11-28), para *anunciar el Evangelio* a los fieles, para dirigirlos y para celebrar el culto divino" (LG 28).

611

1565 En virtud del sacramento del Orden, los presbíteros participan de la universalidad de la misión confiada por Cristo a los apóstoles. El don espiritual que recibieron en la ordenación los prepara, no para una misión limitada y restringida, "sino para una misión amplísima y universal de salvación 'hasta los extremos del mundo'" (PO 10), "dispuestos a predicar el Evangelio por todas partes" (OT 20).

849

1566 "Su verdadera función sagrada la ejercen sobre todo en el culto o en la *comunión eucarística.* En ella, actuando en la persona de Cristo y proclamando su misterio, unen la ofrenda de los fieles al sacrificio de su Cabeza; actualizan y aplican en el sacrificio de la misa, hasta la venida del Señor, el único sacrificio de la Nueva Alianza: el de Cristo, que se ofrece al Padre de una vez para siempre como hostia inmaculada" (LG 28). De este sacrificio único, saca su fuerza todo su ministerio sacerdotal (cf PO 2).

1369

611

1567 "Los presbíteros, como colaboradores diligentes de los obispos y ayuda e instrumento suyos, llamados para servir al Pue-

1462

2179   blo de Dios, forman con su obispo un único *presbiterio,* dedicado a diversas tareas. En cada una de las comunidades locales de fieles hacen presente de alguna manera a su obispo, al que están unidos con confianza y magnanimidad; participan en sus funciones y preocupaciones y las llevan a la práctica cada día" (LG 28). Los presbíteros sólo pueden ejercer su ministerio en dependencia del obispo y en comunión con él. La promesa de obediencia que hacen al obispo en el momento de la ordenación y el beso de paz del obispo al fin de la liturgia de la ordenación significan que el obispo los considera como sus colaboradores, sus hijos, sus hermanos y sus amigos y que a su vez ellos le deben amor y obediencia.

1537   **1568**   "Los presbíteros, instituidos por la ordenación en el orden del presbiterado, están unidos todos entre sí por la íntima fraternidad del sacramento. Forman un único presbiterio especialmente en la diócesis a cuyo servicio se dedican bajo la dirección de su obispo" (PO 8). La unidad del presbiterio encuentra una expresión litúrgica en la costumbre de que los presbíteros impongan a su vez las manos, después del obispo, durante el rito de la ordenación.

La ordenación de los diáconos, "en orden al ministerio"

1569   "En el grado inferior de la jerarquía están los diáconos, a los que se les imponen las manos 'para realizar un servicio y no para ejercer el sacerdocio'" (LG 29; cf CD 15). En la ordenación al diaconado, sólo el obispo impone las manos, significando así que el diácono está especialmente vinculado al obispo en las tareas de su "diaconía" (cf S. Hipólito, trad. ap. 8).

1121   **1570**   Los diáconos participan de una manera especial en la misión y la gracia de Cristo (cf LG 41; AA 16). El sacramento del Orden los marcó con un *sello* ("carácter") que nadie puede hacer desaparecer y que los configura con Cristo que se hizo "diácono", es decir, el servidor de todos (cf Mc 10, 45; Lc 22, 27; S. Policarpo, ep. 5, 2). Corresponde a los diáconos, entre otras cosas, asistir al obispo y a los presbíteros en la celebración de los divinos misterios sobre todo de la Eucaristía y en la distribución de la misma, asistir a la celebración del matrimonio y bendecirlo, proclamar el Evangelio y predicar, presidir las exequias y entregarse a los diversos servicios de la caridad (cf LG 29; SC 35, 4; AG 16).

1579   **1571**   Desde el Concilio Vaticano II, la Iglesia latina ha restablecido el diaconado "como un grado particular dentro de la jerarquía" (LG 29), mientras que las Iglesias de Oriente lo habían mantenido siempre. Este *diaconado permanente,* que puede ser conferido a hombres casados, constituye un enriquecimiento importante para la misión de la Iglesia. En efecto, es apropiado y útil que hombres que realizan en la Iglesia un ministerio verdaderamente diaconal, ya en la vida litúrgica y pastoral, ya en las obras sociales y caritativas, "sean fortalecidos por la imposición de las manos transmitida ya desde los Apóstoles y se unan más estrechamente al servicio del altar, para que cumplan con mayor eficacia su ministerio por la gracia sacramental del diaconado" (AG 16).

IV   LA CELEBRACION DE ESTE SACRAMENTO

1572   La celebración de la ordenación de un obispo, de presbíteros o de diáconos, por su importancia para la vida de la Iglesia particular, exige el mayor concurso posible de fieles. Tendrá lugar preferentemente el domingo y en la catedral, con una solemnidad adaptada a las circunstancias. Las tres ordenaciones, del obispo, del presbítero y del diácono, tienen el mismo dinamismo. El lugar propio de su celebración es dentro de la Eucaristía.

1573   *El rito esencial* del sacramento del Orden está constituido, para los tres grados, por la imposición de manos del obispo sobre la cabeza del ordenando, así como por una oración consecratoria específica que pide a Dios la efusión del Espíritu Santo y de sus dones apropiados al ministerio para el cual el candidato es ordenado (cf Pío XII, const. ap. "Sacramentum ordinis": DS 3858).

699

1585

1574   Como en todos los sacramentos, ritos complementarios rodean la celebración. Estos varían notablemente en las distintas tradiciones litúrgicas, pero tienen en común la expresión de múltiples aspectos de la gracia sacramental. Así, en el rito latino, los ritos iniciales –la presentación y elección del ordenando, la alocución del obispo, el interrogatorio del ordenando, las letanías de los santos– ponen de relieve que la elección del candidato se hace conforme al uso de la Iglesia y preparan el acto solemne de la consagración; después de ésta varios ritos vienen a expresar y completar de manera simbólica el misterio que se ha realizado: para el obispo y el presbítero la unción con el santo crisma, signo de la unción especial del Espíritu Santo que hace fecundo su ministerio; la entrega del libro de los evangelios, del anillo, de la mitra y del báculo al obispo en señal de su misión apostólica de anuncio de la Palabra de Dios, de su fidelidad a la Iglesia, esposa de Cristo, de su cargo de pastor del rebaño del Señor; entrega al presbítero de la patena y del cáliz, "la ofrenda del pueblo santo" que es llamado a presentar a Dios; la entrega del libro de los evangelios al diácono que acaba de recibir la misión de anunciar el Evangelio de Cristo.

1294

796

V   EL MINISTRO DE ESTE SACRAMENTO

1575   Fue Cristo quien eligió a los apóstoles y les hizo partícipes de su misión y su autoridad. Elevado a la derecha del Padre, no

857   abandona a su rebaño, sino que lo guarda por medio de los apóstoles bajo su constante protección y lo dirige también mediante estos mismos pastores que continúan hoy su obra (cf MR, Prefacio de Apóstoles). Por tanto, es Cristo "quien da" a unos el ser apóstoles, a otros pastores (cf Ef 4, 11). Sigue actuando por medio de los obispos (cf LG 21).

1536   **1576**   Dado que el sacramento del Orden es el sacramento del ministerio apostólico, corresponde a los obispos, en cuanto sucesores de los apóstoles, transmitir "el don espiritual" (LG 21), "la semilla apostólica" (LG 20). Los obispos válidamente ordenados, es decir, que están en la línea de la sucesión apostólica, confieren válidamente los tres grados del sacramento del Orden (cf DS 794 y 802; CIC can. 1012; CCEO can. 744; 747).

VI   QUIEN PUEDE RECIBIR ESTE SACRAMENTO

1577   "Sólo el varón ('vir') bautizado recibe válidamente la sa-
551   grada ordenación" (CIC, can 1024). El Señor Jesús eligió a hombres ('viri') para formar el colegio de los doce apóstoles (cf Mc 3, 14-19; Lc 6, 12-16), y los apóstoles hicieron lo mismo cuando eli-
861   gieron a sus colaboradores (cf 1 Tm 3, 1-13; 2 Tm 1, 6; Tt 1, 5-9) que les sucederían en su tarea (S. Clemente Romano Cor, 42, 4; 44, 3). El colegio de los obispos, con quienes los presbíteros están
862   unidos en el sacerdocio, hace presente y actualiza hasta el retorno de Cristo el colegio de los Doce. La Iglesia se reconoce vinculada por esta decisión del Señor. Esta es la razón por la que las mujeres no reciben la ordenación (cf Juan Pablo II, MD 26-27; CDF decl. "Inter insigniores": AAS 69 [1977] 98-116).

1578   Nadie tiene *derecho* a recibir el sacramento del Orden. En
2121   efecto, nadie se arroga para sí mismo este oficio. Al sacramento se es llamado por Dios (cf Hb 5, 4). Quien cree reconocer las señales de la llamada de Dios al ministerio ordenado, debe someter humildemente su deseo a la autoridad de la Iglesia a la que corresponde la responsabilidad y el derecho de llamar a recibir este sacramento. Como toda gracia, el sacramento sólo puede ser *recibido* como un don inmerecido.

1579   Todos los ministros ordenados de la Iglesia latina, exceptuados los diáconos permanentes, son ordinariamente elegidos entre hombres creyentes que viven como célibes y que tienen la vo-
1618   luntad de guardar el *celibato* "por el Reino de los cielos" (Mt 19,

12). Llamados a consagrarse totalmente al Señor y a sus "cosas" (cf 1 Co 7, 32), se entregan enteramente a Dios y a los hombres. El celibato es un signo de esta vida nueva al servicio de la cual es consagrado el ministro de la Iglesia; aceptado con un corazón alegre, anuncia de modo radiante el Reino de Dios (cf PO 16). 2233

1580 En las Iglesias orientales, desde hace siglos está en vigor una disciplina distinta: mientras los obispos son elegidos únicamente entre los célibes, hombres casados pueden ser ordenados diáconos y presbíteros. Esta práctica es considerada como legítima desde tiempos remotos; estos presbíteros ejercen un ministerio fructuoso en el seno de sus comunidades (cf PO 16). Por otra parte, el celibato de los presbíteros goza de gran honor en las Iglesias Orientales, y son numerosos los presbíteros que lo escogen libremente por el Reino de Dios. En Oriente como en Occidente, quien recibe el sacramento del Orden no puede contraer matrimonio.

VII   LOS EFECTOS DEL SACRAMENTO DEL ORDEN

El carácter indeleble

1581 Este sacramento configura con Cristo mediante una gracia especial del Espíritu Santo a fin de servir de instrumento de Cristo en favor de su Iglesia. Por la ordenación recibe la capacidad de actuar como representante de Cristo, Cabeza de la Iglesia, en su triple función de sacerdote, profeta y rey. 1548

1582 Como en el caso del Bautismo y de la Confirmación, esta participación en la misión de Cristo es concedida de una vez para siempre. El sacramento del Orden confiere también un *carácter espiritual indeleble* y no puede ser reiterado ni ser conferido para un tiempo determinado (cf Cc. de Trento: DS 1767; LG 21.28.29; PO 2). 1121

1583 Un sujeto válidamente ordenado puede ciertamente, por justos motivos, ser liberado de las obligaciones y las funciones vinculadas a la ordenación, o se le puede impedir ejercerlas (cf CIC, can. 290-293; 1336, 1, nn 3° y 5°; 1338, 2), pero no puede convertirse de nuevo en laico en sentido estricto (cf CC. de Trento: DS 1774) porque el carácter impreso por la ordenación es para siempre. La vocación y la misión recibidas el día de su ordenación, lo marcan de manera permanente.

1584 Puesto que en último término es Cristo quien actúa y realiza la salvación a través del ministro ordenado, la indignidad de éste no impide a Cristo actuar (cf Cc. de Trento: DS 1612; 1154). S. Agustín lo dice con firmeza: 1128

1550
En cuanto al ministro orgulloso, hay que colocarlo con el diablo. Sin embargo, el don de Cristo no por ello es profanado: lo que llega a través de él conserva su pureza, lo que pasa por él permanece limpio y llega a la tierra fértil... En efecto, la virtud espiritual del sacramento es semejante a la luz: los que deben ser iluminados la reciben en su pureza y, si atraviesa seres manchados, no se mancha (ev. Jo. 5, 15).

La gracia del Espíritu Santo

1585   La gracia del Espíritu Santo propia de este sacramento es la de ser configurado con Cristo Sacerdote, Maestro y Pastor, de quien el ordenado es constituido ministro.

1586   Para el obispo, es en primer lugar una gracia de fortaleza ("El Espíritu de soberanía": Oración de consagración del obispo en el rito latino): la de guiar y defender con fuerza y prudencia a su Iglesia como padre y pastor, con amor gratuito para todos y con

2448
predilección por los pobres, los enfermos y los necesitados (cf CD 13 y 16). Esta gracia le impulsa a anunciar el Evangelio a todos, a ser el modelo de su rebaño, a precederlo en el camino de la santificación identificándose en la Eucaristía con Cristo Sacerdote y Víctima, sin miedo a dar la vida por sus ovejas:

1558
Concede, Padre que conoces los corazones, a tu siervo que has elegido para el episcopado, que apaciente tu santo rebaño y que ejerza ante ti el supremo sacerdocio sin reproche sirviéndote noche y día; que haga sin cesar propicio tu rostro y que ofrezca los dones de tu santa Iglesia, que en virtud del espíritu del supremo sacerdocio tenga poder de perdonar los pecados según tu mandamiento, que distribuya las tareas siguiendo tu orden y que desate de toda atadura en virtud del poder que tú diste a los apóstoles; que te agrade por su dulzura y su corazón puro, ofreciéndote un perfume agradable por tu Hijo Jesucristo... (S. Hipólito, trad. ap. 3).

1964   **1587**   El don espiritual que confiere la ordenación presbiteral está expresado en esta oración propia del rito bizantino. El obispo, imponiendo la mano, dice:

Señor, llena del don del Espíritu Santo al que te has dignado elevar al grado del sacerdocio para que sea digno de presentarse sin reproche ante tu altar, de anunciar el Evangelio de tu Reino, de realizar el ministerio de tu palabra de verdad, de ofrecerte dones y sacrificios espirituales, de renovar tu pueblo mediante el baño de la regeneración; de manera que vaya al encuentro de nuestro gran Dios y Salvador Jesucristo, tu Hijo único, el día de su segunda venida, y reciba de tu inmensa bondad la recompensa de una fiel administración de su orden (Euchologion).

1588 En cuanto a los diáconos, "fortalecidos, en efecto, con la gracia del sacramento, en comunión con el obispo y sus presbíteros, están al servicio del Pueblo de Dios en el ministerio de la liturgia, de la palabra y de la caridad" (LG 29).   1569

1589 Ante la grandeza de la gracia y del oficio sacerdotales, los santos doctores sintieron la urgente llamada a la conversión con el fin de corresponder mediante toda su vida a aquel de quien el sacramento los constituye ministros. Así, S. Gregorio Nacianceno, siendo joven sacerdote, exclama:

> Es preciso comenzar por purificarse antes de purificar a los otros; es preciso ser instruido para poder instruir; es preciso ser luz para iluminar, acercarse a Dios para acercarle a los demás, ser santificado para santificar, conducir de la mano y aconsejar con inteligencia (or. 2, 71). Sé de quién somos ministros, dónde nos encontramos y a dónde nos dirigimos. Conozco la altura de Dios y la flaqueza del hombre, pero también su fuerza (ibíd. 74). [Por tanto, ¿quién es el sacerdote? Es] el defensor de la verdad, se sitúa junto a los ángeles, glorifica con los arcángeles, hace subir sobre el altar de lo alto las víctimas de los sacrificios, comparte el sacerdocio de Cristo, restaura la criatura, restablece [en ella] la imagen [de Dios], la recrea para el mundo de lo alto, y, para decir lo más grande que hay en él, *es divinizado y diviniza* (ibíd. 73).   460

> Y el santo Cura de Ars dice: "El sacerdote continúa la obra de redención en la tierra"..."Si se comprendiese bien al sacerdote en la tierra se moriría no de pavor sino de amor"..."El sacerdocio es el amor del corazón de Jesús".   1551

RESUMEN

1590 *S. Pablo dice a su discípulo Timoteo: "Te recomiendo que reavives el carisma de Dios que está en ti por la imposición de mis manos" (2 Tm 1, 6), y "si alguno aspira al cargo de obispo, desea una noble función" (1 Tm 3, 1). A Tito decía: "El motivo de haberte dejado en Creta, fue para que acabaras de organizar lo que faltaba y establecieras presbíteros en cada ciudad, como yo te ordené" (Tt 1, 5).*

1591 *La Iglesia entera es un pueblo sacerdotal. Por el bautismo, todos los fieles participan del sacerdocio de Cristo. Esta participación se llama "sacerdocio común de los fieles". A partir de este sacerdocio y al servicio del mismo existe otra participación en la misión de Cristo: la del mi-*

nisterio conferido por el sacramento del Orden, cuya tarea es servir en nombre y en la representación de Cristo-Cabeza en medio de la comunidad.

1592   *El sacerdocio ministerial difiere esencialmente del sacerdocio común de los fieles porque confiere un poder sagrado para el servicio de los fieles. Los ministros ordenados ejercen su servicio en el pueblo de Dios mediante la enseñanza (munus docendi), el culto divino (munus liturgicum) y por el gobierno pastoral (munus regendi).*

1593   *Desde los orígenes, el ministerio ordenado fue conferido y ejercido en tres grados: el de los obispos, el de los presbíteros y el de los diáconos. Los ministerios conferidos por la ordenación son insustituibles para la estructura orgánica de la Iglesia: sin el obispo, los presbíteros y los diáconos no se puede hablar de Iglesia (cf S. Ignacio de Antioquía, Trall. 3, 1).*

1594   *El obispo recibe la plenitud del sacramento del Orden que lo incorpora al Colegio episcopal y hace de él la cabeza visible de la Iglesia particular que le es confiada. Los obispos, en cuanto sucesores de los apóstoles y miembros del Colegio, participan en la responsabilidad apostólica y en la misión de toda la Iglesia bajo la autoridad del Papa, sucesor de S. Pedro.*

1595   *Los presbíteros están unidos a los obispos en la dignidad sacerdotal y al mismo tiempo dependen de ellos en el ejercicio de sus funciones pastorales; son llamados a ser cooperadores diligentes de los obispos; forman en torno a su obispo el presbiterio que asume con él la responsabilidad de la Iglesia particular. Reciben del obispo el cuidado de una comunidad parroquial o de una función eclesial determinada.*

1596   *Los diáconos son ministros ordenados para las tareas de servicio de la Iglesia; no reciben el sacerdocio ministerial, pero la ordenación les confiere funciones importantes en el ministerio de la palabra, del culto divino, del gobierno pastoral y del servicio de la caridad, tareas que deben cumplir bajo la autoridad pastoral de su Obispo.*

1597   *El sacramento del Orden es conferido por la imposición de las manos seguida de una oración consecratoria solemne que pide a Dios para el ordenando las gracias del*

Espíritu Santo requeridas para su ministerio. La ordenación imprime un carácter sacramental indeleble.

1598 *La Iglesia confiere el sacramento del Orden únicamente a varones (viris) bautizados, cuyas aptitudes para el ejercicio del ministerio han sido debidamente reconocidas. A la autoridad de la Iglesia corresponde la responsabilidad y el derecho de llamar a uno a recibir la ordenación.*

1599 *En la Iglesia latina, el sacramento del Orden para el presbiterado sólo es conferido ordinariamente a candidatos que están dispuestos a abrazar libremente el celibato y que manifiestan públicamente su voluntad de guardarlo por amor del Reino de Dios y el servicio de los hombres.*

1600 *Corresponde a los Obispos conferir el sacramento del Orden en los tres grados.*

Artículo 7   **EL SACRAMENTO DEL MATRIMONIO**

1601 "La alianza matrimonial, por la que el varón y la mujer constituyen entre sí un consorcio de toda la vida, ordenado por su misma índole natural al bien de los cónyuges y a la generación y educación de la prole, fue elevada por Cristo Nuestro Señor a la dignidad de sacramento entre bautizados" (CIC can. 1055, 1)

I   EL MATRIMONIO EN EL PLAN DE DIOS

1602 La Sagrada Escritura se abre con el relato de la creación del hombre y de la mujer a imagen y semejanza de Dios (Gn 1, 26-27) y se cierra con la visión de las "bodas del Cordero" (Ap 19, 7. 9). De un extremo a otro la Escritura habla del matrimonio y de su "misterio", de su institución y del sentido que Dios le dio, de su origen y de su fin, de sus realizaciones diversas a lo largo de la historia de la salvación, de sus dificultades nacidas del pecado y de su renovación "en el Señor" (1 Co 7, 39) todo ello en la perspectiva de la Nueva Alianza de Cristo y de la Iglesia (cf Ef 5, 31-32).

369

796

El matrimonio en el orden de la creación

1603 "La íntima comunidad de vida y amor conyugal, fundada por el Creador y provista de leyes propias, se establece sobre la alianza del matrimonio... un vínculo sagrado... no depende del arbitrio humano. El mismo Dios es el autor del matrimonio" (GS 48, 1).

371

2331 La vocación al matrimonio se inscribe en la naturaleza misma del hombre y de la mujer, según salieron de la mano del Creador. El matrimonio no es una institución puramente humana a pesar de las numerosas variaciones que ha podido sufrir a lo largo de los siglos en las diferentes culturas, estructuras sociales y actitudes espirituales. Estas diversidades no deben hacer olvidar sus rasgos comunes y permanentes. A pesar de que la dignidad de esta institución no se transluzca siempre con la misma claridad (cf GS 47, 2), existe en todas las culturas un cierto sentido de la grandeza de la unión ma-

2210 trimonial. "La salvación de la persona y de la sociedad humana y cristiana está estrechamente ligada a la prosperidad de la comunidad conyugal y familiar" (GS 47, 1).

1604 Dios que ha creado al hombre por amor lo ha llamado también al amor, vocación fundamental e innata de todo ser huma-

355 no. Porque el hombre fue creado a imagen y semejanza de Dios (cf Gn 1, 27), que es Amor (cf 1 Jn 4, 8.16). Habiéndolos creado Dios hombre y mujer, el amor mutuo entre ellos se convierte en imagen del amor absoluto e indefectible con que Dios ama al hombre. Este amor es bueno, muy bueno, a los ojos del Creador (cf Gn 1, 31). Y este amor que Dios bendice es destinado a ser fecundo y a realizarse en la obra común del cuidado de la creación. "Y los bendijo Dios y les dijo: 'Sed fecundos y multiplicaos, y llenad la tierra y sometedla'" (Gn 1, 28).

1605 La Sagrada Escritura afirma que el hombre y la mujer fue-

372 ron creados el uno para el otro: "No es bueno que el hombre esté solo". La mujer, "carne de su carne", es decir, su otra mitad, su igual, la creatura más semejante al hombre mismo, le es dada por Dios como una "auxilio", representando así a Dios que es nuestro "auxilio" (cf Sal 121, 2). "Por eso deja el hombre a su padre y a su madre y se une a su mujer, y se hacen una sola carne" (Gn 2, 18-25). Que esto significa una unión indefectible de sus dos vidas, el

1614 Señor mismo lo muestra recordando cuál fue "en el principio", el plan del Creador: "De manera que ya no son dos sino una sola carne" (Mt 19, 6).

El matrimonio bajo la esclavitud del pecado

1606 Todo hombre, tanto en su entorno como en su propio corazón, vive la experiencia del mal. Esta experiencia se hace sentir también en las relaciones entre el hombre y la mujer. En todo tiempo, la unión del hombre y la mujer vive amenazada por la discordia, el espíritu de dominio, la infidelidad, los celos y conflictos que pueden conducir hasta el odio y la ruptura. Este desorden puede manifestarse de manera más o menos aguda, y puede ser más o menos superado, según las culturas, las épocas, los individuos, pero siempre aparece como algo de carácter universal.

1607 Según la fe, este desorden que constatamos dolorosamente, no se origina en *la naturaleza* del hombre y de la mujer, ni en la naturaleza de sus relaciones, sino en el *pecado*. El primer pecado, ruptura con Dios, tiene como consecuencia primera la ruptura de la comunión original entre el hombre y la mujer. Sus relaciones quedan distorsionadas por agravios recíprocos (cf Gn 3, 12); su atractivo mutuo, don propio del creador (cf Gn 2, 22), se cambia en relaciones de dominio y de concupiscencia (cf Gn 3, 16 b); la hermosa vocación del hombre y de la mujer de ser fecundos, de multiplicarse y someter la tierra (cf Gn 1, 28) queda sometida a los dolores del parto y los esfuerzos de ganar el pan (cf Gn 3, 16-19). ₁₈₄₉ ₄₀₀

1608 Sin embargo, el orden de la Creación subsiste aunque gravemente perturbado. Para sanar las heridas del pecado, el hombre y la mujer necesitan la ayuda de la gracia que Dios, en su misericordia infinita, jamás les ha negado (cf Gn 3, 21). Sin esta ayuda, el hombre y la mujer no pueden llegar a realizar la unión de sus vidas en orden a la cual Dios los creó "al comienzo". ₅₅

El matrimonio bajo la pedagogía de la antigua Ley

1609 En su misericordia, Dios no abandonó al hombre pecador. Las penas que son consecuencia del pecado, "los dolores del parto" (Gn 3, 16), el trabajo "con el sudor de tu frente" (Gn 3, 19), constituyen también remedios que limitan los daños del pecado. Tras la caída, el matrimonio ayuda a vencer el repliegue sobre sí mismo, el egoísmo, la búsqueda del propio placer, y a abrirse al otro, a la ayuda mutua, al don de sí. ₄₁₀

1610 La conciencia moral relativa a la unidad e indisolubilidad del matrimonio se desarrolló bajo la pedagogía de la Ley antigua. La poligamia de los patriarcas y de los reyes no es todavía criticada de una manera explícita. No obstante, la Ley dada por Moisés se orienta a proteger a la mujer contra un dominio arbitrario del hombre, aunque ella lleve también, según la palabra del Señor, las huellas de "la dureza del corazón" de la persona humana, razón por la cual Moisés permitió el repudio de la mujer (cf Mt 19, 8; Dt 24, 1). ₁₉₆₃ ₂₃₈₇

1611   Contemplando la Alianza de Dios con Israel bajo la ima-
219   gen de un amor conyugal exclusivo y fiel (cf Os 1-3; Is 54.62; Jr
2380   2-3.31; Ez 16, 62;23), los profetas fueron preparando la conciencia
del Pueblo elegido para una comprensión más profunda de la unidad y de la indisolubilidad del matrimonio (cf Mal 2, 13-17). Los
2361   libros de Rut y de Tobías dan testimonios conmovedores del sentido hondo del matrimonio, de la fidelidad y de la ternura de los esposos. La Tradición ha visto siempre en el Cantar de los Cantares
una expresión única del amor humano, puro reflejo del amor de
Dios, amor "fuerte como la muerte" que "las grandes aguas no
pueden anegar" (Ct 8, 6-7).

El matrimonio en el Señor

1612   La alianza nupcial entre Dios y su pueblo Israel había preparado la nueva y eterna alianza mediante la que el Hijo de Dios,
521   encarnándose y dando su vida, se unió en cierta manera con toda la
humanidad salvada por El (cf GS 22), preparando así "las bodas
del Cordero" (Ap 19, 7.9).

1613   En el umbral de su vida pública, Jesús realiza su primer
signo –a petición de su Madre– con ocasión de un banquete de bo-
da (cf Jn 2, 1-11). La Iglesia concede una gran importancia a la
presencia de Jesús en las bodas de Caná. Ve en ella la confirmación de la bondad del matrimonio y el anuncio de que en adelante
el matrimonio será un signo eficaz de la presencia de Cristo.

2336   **1614**   En su predicación, Jesús enseñó sin ambigüedad el sentido
original de la unión del hombre y la mujer, tal como el Creador la
2382   quiso al comienzo: la autorización, dada por Moisés, de repudiar a
su mujer era una concesión a la dureza del corazón (cf Mt 19, 8);
la unión matrimonial del hombre y la mujer es indisoluble: Dios
mismo la estableció: "Lo que Dios unió, que no lo separe el hombre" (Mt 19, 6).

2364   **1615**   Esta insistencia, inequívoca, en la indisolubilidad del vínculo matrimonial pudo causar perplejidad y aparecer como una exigencia irrealizable (cf Mt 19, 10). Sin embargo, Jesús no impuso a
los esposos una carga imposible de llevar y demasiado pesada (cf
Mt 11, 29-30), más pesada que la Ley de Moisés. Viniendo para
restablecer el orden inicial de la creación perturbado por el pecado,
da la fuerza y la gracia para vivir el matrimonio en la dimensión
nueva del Reino de Dios. Siguiendo a Cristo, renunciando a sí mis-

mos, tomando sobre sí sus cruces (cf Mt 8, 34), los esposos podrán "comprender" (cf Mt 19, 11) el sentido original del matrimonio y vivirlo con la ayuda de Cristo. Esta gracia del Matrimonio cristiano es un fruto de la Cruz de Cristo, fuente de toda la vida cristiana.　　1642

1616 Es lo que el apóstol Pablo da a entender diciendo: "Maridos, amad a vuestras mujeres como Cristo amó a la Iglesia y se entregó a sí mismo por ella, para santificarla" (Ef 5, 25-26), y añadiendo en seguida: "'Por eso dejará el hombre a su padre y a su madre y se unirá a su mujer, y los dos se harán una sola carne'. Gran misterio es éste, lo digo respecto a Cristo y a la Iglesia" (Ef 5, 31-32).

1617 Toda la vida cristiana está marcada por el amor esponsal de Cristo y de la Iglesia. Ya el Bautismo, entrada en el Pueblo de Dios, es un misterio nupcial. Es, por así decirlo, como el baño de bodas (cf Ef 5, 26-27) que precede al banquete de bodas, la Eucaristía. El Matrimonio cristiano viene a ser por su parte signo eficaz, sacramento de la alianza de Cristo y de la Iglesia. Puesto que es signo y comunicación de la gracia, el matrimonio entre bautizados es un verdadero sacramento de la Nueva Alianza (cf DS 1800; cf CIC can. 1055, 2).　　796

La virginidad por el Reino de Dios

1618 Cristo es el centro de toda vida cristiana. El vínculo con El ocupa el primer lugar entre todos los demás vínculos, familiares o sociales (cf Lc 14, 26; Mc 10, 28-31). Desde los comienzos de la Iglesia ha habido hombres y mujeres que han renunciado al gran bien del matrimonio para seguir al Cordero dondequiera que vaya (cf Ap 14, 4), para ocuparse de las cosas del Señor, para tratar de agradarle (cf 1 Co 7, 32), para ir al encuentro del Esposo que viene (cf Mt 25, 6). Cristo mismo invitó a algunos a seguirle en este modo de vida del que El es el modelo:　　2232　　1579

> Hay eunucos que nacieron así del seno materno, y hay eunucos hechos por los hombres, y hay eunucos que se hicieron tales a sí mismos por el Reino de los cielos. Quien pueda entender, que entienda (Mt 19, 12).

1619 La virginidad por el Reino de los cielos es un desarrollo de la gracia bautismal, un signo poderoso de la preeminencia del vínculo con Cristo, de la ardiente espera de su retorno, un signo que recuerda también que el matrimonio es una realidad que manifiesta el carácter pasajero de este mundo (cf 1 Co 7, 31; Mc 12, 25).　　922-924

1620 Estas dos realidades, el sacramento del Matrimonio y la virginidad por el Reino de Dios, vienen del Señor mismo. Es El quien les da sentido y les concede la gracia indispensable para vivirlos conforme a su voluntad (cf Mt 19, 3-12). La estima de la virginidad por el Reino (cf LG 42; PC 12; OT 10) y el sentido cristiano del Matrimonio son inseparables y se apoyan mutuamente:

> Denigrar el matrimonio es reducir a la vez la gloria de la virginidad; elogiarlo es realzar a la vez la admiración que corresponde a la virginidad... (S. Juan Crisóstomo, virg. 10, 1; cf FC 16).

2349

II   LA CELEBRACION DEL MATRIMONIO

1621 En el rito latino, la celebración del Matrimonio entre dos fieles católicos tiene lugar ordinariamente dentro de la Santa Misa, en virtud del vínculo que tienen todos los sacramentos con el Misterio Pascual de Cristo (cf SC 61). En la Eucaristía se realiza el memorial de la Nueva Alianza, en la que Cristo se unió para siempre a la Iglesia, su esposa amada por la que se entregó (cf LG 6). Es, pues, conveniente que los esposos sellen su consentimiento en darse el uno al otro mediante la ofrenda de sus propias vidas, uniéndose a la ofrenda de Cristo por su Iglesia, hecha presente en el sacrificio eucarístico, y recibiendo la Eucaristía, para que, comulgando en el mismo Cuerpo y en la misma Sangre de Cristo, "formen un solo cuerpo" en Cristo (cf 1 Co 10, 17).

1323

1368

1622 "En cuanto gesto sacramental de santificación, la celebración del matrimonio... debe ser por sí misma válida, digna y fructuosa" (FC 67). Por tanto, conviene que los futuros esposos se dispongan a la celebración de su matrimonio recibiendo el sacramento de la Penitencia.

1422

1623 En la Iglesia latina se considera habitualmente que son los esposos quienes, como ministros de la gracia de Cristo, se confieren mutuamente el sacramento del Matrimonio expresando ante la Iglesia su consentimiento. En las liturgias orientales, el ministro de este sacramento –llamado "Coronación"– es el sacerdote o el obispo, quien, después de haber recibido el consentimiento mutuo de los esposos, corona sucesivamente al esposo y a la esposa en señal de la alianza matrimonial.

1624 Las diversas liturgias son ricas en oraciones de bendición y de epiclesis pidiendo a Dios su gracia y la bendición sobre la nueva pareja, especialmente sobre la esposa. En la epiclesis de este sacramento los esposos reciben el Espíritu Santo como Comunión de amor de Cristo y de la Iglesia (cf Ef 5, 32). El Espíritu Santo es el sello de la alianza de los esposos, la fuente siempre generosa de su amor, la fuerza con que se renovará su fidelidad. [736]

III   EL CONSENTIMIENTO MATRIMONIAL

1625   Los protagonistas de la alianza matrimonial son un hombre y una mujer bautizados, libres para contraer el matrimonio y que expresan libremente su consentimiento. "Ser libre" quiere decir: [1734]

– no obrar por coacción;
– no estar impedido por una ley natural o eclesiástica.

1626   La Iglesia considera el intercambio de los consentimientos entre los esposos como el elemento indispensable "que hace el matrimonio" (CIC can. 1057, 1). Si el consentimiento falta, no hay matrimonio. [2201]

1627   El consentimiento consiste en "un acto humano, por el cual los esposos se dan y se reciben mutuamente" (GS 48, 1; cf CIC, can. 1057, 2): "Yo te recibo como esposa" - "Yo te recibo como esposo" (OcM 45). Este consentimiento que une a los esposos entre sí, encuentra su plenitud en el hecho de que los dos "vienen a ser una sola carne" (cf Gn 2, 24; Mc 10, 8; Ef 5, 31).

1628   El consentimiento debe ser un acto de la voluntad de cada uno de los contrayentes, libre de violencia o de temor grave externo (cf CIC can. 1103). Ningún poder humano puede reemplazar este consentimiento (CIC can. 1057, 1). Si esta libertad falta, el matrimonio es inválido. [1735]

1629   Por esta razón (o por otras razones que hacen nulo e inválido el matrimonio; cf CIC can. 1095-1107), la Iglesia, tras examinar la situación por el tribunal eclesiástico competente, puede declarar "la nulidad del matrimonio", es decir, que el matrimonio no ha existido. En este caso, los contrayentes quedan libres para casarse, aunque deben cumplir las obligaciones naturales nacidas de una unión precedente anterior (cf CIC can. 1071).

1630   El sacerdote (o el diácono) que asiste a la celebración del Matrimonio, recibe el consentimiento de los esposos en nombre de la Iglesia y da la bendición de la Iglesia. La presencia del ministro de la Iglesia (y también de los testigos) expresa visiblemente que el Matrimonio es una realidad eclesial.

1631   Por esta razón, la Iglesia exige ordinariamente para sus fieles *la forma eclesiástica* de la celebración del matrimonio (cf

Cc. de Trento: DS 1813-1816; CIC can. 1108). Varias razones concurren para explicar esta determinación:

1069   – El matrimonio sacramental es un acto *litúrgico*. Por tanto, es conveniente que sea celebrado en la liturgia pública de la Iglesia.

1537   – El matrimonio introduce en un *ordo* eclesial, crea derechos y deberes en la Iglesia entre los esposos y para con los hijos.

– Por ser el matrimonio un estado de vida en la Iglesia, es preciso que exista certeza sobre él (de ahí la obligación de tener testigos).

2365   – El carácter público del consentimiento protege el "Sí" una vez dado y ayuda a permanecer fiel a él.

1632   Para que el "Sí" de los esposos sea un acto libre y responsable, y para que la alianza matrimonial tenga fundamentos humanos y cristianos, sólidos y estables, la *preparación para el matrimonio* es de primera importancia:

2206   El ejemplo y la enseñanza dados por los padres y por las familias son el camino privilegiado de esta preparación.

El papel de los pastores y de la comunidad cristiana como "familia de Dios" es indispensable para la transmisión de los valores humanos y cristianos del matrimonio y de la familia (cf CIC can. 1063), y esto con mayor razón en nuestra época en la que muchos jóvenes conocen la experiencia de hogares rotos que ya no aseguran suficientemente esta iniciación:

2350   Los jóvenes deben ser instruidos adecuada y oportunamente sobre la dignidad, tareas y ejercicio del amor conyugal, sobre todo en el seno de la misma familia, para que, educados en el cultivo de la castidad, puedan pasar, a la edad conveniente, de un honesto noviazgo vivido, al matrimonio (GS 49, 3).

Matrimonios mixtos y disparidad de culto

1633   En numerosos países, la situación del *matrimonio mixto* (entre católico y bautizado no católico) se presenta con bastante frecuencia. Exige una atención particular de los cónyuges y de los pastores. El caso de matrimonios con *disparidad de culto* (entre católico y no bautizado) exige aún una mayor atención.

1634   La diferencia de confesión entre los cónyuges no constituye un obstáculo insuperable para el matrimonio, cuando llegan a poner en común lo que cada uno de ellos ha recibido en su comunidad, y a aprender el uno del otro el modo como cada uno vive su fidelidad a Cristo. Pero las dificultades de los matrimonios mixtos no deben tampoco ser subestimadas. Se deben al hecho de que la separación de los cristianos no se ha superado todavía. Los esposos corren el peligro de vivir en el seno de su
817   hogar el drama de la desunión de los cristianos. La disparidad de culto

puede agravar aún más estas dificultades. Divergencias en la fe, en la concepción misma del matrimonio, pero también mentalidades religiosas distintas pueden constituir una fuente de tensiones en el matrimonio, principalmente a propósito de la educación de los hijos. Una tentación que puede presentarse entonces es la indiferencia religiosa.

1635 Según el derecho vigente en la Iglesia latina, un matrimonio mixto necesita, para su licitud, el *permiso expreso* de la autoridad eclesiástica (cf CIC can. 1124). En caso de disparidad de culto se requiere una *dispensa expresa* del impedimento para la validez del matrimonio (cf CIC can. 1086). Este permiso o esta dispensa supone que las dos partes conocen y no excluyen los fines y las propiedades esenciales del matrimonio, así como las obligaciones que contrae la parte católica en lo que se refiere al bautismo y a la educación de los hijos en la Iglesia católica (cf CIC can. 1125).

1636 En muchas regiones, gracias al diálogo ecuménico, las comunidades cristianas interesadas han podido llevar a cabo una *pastoral común para los matrimonios mixtos*. Su objetivo es ayudar a estas parejas a vivir su situación particular a la luz de la fe. Debe también ayudarles a superar las tensiones entre las obligaciones de los cónyuges, el uno con el otro, y con sus comunidades eclesiales. Debe alentar el desarrollo de lo que les es común en la fe, y el respeto de lo que los separa.

821

1637 En los matrimonios con disparidad de culto, el esposo católico tiene una tarea particular: "Pues el marido no creyente queda santificado por su mujer, y la mujer no creyente queda santificada por el marido creyente" (1 Co 7, 14). Es un gran gozo para el cónyuge cristiano y para la Iglesia el que esta "santificación" conduzca a la conversión libre del otro cónyuge a la fe cristiana (cf 1 Co 7, 16). El amor conyugal sincero, la práctica humilde y paciente de las virtudes familiares, y la oración perseverante pueden preparar al cónyuge no creyente a recibir la gracia de la conversión.

IV   LOS EFECTOS DEL SACRAMENTO DEL MATRIMONIO

1638 "Del matrimonio válido se origina entre los cónyuges un *vínculo* perpetuo y exclusivo por su misma naturaleza; además, en el matrimonio cristiano los cónyuges son fortalecidos y quedan como consagrados por *un sacramento peculiar* para los deberes y la dignidad de su estado" (CIC can. 1134).

El vínculo matrimonial

1639 El consentimiento por el que los esposos se dan y se reciben mutuamente es sellado por el mismo Dios (cf Mc 10, 9). De su alianza "nace una institución estable por ordenación divina, también ante la sociedad" (GS 48, 1). La alianza de los esposos está integrada en la alianza de Dios con los hombres: "el auténtico amor conyugal es asumido en el amor divino" (GS 48, 2).

1640   Por tanto, el *vínculo matrimonial* es establecido por Dios mismo, de modo que el matrimonio celebrado y consumado entre bautizados no puede ser disuelto jamás. Este vínculo que resulta del acto humano libre de los esposos y de la consumación del matrimonio es una realidad ya irrevocable y da origen a una alianza garantizada por la fidelidad de Dios. La Iglesia no tiene poder para pronunciarse contra esta disposición de la sabiduría divina (cf CIC can. 1141).

2365

La gracia del sacramento del Matrimonio

1641   "En su modo y estado de vida, [los cónyuges cristianos] tienen su carisma propio en el Pueblo de Dios" (LG 11). Esta gracia propia del sacramento del Matrimonio está destinada a perfeccionar el amor de los cónyuges, a fortalecer su unidad indisoluble. Por medio de esta gracia "se ayudan mutuamente a santificarse con la vida matrimonial conyugal y en la acogida y educación de los hijos" (LG 11; cf LG 41).

1615   **1642**   *Cristo es la fuente de esta gracia.* "Pues de la misma manera que Dios en otro tiempo salió al encuentro de su pueblo por una alianza de amor y fidelidad, ahora el Salvador de los hombres

796   y Esposo de la Iglesia, mediante el sacramento del Matrimonio, sale al encuentro de los esposos cristianos" (GS 48, 2). Permanece con ellos, les da la fuerza de seguirle tomando su cruz, de levantarse después de sus caídas, de perdonarse mutuamente, de llevar unos las cargas de los otros (cf Ga 6, 2), de estar "sometidos unos a otros en el temor de Cristo" (Ef 5, 21) y de amarse con un amor sobrenatural, delicado y fecundo. En las alegrías de su amor y de su vida familiar les da, ya aquí, un gusto anticipado del banquete de las bodas del Cordero:

> ¿De dónde voy a sacar la fuerza para describir de manera satisfactoria la dicha del matrimonio que celebra la Iglesia, que confirma la ofrenda, que sella la bendición? Los ángeles lo proclaman, el Padre celestial lo ratifica... ¡Qué matrimonio el de dos cristianos, unidos por una sola esperanza, un solo deseo, una sola disciplina, el mismo servicio! Los dos hijos de un mismo Padre, servidores de un mismo Señor; nada los separa, ni en el espíritu ni en la carne; al contrario, son verdaderamente dos en una sola carne. Donde la carne es una, también es uno el espíritu (Tertuliano, *ux.* 2, 9; cf FC 13).

V   LOS BIENES Y LAS EXIGENCIAS DEL AMOR CONYUGAL

2361   **1643**   "El amor conyugal comporta una totalidad en la que entran todos los elementos de la persona –reclamo del cuerpo y del instinto, fuerza del sentimiento y de la afectividad, aspiración del espíritu y de la voluntad–; mira una unidad profundamente personal que, más allá de la unión en una sola carne, conduce a no tener más que un corazón y un alma; exige *la indisolubilidad* y *la fidelidad* de la donación recíproca definitiva; y se abre a la *fecundidad*. En una palabra: se trata de características normales de todo amor conyugal natural, pero con un significado nuevo que no sólo las purifica y consolida, sino las eleva hasta el punto de hacer de ellas la expresión de valores propiamente cristianos" (FC 13).

Unidad e indisolubilidad del matrimonio

1644 El amor de los esposos exige, por su misma naturaleza, la unidad y la indisolubilidad de la comunidad de personas que abarca la vida entera de los esposos: "De manera que ya no son dos sino una sola carne" (Mt 19, 6; cf Gn 2, 24). "Están llamados a crecer continuamente en su comunión a través de la fidelidad cotidiana a la promesa matrimonial de la recíproca donación total" (FC 19). Esta comunión humana es confirmada, purificada y perfeccionada por la comunión en Jesucristo dada mediante el sacramento del Matrimonio. Se profundiza por la vida de la fe común y por la Eucaristía recibida en común.

1645 "La unidad del matrimonio aparece ampliamente confirmada por la igual dignidad personal que hay que reconocer a la mujer y el varón en el mutuo y pleno amor" (GS 49, 2). *La poligamia* es contraria a esta igual dignidad de uno y otro y al amor conyugal que es único y exclusivo.

369

La fidelidad del amor conyugal

2364-2365

1646 El amor conyugal exige de los esposos, por su misma naturaleza, una fidelidad inviolable. Esto es consecuencia del don de sí mismos que se hacen mutuamente los esposos. El auténtico amor tiende por sí mismo a ser algo definitivo, no algo pasajero. "Esta íntima unión, en cuanto donación mutua de dos personas, como el bien de los hijos exigen la fidelidad de los cónyuges y urgen su indisoluble unidad" (GS 48, 1).

1647 Su motivo más profundo consiste en la fidelidad de Dios a su alianza, de Cristo a su Iglesia. Por el sacramento del Matrimonio los esposos son capacitados para representar y testimoniar esta fidelidad. Por el sacramento, la indisolubilidad del matrimonio adquiere un sentido nuevo y más profundo.

1648   Puede parecer difícil, incluso imposible, atarse para toda la vida a un ser humano. Por ello es tanto más importante anunciar la buena nueva de que Dios nos ama con un amor definitivo e irrevocable, de que los esposos participan de este amor, que les conforta y mantiene, y de que por su fidelidad se convierten en testigos del amor fiel de Dios. Los esposos que, con la gracia de Dios, dan este testimonio, con frecuencia en condiciones muy difíciles, merecen la gratitud y el apoyo de la comunidad eclesial (cf FC 20).

2383

1649   Existen, sin embargo, situaciones en que la convivencia matrimonial se hace prácticamente imposible por razones muy diversas. En tales casos, la Iglesia admite *la separación* física de los esposos y el fin de la cohabitación. Los esposos no cesan de ser marido y mujer delante de Dios; ni son libres para contraer una nueva unión. En esta situación difícil, la mejor solución sería, si es posible, la reconciliación. La comunidad cristiana está llamada a ayudar a estas personas a vivir cristianamente su situación en la fidelidad al vínculo de su matrimonio que permanece indisoluble (cf FC; 83; CIC can. 1151-1155).

2384

1650   Hoy son numerosos en muchos países los católicos que recurren al *divorcio* según las leyes civiles y que contraen también civilmente una nueva unión. La Iglesia mantiene, por fidelidad a la palabra de Jesucristo ("Quien repudie a su mujer y se case con otra, comete adulterio contra aquélla; y si ella repudia a su marido y se casa con otro, comete adulterio": Mc 10, 11-12), que no puede reconocer como válida esta nueva unión, si era válido el primer matrimonio. Si los divorciados se vuelven a casar civilmente, se ponen en una situación que contradice objetivamente a la ley de Dios. Por lo cual no pueden acceder a la comunión eucarística mientras persista esta situación, y por la misma razón no pueden ejercer ciertas responsabilidades eclesiales. La reconciliación mediante el sacramento de la Penitencia no puede ser concedida más que a aquellos que se arrepientan de haber violado el signo de la Alianza y de la fidelidad a Cristo y que se comprometan a vivir en total continencia.

1651   Respecto a los cristianos que viven en esta situación y que con frecuencia conservan la fe y desean educar cristianamente a sus hijos, los sacerdotes y toda la comunidad deben dar prueba de una atenta solicitud, a fin de que aquéllos no se consideren como separados de la Iglesia, de cuya vida pueden y deben participar en cuanto bautizados:

> Se les exhorte a escuchar la Palabra de Dios, a frecuentar el sacrificio de la misa, a perseverar en la oración, a incrementar las obras de caridad y las iniciativas de la comunidad en favor de la justicia, a educar sus hijos en la fe cristiana, a cultivar el espíritu y las obras de penitencia para implorar de este modo, día a día, la gracia de Dios (FC 84).

2366-2367   **La apertura a la fecundidad**

372

1652   "Por su naturaleza misma, la institución misma del matrimonio y el amor conyugal están ordenados a la procreación y a la educación de la prole y con ellas son coronados como su culminación" (GS 48, 1):

> Los hijos son, ciertamente, el don más excelente del matrimonio y contribuyen mucho al bien de sus mismos padres. El mismo Dios, que dijo: "No es bueno que el hombre esté solo (Gn 2, 18), y que hizo desde el principio al hombre, varón y mujer" (Mt 19, 4), queriendo comunicarle cierta participación especial en su propia obra creadora, bendijo al varón y a la mujer diciendo: "Creced y multiplicaos" (Gn 1, 28). De ahí que el cultivo verdadero del amor conyugal y todo el sistema de vida familiar que de él procede, sin dejar posponer los otros fines del matrimonio, tiende a que los esposos estén dispuestos con fortaleza de ánimo a cooperar con el amor del Creador y Salvador, que por medio de ellos aumenta y enriquece su propia familia cada día más (GS 50, 1).

1653 La fecundidad del amor conyugal se extiende a los frutos de la vida moral, espiritual y sobrenatural que los padres transmiten a sus hijos por medio de la educación. Los padres son los principales y primeros educadores de sus hijos (cf GE 3). En este sentido, la tarea fundamental del matrimonio y de la familia es estar al servicio de la vida (cf FC 28).

2231

1654 Sin embargo, los esposos a los que Dios no ha concedido tener hijos pueden llevar una vida conyugal plena de sentido, humana y cristianamente. Su matrimonio puede irradiar una fecundidad de caridad, de acogida y de sacrificio.

VI   LA IGLESIA DOMESTICA

1655 Cristo quiso nacer y crecer en el seno de la Sagrada Familia de José y de María. La Iglesia no es otra cosa que la "familia de Dios". Desde sus orígenes, el núcleo de la Iglesia estaba a menudo constituido por los que, "con toda su casa", habían llegado a ser creyentes (cf Hch 18, 8). Cuando se convertían deseaban también que se salvase "toda su casa" (cf Hch 16, 31 y 11, 14). Estas familias convertidas eran islotes de vida cristiana en un mundo no creyente.

759

1656 En nuestros días, en un mundo frecuentemente extraño e incluso hostil a la fe, las familias creyentes tienen una importancia primordial en cuanto faros de una fe viva e irradiadora. Por eso el Concilio Vaticano II llama a la familia, con una antigua expresión, "Ecclesia domestica" (LG 11; cf FC 21). En el seno de la familia, "los padres han de ser para sus hijos los primeros anunciadores de

2204

la fe con su palabra y con su ejemplo, y han de fomentar la vocación personal de cada uno y, con especial cuidado, la vocación a la vida consagrada" (LG 11).

1268

1657   Aquí es donde se ejercita de manera privilegiada el *sacerdocio bautismal* del padre de familia, de la madre, de los hijos, de todos los miembros de la familia, "en la recepción de los sacramentos, en la oración y en la acción de gracias, con el testimonio de una vida santa, con la renuncia y el amor que se traduce en

2214-2231

obras" (LG 10). El hogar es así la primera escuela de vida cristiana y "escuela del más rico humanismo" (GS 52, 1). Aquí se aprende la paciencia y el gozo del trabajo, el amor fraterno, el perdón gene-

2685

roso, incluso reiterado, y sobre todo el culto divino por medio de la oración y la ofrenda de su vida.

1658   Es preciso recordar asimismo a un gran número de *personas que permanecen solteras* a causa de las concretas condiciones en que deben vivir, a menudo sin haberlo querido ellas mismas. Estas personas se encuentran particularmente cercanas al corazón de Jesús; y, por ello, merecen afecto y solicitud diligentes de la Iglesia, particularmente de sus pastores. Muchas de ellas viven *sin familia humana*, con frecuencia a causa de condiciones de pobreza. Hay quienes viven su situación según el espíritu de las biena-

2231

venturanzas sirviendo a Dios y al prójimo de manera ejemplar. A todas ellas es preciso abrirles las puertas de los hogares, "iglesias

2233

domésticas" y las puertas de la gran familia que es la Iglesia. "Nadie se sienta sin familia en este mundo: la Iglesia es casa y familia de todos, especialmente para cuantos están 'fatigados y agobiados' (Mt 11, 28)" (FC 85).

RESUMEN

1659   *S. Pablo dice: "Maridos, amad a vuestras mujeres como Cristo amó a la Iglesia... Gran misterio es éste, lo digo con respecto a Cristo y la Iglesia" (Ef 5, 25.32).*

1660   *La alianza matrimonial, por la que un hombre y una mujer constituyen una íntima comunidad de vida y de amor, fue fundada y dotada de sus leyes propias por el Creador. Por su naturaleza está ordenada al bien de los cónyuges así como a la generación y educación de los hijos. Entre bautizados, el matrimonio ha sido elevado por Cristo Señor a la dignidad de sacramento (cf GS 48, 1; CIC can. 1055, 1).*

1661   *El sacramento del Matrimonio significa la unión de Cristo con la Iglesia. Da a los esposos la gracia de amarse con*

el amor con que Cristo amó a su Iglesia; la gracia del sa-
cramento perfecciona así el amor humano de los esposos,
reafirma su unidad indisoluble y los santifica en el camino
de la vida eterna (cf Cc. de Trento: DS 1799).

1662 *El matrimonio se funda en el consentimiento de los con-*
trayentes, es decir, en la voluntad de darse mutua y defini-
tivamente con el fin de vivir una alianza de amor fiel y fe-
cundo.

1663 *Dado que el matrimonio establece a los cónyuges en un*
estado público de vida en la Iglesia, la celebración del
mismo se hace ordinariamente de modo público, en el
marco de una celebración litúrgica, ante el sacerdote (o el
testigo cualificado de la Iglesia), los testigos y la asam-
blea de los fieles.

1664 *La unidad, la indisolubilidad, y la apertura a la fecundi-*
dad son esenciales al matrimonio. La poligamia es incom-
patible con la unidad del matrimonio; el divorcio separa
lo que Dios ha unido; el rechazo de la fecundidad priva a
la vida conyugal de su "don más excelente", el hijo (GS
50, 1).

1665 *Contraer un nuevo matrimonio por parte de los divorcia-*
dos mientras viven sus cónyuges legítimos contradice el
plan y la ley de Dios enseñados por Cristo. Los que viven
en esta situación no están separados de la Iglesia, pero no
pueden acceder a la comunión eucarística. Pueden vivir
su vida cristiana sobre todo educando a sus hijos en la fe.

1666 *El hogar cristiano es el lugar en que los hijos reciben el*
primer anuncio de la fe. Por eso la casa familiar es llama-
da justamente "Iglesia doméstica", comunidad de gracia
y de oración, escuela de virtudes humanas y de caridad
cristiana.

CAPITULO CUARTO

OTRAS CELEBRACIONES LITURGICAS

Artículo 1   **LOS SACRAMENTALES**

1667 "La Santa Madre Iglesia instituyó, además, los sacramentales. Estos son signos sagrados con los que, imitando de alguna
manera a los sacramentos, se expresan efectos, sobre todo espiri-

tuales, obtenidos por la intercesión de la Iglesia. Por ellos, los hombres se disponen a recibir el efecto principal de los sacramentos y se santifican las diversas circunstancias de la vida" (SC 60; cf CIC can. 1166; CCEO can. 867)

Características de los sacramentales

1668   Han sido instituidos por la Iglesia en orden a la santificación de ciertos ministerios eclesiales, de ciertos estados de vida, de circunstancias muy variadas de la vida cristiana, así como del uso de cosas útiles al hombre. Según las decisiones pastorales de los obispos pueden también responder a las necesidades, a la cultura, y a la historia propias del pueblo cristiano de una región o de una época. Comprenden siempre una oración, con frecuencia acompa-
699; 2157   ñada de un signo determinado, como la imposición de la mano, la señal de la cruz, la aspersión con agua bendita (que recuerda el Bautismo).

784   **1669**   Los sacramentales proceden del sacerdocio bautismal: todo bautizado es llamado a ser una "bendición" (cf Gn 12, 2) y a bendecir (cf Lc 6, 28; Rm 12, 14; 1 P 3, 9). Por eso los laicos pue-
2626   den presidir ciertas bendiciones (cf SC 79; CIC can. 1168); la presidencia de una bendición se reserva al ministerio ordenado (obispos, presbíteros o diáconos; cf Ben 16; 18), en la medida en que dicha bendición afecte más a la vida eclesial y sacramental.

1128   **1670**   Los sacramentales no confieren la gracia del Espíritu Santo a la manera de los sacramentos, pero por la oración de la Iglesia
2001   preparan a recibirla y disponen a cooperar con ella. "La liturgia de los sacramentos y de los sacramentales hace que, en los fieles bien dispuestos, casi todos los acontecimientos de la vida sean santificados por la gracia divina que emana del misterio pascual de la pasión, muerte y resurrección de Cristo, de quien reciben su poder todos los sacramentos y sacramentales, y que todo uso honesto de las cosas materiales pueda estar ordenado a la santificación del hombre y a la alabanza de Dios" (SC 61).

Diversas formas de sacramentales

1078   **1671**   Entre los sacramentales figuran en primer lugar *las bendiciones* (de personas, de la mesa, de objetos, de lugares). Toda bendición es alabanza de Dios y oración para obtener sus dones. En Cristo, los cristianos son bendecidos por Dios Padre "con toda clase de bendiciones espirituales" (Ef 1, 3). Por eso la Iglesia da la bendición invocando el nombre de Jesús y haciendo habitualmente la señal santa de la cruz de Cristo.

1672   Ciertas bendiciones tienen un alcance permanente: su efecto es *consagrar* personas a Dios y reservar para el uso litúrgico objetos y lugares. Entre las que están destinadas a personas –que no se han de confundir con la ordenación sacramental– figuran la bendición del abad o de la abadesa de un monasterio, la consagración de vírgenes, el rito de la profesión religiosa y las bendiciones para ciertos ministerios de la Iglesia (lectores, acólitos, catequistas, etc.). Como ejemplo de las que se refieren a objetos, se puede señalar la dedicación o bendición de una iglesia o de un altar, la bendición de los santos óleos, de los vasos y ornamentos sagrados, de las campanas, etc.

923
925
903

1673   Cuando la Iglesia pide públicamente y con autoridad, en nombre de Jesucristo, que una persona o un objeto sea protegido contra las asechanzas del maligno y sustraída a su dominio, se habla de *exorcismo*. Jesús lo practicó (cf Mc 1, 25 s;), de él tiene la Iglesia el poder y el oficio de exorcizar (cf Mc 3, 15; 6, 7. 13; 16, 17). En forma simple, el exorcismo tiene lugar en la celebración del Bautismo. El exorcismo solemne sólo puede ser practicado por un sacerdote y con el permiso del obispo. En estos casos es preciso proceder con prudencia, obervando estrictamente las reglas establecidas por la Iglesia. El exorcismo intenta expulsar a los demonios o liberar del dominio demoníaco gracias a la autoridad espiritual que Jesús ha confiado a su Iglesia. Muy distinto es el caso de las enfermedades, sobre todo psíquicas, cuyo cuidado pertenece a la ciencia médica. Por tanto, es importante asegurarse, antes de celebrar el exorcismo, de que se trata de un presencia del Maligno y no de una enfermedad (cf CIC can. 1172).

395
550

1237

La religiosidad popular

1674   Además de la liturgia sacramental y de los sacramentales, la catequesis debe tener en cuenta las formas de piedad de los fieles y de religiosidad popular. El sentido religioso del pueblo cristiano ha encontrado, en todo tiempo, su expresión en formas variadas de piedad en torno a la vida sacramental de la Iglesia: tales como la veneración de las reliquias, las visitas a santuarios, las peregrinaciones, las procesiones, el vía crucis, las danzas religiosas, el rosario, las medallas, etc. (cf Cc. de Nicea II: DS 601; 603; Cc. de Trento: DS 1822).

2688

2669
2678

1675   Estas expresiones prolongan la vida litúrgica de la Iglesia, pero no la sustituyen: "Pero conviene que estos ejercicios se organicen teniendo en cuenta los tiempos litúrgicos para que estén de acuerdo con la sagrada liturgia, deriven en cierto modo de ella y conduzcan al pueblo a ella, ya que la liturgia, por su naturaleza, está muy por encima de ellos" (SC 13).

1676   Se necesita un discernimiento pastoral para sostener y apoyar la religiosidad popular y, llegado el caso, para purificar y rectificar el sentido religioso que subyace en estas devociones y para hacerlas progresar en el conocimiento del Misterio de Cristo (cf CT 54). Su ejercicio está so-

426

metido al cuidado y al juicio de los obispos y a las normas generales de la Iglesia (cf CT 54).

La religiosidad del pueblo, en su núcleo, es un acervo de valores que responde con sabiduría cristiana a los grandes interrogantes de la existencia. La sapiencia popular católica tiene una capacidad de síntesis vital; así conlleva creadoramente lo divino y lo humano; Cristo y María, espíritu y cuerpo; comunión e institución; persona y comunidad; fe y patria; inteligencia y afecto. Esa sabiduría es un humanismo cristiano que afirma radicalmente la dignidad de toda persona como hijo de Dios, establece una fraternidad fundamental, enseña a encontrar la naturaleza y a comprender el trabajo y proporciona las razones para la alegría y el humor, aun en medio de una vida muy dura. Esa sabiduría es también para el pueblo un principio de discernimiento, un instinto evangélico por el que capta espontáneamente cuándo se sirve en la Iglesia al Evangelio y cuándo se lo vacía y asfixia con otros intereses (Documento de Puebla, 1979, n° 448; cf EN 48).

RESUMEN

1677 *Se llaman sacramentales los signos sagrados instituidos por la Iglesia cuyo fin es preparar a los hombres para recibir el fruto de los sacramentos y santificar las diversas circunstancias de la vida.*

1678 *Entre los sacramentales, las bendiciones ocupan un lugar importante. Comprenden a la vez la alabanza de Dios por sus obras y sus dones, y la intercesión de la Iglesia para que los hombres puedan hacer uso de los dones de Dios según el espíritu de los Evangelios.*

1679 *Además de la liturgia, la vida cristiana se nutre de formas variadas de piedad popular, enraizadas en las distintas culturas. Esclareciéndolas a la luz de la fe, la Iglesia favorece aquellas formas de religiosidad popular que expresan mejor un sentido evangélico y una sabiduría humana, y que enriquecen la vida cristiana.*

Artículo 2   **LAS EXEQUIAS CRISTIANAS**

1525   **1680**   Todos los sacramentos, principalmente los de la iniciación cristiana, tienen como fin último la Pascua definitiva del cristiano, es decir, la que a través de la muerte hace entrar al creyente en la vida del Reino. Entonces se cumple en él lo que la fe y la esperanza han confesado: "Espero la resurrección de los muertos y la vida del mundo futuro" (Símbolo de Nicea-Constantinopla).

I   LA ULTIMA PASCUA DEL CRISTIANO

1681 El sentido cristiano de la muerte es revelado a la luz del *Misterio pascual* de la muerte y de la resurrección de Cristo, en quien radica nuestra única esperanza. El cristiano que muere en Cristo Jesús "sale de este cuerpo para vivir con el Señor" (2 Co 5, 8).

1010-1074

1682 El día de la muerte inaugura para el cristiano, al *término de su vida sacramental*, la plenitud de su nuevo nacimiento comenzado en el Bautismo, la "semejanza" definitiva a "imagen del Hijo", conferida por la Unción del Espíritu Santo y la participación en el Banquete del Reino anticipado en la Eucaristía, aunque pueda todavía necesitar últimas purificaciones para revestirse de la túnica nupcial.

1683 La Iglesia que, como Madre, ha llevado sacramentalmente en su seno al cristiano durante su peregrinación terrena, lo acompaña al término de su caminar para entregarlo "en las manos del Padre". La Iglesia ofrece al Padre, en Cristo, al hijo de su gracia, y deposita en la tierra, con esperanza, el germen del cuerpo que resucitará en la gloria (cf 1 Co 15, 42-44). Esta ofrenda es plenamente celebrada en el Sacrificio eucarístico; las bendiciones que preceden y que siguen son sacramentales.

1020

627

II   LA CELEBRACION DE LAS EXEQUIAS

1684 Las exequias cristianas no confieren al difunto ni sacramento ni sacramental, puesto que ha "pasado" más allá de la economía sacramental. Pero no dejan de ser una celebración litúrgica de la Iglesia (cf SC 81-82). El ministerio de la Iglesia pretende expresar también aquí la comunión eficaz con el *difunto*, y hacer participar en esa comunión a la *asamblea* reunida para las exequias y anunciarle la vida eterna.

1685 Los diferentes ritos de las exequias expresan el carácter pascual de la muerte cristiana y responden a las situaciones y a las tradiciones de cada región, aun en lo referente al color litúrgico (cf SC 81).

1686 *El Ordo exequiarum* (OEx) o Ritual de los funerales de la liturgia romana propone tres tipos de celebración de las exequias, correspondientes a tres lugares de su desarrollo (la casa, la iglesia, el cementerio), y según la importancia que les presten la familia, las costumbres locales, la cultura y la piedad popular. Por otra parte, este desarrollo es común a todas las tradiciones litúrgicas y comprende cuatro momentos principales:

1687 *La acogida de la comunidad.* El saludo de fe abre la celebración. Los familiares del difunto son acogidos con una palabra de "consolación" (en el sentido del Nuevo Testamento: la fuerza del Espíritu Santo en la esperanza; cf 1 Ts 4, 18). La comunidad orante que se reúne espera también "las palabras de vida eterna". La muerte de un miembro de la comunidad (o el aniversario, el séptimo o el cuadragésimo día) es un acontecimiento que debe hacer superar las perspectivas de "este mundo" y atraer a los fieles, a las verdaderas perspectivas de la fe en Cristo resucitado.

1688   *La Liturgia de la Palabra.* La celebración de la Liturgia de la Palabra en las exequias exige una preparación, tanto más atenta cuanto que la asamblea allí presente puede incluir fieles poco asiduos a la liturgia y amigos del difunto que no son cristianos. La homilía, en particular, debe "evitar" el género literario de elogio fúnebre (OEx 41) y debe iluminar el misterio de la muerte cristiana a la luz de Cristo resucitado.

1371   **1689**   *El Sacrificio eucarístico.* Cuando la celebración tiene lugar en la iglesia, la Eucaristía es el corazón de la realidad pascual de la muerte cristiana (cf OEx 1). La iglesia expresa entonces su comunión eficaz con el difunto: ofreciendo al Padre, en el Espíritu Santo, el sacrificio de la muerte y resurrección de Cristo, pide que su hijo sea purificado de sus pecados y de sus consecuencias y que sea admitido a la plenitud pascual de la mesa del Reino (cf OEx 57). Así celebrada la Eucaristía, la comunidad de fieles, especialmente la familia del difunto, aprende a vivir en comunión con quien "se durmió en el Señor", comulgando con el Cuerpo de Cristo, de quien es miembro vivo, y orando luego por él y con él.

958

2300   **1690**   *El adiós* ("a Dios") al difunto es "su recomendación a Dios" por la Iglesia. Es el "último adiós por el que la comunidad cristiana despide a uno de sus miembros antes que su cuerpo sea llevado a su sepulcro" (OEx 10). La tradición bizantina lo expresa con el beso de adiós al difunto:

> Con este saludo final "se canta por su partida de esta vida y por su separación, pero también porque existe una comunión y una reunión. En efecto, una vez muertos no estamos en absoluto separados unos de otros, pues todos recorremos el mismo camino y nos volveremos a encontrar en un mismo lugar. No nos separaremos jamás, porque vivimos para Cristo y ahora estamos unidos a Cristo, yendo hacia El... estaremos todos juntos en Cristo" (S. Simeón de Tesalónica, De ordine sep.).

Tercera parte
La vida en Cristo

1691 "Cristiano, reconoce tu dignidad. Puesto que ahora participas de la naturaleza divina, no degeneres volviendo a la bajeza de tu vida pasada. Recuerda a qué Cabeza perteneces y de qué Cuerpo eres miembro. Acuérdate de que has sido arrancado del poder de las tinieblas para ser trasladado a la luz del Reino de Dios" (San León Magno, serm. 21, 2-3).

790

1692 El Símbolo de la fe profesa la grandeza de los dones de Dios al hombre por la obra de su creación, y más aún, por la redención y la santificación. Lo que confiesa la fe, los sacramentos lo comunican: por "los sacramentos que les han hecho renacer", los cristianos han llegado a ser "hijos de Dios" (Jn 1, 12; 1 Jn 3, 1), "partícipes de la naturaleza divina" (2 P 1, 4). Los cristianos, reconociendo en la fe su nueva dignidad, son llamados a llevar en adelante una "vida digna del Evangelio de Cristo" (Flp 1, 27). Por los sacramentos y la oración reciben la gracia de Cristo y los dones de su Espíritu que les capacitan para ello.

1693 Cristo Jesús hizo siempre lo que agradaba al *Padre* (cf Jn 8, 29). Vivió siempre en perfecta comunión con El. De igual modo sus discípulos son invitados a vivir bajo la mirada del Padre "que ve en lo secreto" (cf Mt 6, 6) para ser "perfectos como el Padre celestial es perfecto" (Mt 5, 48).

1694 Incorporados a *Cristo* por el bautismo (cf Rm 6, 5), los cristianos están "muertos al pecado y vivos para Dios en Cristo Jesús" (Rm 6, 11), participando así en la vida del Resucitado (cf Col 2, 12). Siguiendo a Cristo y en unión con él (cf Jn 15, 5), los cristianos pueden ser "imitadores de Dios, como hijos queridos y vivir en el amor" (Ef 5, 1), conformando sus pensamientos, sus palabras y sus acciones con "los sentimientos que tuvo Cristo" (Flp 2, 5) y siguiendo sus ejemplos (cf Jn 13, 12-16).

1267

1695 "Justificados en el nombre del Señor Jesucristo y en el Espíritu de nuestro Dios" (1 Co 6, 11), "santificados y llamados a ser santos" (1 Co 1, 2), los cristianos se convierten en "el templo del *Espíritu Santo*" (cf 1 Co 6, 19). Este "Espíritu del Hijo" les enseña a orar al Padre (cf Ga 4, 6) y, haciéndose vida en ellos, les hace obrar (cf Ga 5, 25) para dar "los frutos del Espíritu" (Ga 5, 22) por la caridad operante. Sanando las heridas del pecado, el Espíritu

Santo nos renueva interiormente mediante una transformación espiritual (cf Ef 4, 23), nos ilumina y nos fortalece para vivir como "hijos de la luz" (Ef 5, 8), "por la bondad, la justicia y la verdad" en todo (Ef 5, 9).

1970 **1696** El camino de Cristo "lleva a la vida", un camino contrario "lleva a la perdición" (Mt 7, 13; cf Dt 30, 15-20). La parábola evangélica de los *dos caminos* está siempre presente en la catequesis de la Iglesia. Significa la importancia de las decisiones morales para nuestra salvación. "Hay dos caminos, el uno de la vida, el otro de la muerte; pero entre los dos, una gran diferencia" (Didajé, 1, 1).

1697 En la *catequesis* es importante destacar con toda claridad el gozo y las exigencias del camino de Cristo (cf CT 29). La catequesis de la "vida nueva" en El (Rm 6, 4) será:

737 ss.   – *una catequesis del Espíritu Santo*, Maestro interior de la vida según Cristo, dulce huésped del alma que inspira, conduce, rectifica y fortalece esta vida;

1938 ss.   – *una catequesis de la gracia*, pues por la gracia somos salvados, y también por la gracia nuestras obras pueden dar fruto para la vida eterna;

1716 ss.   – *una catequesis de las bienaventuranzas*, porque el camino de Cristo está resumido en las bienventuranzas, único camino hacia la dicha eterna a la que aspira el corazón del hombre;

184 ss.   – *una catequesis del pecado y del perdón*, porque sin reconocerse pecador, el hombre no puede conocer la verdad sobre sí mismo, condición del obrar justo, y sin el ofrecimiento del perdón no podría soportar esta verdad;

1803 ss.   – *una catequesis de las virtudes humanas* que haga captar la belleza y el atractivo de las rectas disposiciones para el bien;

1812 ss.   – *una catequesis de las virtudes cristianas* de fe, esperanza y caridad que se inspire ampliamente en el ejemplo de los santos;

2067 ss.   – *una catequesis del doble mandamiento de la caridad* desarrollado en el Decálogo;

946 ss.   – *una catequesis eclesial*, pues en los múltiples intercambios de los "bienes espirituales" en la "comunión de los santos" es donde la vida cristiana puede crecer, desplegarse y comunicarse.

426   **1698** La referencia primera y última de esta catequesis será siempre Jesucristo que es "el camino, la verdad y la vida" (Jn 14,

6). Contemplándole en la fe, los fieles de Cristo pueden esperar que El realice en ellos sus promesas, y que amándolo con el amor con que El nos ha amado realicen las obras que corresponden a su dignidad:

> Os ruego que penséis que Jesucristo, Nuestro Señor, es vuestra verdadera Cabeza, y que vosotros sois uno de sus miembros. El es con relación a vosotros lo que la cabeza es con relación a sus miembros; todo lo que es suyo es vuestro, su espíritu, su Corazón, su cuerpo, su alma y todas sus facultades, y debéis usar de ellos como de cosas que son vuestras, para servir, alabar, amar y glorificar a Dios. Vosotros sois de El como los miembros lo son de su cabeza. Así desea El ardientemente usar de todo lo que hay en vosotros, para el servicio y la gloria de su Padre, como de cosas que son de El (S. Juan Eudes, cord. 1, 5).

Mi vida es Cristo (Flp 1, 21).

PRIMERA SECCION

LA VOCACION DEL HOMBRE: LA VIDA EN EL ESPIRITU

1699 La vida en el Espíritu Santo realiza la vocación del hombre (Capítulo primero). Está hecha de caridad divina y solidaridad humana (Capítulo segundo). Es concedida gratuitamente como una Salvación (Capítulo tercero).

CAPITULO PRIMERO

LA DIGNIDAD DE LA PERSONA HUMANA

1700 La dignidad de la persona humana está enraizada en su creación a imagen y semejanza de Dios (artículo 1); se realiza en su vocación a la bienaventuranza divina (artículo 2). Corresponde al ser humano llegar libremente a esta realización (artículo 3). Por sus actos deliberados (artículo 4), la persona humana se conforma, o no se conforma, al bien prometido por Dios y atestiguado por la conciencia moral (artículo 5). Los seres humanos se edifican a sí mismos y crecen desde el interior: hacen de toda su vida sensible y espiritual un material de su crecimiento (artículo 6). Con la ayuda de la gracia crecen en la virtud (artículo 7), evitan el pecado y, si lo han cometido recurren como el hijo pródigo (cf Lc 15, 11-31) a la misericordia de nuestro Padre del cielo (artículo 8). Así acceden a la perfección de la caridad. {.col-margin 356} {.col-margin 1439}

Artículo 1   **EL HOMBRE, IMAGEN DE DIOS**

1701 "Cristo, el nuevo Adán, en la misma revelación del misterio del Padre y de su amor, manifiesta plenamente el hombre al propio hombre y le descubre la grandeza de su vocación" (GS 22, 1). En Cristo, "imagen del Dios invisible" (Col 1, 15; cf 2 Co 4, 4), el hombre ha sido creado "a imagen y semejanza" del Creador. En Cristo, redentor y salvador, la imagen divina alterada en el hombre por el primer pecado ha sido restaurada en su belleza original y ennoblecida con la gracia de Dios (cf GS 22, 2). {.col-margin 359}

1702 La imagen divina está presente en todo hombre. Resplandece en la comunión de las personas a semejanza de la unión de las personas divinas entre sí (cf Capítulo segundo). {.col-margin 1878}

363   **1703**   Dotada de un alma "espiritual e inmortal" (GS 14), la persona humana es la "única criatura en la tierra a la que Dios ha
2258   amado por sí misma" (GS 24, 3). Desde su concepción está destinada a la bienaventuranza eterna.

1704   La persona humana participa de la luz y la fuerza del Espí-
339   ritu divino. Por la razón es capaz de comprender el orden de las
cosas establecido por el Creador. Por su voluntad es capaz de diri-
30   girse por sí misma a su bien verdadero. Encuentra su perfección en
la búsqueda y el amor de la verdad y del bien (cf GS 15, 2).

1705   En virtud de su alma y de sus potencias espirituales de en-
1730   tendimiento y de voluntad, el hombre está dotado de libertad, "signo eminente de la imagen divina" (GS 17).

1706   Mediante su razón, el hombre conoce la voz de Dios que
le impulsa "a hacer el bien y a evitar el mal" (GS 16). Todo hom-
1776   bre debe seguir esta ley que resuena en la conciencia y que se realiza en el amor de Dios y del prójimo. El ejercicio de la vida moral
proclama la dignidad de la persona humana.

397   **1707**   "El hombre, persuadido por el Maligno, abusó de su libertad, desde el comienzo de la historia" (GS 13, 1). Sucumbió a la
tentación y cometió el mal. Conserva el deseo del bien, pero su naturaleza lleva la herida del pecado original. Ha quedado inclinado
al mal y sujeto al error.

> De ahí que el hombre esté dividido en su interior. Por esto,
> toda vida humana, singular o colectiva, aparece como una lucha,
> ciertamente dramática, entre el bien y el mal, entre la luz y las
> tinieblas (GS 13, 2).

617   **1708**   Por su pasión, Cristo nos libró de Satán y del pecado. Nos
mereció la vida nueva en el Espíritu Santo. Su gracia restaura en
nosotros lo que el pecado había deteriorado.

1265   **1709**   El que cree en Cristo es hecho hijo de Dios. Esta adopción
filial lo transforma dándole la posibilidad de seguir el ejemplo de
Cristo. Le hace capaz de obrar rectamente y de practicar el bien.
En la unión con su Salvador, el discípulo alcanza la perfección de
la caridad, la santidad. La vida moral, madurada en la gracia, cul-
1050   mina en vida eterna, en la gloria del cielo.

RESUMEN

1710   *"Cristo manifiesta plenamente el hombre al propio hombre y le descubre la grandeza de su vocación" (GS 22, 1).*

1711 *Dotada de alma espiritual, de entendimiento y de voluntad, la persona humana está desde su concepción ordenada a Dios y destinada a la bienaventuranza eterna. Camina hacia su perfección en la búsqueda y el amor de la verdad y del bien (cf GS 15, 2).*

1712 *La verdadera libertad es en el hombre el "signo eminente de la imagen divina" (GS 17).*

1713 *El hombre debe seguir la ley moral que le impulsa "a hacer el bien y a evitar el mal" (GS 16). Esta ley resuena en su conciencia.*

1714 *El hombre, herido en su naturaleza por el pecado original, está sujeto al error e inclinado al mal en el ejercicio de su libertad.*

1715 *El que cree en Cristo tiene la vida nueva en el Espíritu Santo. La vida moral, desarrollada y madurada en la gracia, alcanza su plenitud en la gloria del cielo.*

Artículo 2 **NUESTRA VOCACION A LA BIENAVENTURANZA**

I LAS BIENAVENTURANZAS

1716 Las bienaventuranzas están en el centro de la predicación de Jesús. Con ellas Jesús recoge las promesas hechas al pueblo elegido desde Abraham; pero las perfecciona ordenándolas no sólo a la posesión de una tierra, sino al Reino de los cielos: 2546

> Bienaventurados los pobres de espíritu, porque de ellos es el Reino de los cielos.
> Bienaventurados los mansos, porque ellos poseerán en herencia la tierra.
> Bienaventurados los que lloran, porque ellos serán consolados.
> Bienaventurados los que tienen hambre y sed de justicia, porque ellos serán saciados.
> Bienaventurados los misericordiosos, porque ellos alcanzarán misericordia.
> Bienaventurados los limpios de corazón, porque ellos verán a Dios.
> Bienaventurados los que buscan la paz, porque ellos serán llamados hijos de Dios.
> Bienaventurados los perseguidos por causa de la justicia, porque de ellos es el Reino de los cielos.
> Bienaventurados seréis cuando os injurien, os persigan y digan con mentira toda clase de mal contra vosotros por mi causa.

Alegraos y regocijaos porque vuestra recompensa será grande en los cielos.

(Mt 5, 3-12).

459 **1717** Las bienaventuranzas dibujan el rostro de Jesucristo y describen su caridad; expresan la vocación de los fieles asociados a la gloria de su Pasión y de su Resurrección; iluminan las acciones y las actitudes características de la vida cristiana; son promesas para-
1820 dójicas que sostienen la esperanza en las tribulaciones; anuncian a los discípulos las bendiciones y las recompensas ya incoadas; quedan inauguradas en la vida de la Virgen María y de todos los santos.

II   EL DESEO DE FELICIDAD

27 **1718** Las bienaventuranzas responden al deseo natural de felici-
1024 dad. Este deseo es de origen divino: Dios lo ha puesto en el corazón del hombre a fin de atraerlo hacia El, el único que lo puede satisfacer:

> Ciertamente todos nosotros queremos vivir felices, y en el género humano no hay nadie que no dé su asentimiento a esta proposición incluso antes de que sea plenamente enunciada (S. Agustín, mor. eccl. 1, 3, 4).

2541
> ¿Cómo es, Señor, que yo te busco? Porque al buscarte, Dios mío, busco la vida feliz, haz que te busque para que viva mi alma, porque mi cuerpo vive de mi alma y mi alma vive de ti (S. Agustín, conf. 10, 20. 29).

> Sólo Dios sacia (S. Tomás de Aquino, symb. 1).

1950 **1719** Las bienaventuranzas descubren la meta de la existencia humana, el fin último de los actos humanos: Dios nos llama a su propia bienaventuranza. Esta vocación se dirige a cada uno personalmente, pero también al conjunto de la Iglesia, pueblo nuevo de los que han acogido la promesa y viven de ella en la fe.

III   LA BIENAVENTURANZA CRISTIANA

1027 **1720** El Nuevo Testamento utiliza varias expresiones para caracterizar la bienaventuranza a la que Dios llama al hombre: la llegada del Reino de Dios (cf Mt 4, 17); la visión de Dios: "Dichosos los limpios de corazón porque ellos verán a Dios" (Mt 5, 8; cf 1 Jn 3, 2; 1 Co 13, 12); la entrada en el gozo del Señor (cf Mt 25, 21. 23); la entrada en el Descanso de Dios (Hb 4, 7-11):

> Allí descansaremos y veremos; veremos y nos amaremos; amaremos y alabaremos. He aquí lo que acontecerá al fin sin fin. ¿Y qué otro fin tenemos, sino llegar al Reino que no tendrá fin? (S. Agustín, civ. 22, 30).

1721 Porque Dios nos ha puesto en el mundo para conocerle, servirle y amarle, y así ir al cielo. La bienaventuranza nos hace participar de la naturaleza divina (2 P 1, 4) y de la Vida eterna (cf Jn 17, 3). Con ella, el hombre entra en la gloria de Cristo (cf Rm 8, 18) y en el gozo de la vida trinitaria.   260

1722 Semejante bienaventuranza supera la inteligencia y las solas fuerzas humanas. Es fruto del don gratuito de Dios. Por eso la llamamos sobrenatural, así como también llamamos sobrenatural la gracia que dispone al hombre a entrar en el gozo divino.   1028

> "Bienaventurados los limpios de corazón porque ellos verán a Dios". Ciertamente, según su grandeza y su inexpresable gloria, "nadie verá a Dios y seguirá viviendo", porque el Padre es inasequible; pero su amor, su bondad hacia los hombres y su omnipotencia llegan hasta conceder a los que lo aman el privilegio de ver a Dios... "porque lo que es imposible para los hombres es posible para Dios" (S. Ireneo, haer. 4, 20, 5).   294

1723 La bienaventuranza prometida nos coloca ante opciones morales decisivas. Nos invita a purificar nuestro corazón de sus malvados instintos y a buscar el amor de Dios por encima de todo. Nos enseña que la verdadera dicha no reside ni en la riqueza o el bienestar, ni en la gloria humana o el poder, ni en ninguna obra humana, por útil que sea, como las ciencias, las técnicas y las artes, ni en ninguna criatura, sino sólo en Dios, fuente de todo bien y de todo amor: 2519   227

> El dinero es el ídolo de nuestro tiempo. A él rinde homenaje "instintivo" la multitud, la masa de los hombres. Estos miden la dicha según la fortuna, y, según la fortuna también, miden la honorabilidad... Todo esto se debe a la convicción de que con la riqueza se puede todo. La riqueza por tanto es uno de los ídolos de nuestros días, y la notoriedad es otro... La notoriedad, el hecho de ser reconocido y de hacer ruido en el mundo (lo que podría llamarse una fama de prensa), ha llegado a ser considerada como un bien en sí mismo, un bien soberano, un objeto de verdadera veneración (Newman, mix. 5, sobre la santidad).

1724 El Decálogo, el Sermón de la Montaña y la catequesis apostólica nos describen los caminos que conducen al Reino de los cielos. Por ellos avanzamos paso a paso mediante los actos de cada día sostenidos por la gracia del Espíritu Santo. Fecundados por la Palabra de Cristo, damos lentamente frutos en la Iglesia para la gloria de Dios (cf la parábola del sembrador: Mt 13, 3-23).

RESUMEN

1725   *Las bienaventuranzas recogen y perfeccionan las promesas de Dios desde Abraham ordenándolas al Reino de los
cielos. Responden al deseo de felicidad que Dios ha puesto en el corazón del hombre.*

1726   *Las bienaventuranzas nos enseñan el fin último al que
Dios nos llama: el Reino, la visión de Dios, la participación en la naturaleza divina, la vida eterna, la filiación, el
descanso en Dios.*

1727   *La bienaventuranza de la vida eterna es un don gratuito
de Dios; es sobrenatural como también lo es la gracia que
conduce a ella.*

1728   *Las bienventuranzas nos colocan ante opciones decisivas
con respecto a los bienes terrenos; purifican nuestro corazón para enseñarnos a amar a Dios sobre todas las cosas.*

1729   *La bienaventuranza del cielo determina los criterios de
discernimiento en el uso de los bienes terrenos en conformidad a la Ley de Dios.*

Artículo 3   **LA LIBERTAD DEL HOMBRE**

1730   Dios ha creado al hombre racional confiriéndole la dignidad de una persona dotada de la iniciativa y del dominio de sus actos. "Quiso Dios 'dejar al hombre en manos de su propia decisión'
(Si 15, 14), de modo que busque a su Creador sin coacciones y, ad-
30   hiriéndose a El, llegue libremente a la plena y feliz perfección"
(GS 17):

> El hombre es racional, y por ello semejante a Dios; fue
> creado libre y dueño de sus actos (S. Ireneo, haer. 4, 4, 3).

I   LIBERTAD Y RESPONSABILIDAD

1731   La libertad es el poder, radicado en la razón y en la voluntad, de obrar o de no obrar, de hacer esto o aquello, de ejecutar así
por sí mismo acciones deliberadas. Por el libre arbitrio cada uno
dispone de sí mismo. La libertad es en el hombre una fuerza de
crecimiento y de maduración en la verdad y la bondad. La libertad
172   alcanza su perfección cuando está ordenada a Dios, nuestra
bienaventuranza.

1732 Hasta que no llega a encontrarse definitivamente con su bien último que es Dios, la libertad implica la posibilidad de *elegir entre el bien y el mal*, y por tanto, de crecer en perfección o de flaquear y pecar. La libertad caracteriza los actos propiamente humanos. Se convierte en fuente de alabanza o de reproche, de mérito o de demérito.

396
1849
2006

1733 En la medida en que el hombre hace más el bien, se va haciendo también más libre. No hay verdadera libertad sino en el servicio del bien y de la justicia. La elección de la desobediencia y del mal es un abuso de la libertad y conduce a "la esclavitud del pecado" (cf Rm 6, 17).

1803

1734 La libertad hace al hombre *responsable* de sus actos en la medida en que éstos son voluntarios. El progreso en la virtud, el conocimiento del bien, y la ascesis acrecientan el dominio de la voluntad sobre los propios actos.

1036
1804

1735 La *imputabilidad* y la responsabilidad de una acción pueden quedar disminuidas e incluso suprimidas a causa de la ignorancia, la inadvertencia, la violencia, el temor, los hábitos, las afecciones desordenadas y otros factores psíquicos o sociales.

597

1736 Todo acto directamente querido es imputable a su autor:

> Así el Señor pregunta a Adán tras el pecado en el paraíso: "¿Qué has hecho?" (Gn 3, 13). Igualmente a Caín (cf Gn 4, 10). Así también el profeta Natán al rey David, tras el adulterio con la mujer de Urías y la muerte de éste (cf 2 S 12, 7-15).

2568

> Una acción puede ser indirectamente voluntaria cuando resulta de una negligencia respecto a lo que se habría debido conocer o hacer, por ejemplo, un accidente provocado por la ignorancia del código de la circulación.

1737 Un efecto puede ser tolerado sin ser querido por el que actúa, por ejemplo, el agotamiento de una madre a la cabecera de su hijo enfermo. El efecto malo no es imputable si no ha sido querido ni como fin ni como medio de la acción, como la muerte acontecida al auxiliar a una persona en peligro. Para que el efecto malo sea imputable, es preciso que sea previsible y que el que actúa tenga la posibilidad de evitarlo, por ejemplo, en el caso de un homicidio cometido por un conductor en estado de embriaguez.

2263

1738 La libertad se ejercita en las relaciones entre los seres humanos. Toda persona humana, creada a imagen de Dios, tiene el derecho natural de ser reconocida como un ser libre y responsable. Todo hombre debe prestar a cada cual el respeto al que éste tiene derecho. El *derecho al ejercicio de la libertad* es una exigencia inseparable de la dignidad de la persona humana, especialmente en materia moral y religiosa (cf DH 2). Este derecho debe ser recono-

2106

210   cido y protegido civilmente dentro de los límites del bien común y
           del orden público (cf DH 7).

           II   LA LIBERTAD HUMANA EN LA ECONOMIA
                     DE LA SALVACION

           1739   *Libertad y pecado.* La libertad del hombre es finita y fali-
387   ble. De hecho el hombre erró. Libremente pecó. Al rechazar el
           proyecto del amor de Dios, se engañó a sí mismo y se hizo esclavo
           del pecado. Esta primera alienación engendró una multitud de alie-
401   naciones. La historia de la humanidad, desde sus orígenes, atesti-
           gua desgracias y opresiones nacidas del corazón del hombre a con-
           secuencia de un mal uso de la libertad.

           1740   *Amenazas para la libertad.* El ejercicio de la libertad no
2108   implica el derecho a decir y hacer cualquier cosa. Es falso concebir
           al hombre "sujeto de esa libertad como un individuo autosuficiente
           que busca la satisfacción de su interés propio en el goce de los bie-
           nes terrenales" (CDF, instr. "Libertatis conscientia" 13). Por otra
           parte, las condiciones de orden económico y social, político y cul-
           tural requeridas para un justo ejercicio de la libertad son, con de-
1887   masiada frecuencia, desconocidas y violadas. Estas situaciones de
           ceguera y de injusticia gravan la vida moral y colocan tanto a los
           fuertes como a los débiles en la tentación de pecar contra la cari-
           dad. Al apartarse de la ley moral, el hombre atenta contra su propia
           libertad, se encadena a sí mismo, rompe la fraternidad con sus se-
           mejantes y se rebela contra la verdad divina.

           1741   *Liberación y salvación.* Por su Cruz gloriosa, Cristo obtu-
           vo la salvación para todos los hombres. Los rescató del pecado que
           los tenía sometidos a esclavitud. "Para ser libres nos libertó Cris-
           to" (Ga 5, 1). En El participamos de "la verdad que nos hace li-
782   bres" (Jn 8, 32). El Espíritu Santo nos ha sido dado, y, como ense-
           ña el apóstol, "donde está el Espíritu, allí está la libertad" (2 Co 3,
           17). Ya desde ahora nos gloríamos de la "libertad de los hijos de
           Dios" (Rm 8, 21).

2002   **1742**   *Libertad y gracia.* La gracia de Cristo no se opone de nin-
           guna manera a nuestra libertad cuando ésta corresponde al sentido
           de la verdad y del bien que Dios ha puesto en el corazón del hom-
           bre. Al contrario, como lo atestigua la experiencia cristiana, espe-
           cialmente en la oración, a medida que somos más dóciles a los im-
1784   pulsos de la gracia, se acrecientan nuestra íntima verdad y nuestra
           seguridad en las pruebas, como también ante las presiones y coac-

ciones del mundo exterior. Por el trabajo de la gracia, el Espíritu Santo nos educa en la libertad espiritual para hacer de nosotros colaboradores libres de su obra en la Iglesia y en el mundo.

> Dios omnipotente y misericordioso, aparta de nosotros los males, para que, bien dispuesto nuestro cuerpo y nuestro espíritu, podamos libremente cumplir tu voluntad (MR, colecta del domingo 32).

RESUMEN

1743 *Dios ha querido "dejar al hombre en manos de su propia decisión" (Si 15, 14). Para que pueda adherirse libremente a su Creador y llegar así a la bienaventurada perfección (cf GS 17, 1).*

1744 *La libertad es el poder de obrar o de no obrar y de ejecutar así, por sí mismo, acciones deliberadas. La libertad alcanza su perfección, cuando está ordenada a Dios, el supremo Bien.*

1745 *La libertad caracteriza los actos propiamente humanos. Hace al ser humano responsable de los actos de que es autor voluntario. Es propio del hombre actuar deliberadamente.*

1746 *La imputabilidad o la responsabilidad de una acción puede quedar disminuida o incluso anulada por la ignorancia, la violencia, el temor y otros factores psíquicos o sociales.*

1747 *El derecho al ejercicio de la libertad, especialmente en materia religiosa y moral, es una exigencia inseparable de la dignidad del hombre. Pero el ejercicio de la libertad no implica el pretendido derecho de decir o de hacer cualquier cosa.*

1748 *"Para ser libres nos libertó Cristo" (Ga 5, 1).*

Artículo 4   **LA MORALIDAD DE LOS ACTOS HUMANOS**

1749 La libertad hace del hombre un sujeto moral. Cuando actúa de manera deliberada, el hombre es, por así decirlo, el *padre de sus actos*. Los actos humanos, es decir, libremente realizados tras un juicio de conciencia, son calificables moralmente: son buenos o malos.

1732

I   LAS FUENTES DE LA MORALIDAD

1750   La moralidad de los actos humanos depende :
– del objeto elegido;
– del fin que se busca o la intención;
– de las circunstancias de la acción.

El objeto, la intención y las circunstancias forman las "fuentes" o elementos constitutivos de la moralidad de los actos humanos.

1751   El *objeto* elegido es un bien hacia el cual tiende deliberadamente la voluntad. Es la materia de un acto humano. El objeto elegido especifica moralmente el acto del querer, según que la razón lo reconozca y lo juzgue conforme o no conforme al bien verdadero. Las reglas objetivas de la moralidad enuncian el orden racional del bien y del mal, atestiguado por la conciencia.

1794

1752   Frente al objeto, la *intención* se sitúa del lado del sujeto que actúa. La intención, por estar ligada a la fuente voluntaria de la acción y por determinarla en razón del fin, es un elemento esencial en la calificación moral de la acción. El fin es el término primero de la intención y designa el objetivo buscado en la acción. La intención es un movimiento de la voluntad hacia un fin; mira al término del obrar. Apunta al bien esperado de la acción emprendida. No se limita a la dirección de cada una de nuestras acciones tomadas aisladamente, sino que puede también ordenar varias acciones hacia un mismo objetivo; puede orientar toda la vida hacia el fin último. Por ejemplo, un servicio que se hace a alguien tiene por fin ayudar al prójimo, pero puede estar inspirado al mismo tiempo por el amor de Dios como fin último de todas nuestras acciones. Una misma acción puede, pues, estar inspirada por varias intenciones como hacer un servicio para obtener un favor o para satisfacer la vanidad.

2520

1731

1753   Una intención buena (por ejemplo: ayudar al prójimo) no hace ni bueno ni justo un comportamiento en sí mismo desordenado (como la mentira y la maledicencia). El fin no justifica los medios. Así, no se puede justificar la condena de un inocente como un medio legítimo para salvar al pueblo. Por el contrario, una intención mala sobreañadida (como la vanagloria) convierte en malo un acto que, de suyo, puede ser bueno (como la limosna; cf Mt 6, 2-4).

2479
596

1754   Las *circunstancias*, comprendidas en ellas las consecuencias, son los elementos secundarios de un acto moral. Contribuyen a agravar o a disminuir la bondad o la malicia moral de los actos humanos (por ejemplo, la cantidad de dinero robado). Pueden también atenuar o aumentar la responsabilidad del que obra (como actuar por miedo a la muerte). Las circunstancias no pueden de suyo modificar la calidad moral de los actos; no pueden hacer ni buena ni justa una acción que de suyo es mala. 1735

II   LOS ACTOS BUENOS Y LOS ACTOS MALOS

1755 El acto *moralmente bueno* supone a la vez la bondad del objeto, del fin y de las circunstancias. Una finalidad mala corrompe la acción, aunque su objeto sea de suyo bueno (como orar y ayunar "para ser visto por los hombres").

El *objeto de la elección* puede por sí solo viciar el conjunto de todo el acto. Hay comportamientos concretos –como la fornicación– que siempre es un error elegirlos, porque su elección comporta un desorden de la voluntad, es decir, un mal moral.

1756 Es, por tanto, erróneo juzgar de la moralidad de los actos humanos considerando sólo la intención que los inspira o las circunstancias (ambiente, presión social, coacción o necesidad de obrar, etc.) que son su marco. Hay actos que, por sí y en sí mismos, independientemente de las circunstancias y de las intenciones, son siempre gravemente ilícitos por razón de su objeto; por ejemplo, la blasfemia y el perjurio, el homicidio y el adulterio. No está permitido hacer el mal para obtener un bien. 1789

RESUMEN

1757 *El objeto, la intención y las circunstancias constituyen las tres "fuentes" de la moralidad de los actos humanos.*

1758 *El objeto elegido especifica moralmente el acto de la voluntad según que la razón lo reconozca y lo juzgue bueno o malo.*

1759 *"No se puede justificar una acción mala por el hecho de que la intención sea buena" (S. Tomás de A., dec. praec. 6). El fin no justifica los medios.*

1760 *El acto moralmente bueno supone a la vez la bondad del objeto, del fin y de las circunstancias.*

1761   *Hay comportamientos concretos cuya elección es siempre errada porque ésta comporta un desorden de la voluntad, es decir, un mal moral. No está permitido hacer un mal para obtener un bien.*

Artículo 5   **LA MORALIDAD DE LAS PASIONES**

1762   La persona humana se ordena a la bienaventuranza por medio de sus actos deliberados: las pasiones o sentimientos que experimenta pueden disponerla y contribuir a ello.

I   LAS PASIONES

1763   El término "pasiones" pertenece al patrimonio del pensamiento cristiano. Los sentimientos o pasiones designan las emociones o impulsos de la sensibilidad que inclinan a obrar o a no obrar en razón de lo que es sentido o imaginado como bueno o como malo.

1764   Las pasiones son componentes naturales del psiquismo humano, constituyen el lugar de paso y aseguran el vínculo entre la 368   vida sensible y la vida del espíritu. Nuestro Señor señala al corazón del hombre como la fuente de donde brota el movimiento de las pasiones (cf Mc 7, 21).

1765   Las pasiones son numerosas. La más fundamental es el amor que la atracción del bien despierta. El amor causa el deseo del bien ausente y la esperanza de obtenerlo. Este movimiento culmina en el placer y el gozo del bien poseído. La aprehensión del mal causa el odio, la aversión y el temor ante el mal que puede sobrevenir. Este movimiento culmina en la tristeza a causa del mal presente o en la ira que se opone a él.

1766   "Amar es desear el bien a alguien" (S. Tomás de A., s. th. 1-2, 26, 4). Las demás afecciones tienen su fuerza en este movi-
1704   miento original del corazón del hombre hacia el bien. Sólo el bien es amado (cf S. Agustín, Trin. 8, 3, 4). "Las pasiones son malas si el amor es malo, buenas si es bueno" (S. Agustín, civ. 14, 7).

II   PASIONES Y VIDA MORAL

1767   En sí mismas, las pasiones no son buenas ni malas. Sólo reciben calificación moral en la medida en que dependen de la ra-

zón y de la voluntad. Las pasiones se llaman voluntarias "o porque 1860
están ordenadas por la voluntad, o porque la voluntad no se opone
a ellas" (S. Tomás de A., s. th. 1-2, 24, 1). Pertenece a la perfección del bien moral o humano el que las pasiones estén reguladas
por la razón (cf s. th. 1-2, 24, 3).

1768 Los sentimientos más profundos no deciden ni la moralidad, ni la santidad de las personas; son el depósito inagotable de
las imágenes y de las afecciones en que se expresa la vida moral.
Las pasiones son moralmente buenas cuando contribuyen a una acción buena, y malas en el caso contrario. La voluntad recta ordena
al bien y a la bienaventuranza los movimientos sensibles que asume; la voluntad mala sucumbe a las pasiones desordenadas y las
exacerba. Las emociones y los sentimientos pueden ser asumidos 1803
en las *virtudes*, o pervertidos en los *vicios*. 1865

1769 En la vida cristiana, el Espíritu Santo realiza su obra movi-
lizando todo el ser incluidos sus dolores, temores y tristezas, como
aparece en la agonía y la pasión del Señor. Cuando se vive en Cristo, los sentimientos humanos pueden alcanzar su consumación en
la caridad y la bienaventuranza divina.

1770 La perfección moral consiste en que el hombre no sea mo- 30
vido al bien sólo por su voluntad, sino también por su apetito sensible según estas palabras del salmo: "Mi corazón y mi carne gri-
tan de alegría hacia el Dios vivo" (Sal 84, 3).

RESUMEN

1771 *El término "pasiones" designa los afectos y los sentimien-*
tos. Por medio de sus emociones, el hombre intuye lo bue-
no y lo malo.

1772 *Ejemplos eminentes de pasiones son el amor y el odio, el*
deseo y el temor, la alegría, la tristeza y la ira.

1773 *En las pasiones, en cuanto impulsos de la sensibilidad, no*
hay ni bien ni mal moral. Pero según dependan o no de la
razón y de la voluntad, hay en ellas bien o mal moral.

1774 *Las emociones y los sentimientos pueden ser asumidos*
por las virtudes, o pervertidos en los vicios.

1775 *La perfección del bien moral consiste en que el hombre no*
sea movido al bien sólo por su voluntad, sino también por
su "corazón".

Artículo 6   **LA CONCIENCIA MORAL**

1954   **1776**   "En lo más profundo de su conciencia el hombre descubre
una ley que él no se da a sí mismo, sino a la que debe obedecer y
cuya voz resuena, cuando es necesario, en los oídos de su corazón,
llamándole siempre a amar y a hacer el bien y a evitar el mal... El
hombre tiene una ley inscrita por Dios en su corazón... La conciencia es el núcleo más secreto y el sagrario del hombre, en el que está
solo con Dios, cuya voz resuena en lo más íntimo de ella" (GS 16).

I   EL DICTAMEN DE LA CONCIENCIA

1777   Presente en el corazón de la persona, la conciencia moral
(cf Rm 2, 14-16) le ordena, en el momento oportuno, practicar el
bien y evitar el mal. Juzga también las opciones concretas apro-
bando las que son buenas y denunciando las que son malas (cf Rm
1, 32). Atestigua la autoridad de la verdad con referencia al Bien

1766   supremo por el cual la persona humana se siente atraída y cuyos
2071   mandamientos acoge. El hombre prudente, cuando escucha la conciencia moral, puede oír a Dios que le habla.

1778   La conciencia moral es un juicio de la razón por el que la
1749   persona humana reconoce la cualidad moral de un acto concreto
que piensa hacer, está haciendo o ha hecho. En todo lo que dice y
hace, el hombre está obligado a seguir fielmente lo que sabe que es
justo y recto. Mediante el dictamen de su conciencia el hombre
percibe y reconoce las prescripciones de la ley divina:

> La conciencia es una ley de nuestro espíritu, pero que va
> más allá de él, nos da órdenes, significa responsabilidad y deber,
> temor y esperanza... La conciencia es la mensajera del que, tanto
> en el mundo de la naturaleza como en el de la gracia, a través de
> un velo nos habla, nos instruye y nos gobierna. La conciencia es
> el primero de todos los vicarios de Cristo (Newman, carta al du-
> que de Norfolk 5).

1779   Es preciso que cada uno preste mucha atención a sí mismo
1886   para oír y seguir la voz de su conciencia. Esta exigencia de *interio-
ridad* es tanto más necesaria cuanto que la vida nos impulsa con
frecuencia a prescindir de toda reflexión, examen o interiorización:

> Retorna a tu conciencia, interrógala... retornad, hermanos,
> al interior, y en todo lo que hagáis mirad al Testigo, Dios (S.
> Agustín, ep. Jo. 8, 9).

1780   La dignidad de la persona humana implica y exige la *rectitud de la conciencia moral*. La conciencia moral comprende la

percepción de los principios de la moralidad ("sindéresis"), su aplicación a las circustancias concretas mediante un discernimiento práctico de las razones y de los bienes, y en definitiva el juicio formado sobre los actos concretos que se van a realizar o se han realizado. La verdad sobre el bien moral, declarada en la ley de la razón, es reconocida práctica y concretamente por el *dictamen prudente* de la conciencia. Se llama prudente al hombre que elige conforme a este dictamen o juicio.

1806

1781 La conciencia hace posible asumir *la responsabilidad* de los actos realizados. Si el hombre comete el mal, el justo juicio de la conciencia puede ser en él el testigo de la verdad universal del bien, al mismo tiempo que de la malicia de su elección concreta. El veredicto del dictamen de conciencia constituye una garantía de esperanza y de misericordia. Al hacer patente la falta cometida recuerda el perdón que se ha de pedir, el bien que se ha de practicar todavía y la virtud que se ha de cultivar sin cesar con la gracia de Dios:

1731

> Tranquilizaremos nuestra conciencia ante él, en caso de que nos condene nuestra conciencia, pues Dios es mayor que nuestra conciencia y conoce todo (1 Jn 3, 19-20).

1782 El hombre tiene el derecho de actuar en conciencia y en libertad a fin de tomar personalmente las decisiones morales. "No debe ser obligado a actuar contra su conciencia. Ni se le debe impedir que actúe según su conciencia, sobre todo en materia religiosa" (DH 3).

2106

II   LA FORMACION DE LA CONCIENCIA

1783 Hay que formar la conciencia, y esclarecer el juicio moral. Una conciencia bien formada es recta y veraz. Formula sus juicios según la razón, conforme al bien verdadero querido por la sabiduría del Creador. La educación de la conciencia es indispensable a seres humanos sometidos a influencias negativas y tentados por el pecado a preferir su propio juicio y a rechazar las enseñanzas autorizadas.

2039

1784 La educación de la conciencia es una tarea de toda la vida. Desde los primeros años despierta al niño al conocimiento y la práctica de la ley interior reconocida por la conciencia moral. Una educación prudente enseña la virtud; preserva o sana del miedo, del egoísmo y del orgullo, de los insanos sentimientos de culpabilidad y de los movimientos de complacencia, nacidos de la debili-

1742   dad y de las faltas humanas. La educación de la conciencia garantiza la libertad y engendra la paz del corazón.

1785 ˙En la formación de la conciencia, la Palabra de Dios es la
luz de nuestro caminar; es preciso que la asimilemos en la fe y la
oración, y la pongamos en práctica. Es preciso también que exami-
nemos nuestra conciencia atendiendo a la cruz del Señor. Estamos
asistidos por los dones del Espíritu Santo, ayudados por el testimo-
890   nio o los consejos de otros y guiados por la enseñanza autorizada
de la Iglesia (cf DH 14).

III   DECIDIR EN CONCIENCIA

1786   Ante la necesidad de decidir moralmente, la conciencia
puede formular un juicio recto de acuerdo con la razón y con la ley
divina, o al contrario un juicio erróneo que se aleja de ellas.

1787   El hombre se ve a veces enfrentado con situaciones que
hacen el juicio moral menos seguro, y la decisión difícil. Pero debe
1955   buscar siempre lo que es justo y bueno y discernir la voluntad de
Dios expresada en la ley divina.

1788   Para esto, el hombre se esfuerza por interpretar los datos
de la experiencia y los signos de los tiempos gracias a la virtud de
1806   la prudencia, los consejos de las personas entendidas y la ayuda
del Espíritu Santo y de sus dones.

1789   En todos los casos son aplicables algunas reglas:

1756   – Nunca está permitido hacer el mal para obtener un bien.

1970   – La "regla de oro": "Todo cuanto queráis que os hagan los hombres, hacédselo también vosotros" (Mt 7, 12; cf Lc 6, 31; Tb 4,
15).

1827   – La caridad debe actuar siempre con respeto hacia el prójimo y
hacia su conciencia: "Pecando así contra vuestros hermanos, hi-
1971   riendo su conciencia..., pecáis contra Cristo" (1 Co 8, 12). "Lo
bueno es... no hacer cosa que sea para tu hermano ocasión de
caída, tropiezo o debilidad" (Rm 14, 21).

IV   EL JUICIO ERRONEO

1790   La persona humana debe obedecer siempre el juicio cierto
de su conciencia. Si obrase deliberadamente contra este último, se

condenaría a sí mismo. Pero sucede que la conciencia moral puede estar afectada por la ignorancia y puede formar juicios erróneos sobre actos proyectados o ya cometidos.

1791 Esta ignorancia puede con frecuencia ser imputada a la responsabilidad personal. Así sucede "cuando el hombre no se preocupa de buscar la verdad y el bien y, poco a poco, por el hábito del pecado, la conciencia se queda casi ciega" (GS 16). En estos casos, la persona es culpable del mal que comete.

1704

1792 El desconocimiento de Cristo y de su Evangelio, los malos ejemplos recibidos de otros, la servidumbre de las pasiones, la pretensión de una mal entendida autonomía de la conciencia, el rechazo de la autoridad de la Iglesia y de su enseñanza, la falta de conversión y de caridad pueden conducir a desviaciones del juicio en la conducta moral.

133

1793 Si por el contrario, la ignorancia es invencible, o el juicio erróneo sin responsabilidad del sujeto moral, el mal cometido por la persona no puede serle imputado. Pero no deja de ser un mal, una privación, un desorden. Por tanto, es preciso trabajar por corregir la conciencia moral de sus errores.

1860

1794 La conciencia buena y pura es iluminada por la fe verdadera. Porque la caridad procede al mismo tiempo "de un corazón limpio, de una conciencia recta y de una fe sincera" (1 Tm 1, 5; 3, 9; 2 Tm 1, 3; 1 P 3, 21; Hch 24, 16).

> Cuanto mayor es el predominio de la conciencia recta, tanto más las personas y los grupos se apartan del arbitrio ciego y se esfuerzan por adaptarse a las normas objetivas de moralidad (GS 16).

1751

RESUMEN

1795 *"La conciencia es el núcleo más secreto y el sagrario del hombre, en el que está solo con Dios, cuya voz resuena en lo más íntimo de ella" (GS 16).*

1796 *La conciencia moral es un juicio de la razón por el que la persona humana reconoce la calidad moral de un acto concreto.*

1797 *Para el hombre que ha cometido el mal, el veredicto de su conciencia constituye una garantía de conversión y de esperanza.*

1798   *Una conciencia bien formada es recta y veraz. Formula sus juicios según la razón, conforme al bien verdadero querido por la sabiduría del Creador. Cada cual debe poner los medios para formar su conciencia.*

1799   *Ante una decisión moral, la conciencia puede formar un juicio recto de acuerdo con la razón y la ley divina o, al contrario, un juicio erróneo que se aleja de ellas.*

1800   *El ser humano debe obedecer siempre el juicio cierto de su conciencia.*

1801   *La conciencia moral puede permanecer en la ignorancia o formar juicios erróneos. Estas ignorancias y estos errores no están siempre exentos de culpabilidad.*

1802   *La Palabra de Dios es una luz para nuestros pasos. Es preciso que la asimilemos en la fe y en la oración, y la pongamos en práctica. Así se forma la conciencia moral.*

Artículo 7   **LAS VIRTUDES**

1803   "Todo cuanto hay de verdadero, de noble, de justo, de puro, de amable, de honorable, todo cuanto sea virtud y cosa digna de elogio, todo eso tenedlo en cuenta" (Flp 4, 8).

1733

La virtud es una disposición habitual y firme a hacer el bien. Permite a la persona no sólo realizar actos buenos, sino dar lo mejor de sí misma. Con todas sus fuerzas sensibles y espirituales, la persona virtuosa tiende hacia el bien, lo busca y lo elige a través de acciones concretas.

1768

> El objetivo de una vida virtuosa consiste en llegar a ser semejante a Dios (S. Gregorio de Nisa, beat. 1).

I   LAS VIRTUDES HUMANAS

1804   Las *virtudes humanas* son actitudes firmes, disposiciones estables, perfecciones habituales del entendimiento y de la voluntad que regulan nuestros actos, ordenan nuestras pasiones y guían nuestra conducta según la razón y la fe. Proporcionan facilidad, dominio y gozo para llevar una vida moralmente buena. El hombre virtuoso es el que practica libremente el bien.

2500

Las virtudes morales se adquieren mediante las fuerzas humanas. Son los frutos y los gérmenes de los actos moralmente buenos. Disponen todas las potencias del ser humano para armonizarse con el amor divino.

1827

Distinción de las virtudes cardinales

1805 Cuatro virtudes desempeñan un papel fundamental. Por eso se las llama "cardinales"; todas las demás se agrupan en torno a ellas. Estas son la prudencia, la justicia, la fortaleza y la templanza. "¿Amas la justicia? Las virtudes son el fruto de sus esfuerzos, pues ella enseña la templanza y la prudencia, la justicia y la fortaleza" (Sb 8, 7). Bajo otros nombres, estas virtudes son alabadas en numerosos pasajes de la Escritura.

1806 La *prudencia* es la virtud que dispone la razón práctica a discernir en toda circunstancia nuestro verdadero bien y a elegir los medios rectos para realizarlo. "El hombre cauto medita sus pasos" (Pr 14, 15). "Sed sensatos y sobrios para daros a la oración" (1 P 4, 7). La prudencia es la "regla recta de la acción", escribe S. Tomás (s. th. 2-2, 47, 2), siguiendo a Aristóteles. No se confunde ni con la timidez o el temor, ni con la doblez o la disimulación. Es llamada "auriga virtutum": conduce las otras virtudes indicándoles regla y medida. Es la prudencia quien guía directamente el juicio de conciencia. El hombre prudente decide y ordena su conducta según este juicio. Gracias a esta virtud aplicamos sin error los principios morales a los casos particulares y superamos las dudas sobre el bien que debemos hacer y el mal que debemos evitar.

1788

1780

1807 La *justicia* es la virtud moral que consiste en la constante y firme voluntad de dar a Dios y al prójimo lo que les es debido. La justicia para con Dios es llamada "la virtud de la religión". Para con los hombres, la justicia dispone a respetar los derechos de cada uno y a establecer en las relaciones humanas la armonía que promueve la equidad respecto a las personas y al bien común. El hombre justo, evocado con frecuencia en las Sagradas Escrituras, se distingue por la rectitud habitual de sus pensamientos y de su conducta con el prójimo. "Siendo juez no hagas injusticia, ni por favor del pobre, ni por respeto al grande: con justicia juzgarás a tu prójimo" (Lv 19, 15). "Amos, dad a vuestros esclavos lo que es justo y equitativo, teniendo presente que también vosotros tenéis un Amo en el cielo" (Col 4, 1).

2095

2401

1808 La *fortaleza* es la virtud moral que asegura en las dificultades la firmeza y la constancia en la búsqueda del bien. Reafirma la resolución de resistir a las tentaciones y de superar los obstáculos

en la vida moral. La virtud de la fortaleza hace capaz de vencer el
temor, incluso a la muerte, y de hacer frente a las pruebas y a las
persecuciones. Capacita para ir hasta la renuncia y el sacrificio de
la propia vida por defender una causa justa. "Mi fuerza y mi cántico es el Señor" (Sal 118, 14). "En el mundo tendréis tribulación.
Pero ¡ánimo!: Yo he vencido al mundo" (Jn 16, 33).

1809   La *templanza* es la virtud moral que modera la atracción
de los placeres y procura el equilibrio en el uso de los bienes creados. Asegura el dominio de la voluntad sobre los instintos y mantiene los deseos en los límites de la honestidad. La persona mode-
rada orienta hacia el bien sus apetitos sensibles, guarda una sana
discreción y no se deja arrastrar "para seguir la pasión de su corazón" (Si 5, 2; cf. 37, 27-31). La templanza es a menudo alabada en
el Antiguo Testamento: "No vayas detrás de tus pasiones, tus deseos refrena" (Si 18, 30). En el Nuevo Testamento es llamada
"moderación" o "sobriedad". Debemos "vivir con moderación,
justicia y piedad en el siglo presente" (Tt 2, 12).

> Vivir bien no es otra cosa que amar a Dios con todo el co-
> razón, con toda el alma y con todo el obrar. Quien no obedece
> más que a El (lo cual pertenece a la justicia), quien vela para
> discernir todas las cosas por miedo a dejarse sorprender por la
> astucia y la mentira (lo cual pertence a la prudencia), le entrega
> un amor entero (por la templanza), que ninguna desgracia puede
> derribar (lo cual pertenece a la fortaleza) (S. Agustín, mor. eccl.
> 1, 25, 46).

Las virtudes y la gracia

1810   Las virtudes humanas adquiridas mediante la educación,
mediante actos deliberados, y una perseverancia, reanudada siempre en el esfuerzo, son purificadas y elevadas por la gracia divina.
Con la ayuda de Dios forjan el carácter y dan soltura en la práctica
del bien. El hombre virtuoso es feliz al practicarlas.

1811   Para el hombre herido por el pecado no es fácil guardar el
equilibrio moral. El don de la salvación por Cristo nos otorga la
gracia necesaria para perseverar en la búsqueda de las virtudes.
Cada cual debe pedir siempre esta gracia de luz y de fortaleza, recurrir a los sacramentos, cooperar con el Espíritu Santo, seguir sus
invitaciones a amar el bien y guardarse del mal.

II   LAS VIRTUDES TEOLOGALES

1812   Las virtudes humanas se arraigan en las virtudes teologales que adaptan las facultades del hombre a la participación de la

Margin references:
2848
2473

2341

2517

1266

2015

2086-2094;
2656-2658

naturaleza divina (cf 2 P 1, 4). Las virtudes teologales se refieren directamente a Dios. Disponen a los cristianos a vivir en relación con la Santísima Trinidad. Tienen como origen, motivo y objeto a Dios Uno y Trino.

1266

1813 Las virtudes teologales fundan, animan y caracterizan el obrar moral del cristiano. Informan y vivifican todas las virtudes morales. Son infundidas por Dios en el alma de los fieles para hacerlos capaces de obrar como hijos suyos y merecer la vida eterna. Son la garantía de la presencia y la acción del Espíritu Santo en las facultades del ser humano. Tres son las virtudes teologales: la fe, la esperanza y la caridad (cf 1 Co 13, 13).

2008

La fe

142-175

1814 La fe es la virtud teologal por la que creemos en Dios y en todo lo que El nos ha dicho y revelado, y que la Santa Iglesia nos propone, porque El es la verdad misma. Por la fe "el hombre se entrega entera y libremente a Dios" (DV 5). Por eso el creyente se esfuerza por conocer y hacer la voluntad de Dios. "El justo vivirá por la fe" (Rm 1, 17). La fe viva "actúa por la caridad" (Ga 5, 6).

506

1815 El don de la fe permanece en el que no ha pecado contra ella (cf Cc. Trento: DS 1545). Pero, "la fe sin obras está muerta" (St 2, 26): privada de la esperanza y de la caridad, la fe no une plenamente el fiel a Cristo ni hace de él un miembro vivo de su Cuerpo.

1816 El discípulo de Cristo no debe sólo guardar la fe y vivir de ella, sino también profesarla, testimoniarla con firmeza y difundirla: "Todos vivan preparados para confesar a Cristo delante de los hombres y a seguirle por el camino de la cruz en medio de las persecuciones que nunca faltan a la Iglesia" (LG 42; cf DH 14). El servicio y el testimonio de la fe son requeridos para la salvación: "Todo aquel que se declare por mí ante los hombres, yo también me declararé por él ante mi Padre que está en los cielos; pero a quien me niegue ante los hombres, le negaré yo también ante mi Padre que está en los cielos" (Mt 10, 32-33).

2471

La esperanza

1817 La esperanza es la virtud teologal por la que aspiramos al Reino de los cielos y a la vida eterna como felicidad nuestra, poniendo nuestra confianza en las promesas de Cristo y apoyándonos no en nuestras fuerzas, sino en los auxilios de la gracia del Espíritu Santo. "Mantengamos firme la confesión de la esperanza, pues fiel

1024

es el autor de la promesa" (Hb 10, 23). "El Espíritu Santo que él derramó sobre nosotros con largueza por medio de Jesucristo nuestro Salvador para que, justificados por su gracia, fuésemos constituidos herederos, en esperanza, de vida eterna" (Tt 3, 6-7).

27   **1818**   La virtud de la esperanza corresponde al anhelo de felicidad puesto por Dios en el corazón de todo hombre; asume las esperanzas que inspiran las actividades de los hombres; las purifica para ordenarlas al Reino de los cielos; protege del desaliento; sostiene en todo desfallecimiento; dilata el corazón en la espera de la bienaventuranza eterna. El impulso de la esperanza preserva del egoísmo y conduce a la dicha de la caridad.

1819   La esperanza cristiana recoge y perfecciona la esperanza del pueblo elegido que tiene su origen y su modelo en la *esperanza*
146   *de Abraham*, colmada en Isaac, de las promesas de Dios y purificada por la prueba del sacrificio (cf Gn 17, 4-8; 22, 1-18). "Esperando contra toda esperanza, creyó y fue hecho padre de muchas naciones" (Rm 4, 18).

1820   La esperanza cristiana se manifiesta desde el comienzo de la predicación de Jesús en la proclamación de las bienaventuran-
1716   zas. Las *bienaventuranzas* elevan nuestra esperanza hacia el cielo como hacia la nueva tierra prometida; trazan el camino hacia ella a través de las pruebas que esperan a los discípulos de Jesús. Pero por los méritos de Jesucristo y de su pasión, Dios nos guarda en "la esperanza que no falla" (Rm 5, 5). La esperanza es "el ancla del alma", segura y firme, "que penetra... a donde entró por nosotros como precursor Jesús" (Hb 6, 19-20). Es también un arma que nos protege en el combate de la salvación: "Revistamos la coraza de la fe y de la caridad, con el yelmo de la esperanza de salvación" (1 Ts 5, 8). Nos procura el gozo en la prueba misma: "Con la alegría de la esperanza; constantes en la tribulación" (Rm 12, 12). Se
2772   expresa y se alimenta en la oración, particularmente en la del *Padre Nuestro*, resumen de todo lo que la esperanza nos hace desear.

1821   Podemos, por tanto, esperar la gloria del cielo prometida por Dios a los que le aman (cf Rm 8, 28-30) y hacen su voluntad (cf Mt 7, 21). En toda circunstancia, cada uno debe esperar, con la
2016   gracia de Dios, "perseverar hasta el fin" (cf Mt 10, 22; cf Cc. Trento: DS 1541) y obtener el gozo del cielo, como eterna recompensa
1037   de Dios por las obras buenas realizadas con la gracia de Cristo. En la esperanza, la Iglesia implora que "todos los hombres se salven" (1 Tm 2, 4). Espera estar en la gloria del cielo unida a Cristo, su esposo:

Espera, espera, que no sabes cuándo vendrá el día ni la hora. Vela con cuidado, que todo se pasa con brevedad, aunque tu deseo hace lo cierto dudoso, y el tiempo breve largo. Mira que mientras más peleares, más mostrarás el amor que tienes a tu Dios y más te gozarás con tu Amado con gozo y deleite que no puede tener fin (S. Teresa de Jesús, excl. 15, 3).

La caridad

1822 La caridad es la virtud teologal por la cual amamos a Dios sobre todas las cosas por El mismo y a nuestro prójimo como a nosotros mismos por amor de Dios.   1723

1823 Jesús hace de la caridad el *mandamiento nuevo* (cf Jn 13,   1970
34). Amando a los suyos "hasta el fin" (Jn 13, 1), manifiesta el amor del Padre que ha recibido. Amándose unos a otros, los discípulos imitan el amor de Jesús que reciben también en ellos. Por eso Jesús dice: "Como el Padre me amó, yo también os he amado a vosotros; permaneced en mi amor" (Jn 15, 9). Y también: "Este es el mandamiento mío: que os améis unos a otros como yo os he amado" (Jn 15, 12).

1824 Fruto del Espíritu y plenitud de la ley, la caridad guarda   735
los *mandamientos* de Dios y de Cristo: "Permaneced en mi amor. Si guardáis mis mandamientos, permaneceréis en mi amor" (Jn 15, 9-10; cf Mt 22, 40; Rm 13, 8-10).

1825 Cristo murió por amor a nosotros cuando éramos todavía   604
enemigos (cf Rm 5, 10). El Señor nos pide que amemos como El hasta nuestros *enemigos* (cf Mt 5, 44), que nos hagamos prójimos del más lejano (cf Lc 10, 27-37), que amemos a los niños (cf Mc 9, 37) y a los pobres como a El mismo (cf Mt 25, 40.45).

El apóstol S. Pablo ofrece una descripción incomparable de la caridad: "La caridad es paciente, es servicial; la caridad no es envidiosa, no es jactanciosa, no se engríe; es decorosa; no busca su interés; no se irrita; no toma en cuenta el mal; no se alegra de la injusticia; se alegra con la verdad. Todo lo excusa. Todo lo cree. Todo lo espera. Todo lo soporta (1 Co 13, 4-7).

1826 "Si no tengo caridad –dice también el apóstol– nada soy...". Y todo lo que es privilegio, servicio, virtud misma... "si no tengo caridad, nada me aprovecha" (1 Co 13, 1-4). La caridad es superior a todas las virtudes. Es la primera de las virtudes teologales: "Ahora subsisten la fe, la esperanza y la caridad, estas tres. Pero *la mayor de todas ellas es la caridad*" (1 Co 13, 13).

1827 El ejercicio de todas las virtudes está animado e inspirado por la caridad. Esta es "el vínculo de la perfección" (Col 3, 14); es   815

826

la *forma de las virtudes*; las articula y las ordena entre sí; es fuente y término de su práctica cristiana. La caridad asegura y purifica nuestra facultad humana de amar. La eleva a la perfección sobrenatural del amor divino.

1828 La práctica de la vida moral animada por la caridad da al cristiano la libertad espiritual de los hijos de Dios. Este no se halla

1972

ante Dios como un esclavo, en el temor servil, ni como el mercenario en busca de un jornal, sino como un hijo que responde al amor del "que nos amó primero" (1 Jn 4, 19):

> O nos apartamos del mal por temor del castigo y estamos en la disposición del esclavo, o buscamos el incentivo de la recompensa y nos parecemos a mercenarios, o finalmente obedecemos por el bien mismo del amor del que manda... y entonces estamos en la disposición de hijos (S. Basilio, reg. fus. prol. 3).

1829 La caridad tiene por *frutos* el gozo, la paz y la misericor-

2540

dia. Exige la práctica del bien y la corrección fraterna; es benevolencia; suscita la reciprocidad; es siempre desinteresada y generosa; es amistad y comunión:

> La culminación de todas nuestras obras es el amor. Ese es el fin; para conseguirlo, corremos; hacia él corremos; una vez llegados, en él reposamos (S. Agustín, ep. Jo. 10, 4).

III   DONES Y FRUTOS DEL ESPIRITU SANTO

1830 La vida moral de los cristianos está sostenida por los dones del Espíritu Santo. Estos son disposiciones permanentes que hacen al hombre dócil para seguir los impulsos del Espíritu Santo.

1831 Los siete *dones* del Espíritu Santo son: sabiduría, inteligencia, consejo, fortaleza, ciencia, piedad y temor de Dios. Perte-

1266; 1299

necen en plenitud a Cristo, Hijo de David (cf Is 11, 1-2). Completan y llevan a su perfección las virtudes de quienes los reciben. Hacen a los fieles dóciles para obedecer con prontitud a las inspiraciones divinas.

> Tu espíritu bueno me guíe por una tierra llana (Sal 143, 10).

> Todos los que son guiados por el Espíritu de Dios son hijos de Dios... Y, si hijos, también herederos; herederos de Dios y coherederos de Cristo (Rm 8, 14.17).

736

1832 Los *frutos* del Espíritu son perfecciones que forma en nosotros el Espíritu Santo como primicias de la gloria eterna. La tradición de la Iglesia enumera doce: "caridad, gozo, paz, paciencia, longanimidad, bondad, benignidad, mansedumbre, fidelidad, modestia, continencia, castidad" (Ga 5, 22-23, vulg.).

RESUMEN

1833 *La virtud es una disposición habitual y firme para hacer el bien.*

1834 *Las virtudes humanas son disposiciones estables del entendimiento y de la voluntad que regulan nuestros actos, ordenan nuestras pasiones y guían nuestra conducta según la razón y la fe. Pueden agruparse en torno a cuatro virtudes cardinales: prudencia, justicia, fortaleza y templanza.*

1835 *La prudencia dispone la razón práctica para discernir, en toda circunstancia, nuestro verdadero bien y elegir los medios justos para realizarlo.*

1836 *La justicia consiste en la constante y firme voluntad de dar a Dios y al prójimo lo que les es debido.*

1837 *La fortaleza asegura, en las dificultades, la firmeza y la constancia en la práctica del bien.*

1838 *La templanza modera la atracción hacia los placeres sensibles y procura la moderación en el uso de los bienes creados.*

1839 *Las virtudes morales crecen mediante la educación, mediante actos deliberados y con el esfuerzo perseverante. La gracia divina las purifica y las eleva.*

1840 *Las virtudes teologales disponen a los cristianos a vivir en relación con la Santísima Trinidad. Tienen como origen, motivo y objeto, a Dios conocido por la fe, esperado y amado por Él mismo.*

1841 *Las virtudes teologales son tres: la fe, la esperanza y la caridad (cf 1 Co 13, 13). Informan y vivifican todas las virtudes morales.*

1842 *Por la fe creemos en Dios y creemos todo lo que Él nos ha revelado y que la Santa Iglesia nos propone como objeto de fe.*

1843 *Por la esperanza deseamos y esperamos de Dios con una firme confianza la vida eterna y las gracias para merecerla.*

1844 *Por la caridad amamos a Dios sobre todas las cosas y a nuestro prójimo como a nosotros mismos por amor de Dios. Es el "vínculo de la perfección" (Col 3, 14) y la forma de todas las virtudes.*

1845   *Los siete dones del Espíritu Santo concedidos a los cristianos son: sabiduría, entendimiento, consejo, fortaleza, ciencia, piedad y temor de Dios.*

Artículo 8   **EL PECADO**

I   LA MISERICORDIA Y EL PECADO

1846   El Evangelio es la revelación, en Jesucristo, de la misericordia de Dios con los pecadores (cf Lc 15). El ángel anuncia a José: "Tú le pondrás por nombre Jesús, porque él salvará a su pueblo de sus pecados" (Mt 1, 21). Y en la institución de la Eucaristía, sacramento de la redención, Jesús dice: "Esta es mi sangre de la alianza, que va a ser derramada por muchos para remisión de los pecados" (Mt 26, 28).

430

1365

1847   "Dios nos ha creado sin nosotros, pero no ha querido salvarnos sin nosotros" (S. Agustín, serm. 169, 11, 13). La acogida de su misericordia exige de nosotros la confesión de nuestras faltas. "Si decimos: 'no tenemos pecado', nos engañamos y la verdad no está en nosotros. Si reconocemos nuestros pecados, fiel y justo es él para perdonarnos los pecados y purificarnos de toda injusticia" (1 Jn 1, 8-9).

387; 1455

1848   Como afirma S. Pablo, "donde abundó el pecado, sobreabundó la gracia" (Rm 5, 20). Pero para hacer su obra, la gracia debe descubrir el pecado para convertir nuestro corazón y conferirnos "la justicia para la vida eterna por Jesucristo nuestro Señor" (Rm 5, 20-21). Como un médico que descubre la herida antes de curarla, Dios, mediante su palabra y su espíritu, proyecta una luz viva sobre el pecado:

385

> La conversión *exige el reconocimiento del pecado*, y éste, siendo una verificación de la acción del Espíritu de la verdad en la intimidad del hombre, llega a ser al mismo tiempo el nuevo comienzo de la dádiva de la gracia y del amor: "Recibid el Espíritu Santo". Así, pues, en este "convencer en lo referente al pecado" descubrimos una *'doble dádiva'*: el don de la verdad de la conciencia y el don de la certeza de la redención. El Espíritu de la verdad es el Paráclito (DeV 31).

1433

II   DEFINICION DE PECADO

311   **1849**   El pecado es una falta contra la razón, la verdad, la conciencia recta; es faltar al amor verdadero para con Dios y para con

el prójimo, a causa de un apego perverso a ciertos bienes. Hiere la
naturaleza del hombre y atenta contra la solidaridad humana. Ha
sido definido como "una palabra, un acto o un deseo contrarios a
la ley eterna" (S. Agustín, Faust. 22, 27; S. Tomás de A., s. th., 1-
2, 71, 6).   1952

1850 El pecado es una ofensa a Dios: "Contra ti, contra ti sólo   1440
he pecado, lo malo a tus ojos cometí" (Sal 51, 6). El pecado se le-
vanta contra el amor que Dios nos tiene y aparta de Él nuestros corazones. Como el primer pecado, es una desobediencia, una rebe-   397
lión contra Dios por el deseo de hacerse "como dioses", preten-
diendo conocer y determinar el bien y el mal (Gn 3, 5). El pecado
es así "amor de sí hasta el desprecio de Dios" (S. Agustín, civ. 1,
14, 28). Por esta exaltación orgullosa de sí, el pecado es diametral-
mente opuesto a la obediencia de Jesús que realiza la salvación (cf   615
Flp 2, 6-9).

1851 En la Pasión, la misericordia de Cristo vence al pecado. En
ella, es donde éste manifiesta mejor su violencia y su multiplicidad: incredulidad, rechazo y burlas por parte de los jefes y del pue-   598
blo, debilidad de Pilato y crueldad de los soldados, traición de Judas tan dura a Jesús, negaciones de Pedro y abandono de los discípulos. Sin embargo, en la hora misma de las tinieblas y del prínci-   2746
pe de este mundo (cf Jn 14, 30), el sacrificio de Cristo se convierte   616
secretamente en la fuente de la que brotará inagotable el perdón de
nuestros pecados.

III   LA DIVERSIDAD DE PECADOS

1852 La variedad de pecados es grande. La Escritura contiene
varias listas. La carta a los Gálatas opone las obras de la carne al
fruto del Espíritu: "Las obras de la carne son conocidas: fornicación, impureza, libertinaje, idolatría, hechicería, odios, discordia,
celos, iras, rencillas, divisiones, disensiones, envidias, embriague-
ces, orgías y cosas semejantes, sobre las cuales os prevengo como
ya os previne, que quienes hacen tales cosas no heredarán el Reino
de Dios" (5, 19-21; cf Rm 1, 28-32; 1 Co 6, 9-10; Ef 5, 3-5; Col 3,
5-8; 1 Tm 1, 9-10; 2 Tm 3, 2-5).

1853 Se pueden distinguir los pecados según su objeto, como en todo   1751
acto humano, o según las virtudes a las que se oponen, por exceso o por
defecto, o según los mandamientos que quebrantan. Se los puede agrupar   2067
también según que se refieran a Dios, al prójimo o a sí mismo; se los puede dividir en pecados espirituales y carnales, o también en pecados de   368
pensamiento, palabra, acción u omisión. La raíz del pecado está en el co-

razón del hombre, en su libre voluntad, según la enseñanza del Señor: "De dentro del corazón salen las intenciones malas, asesinatos, adulterios, fornicaciones, robos, falsos testimonios, injurias. Esto es lo que hace impuro al hombre" (Mt 15, 19-20). En el corazón reside también la caridad, principio de las obras buenas y puras, a la que hiere el pecado.

IV   LA GRAVEDAD DEL PECADO: PECADO MORTAL
      Y VENIAL

1854   Conviene valorar los pecados según su gravedad. La distinción entre pecado mortal y venial, perceptible ya en la Escritura (cf 1 Jn 5, 16-17) se ha impuesto en la tradición de la Iglesia. La experiencia de los hombres la corroboran.

1595

1855   El *pecado mortal* destruye la caridad en el corazón del hombre por una infracción grave de la ley de Dios; aparta al hombre de Dios, que es su fin último y su bienaventuranza, prefiriendo un bien inferior.

El *pecado venial* deja subsistir la caridad, aunque la ofende y la hiere.

1446

1856   El pecado mortal, que ataca en nosotros el principio vital que es la caridad, necesita una nueva iniciativa de la misericordia de Dios y una conversión del corazón que se realiza ordinariamente en el marco del sacramento de la Reconciliación:

> Cuando la voluntad se dirige a una cosa de suyo contraria a la caridad por la que estamos ordenados al fin último, el pecado, por su objeto mismo, tiene causa para ser mortal... sea contra el amor de Dios, como la blasfemia, el perjurio, etc., o contra el amor del prójimo, como el homicidio, el adulterio, etc... En cambio, cuando la voluntad del pecador se dirige a veces a una cosa que contiene en sí un desorden, pero que sin embargo no es contraria al amor de Dios y del prójimo, como una palabra ociosa, una risa superflua, etc., tales pecados son veniales (S. Tomás de A., s. th. 1-2, 88, 2).

1857   Para que un *pecado* sea *mortal* se requieren tres condiciones: "Es pecado mortal lo que tiene como objeto una materia grave y que, además, es cometido con pleno conocimiento y deliberado consentimiento" (RP 17).

2072   **1858**   La *materia grave* es precisada por los Diez mandamientos según la respuesta de Jesús al joven rico: "No mates, no cometas adulterio, no robes, no levantes testimonio falso, no seas injusto, honra a tu padre y a tu madre" (Mc 10, 19). La gravedad de los pecados es mayor o menor: un asesinato es más grave que un robo.

La cualidad de las personas lesionadas cuenta también: la violencia ejercida contra los padres es más grave que la ejercida contra un extraño. 2214

1859 El pecado mortal requiere *plena conciencia* y *entero consentimiento*. Presupone el conocimiento del carácter pecaminoso del acto, de su oposición a la Ley de Dios. Implica también un consentimiento suficientemente deliberado para ser una elección personal. La ignorancia afectada y el endurecimiento del corazón (cf Mc 3, 5-6; Lc 16, 19-31) no disminuyen, sino aumentan, el carácter voluntario del pecado. 1734

1860 La *ignorancia involuntaria* puede disminuir, si no excusar, la imputabilidad de una falta grave, pero se supone que nadie ignora los principios de la ley moral que están inscritos en la conciencia de todo hombre. Los impulsos de la sensibilidad, las pasiones pueden igualmente reducir el carácter voluntario y libre de la falta, lo mismo que las presiones exteriores o los trastornos patológicos. El pecado más grave es el que se comete por malicia, por elección deliberada del mal. 1735 1767

1861 El pecado mortal es una posibilidad radical de la libertad humana como lo es también el amor. Entraña la pérdida de la caridad y la privación de la gracia santificante, es decir, del estado de gracia. Si no es rescatado por el arrepentimiento y el perdón de Dios, causa la exclusión del Reino de Cristo y la muerte eterna del infierno; de modo que nuestra libertad tiene poder de hacer elecciones para siempre, sin retorno. Sin embargo, aunque podamos juzgar que un acto es en sí una falta grave, el juicio sobre las personas debemos confiarlo a la justicia y a la misericordia de Dios. 1742 1033

1862 Se comete un *pecado venial* cuando no se observa en una materia leve la medida prescrita por la ley moral, o cuando se desobedece a la ley moral en materia grave, pero sin pleno conocimiento o sin entero consentimiento.

1863 El pecado venial debilita la caridad; entraña un afecto desordenado a bienes creados; impide el progreso del alma en el ejercicio de las virtudes y la práctica del bien moral; merece penas temporales. El pecado venial deliberado y que permanece sin arrepentimiento, nos dispone poco a poco a cometer el pecado mortal. No obstante, el pecado venial no nos hace contrarios a la voluntad y la amistad divinas; no rompe la Alianza con Dios. Es humanamente reparable con la gracia de Dios. "No priva de la gracia santificante, de la amistad con Dios, de la caridad, ni, por tanto, de la bienaventuranza eterna" (RP 17): 1394 1472

El hombre, mientras permanece en la carne, no puede evitar todo pecado, al menos los pecados leves. Pero estos pecados, que llamamos leves, no los consideres poca cosa: si los tienes por tales cuando los pesas, tiembla cuando los cuentas. Muchos objetos pequeños hacen una gran masa; muchas gotas de agua llenan un río. Muchos granos hacen un montón. ¿Cuál es entonces nuestra esperanza? Ante todo, la confesión... (S. Agustín, ep. Jo. 1, 6).

1864 "El que *blasfeme contra el Espíritu Santo* no tendrá perdón nunca, antes bien será reo de pecado eterno" (Mc 3, 29; cf Mt 12, 32; Lc 12, 10). No hay límites a la misericordia de Dios, pero quien se niega deliberadamente a acoger la misericordia de Dios

2091 mediante el arrepentimiento rechaza el perdón de sus pecados y la salvación ofrecida por el Espíritu Santo (cf DeV 46). Semejante

1037 endurecimiento puede conducir a la condenación final y a la perdición eterna.

V   LA PROLIFERACION DEL PECADO

401 **1865** El pecado crea una facilidad para el pecado, engendra el vicio por la repetición de actos. De ahí resultan inclinaciones desviadas que oscurecen la conciencia y corrompen la valoración con-

1768 creta del bien y del mal. Así el pecado tiende a reproducirse y a reforzarse, pero no puede destruir el sentido moral hasta su raíz.

1866 Los vicios pueden ser catalogados según las virtudes a que se oponen, o también pueden ser referidos a los *pecados capitales* que la experiencia cristiana ha distinguido siguiendo a S. Juan Casiano y a S. Gregorio Magno (mor. 31, 45). Son llamados capitales porque generan otros pecados, otros vicios. Son la soberbia, la

2539 avaricia, la envidia, la ira, la lujuria, la gula, la pereza.

1867 La tradición catequética recuerda también que existen *"pe-*

2268 *cados que claman al cielo"*. Claman al cielo: la sangre de Abel (cf Gn 4, 10); el pecado de los sodomitas (cf Gn 18, 20; 19, 13); el clamor del pueblo oprimido en Egipto (cf Ex 3, 7-10); el lamento del extranjero, de la viuda y el huérfano (cf Ex 22, 20-22); la injusticia para con el asalariado (cf Dt 24, 14-15; Jc 5, 4).

1868 El pecado es un acto personal. Pero nosotros tenemos una responsabilidad en los pecados cometidos por otros cuando *cooperamos a ellos*:

1736 – participando directa y voluntariamente;

– ordenándolos, aconsejándolos, alabándolos o aprobándolos;

– no revelándolos o no impidiéndolos cuando se tiene obligación de hacerlo;
– protegiendo a los que hacen el mal.

1869   Así el pecado convierte a los hombres en cómplices unos de otros, hace reinar entre ellos la concupiscencia, la violencia y la injusticia. Los pecados provocan situaciones sociales e instituciones contrarias a la bondad divina. Las "estructuras de pecado" son expresión y efecto de los pecados personales. Inducen a sus víctimas a cometer a su vez el mal. En un sentido analógico constituyen un "pecado social" (cf RP 16).

408

1887

RESUMEN

1870   *"Dios encerró a todos los hombres en la rebeldía para usar con todos ellos de misericordia" (Rm 11, 32).*

1871   *El pecado es "una palabra, un acto o un deseo contrarios a la ley eterna"(S. Agustín, Faust. 22). Es una ofensa a Dios. Se alza contra Dios en una desobediencia contraria a la obediencia de Cristo.*

1872   *El pecado es un acto contrario a la razón. Lesiona la naturaleza del hombre y atenta contra la solidaridad humana.*

1873   *La raíz de todos los pecados está en el corazón del hombre. Sus especies y su gravedad se miden principalmente por su objeto.*

1874   *Elegir deliberadamente, es decir, sabiéndolo y queriéndolo, una cosa gravemente contraria a la ley divina y al fin último del hombre, es cometer un pecado mortal. Este destruye en nosotros la caridad sin la cual la bienaventuranza eterna es imposible. Sin arrepentimiento, tal pecado conduce a la muerte eterna.*

1875   *El pecado venial constituye un desorden moral que puede ser reparado por la caridad que tal pecado deja subsistir en nosotros.*

1876   *La reiteración de pecados, incluso veniales, engendra vicios entre los cuales se distinguen los pecados capitales.*

CAPITULO SEGUNDO

LA COMUNIDAD HUMANA

355   **1877**   La vocación de la humanidad es manifestar la imagen de Dios y ser transformada a imagen del Hijo Unico del Padre. Esta vocación reviste una forma personal, puesto que cada uno es llamado a entrar en la bienaventuranza divina; pero concierne también al conjunto de la comunidad humana.

Artículo 1   **LA PERSONA Y LA SOCIEDAD**

I   EL CARACTER COMUNITARIO DE LA VOCACION HUMANA

        1878   Todos los hombres son llamados al mismo fin: Dios. Exis-
1702   te cierta semejanza entre la unión de las personas divinas y la fraternidad que los hombres deben instaurar entre ellos, en la verdad y el amor (cf GS 24, 3). El amor al prójimo es inseparable del amor a Dios.

1936   **1879**   La persona humana necesita la vida social. Esta no constituye para ella algo sobreañadido sino una exigencia de su naturaleza. Por el intercambio con otros, la reciprocidad de servicios y el diálogo con sus hermanos, el hombre desarrolla sus capacidades; así responde a su vocación (cf GS 25, 1).

771   **1880**   Una *sociedad* es un conjunto de personas ligadas de manera orgánica por un principio de unidad que supera a cada una de ellas. Asamblea a la vez visible y espiritual, una sociedad perdura en el tiempo: recoge el pasado y prepara el porvenir. Mediante ella, cada hombre es constituido "heredero", recibe "talentos" que enriquecen su identidad y a los que debe hacer fructificar (cf Lc 19, 13.15). En verdad, se debe afirmar que cada uno tiene deberes para con las comunidades de que forma parte y está obligado a respetar a las autoridades encargadas del bien común de las mismas.

        1881   Cada comunidad se define por su fin y obedece en consecuencia a reglas específicas, pero "el principio, el sujeto y el fin de
1929   todas las instituciones sociales es y debe ser la *persona humana*" (GS 25, 1).

        1882   Algunas sociedades, como la familia y la ciudad, corresponden más inmediatamente a la naturaleza del hombre. Le son necesarias. Con el fin de favorecer la participación del mayor número de personas en la vida social, es preciso impulsar, alentar la creación de asociaciones e instituciones de libre iniciativa "para fines económicos, sociales, culturales, recreativos, deportivos, profesionales y políticos, tanto dentro de cada una de las naciones como en el plano mundial" (MM 60). Esta *"socialización"* expresa igualmente la tendencia natural que impulsa a los seres humanos a asociarse con el fin de alcanzar objetivos que exceden las capacidades individuales. Desarrolla las cualidades de la persona, en particular, su sentido de iniciativa y de responsabilidad. Ayuda a garantizar sus derechos (cf GS 25, 2; CA 12). **1913**

1883 La socialización presenta también peligros. Una intervención demasiado fuerte del Estado puede amenazar la libertad y la iniciativa personales. La doctrina de la Iglesia ha elaborado el principio llamado de *subsidiaridad*. Según éste, "una estructura social de orden superior no debe interferir en la vida interna de un grupo social de orden inferior, privándole de sus competencias, sino que más bien debe sostenerle en caso de necesidad y ayudarle a coordinar su acción con la de los demás componentes sociales, con miras al bien común" (CA 48; Pío XI, enc. "Quadragesimo anno"). **2431**

1884 Dios no ha querido retener para El solo el ejercicio de todos los poderes. Entrega a cada criatura las funciones que es capaz de ejercer, según las capacidades de su naturaleza. Este modo de gobierno debe ser imitado en la vida social. El comportamiento de Dios en el gobierno del mundo, que manifiesta tanto respeto a la libertad humana, debe inspirar la sabiduría de los que gobiernan las comunidades humanas. Estos deben comportarse como ministros de la providencia divina. **307**

302

1885 El principio de subsidiaridad se opone a toda forma de colectivismo. Traza los límites de la intervención del Estado. Intenta armonizar las relaciones entre individuos y sociedad. Tiende a instaurar un verdadero orden internacional.

II   LA CONVERSION Y LA SOCIEDAD

1886 La sociedad es indispensable para la realización de la vocación humana. Para alcanzar este objetivo es preciso que sea respetada la justa jerarquía de los valores que subordina las dimensiones "materiales e instintivas" del ser del hombre "a las interiores y espirituales" (CA 36): **1779**

> La sociedad humana... tiene que ser considerada, ante todo, como una realidad de orden principalmente espiritual: que im-

pulse a los hombres, iluminados por la verdad, a comunicarse entre sí los más diversos conocimientos; a defender sus derechos y cumplir sus deberes; a desear los bienes del espíritu; a disfrutar en común del justo placer de la belleza en todas sus manifestaciones; a sentirse inclinados continuamente a compartir con los demás lo mejor de sí mismos; a asimilar con afán, en provecho propio, los bienes espirituales del prójimo. Todos estos valores informan y, al mismo tiempo, dirigen las manifestaciones de la cultura, de la economía, de la convivencia social, del progreso y del orden político, del ordenamiento jurídico y, finalmente, de cuantos elementos constituyen la expresión externa de la comunidad humana en su incesante desarrollo (PT 36).

1887 La inversión de los medios y de los fines (cf CA 41), que lleva a dar valor de fin último a lo que sólo es medio para alcanzarlo, o a considerar las personas como puros medios para un fin, engendra estructuras injustas que "hacen ardua y prácticamente imposible una conducta cristiana, conforme a los mandamientos del Legislador Divino" (Pío XII, discurso 1 junio 1941).

1888 Es preciso entonces apelar a las capacidades espirituales y morales de la persona y a la exigencia permanente de su *conversión interior* para obtener cambios sociales que estén realmente a su servicio. La prioridad reconocida a la conversión del corazón no elimina en modo alguno, sino, al contrario, impone la obligación de introducir en las instituciones y condiciones de vida, cuando inducen al pecado, las mejoras convenientes para que aquéllas se conformen a las normas de la justicia y favorezcan el bien en lugar de oponerse a él (cf LG 36).

1889 Sin la ayuda de la gracia, los hombres no sabrían "acertar con el sendero a veces estrecho entre la mezquindad que cede al mal y la violencia que, creyendo ilusoriamente combatirlo, lo agrava" (CA 25). Es el camino de la caridad, es decir, del amor de Dios y del prójimo. La caridad representa el mayor mandamiento social. Respeta al otro y sus derechos. Exige la práctica de la justicia y es la única que nos hace capaces de ésta. Inspira una vida de entrega de sí mismo: "Quien intente guardar su vida la perderá; y quien la pierda la conservará" (Lc 17, 33)

RESUMEN

1890 *Existe una cierta semejanza entre la unión de las personas divinas y la fraternidad que los hombres deben instaurar entre sí.*

Margin references: 2500 | 909 1869 | 47 1430 | 1825

1891 *Para desarrollarse en conformidad con su naturaleza, la persona humana necesita la vida social. Ciertas sociedades como la familia y la ciudad, corresponden más inmediatamente a la naturaleza del hombre.*

1892 *"El principio, el sujeto y el fin de todas las instituciones sociales es y debe ser la persona humana" (GS 25, 1).*

1893 *Es preciso promover una amplia participación en asociaciones e instituciones de libre iniciativa.*

1894 *Según el principio de subsidiaridad, ni el Estado ni ninguna sociedad más amplia deben suplantar la iniciativa y la responsabilidad de las personas y de las corporaciones intermedias.*

1895 *La sociedad debe favorecer el ejercicio de las virtudes, no ser obstáculo para ellas. Debe inspirarse en una justa jerarquía de valores.*

1896 *Donde el pecado pervierte el clima social es preciso apelar a la conversión de los corazones y a la gracia de Dios. La caridad empuja a reformas justas. No hay solución a la cuestión social fuera del Evangelio (cf CA 3).*

Artículo 2   **LA PARTICIPACION EN LA VIDA SOCIAL**

I   LA AUTORIDAD

1897 "Una sociedad bien ordenada y fecunda requiere gobernantes, investidos de legítima autoridad, que defiendan las instituciones y consagren, en la medida suficiente, su actividad y sus desvelos al provecho común del país" (PT 46).   2234

Se llama "autoridad" la cualidad en virtud de la cual personas o instituciones dan leyes y órdenes a los hombres y esperan la correspondiente obediencia.

1898 Toda comunidad humana necesita una autoridad que la rija (cf León XIII, enc. "Inmortale Dei"; enc. "Diuturnum illud"). Esta tiene su fundamento en la naturaleza humana. Es necesaria para la unidad de la sociedad. Su misión consiste en asegurar en cuanto sea posible el bien común de la sociedad.

1899 La autoridad exigida por el orden moral emana de Dios: "Sométanse todos a las autoridades constituidas, pues no hay auto-   2235 ridad que no provenga de Dios, y las que existen, por Dios han sido constituidas. De modo que, quien se opone a la autoridad, se rebela contra el orden divino, y los rebeldes se atraerán sobre sí mismos la condenación" (Rm 13, 1-2; cf 1 P 2, 13-17).

2238   **1900**   El deber de obediencia impone a todos la obligación de dar a la autoridad los honores que le son debidos, y de rodear de respeto y, según su mérito, de gratitud y de benevolencia a las personas que la ejercen.

2240   La más antigua oración de la Iglesia por la autoridad política tiene como autor a S. Clemente Romano:

            "Concédeles, Señor, la salud, la paz, la concordia, la estabilidad, para que ejerzan sin tropiezo la soberanía que tú les has entregado. Eres tú, Señor, rey celestial de los siglos, quien da a los hijos de los hombres gloria, honor y poder sobre las cosas de la tierra. Dirige, Señor, su consejo según lo que es bueno, según lo que es agradable a tus ojos, para que ejerciendo con piedad, en la paz y la mansedumbre, el poder que les has dado, te encuentren propicio" (S. Clemente Romano, Cor. 61, 1-2).

1901   Si la autoridad responde a un orden fijado por Dios, "la determinación del régimen y la designación de los gobernantes han de dejarse a la libre voluntad de los ciudadanos" (GS 74, 3).

2242   La diversidad de los regímenes políticos es moralmente admisible con tal que promuevan el bien legítimo de la comunidad que los adopta. Los regímenes cuya naturaleza es contraria a la ley natural, al orden público y a los derechos fundamentales de las personas, no pueden realizar el bien común de las naciones en las que se han impuesto.

1930   **1902**   La autoridad no saca de sí misma su legitimidad moral. No debe comportarse de manera despótica, sino actuar para el bien común como una "fuerza moral, que se basa en la libertad y en la conciencia de la tarea y obligaciones que ha recibido" (GS 74, 2).

1951   La legislación humana sólo posee carácter de ley cuando se conforma a la justa razón; lo cual significa que su obligatoriedad procede de la ley eterna. En la medida en que ella se apartase de la razón, sería preciso declararla injusta, pues no verificaría la noción de ley; sería más bien una forma de violencia (S. Tomás de A., s. th. 1-2, 93, 3 ad 2).

1903   La autoridad sólo se ejerce legítimamente si busca el bien común del grupo en cuestión y si, para alcanzarlo, emplea medios moralmente lícitos. Si los dirigentes proclamasen leyes injustas o tomasen medidas contrarias al orden moral, estas disposiciones no

2242   pueden obligar en conciencia. "En semejante situación, la propia autoridad se desmorona por completo y se origina una iniquidad espantosa" (PT 51).

1904 "Es preferible que un poder esté equilibrado por otros poderes y otras esferas de competencia que lo mantengan en su justo límite. Es este el principio del 'Estado de derecho' en el cual es soberana la ley y no la voluntad arbitraria de los hombres" (CA 44).

II   EL BIEN COMUN

1905 Conforme a la naturaleza social del hombre, el bien de cada cual está necesariamente relacionado con el bien común. Este sólo puede ser definido con referencia a la persona humana:

> No viváis aislados, cerrados en vosotros mismos, como si estuvieseis ya justificados, sino reuníos para buscar juntos lo que constituye el interés común (Bernabé, ep. 4, 10).

1906 Por bien común, es preciso entender "el conjunto de aquellas condiciones de la vida social que permiten a los grupos y a cada uno de sus miembros conseguir más plena y fácilmente su propia perfección" (GS 26, 1; cf GS 74, 1). El bien común afecta a la vida de todos. Exige la prudencia por parte de cada uno, y más aún por la de aquellos que ejercen la autoridad. Comporta *tres elementos esenciales*:

1907 Supone, en primer lugar, el *respeto a la persona* en cuanto tal. En nombre del bien común, las autoridades están obligadas a respetar los derechos fundamentales e inalienables de la persona humana. La sociedad debe permitir a cada uno de sus miembros realizar su vocación. En particular, el bien común reside en las condiciones de ejercicio de las libertades naturales que son indispensables para el desarrollo de la vocación humana: "derecho a... actuar de acuerdo con la recta norma de su conciencia, a la protección de la vida privada y a la justa libertad, también en materia religiosa" (GS 26, 2).

1908 En segundo lugar, el bien común exige el *bienestar social* y el *desarrollo* del grupo mismo. El desarrollo es el resumen de todos los deberes sociales. Ciertamente corresponde a la autoridad decidir, en nombre del bien común, entre los diversos intereses particulares; pero debe facilitar a cada uno lo que necesita para llevar una vida verdaderamente humana: alimento, vestido, salud, trabajo, educación y cultura, información adecuada, derecho de fundar una familia, etc. (cf. GS 26, 2).

801
1881

1929

2106

2441

2304   **1909**   El bien común implica, finalmente, la *paz*, es decir, la estabilidad y la seguridad de un orden justo. Supone, por tanto, que
2310   la autoridad asegura, por medios honestos, la *seguridad* de la sociedad y la de sus miembros. El bien común fundamenta el derecho a la legítima defensa individual y colectiva.

1910   Si toda comunidad humana posee un bien común que la
configura en cuanto tal, la realización más completa de este bien
2244   común se verifica en la *comunidad política*. Corresponde al Estado
defender y promover el bien común de la sociedad civil, de los
ciudadanos y de las instituciones intermedias.

1911   Las interdependencias humanas se intensifican. Se extien-
den poco a poco a toda la tierra. La unidad de la familia humana
que agrupa a seres que poseen una misma dignidad natural, impli-
2438   ca un *bien común universal*. Este requiere una organización de la
comunidad de naciones capaz de "proveer a las diferentes necesidades de los hombres, tanto en los campos de la vida social, a los
que pertenecen la alimentación, la salud, la educación... como no
pocas situaciones particulares que pueden surgir en algunas partes,
como son... socorrer en sus sufrimientos a los refugiados dispersos
por todo el mundo o de ayudar a los emigrantes y a sus familias"
(GS 84, 2).

1912   El bien común está siempre orientado hacia el progreso de
1881   las personas: "El orden social y su progreso deben subordinarse al
bien de las personas... y no al contrario" (GS 26, 3). Este orden tiene por base la verdad, se edifica en la justicia, es vivificado por el
amor.

III   RESPONSABILIDAD Y PARTICIPACION

1913   La participación es el compromiso voluntario y generoso
de la persona en los intercambios sociales. Es necesario que todos
participen, cada uno según el lugar que ocupa y el papel que de-
sempeña, en promover el bien común. Este deber es inherente a la
dignidad de la persona humana.

1914   La participación se realiza ante todo con la dedicación a
1734   las tareas cuya *responsabilidad personal* se asume: por la atención
prestada a la educación de su familia, por la responsabilidad en su
trabajo, el hombre participa en el bien de los demás y de la sociedad (cf CA 43).

2239   **1915**   Los ciudadanos deben cuanto sea posible tomar parte activa en la *vida pública*. Las modalidades de esta participación pue-

den variar de un país a otro o de una cultura a otra. "Es de alabar la conducta de las naciones en las que la mayor parte posible de los ciudadanos participa con verdadera libertad en la vida pública" (GS 31, 3).

1916 La participación de todos en la promoción del bien común implica, como todo deber ético, una *conversión,* renovada sin cesar, de los miembros de la sociedad. El fraude y otros subterfugios mediante los cuales algunos escapan a la obligación de la ley y a las prescripciones del deber social deben ser firmemente condenados por incompatibles con las exigencias de la justicia. Es preciso ocuparse del desarrollo de instituciones que mejoran las condiciones de la vida humana (cf GS 30, 1).

1888

2409

1917 Corresponde a los que ejercen la autoridad reafirmar los valores que engendran confianza en los miembros del grupo y los estimulan a ponerse al servicio de sus semejantes. La participación comienza por la educación y la cultura. "Podemos pensar, con razón, que la suerte futura de la humanidad está en manos de aquellos que sean capaces de transmitir a las generaciones venideras razones para vivir y para esperar" (GS 31, 3).

1818

RESUMEN

1918 *"No hay autoridad que no provenga de Dios, y las que existen, por Dios han sido constituidas" (Rm 13, 1).*

1919 *Toda comunidad humana necesita una autoridad para mantenerse y desarrollarse.*

1920 *"La comunidad política y la autoridad pública se fundan en la naturaleza humana y por ello pertenecen al orden querido por Dios" (GS 74, 3).*

1921 *La autoridad se ejerce de manera legítima si se aplica a la prosecución del bien común de la sociedad. Para alcanzarlo debe emplear medios moralmente aceptables.*

1922 *La diversidad de regímenes políticos es legítima, con tal que promuevan el bien de la comunidad.*

1923 *La autoridad política debe actuar dentro de los límites del orden moral y debe garantizar las condiciones del ejercicio de la libertad.*

1924 *El bien común comprende "el conjunto de aquellas condiciones de la vida social que permiten a los grupos y a ca-*

da uno de sus miembros conseguir más plena y fácilmente su propia perfección" (GS 26, 1).

1925   *El bien común comporta tres elementos esenciales: el respeto y la promoción de los derechos fundamentales de la persona; la prosperidad o el desarrollo de los bienes espirituales y temporales de la sociedad; la paz y la seguridad del grupo y de sus miembros.*

1926   *La dignidad de la persona humana implica la búsqueda del bien común. Cada cual debe preocuparse por suscitar y sostener instituciones que mejoren las condiciones de la vida humana.*

1927   *Corresponde al Estado defender y promover el bien común de la sociedad civil. El bien común de toda la familia humana requiere una organización de la sociedad internacional.*

Artículo 3   **LA JUSTICIA SOCIAL**

1928   La sociedad asegura la justicia social cuando realiza las
2832   condiciones que permiten a las asociaciones y a cada uno conseguir lo que les es debido según su naturaleza y su vocación. La justicia social está ligada al bien común y al ejercicio de la autoridad.

I   EL RESPETO DE LA PERSONA HUMANA

1929   La justicia social sólo puede ser conseguida sobre la base
1881   del respeto de la dignidad trascendente del hombre. La persona representa el fin último de la sociedad, que está ordenada a él:

> La defensa y la promoción de la dignidad humana "nos han sido confiadas por el Creador, y de las que son rigurosa y responsablemente deudores los hombres y mujeres en cada coyuntura de la historia" (SRS 47).

1930   El respeto de la persona humana implica el de los derechos
1700   que se derivan de su dignidad de criatura. Estos derechos son anteriores a la sociedad y se imponen a ella. Fundan la legitimidad
1902   moral de toda autoridad: menospreciándolos o negándose a reconocerlos en su legislación positiva, una sociedad mina su propia legitimidad moral (cf PT 65). Sin este respeto, una autoridad sólo puede apoyarse en la fuerza o en la violencia para obtener la obediencia de sus súbditos. Corresponde a la Iglesia recordar estos de-

rechos a los hombres de buena voluntad y distinguirlos de reivindicaciones abusivas o falsas.

1931 El respeto a la persona humana pasa por el respeto del principio: "Que cada uno, sin ninguna excepción, debe considerar al prójimo como 'otro yo', cuidando, en primer lugar, de su vida y de los medios necesarios para vivirla dignamente" (GS 27, 1). Ninguna legislación podría por sí misma hacer desaparecer los temores, los prejuicios, las actitudes de soberbia y de egoísmo que obstaculizan el establecimiento de sociedades verdaderamente fraternas. Estos comportamientos sólo cesan con la caridad que ve en cada hombre un "prójimo", un hermano. — 2212 — 1825

1932 El deber de hacerse prójimo de los demás y de servirlos activamente se hace más acuciante todavía cuando éstos están más necesitados en cualquier sector de la vida humana. "Cuanto hicisteis a uno de estos hermanos míos más pequeños, a mí me lo hicisteis" (Mt 25, 40). — 2449

1933 Este mismo deber se extiende a los que piensan y actúan diversamente de nosotros. La enseñanza de Cristo exige incluso el perdón de las ofensas. Extiende el mandamiento del amor que es el de la nueva ley a todos los enemigos (cf Mt 5, 43-44). La liberación en el espíritu del Evangelio es incompatible con el odio al enemigo en cuanto persona, pero no con el odio al mal que hace en cuanto enemigo. — 2303

II IGUALDAD Y DIFERENCIAS ENTRE LOS HOMBRES

1934 Creados a imagen del Dios único y dotados de una misma alma racional, todos los hombres poseen una misma naturaleza y un mismo origen. Rescatados por el sacrificio de Cristo, todos son llamados a participar en la misma bienaventuranza divina: todos gozan por tanto de una misma dignidad. — 225

1935 La igualdad entre los hombres se deriva esencialmente de su dignidad personal y de los derechos que dimanan de ella: — 357

> Hay que superar y eliminar, como contraria al plan de Dios, toda forma de discriminación en los derechos fundamentales de la persona, ya sea social o cultural, por motivos de sexo, raza, color, condición social, lengua o religión (GS 29, 2). — 1879

1936 Al venir al mundo, el hombre no dispone de todo lo que es necesario para el desarrollo de su vida corporal y espiritual. Necesita de los demás. Ciertamente hay diferencias entre los hombres por lo que se refiere a la edad, a las capacidades físicas, a las aptitudes intelectuales o morales, a las circunstancias de que cada uno se pudo beneficiar, a la distribución de las riquezas (cf GS 29, 2). Los "talentos" no están distribuidos por igual (cf Mt 25, 14-30; Lc 19, 11-27).

340

1937 Estas diferencias pertenecen al plan de Dios, que quiere que cada uno reciba de otro aquello que necesita, y que quienes disponen de "talentos" particulares comuniquen sus beneficios a los que los necesiten. Las diferencias alientan y con frecuencia obligan a las personas a la magnanimidad, a la benevolencia y a la comunicación. Incitan a las culturas a enriquecerse unas a otras:

791

1202

> Yo no doy todas las virtudes por igual a cada uno... hay muchos a los que distribuyo de tal manera, esto a uno, aquello a otro... A uno la caridad, a otro la justicia, a éste la humildad, a aquél una fe viva... En cuanto a los bienes temporales las cosas necesarias para la vida humana las he distribuido con la mayor desigualdad, y no he querido que cada uno posea todo lo que le era necesario para que los hombres tengan así ocasión, por necesidad, de practicar la caridad unos con otros... He querido que unos necesitasen de otros y que fuesen mis servidores para la distribución de las gracias y de las liberalidades que han recibido de mí (S. Catalina de Siena, dial. 1, 7).

2437

1938 Existen también *desigualdades escandalosas* que afectan a millones de hombres y mujeres. Están en abierta contradicción con el Evangelio:

2317

> La igual dignidad de las personas exige que se llegue a una situación de vida más humana y más justa. Pues las excesivas desigualdades económicas y sociales entre los miembros o los pueblos de una única familia humana resultan escandalosas y se oponen a la justicia social, a la equidad, a la dignidad de la persona humana y también a la paz social e internacional (GS 29, 3).

III   LA SOLIDARIDAD HUMANA

2213

1939 El principio de solidaridad, expresado también con el nombre de "amistad" o "caridad social", es una exigencia directa de la fraternidad humana y cristiana (cf SRS 38-40; CA 10):

360

> Un error, "hoy ampliamente extendido, es el olvido de esta ley de solidaridad humana y de caridad, dictada e impuesta tanto por la comunidad de origen y la igualdad de la naturaleza racional en todos los hombres, cualquiera que sea el pueblo a que pertenezca, como por el sacrificio de redención ofrecido por Jesucristo en el altar de la cruz a su Padre del cielo, en favor de la humanidad pecadora" (Pío XII, enc. "Summi pontificatus").

1940 La solidaridad se manifiesta en primer lugar en la distribu- 2402
ción de bienes y la remuneración del trabajo. Supone también el
esfuerzo en favor de un orden social más justo en el que las tensiones puedan ser mejor resueltas, y donde los conflictos encuentren
más fácilmente su salida negociada.

1941 Los problemas socio-económicos sólo pueden ser resuel- 2317
tos con la ayuda de todas las formas de solidaridad: solidaridad de
los pobres entre sí, de los ricos y los pobres, de los trabajadores
entre sí, de los empresarios y los empleados, solidaridad entre las
naciones y entre los pueblos. La solidaridad internacional es una
exigencia del orden moral. En buena medida, la paz del mundo depende de ella.

1942 La virtud de la solidaridad va más allá de los bienes materiales. Difundiendo los bienes espirituales de la fe, la Iglesia ha fa- 1887
vorecido a la vez el desarrollo de los bienes temporales, al cual
con frecuencia ha abierto vías nuevas. Así se han verificado a lo
largo de los siglos las palabras del Señor: "Buscad primero su Rei- 2632
no y su justicia, y todas esas cosas se os darán por añadidura" (Mt
6, 33):

> Desde hace dos mil años vive y persevera en el alma de la
> Iglesia ese sentimiento que ha impulsado e impulsa todavía a las
> almas hasta el heroísmo caritativo de los monjes agricultores, de
> los libertadores de esclavos, de los que atienden enfermos, de
> los mensajeros de fe, de civilización, de ciencia, a todas las ge-
> neraciones y a todos los pueblos con el fin de crear condiciones
> sociales capaces de hacer posible a todos una vida digna del
> hombre y del cristiano (Pío XII, discurso de 1 junio 1941).

RESUMEN

1943 *La sociedad asegura la justicia social procurando las
condiciones que permitan a las asociaciones y a los individuos obtener lo que les es debido.*

1944 *El respeto de la persona humana considera al prójimo como "otro yo". Supone el respeto de los derechos fundamentales que se derivan de la dignidad intrínseca de la
persona.*

1945 *La igualdad entre los hombres se vincula a la dignidad de
la persona y a los derechos que de ésta se derivan.*

1946 *Las diferencias entre las personas obedecen al plan de
Dios que quiere que nos necesitemos los unos a los otros.
Esas diferencias deben alentar la caridad.*

1947   *La igual dignidad de las personas humanas exige el es-*
fuerzo para reducir las excesivas desigualdades sociales y
económicas. Impulsa a la desaparición de las desigualda-
des inicuas.

1948   *La solidaridad es una virtud eminentemente cristiana. Es*
ejercicio de comunicación de los bienes espirituales aún
más que comunicación de bienes materiales.

CAPITULO TERCERO

LA SALVACION DE DIOS: LA LEY Y LA GRACIA

1949   El hombre, llamado a la bienaventuranza, pero herido por
el pecado, necesita la salvación de Dios. La ayuda divina le viene
en Cristo por la ley que lo dirige y en la gracia que lo sostiene:

> Trabajad con temor y temblor por vuestra salvación, pues
> Dios es quien obra en vosotros el querer y el obrar como bien
> parece (Flp 2, 12-23).

Artículo 1   **LA LEY MORAL**

1950   La ley moral es obra de la Sabiduría divina. Se la puede
definir, en el sentido bíblico, como una instrucción paternal, una
pedagogía de Dios. Prescribe al hombre los caminos, las reglas de
conducta que llevan a la bienavaturanza prometida; proscribe los
caminos del mal que apartan de Dios y de su amor. Es a la vez firme en sus preceptos y amable en sus promesas.

53
1719

1951   La ley es una regla de conducta proclamada por la autoridad competente para el bien común. La ley moral supone el orden
racional establecido entre las criaturas, para su bien y con miras a
su fin, por el poder, la sabiduría y la bondad del Creador. Toda ley
tiene en la ley eterna su verdad primera y última. La ley es declarada y establecida por la razón como una participación en la providencia del Dios vivo, Creador y Redentor de todos. "Esta ordenación de la razón es lo que se llama la ley" (León XIII, enc. "Libertas praestantissimum"; citando a Santo Tomás de Aquino, s. th.
1-2, 90, 1):

295

306

> El hombre es el único entre todos los seres animados que
> puede gloriarse de haber sido digno de recibir de Dios una ley:
> Animal dotado de razón, capaz de comprender y de discernir,

regular su conducta disponiendo de su libertad y de su razón, en la sumisión al que le ha entregado todo (Tertuliano, Marc. 2, 4). 301

1952 Las expresiones de la ley moral son diversas, y todas están coordinadas entre sí: La ley eterna, fuente en Dios de todas las leyes; la ley natural; la ley revelada, que comprende la Ley antigua y la Ley nueva o evangélica; finalmente, las leyes civiles y eclesiásticas.

1953 La ley moral tiene en Cristo su plenitud y su unidad. Jesucristo es en persona el camino de la perfección. Es el fin de la Ley, porque sólo El enseña y da la justicia de Dios: "Porque el fin de la ley es Cristo para justificación de todo creyente" (Rm 10, 4). 578

I LA LEY MORAL NATURAL

1954 El hombre participa de la sabiduría y la bondad del Creador que le confiere el dominio de sus actos y la capacidad de gobernarse con miras a la verdad y al bien. La ley natural expresa el sentido moral original que permite al hombre discernir mediante la razón lo que son el bien y el mal, la verdad y la mentira: 307

1776

> La ley natural está inscrita y grabada en el alma de todos y cada uno de los hombres porque es la razón humana que ordena hacer el bien y prohíbe pecar... Pero esta prescripción de la razón humana no podría tener fuerza de ley si no fuese la voz y el intérprete de una razón más alta a la que nuestro espíritu y nuestra libertad deben estar sometidos (León XIII, enc. "Libertas praestantissimum").

1955 La ley "divina y natural" (GS 89, 1), muestra al hombre el camino que debe seguir para practicar el bien y alcanzar su fin. La ley natural contiene los preceptos primeros y esenciales que rigen la vida moral. Tiene por raíz la aspiración y la sumisión a Dios, fuente y juez de todo bien, así como el sentido del prójimo como igual a sí mismo. Está expuesta, en sus principales preceptos, en el Decálogo. Esta ley se llama natural no por referencia a la naturaleza de los seres irracionales, sino porque la razón que la proclama pertenece propiamente a la naturaleza humana: 1787

396

2070

> ¿Dónde, pues, están inscritas estas normas sino en el libro de esa luz que se llama la Verdad? Allí está escrita toda ley justa, de allí pasa al corazón del hombre que cumple la justicia; no que ella emigre a él, sino que en él pone su impronta a la manera de un sello que de un anillo pasa a la cera, pero sin dejar el anillo (S. Agustín, Trin. 14, 15, 21).

> La ley natural no es otra cosa que la luz de la inteligencia puesta en nosotros por Dios; por ella conocemos lo que es preci-

so hacer y lo que es preciso evitar. Esta luz o esta ley, Dios la ha dado a la creación (S. Tomás de A., dec. praec. 1).

1956   La ley natural, presente en el corazón de todo hombre y
2261   establecida por la razón, es *universal* en sus preceptos, y su autoridad se extiende a todos los hombres. Expresa la dignidad de la persona y determina la base de sus derechos y sus deberes fundamentales:

> Existe ciertamente una verdadera ley: la recta razón. Es conforme a la naturaleza, extendida a todos los hombres; es inmutable y eterna; sus órdenes imponen deber; sus prohibiciones apartan de la falta... Es un sacrilegio sustituirla por una ley contraria; está prohibido dejar de aplicar una sola de sus disposiciones; en cuanto a abrogarla enteramente, nadie tiene la posibilidad de ello (Cicerón, rep. 3, 22, 33).

1957   La aplicación de la ley natural varía mucho; puede exigir una reflexión adaptada a la multiplicidad de las condiciones de vida según los lugares, las épocas y las circunstancias. Sin embargo, en la diversidad de culturas, la ley natural permanece como una norma que une entre sí a los hombres y les impone, por encima de las diferencias inevitables, principios comunes.

2072   **1958**   La ley natural es *inmutable* (cf GS 10) y permanente a través de las variaciones de la historia; subsiste bajo el flujo de ideas y costumbres y sostiene su progreso. Las normas que la expresan permanecen substancialmente valederas. Incluso cuando se llega a renegan de sus principios, no se la puede destruir ni arrancar del corazón del hombre. Resurge siempre en la vida de individuos y sociedades:

> El robo está ciertamente sancionado por tu ley, Señor, y por la ley que está escrita en el corazón del hombre, y que la misma iniquidad no puede borrar (S. Agustín, conf. 2, 4, 9).

1959   La ley natural, obra maravillosa del Creador, proporciona los fundamentos sólidos sobre los que el hombre puede construir el edificio de las normas morales que guían sus decisiones. Esta-
1879   blece también la base moral indispensable para la edificación de la comunidad de los hombres. Finalmente proporciona la base necesaria a la ley civil que se adhiere a ella, bien mediante una reflexión que extrae las conclusiones de sus principios, bien mediante adiciones de naturaleza positiva y jurídica.

2071   **1960**   Los preceptos de la ley natural no son percibidos por todos de una manera clara e inmediata. En la situación actual, la gracia y la revelación son necesarias al hombre pecador para que las verda-
37   des religiosas y morales puedan ser conocidas "de todos y sin difi-

cultad, con una firme certeza y sin mezcla de error" (Pío XII, enc. "Humani generis": DS 3876). La ley natural proporciona a la Ley revelada y a la gracia un cimiento preparado por Dios y armonizado con la obra del Espíritu.

II   LA LEY ANTIGUA

1961   Dios, nuestro Creador y Redentor, eligió a Israel como su pueblo y le reveló su Ley, preparando así la venida de Cristo. La Ley de Moisés contiene muchas verdades naturalmente accesibles   62 a la razón. Estas están declaradas y autentificadas en el marco de la Alianza de la salvación.

1962   La Ley antigua es el primer estado de la Ley revelada. Sus prescripciones morales están resumidas en los Diez mandamien-   2058 tos. Los preceptos del Decálogo establecen los fundamentos de la vocación del hombre, formado a imagen de Dios. Prohíben lo que es contrario al amor de Dios y del prójimo, y prescriben lo que le es esencial. El Decálogo es una luz ofrecida a la conciencia de todo hombre para manifestarle la llamada y los caminos de Dios, y para protegerle contra el mal:

> Dios escribió en las tablas de la Ley lo que los hombres no leían en sus corazones (S. Agustín, Sal. 57, 1).

1963   Según la tradición cristiana, la Ley santa (cf. Rm 7, 12), espiritual (cf Rm 7, 14) y buena (cf Rm 7, 16) es todavía imperfecta. Como un pedagogo (cf Ga 3, 24) muestra lo que es preciso ha-   1610 cer, pero no da de suyo la fuerza, la gracia del Espíritu para cumplirlo. A causa del pecado, que ella no puede quitar, no deja de ser   2542 una ley de servidumbre. Según S. Pablo tiene por función principal denunciar y *manifestar el pecado*, que forma una "ley de concupis-   2515 cencia" (cf Rm 7) en el corazón del hombre. No obstante, la Ley constituye la primera etapa en el camino del Reino. Prepara y dispone al pueblo elegido y a cada cristiano a la conversión y a la fe en el Dios Salvador. Proporciona una enseñanza que subsiste para siempre, como la Palabra de Dios.

1964   La Ley antigua es una *preparación para el Evangelio*. "La   122 ley es profecía y pedagogía de las realidades venideras" (S. Ireneo, haer. 4, 15, 1). Profetiza y presagia la obra de liberación del pecado que se realizará con Cristo; suministra al Nuevo Testamento las imágenes, los "tipos", los símbolos para expresar la vida según el Espíritu. La Ley se completa mediante la enseñanza de los libros sapienciales y de los profetas, que la orientan hacia la Nueva Alianza y el Reino de los cielos.

1828

Hubo..., bajo el régimen de la antigua alianza, gentes que poseían la caridad y la gracia del Espíritu Santo y aspiraban ante todo a las promesas espirituales y eternas, en lo cual se adherían a la ley nueva. Y al contrario, existen, en la nueva alianza, hombres carnales, alejados todavía de la perfección de la ley nueva: para incitarlos a las obras virtuosas, el temor del castigo y ciertas promesas temporales han sido necesarias, incluso bajo la nueva alianza. En todo caso, aunque la ley antigua prescribía la caridad, no daba el Espíritu Santo, por el cual "la caridad es difundida en nuestros corazones" (Rm 5, 5) (S. Tomás de A., s. th. 1-2, 107, 1 ad 2).

III   LA LEY NUEVA O LEY EVANGELICA

459
581

715

1965   La Ley nueva o Ley evangélica es la perfección aquí abajo de la ley divina, natural y revelada. Es obra de Cristo y se expresa particularmente en el Sermón de la Montaña. Es también obra del Espíritu Santo, y por él viene a ser la ley interior de la caridad: "Concertaré con la casa de Israel una alianza nueva... pondré mis leyes en su mente, en sus corazones las grabaré; y yo seré su Dios y ellos serán mi pueblo" (Hb 8, 8-10; cf Jr 31, 31-34).

1999

1966   La Ley nueva es la *gracia del Espíritu Santo* dada a los fieles mediante la fe en Cristo. Actúa por la caridad, utiliza el Sermón del Señor para enseñarnos lo que hay que hacer, y los sacramentos para comunicarnos la gracia de realizarlo:

> El que quiera meditar con piedad y perspicacia el Sermón que nuestro Señor pronunció en la montaña, según lo leemos en el Evangelio de S. Mateo, encontrará en él sin duda alguna la carta perfecta de la vida cristiana... Este Sermón contiene todos los preceptos propios para guiar la vida cristiana (S. Agustín, serm. Dom. 1, 1).

577

1967   La Ley evangélica "da cumplimiento" (cf Mt 5, 17-19), purifica, supera, y lleva a su perfección la Ley antigua. En las "Bienaventuranzas" *da cumplimiento a las promesas* divinas elevándolas y ordenándolas al "Reino de los cielos". Se dirige a los que están dispuestos a acoger con fe esta esperanza nueva: los pobres, los humildes, los afligidos, los limpios de corazón, los perseguidos a causa de Cristo, trazando así los caminos sorprendentes del Reino.

129

1968   La Ley evangélica *lleva a plenitud los mandamientos* de la Ley. El Sermón del monte, lejos de abolir o devaluar las prescripciones morales de la Ley antigua, extrae de ella sus virtualidades ocultas y hace surgir de ella nuevas exigencias: revela toda su verdad divina y humana. No añade preceptos exteriores nuevos, pero

llega a reformar la raíz de los actos, el corazón, donde el hombre 582
elige entre lo puro y lo impuro (cf Mt 15, 18-19), donde se forman
la fe, la esperanza y la caridad, y con ellas las otras virtudes. El
Evangelio conduce así la Ley a su plenitud mediante la imitación
de la perfección del Padre celestial (cf Mt 5, 48), mediante el perdón de los enemigos y la oración por los perseguidores, según el
modelo de la generosidad divina (cf Mt 5, 44).

1969 La Ley nueva *practica los actos de la religión*: la limosna, 1434
la oración y el ayuno, ordenándolos al "Padre que ve en lo secreto"
por oposición al deseo "de ser visto por los hombres" (cf Mt 6, 1-
6; 16-18). Su oración es el Padre Nuestro (Mt 6, 9-13).

1970 La Ley evangélica entraña la elección decisiva entre "los
dos caminos" (cf Mt 7, 13-14) y la práctica de las palabras del Se- 1696
ñor (cf Mt 7, 21-27); está resumida en la *regla de oro*: "Todo cuan- 1789
to queráis que os hagan los hombres, hacédselo también vosotros;
porque ésta es la Ley y los profetas" (Mt 7, 12; cf Lc 6, 31).

Toda la Ley evangélica está contenida en el "*mandamien-* 1823
to nuevo" de Jesús (Jn 13, 34): amarnos los unos a los otros como
El nos ha amado (cf Jn 15, 12).

1971 Al Sermón del monte conviene añadir la *catequesis moral
de las enseñanzas apostólicas,* como Rm 12-15; 1 Co 12-13; Col
3-4; Ef 4-5, etc. Esta doctrina transmite la enseñanza del Señor con
la autoridad de los apóstoles, especialmente exponiendo las virtudes que se derivan de la fe en Cristo y que anima la caridad, el
principal don del Espíritu Santo. "Vuestra caridad sea sin fingi-
miento... amándoos cordialmente los unos a los otros... con la alegría de la esperanza; constantes en la tribulación; perseverantes en
la oración; compartiendo las necesidades de los santos; practican-
do la hospitalidad" (Rm 12, 9-13). Esta catequesis nos enseña también a tratar los casos de conciencia a la luz de nuestra relación 1789
con Cristo y con la Iglesia (cf Rm 14; 1 Co 5-10).

1972 La Ley nueva es llamada *ley de amor*, porque hace obrar 782
por el amor que infunde el Espíritu Santo más que por el temor;
ley de gracia, porque confiere la fuerza de la gracia para obrar mediante la fe y los sacramentos; *ley de libertad* (cf St 1, 25; 2, 12),
porque nos libera de las observancias rituales y jurídicas de la Ley
antigua, nos inclina a obrar espontáneamente bajo el impulso de la
caridad y nos hace pasar de la condición del siervo "que ignora lo 1828
que hace su señor", a la de amigo de Cristo, "porque todo lo que
he oído a mi Padre os lo he dado a conocer" (Jn 15, 15), o también
a la condición de hijo heredero (cf Ga 4, 1-7. 21-31; Rm 8, 15).

2053 **1973** Más allá de sus preceptos, la Ley nueva contiene los *consejos evangélicos*. La distinción tradicional entre mandamientos de Dios y consejos evangélicos se establece por relación a la caridad,
915 perfección de la vida cristiana. Los preceptos están destinados a apartar lo que es incompatible con la caridad. Los consejos tienen por fin apartar lo que, incluso sin serle contrario, puede constituir un impedimento al desarrollo de la caridad (cf S. Tomás de Aquino, s. th. 2-2, 184, 3).

1974 Los consejos evangélicos manifiestan la plenitud viva de una caridad que nunca se sacia. Atestiguan su fuerza y estimulan
2013 nuestra prontitud espiritual. La perfección de la Ley nueva consiste esencialmente en los preceptos del amor de Dios y del prójimo. Los consejos indican vías más directas, medios más apropiados, y han de practicarse según la vocación de cada uno:

> (Dios) no quiere que cada uno observe todos los consejos, sino solamente los que son convenientes según la diversidad de las personas, los tiempos, las ocasiones, y las fuerzas, como la caridad lo requiera. Porque es ésta la que, como reina de todas las virtudes, de todos los mandamientos, de todos los consejos, y en suma de todas las leyes y de todas las acciones cristianas, la que da a todos y a todas rango, orden, tiempo y valor (S. Francisco de Sales, amor 8, 6).

RESUMEN

1975 *Según la Sagrada Escritura, la ley es una instrucción paternal de Dios que prescribe al hombre los caminos que llevan a la bienaventuranza prometida y proscribe los caminos del mal.*

1976 *"La ley es una ordenación de la razón para el bien común, promulgada por el que está a cargo de la comunidad" (S. Tomás de Aquino, s. th. 1-2, 90, 4).*

1977 *Cristo es el fin de la ley (cf Rm 10, 4); sólo El enseña y otorga la justicia de Dios.*

1978 *La ley natural es una participación en la sabiduría y la bondad de Dios por parte del hombre, formado a imagen de su Creador. Expresa la dignidad de la persona humana y constituye la base de sus derechos y sus deberes fundamentales.*

1979 *La ley natural es inmutable, permanente a través de la historia. Las normas que la expresan son siempre substan-*

cialmente válidas. Es la base necesaria para la edifica-
ción de las normas morales y la ley civil.

1980 *La Ley antigua es la primera etapa de la Ley revelada.*
Sus precripciones morales se resumen en los diez manda-
mientos.

1981 *La Ley de Moisés contiene muchas verdades naturalmente*
accesibles a la razón. Dios las ha revelado porque los
hombres no las leían en su corazón.

1982 *La Ley antigua es una preparación al Evangelio.*

1983 *La Ley nueva es la gracia del Espíritu Santo recibida me-*
diante la fe en Cristo, que opera por la caridad. Se expre-
sa especialmente en el Sermón del Señor en la montaña y
utiliza los sacramentos para comunicarnos la gracia.

1984 *La Ley evangélica cumple, supera y lleva a su perfección*
la Ley antigua: sus promesas mediante las bienaventuran-
zas del Reino de los cielos, sus mandamientos, reforman-
do el corazón que es la raíz de los actos.

1985 *La Ley nueva es ley de amor, ley de gracia, ley de liber-*
tad.

1986 *Más allá de sus preceptos, la Ley nueva contiene los con-*
sejos evangélicos. "La santidad de la Iglesia también se
fomenta de manera especial con los múltiples consejos
que el Señor propone en el Evangelio a sus discípulos pa-
ra que los practiquen" (LG 42).

Artículo 2 **GRACIA Y JUSTIFICACION**

I LA JUSTIFICACION

1987 La gracia del Espíritu Santo tiene el poder de santificar-
nos, es decir, de lavarnos de nuestros pecados y comunicarnos "la   734
justicia de Dios por la fe en Jesucristo" (Rm 3, 22) y por el Bautismo (cf Rm 6, 3-4):

> Y si hemos muerto con Cristo, creemos que también vivire-
> mos con él, sabiendo que Cristo, una vez resucitado de entre los
> muertos, ya no muere más, y que la muerte no tiene ya señorío
> sobre él. Su muerte fue un morir al pecado, de una vez para
> siempre; mas su vida, es un vivir para Dios. Así también voso-
> tros, consideraos como muertos al pecado y vivos para Dios en
> Cristo Jesús (Rm 6, 8-11).

1988   Por el poder del Espíritu Santo participamos en la Pasión
654   de Cristo, muriendo al pecado, y en su Resurrección, naciendo a
una vida nueva; somos miembros de su Cuerpo que es la Iglesia
(cf 1 Co 12), sarmientos unidos a la Vid que es él mismo (cf Jn 15,
1-4):

460   Por el Espíritu Santo participamos de Dios. Por la participación del Espíritu venimos a ser partícipes de la naturaleza divina... Por eso, aquellos en quienes habita el Espíritu están divi-
nizados (S. Atanasio, ep. Serap. 1, 24).

1427   **1989**   La primera obra de la gracia del Espíritu Santo es la *conversión*, que obra la justificación según el anuncio de Jesús al comienzo del Evangelio: "Convertíos porque el Reino de los cielos
está cerca" (Mt 4, 17). Movido por la gracia, el hombre se vuelve a
Dios y se aparta del pecado, acogiendo así el perdón y la justicia
de lo alto. "La justificación entraña, por tanto, el perdón de los pecados, la santificación y la renovación del hombre interior" (Cc. de
Trento: DS 1528).

1446   **1990**   La justificación *arranca al hombre del pecado* que contradice al amor de Dios, y purifica su corazón. La justificación es
prolongación de la iniciativa misericordiosa de Dios que otorga el
1733   perdón. Reconcilia al hombre con Dios, libera de la servidumbre
del pecado y sana.

1991   La justificación es, al mismo tiempo, *acogida de la justicia de Dios* por la fe en Jesucristo. La justicia designa aquí la rectitud del amor divino. Con la justificación son difundidas en nues-
1812   tros corazones la fe, la esperanza y la caridad, y nos es concedida
la obediencia a la voluntad divina.

617   **1992**   La justificación nos fue *merecida por la pasión de Cristo*,
que se ofreció en la cruz como hostia viva, santa y agradable a
1266   Dios y cuya sangre vino a ser instrumento de propiciación por los
pecados de todos los hombres. La justificación es concedida por el
bautismo, sacramento de la fe. Nos asemeja a la justicia de Dios
que nos hace interiormente justos por el poder de su misericordia.
294   Tiene por fin la gloria de Dios y de Cristo, y el don de la vida eterna (cf Cc. de Trento: DS 1529):

2543   Pero ahora, independientemente de la ley, la justicia de
Dios se ha manifestado, atestiguada por la ley y los profetas,
justicia de Dios por la fe en Jesucristo, para todos los que creen
–pues no hay diferencia alguna; todos pecaron y están privados
de la gloria de Dios– y son justificados por el don de su gracia,
en virtud de la redención realizada en Cristo Jesús, a quien Dios
exhibió como instrumento de propiciación por su propia sangre,
mediante la fe, para mostrar su justicia, pasando por alto los pe-

cados cometidos anteriormente, en el tiempo de la paciencia de Dios; en orden a mostrar su justicia en el tiempo presente, para ser él justo y justificador del que cree en Jesús (Rm 3, 21-26).

1993 La justificación establece la *colaboración entre la gracia de Dios y la libertad del hombre*. Por parte del hombre se expresa en el asentimiento de la fe a la Palabra de Dios que lo invita a la conversión, y en la cooperación de la caridad al impulso del Espíritu Santo que lo previene y lo custodia: 2008

> Cuando Dios toca el corazón del hombre mediante la iluminación del Espíritu Santo, el hombre no está sin hacer nada al recibir esta inspiración, que por otra parte puede rechazar; y, sin embargo, sin la gracia de Dios, tampoco puede dirigirse, por su voluntad libre, hacia la justicia delante de El (Cc. de Trento: DS 1525). 2068

1994 La justificación es la *obra más excelente del amor de Dios*, manifestado en Cristo Jesús y concedido por el Espíritu Santo. S. Agustín afirma que "la justificación del impío es una obra más grande que la creación del cielo y de la tierra", porque "el cielo y la tierra pasarán, mientras la salvación y la justificación de los elegidos permanecerán" (ev. Jo. 72, 3). Dice incluso que la justificación de los pecadores supera a la creación de los ángeles en la justicia porque manifiesta una misericordia mayor. 312 412

1995 El Espíritu Santo es el maestro interior. Haciendo nacer al "hombre interior" (Rm 7, 22; Ef 3, 16), la justificación implica la *santificación* de todo el ser: 741

> Si en otros tiempos ofrecisteis vuestros miembros como esclavos a la impureza y al desorden hasta desordenaros, ofrecedlos igualmente ahora a la justicia para la santidad... al presente, libres del pecado y esclavos de Dios, fructificáis para la santidad; y el fin, la vida eterna (Rm 6, 19.22).

II   LA GRACIA

1996 Nuestra justificación es obra de la gracia de Dios. La gracia es el *favor*, el *auxilio gratuito* que Dios nos da para responder a su llamada: llegar a ser hijos de Dios (cf Jn 1, 12-18), hijos adoptivos (cf Rm 8, 14-17), partícipes de la naturaleza divina (cf 2 P 1, 3-4), de la vida eterna (cf Jn 17, 3). 153

1997 La gracia es una *participación en la vida de Dios*. Nos introduce en la intimidad de la vida trinitaria: por el Bautismo el cristiano participa de la gracia de Cristo, Cabeza de su Cuerpo. Como "hijo adoptivo" puede ahora llamar "Padre" a Dios, en 375 260 unión con el Hijo único. Recibe la vida del Espíritu que le infunde la caridad y que forma la Iglesia.

1719   **1998**   Esta vocación a la vida eterna es *sobrenatural*. Depende enteramente de la iniciativa gratuita de Dios, porque sólo El puede revelarse y darse a sí mismo. Sobrepasa las capacidades de la inteligencia y las fuerzas de la voluntad humana, como las de toda creatura (cf 1 Co 2, 7-9).

1999   La gracia de Cristo es el don gratuito que Dios nos hace de
1966   su vida infundida por el Espíritu Santo en nuestra alma para sanarla del pecado y santificarla: es la *gracia santificante* o *divinizadora*, recibida en el Bautismo. Es en nosotros la fuente de la obra de santificación (cf Jn 4, 14; 7, 38-39):

> Por tanto, el que está en Cristo es una nueva creación; pasó lo viejo, todo es nuevo. Y todo proviene de Dios, que nos reconcilió consigo por Cristo (2 Co 5, 17-18).

2000   La gracia santificante es un don habitual, una disposición estable y sobrenatural que perfecciona al alma para hacerla capaz de vivir con Dios, de obrar por su amor. Se debe distinguir entre la *gracia habitual,* disposición permanente para vivir y obrar según la vocación divina, y las *gracias actuales*, que designan las intervenciones divinas que están en el origen de la conversión o en el curso de la obra de la santificación.

490   **2001**   La *preparación del hombre* para acoger la gracia es ya una obra de la gracia. Esta es necesaria para suscitar y sostener nuestra colaboración a la justificación mediante la fe y a la santificación mediante la caridad. Dios completa en nosotros lo que El mismo comenzó, "porque él, por su acción, comienza haciendo que nosotros queramos; y termina cooperando con nuestra voluntad ya convertida" (S. Agustín, grat. 17):

> Ciertamente nosotros trabajamos también, pero no hacemos más que trabajar con Dios que trabaja. Porque su misericordia se nos adelantó para que fuésemos curados; nos sigue todavía para que, una vez sanados, seamos vivificados; se nos adelanta para que seamos llamados, nos sigue para que seamos glorificados; se nos adelanta para que vivamos según la piedad, nos sigue para que vivamos por siempre con Dios, pues sin él no podemos hacer nada (S. Agustín, nat. et grat. 31).

1742   **2002**   La libre iniciativa de Dios exige la *respuesta libre del hombre*, porque Dios creó al hombre a su imagen concediéndole, con la libertad, el poder de conocerle y amarle. El alma sólo libremente entra en la comunión del amor. Dios toca inmediatamente y mueve directamente el corazón del hombre. Puso en el hombre una aspiración a la verdad y al bien que sólo El puede colmar. Las promesas de la "vida eterna" responden, por encima de toda esperanza, a esta aspiración:

> Si tú descansaste el día séptimo, al término de todas tus obras muy buenas, fue para decirnos por la voz de tu libro que al término de nuestras obras, "que son muy buenas" por el hecho de que eres tú quien nos las ha dado, también nosotros en el sábado de la vida eterna descansaremos en ti (S. Agustín, conf. 13, 36, 51).

2550

2003 La gracia es, ante todo y principalmente, el don del Espíritu que nos justifica y nos santifica. Pero la gracia comprende también los dones que el Espíritu Santo nos concede para asociarnos a su obra, para hacernos capaces de colaborar en la salvación de los otros y en el crecimiento del Cuerpo de Cristo, que es la Iglesia. Estas son las *gracias sacramentales*, dones propios de los distintos sacramentos. Son además las *gracias especiales*, llamadas también *"carismas"*, según el término griego empleado por S. Pablo, y que significa favor, don gratuito, beneficio (cf LG 12). Cualquiera que sea su carácter, a veces extraordinario, como el don de milagros o de lenguas, los carismas están ordenados a la gracia santificante y tienen por fin el bien común de la Iglesia. Están al servicio de la caridad, que edifica la Iglesia (cf 1 Co 12).

1108

1127

799-801

2004 Entre las gracias especiales conviene mencionar las *gracias de estado*, que acompañan el ejercicio de las responsabilidades de la vida cristiana y de los ministerios en el seno de la Iglesia:

> Teniendo dones diferentes, según la gracia que nos ha sido dada, si es el don de profecía, ejerzámoslo en la medida de nuestra fe; si es el ministerio, en el ministerio; la enseñanza, enseñando; la exhortación, exhortando. El que da, con sencillez; el que preside, con solicitud; el que ejerce la misericordia, con jovialidad (Rm 12, 6-8).

2005 La gracia, siendo de orden sobrenatural, *escapa a nuestra experiencia* y sólo puede ser conocida por la fe. Por tanto, no podemos fundarnos en nuestros sentimientos o nuestras obras para deducir de ellos que estamos justificados y salvados (cf Cc. de Trento: DS 1533-34). Sin embargo, según las palabras del Señor: "Por sus frutos los conoceréis" (Mt 7, 20), la consideración de los beneficios de Dios en nuestra vida y en la vida de los santos nos ofrece una garantía de que la gracia está actuando en nosotros y nos incita a una fe cada vez mayor y a una actitud de pobreza llena de confianza:

> Una de las más bellas ilustraciones de esta actitud se encuentra en la respuesta de Santa Juana de Arco a una pregunta capciosa de sus jueces eclesiásticos: "Interrogada si sabía que estaba en gracia de Dios, responde: 'si no lo estoy, que Dios me quiera poner en ella; si estoy, que Dios me quiera conservar en ella'" (Juana de Arco, proc.).

III   EL MERITO

Manifiestas tu gloria en la asamblea de los santos, y, al coronar sus méritos, coronas tu propia obra (MR, prefacio de los santos, citando al "Doctor de la gracia", S. Agustín, Sal. 102, 7).

1723   **2006** El término "mérito" designa en general la *retribución debida* por parte de una comunidad o una sociedad a la acción de uno de sus miembros, considerada como obra buena u obra mala, digna de recompensa o de sanción. El mérito corresponde a la virtud de
1807   la justicia conforme al principio de igualdad que la rige.

2007 Frente a Dios no hay, en el sentido de un derecho estricto,
42   mérito por parte del hombre. Entre El y nosotros, la desigualdad no tiene medida, porque nosotros lo hemos recibido todo de El, nuestro Creador.

2008 El mérito del hombre ante Dios en la vida cristiana proviene
306   de que *Dios ha dispuesto libremente asociar al hombre a la obra de su gracia.* La acción paternal de Dios es lo primero, en cuanto que El impulsa, y el libre obrar del hombre es lo segundo
155; 970   en cuanto que éste colabora, de suerte que los méritos de las obras buenas deben atribuirse a la gracia de Dios en primer lugar, y al fiel, seguidamente. Por otra parte, el mérito del hombre recae también en Dios, pues sus buenas acciones proceden, en Cristo, de las gracias prevenientes y de los auxilios del Espíritu Santo.

2009 La adopción filial, haciéndonos partícipes por la gracia de la naturaleza divina, puede conferirnos, según la justicia gratuita de Dios, *un verdadero mérito.* Se trata de un derecho por gracia, el pleno derecho del amor, que nos hace "coherederos" de Cristo y dignos de obtener la "herencia prometida de la vida eterna" (Cc. de Trento: DS 1546). Los méritos de nuestras buenas obras son dones
604   de la bondad divina (cf Cc. de Trento: DS 1548). "La gracia ha precedido; ahora se da lo que es debido... los méritos son dones de Dios" (S. Agustín, serm. 298, 4-5).

2010 Puesto que la iniciativa en el orden de la gracia pertenece a
1998   Dios, *nadie puede merecer la gracia primera*, en el inicio de la conversión, del perdón y de la justificación. Bajo la moción del Espíritu Santo y de la caridad, *podemos después merecer* en favor nuestro y de los demás gracias útiles para nuestra santificación, para el crecimiento de la gracia y de la caridad, y para la obtención de la vida eterna. Los mismos bienes temporales, como la salud, la amistad, pueden ser merecidos según la sabiduría de Dios. Estas gracias y bienes son objeto de la oración cristiana, la que provee a nuestra necesidad de la gracia para las acciones meritorias.

2011 *La caridad de Cristo es en nosotros la fuente de todos* *nuestros méritos* ante Dios. La gracia, uniéndonos a Cristo con un amor activo, asegura el carácter sobrenatural de nuestros actos y, por consiguiente, su mérito tanto ante Dios como ante los hombres. Los santos han tenido siempre una conciencia viva de que sus méritos eran pura gracia.

492

> Tras el destierro en la tierra espero gozar de ti en la Patria, pero no quiero amontonar méritos para el Cielo, quiero trabajar *sólo por vuestro amor*... En el atardecer de esta vida compareceré ante ti con las manos vacías, Señor, porque no te pido que cuentes mis obras. Todas nuestras justicias tienen manchas a tus ojos. Por eso, quiero revestirme de tu propia *Justicia* y recibir de tu *Amor* la posesión eterna de *ti mismo*... (S. Teresa del Niño Jesús, ofr.).

1460

IV   LA SANTIDAD CRISTIANA

2012 "Sabemos que en todas las cosas interviene Dios para bien de los que le aman... a los que de antemano conoció, también los predestinó a reproducir la imagen de su Hijo, para que fuera él el primogénito entre muchos hermanos; y a los que predestinó, a ésos también los llamó; y a los que llamó, a ésos también los justificó; a los que justificó, a ésos también los glorificó" (Rm 8, 28-30).

459

2013 "Todos los fieles, de cualquier estado o régimen de vida, son llamados a la plenitud de la vida cristiana y a la perfección de la caridad" (LG 40). Todos son llamados a la santidad: "Sed perfectos como vuestro Padre celestial es perfecto" (Mt 5, 48):

915; 2545
825

> Para alcanzar esta perfección, los creyentes han de emplear sus fuerzas, según la medida del don de Cristo, para entregarse totalmente a la gloria de Dios y al servicio del prójimo. Lo harán siguiendo las huellas de Cristo, haciéndose conformes a su imagen, y siendo obedientes en todo a la voluntad del Padre. De esta manera, la santidad del Pueblo de Dios producirá frutos abundantes, como lo muestra claramente en la historia de la Iglesia la vida de los santos (LG 40).

2014 El progreso espiritual tiende a la unión cada vez más íntima con Cristo. Esta unión se llama "mística", porque participa del misterio de Cristo mediante los sacramentos –"los santos misterios"– y, en El, en el misterio de la Santísima Trinidad. Dios nos llama a todos a esta unión íntima con El, aunque las gracias especiales o los signos extraordinarios de esta vida mística sean concedidos solamente a algunos para manifestar así el don gratuito hecho a todos.

774

2015   El camino de la perfección pasa por la cruz. No hay santi-
407; 2725   dad sin renuncia y sin combate espiritual (cf 2 Tm 4). El progreso
1438   espiritual implica la ascesis y la mortificación que conducen gradualmente a vivir en la paz y el gozo de las bienaventuranzas:

> El que asciende no cesa nunca de ir de comienzo en co-
> mienzo mediante comienzos que no tienen fin. Jamás el que as-
> ciende deja de desear lo que ya conoce (S. Gregorio de Nisa,
> hom. in Cant. 8).

2016   Los hijos de nuestra madre la Santa Iglesia esperan justa-
162; 1821   mente *la gracia de la perseverancia final y de la recompensa* de
Dios, su Padre, por las obras buenas realizadas con su gracia en
comunión con Jesús (cf Cc. de Trento: DS 1576). Siguiendo la
1274   misma norma de vida, los creyentes comparten la "bienaventurada
esperanza" de aquellos a los que la misericordia divina congrega
en la "Ciudad Santa, la nueva Jerusalén, que baja del cielo, de junto a Dios, engalanada como una novia ataviada para su esposo"
(Ap 21, 2).

RESUMEN

2017   *La gracia del Espíritu Santo nos confiere la justicia de
Dios. El Espíritu, uniéndonos por medio de la fe y el Bautismo a la pasión y a la Resurrección de Cristo, nos hace
participar en su vida.*

2018   *La justificación, como la conversión, presenta dos aspectos. Bajo la moción de la gracia, el hombre se vuelve a
Dios y se aparta del pecado, acogiendo así el perdón y la
justicia de lo Alto.*

2019   *La justificación entraña la remisión de los pecados, la
santificación y la renovación del hombre interior.*

2020   *La justificación nos fue merecida por la Pasión de Cristo.
Nos es concedida mediante el Bautismo. Nos conforma
con la justicia de Dios que nos hace justos. Tiene como finalidad la gloria de Dios y de Cristo y el don de la vida
eterna. Es la obra más excelente de la misericordia de
Dios.*

2021   *La gracia es el auxilio que Dios nos da para responder a
nuestra vocación de llegar a ser sus hijos adoptivos. Nos
introduce en la intimidad de la vida trinitaria.*

2022   *La iniciativa divina en la obra de la gracia previene, prepara y suscita la respuesta libre del hombre. La gracia responde a las aspiraciones profundas de la libertad humana; y la llama a cooperar con ella, y la perfecciona.*

2023   *La gracia santificante es el don gratuito que Dios nos hace de su vida, infundida por el Espíritu Santo en nuestra alma para curarla del pecado y santificarla.*

2024   *La gracia santificante nos hace "agradables a Dios". Los carismas, que son gracias especiales del Espíritu Santo, están ordenados a la gracia santificante y tienen por fin el bien común de la Iglesia. Dios actúa así mediante gracias actuales múltiples que se distinguen de la gracia habitual, que es permanente en nosotros.*

2025   *El hombre no tiene, por sí mismo, mérito ante Dios sino como consecuencia del libre designio divino de asociarlo a la obra de su gracia. El mérito pertenece a la gracia de Dios en primer lugar, y a la colaboración del hombre en segundo lugar. El mérito del hombre retorna a Dios.*

2026   *La gracia del Espíritu Santo, en virtud de nuestra filiación adoptiva, puede conferirnos un verdadero mérito según la justicia gratuita de Dios. La caridad es en nosotros la principal fuente de mérito ante Dios.*

2027   *Nadie puede merecer la gracia primera que constituye el inicio de la conversión. Bajo la moción del Espíritu Santo podemos merecer en favor nuestro y de los demás todas las gracias útiles para llegar a la vida eterna, como también los necesarios bienes temporales.*

2028   *"Todos los fieles... son llamados a la plenitud de la vida cristiana y a la perfección de la caridad" (LG 40). "La perfección cristiana sólo tiene un límite: el de no tener límite" (S. Gregorio de Nisa, v. Mos.).*

2029   *"Si alguno quiere venir en pos de mí, niéguese a sí mismo, tome su cruz y sígame" (Mt 16, 24).*

Artículo 3   **LA IGLESIA, MADRE Y EDUCADORA**

2030   El cristiano realiza su vocación en la Iglesia, en comunión con todos los bautizados. De la Iglesia recibe la Palabra de Dios,

828 que contiene las enseñanzas de la ley de Cristo (Ga 6, 2). De la Iglesia recibe la gracia de los sacramentos que le sostienen en el camino. De la Iglesia aprende el *ejemplo de la santidad*; reconoce en la Bienaventurada Virgen María la figura y la fuente de esa santidad; la discierne en el testimonio auténtico de los que la viven; la descubre en la tradición espiritual y en la larga historia de los san-

1172 tos que le han precedido y que la liturgia celebra a lo largo del santoral.

1368 **2031** *La vida moral es un culto espiritual.* Ofrecemos nuestros cuerpos "como una hostia viva, santa, agradable a Dios" (Rm 12, 1) en el seno del Cuerpo de Cristo que formamos y en comunión con la ofrenda de su Eucaristía. En la liturgia y en la celebración de los sacramentos, plegaria y enseñanza se conjugan con la gracia de Cristo para iluminar y alimentar el obrar cristiano. La vida moral, como el conjunto de la vida cristiana, tiene su fuente y su cumbre en el sacrificio eucarístico.

85-87   I   VIDA MORAL Y MAGISTERIO DE LA IGLESIA
888-892

2032 La Iglesia, "columna y fundamento de la verdad" (1 Tm 3, 15), "recibió de los apóstoles este solemne mandato de Cristo de

2246 anunciar la verdad que nos salva" (LG 17). "Compete siempre y en todo lugar a la Iglesia proclamar los principios morales, incluso los referentes al orden social, así como dar su juicio sobre cuales-

2420 quiera asuntos humanos, en la medida en que lo exijan los derechos fundamentales de la persona humana o la salvación de las almas" (CIC can. 747, 2).

2033 El *magisterio de los pastores de la Iglesia* en materia moral se ejerce ordinariamente en la catequesis y en la predicación, con la ayuda de las obras de los teólogos y de los autores espirituales. Así se ha transmitido de generación en generación, bajo la di-

84 rección y vigilancia de los pastores, el "depósito" de la moral cristiana, compuesto de un conjunto característico de normas, de mandamientos y de virtudes que proceden de la fe en Cristo y están vivificados por la caridad. Esta catequesis ha tomado tradicionalmente como base, junto al Credo y el Padre Nuestro, el Decálogo que enuncia los principios de la vida moral válidos para todos los hombres.

2034 El Romano Pontífice y los obispos como "maestros auténticos por estar dotados de la autoridad de Cristo... predican al pueblo que tienen confiado la fe que hay que creer y que hay que llevar a la práctica" (LG 25). El *magisterio ordinario* y universal del

Papa y de los obispos en comunión con él enseña a los fieles la verdad que han de creer, la caridad que han de practicar, la bienaventuranza que han de esperar.

2035 El grado supremo de la participación en la autoridad de Cristo está asegurado por el carisma de la *infalibilidad*. Esta se extiende a todo el depósito de la revelación divina (cf LG 25); se extiende también a todos los elementos de doctrina, comprendida la moral, sin los cuales las verdades salvíficas de la fe no pueden ser salvaguardadas, expuestas u observadas (cf CDF, decl. "Mysterium ecclesiae" 3).

2036 La autoridad del Magisterio se extiende también a los preceptos específicos de la *ley natural*, porque su observancia, exigida por el Creador, es necesaria para la salvación. Recordando las precripciones de la ley natural, el Magisterio de la Iglesia ejerce una parte esencial de su función profética de anunciar a los hombres lo que son en verdad y de recordarles lo que deben ser ante Dios (cf. DH 14). 1960

2037 La ley de Dios, confiada a la Iglesia, es enseñada a los fieles como camino de vida y de verdad. Los fieles, por tanto, tienen el *derecho* (cf CIC can. 213) de ser instruidos en los preceptos divinos salvíficos que purifican el juicio y, con la gracia, sanan la razón humana herida. Tienen el *deber* de observar las constituciones y los decretos promulgados por la autoridad legítima de la Iglesia. Aunque sean disciplinares, estas determinaciones requieren la docilidad en la caridad. 2041

2038 En la obra de enseñanza y de aplicación de la moral cristiana, la Iglesia necesita la dedicación de los pastores, la ciencia de los teólogos, la contribución de todos los cristianos y de los hombres de buena voluntad. La fe y la práctica del Evangelio procuran a cada uno una experiencia de la vida "en Cristo" que ilumina y da capacidad para estimar las realidades divinas y humanas según el Espíritu de Dios (cf 1 Co 2, 10-15). Así el Espíritu Santo puede servirse de los más humildes para iluminar a los sabios y los constituidos en más alta dignidad. 2442

2039 Los ministerios deben ejercerse en un espíritu de servicio fraternal y de entrega a la Iglesia en nombre del Señor (cf Rm 12, 8.11). Al mismo tiempo, la conciencia de cada cual en su juicio moral sobre sus actos personales, debe evitar encerrarse en una consideración individual. Con mayor empeño debe abrirse a la consideración del bien de todos según se expresa en la ley moral, natural y revelada, y consiguientemente en la ley de la Iglesia y en

1783 la enseñanza autorizada del Magisterio sobre las cuestiones morales. No se ha de oponer la conciencia personal y la razón a la ley moral o al Magisterio de la Iglesia.

2040 Así puede desarrollarse entre los cristianos un verdadero *espíritu filial con respecto a la Iglesia*. Es el desarrollo normal de la gracia bautismal, que nos engendró en el seno de la Iglesia y nos hizo miembros del Cuerpo de Cristo. En su solicitud materna, la Iglesia nos concede la misericordia de Dios que va más allá del simple perdón de nuestros pecados y actúa especialmente en el sa-

167 cramento de la Reconciliación. Como madre previsora, nos prodiga también en su liturgia, día tras día, el alimento de la Palabra y de la Eucaristía del Señor.

II   LOS MANDAMIENTOS DE LA IGLESIA

2041 Los mandamientos de la Iglesia se sitúan en la línea de una vida moral referida a la vida litúrgica y que se alimenta de ella. El carácter obligatorio de estas leyes positivas promulgadas por la autoridad eclesiástica tiene por fin garantizar a los fieles el mínimo indispensable en el espíritu de oración y en el esfuerzo moral, en el crecimiento del amor de Dios y del prójimo. Los mandamientos más generales de la Santa Madre Iglesia son cinco:

1389 **2042** El primer mandamiento (oír misa entera los domingos y fiestas de precepto) exige a los fieles participar en la celebración eucarística, en la que se reúne la comunidad cristiana, el día en que conmemora la Resu-
2180 rrección del Señor, y en aquellas principales fiestas litúrgicas que conmemoran los misterios del Señor, la Virgen María y los santos (cf CIC can. 1246-1248; CCEO can. 881, 1.2.4).

El segundo mandamiento (confesar los pecados mortales al menos una vez al año, y en peligro de muerte, y si se ha de comulgar) asegu-
1457 ra la preparación para la Eucaristía mediante la recepción del sacramento de la Reconciliación, que continúa la obra de conversión y de perdón del Bautismo (cf CIC can. 989; CCEO can. 719).

1389 El tercer mandamiento (comulgar por Pascua de Resurrección) garantiza un mínimo en la recepción del Cuerpo y la Sangre del Señor en relación con el tiempo de Pascua, origen y centro de la liturgia cristiana (cf CIC can. 920; CCEO can. 708-881, 3).

2177 **2043** El cuarto mandamiento (ayunar y abstenerse de comer carne cuando lo manda la Santa Madre Iglesia) asegura los tiempos de ascesis y de penitencia que nos preparan para las fiestas litúrgicas; contribuyen a hacernos adquirir el dominio sobre nuestros instintos y la libertad del corazón (cf CIC can. 1249-1251; CCEO can. 882).

1387 El quinto mandamiento (ayudar a la Iglesia en sus necesidades)
1351 señala la obligación de ayudar, cada uno según su capacidad, a subvenir a las necesidades materiales de la Iglesia (cf CIC can. 222).

III   VIDA MORAL Y TESTIMONIO MISIONERO

2044   La fidelidad de los bautizados es una condición primordial para el anuncio del Evangelio y para la *misión de la Iglesia en el mundo*. Para manifestar ante los hombres su fuerza de verdad y de irradiación, el mensaje de la salvación debe ser autentificado por el testimonio de vida de los cristianos. "El mismo testimonio de la vida cristiana y las obras buenas realizadas con espíritu sobrenatural son eficaces para atraer a los hombres a la fe y a Dios" (AA 6).

852; 905

753

2045   Los cristianos, por ser miembros del Cuerpo, cuya Cabeza es Cristo (cf Ef 1, 22), contribuyen a la edificación de la Iglesia mediante la constancia de sus convicciones y de sus costumbres. La Iglesia aumenta, crece y se desarrolla por la santidad de sus fieles (cf LG 39), "hasta que lleguemos al estado de hombre perfecto, a la madurez de la plenitud en Cristo" (Ef 4, 13).

828

2046   Llevando una vida según Cristo, los cristianos *apresuran la venida del Reino de Dios*, "Reino de justicia, de verdad y de paz" (MR, Prefacio de Jesucristo Rey). Esto no significa que abandonen sus tareas terrenas, sino que, fieles a su Maestro, las cumplen con rectitud, paciencia y amor.

671; 2819

RESUMEN

2047   *La vida moral es un culto espiritual. El obrar cristiano se alimenta en la liturgia y la celebración de los sacramentos.*

2048   *Los mandamientos de la Iglesia se refieren a la vida moral y cristiana, unida a la liturgia, y que se alimenta de ella.*

2049   *El Magisterio de los pastores de la Iglesia en materia moral se ejerce ordinariamente en la catequesis y la predicación sobre la base del Decálogo que enuncia los principios de la vida moral válidos para todo hombre.*

2050   *El Romano Pontífice y los obispos, como maestros auténticos, predican al pueblo de Dios la fe que debe ser creída y aplicada a las costumbres. A ellos corresponde también pronunciarse sobre las cuestiones morales que atañen a la ley natural y a la razón.*

2051   *La infalibilidad del Magisterio de los pastores se extiende a todos los elementos de doctrina, comprendida la moral, sin los cuales las verdades salvíficas de la fe no pueden ser salvaguardadas, expuestas u observadas.*

LOS DIEZ MANDAMIENTOS

Exodo 20, 2-17

Deuteronomio 5, 6-21

Yo soy el Señor tu
Dios que te ha sacado
del país de Egipto,
de la casa de
servidumbre.

Yo soy el Señor, tu
Dios, que te ha
sacado de Egipto,
de la servidumbre.

No habrá para ti otros
dioses delante de mí.
No te harás escultura
ni imagen alguna, ni
de lo que hay arriba
en los cielos, ni de lo
que hay abajo en la
tierra. No te postrarás
ante ellas ni les darás
culto, porque el
Señor, tu Dios, soy
un Dios celoso, que
castigo la iniquidad
de los padres en los
hijos, hasta la tercera
y cuarta generación
de los que me odian,
y tengo misericordia
por millares con los
que me aman y
guardan mis
mandamientos.

No habrá para ti otros
dioses delante de mí...

Amarás a Dios sobre
todas las cosas.

No tomarás en falso
el nombre del Señor,
tu Dios, porque el
Señor no dejará sin
castigo a quien toma
su nombre en falso.

No tomarás en falso
el nombre del Señor
tu Dios...

No tomarás el
nombre de Dios en
vano.

Recuerda el día del
sábado para
santificarlo. Seis días

Guardarás el día del
sábado para
santificarlo.

Santificarás
las fiestas.

LOS DIEZ MANDAMIENTOS

Exodo 20, 2-17   **Deuteronomio 5, 6-21**

trabajarás y harás
todos tus trabajos,
pero el día séptimo es
día de descanso para
el Señor, tu Dios. No
harás ningún trabajo,
ni tú, ni tu hijo, ni tu
hija, ni tu siervo, ni tu
sierva, ni tu ganado,
ni el forastero que
habita en tu ciudad.
Pues en seis días hizo
el Señor el cielo y la
tierra, el mar y todo
cuanto contienen, y el
séptimo descansó; por
eso bendijo el Señor
el día del sábado.

Exodo 20, 2-17	Deuteronomio 5, 6-21	
Honra a tu padre y a tu madre para que se prolonguen tus días sobre la tierra que el Señor, tu Dios, te va a dar.	Honra a tu padre y a tu madre.	Honrarás a tu padre y a tu madre.
No matarás.	No matarás.	No matarás.
No cometerás adulterio.	No cometerás adulterio.	No cometerás actos impuros.
No robarás.	No robarás.	No robarás.
No darás falso testimonio contra tu prójimo.	No darás testimonio falso contra tu prójimo.	No dirás falso testimonio ni mentirás.
No codiciarás la casa de tu prójimo. No codiciarás la mujer de tu prójimo, ni su siervo, ni su sierva, ni su buey, ni su asno, ni nada que sea de tu prójimo.	No desearás la mujer de tu prójimo. No codiciarás... nada que sea de tu prójimo.	No consentirás pensamientos ni deseos impuros. No codiciarás los bienes ajenos.

SEGUNDA SECCION
LOS DIEZ MANDAMIENTOS

"Maestro, ¿qué he de hacer...?"

2052 "Maestro, ¿qué he de hacer yo de bueno para conseguir la vida eterna?" Al joven que le hace esta pregunta, Jesús responde primero invocando la necesidad de reconocer a Dios como "el único Bueno", como el Bien por excelencia y como la fuente de todo bien. Luego Jesús le declara: "Si quieres entrar en la vida, guarda los mandamientos". Y cita a su interlocutor los preceptos que se refieren al amor del prójimo: "No matarás, no cometerás adulterio, no robarás, no levantarás testimonio falso, honra a tu padre y a tu madre". Finalmente, Jesús resume estos mandamientos de una manera positiva: "Amarás a tu prójimo como a ti mismo" (Mt 19, 16-19).

1858

2053 A esta primera respuesta se añade una segunda: "Si quieres ser perfecto, vete, vende lo que tienes y dáselo a los pobres, y tendrás un tesoro en los cielos; luego ven, y sígueme" (Mt 19, 21). Esta respuesta no anula la primera. El seguimiento de Jesucristo implica cumplir los mandamientos. La Ley no es abolida (cf Mt 5, 17), sino que el hombre es invitado a encontrarla en la Persona de su Maestro, que es quien le da la plenitud perfecta. En los tres evangelios sinópticos la llamada de Jesús, dirigida al joven rico, de seguirle en la obediencia del discípulo, y en la observancia de los preceptos, es relacionada con el llamamiento a la pobreza y a la castidad (cf Mt 19, 6-12. 21. 23-29). Los consejos evangélicos son inseparables de los mandamientos.

1968

1973

2054 Jesús recogió los diez mandamientos, pero manifestó la fuerza del Espíritu operante ya en su letra. Predicó la "justicia que sobrepasa la de los escribas y fariseos" (Mt 5, 20), así como la de los paganos (cf Mt 5, 46-47). Desarrolló todas las exigencias de los mandamientos: "habéis oído que se dijo a los antepasados: No matarás... Pues yo os digo: Todo aquel que se encolerice contra su hermano, será reo ante el tribunal" (Mt 5, 21-22).

581

2055 Cuando le hacen la pregunta: "¿cuál es el mandamiento mayor de la Ley?" (Mt 22, 36), Jesús responde: "Amarás al Señor tu Dios con todo tu corazón, con toda tu alma y con toda tu mente. Este es el mayor y el primer mandamiento. El segundo es semejante a éste: Amarás a tu prójimo como a ti mismo. De estos dos mandamientos penden toda la Ley y los Profetas" (Mt 22, 37-40; cf Dt

129

6, 5; Lv 19, 18). El Decálogo debe ser interpretado a la luz de este doble y único mandamiento de la caridad, plenitud de la Ley:

> En efecto, lo de: No adulterarás, no matarás, no robarás, no codiciarás y todos los demás preceptos, se resumen en esta fórmula: Amarás a tu prójimo como a ti mismo. La caridad no hace mal al prójimo. La caridad es, por tanto, la ley en su plenitud (Rm 13, 9-10).

El Decálogo en la Sagrada Escritura

2056 La palabra "Decálogo" significa literalmente "diez palabras" (Ex 34, 28; Dt 4, 13; 10, 4). Estas "diez palabras" Dios las reveló a su pueblo en la montaña santa. Las escribió "con su Dedo" (Ex 31, 18; Dt 5, 22), a diferencia de los otros preceptos escritos por Moisés (cf Dt 31, 9.24). Constituyen palabras de Dios en un sentido eminente. Son transmitidas en los libros del Exodo (cf Ex 20, 1-17) y del Deuteronomio (cf Dt 5, 6-22). Ya en el Antiguo Testamento, los libros santos hablan de las "diez palabras" (cf por ejemplo, Os 4, 2; Jr 7, 9; Ez 18, 5-9); pero su pleno sentido será revelado en la nueva Alianza en Jesucristo.

700

62

2057 El Decálogo se comprende ante todo cuando se lee en el contexto del Exodo, que es el gran acontecimiento liberador de Dios en el centro de la antigua Alianza. Las "diez palabras", bien sean formuladas como preceptos negativos, prohibiciones o bien como mandamientos positivos (como "honra a tu padre y a tu madre"), indican las condiciones de una vida liberada de la esclavitud del pecado. El Decálogo es un camino de vida:

2084

> Si amas a tu Dios, si sigues sus caminos y guardas sus mandamientos, sus preceptos y sus normas, vivirás y te multiplicarás" (Dt 30, 16).

Esta fuerza liberadora del Decálogo aparece, por ejemplo, en el mandamiento del descanso del sábado, destinado también a los extranjeros y a los esclavos:

2170

> Acuérdate de que fuiste esclavo en el país de Egipto y de que tu Dios te sacó de allí con mano fuerte y con tenso brazo (Dt 5, 15).

2058 Las "diez palabras" resumen y proclaman la ley de Dios: "Estas palabras dijo el Señor a toda vuestra asamblea, en la montaña, de en medio del fuego, la nube y la densa niebla, con voz potente, y nada más añadió. Luego las escribió en dos tablas de piedra y me las entregó a mí" (Dt 5, 22). Por eso estas dos tablas son llamadas "el Testimonio" (Ex 25, 16), pues contienen las cláusulas

1962

de la Alianza establecida entre Dios y su pueblo. Estas "tablas del Testimonio" (Ex 31, 18; 32, 15; 34, 29) se debían depositar en el "arca" (Ex 25, 16; 40, 1-2).

2059 Las "diez palabras" son pronunciadas por Dios dentro de una teofanía ("el Señor os habló cara a cara en la montaña, en medio del fuego": Dt 5, 4). Pertenecen a la revelación que Dios hace de sí mismo y de su gloria. El don de los mandamientos es don de Dios y de su santa voluntad. Dando a conocer su voluntad, Dios se revela a su pueblo. 707 2823

2060 El don de los mandamientos de la ley forma parte de la Alianza sellada por Dios con los suyos. Según el libro del Exodo, la revelación de las "diez palabras" es concedida entre la proposición de la Alianza (cf Ex 19) y su ratificación (cf Ex 24), después que el pueblo se comprometió a "hacer" todo lo que el Señor había dicho y a "obedecerlo" (Ex 24, 7). El Decálogo no es transmitido sino tras el recuerdo de la Alianza ("el Señor, nuestro Dios, estableció con nosotros una alianza en Horeb": Dt 5, 2). 62

2061 Los mandamientos reciben su plena significación en el interior de la Alianza. Según la Escritura, el obrar moral del hombre adquiere todo su sentido en y por la Alianza. La primera de las "diez palabras" recuerda el amor primero de Dios hacia su pueblo:

> Como había habido, en castigo del pecado, paso del paraíso de la libertad a la servidumbre de este mundo, por eso la primera frase del Decálogo, primera palabra de los mandamientos de Dios, se refiere a la libertad: "Yo soy el Señor tu Dios, que te sacó de la tierra de Egipto, de la casa de servidumbre" (Ex 20, 2; Dt 5, 6) (Orígenes, hom. in Ex. 8, 1). 2086

2062 Los mandamientos propiamente dichos vienen en segundo lugar. Expresan las implicaciones de la pertenencia a Dios instituida por la Alianza. La existencia moral es *respuesta* a la iniciativa amorosa del Señor. Es reconocimiento, homenaje a Dios y culto de acción de gracias. Es cooperación con el designio que Dios se propone en la historia. 142 2002

2063 La alianza y el diálogo entre Dios y el hombre están también confirmados por el hecho de que todas las obligaciones se enuncian en primera persona ("Yo soy el Señor...") y están dirigidas a otro sujeto ("tú"). En todos los mandamientos de Dios hay un pronombre personal en *singular* que designa el destinatario. Al mismo tiempo que a todo el pueblo, Dios da a conocer su voluntad a cada uno en particular: 878

El Señor prescribió el amor a Dios y enseñó la justicia para con el prójimo a fin de que el hombre no fuese ni injusto, ni indigno de Dios. Así, por el Decálogo, Dios preparaba al hombre para ser su amigo y tener un solo corazón con su prójimo... Las palabras del Decálogo persisten también entre nosotros (cristianos). Lejos de ser abolidas, han recibido amplificación y desarrollo por el hecho de la venida del Señor en la carne (S. Ireneo, haer. 4, 16, 3-4).

El Decálogo en la Tradición de la Iglesia

2064   Fiel a la Escritura y siguiendo el ejemplo de Jesús, la Tradición de la Iglesia ha reconocido en el Decálogo una importancia y una significación primordiales.

2065   Desde S. Agustín, los "diez mandamientos" ocupan un lugar preponderante en la catequesis de los futuros bautizados y de los fieles. En el siglo XV se tomó la costumbre de expresar los preceptos del Decálogo en fórmulas rimadas, fáciles de memorizar, y positivas. Estas fórmulas están todavía en uso hoy. Los catecismos de la Iglesia han expuesto con frecuencia la moral cristiana siguiendo el orden de los "diez mandamientos".

2066   La división y numeración de los mandamientos ha variado en el curso de la historia. El presente catecismo sigue la división de los mandamientos establecida por S. Agustín y que ha llegado a ser tradicional en la Iglesia católica. Es también la de las confesiones luteranas. Los Padres griegos hicieron una división algo distinta que se usa en las Iglesias ortodoxas y las comunidades reformadas.

1853   **2067**   Los diez mandamientos enuncian las exigencias del amor de Dios y del prójimo. Los tres primeros se refieren más al amor de Dios y los otros siete más al amor del prójimo.

Como la caridad comprende dos preceptos en los que el Señor condensa toda la ley y los profetas..., así los diez preceptos se dividen en dos tablas: tres están escritos en una tabla y siete en la otra (S. Agustín, serm. 33, 2, 2).

1993   **2068**   El Concilio de Trento enseña que los diez mandamientos obligan a los cristianos y que el hombre justificado está también obligado a observarlos (cf DS 1569-1570). Y el Concilio Vaticano II afirma que: "Los obispos, como sucesores de los apóstoles,
888   reciben del Señor... la misión de enseñar a todos los pueblos y de predicar el Evangelio a todo el mundo para que todos los hombres, por la fe, el bautismo y el cumplimiento de los mandamientos, consigan la salvación" (LG 24).

La unidad del Decálogo

2534   **2069**   El Decálogo forma un todo indisociable. Cada una de las "diez palabras" remite a cada una de las demás y al conjunto; se condicionan recíprocamente. Las dos tablas se iluminan mutuamente; forman una unidad orgánica. Transgredir un mandamiento es quebrantar todos los otros (cf St 2, 10-11). No se puede honrar a otro sin bendecir a Dios su Creador. No se podría adorar a Dios sin amar a todos los hombres, que son sus creaturas. El Decálogo unifica la vida teologal y la vida social del hombre.

El Decálogo y la ley natural

2070 Los diez mandamientos pertenecen a la revelación de Dios. Nos enseñan al mismo tiempo la verdadera humanidad del hombre. Ponen de relieve los deberes esenciales y, por tanto indirectamente, los derechos fundamentales, inherentes a la naturaleza de la persona humana. El Decálogo contiene una expresión privilegiada de la "ley natural": 1955

> Desde el comienzo, Dios había puesto en el corazón de los hombres los preceptos de la ley natural. Primeramente se contentó con recordárselos. Esto fue el Decálogo (S. Ireneo, haer. 4, 15, 1).

2071 Aunque accesibles a la sola razón, los preceptos del Decálogo han sido revelados. Para alcanzar un conocimiento completo y cierto de las exigencias de la ley natural, la humanidad pecadora necesitaba esta revelación: 1960

> En el estado de pecado, una explicación plena de los mandamientos del Decálogo resultó necesaria a causa del oscurecimiento de la luz de la razón y de la desviación de la voluntad (S. Buenaventura, sent. 4, 37, 1, 3).

Conocemos los mandamientos de la ley de Dios por la revelación divina que nos es propuesta en la Iglesia, y por la voz de la conciencia moral. 1777

La obligación del Decálogo

2072 Los diez mandamientos, por expresar los deberes fundamentales del hombre hacia Dios y hacia su prójimo, revelan en su contenido primordial obligaciones *graves*. Son básicamente inmutables y su obligación vale siempre y en todas partes. Nadie podría dispensar de ellos. Los diez mandamientos están grabados por Dios en el corazón del ser humano. 1858
1958

2073 La obediencia a los mandamientos implica también obligaciones cuya materia es, en sí misma, leve. Así, la injuria de palabra está prohibida por el quinto mandamiento, pero sólo podría ser una falta grave en razón de las circunstancias o de la intención del que la profiere.

"Sin mí no podéis hacer nada"

2074   Jesús dice: "Yo soy la vid; vosotros los sarmientos. El que
permanece en mí como yo en él, ése da mucho fruto; porque sin
2732   mí no podéis hacer nada" (Jn 15, 5). El fruto evocado en estas palabras es la santidad de una vida hecha fecunda por la unión con
521   Cristo. Cuando creemos en Jesucristo, participamos en sus misterios y guardamos sus mandamientos, el Salvador mismo ama en
nosotros a su Padre y a sus hermanos, nuestro Padre y nuestros
hermanos. Su persona viene a ser, por obra del Espíritu, la norma
viva e interior de nuestro obrar. "Este es el mandamiento mío: que
os améis los unos a los otros como yo os he amado" (Jn 15, 12).

RESUMEN

2075   *"¿Qué he de hacer yo de bueno para conseguir la vida
eterna?" – "Si quieres entrar en la vida, guarda los mandamientos" (Mt 19, 16-17).*

2076   *Por su modo de actuar y por su predicación, Jesús ha
atestiguado el valor perenne del Decálogo.*

2077   *El don del Decálogo fue concedido en el marco de la
alianza establecida por Dios con su pueblo. Los mandamientos de Dios reciben su significado verdadero en y por
esta Alianza.*

2078   *Fiel a la Escritura y siguiendo el ejemplo de Jesús, la Tradición de la Iglesia ha reconocido en el Decálogo una importancia y una significación primordial.*

2079   *El Decálogo forma una unidad orgánica en la que cada
"palabra" o "mandamiento" remite a todo el conjunto.
Transgredir un mandamiento es quebrantar toda la ley (cf
St 2, 10-11).*

2080   *El Decálogo contiene una expresión privilegiada de la ley
natural. Lo conocemos por la revelación divina y por la
razón humana.*

2081   *Los diez mandamientos, en su contenido fundamental,
enuncian obligaciones graves. Sin embargo, la obediencia
a estos preceptos implica también obligaciones cuya materia es, en sí misma, leve.*

2082   *Dios hace posible por su gracia lo que manda.*

CAPITULO PRIMERO

"AMARAS AL SEÑOR TU DIOS CON TODO TU CORAZON, CON TODA TU ALMA Y CON TODAS TUS FUERZAS"

2083 Jesús resumió los deberes del hombre para con Dios en estas palabras: "Amarás al Señor tu Dios con todo tu corazón, con toda tu alma y con toda tu mente" (Mt 22, 37; cf Lc 10, 27: "...y con todas tus fuerzas"). Estas palabras siguen inmediatamente a la llamada solemne: "Escucha, Israel: el Señor nuestro Dios es el único Señor" (Dt 6, 4).   367

Dios nos amó primero. El amor del Dios Unico es recordado en la primera de las "diez palabras". Los mandamientos explicitan a continuación la respuesta de amor que el hombre está llamado a dar a su Dios.   199

Artículo 1   **EL PRIMER MANDAMIENTO**

Yo, el Señor, soy tu Dios, que te ha sacado del país de Egipto, de la casa de servidumbre. No habrá para ti otros dioses delante de mí. No te harás escultura ni imagen alguna ni de lo que hay arriba en los cielos, ni de lo que hay abajo en la tierra, ni de lo que hay en las aguas debajo de la tierra. No te postrarás ante ellas ni les darás culto" (Ex 20, 2-5; cf Dt 5, 6-9).

Está escrito: Al Señor tu Dios adorarás, sólo a él darás culto (Mt 4, 10).

I   "ADORARAS AL SEÑOR TU DIOS, Y LE SERVIRAS"

2084 Dios se da a conocer recordando su acción todopoderosa, bondadosa y liberadora en la historia de aquel a quien se dirige: "Yo te saqué del país de Egipto, de la casa de servidumbre". La primera palabra contiene el primer mandamiento de la ley: "Adorarás al Señor tu Dios y le servirás... no vayáis en pos de otros dioses" (Dt 6, 13-14). La primera llamada y la justa exigencia de Dios consiste en que el hombre lo acoja y lo adore.   2057 / 338

2085 El Dios único y verdadero revela ante todo su gloria a Israel (cf Ex 19, 16-25; 24, 15-18). La revelación de la vocación y de la verdad del hombre está ligada a la revelación de Dios. El   200

1701   hombre tiene la vocación de hacer manifiesto a Dios mediante sus obras humanas, en conformidad con su condición de criatura hecha "a imagen y semejanza de Dios":

> No habrá jamás otro Dios, Trifón, y no ha habido otro desde los siglos sino el que ha hecho y ordenado el universo. Nosotros no pensamos que nuestro Dios es distinto del vuestro. Es el mismo que sacó a vuestros padres de Egipto "con su mano poderosa y su brazo extendido". Nosotros no ponemos nuestras esperanzas en otro, que no existe, sino en el mismo que vosotros, el Dios de Abraham, de Isaac y de Jacob (S. Justino, dial. 11, 1).

2086   "El primero de los preceptos abarca la fe, la esperanza y la

212   caridad. En efecto, quien dice Dios, dice un ser constante, inmutable, siempre el mismo, fiel, perfectamente justo. De ahí se sigue que nosotros debemos necesariamente aceptar sus Palabras y tener en El una fe y una confianza completas. El es todopoderoso, clemente, infinitamente inclinado a hacer el bien. ¿Quién podría no poner en él todas sus esperanzas? ¿Y quién podrá no amarlo contemplando todos los tesoros de bondad y de ternura que ha derramado en nosotros? De ahí esa fórmula que Dios emplea en la Sagrada Escritura tanto al comienzo como al final de sus preceptos:

2061   'Yo soy el Señor'" (Catec. R. 3, 2, 4).

1814-1816   ## La fe

2087   Nuestra vida moral tiene su fuente en la fe en Dios que nos

143   revela su amor. S. Pablo habla de la "obediencia de la fe" (Rm 1, 5; 16, 26) como de la primera obligación. Hace ver en el "desconocimiento de Dios" el principio y la explicación de todas las desviaciones morales (cf Rm 1, 18-32). Nuestro deber para con Dios es creer en El y dar testimonio de El.

2088   El primer mandamiento nos pide que alimentemos y guardemos con prudencia y vigilancia nuestra fe y que rechacemos todo lo que se opone a ella. Hay diversas maneras de pecar contra la fe:

157   La *duda voluntaria* respecto a la fe descuida o rechaza tener por verdadero lo que Dios ha revelado y la Iglesia propone creer. La *duda involuntaria* designa la vacilación en creer, la dificultad de superar las objeciones con respecto a la fe o también la ansiedad suscitada por la oscuridad de ésta. Si la duda se fomenta deliberadamente, la duda puede conducir a la ceguera del espíritu.

162   **2089**   La *incredulidad* es el menosprecio de la verdad revelada o

817   el rechazo voluntario de prestarle asentimiento. "Se llama *herejía* la negación pertinaz, después de recibido el bautismo, de una verdad que ha de creerse con fe divina y católica, o la duda pertinaz

sobre la misma; *apostasía* es el rechazo total de la fe cristiana; *cisma*, el rechazo de la sujeción al Sumo Pontífice o de la comunión con los miembros de la Iglesia a él sometidos" (CIC can. 751).

La esperanza   1817-1821

2090   Cuando Dios se revela y llama al hombre, éste no puede reponder plenamente al amor divino por sus propias fuerzas. Debe esperar que Dios le dé la capacidad de devolverle el amor y de   1996
obrar conforme a los mandamientos de la caridad. La esperanza es aguardar confiadamente la bendición divina y la bienaventurada visión de Dios; es también el temor de ofender el amor de Dios y de provocar su castigo.

2091   El primer mandamiento se refiere también a los pecados contra la esperanza, que son la desesperación y la presunción:

> Por la *desesperación*, el hombre deja de esperar de Dios su salvación personal, el auxilio para llegar a ella o el perdón de   1864
> sus pecados. Se opone a la Bondad de Dios, a su Justicia –porque el Señor es fiel a sus promesas– y a su Misericordia.

2092   Hay dos clases de *presunción*. O bien el hombre presume   2732
de sus capacidades (esperando poder salvarse sin la ayuda de lo alto), o bien presume de la omnipotencia o de la misericordia divinas, (esperando obtener su perdón sin conversión y la gloria sin mérito).

La caridad   1822-1829

2093   La fe en el amor de Dios encierra la llamada y la obligación de responder a la caridad divina mediante un amor sincero. El primer mandamiento nos ordena amar a Dios sobre todas las cosas y a las criaturas por El y a causa de El (cf Dt 6, 4-5).

2094   Se puede pecar de diversas maneras contra el amor de Dios. La *indiferencia* descuida o rechaza la consideración de la caridad divina; desprecia su acción previniente y niega su fuerza. La *ingratitud* omite o se niega a reconocer la caridad divina y devolverle amor por amor. La *tibieza* es una vacilación o negligencia en responder al amor divino; puede implicar la negación a entregarse al movimiento de la caridad. La *acedía* o pereza espiritual llega a   2733
rechazar el gozo que viene de Dios y a sentir horror por el bien divino. El *odio a Dios* tiene su origen en el orgullo; se opone al amor   2303
de Dios cuya bondad niega y lo maldice porque condena el pecado e inflige penas.

II   "A EL SOLO DARAS CULTO"

2095   Las virtudes teologales de la fe, la esperanza y la caridad, informan y vivifican las virtudes morales. Así, la caridad nos lleva a dar a Dios lo que en toda justicia le debemos en cuanto criaturas. La *virtud de la religión* nos dispone a esta actitud.

1807

La adoración

2628

2096   La adoración es el primer acto de la virtud de la religión. Adorar a Dios es reconocerle como Dios, como Creador y Salvador, Señor y Dueño de todo lo que existe, como Amor infinito y misericordioso. "Adorarás al Señor tu Dios y sólo a él darás culto" (Lc 4, 8), dice Jesús citando el Deuteronomio (6, 13).

2097   Adorar a Dios es reconocer, con respeto y sumisión absolutos, la "nada de la criatura", que sólo existe por Dios. Adorar a Dios es alabarlo, exaltarle y humillarse a sí mismo, como hace María en el Magníficat, confesando con gratitud que El ha hecho grandes cosas y que su nombre es santo (cf Lc 1, 46-49). La adoración del Dios único libera al hombre del repliegue sobre sí mismo, de la esclavitud del pecado y de la idolatría del mundo.

2807

La oración

2558

2098   Los actos de fe, esperanza y caridad que ordena el primer mandamiento se realizan en la oración. La elevación del espíritu hacia Dios es una expresión de nuestra adoración a Dios: oración de alabanza y de acción de gracias, de intercesión y de súplica. La oración es una condición indispensable para poder obedecer los mandamientos de Dios. "Es preciso orar siempre sin desfallecer" (Lc 18, 1).

2742

El sacrificio

2099   Es justo ofrecer a Dios sacrificios en señal de adoración y de gratitud, de súplica y de comunión: "Toda acción realizada para unirse a Dios en la santa comunión y poder ser bienaventurado es un verdadero sacrificio" (S. Agustín, civ. 10, 6).

613

2100   El sacrificio exterior, para ser auténtico, debe ser expresión del sacrificio espiritual. "Mi sacrificio es un espíritu contrito..." (Sal 51, 19). Los profetas de la Antigua Alianza denunciaron con frecuencia los sacrificios hechos sin participación interior (cf

2711

Am 5, 21-25) o sin relación con el amor al prójimo (cf Is 1, 10-20). Jesús recuerda las palabras del profeta Oseas: "Misericordia quiero, que no sacrificio" (Mt 9, 13; 12, 7; cf Os 6, 6). El único sacrificio perfecto es el que ofreció Cristo en la cruz en ofrenda total al amor del Padre y por nuestra salvación (cf Hb 9, 13-14). Uniéndonos a su sacrificio, podemos hacer de nuestra vida un sacrificio para Dios.

614

618

Promesas y votos

2101 En varias circunstancias, el cristiano es llamado a hacer *promesas* a Dios. El bautismo y la confirmación, el matrimonio y la ordenación las exigen siempre. Por devoción personal, el cristiano puede también prometer a Dios un acto, una oración, una limosna, una peregrinación, etc. La fidelidad a las promesas hechas a Dios es una manifestación de respeto a la Majestad divina y de amor hacia el Dios fiel.

1237

1064

2102 "El *voto*, es decir, la promesa deliberada y libre hecha a Dios acerca de un bien posible y mejor, debe cumplirse por la virtud de la religión" (CIC can. 1191, 1). El voto es un acto de *devoción* en el que el cristiano se consagra a Dios o le promete una obra buena. Por tanto, mediante el cumplimiento de sus votos entrega a Dios lo que le ha prometido y consagrado. Los Hechos de los Apóstoles nos muestran a S. Pablo cumpliendo los votos que había hecho (cf Hch 18, 18; 21, 23-24).

2103 La Iglesia reconoce un valor ejemplar a los votos de practicar los *consejos evangélicos* (cf CIC can. 654).

1973

914

> La santa Iglesia se alegra de que haya en su seno muchos hombres y mujeres que siguen más de cerca y muestran más claramente el anonadamiento de Cristo, escogiendo la probreza con la libertad de los hijos de Dios y renunciando a su voluntad propia. Estos, pues, se someten a los hombres por Dios en la búsqueda de la perfección más allá de lo que está mandado, para parecerse más a Cristo obediente (LG 42).

> En algunos casos, la Iglesia puede, por razones proporcionadas, dispensar de los votos y las promesas (cf CIC can. 692; 1196-1197).

El deber social de la religión y el derecho a la libertad religiosa

2104 "Todos los hombres están obligados a buscar la verdad, sobre todo en lo que se refiere a Dios y a su Iglesia, y, una vez conocida, a abrazarla y practicarla" (DH 1). Este deber se desprende

2467

de "su misma naturaleza" (DH 2). No contradice al "respeto sincero" hacia las diversas religiones, que "no pocas veces reflejan, sin

851 embargo, un destello de aquella Verdad que ilumina a todos los
hombres" (NA 2), ni a la exigencia de la caridad que empuja a los
cristianos "a tratar con amor, prudencia y paciencia a los hombres
que viven en el error o en la ignorancia de la fe" (DH 14).

2105 El deber de rendir a Dios un culto auténtico corresponde al
hombre individual y socialmente considerado. Esa es "la doctrina
tradicional católica sobre el deber moral de los hombres y de las
sociedades respecto a la religión verdadera y a la única Iglesia de

854 Cristo" (DH 1). Al evangelizar sin cesar a los hombres, la Iglesia
trabaja para que puedan "informar con el espíritu cristiano el pensamiento y las costumbres, las leyes y las estructuras de la comu-

898 nidad en la que cada uno vive" (AA 13). Deber social de los cristianos es respetar y suscitar en cada hombre el amor de la verdad y
del bien. Les exige dar a conocer el culto de la única verdadera religión, que subsiste en la Iglesia católica y apostólica (cf DH 1).
Los cristianos son llamados a ser la luz del mundo (cf AA 13). La
Iglesia manifiesta así la realeza de Cristo sobre toda la creación y,
en particular, sobre las sociedades humanas (cf León XIII, enc.
"Inmortale Dei"; Pío XI, enc. "Quas primas").

160   **2106**   "En materia religiosa, ni se obligue a nadie a actuar contra
1782   su conciencia, ni se le impida que actúe conforme a ella, pública o
1738   privadamente, solo o asociado con otros" (DH 2). Este derecho se
funda en la naturaleza misma de la persona humana, cuya dignidad
le hace adherirse libremente a la verdad divina, que trasciende el
orden temporal. Por eso, "permanece aún en aquellos que no cumplen la obligación de buscar la verdad y adherirse a ella" (DH 2).

2107   "Si, teniendo en cuenta las circunstancias peculiares de los pueblos, se concede a una comunidad religiosa un reconocimiento civil especial en el ordenamiento jurídico de la sociedad, es necesario que al mismo tiempo se reconozca y se respete el derecho a la libertad en materia
religiosa a todos los ciudadanos y comunidades religiosas" (DH 6).

1740   **2108**   El derecho a la libertad religiosa no es ni la permisión moral de adherirse al error (cf León XIII, enc. "Libertas praestantissimum"), ni un supuesto derecho al error (cf Pío XII, discurso 6 diciembre 1953), sino un derecho natural de la persona humana a la
libertad civil, es decir, a la inmunidad de coacción exterior, en los
justos límites, en materia religiosa por parte del poder político. Este derecho natural debe ser reconocido en el ordenamiento jurídico
de la sociedad de manera que constituya un derecho civil (cf DH 2).

2109 El derecho a la libertad religiosa no puede ser de suyo ni ilimitado (cf Pío VI, breve "Quod aliquantum"), ni limitado solamente por un "orden público" concebido de manera positivista o naturalista (cf Pío IX, enc. "Quanta cura"). Los "justos límites" que le son inherentes deben ser determinados para cada situación social por la prudencia política, según las exigencias del bien común, y ratificados por la autoridad civil según "normas jurídicas, conforme con el orden objetivo moral" (DH 7).

2244

1906

III   "NO HABRA PARA TI OTROS DIOSES
       DELANTE DE MI"

2110 El primer mandamiento prohíbe honrar a dioses distintos del Unico Señor que se ha revelado a su pueblo. Proscribe la superstición y la irreligión. La superstición representa en cierta manera una perversión, por exceso, de la religión. La irreligión es un vicio opuesto por defecto a la virtud de la religión.

La superstición

2111 La superstición es la desviación del sentimiento religioso y de las prácticas que impone. Puede afectar también al culto que damos al verdadero Dios, por ejemplo, cuando se atribuye una importancia, de algún modo, mágica a ciertas prácticas, por otra parte, legítimas o necesarias. Atribuir su eficacia a la sola materialidad de las oraciones o de los signos sacramentales, prescindiendo de las disposiciones interiores que exigen, es caer en la superstición (cf Mt 23, 16-22).

La idolatría

2112 El primer mandamiento condena el *politeísmo.* Exige al hombre no creer en otros dioses que el Dios verdadero. Y no venerar otras divinidades que al único Dios. La Escritura recuerda constantemente este rechazo de los "ídolos, oro y plata, obra de las manos de los hombres", que "tienen boca y no hablan, ojos y no ven..." Estos ídolos vanos hacen vano al que les da culto: "Como ellos serán los que los hacen, cuantos en ellos ponen su confianza" (Sal 115, 4-5.8; cf Is 44, 9-20; Jr 10, 1-16; Dn 14, 1-30; Ba 6; Sb 13, 1-15, 19). Dios, por el contrario, es el "Dios vivo" (Jos 3, 10; Sal 42, 3, etc.), que da vida e interviene en la historia.

210

2113 La idolatría no se refiere sólo a los cultos falsos del paganismo. Es una tentación constante de la fe. Consiste en divinizar lo que no es Dios. Hay idolatría desde el momento en que el hombre honra y reverencia a una criatura en lugar de Dios. Trátese de dioses o de demonios (por ejemplo, el satanismo), de poder, de placer,

398

2534

2289   de la raza, de los antepasados, del Estado, del dinero, etc. "No po-
       déis servir a Dios y al dinero", dice Jesús (Mt 6, 24). Numerosos
       mártires han muerto por no adorar a "la Bestia" (cf Ap 13-14), ne-
2473   gándose incluso a simular su culto. La idolatría rechaza el único
       Señorío de Dios; es, por tanto, incompatible con la comunión divi-
       na (cf Ga 5, 20; Ef 5, 5).

       2114   La vida humana se unifica en la adoración del Dios Unico.
       El mandamiento de adorar al único Señor da unidad al hombre y lo
       salva de una dispersión infinita. La idolatría es una perversión del
       sentido religioso innato en el hombre. El idólatra es el que "aplica
       a cualquier cosa más bien que a Dios su indestructible noción de
       Dios" (Orígenes, Cels. 2, 40).

       ### Adivinación y magia

       2115   Dios puede revelar el porvenir a sus profetas o a otros san-
       tos. Sin embargo, la actitud cristiana justa consiste en entregarse
305   con confianza en las manos de la providencia en lo que se refiere al
       futuro y en abandonar toda curiosidad malsana al respecto. Sin em-
       bargo, la imprevisión puede constituir una falta de responsabilidad.

       2116   Todas las formas de *adivinación* deben rechazarse: el re-
       curso a Satán o a los demonios, la evocación de los muertos, y
       otras prácticas que equivocadamente se supone "desvelan" el por-
       venir (cf Dt 18, 10; Jr 29, 8). La consulta de horóscopos, la astro-
       logía, la quiromancia, la interpretación de presagios y de suertes,
       los fenómenos de visión, el recurso a "mediums" encierran una vo-
       luntad de poder sobre el tiempo, la historia y, finalmente, los hom-
       bres, a la vez que un deseo de grajearse la protección de poderes
       ocultos. Están en contradicción con el honor y el respeto, mezcla-
       dos de temor amoroso, que debemos solamente a Dios.

       2117   Todas las prácticas de *magia* o de *hechicería* mediante las
       que se pretende domesticar potencias ocultas para ponerlas a su
       servicio y obtener un poder sobrenatural sobre el prójimo –aunque
       sea para procurar la salud–, son gravemente contrarias a la virtud
       de la religión. Estas prácticas son más condenables aún cuando
       van acompañadas de una intención de dañar a otro, recurran o no a
       la intervención de los demonios. Llevar amuletos es también re-
       prensible. El *espiritismo* implica con frecuencia prácticas adivina-
       torias o mágicas. Por eso la Iglesia advierte a los fieles que se
       guarden de él. El recurso a las medicinas llamadas tradicionales no
       legitima ni la invocación de las potencias malignas, ni la explota-
       ción de la credulidad del prójimo.

La irreligión

2118   El primer mandamiento de Dios reprueba los principales pecados de irreligión: la acción de tentar a Dios con palabras o con obras, el sacrilegio y la simonía.

2119   La acción de *tentar a Dios* consiste en poner a prueba, de palabra o de obra, su bondad y su omnipotencia. Así es como Satán quería conseguir de Jesús que se arrojara del templo y obligase a Dios, mediante este gesto, a actuar (cf Lc 4, 9). Jesús le opone las palabras de Dios: "No tentarás al Señor tu Dios" (Dt 6, 16). El reto que contiene este tentar a Dios lesiona el respeto y la confianza que debemos a nuestro Creador y Señor. Incluye siempre una duda respecto a su amor, su providencia y su poder (cf 1 Co 10, 9; Ex 17, 2-7; Sal 95, 9).

394

2088

2120   El *sacrilegio* consiste en profanar o tratar indignamente los sacramentos y las otras acciones litúrgicas, así como las personas, las cosas y los lugares consagrados a Dios. El sacrilegio es un pecado grave sobre todo cuando es cometido contra la Eucaristía, pues en este sacramento el Cuerpo de Cristo se nos hace presente substancialmente (cf CIC can. 1367; 1376).

1374

2121   La *simonía* (cf Hch 8, 9-24) se define como la compra o venta de cosas espirituales. A Simón el mago, que quiso comprar el poder espiritual del que vio dotado a los apóstoles, Pedro le responde: "Vaya tu dinero a la perdición y tú con él, pues has pensado que el don de Dios se compra con dinero" (Hch 8, 20). Así se ajustaba a las palabras de Jesús: "Gratis lo recibisteis, dadlo gratis" (Mt 10, 8; cf Is 55, 1). Es imposible apropiarse de los bienes espirituales y de comportarse respecto a ellos como un poseedor o un dueño, pues tienen su fuente en Dios. Sólo es posible recibirlos gratuitamente de El.

1578

2122   "Fuera de las ofrendas determinadas por la autoridad competente, el ministro no debe pedir nada por la administración de los sacramentos, y ha de procurar siempre que los necesitados no queden privados de la ayuda de los sacramentos por razón de su probreza" (CIC can. 848). La autoridad competente puede fijar estas "ofrendas" atendiendo al principio de que el pueblo cristiano debe contribuir al sostenimiento de los ministros de la Iglesia. "El obrero merece su sustento" (Mt 10, 10; cf Lc 10, 7; 1 Co 9, 5-18; 1 Tm 5, 17-18).

El ateísmo

2123   "Muchos de nuestros contemporáneos no perciben de ninguna manera esta unión íntima y vital con Dios o la rechazan ex-

29

plícitamente, hasta tal punto que el ateísmo debe ser considerado entre los problemas más graves de esta época" (GS 19, 1).

2124   El nombre de ateísmo abarca fenómenos muy diversos. Una forma frecuente del mismo es el materialismo práctico, que limita sus necesidades y sus ambiciones al espacio y al tiempo. El humanismo ateo considera falsamente que el hombre es "el fin de sí mismo, el artífice y demiurgo único de su propia historia" (GS 20, 1). Otra forma del ateísmo contemporáneo espera la liberación del hombre de una liberación económica y social para la que "la religión, por su propia naturaleza, constituiría un obstáculo..., porque, al orientar la esperanza del hombre hacia una vida futura ilusoria, lo apartaría de la construcción de la ciudad terrena" (GS 20, 2).

2125   En cuanto rechaza o niega la existencia de Dios, el ateísmo es un pecado contra la virtud de la religión (cf Rm 1, 18). La
1535   imputabilidad de esta falta puede quedar ampliamente disminuida en virtud de las intenciones y de las circunstancias. En la génesis y difusión del ateísmo "puede corresponder a los creyentes una parte no pequeña; en cuanto que, por descuido en la educación para la fe, por una exposición falsificada de la doctrina, o también por los defectos de su vida religiosa, moral y social, puede decirse que han velado el verdadero rostro de Dios y de la religión, más que revelarlo" (GS 19, 3).

396   **2126**   Con frecuencia el ateísmo se funda en una concepción falsa de la autonomía humana, llevada hasta el rechazo de toda dependencia respecto a Dios (cf GS 20, 1). Sin embargo, "el reconocimiento de Dios no se opone en ningún modo a la dignidad del
154   hombre, ya que esta dignidad se funda y se perfecciona en el mismo Dios" (GS 21, 3). "La Iglesia sabe muy bien que su mensaje conecta con los deseos más profundos del corazón humano" (GS 21, 7).

El agnosticismo

2127   El agnosticimo reviste varias formas. En ciertos casos, el agnóstico se resiste a negar a Dios; al contrario, postula la existencia de un ser trascendente que no podría revelarse y del que nadie podría decir nada. En otros casos, el agnóstico no se pronuncia so-
36   bre la existencia de Dios, manifestando que es imposible probarla e incluso afirmarla o negarla.

2128   El agnosticismo puede contener a veces una cierta búsqueda de Dios, pero puede igualmente representar un indiferentismo,

una huida ante la cuestión última de la existencia, y una pereza de
la conciencia moral. El agnosticismo equivale con mucha frecuencia a un ateísmo práctico.

1036

115-1162

IV   "NO TE HARAS ESCULTURA ALGUNA..."

2129 El mandamiento divino implicaba la prohibición de toda
representación de Dios por mano del hombre. El Deuteronomio lo
explica así: "Puesto que no visteis figura alguna el día en que el
Señor os habló en el Horeb de en medio del fuego, no vayáis a pre-
varicar y os hagáis alguna escultura de cualquier representación
que sea..." (Dt 4, 15-16). Quien se revela a Israel es el Dios absolutamente Trascendente. "El lo es todo", pero al mismo tiempo
"está por encima de todas sus obras" (Si 43, 27-28). Es la fuente
de toda belleza creada (cf Sb 13, 3).

300
2500

2130 Sin embargo, ya en el Antiguo Testamento Dios ordenó o
permitió la institución de imágenes que conducirían simbólicamente a la salvación por el Verbo encarnado: la serpiente de bron-
ce (cf Nm 21, 4-9; Sb 16, 5-14; Jn 3, 14-15), el arca de la Alianza
y los querubines (cf Ex 25, 10-12; 1 R 6, 23-28; 7, 23-26).

2131 Fundándose en el misterio del Verbo encarnado, el séptimo Concilio Ecuménico (celebrado en Nicea el año 787), justificó
contra los inonoclastas el culto de las sagradas imágenes: las de
Cristo, pero también las de la Madre de Dios, de los ángeles y de
todos los santos. El Hijo de Dios, al encarnarse, inauguró una nueva "economía" de las imágenes.

476

2132 El culto cristiano de las imágenes no es contrario al primer
mandamiento que proscribe los ídolos. En efecto, "el honor dado a
una imagen se remonta al modelo original" (S. Basilio, spir. 18,
45), "el que venera una imagen, venera en ella la persona que en
ella está representada" (Cc. de Nicea II: DS 601; cf Cc. de Trento:
DS 1821-1825; Cc. Vaticano II: SC 126; LG 67). El honor tributa-
do a las imágenes sagradas es una "veneración respetuosa", no una
adoración, que sólo corresponde a Dios:

> El culto de la religión no se dirige a las imágenes en sí mis-
> mas como realidades, sino que las mira bajo su aspecto propio
> de imágenes que nos conducen a Dios encarnado. Ahora bien, el
> movimiento que se dirige a la imagen en cuanto tal, no se detie-
> ne en ella, sino que tiende a la realidad de la que ella es imagen
> (S. Tomás de Aquino, s. th. 2-2, 81, 3, ad 3).

RESUMEN

2133   *"Amarás al Señor tu Dios con todo tu corazón, con toda tu alma y con todas tus fuerzas" (Dt 6, 5).*

2134   *El primer mandamiento llama al hombre para que crea en Dios, espere en El y lo ame sobre todas las cosas.*

2135   *"Al Señor tu Dios adorarás" (Mt 4, 10). Adorar a Dios, orar a El, ofrecerle el culto que le corresponde, cumplir las promesas y los votos que se le han hecho, son todos ellos actos de la virtud de la religión que constituyen la obediencia al primer mandamiento.*

2136   *El deber de dar a Dios un culto auténtico corresponde al hombre individual y socialmente considerado.*

2137   *El hombre debe "poder profesar libremente la religión en público y en privado" (DH 15).*

2138   *La superstición es una desviación del culto que debemos al verdadero Dios, la cual conduce a la idolatría y a distintas formas de adivinación y de magia.*

2139   *La acción de tentar a Dios de palabra o de obra, el sacrilegio y la simonía son pecados de irreligión, prohibidos por el primer mandamiento.*

2140   *El ateísmo, en cuanto niega o rechaza la existencia de Dios, es un pecado contra el primer mandamiento.*

2141   *El culto de las imágenes sagradas está fundado en el misterio de la Encarnación del Verbo de Dios. No es contrario al primer mandamiento.*

Artículo 2   **EL SEGUNDO MANDAMIENTO**

"No tomarás en falso el nombre del Señor tu Dios" (Ex 20, 7; Dt 5, 11).

"Se dijo a los antepasados: 'No perjurarás'... Pues yo os digo que no juréis en modo alguno" (Mt 5, 33-34).

2807-2815   I   EL NOMBRE DEL SEÑOR ES SANTO

2142   El segundo mandamiento *prescribe respetar el nombre del Señor*. Pertenece, como el primer mandamiento, a la virtud de la religión y regula más particularmente el uso de nuestra palabra en las cosas santas.

2143 Entre todas las palabras de la revelación hay una, singular, que es la revelación de su Nombre. Dios confía su Nombre a los que creen en El; se revela a ellos en su misterio personal. El don del Nombre pertenece al orden de la confidencia y la intimidad. "El nombre del Señor es santo". Por eso el hombre no puede usar mal de él. Lo debe guardar en la memoria en un silencio de adoración amorosa (cf Za 2, 17). No lo empleará en sus propias palabras, sino para bendecirlo, alabarlo y glorificarlo (cf Sal 29, 2; 96, 2; 113, 1-2). 203 435

2144 La deferencia respecto a su Nombre expresa la que es debida al misterio de Dios mismo y a toda la realidad sagrada que evoca. El *sentido de lo sagrado* pertenece a la virtud de la religión:

> Los sentimientos de temor y de "lo sagrado" ¿son sentimientos cristianos o no? Nadie puede dudar razonablemente de ello. Son los sentimientos que tendríamos, y en un grado intenso, si tuviésemos la visión del Dios soberano. Son los sentimientos que tendríamos si verificásemos su presencia. En la medida en que creemos que está presente, debemos tenerlos. No tenerlos es no verificar, no creer que está presente (Newman, par. 5, 2).

2145 El fiel cristiano debe dar testimonio del nombre del Señor confesando su fe sin ceder al temor (cf Mt 10, 32; 1 Tm 6, 12). La predicación y la catequesis deben estar penetradas de adoración y de respeto hacia el nombre de Nuestro Señor Jesucristo. 2472 427

2146 El segundo mandamiento prohíbe *abusar* del nombre de Dios, es decir, todo uso inconveniente del nombre de Dios, de Jesucristo, de la Virgen María y de todos los santos.

2147 Las *promesas* hechas a otro en nombre de Dios comprometen el honor, la fidelidad, la veracidad y la autoridad divinas. Deben ser respetadas en justicia. Ser infiel a ellas es abusar del nombre de Dios y, en cierta manera, hacer de Dios un mentiroso (cf 1 Jn 1, 10). 2101

2148 La *blasfemia* se opone directamente al segundo mandamiento. Consiste en proferir contra Dios –interior o exteriormente– palabras de odio, de reproche, de desafío; en injuriar a Dios, faltarle al respeto en las expresiones, en abusar del nombre de Dios. Santiago reprueba a "los que blasfeman el hermoso Nombre (de Jesús) que ha sido invocado sobre ellos" (St 2, 7). La prohibición de la blasfemia se extiende a las palabras contra la Iglesia de Cristo, los santos y las cosas sagradas. Es también blasfemo recurrir al nombre de Dios para justificar prácticas criminales, reducir pueblos a servidumbre, torturar o dar muerte. El abuso del nombre de Dios para cometer un crimen provoca el rechazo de la religión.

1756 La blasfemia es contraria al respeto debido a Dios y a su santo nombre. Es de suyo un pecado grave (cf CIC can. 1369).

2149 Los palabras mal sonantes que emplean el nombre de Dios sin intención de blasfemar son una falta de respeto hacia el Señor. El segundo mandamiento prohíbe también *el uso mágico* del Nombre divino.

> El Nombre de Dios es grande allí donde se pronuncia con el respeto debido a su grandeza y a su Majestad. El nombre de Dios es santo allí donde se le nombra con veneración y temor de ofenderle (S. Agustín, serm. Dom. 2, 45, 19).

II   TOMAR EL NOMBRE DEL SEÑOR EN VANO

2150 El segundo mandamiento *prohíbe el juramento en falso*. Hacer juramento o jurar es tomar a Dios por testigo de lo que se afirma. Es invocar la veracidad divina como garantía de la propia veracidad. El juramento compromete el nombre del Señor. "Al Señor tu Dios temerás, a él le servirás, por su nombre jurarás" (Dt 6, 13).

215 **2151** La reprobación del juramento en falso es un deber para con Dios. Como Creador y Señor, Dios es la norma de toda verdad. La palabra humana está de acuerdo o en oposición con Dios que es la Verdad misma. El juramento, cuando es veraz y legítimo, pone de relieve la relación de la palabra humana con la verdad de Dios. El falso juramento invoca a Dios como testigo de una mentira.

2476
2152 Es *perjuro* quien, bajo juramento, hace una promesa que no tiene intención de cumplir, o que, después de haber prometido
1756 bajo juramento, no la mantiene. El perjurio constituye una grave falta de respeto hacia el Señor que es dueño de toda palabra. Comprometerse mediante juramento a hacer una obra mala es contrario a la santidad del Nombre divino.

2153 Jesús expuso el segundo mandamiento en el Sermón de la Montaña: "Habéis oído que se dijo a los antepasados: 'no perjurarás, sino que cumplirás al Señor tus juramentos'. Pues yo os digo que no juréis en modo alguno... sea vuestro lenguaje: 'sí, sí'; 'no, no': que lo que pasa de aquí viene del Maligno" (Mt 5, 33-34.37; cf St 5, 12). Jesús enseña que todo juramento implica una referen-
2466 cia a Dios y que la presencia de Dios y de su verdad debe ser hon-

rada en toda palabra. La discreción del recurso a Dios al hablar va unida a la atención respetuosa a su presencia, reconocida o menospreciada en cada una de nuestras afirmaciones.

2154 Siguiendo a San Pablo (cf 2 Co 1, 23; Ga 1, 20), la tradición de la Iglesia ha comprendido las palabras de Jesús en el sentido de que no se oponen al juramento cuando éste se hace por una causa grave y justa (por ejemplo, ante el tribunal). "El juramento, es decir, la invocación del Nombre de Dios como testigo de la verdad, sólo puede prestarse con verdad, con sensatez y con justicia" (CIC can. 1199, 1).

2155 La santidad del nombre divino exige no recurrir a él por motivos fútiles, y no prestar juramento en circunstancias que pudieran hacerlo interpretar como una aprobación de una autoridad que lo exigiese injustamente. Cuando el juramento es exigido por autoridades civiles ilegítimas, puede ser rehusado. Debe serlo, cuando es impuesto con fines contrarios a la dignidad de las personas o a la comunión de la Iglesia. 1903

III   EL NOMBRE CRISTIANO

2156 El sacramento del Bautismo es conferido "en el nombre del Padre y del Hijo y del Espíritu Santo" (Mt 28, 19). En el bautismo, el nombre del Señor santifica al hombre, y el cristiano recibe su nombre en la Iglesia. Puede ser el nombre de un santo, es decir, de un discípulo que vivió una vida de fidelidad ejemplar a su Señor. Al ser puesto bajo el patrocinio de un santo, se ofrece al cristiano un modelo de caridad y se le asegura su intercesión. El "nombre de bautismo" puede expresar también un misterio cristiano o una virtud cristiana. "Procuren los padres, los padrinos y el párroco que no se imponga un nombre ajeno al sentir cristiano" (CIC can. 855). 232 1267

2157 El cristiano comienza su jornada, sus oraciones y sus acciones con la señal de la cruz, "en el nombre del Padre y del Hijo y del Espíritu Santo. Amén". El bautizado consagra la jornada a la gloria de Dios e invoca la gracia del Señor que le permite actuar en el Espíritu como hijo del Padre. La señal de la cruz nos fortalece en las tentaciones y en las dificultades. 1235 1668

2158 Dios llama a cada uno por su nombre (cf Is 43, 1; Jn 10, 3). El nombre de todo hombre es sagrado. El nombre es la imagen de la persona. Exige respeto en señal de la dignidad del que lo lleva.

2159 El nombre recibido es un nombre de eternidad. En el reino de Dios, el carácter misterioso y único de cada persona marcada con el nombre de Dios brillará a plena luz. "Al vencedor... le daré una piedrecita blanca, y grabado en la piedrecita, un nombre nuevo que nadie conoce, sino el que lo recibe" (Ap 2, 17). "Miré entonces y había un Cordero, que estaba en pie sobre el monte Sión, y con él ciento cuarenta y cuatro mil, que llevaban escrito en la frente el nombre del Cordero y el nombre de su Padre" (Ap 14, 1).

RESUMEN

2160 *"Señor, Dios Nuestro, ¡qué admirable es tu nombre por toda la tierra!" (Sal 8, 2).*

2161 *El segundo mandamiento prescribe respetar el nombre del Señor. El nombre del Señor es santo.*

2162 *El segundo mandamiento prohíbe todo uso inconveniente del nombre de Dios. La blasfemia consiste en usar de una manera injuriosa el nombre de Dios, de Jesucristo, de la Virgen María y de los santos.*

2163 *El juramento en falso invoca a Dios como testigo de una mentira. El perjurio es una falta grave contra el Señor, que es siempre fiel a sus promesas.*

2164 *"No jurar ni por Criador ni por criatura, si no fuere con verdad, necesidad y reverencia" (S. Ignacio de Loyola, ex. spir. 38).*

2165 *En el Bautismo, la Iglesia da un nombre al cristiano. Los padres, los padrinos y el párroco deben procurar que se dé un nombre cristiano al que es bautizado. El patrocinio de un santo ofrece un modelo de caridad y asegura su intercesión.*

2166 *El cristiano comienza sus oraciones y sus acciones haciendo la señal de la cruz "en el nombre del Padre y del Hijo y del Espíritu Santo. Amén".*

2167 *Dios llama a cada uno por su nombre (cf Is 43, 1).*

Artículo 3   **EL TERCER MANDAMIENTO**

"Recuerda el día del sábado para santificarlo. Seis días trabajarás y harás todos tus trabajos, pero el día séptimo es día de descanso para el Señor, tu Dios. No harás ningún trabajo" (Ex 20, 8-10; cf Dt 5, 12-15).

"El sábado ha sido instituido para el hombre y no el hombre para el sábado. De suerte que el Hijo del hombre también es Señor del sábado" (Mc 2, 27-28).

I   EL DIA DEL SABADO

346-348

2168   El tercer mandamiento del Decálogo proclama la santidad del sábado: "El día séptimo será día de descanso completo, consagrado al Señor" (Ex 31, 15).

2169   La Escritura hace a este propósito *memoria de la creación*: "Pues en seis días hizo el Señor el cielo y la tierra, el mar y todo cuanto contienen, y el séptimo descansó; por eso bendijo el Señor el día del sábado y lo hizo sagrado" (Ex 20, 11).

2057

2170   La Escritura ve también en el día del Señor un *memorial de la liberación de Israel* de la esclavitud de Egipto: "Acuérdate de que fuiste esclavo en el país de Egipto y de que el Señor tu Dios te sacó de allí con mano fuerte y tenso brazo; por eso el Señor tu Dios te ha mandado guardar el día del sábado" (Dt 5, 15).

2171   Dios confió a Israel el sábado para que lo guardara *como signo de la alianza* inquebrantable (cf Ex 31, 16). El sábado es para el Señor, santamente reservado a la alabanza de Dios, de su obra de creación y de sus acciones salvíficas en favor de Israel.

2172   La acción de Dios es el modelo de la acción humana. Si Dios "tomó respiro" el día séptimo (Ex 31, 17), también el hombre debe "descansar" y hacer que los demás, sobre todo los pobres, "recobren aliento" (Ex 23, 12). El sábado interrumpe los trabajos cotidianos y concede un respiro. Es un día de protesta contra las servidumbres del trabajo y el culto al dinero (cf Ne 13, 15-22; 2 Cro 36, 21).

2184

2173   El Evangelio relata numerosos incidentes en que Jesús fue acusado de quebrantar la ley del sábado. Pero Jesús nunca falta a la santidad de este día (cf Mc 1, 21; Jn 9, 16), sino que con autoridad da la interpretación auténtica de esta ley: "El sábado ha sido instituido para el hombre y no el hombre para el sábado" (Mc 2, 27). Con compasión, Cristo proclama que "es lícito en sábado hacer el bien en vez del mal, salvar una vida en vez de destruirla" (Mc 3, 4). El sábado es el día del Señor de las misericordias y del honor de Dios (cf Mt 12, 5; Jn 7, 23). "El Hijo del hombre es Señor del sábado" (Mc 2, 28).

582

II   EL DIA DEL SEÑOR

> ¡Este es el día que ha hecho el Señor, exultemos y gocé-
> monos en él! (Sal 118, 24).

El día de la Resurrección: la nueva creación

638 **2174** Jesús resucitó de entre los muertos "el primer día de la semana" (Mt 28, 1; Mc 16, 2; Lc 24, 1; Jn 20, 1). En cuanto es el
"primer día", el día de la Resurrección de Cristo recuerda la prime-
349 ra creación. En cuanto es el "octavo día", que sigue al sábado (cf
Mc 16, 1; Mt 28, 1), significa la nueva creación inaugurada con la
resurrección de Cristo. Para los cristianos vino a ser el primero de
todos los días, la primera de todas las fiestas, el día del Señor ("Hè
kyriakè hèmera", "dies dominica"), el "domingo":

> Nos reunimos todos el día del sol porque es el primer día
> (después del sábado judío, pero también el primer día), en que
> Dios, sacando la materia de las tinieblas, creó al mundo; ese
> mismo día, Jesucristo nuestro Salvador resucitó de entre los
> muertos (S. Justino, Apol. 1, 67).

El domingo, plenitud del sábado

1166 **2175** El domingo se distingue expresamente del sábado, al que
sucede cronológicamente cada semana, y cuya prescripción litúrgica reemplaza para los cristianos. Realiza plenamente, en la Pascua
de Cristo, la verdad espiritual del sábado judío y anuncia el descanso eterno del hombre en Dios. Porque el culto de la ley preparaba el misterio de Cristo, y lo que se practicaba en ella prefiguraba algún rasgo relativo a Cristo (cf 1 Co 10, 11):

> Los que vivían según el orden de cosas antiguo han pasado
> a la nueva esperanza, no observando ya el sábado, sino el día del
> Señor, en el que nuestra vida es bendecida por El y por su muer-
> te (S. Ignacio de Antioquía, Magn. 9, 1).

2176 La celebración del domingo cumple la prescripción moral,
inscrita en el corazón del hombre, de "dar a Dios un culto exterior,
visible, público y regular bajo el signo de su bondad universal hacia los hombres" (S. Tomás de A., s. th. 2-2, 122, 4). El culto dominical realiza el precepto moral de la Antigua Alianza, cuyo ritmo y espíritu recoge celebrando cada semana al Creador y Redentor de su pueblo.

La Eucaristía dominical

1167 **2177** La celebración dominical del día y de la Eucaristía del Señor tiene un papel principalísimo en la vida de la Iglesia. "El do-

mingo, en el que se celebra el misterio pascual, por tradición apostólica, ha de observarse en toda la Iglesia como fiesta primordial de precepto" (CIC can. 1246, 1).

> "Igualmente deben observarse los días de Navidad, Epifanía, Ascensión, Santísimo Cuerpo y Sangre de Cristo, Santa María Madre de Dios, Inmaculada Concepción y Asunción, San José, Santos Apóstoles Pedro y Pablo y, finalmente, todos los Santos" (CIC can. 1246, 1). `2043`

2178 Esta práctica de la asamblea cristiana se remonta a los comienzos de la edad apostólica (cf Hch 2, 42-46; 1 Co 11, 17). La carta a los Hebreos dice: "No abandonéis vuestra asamblea, como algunos acostumbran hacerlo, antes bien, animaos mutuamente" (Hb 10, 25). `1343`

> La tradición conserva el recuerdo de una exhortación siempre actual: "Venir temprano a la iglesia, acercarse al Señor y confesar sus pecados, arrepentirse en la oración... Asistir a la sagrada y divina liturgia, acabar su oración y no marcharse antes de la despedida... Lo hemos dicho con frecuencia: este día os es dado para la oración y el descanso. Es el día que ha hecho el Señor. En él exultamos y nos gozamos (Autor anónimo, serm. dom.).

2179 "La *parroquia* es una determinada comunidad de fieles constituida de modo estable en la Iglesia particular, cuya cura pastoral, bajo la autoridad del obispo diocesano, se encomienda a un párroco, como su pastor propio" (CIC can. 515, 1). Es el lugar donde todos los fieles pueden reunirse para la celebración dominical de la Eucaristía. La parroquia inicia al pueblo cristiano en la expresión ordinaria de la vida litúrgica, la congrega en esta celebración; le enseña la doctrina salvífica de Cristo. Practica la caridad del Señor en obras buenas y fraternas: `1567` `2691` `2226`

> No puedes orar en casa como en la iglesia, donde son muchos los reunidos, donde el grito de todos se eleva a Dios como desde un solo corazón. Hay en ella algo más: la unión de los espíritus, la armonía de las almas, el vínculo de la caridad, las oraciones de los sacerdotes (S. Juan Crisóstomo, incomprehens. 3, 6).

La obligación del domingo

2180 El mandamiento de la Iglesia determina y precisa la ley del Señor: "El domingo y las demás fiestas de precepto los fieles tienen obligación de participar en la misa" (CIC can. 1247). "Cumple el precepto de participar en la misa quien asiste a ella, dondequiera que se celebre en un rito católico, tanto el día de la fiesta como el día anterior por la tarde" (CIC can. 1248, 1). `2042` `1389`

2181   La Eucaristía del domingo fundamenta y confirma toda la práctica cristiana. Por eso los fieles están obligados a participar en la Eucaristía los días de precepto, a no ser que estén excusados por una razón seria (por ejemplo, enfermedad, el cuidado de niños pequeños) o dispensados por su pastor propio (cf CIC can. 1245). Los que deliberadamente faltan a esta obligación cometen un pecado grave.

815   **2182**   La participación en la celebración común de la Eucaristía dominical es un testimonio de pertenencia y de fidelidad a Cristo y a su Iglesia. Los fieles proclaman así su comunión en la fe y la caridad. Testimonian a la vez la santidad de Dios y su esperanza de la salvación. Se reconfortan mutuamente, guiados por el Espíritu Santo.

2183   "Cuando falta el ministro sagrado u otra causa grave hace imposible la participación en la celebración eucarística, se recomienda vivamente que los fieles participen en la liturgia de la palabra, si ésta se celebra cn la iglesia parroquial o cn otro lugar sagrado conforme a lo prescrito por el obispo diocesano, o permanezcan en oración durante un tiempo conveniente, solos o en familia, o, si es oportuno, en grupos de familias" (CIC can. 1248, 2).

Día de gracia y de descanso

2172   **2184**   Así como Dios "cesó el día séptimo de toda la tarea que había hecho" (Gn 2, 2), así también la vida humana sigue un ritmo de trabajo y descanso. La institución del día del Señor contribuye a que todos disfruten del tiempo de descanso y de solaz suficiente que les permita cultivar su vida familiar, cultural, social y religiosa (cf GS 67, 3).

2428   **2185**   Durante el domingo y las otras fiestas de precepto, los fieles se abstendrán de entregarse a trabajos o actividades que impidan el culto debido a Dios, la alegría propia del día del Señor, la práctica de las obras de misericordia, el descanso necesario del espíritu y del cuerpo (cf CIC can. 1247). Las necesidades familiares o una gran utilidad social constituyen excusas legítimas respecto al precepto del descanso dominical. Los fieles deben cuidar de que legítimas excusas no introduzcan hábitos perjudiciales a la religión, a la vida de familia y a la salud.

> El amor de la verdad busca el santo ocio, la necesidad del amor cultiva el justo trabajo (S. Agustín, civ. 19, 19).

2186   Los cristianos que disponen de tiempo de descanso deben acordarse de sus hermanos que tienen las mismas necesidades y los mismos derechos y no pueden descansar a causa de la pobreza

y la miseria. El domingo está tradicionalmente consagrado por la
piedad cristiana a obras buenas y a servicios humildes para con los
enfermos, débiles y ancianos. Los cristianos deben santificar también el domingo dedicando a su familia el tiempo y los cuidados
difíciles de prestar los otros días de la semana. El domingo es un
tiempo de reflexión, de silencio, de cultura y de meditación, que
favorecen el crecimiento de la vida interior y cristiana.

2447

2187 Santificar los domingos y los días de fiesta exige un esfuerzo común. Cada cristiano debe evitar imponer sin necesidad a otro lo que le
impediría guardar el día del Señor. Cuando las costumbres (deportes, res-
taurantes, etc.) y los compromisos sociales (servicios públicos, etc.) requieren de algunos un trabajo dominical, cada uno tiene la responsabilidad de dedicar un tiempo suficiente al descanso. Los fieles cuidarán con
moderación y caridad evitar los excesos y las violencias engendrados a
veces por espectáculos multitudinarios. A pesar de las presiones económicas, los poderes públicos deben asegurar a los ciudadanos un tiempo
destinado al descanso y al culto divino. Los patronos tienen una obligación análoga con respecto a sus empleados.

2289

2188 En el respeto de la libertad religiosa y del bien común de
todos, los cristianos deben esforzarse por obtener el reconocimiento de los domingos y días de fiesta de la Iglesia como días festivos
legales. Deben dar a todos un ejemplo público de oración, de respeto y de alegría, y defender sus tradiciones como una contribución preciosa a la vida espiritual de la sociedad humana. Si la legislación del país u otras razones obligan a trabajar el domingo,
este día debe ser al menos vivido como el día de nuestra liberación
que nos hace participar en esta "reunión de fiesta", en esta "asamblea de los primogénitos inscritos en los cielos" (Hb 12, 22-23).

2105

RESUMEN

2189   *"Guardarás el día del sábado para santificarlo" (Dt 5,
12). "El día séptimo será día de descanso completo, consagrado al Señor" (Ex 31, 15).*

2190   *El sábado, que representaba la coronación de la primera
creación, es sustituido por el domingo que recuerda la
nueva creación, inaugurada por la resurrección de Cristo.*

2191   *La Iglesia celebra el día de la Resurrección de Cristo el
octavo día, que es llamado con toda razón día del Señor, o
domingo (cf SC 106).*

2192   *"El domingo... ha de observarse en toda la Iglesia como
fiesta primordial de precepto" (CIC can. 1246, 1). "El do-*

mingo y las demás fiestas de precepto, los fieles tienen obligación de participar en la misa" (CIC can. 1247).

2193   *"El domingo y las demás fiestas de precepto... los fieles se abstendrán de aquellos trabajos y actividades que impidan dar culto a Dios, gozar de la alegría propia del día del Señor o disfrutar del debido descanso de la mente y del cuerpo" (CIC can. 1247).*

2194   *La institución del domingo contribuye a que todos disfruten de un "reposo y ocio suficientes para cultivar la vida familiar, cultural, social y religiosa" (GS 67, 3).*

2195   *Todo cristiano debe evitar imponer, sin necesidad, a otro impedimentos para guardar el día del Señor.*

CAPITULO SEGUNDO

"AMARAS A TU PROJIMO COMO A TI MISMO"

Jesús dice a sus discípulos: "Amaos los unos a los otros como yo os he amado" (Jn 13, 34).

2196   En respuesta a la pregunta que le hacen sobre cuál es el primero de los mandamientos, Jesús responde: "El primero es: 'Escucha Israel, el Señor, nuestro Dios, es el único Señor, y amarás al Señor tu Dios con todo tu corazón, con toda tu alma, con toda tu mente y con todas tus fuerzas'. El segundo es: 'Amarás a tu prójimo como a ti mismo'. No existe otro mandamiento mayor que estos" (Mc 12, 29-31).

2822   El apóstol S. Pablo lo recuerda: "El que ama al prójimo ha cumplido la ley. En efecto, lo de: no adulterarás, no matarás, no robarás, no codiciarás y todos los demás preceptos, se resumen en esta fórmula: amarás a tu prójimo como a ti mismo. La caridad no hace mal al prójimo. La caridad es, por tanto, la ley en su plenitud" (Rm 13, 8-10).

Artículo 4   EL CUARTO MANDAMIENTO

Honra a tu padre y a tu madre, para que se prolonguen tus días sobre la tierra que el Señor, tu Dios, te va a dar (Ex 20, 12).

Vivía sujeto a ellos (Lc 2, 51).

El Señor Jesús recordó también la fuerza de este "mandamiento de Dios" (Mc 7, 8-13). El apóstol enseña: "Hijos, obedeced a vuestros padres en el Señor; porque esto es justo. 'Honra a tu padre y a tu madre', tal es el primer mandamiento que lleva consigo una promesa: 'para que seas feliz y se prolongue tu vida sobre la tierra'" (Ef 6, 1-3; cf Dt 5, 16).

2197 El cuarto mandamiento encabeza la segunda tabla. Indica el orden de la caridad. Dios quiso que, después de El, honrásemos a nuestros padres, a los que debemos la vida y que nos han transmitido el conocimiento de Dios. Estamos obligados a honrar y respetar a todos los que Dios, para nuestro bien, ha investido de su autoridad. *1897*

2198 Este precepto se expresa de forma positiva, indicando los deberes que se han de cumplir. Anuncia los mandamientos siguientes que contienen un respeto particular de la vida, del matrimonio, de los bienes terrenos, de la palabra. Constituye uno de los fundamentos de la doctrina social de la Iglesia. *2419*

2199 El cuarto mandamiento se dirige expresamente a los hijos en sus relaciones con sus padres, porque esta relación es la más universal. Se refiere también a las relaciones de parentesco con los miembros del grupo familiar. Exige que se dé honor, afecto y reconocimiento a los abuelos y antepasados. Finalmente se extiende a los deberes de los alumnos respecto a los maestros, de los empleados respecto a los patronos, de los subordinados respecto a sus jefes, de los ciudadanos respecto a su patria, a los que la administran o la gobiernan.

Este mandamiento implica y sobreentiende los deberes de los padres, tutores, maestros, jefes, magistrados, gobernantes, de todos los que ejercen una autoridad sobre otros o sobre una comunidad de personas.

2200 El cumplimiento del cuarto mandamiento lleva consigo su recompensa: "Honra a tu padre y a tu madre, para que se prolonguen tus días sobre la tierra que el Señor, tu Dios, te va a dar" (Ex 20, 12; Dt 5, 16). La observancia de este mandamiento procura, con los frutos espirituales, frutos temporales de paz y de prosperidad. Y al contrario, la no observancia de este mandamiento entraña grandes daños para las comunidades y las personas humanas. *2304*

I   LA FAMILIA EN EL PLAN DE DIOS

Naturaleza de la familia

2201 La comunidad conyugal está establecida sobre el consentimiento de los esposos. El matrimonio y la familia están ordenados *1625* al bien de los esposos y a la procreación y educación de los hijos. El amor de los esposos y la generación de los hijos establecen entre los miembros de una familia relaciones personales y responsabilidades primordiales.

2202   Un hombre y una mujer unidos en matrimonio forman con sus hijos una familia. Esta disposición es anterior a todo reconocimiento por la autoridad pública; se impone a ella. Se la considerará como la referencia normal en función de la cual deben ser apreciadas las diversas formas de parentesco.

1882

2203   Al crear al hombre y a la mujer, Dios instituyó la familia humana y la dotó de su constitución fundamental. Sus miembros son personas iguales en dignidad. Para el bien común de sus miembros y de la sociedad, la familia implica una diversidad de responsabilidades, de derechos y de deberes.

369

La familia cristiana

1655-1658

2204   "La familia cristiana constituye una revelación y una actuación específicas de la comunión eclesial; por eso... puede y debe decirse *iglesia doméstica*" (FC 21, cf LG 11). Es una comunidad de fe, esperanza y caridad, posee en la Iglesia una importancia singular como aparece en el Nuevo Testamento (cf Ef 5, 21-6, 4; Col 3, 18-21; 1 P 3, 1-7).

533

2205   La familia cristiana es una comunión de personas, reflejo e imagen de la comunión del Padre y del Hijo en el Espíritu Santo. Su actividad procreadora y educativa es reflejo de la obra creadora de Dios. Es llamada a participar en la oración y el sacrificio de Cristo. La oración cotidiana y la lectura de la Palabra de Dios fortalecen en ella la caridad. La familia cristiana es evangelizadora y misionera.

1702

2206   Las relaciones en el seno de la familia entrañan una afinidad de sentimientos, afectos e intereses que provienen sobre todo del mutuo respeto de las personas. La familia es una "comunidad privilegiada" llamada a realizar un "propósito común de los esposos y una cooperación diligente de los padres en la educación de los hijos" (GS 52, 1).

II   LA FAMILIA Y LA SOCIEDAD

2207   La familia es la "célula original de la vida social". Es la sociedad natural en que el hombre y la mujer son llamados al don

1880

de sí en el amor y en el don de la vida. La autoridad, la estabilidad   372
y la vida de relación en el seno de la familia constituyen los fundamentos de la libertad, de la seguridad, de la fraternidad en el seno   1603
de la sociedad. La familia es la comunidad en la que, desde la infancia, se pueden aprender los valores morales, se comienza a honrar a Dios y a usar bien de la libertad. La vida de familia es iniciación a la vida en sociedad.

2208   La familia debe vivir de manera que sus miembros apren-
dan el cuidado y la responsabilidad respecto de los pequeños y mayores, de los enfermos o disminuidos, y de los pobres. Numerosas
son las familias que en ciertos momentos no se hallan en condiciones de prestar esta ayuda. Corresponde entonces a otras personas, a
otras familias, y subsidiariamente a la sociedad, proveer a sus necesidades. "La religión pura e intachable ante Dios Padre es ésta:
visitar a los huérfanos y a las viudas en su tribulación y conservar-
se incontaminado del mundo" (St 1, 27).

2209   La familia debe ser ayudada y defendida mediante medidas sociales apropiadas. Cuando las familias no son capaces de
realizar sus funciones, los otros cuerpos sociales tienen el deber de
ayudarlas y de sostener la institución familiar. En conformidad con
el principio de subsidiaridad, las comunidades más vastas deben   1883
abstenerse de privar a las familias de sus propios derechos y de in-
miscuirse en sus vidas.

2210   La importancia de la familia para la vida y el bienestar de
la sociedad (cf GS 47, 1) entraña una responsabilidad particular de
ésta en el apoyo y fortalecimiento del matrimonio y de la familia.
La autoridad civil ha de considerar como deber grave "el reconocimiento de la auténtica naturaleza del matrimonio y de la familia,
protegerla y fomentarla, asegurar la moralidad pública y favorecer
la prosperidad doméstica" (GS 52, 2).

2211   La comunidad política tiene el deber de honrar a la familia, asis-
tirla y asegurarle especialmente:

– la libertad de fundar un hogar, de tener hijos y de educarlos de acuerdo
  con sus propias convicciones morales y religiosas;
– la protección de la estabilidad del vínculo conyugal y de la institución
  familiar;
– la libertad de profesar su fe, transmitirla, educar a sus hijos en ella, con
  los medios y las instituciones necesarios;
– el derecho a la propiedad privada, la libertad de iniciativa, de tener un
  trabajo, una vivienda, el derecho a emigrar;
– conforme a las instituciones del país, el derecho a la atención médica, a
  la asistencia de las personas de edad, a los subsidios familiares;

– la protección de la seguridad y la higiene, especialmente por lo que se refiere a peligros como la droga, la pornografía, el alcoholismo, etc.;

– la libertad para formar asociaciones con otras familias y de estar así representadas ante las autoridades civiles (cf FC 46).

2212 El cuarto mandamiento *ilumina las demás relaciones en la sociedad.* En nuestros hermanos y hermanas vemos a los hijos de nuestros padres; en nuestros primos, los descendientes de nuestros abuelos; en nuestros conciudadanos, los hijos de nuestra patria; en los bautizados, los hijos de nuestra madre, la Iglesia; en toda persona humana, un hijo o una hija del que quiere ser llamado "Padre nuestro". Así, nuestras relaciones con el prójimo se deben reconocer como pertenecientes al orden personal. El prójimo no es un "individuo" de la colectividad humana; es "alguien" que por sus orígenes, siempre "próximos" por una u otra razón, merece una atención y un respeto singulares.

225

1931

2213 Las comunidades humanas están *compuestas de personas.* Gobernarlas bien no puede limitarse simplemente a garantizar los derechos y el cumplimiento de deberes, como tampoco a la sola fidelidad a los compromisos. Las justas relaciones entre patronos y empleados, gobernantes y ciudadanos, suponen la benevolencia natural conforme a la dignidad de personas humanas deseosas de justicia y fraternidad.

1939

III   DEBERES DE LOS MIEMBROS DE LA FAMILIA

Deberes de los hijos

2214 La paternidad divina es la fuente de la paternidad humana (cf Ef 3, 14); es el fundamento del honor debido a los padres. El respeto de los hijos, menores o mayores de edad, hacia su padre y hacia su madre (cf Pr 1, 8; Tb 4, 3-4), se nutre del afecto natural nacido del vínculo que los une. Es exigido por el precepto divino (cf Ex 20, 12).

1858

2215 El respeto a los padres (*piedad filial*) está hecho de *gratitud* para quienes, mediante el don de la vida, su amor y su trabajo, han traído sus hijos al mundo y les han ayudado a crecer en estatura, en sabiduría y en gracia. "Con todo tu corazón honra a tu padre, y no olvides los dolores de tu madre. Recuerda que por ellos has nacido, ¿cómo les pagarás lo que contigo han hecho?" (Si 7, 27-28).

2216 El respeto filial se expresa en la docilidad y la *obediencia* verdaderas. "Guarda, hijo mío, el mandato de tu padre y no des-

532

precies la lección de tu madre... en tus pasos ellos serán tu guía; cuando te acuestes, velarán por ti; conversarán contigo al despertar" (Pr 6, 20-22). "El hijo sabio ama la instrucción, el arrogante no escucha la represión" (Pr 13, 1).

2217 Mientras vive en el domicilio de sus padres, el hijo debe obedecer a todo lo que éstos dispongan para su bien o el de la familia. "Hijos, obedeced en todo a vuestros padres, porque esto es grato a Dios en el Señor" (Col 3, 20; cf Ef 6, 1). Los niños deben obedecer también las prescripciones razonables de sus educadores y de todos aquellos a quienes sus padres los han confiado. Pero si el niño está persuadido en conciencia de que es moralmente malo obedecer esa orden, no debe seguirla.

Cuando se hacen mayores, los hijos deben seguir respetando a sus padres. Deben prevenir sus deseos, solicitar dócilmente sus consejos y aceptar sus amonestaciones justificadas. La obediencia a los padres cesa con la emancipación de los hijos, pero no el respeto que les es debido, el cual permanece para siempre. Este, en efecto, tiene su raíz en el temor de Dios, uno de los dones del Espíritu Santo.

1831

2218 El cuarto mandamiento recuerda a los hijos mayores de edad sus *responsabilidades para con los padres*. En la medida en que ellos pueden, deben prestarles ayuda material y moral en los años de vejez y durante sus enfermedades, y en momentos de soledad o de abatimiento. Jesús recuerda este deber de gratitud (cf Mc 7, 10-12).

El Señor glorifica al padre en los hijos, y afirma el derecho de la madre sobre su prole. Quien honra a su padre expía sus pecados; como el que atesora es quien da gloria a su madre. Quien honra a su padre recibirá contento de sus hijos, y en el día de su oración será escuchado. Quien da gloria al padre vivirá largos días, obedece al Señor quien da sosiego a su madre (Si 3, 2-6).

Hijo, cuida de tu padre en su vejez, y en su vida no le causes tristeza. Aunque haya perdido la cabeza, sé indulgente, no le desprecies en la plenitud de tu vigor... Como blasfemo es el que abandona a su padre, maldito del Señor quien irrita a su madre (Si 3, 12-13.16).

2219 El respeto filial favorece la armonía de toda la vida familiar; atañe también a las *relaciones entre hermanos y hermanas*. El respeto a los padres irradia en todo el ambiente familiar. "Corona de los ancianos son los hijos de los hijos" (Pr 17, 6). "Soportaos unos a otros en la caridad, en toda humildad, dulzura y paciencia" (Ef 4, 2).

2220 Los cristianos están obligados a una especial gratitud para con aquellos de quienes recibieron el don de la fe, la gracia del bautismo y la vida en la Iglesia. Puede tratarse de los padres, de otros miembros de la familia, de los abuelos, de los pastores, de los catequistas, de otros maestros o amigos. "Evoco el recuerdo de la fe sincera que tú tienes, fe que arraigó primero en tu abuela Loida y en tu madre Eunice, y sé que también ha arraigado en ti" (2 Tm 1, 5).

Deberes de los padres

2221   La fecundidad del amor conyugal no se reduce a la sola procreación de los hijos, sino que debe extenderse también a su educación moral y a su formación espiritual. El *papel de los padres en la educación* "tiene tanto peso que, cuando falta, difícilmente puede suplirse" (GE 3). El derecho y el deber de la educación son para los padres primordiales e inalienables (cf FC 36).

1653

2222   Los padres deben mirar a sus hijos como a *hijos de Dios* y respetarlos como a *personas humanas*. Han de educar a sus hijos en el cumplimiento de la ley de Dios, mostrándose ellos mismos obedientes a la voluntad del Padre de los cielos.

494

2223   Los padres son los primeros responsables de la educación de sus hijos. Testimonian esta responsabilidad ante todo por la *creación de un hogar*, donde la ternura, el perdón, el respeto, la fidelidad y el servicio desinteresado son norma. El hogar es un lugar apropiado para la *educación de las virtudes*. Esta requiere el aprendizaje de la abnegación, de un sano juicio, del dominio de sí, condiciones de toda libertad verdadera. Los padres han de enseñar a los hijos a subordinar las dimensiones "materiales e instintivas a las interiores y espirituales" (CA 36). Es una grave responsabilidad para los padres dar buenos ejemplos a sus hijos. Sabiendo reconocer ante sus hijos sus propios defectos, se hacen más aptos para guiarlos y corregirlos:

1804

> El que ama a su hijo, le corrige sin cesar... el que enseña a su hijo, sacará provecho de él (Si 30, 1-2).

> Padres, no exasperéis a vuestros hijos, sino formadlos más bien mediante la instrucción y la corrección según el Señor (Ef 6, 4).

2224   El hogar constituye un medio natural para la iniciación del ser humano en la solidaridad y en las responsabilidades comunitarias. Los padres deben enseñar a los hijos a guardarse de los riesgos y las degradaciones que amenazan a las sociedades humanas.

1939

2225   Por la gracia del sacramento del matrimonio, los padres han recibido la responsabilidad y el privilegio de *evangelizar a sus hijos*. Desde su primera edad, deberán iniciarlos en los misterios de la fe de los que ellos son para sus hijos los "primeros heraldos de la fe" (LG 11). Desde su más tierna infancia, deben asociarlos a

1656

la vida de la Iglesia. La forma de vida en la familia puede alimentar las disposiciones afectivas que, durante toda la vida, serán auténticos cimientos y apoyos de una fe viva.

2226 La *educación en la fe* por los padres debe comenzar desde la más tierna infancia. Esta educación se hace ya cuando los miembros de la familia se ayudan a crecer en la fe mediante el testimonio de una vida cristiana de acuerdo con el Evangelio. La catequesis familiar precede, acompaña y enriquece las otras formas de enseñanza de la fe. Los padres tienen la misión de enseñar a sus hijos a orar y a descubrir su vocación de hijos de Dios (cf LG 11). La parroquia es la comunidad eucarística y el corazón de la vida litúrgica de las familias cristianas; es un lugar privilegiado para la catequesis de los niños y de los padres.   2179

2227 Los hijos, a su vez, contribuyen al *crecimiento* de sus padres *en la santidad* (cf GS 48, 4). Todos y cada uno deben otorgarse generosamente y sin cansarse el mutuo perdón exigido por las ofensas, las querellas, las injusticias y las omisiones. El afecto mutuo lo sugiere. La caridad de Cristo lo exige (cf Mt 18, 21-22; Lc 17, 4).   2013

2228 Durante la infancia, el respeto y el afecto de los padres se traducen ante todo en el cuidado y la atención que consagran para educar a sus hijos, y para *proveer a sus necesidades físicas y espirituales*. En el transcurso del crecimiento, el mismo respeto y la misma dedicación llevan a los padres a enseñar a sus hijos a usar rectamente de su razón y de su libertad.

2229 Los padres, como primeros responsables de la educación de sus hijos, tienen el derecho de *elegir para ellos una escuela* que corresponda a sus propias convicciones. Este derecho es fundamental. En cuanto sea posible, los padres tienen el deber de elegir las escuelas que mejor les ayuden en su tarea de educadores cristianos (cf GE 6). Los poderes públicos tienen el deber de garantizar este derecho de los padres y de asegurar las condiciones reales de su ejercicio.

2230 Cuando llegan a la edad correspondiente, los hijos tienen el deber y el derecho de *elegir su profesión y su estado de vida*. Estas nuevas responsabilidades deberán asumirlas en una relación de confianza con sus padres, cuyo parecer y consejo pedirán y recibirán dócilmente. Los padres deben cuidar de no presionar a sus hijos ni en la elección de una profesión ni en la de su futuro cónyuge. Esta indispensable prudencia no impide, sino al contrario, ayudar a los hijos con consejos juiciosos, particularmente cuando éstos se proponen fundar un hogar.   1625

2231 Hay quienes no se casan para poder cuidar a sus padres, o sus hermanos y hermanas, para dedicarse más exclusivamente a una profesión o por otros motivos dignos. Estas personas pueden contribuir grandemente al bien de la familia humana.

IV   LA FAMILIA Y EL REINO DE DIOS

2232 Los vínculos familiares, aunque son muy importantes, no son absolutos. A la par que el hijo crece hacia una madurez y autonomía humanas y espirituales, la vocación singular que viene de Dios se afirma con más claridad y fuerza. Los padres deben respetar esta llamada y favorecer la respuesta de sus hijos para seguirla.

1618   Es preciso convencerse de que la vocación primera del cristiano es *seguir a Jesús* (cf Mt 16, 25): "El que ama a su padre o a su madre más que a mí, no es digno de mí; el que ama a su hijo o a su hija más que a mí, no es digno de mí" (Mt 10, 37).

2233 Hacerse discípulo de Jesús es aceptar la invitación a pertenecer a la *familia de Dios*, a vivir en conformidad con su manera
542   de vivir: "El que cumpla la voluntad de mi Padre celestial, éste es mi hermano, mi hermana y mi madre" (Mt 12, 49).

Los padres deben acoger y respetar con alegría y acción de gracias el llamamiento del Señor a uno de sus hijos para que le siga en la virginidad por el Reino, en la vida consagrada o en el ministerio sacerdotal.

V   LAS AUTORIDADES EN LA SOCIEDAD CIVIL

2234 El cuarto mandamiento de Dios nos ordena también honrar
1897   a todos los que, para nuestro bien, han recibido de Dios una autoridad en la sociedad. Este mandamiento determina tanto los deberes de quienes ejercen la autoridad como los de quienes están sometidos a ella.

Deberes de las autoridades civiles

2235 Los que ejercen una autoridad deben ejercerla como un servicio. "El que quiera llegar a ser grande entre vosotros, será vuestro esclavo" (Mt 20, 26). El ejercicio de una autoridad está
1899   moralmente regulado por su origen divino, su naturaleza racional y su objeto específico. Nadie puede ordenar o establecer lo que es contrario a la dignidad de las personas y a la ley natural.

2236 El ejercicio de la autoridad ha de manifestar una justa jerarquía de valores con el fin de facilitar el ejercicio de la libertad y de la responsabilidad de todos. Los superiores deben ejercer la justicia distributiva con sabiduría, teniendo en cuenta las necesidades y la contribución de cada uno y atendiendo a la concordia y la paz. Deben velar porque las normas y disposiciones que establezcan no induzcan a tentación oponiendo el interés personal al de la comunidad (cf CA 25).

2411

2237 El *poder político* está obligado a respetar los derechos fundamentales de la persona humana. Y a administrar humanamente justicia en el respeto al derecho de cada uno, especialmente el de las familias y de los desheredados.

357

Los derechos políticos inherentes a la ciudadanía pueden y deben ser concedidos según las exigencias del bien común. No pueden ser suspendidos por la autoridad sin motivo legítimo y proporcionado. El ejercicio de los derechos políticos está destinado al bien común de la nación y de toda la comunidad humana.

Deberes de los ciudadanos

2238 Los que están sometidos a la autoridad deben mirar a sus superiores como representantes de Dios que los ha instituido ministros de sus dones (cf Rm 13, 1-2): "Sed sumisos, a causa del Señor, a toda institución humana... Obrad como hombres libres, y no como quienes hacen de la libertad un pretexto para la maldad, sino como siervos de Dios" (1 P 2, 13.16). Su colaboración leal entraña el derecho, a veces el deber, de ejercer una justa crítica de lo que les parece perjudicial para la dignidad de las personas o el bien de la comunidad.

1900

2239 *Deber de los ciudadanos* es cooperar con la autoridad civil al bien de la sociedad en espíritu de verdad, justicia, solidaridad y libertad. El amor y el servicio de la *patria* forman parte del deber de gratitud y del orden de la caridad. La sumisión a las autoridades legítimas y el servicio del bien común exigen de los ciudadanos que cumplan con su responsabilidad en la vida de la comunidad política.

1915

2310

2240 La sumisión a la autoridad y la corresponsabilidad en el bien común exigen moralmente el pago de los impuestos, el ejercicio del derecho al voto, la defensa del país:

2265

> Dad a cada cual lo que se le debe: a quien impuestos, impuestos; a quien tributo, tributo; a quien respeto, respeto; a quien honor, honor (Rm 13, 7).

> Los cristianos residen en su propia patria, pero como ex-
> tranjeros domiciliados. Cumplen todos sus deberes de ciudada-
> nos y soportan todas sus cargas como extranjeros... Obedecen a
> las leyes establecidas, y su manera de vivir está por encima de
> las leyes... Tan noble es el puesto que Dios les ha asignado, que
> no les está permitido desertar (Epístola a Diogneto, 5, 5.10; 6,
> 10).

1900

> El apóstol nos exhorta a ofrecer oraciones y acciones de gracias
> por los reyes y por todos los que ejercen la autoridad, "para que podamos
> vivir una vida tranquila y apacible con toda piedad y dignidad" (1 Tm 2, 2).

2241 Las naciones más prósperas tienen el deber de acoger, en
cuanto sea posible, al *extranjero* que busca la seguridad y los medios de vida que no puede encontrar en su país de origen. Las autoridades deben velar para que se respete el derecho natural que
coloca al huésped bajo la protección de quienes lo reciben.

Las autoridades civiles, atendiendo al bien común de aquellos
que tienen a su cargo, pueden subordinar el ejercicio del derecho de
inmigración a diversas condiciones jurídicas, especialmente en lo que
concierne a los deberes de los emigrantes respecto al país de adopción.
El inmigrante está obligado a respetar con gratitud el patrimonio material y espiritual del país que lo acoge, a obedecer sus leyes y contribuir a
sus cargas.

2242 El ciudadano tiene obligación en conciencia de no seguir
las prescripciones de las autoridades civiles cuando estos precep-
1903 tos son contrarios a las exigencias del orden moral, a los derechos
fundamentales de las personas o a las enseñanzas del Evangelio. El
2313 *rechazo de la obediencia* a las autoridades civiles, cuando sus exigencias son contrarias a las de la recta conciencia, tiene su justificación en la distinción entre el servicio de Dios y el servicio de la
450 comunidad política. "Dad al César lo que es del César y a Dios lo
que es de Dios" (Mt 22, 21). "Hay que obedecer a Dios antes que a
los hombres" (Hch 5, 29):

1901

> Cuando la autoridad pública, excediéndose en sus compe-
> tencias, oprime a los ciudadanos, éstos no deben rechazar las
> exigencias objetivas del bien común; pero les es lícito defender
> sus derechos y los de sus conciudadanos contra el abuso de esta
> autoridad, guardando los límites que señala la ley natural y
> evangélica (GS 74, 5).

2243 La *resistencia* a la opresión de quienes gobiernan no podrá
2309 recurrir legítimamente a las armas sino cuando se reúnan las condiciones siguientes: 1) en caso de violaciones ciertas, graves y pro-
longadas de los derechos fundamentales; 2) después de haber agotado todos los otros recursos; 3) sin provocar desórdenes peores;
4) que haya esperanza fundada de éxito; 5) si es imposible prever
razonablemente soluciones mejores.

La comunidad política y la Iglesia

2244   Toda institución se inspira, al menos implícitamente, en   1910
una visión del hombre y de su destino, de la que saca sus referencias de juicio, su jerarquía de valores, su línea de conducta. La mayoría de las sociedades han configurado sus instituciones conforme a una cierta preeminencia del hombre sobre las cosas. Sólo la   1881
religión divinamente revelada ha reconocido claramente en Dios,
Creador y Redentor, el origen y el destino del hombre. La Iglesia
invita a las autoridades civiles a juzgar y decidir a la luz de la Ver-   2109
dad sobre Dios y sobre el hombre:

> Las sociedades que ignoran esta inspiración o la rechazan
> en nombre de su independencia respecto a Dios se ven obligadas
> a buscar en sí mismas o a tomar de una ideología sus referencias
> y finalidades; y, al no admitir un criterio objetivo del bien y del
> mal, ejercen sobre el hombre y sobre su destino, un poder totali-
> tario, declarado o velado, como lo muestra la historia (cf
> CA 45; 46).

2245   La Iglesia, que por razón de su misión y de su competencia, no se confunde en modo alguno con la comunidad política, es   912
a la vez signo y salvaguardia del carácter trascendente de la persona humana. La Iglesia "respeta y promueve también la libertad y la
responsabilidad política de los ciudadanos" (GS 76, 3).

2246   Pertenece a la misión de la Iglesia "emitir un juicio moral   2032
incluso sobre cosas que afectan al orden político cuando lo exijan
los derechos fundamentales de la persona o la salvación de las almas, aplicando todos y sólo aquellos medios que sean conformes   2420
al Evangelio y al bien de todos según la diversidad de tiempos y
condiciones" (GS 76, 5).

RESUMEN

2247   *"Honra a tu padre y a tu madre" (Dt 5, 16; Mc 7, 10).*

2248   *De conformidad con el cuarto mandamiento, Dios quiere
que, después que a El, honremos a nuestros padres y a los
que El reviste de autoridad para nuestro bien.*

2249   *La comunidad conyugal está establecida sobre la alianza
y el consentimiento de los esposos. El matrimonio y la familia están ordenados al bien de los cónyuges, a la procreación y a la educación de los hijos.*

2250 *"La salvación de la persona y de la sociedad humana y cristiana está estrechamente ligada a la prosperidad de la comunidad conyugal y familiar" (GS 47, 1).*

2251 *Los hijos deben a sus padres respeto, gratitud, justa obediencia y ayuda. El respeto filial favorece la armonía de toda la vida familiar.*

2252 *Los padres son los primeros responsables de la educación de sus hijos en la fe, en la oración y en todas las virtudes. Tienen el deber de atender, en la medida de lo posible, las necesidades materiales y espirituales de sus hijos.*

2253 *Los padres deben respetar y favorecer la vocación de sus hijos. Han de recordar y enseñar que la vocación primera del cristiano es la de seguir a Jesús.*

2254 *La autoridad pública está obligada a respetar los derechos fundamentales de la persona humana y las condiciones del ejercicio de su libertad.*

2255 *El deber de los ciudadanos es cooperar con las autoridades civiles en la construcción de la sociedad en un espíritu de verdad, justicia, solidaridad y libertad.*

2256 *El ciudadano está obligado en conciencia a no seguir las prescripciones de las autoridades civiles cuando son contrarias a las exigencias del orden moral. "Hay que obedecer a Dios antes que a los hombres" (Hch 5, 29).*

2257 *Toda sociedad refiere sus juicios y su conducta a una visión del hombre y de su destino. Si se prescinde de la luz del Evangelio sobre Dios y sobre el hombre, las sociedades se hacen fácilmente totalitarias.*

Artículo 5 **EL QUINTO MANDAMIENTO**

No matarás (Ex 20, 13).

Habéis oído que se dijo a los antepasados: "No matarás"; y aquel que mate será reo ante el tribunal. Pues yo os digo: Todo aquel que se encolerice contra su hermano, será reo ante el tribunal (Mt 5, 21-22).

356 **2258** *"La vida humana es sagrada*, porque desde su inicio es fruto de la acción creadora de Dios y permanece siempre en una especial relación con el Creador, su único fin. Sólo Dios es Señor de la vida desde su comienzo hasta su término; nadie, en ninguna

circunstancia, puede atribuirse el derecho de matar de modo directo a un ser humano inocente" (CDF, instr. "Donum vitae" intr. 5).

I   EL RESPETO DE LA VIDA HUMANA

El testimonio de la historia sagrada

2259   La Escritura, en el relato de la muerte de Abel a manos de   401
su hermano Caín (cf Gn 4, 8-12), revela, desde los comienzos de la
historia humana, la presencia en el hombre de la ira y la codicia,
consecuencias del pecado original. El hombre se convirtió en el
enemigo de sus semejantes. Dios manifiesta la maldad de este fratricidio: "¿Qué has hecho? Se oye la sangre de tu hermano clamar
a mí desde el suelo. Pues bien: maldito seas, lejos de este suelo
que abrió su boca para recibir de tu mano la sangre de tu hermano"
(Gn 4, 10-11).

2260   La alianza de Dios y de la humanidad está tejida de llamamientos a reconocer la vida humana como don divino y de la existencia de una violencia fratricida en el corazón del hombre:

> Y yo os prometo reclamar vuestra propia sangre... Quien
> vertiere sangre de hombre, por otro hombre será su sangre verti-
> da, porque a imagen de Dios hizo él al hombre (Gn 9, 5-6).

El Antiguo Testamento consideró siempre la sangre como
un signo sagrado de la vida (cf Lv 17, 14). La validez de esta enseñanza es para todos los tiempos.

2261   La Escritura precisa lo que el quinto mandamiento prohíbe: "No quites la vida del inocente y justo" (Ex 23, 7). El homicidio voluntario de un inocente es gravemente contrario a la digni-   1756
dad del ser humano, a la regla de oro y a la santidad del Creador.
La ley que lo proscribe posee una validez universal: obliga a todos   1956
y a cada uno, siempre y en todas partes.

2262   En el Sermón de la Montaña, el Señor recuerda el precepto: "No matarás" (Mt 5, 21), y añade el rechazo absoluto de la ira,
del odio y de la venganza. Más aún, Cristo exige a sus discípulos
presentar la otra mejilla (cf Mt 5, 22-39), amar a los enemigos (cf   2844
Mt 5, 44). El mismo no se defendió y dijo a Pedro que guardase la
espada en la vaina (cf Mt 26, 52).

La legítima defensa

2263   La legítima defensa de las personas y las sociedades no es
una excepción a la prohibión de la muerte del inocente que consti-

tuye el homicio voluntario. "La acción de defenderse puede entrañar un doble efecto: el uno es la conservación de la propia vida; el otro, la muerte del agresor... solamente es querido el uno; el otro, no" (S. Tomás de Aquino, s. th. 2-2, 64, 7).

1737

2196 **2264** El amor a sí mismo constituye un principio fundamental de la moralidad. Es, por tanto, legítimo hacer respetar el propio derecho a la vida. El que defiende su vida no es culpable de homicidio, incluso cuando se ve obligado a asestar a su agresor un golpe mortal:

> Si para defenderse se ejerce una violencia mayor que la necesaria, se trataría de una acción ilícita. Pero si se rechaza la violencia en forma mesurada, la acción sería lícita... y no es necesario para la salvación que se omita este acto de protección mesurada a fin de evitar matar al otro, pues es mayor la obligación que se tiene de velar por la propia vida que por la de otro (S. Tomás de Aquino, s. th. 2-2, 64, 7).

2240 **2265** La legítima defensa puede ser no solamente un derecho, sino un deber grave, para el que es responsable de la vida de otro, del bien común de la familia o de la sociedad.

2266 La preservación del bien común de la sociedad exige colocar al agresor en estado de no poder causar perjuicio. Por este motivo la enseñanza tradicional de la Iglesia ha reconocido el justo fundamento del derecho y deber de la legítima autoridad pública para aplicar penas proporcionadas a la gravedad del delito, sin excluir, en casos de extrema gravedad, el recurso a la pena de muerte. Por motivos análogos quienes poseen la autoridad tienen el derecho de rechazar por medio de las armas a los agresores de la sociedad que tienen a su cargo.

2308

> Las *penas* tienen como primer efecto el de compensar el desorden introducido por la falta. Cuando la pena es aceptada voluntariamente por el culpable, tiene un valor de expiación. La pena tiene como efecto, además, preservar el orden público y la seguridad de las personas. Finalmente, tiene también un valor medicinal, puesto que debe, en la medida de lo posible, contribuir a la enmienda del culpable (cf Lc 23, 40-43).

2298 **2267** Si los medios incruentos bastan para defender las vidas humanas contra el agresor y para proteger de él el orden público y la seguridad de las personas, en tal caso la autoridad se limitará a emplear sólo esos medios, porque ellos corresponden mejor a las condiciones concretas del bien común y son más conformes con la dignidad de la persona humana.

2306

El homicidio voluntario

2268 El quinto mandamiento condena como gravemente pecaminoso el *homicidio directo y voluntario*. El que mata y los que cooperan voluntariamente con él cometen un pecado que clama venganza al cielo (cf Gn 4, 10).

1867

> El infanticidio (cf GS 51, 3), el fratricidio, el parricidio, el homicidio del cónyuge son crímenes especialmente graves a causa de los vínculos naturales que destruyen. Preocupaciones de eugenesia o de salud pública no pueden justificar ningún homicidio, aunque fuera ordenado por las propias autoridades.

2269 El quinto mandamiento prohíbe hacer algo con intención de provocar *indirectamente* la muerte de una persona. La ley moral prohíbe exponer a alguien sin razón grave a un riesgo mortal, así como negar la asistencia a una persona en peligro.

> La aceptación por parte de la sociedad de hambres que provocan muertes sin esforzarse por remediarlas es una escandalosa injusticia y una falta grave. Los traficantes cuyas prácticas usurarias y mercantiles provocan el hambre y la muerte de sus hermanos los hombres, cometen indirectamente un homicidio. Este les es imputable (cf. Am 8, 4-10).

> El homicidio *involuntario* no es moralmente imputable. Pero no se está libre de falta grave cuando, sin razones proporcionadas, se ha obrado de manera que se ha seguido la muerte, incluso sin intención de causarla.

2290

El aborto

2270 La vida humana debe ser respetada y protegida de manera absoluta desde el momento de la concepción. Desde el primer momento de su existencia, el ser humano debe ver reconocidos sus derechos de persona, entre los cuales está el derecho inviolable de todo ser inocente a la vida (cf CDF, instr. "Donum vitae" 1, 1).

1703

357

> Antes de haberte formado yo en el seno materno, te conocía, y antes que nacieses te tenía consagrado (Jr 1, 5; cf Jb 10, 8-12; Sal 22, 10-11).

> Y mis huesos no se te ocultaban, cuando era yo hecho en lo secreto, tejido en las honduras de la tierra (Sal 139, 15).

2271 Desde el siglo primero, la Iglesia ha afirmado la malicia moral de todo aborto provocado. Esta enseñanza no ha cambiado; permanece invariable. El aborto directo, es decir, querido como un fin o como un medio, es gravemente contrario a la ley moral.

> No matarás el embrión mediante el aborto, no darás muerte al recién nacido (Didajé, 2, 2; Bernabé, ep. 19, 5; Epístola a Diogneto 5, 5; Tertuliano, apol. 9).

Dios, Señor de la vida, ha confiado a los hombres la excelsa misión de conservar la vida, misión que deben cumplir de modo digno del hombre. Por consiguiente, se ha de proteger la vida con el máximo cuidado desde la concepción; tanto el aborto como el infanticidio son crímenes abominables (GS 51, 3).

2272 La cooperación formal a un aborto constituye una falta grave. La Iglesia sanciona con pena canónica de excomunión este delito contra la vida humana. "Quien procura el aborto, si éste se produce, incurre en excomunión latae sententiae" (CIC can. 1398), es decir, "de modo que incurre ipso facto en ella quien comete el delito" (CIC can. 1314), en las condiciones previstas por el Derecho (cf CIC can. 1323-1324). Con esto la Iglesia no pretende restringir el ámbito de la misericordia; lo que hace es manifestar la gravedad del crimen cometido, el daño irreparable causado al inocente a quien se da muerte, a sus padres y a toda la sociedad.

1463

2273 El derecho inalienable de todo individuo humano inocente a la vida constituye un *elemento constitutivo de la sociedad civil y de su legislación:*

1930

"Los derechos inalienables de la persona deben ser reconocidos y respetados por parte de la sociedad civil y de la autoridad política. Estos derechos del hombre no están subordinados ni a los individuos ni a los padres, y tampoco son una concesión de la sociedad o del Estado: pertenecen a la naturaleza humana y son inherentes a la persona en virtud del acto creador que la ha originado. Entre esos derechos fundamentales es preciso recordar a este propósito el derecho de todo ser humano a la vida y a la integridad física desde la concepción hasta la muerte" (CDF, instr. "Donum vitae" 3).

"Cuando una ley positiva priva a una categoría de seres humanos de la protección que el ordenamiento civil les debe, el Estado niega la igualdad de todos ante la ley. Cuando el Estado no pone su poder al servicio de los derechos de todo ciudadano, y particularmente de quien es más débil, se quebrantan los fundamentos mismos del Estado de derecho... El respeto y la protección que se han de garantizar, desde su misma concepción, a quien debe nacer, exige que la ley prevea sanciones penales apropiadas para toda deliberada violación de sus derechos" (CDF, instr. "Donum vitae" 3).

2274 Puesto que debe ser tratado como una persona desde la concepción, el embrión deberá ser defendido en su integridad, cuidado y atendido médicamente en la medida de lo posible, como todo otro ser humano.

El *diagnóstico prenatal* es moralmente lícito, "si respeta la vida e integridad del embrión y del feto humano, y si se orienta hacia su protección o hacia su curación... Pero se opondrá gravemente a la ley moral cuando contempla la posibilidad, en dependencia de sus resultados, de provocar un aborto: un diagnóstico que atestigua la existencia de una malformación o de una enfermedad hereditaria no debe equivaler a una sentencia de muerte" (CDF, instr. "Donum vitae" 1, 2).

2275   Se deben considerar "lícitas las intervenciones sobre e
humano, siempre que respeten la vida y la integridad del embrión,
lo expongan a riesgos desproporcionados, que tengan como fin su
ción, la mejora de sus condiciones de salud o su supervivencia in
dual" (CDF, instr. "Donum vitae" 1, 3).

"Es inmoral producir embriones humanos destinados a ser ex-
plotados como 'material biológico' disponible" (CDF, instr. "Donum
vitae" 1, 5).

"Algunos intentos de *intervenir en el patrimonio cromosómico y
genético* no son terapéuticos, sino que miran a la producción de seres humanos seleccionados en cuanto al sexo u otras cualidades prefijadas. Estas manipulaciones son contrarias a la dignidad personal del ser humano,
a su integridad y a su identidad" (CDF, inst. "Donum vitae" 1, 6).

La eutanasia

2276   Aquellos cuya vida se encuentra disminuida o debilitada
tienen derecho a un respeto especial. Las personas enfermas o disminuidas deben ser atendidas para que lleven una vida tan normal
como sea posible.

1503

2277   Cualesquiera que sean los motivos y los medios, la eutanasia directa consiste en poner fin a la vida de personas disminuidas,
enfermas o moribundas. Es moralmente inaceptable.

Por tanto, una acción o una omisión que, de suyo o en la intención, provoca la muerte para suprimir el dolor, constituye un homicidio
gravemente contrario a la dignidad de la persona humana y al respeto del
Dios vivo, su Creador. El error de juicio en el que se puede haber caído
de buena fe no cambia la naturaleza de este acto homicida, que se ha de
rechazar y excluir siempre.

2278   La interrupción de tratamientos médicos onerosos, peligrosos,
extraordinarios o desproporcionados a los resultados puede ser legítima.
Interrumpir estos tratamientos es rechazar el "encarnizamiento terapéutico". Con esto no se pretende provocar la muerte; se acepta no poder im-
pedirla. Las decisiones deben ser tomadas por el paciente, si para ello tiene competencia y capacidad o si no por los que tienen los derechos legales, respetando siempre la voluntad razonable y los intereses legítimos
del paciente.

1007

2279   Aunque la muerte se considere inminente, los cuidados ordinarios debidos a una persona enferma no pueden ser legítimamente inte-
rrumpidos. El uso de analgésicos para aliviar los sufrimientos del moribundo, incluso con riesgo de abreviar sus días, puede ser moralmente
conforme a la dignidad humana si la muerte no es pretendida, ni como fin
ni como medio, sino solamente prevista y tolerada como inevitable. Los
cuidados paliativos constituyen una forma privilegiada de la caridad desinteresada. Por esta razón deben ser alentados.

El suicidio

2258

2280 Cada cual es responsable de su vida delante de Dios que se la ha dado. El sigue siendo su soberano Dueño. Nosotros estamos obligados a recibirla con gratitud y a conservarla para su honor y para la salvación de nuestras almas. Somos administradores y no propietarios de la vida que Dios nos ha confiado. No disponemos de ella.

2212

2281 El suicidio contradice la inclinación natural del ser humano a conservar y perpetuar su vida. Es gravemente contrario al justo amor de sí mismo. Ofende también al amor del prójimo porque rompe injustamente los lazos de solidaridad con las sociedades familiar, nacional y humana con las cuales estamos obligados. El suicidio es contrario al amor del Dios vivo.

2282 Si se comete con intención de servir de ejemplo, especialmente a los jóvenes, el suicidio adquiere además la gravedad del escándalo. La cooperación voluntaria al suicidio es contraria a la ley moral.

1735

Trastornos psíquicos graves, la angustia, o el temor grave de la prueba, del sufrimiento o de la tortura, pueden disminuir la responsabilidad del suicida.

1037

2283 No se debe desesperar de la salvación eterna de aquellas personas que se han dado muerte. Dios puede haberles facilitado por caminos que El solo conoce la ocasión de un arrepentimiento salvador. La Iglesia ora por las personas que han atentado contra su vida.

II   EL RESPETO DE LA DIGNIDAD DE LAS PERSONAS

El respeto del alma del prójimo: el escándalo

2847

2284 El escándalo es la actitud o el comportamiento que induce a otro a hacer el mal. El que escandaliza se convierte en tentador de su prójimo. Atenta contra la virtud y el derecho; puede ocasionar a su hermano la muerte espiritual. El escándalo constituye una falta grave, si por acción u omisión, arrastra deliberadamente a otro a una falta grave.

1903

2285 El escándalo adquiere una gravedad particular según la autoridad de quienes lo causan o la debilidad de quienes lo padecen. Inspiró a nuestro Señor esta maldición: "Al que escandalice a uno de estos pequeños que creen en mí, más le vale que le cuelguen al cuello una de esas piedras de molino que mueven los asnos y le hundan en lo profundo del mar" (Mt 18, 6; cf 1 Co 8, 10-13). El escándalo es grave cuando es causado por quienes, por naturaleza o por función, están obligados a enseñar y educar a otros. Jesús, en efecto, lo reprocha a los escribas y fariseos: los compara a lobos disfrazados de corderos (cf Mt 7, 15).

2286 El escándalo puede ser provocado por la ley o por las instituciones, por la moda o por la opinión.

Así se hacen culpables de escándalo quienes instituyen leyes o estructuras sociales que llevan a la degradación de las costumbres y a la corrupción de la vida religiosa, o a "condiciones sociales que, voluntaria o involuntariamente, hacen ardua y prácticamente imposible una conducta cristiana conforme a los mandamientos" (Pío XII, discurso 1 junio 1941). Lo mismo ha de decirse de los empresarios que imponen procedimientos que incitan al fraude, de los educadores que "exasperan" a sus alumnos (cf Ef 6, 4; Col 3, 21), o de los que, manipulando la opinión pública, la desvían de los valores morales. 1887 2498

2287 El que usa los poderes de que dispone en condiciones que arrastren a hacer el mal se hace culpable de escándalo y responsable del mal que directa o indirectamente ha favorecido. "Es imposible que no vengan escándalos; pero, ¡ay de aquel por quien vienen!" (Lc 17, 1).

El respeto de la salud

2288 La vida y la salud física son bienes preciosos confiados por Dios. Debemos cuidar de ellos racionalmente teniendo en cuenta las necesidades de los demás y el bien común. 1503

El *cuidado de la salud* de los ciudadanos requiere la ayuda de la sociedad para lograr las condiciones de existencia que permiten crecer y llegar a la madurez: alimento y vestido, vivienda, cuidados de la salud, enseñanza básica, empleo y asistencia social. 1509

2289 La moral exige el respeto de la vida corporal, pero no hace de ella un valor absoluto. Se opone a una concepción neopagana que tiende a promover el *culto del cuerpo*, a sacrificar todo a él, a idolatrar la perfección física y el éxito deportivo. Semejante concepción, por la selección que opera entre los fuertes y los débiles, puede conducir a la perversión de las relaciones humanas. 364 2113

2290 La virtud de la templanza conduce a *evitar toda clase de excesos*, el abuso de la comida, del alcohol, del tabaco y de las me- 1809

dicinas. Quienes en estado de embriaguez, o por afición inmoderada de velocidad, ponen en peligro la seguridad de los demás y la
suya propia en las carreteras, en el mar o en el aire, se hacen gravemente culpables.

2291   El *uso de la droga* inflige muy graves daños a la salud y a
la vida humana. Fuera de los casos en que se recurre a ello por
prescripciones estrictamente terapéuticas, es una falta grave. La
producción clandestina y el tráfico de drogas son prácticas escandalosas; constituyen una cooperación directa, porque incitan a
ellas, a prácticas gravemente contrarias a la ley moral.

El respeto de la persona y la investigación científica

2292   Los experimentos científicos, médicos o psicológicos, en
personas o grupos humanos, pueden contribuir a la curación de los
enfermos y al progreso de la salud pública.

159   **2293**   Tanto la investigación científica de base como la investigación
aplicada constituyen una expresión significativa del dominio del hombre
sobre la creación. La ciencia y la técnica son recursos preciosos cuando
son puestos al servicio del hombre y promueven su desarrollo integral en
beneficio de todos; sin embargo, por sí solas no pueden indicar el sentido
de la existencia y del progreso humano. La ciencia y la técnica están ordenadas al hombre que les ha dado origen y crecimiento; tienen por tanto
1703   en la persona y en sus valores morales el sentido de su finalidad y la conciencia de sus límites.

2294   Es ilusorio reivindicar la neutralidad moral de la investigación
científica y de sus aplicaciones. Por otra parte, los criterios de orientación
no pueden ser deducidos ni de la simple eficacia técnica, ni de la utilidad
que puede resultar de ella para unos con detrimento de otros, y, menos
aún, de las ideologías dominantes. La ciencia y la técnica requieren por
su significación intrínseca el respeto incondicionado de los criterios fundamentales de la moralidad; deben estar al servicio de la persona huma-
2375   na, de sus derechos inalienables, de su bien verdadero e integral, conforme al designio y la voluntad de Dios.

2295   Las investigaciones o experimentos en el ser humano no
1753   pueden legitimar actos que en sí mismos son contrarios a la dignidad de las personas y a la ley moral. El eventual consentimiento de
los sujetos no justifica tales actos. La experimentación en el ser
humano no es moralmente legítima si hace correr riesgos desproporcionados o evitables a la vida o a la integridad física o psíquica
del sujeto. La experimentación en seres humanos no es conforme a
la dignidad de la persona si, por añadidura, se hace sin el consentimiento consciente del sujeto o de quienes tienen derecho sobre él.

2296   El *trasplante de órganos* no es moralmente aceptable si el donante o sus representantes no han dado su consentimiento consciente. El
trasplante de órganos es conforme a la ley moral y puede ser meritorio si
los peligros y riesgos físicos o psíquicos sobrevenidos al donante son
proporcionados al bien que se busca en el destinatario. Es moralmente
inadmisible provocar directamente para el ser humano bien la mutilación
que le deja inválido o bien su muerte, aunque sea para retardar el falleci-
miento de otras personas.

El respeto de la integridad corporal

2297   Los *secuestros* y el *tomar rehenes* hacen que impere el te-
rror y, mediante la amenaza, ejercen intolerables presiones sobre
las víctimas. Son moralmente ilegítimos. El *terrorismo* que amenaza, hiere y mata sin discriminación es gravemente contrario a la
justicia y a la caridad. La *tortura*, que usa de violencia física o moral, para arrancar confesiones, para castigar a los culpables, intimi-
dar a los que se oponen, satisfacer el odio, es contraria al respeto
de la persona y de la dignidad humana. Exceptuados los casos de
precripciones médicas de orden estrictamente terapéutico, las *am-
putaciones, mutilaciones o esterilizaciones directamente voluntarias* de personas inocentes son contrarias a la ley moral (cf DS
3722).

2298   En tiempos pasados, se recurrió de modo ordinario a prácticas
crueles por parte de autoridades legítimas para mantener la ley y el orden,
con frecuencia sin protesta de los pastores de la Iglesia, que incluso adop-
taron, en sus propios tribunales las prescripciones del derecho romano sobre la tortura. Junto a estos hechos lamentables, la Iglesia ha enseñado
siempre el deber de clemencia y misericordia; prohibió a los clérigos derramar sangre. En tiempos recientes se ha hecho evidente que estas prác-   2267
ticas crueles no eran ni necesarias para el orden público ni conformes a
los derechos legítimos de la persona humana. Al contrario, estas prácticas
conducen a las peores degradaciones. Es preciso esforzarse por su aboli-
ción, y orar por las víctimas y sus verdugos.

El respeto a los muertos

2299   A los moribundos se han de prestar todas las atenciones
necesarias para ayudarles a vivir sus últimos momentos en la dignidad y la paz. Deben ser ayudados por la oración de sus parientes,
los cuales cuidarán que los enfermos reciban a tiempo los sacra-   1525
mentos que preparan para el encuentro con el Dios vivo.

2300   Los cuerpos de los difuntos deben ser tratados con respeto   1681-1690
y caridad en la fe y la esperanza de la resurrección. Enterrar a los
muertos es una obra de misericordia corporal (cf Tb 1, 16-18), que
honra a los hijos de Dios, templos del Espíritu Santo.

2301   La autopsia de los cadáveres es moralmente admisible cuando hay razones de orden legal o de investigación científica. El don gratuito de órganos después de la muerte es legítimo y puede ser meritorio.

La Iglesia permite la incineración cuando con ella no se cuestiona la fe en la resurrección del cuerpo (cf CIC can. 1176, 3).

III   LA DEFENSA DE LA PAZ

La paz

1765

2302   Recordando el precepto: "no matarás" (Mt 5, 21), nuestro Señor pide la paz del corazón y denuncia la inmoralidad de la cólera homicida y del odio:

La *cólera* es un deseo de venganza. "Desear la venganza para el mal de aquel a quien es preciso castigar, es ilícito"; pero es loable imponer una reparación "para la corrección de los vicios y el mantenimiento de la justicia" (S. Tomás de A., s. th. 2-2, 158, 1 ad 3). Si la cólera llega hasta el deseo deliberado de matar al prójimo o de herirlo gravemente, constituye una falta grave contra la caridad; es pecado mortal. El Señor dice: "Todo aquel que se encolerice contra su hermano, será reo ante el tribunal" (Mt 5, 22).

2094

1933

2303   El *odio* voluntario es contrario a la caridad. El odio al prójimo es pecado cuando se le desea deliberadamente un mal. El odio al prójimo es un pecado grave cuando se le desea deliberamente un daño grave. "Pues yo os digo: Amad a vuestros enemigos y rogad por los que os persigan, para que seáis hijos de vuestro Padre celestial..." (Mt 5, 44-45).

1909

1807

2304   El respeto y el desarrollo de la vida humana exigen la *paz*. La paz no es sólo ausencia de guerra y no se limita a asegurar el equilibrio de fuerzas adversas. La paz no puede alcanzarse en la tierra, sin la salvaguardia de los bienes de las personas, la libre comunicación entre los seres humanos, el respeto de la dignidad de las personas y de los pueblos, la práctica asidua de la fraternidad. Es la "tranquilidad del orden" (S. Agustín, civ. 19, 13). Es obra de la justicia (cf Is 32, 17) y efecto de la caridad (cf GS 78, 1-2).

1468

2305   La paz terrenal es imagen y fruto de la *paz de Cristo*, el "Príncipe de la paz" mesiánica (Is 9, 5). Por la sangre de su cruz, "dio muerte al odio en su carne" (Ef 2, 16; cf Col 1, 20-22), reconcilió con Dios a los hombres e hizo de su Iglesia el sacramento de la unidad del género humano y de su unión con Dios. "El es nuestra paz" (Ef 2, 14). Declara "bienaventurados a los que construyen la paz" (Mt 5, 9).

2306 Los que renuncian a la acción violenta y sangrienta y recurren para la defensa de los derechos del hombre a medios que están al alcance de los más débiles, dan testimonio de caridad evangélica, siempre que esto se haga sin lesionar los derechos y obligaciones de los otros hombres y de las sociedades. Atestiguan legítimamente la gravedad de los riesgos físicos y morales del recurso a la violencia con sus ruinas y sus muertes (cf GS 78, 5).   2267

Evitar la guerra

2307 El quinto mandamiento condena la destrucción voluntaria de la vida humana. A causa de los males y de las injusticias que ocasiona toda guerra, la Iglesia insta constantemente a todos a orar y actuar para que la Bondad divina nos libre de la antigua servidumbre de la guerra (cf GS 81, 4).

2308 Todo ciudadano y todo gobernante están obligados a empeñarse en evitar las guerras.

Sin embargo, "mientras exista el riesgo de guerra y falte una autoridad internacional competente y provista de la fuerza correspondiente, una vez agotados todos los medios de acuerdo pacífico, no se podrá negar a los gobiernos el derecho a la legítima defensa" (GS 79, 4).   2266

2309 Se han de considerar con rigor las condiciones estrictas de una *legítima defensa mediante la fuerza militar*. La gravedad de semejante decisión somete a ésta a condiciones rigurosas de legitimidad moral. Es preciso a la vez: 2243

– Que el daño causado por el agresor a la nación o a la comunidad de las naciones sea duradero, grave y cierto.

– Que todos los demás medios para poner fin a la agresión hayan resultado impracticables o ineficaces.

– Que se reúnan las condiciones serias de éxito.

– Que el empleo de las armas no entrañe males y desórdenes más graves que el mal que se pretende eliminar. El poder de los medios modernos de destrucción obliga a una prudencia extrema en la apreciación de esta condición.

Estos son los elementos tradicionales enumerados en la doctrina llamada de la "guerra justa".

La apreciación de estas condiciones de legitimidad moral pertenece al juicio prudente de quienes están a cargo del bien común.   1897

2310   Los poderes públicos tienen en este caso el derecho y el deber de imponer a los ciudadanos las *obligaciones necesarias para la defensa nacional.*

2239
1909

Los que se dedican al servicio de la patria en la vida militar son servidores de la seguridad y de la libertad de los pueblos. Si realizan correctamente su tarea, colaboran verdaderamente al bien común de la nación y al mantenimiento de la paz (cf GS 79, 5).

2311   Los poderes públicos atenderán equitativamente al caso de quienes, por motivos de conciencia, rehúsan el empleo de las armas; éstos siguen obligados a servir de otra forma a la comunidad humana (cf GS 79, 3).

1782;1790

2312   La Iglesia y la razón humana declaran la validez permanente de la *ley moral durante los conflictos armados.* "Una vez estallada desgraciadamente la guerra, no todo es lícito entre los contendientes" (GS 79, 4).

2313   Es preciso respetar y tratar con humanidad a los no combatientes, a los soldados heridos y a los prisioneros.

Las acciones deliberadamente contrarias al derecho de gentes y a sus principios universales, como asimismo las disposiciones que las ordenan, son crímenes. Una obediencia ciega no basta para excusar a los que se someten a ella. Así, el exterminio de un pueblo, de una nación o de una minoría étnica debe ser condenado como un pecado mortal. Existe la obligación moral de desobedecer aquellas decisiones que ordenan genocidios.

2242

2314   "Toda acción bélica que tiende indiscriminadamente a la destrucción de ciudades enteras o de amplias regiones con sus habitantes, es un crimen contra Dios y contra el hombre mismo, que hay que condenar con firmeza y sin vacilaciones" (GS 80, 4). Un riesgo de la guerra moderna consiste en facilitar a los que poseen armas científicas, especialmente atómicas, biológicas o químicas, la ocasión de cometer semejantes crímenes.

2315   La *acumulación de armas* es para muchos como una manera paradójica de apartar de la guerra a posibles adversarios. Ven en ella el más eficaz de los medios, para asegurar la paz entre las naciones. Este procedimiento de disuasión merece severas reservas morales. La *carrera de armamentos* no asegura la paz. En lugar de eliminar las causas de guerra, corre el riesgo de agravarlas. La inversión de riquezas fabulosas en la fabricación de armas siempre más modernas impide la ayuda a los pueblos indigentes (cf PP 53), y obstaculiza su desarrollo. El exceso de armamento multiplica las razones de conflictos y aumenta el riesgo de contagio.

2316 *La producción y el comercio de armas* atañen hondamente al bien común de las naciones y de la comunidad internacional. Por tanto, las autoridades tienen el derecho y el deber de regularlas. La búsqueda de intereses privados o colectivos a corto plazo no legitima empresas que fomentan violencias y conflictos entre las naciones, y que comprometen el orden jurídico internacional.

1906

2317 Las injusticias, las desigualdades excesivas de orden económico o social, la envidia, la desconfianza y el orgullo, que existen entre los hombres y las naciones, amenazan sin cesar la paz y causan las guerras. Todo lo que se hace para superar estos desórdenes contribuye a edificar la paz y evitar la guerra:

1938
2538

> En la medida en que los hombres son pecadores, les amenaza y les amenazará hasta la venida de Cristo, el peligro de guerra; en la medida en que, unidos por la caridad, superan el pecado, se superan también las violencias hasta que se cumpla la palabra: "De sus espadas forjarán arados y de sus lanzas podaderas. Ninguna nación levantará ya más la espada contra otra y no se adiestrarán más para el combate" (Is 2, 4) (GS 78, 6).

1941

RESUMEN

2318 *"Dios tiene en su mano el alma de todo ser viviente y el soplo de toda carne de hombre" (Jb 12, 10).*

2319 *Toda vida humana, desde el momento de la concepción hasta la muerte, es sagrada, pues la persona humana ha sido amada por sí misma a imagen y semejanza del Dios vivo y santo.*

2320 *Causar la muerte a un ser humano es gravemente contrario a la dignidad de la persona y a la santidad del Creador.*

2321 *La prohibición de causar la muerte no suprime el derecho de impedir que un injusto agresor cause daño. La legítima defensa es un deber grave para quien es responsable de la vida de otro o del bien común.*

2322 *Desde su concepción, el niño tiene el derecho a la vida. El aborto directo, es decir, buscado como un fin o como un medio, es una práctica infame (cf GS 27, 3), gravemente contraria a la ley moral. La Iglesia sanciona con pena canónica de excomunión este delito contra la vida humana.*

2323   *Porque ha de ser tratado como una persona desde su con-*
       cepción, el embrión debe ser defendido en su integridad,
       atendido y cuidado médicamente como cualquier otro ser
       humano.

2324   *La eutanasia voluntaria, cualesquiera que sean sus for-*
       mas y sus motivos, constituye un homicidio. Es gravemen-
       te contraria a la dignidad de la persona humana y al res-
       peto del Dios vivo, su Creador.

2325   *El suicidio es gravemente contrario a la justicia, a la es-*
       peranza y a la caridad. Está prohibido por el quinto man-
       damiento.

2326   *El escándalo constituye una falta grave cuando por ac-*
       ción u omisión se induce deliberadamente a otro a pecar.

2327   *A causa de los males y de las injusticias que ocasiona to-*
       da guerra, debemos hacer todo lo que es razonablemente
       posible para evitarla. La Iglesia implora así: "del ham-
       bre, de la peste y de la guerra, líbranos Señor".

2328   *La Iglesia y la razón humana afirman la validez perma-*
       nente de la ley moral durante los conflictos armados. Las
       prácticas deliberadamente contrarias al derecho de gen-
       tes y a sus principios universales son crímenes.

2329   *"La carrera de armamentos es una plaga gravísima de la*
       humanidad y perjudica a los pobres de modo intolerable"
       (GS 81, 3).

2330   *"Bienaventurados los que construyen la paz, porque ellos*
       serán llamados hijos de Dios" (Mt 5, 9).

Artículo 6   **EL SEXTO MANDAMIENTO**

"No cometerás adulterio" (Ex 20, 14; Dt 5, 17).

Habéis oído que se dijo: "No cometerás adulterio". Pues
yo os digo: Todo el que mira a una mujer deseándola, ya cometió adulterio con ella en su corazón (Mt 5, 27-28).

369-373   I   "HOMBRE Y MUJER LOS CREO..."

2331   "Dios es amor y vive en sí mismo un misterio de comunión personal de amor. Creándola a su imagen... Dios inscribe en

la humanidad del hombre y de la mujer la *vocación*, y consiguientemente la capacidad y la responsabilidad del *amor* y de la comunión" (FC 11).   1604

"Dios creó el hombre a imagen suya... hombre y mujer los creó" (Gn 1, 27). "Creced y multiplicaos" (Gn 1, 28); "el día en que Dios creó al hombre, le hizo a imagen de Dios. Los creó varón y hembra, los bendijo, y los llamó "Hombre" en el día de su creación" (Gn 5, 1-2).

2332 La *sexualidad* abraza todos los aspectos de la persona humana, en la unidad de su cuerpo y de su alma. Concierne particularmente a la afectividad, a la capacidad de amar y de procrear y, de manera más general, a la aptitud para establecer vínculos de comunión con otro.   362

2333 Corresponde a cada uno, hombre y mujer, reconocer y aceptar su *identidad* sexual. La *diferencia* y la *complementariedad* físicas, morales y espirituales, están orientadas a los bienes del matrimonio y al desarrollo de la vida familiar. La armonía de la pareja humana y de la sociedad depende en parte de la manera en que son vividas entre los sexos la complementariedad, la necesidad y el apoyo mutuos.   1603

2334 "Creando al hombre 'varón y mujer', Dios da la dignidad personal de igual modo al hombre y a la mujer" (FC 22; cf GS 49, 2). "El hombre es una persona, y esto se aplica en la misma medida al hombre y a la mujer, porque los dos fueron creados a imagen y semejanza de un Dios personal" (MD 6).   357

2335 Cada uno de los dos sexos es, con una dignidad igual, aunque de manera distinta, imagen del poder y de la ternura de Dios. La *unión del hombre y de la mujer* en el matrimonio es una manera de imitar en la carne la generosidad y la fecundidad del Creador: "El hombre deja a su padre y a su madre y se une a su mujer, y se hacen una sola carne" (Gn 2, 24). De esta unión proceden todas las generaciones humanas (cf Gn 4, 1-2.25-26; 5, 1).   2205

2336 Jesús vino a restaurar la creación en la pureza de sus orígenes. En el Sermón de la Montaña interpreta de manera rigurosa el plan de Dios: "Habéis oído que se dijo: 'no cometerás adulterio'. Pues yo os digo: 'Todo el que mira a una mujer deseándola, ya cometió adulterio con ella en su corazón'" (Mt 5, 27-28). El hombre no debe separar lo que Dios ha unido (cf Mt 19, 6).   1614

La Tradición de la Iglesia ha entendido el sexto mandamiento como referido a la globalidad de la sexualidad humana.

II   LA VOCACION A LA CASTIDAD

2520   **2337**   La castidad significa la integración lograda de la sexualidad en la persona, y por ello en la unidad interior del hombre en su
ser corporal y espiritual. La sexualidad, en la que se expresa la pertenencia del hombre al mundo corporal y biológico, se hace personal y verdaderamente humana cuando está integrada en la relación
de persona a persona, en el don mutuo total y temporalmente ilimitado del hombre y de la mujer.

La virtud de la castidad, por tanto, entraña la integridad de
la persona y la integralidad del don.

La integridad de la persona

2338   La persona casta mantiene la integridad de las fuerzas de
vida y de amor depositadas en ella. Esta integridad asegura la unidad de la persona; se opone a todo comportamiento que la pueda lesionar. No tolera ni la doble vida ni el doble lenguaje (cf Mt 5, 37).

2339   La castidad implica un *aprendizaje del dominio de sí*, que
es una pedagogía de la libertad humana. La alternativa es clara: o
el hombre controla sus pasiones y obtiene la paz, o se deja domi-
nar por ellas y se hace desgraciado (cf Si 1, 22). "La dignidad del
hombre requiere, en efecto, que actúe según una elección consciente y libre, es decir, movido e inducido personalmente desde
dentro y no bajo la presión de un ciego impulso interior o de la
mera coacción externa. El hombre logra esta dignidad cuando, li-
1767   berándose de toda esclavitud de las pasiones, persigue su fin en la
libre elección del bien y se procura con eficacia y habilidad los
medios adecuados" (GS 17).

2340   El que quiere permanecer fiel a las promesas de su bautismo y resistir las tentaciones debe poner los *medios* para ello: el co-
2015   nocimiento de sí, la práctica de una ascesis adaptada a las situaciones encontradas, la obediencia a los mandamientos divinos, la
práctica de las virtudes morales y la fidelidad a la oración. "La
castidad nos recompone; nos devuelve a la unidad que habíamos
perdido dispersándonos" (S. Agustín, conf. 10, 29; 40).

2341   La virtud de la castidad forma parte de la virtud cardinal
1809   de la *templanza*, que tiende a impregnar de racionalidad las pasiones y los apetitos de la sensibilidad humana.

2342   El dominio de sí es una *obra que dura toda la vida*. Nunca
se la considerará adquirida de una vez para siempre. Supone un es-

fuerzo reiterado en todas las edades de la vida (cf Tt 2, 1-6). El esfuerzo requerido puede ser más intenso en ciertas épocas, como cuando se forma la personalidad, durante la infancia y la adolescencia.

2343 La castidad tiene unas *leyes de crecimiento*; éste pasa por grados marcados por la imperfección y, muy a menudo, por el pecado. "Pero, el hombre, llamado a vivir responsablemente el designio sabio y amoroso de Dios, es un ser histórico que se construye día a día con sus opciones numerosas y libres; por esto él conoce, ama y realiza el bien moral según las diversas etapas de crecimiento" (FC 34).

2344 La castidad representa una tarea eminentemente personal; implica también un *esfuerzo cultural,* pues "el desarrollo de la persona humana y el crecimiento de la sociedad misma están mutuamente condicionados" (GS 25, 1). La castidad supone el respeto de los derechos de la persona, en particular, el de recibir una información y una educación que respeten las dimensiones morales y espirituales de la vida humana.

2345 La castidad es una virtud moral. Es también un don de Dios, una *gracia*, un fruto del trabajo espiritual (cf Ga 5, 22). El Espíritu Santo concede, al que ha sido regenerado por el agua del bautismo, imitar la pureza de Cristo (cf 1 Jn 3, 3).

La integralidad del don de sí

2346 La caridad es la forma de todas las virtudes. Bajo su influencia, la castidad aparece como una escuela de donación de la persona. El dominio de sí está ordenado al don de sí mismo. La castidad conduce al que la practica a ser ante el prójimo un testigo de la fidelidad y de la ternura de Dios.

2347 La virtud de la castidad se desarrolla en la *amistad*. Indica al discípulo cómo seguir e imitar al que nos eligió como sus amigos (cf Jn 15, 15), a quien se dio totalmente a nosotros y nos hace participar de su condición divina. La castidad es promesa de inmortalidad.

La castidad se expresa especialmente en la *amistad con el prójimo*. Desarrollada entre personas del mismo sexo o de sexos distintos, la amistad representa un gran bien para todos. Conduce a la comunión espiritual.

Los diversos regímenes de la castidad

2348 Todo bautizado es llamado a la castidad. El cristiano se ha "revestido de Cristo" (Ga 3, 27), modelo de toda castidad. Todos

407
2223
2525
1810
1627
210
374

los fieles de Cristo son llamados a una vida casta según su estado de vida particular. En el momento de su Bautismo, el cristiano se compromete a dirigir su afectividad en la castidad.

1620   **2349**   La castidad "debe calificar a las personas según los diferentes estados de vida: a unas, en la virginidad o en el celibato consagrado, manera eminente de dedicarse más fácilmente a Dios solo con corazón indiviso; a otras, de la manera que determina para ellas la ley moral, según sean casadas o celibatarias" (CDF, decl. "Persona humana" 11). Las personas casadas son llamadas a vivir la castidad conyugal; las otras practican la castidad en la continencia.

> Existen tres formas de la virtud de la castidad: una de los esposos, otra de las viudas, la tercera de la virginidad. No alabamos a una con exclusión de las otras. En esto la disciplina de la Iglesia es rica (S. Ambrosio, vid. 23).

1632   **2350**   Los *novios* están llamados a vivir la castidad en la continencia. En esta prueba han de ver un descubrimiento del mutuo respeto, un aprendizaje de la fidelidad y de la esperanza de recibirse el uno y el otro de Dios. Reservarán para el tiempo del matrimonio las manifestaciones de ternura específicas del amor conyugal. Deben ayudarse mutuamente a crecer en la castidad.

Las ofensas a la castidad

2351   La *lujuria* es un deseo o un goce desordenados del placer venéreo. El placer sexual es moralmente desordenado cuando es buscado por sí mismo, separado de las finalidades de procreación y de unión.

2352   Por *masturbación* se ha de entender la excitación voluntaria de los órganos genitales a fin de obtener un placer venéreo. "Tanto el Magisterio de la Iglesia, de acuerdo con una tradición constante, como el sentido moral de los fieles, han afirmado sin ninguna duda que la masturbación es un acto intrínseca y gravemente desordenado". "El uso deliberado de la facultad sexual fuera de las relaciones conyugales normales contradice a su finalidad, sea cual fuere el motivo que lo determine". Así, el goce sexual es buscado aquí al margen de "la relación sexual requerida por el orden moral; aquella relación que realiza el sentido íntegro de la mutua entrega y de la procreación humana en el contexto de un amor verdadero" (CDF, decl. "Persona humana" 9).

Para emitir un juicio justo acerca de la responsabilidad moral de los sujetos y para orientar la acción pastoral, ha de tenerse en cuenta la inmadurez afectiva, la fuerza de los hábitos contraídos, el estado de angustia u otros factores psíquicos o sociales que reducen, e incluso anulan la culpabilidad moral.

1735

2353 La *fornicación* es la unión carnal entre un hombre y una mujer fuera del matrimonio. Es gravemente contraria a la dignidad de las personas y de la sexualidad humana, naturalmente ordenada al bien de los esposos, así como a la generación y educación de los hijos. Además, es un escándalo grave cuando hay de por medio corrupción de menores.

2354 La *pornografía* consiste en dar a conocer actos sexuales, reales o simulados, puesto que queda fuera de la intimidad de los protagonistas, exhibiéndolos ante terceras personas de manera deliberada. Ofende la castidad porque desnaturaliza la finalidad del acto sexual. Atenta gravemente a la dignidad de quienes se dedican a ella (actores, comerciantes, público), pues cada uno viene a ser para otro objeto de un placer rudimentario y de una ganancia ilícita. Introduce a unos y a otros en la ilusión de un mundo ficticio. Es una falta grave. Las autoridades civiles deben impedir la producción y la distribución de material pornográfico.

2523

2355 La *prostitución* atenta contra la dignidad de la persona que se prostituye, puesto que queda reducida al placer venéreo que se saca de ella. El que paga peca gravemente contra sí mismo: quebranta la castidad a la que lo comprometió su bautismo y mancha su cuerpo, templo del Espíritu Santo (cf 1 Co 6, 15-20). La prostitución constituye una lacra social. Habitualmente afecta a las mujeres, pero también a los hombres, los niños y los adolescentes (en estos dos últimos casos el pecado entraña también un escándalo). Es siempre gravemente pecaminoso dedicarse a la prostitución, pero la miseria, el chantaje, y la presión social pueden atenuar la imputabilidad de la falta.

1735

2356 La *violación* es forzar o agredir con violencia la intimidad sexual de una persona. Atenta contra la justicia y la caridad. La violación lesiona profundamente el derecho de cada uno al respeto, a la libertad, a la integridad física y moral. Produce un daño grave que puede marcar a la víctima para toda la vida. Es siempre un acto intrínsecamente malo. Más grave todavía es la violación cometida por parte de los padres (cf incesto) o de educadores con los niños que les están confiados.

2297

1756
2388

Castidad y homosexualidad

2357 La homoxesualidad designa las relaciones entre hombres o mujeres que experimentan una atracción sexual, exclusiva o predominante, hacia personas del mismo sexo. Reviste formas muy variadas a través de los siglos y las culturas. Su origen psíquico permanece en gran medida inexplicado. Apoyándose en la Sagrada Escritura que los presenta como depravaciones graves (cf Gn 19, 1-29; Rm 1, 24-27; 1 Co 6, 10; 1 Tm 1, 10), la Tradición ha declarado siempre que "los actos homosexuales son intrínsecamente desordenados" (CDF, decl. "Persona humana" 8). Son contrarios a la ley natural. Cierran el acto sexual al don de la vida. No proceden

2333   de una verdadera complementariedad afectiva y sexual. No pueden recibir aprobación en ningún caso.

2358   Un número apreciable de hombres y mujeres presentan tendencias homosexuales instintivas. No eligen su condición homosexual; ésta constituye para la mayoría de ellos una auténtica prueba. Deben ser acogidos con respeto, compasión y delicadeza. Se evitará, respecto a ellos, todo signo de discriminación injusta. Estas personas están llamadas a realizar la voluntad de Dios en su vida, y, si son cristianas, a unir al sacrificio de la cruz del Señor las dificultades que pueden encontrar a causa de su condición.

2359   Las personas homosexuales están llamadas a la castidad. Mediante virtudes de dominio de sí mismo que eduquen la libertad

2347   interior, y a veces mediante el apoyo de una amistad desinteresada, de la oración y la gracia sacramental, pueden y deben acercarse gradual y resueltamente a la perfección cristiana.

III   EL AMOR DE LOS ESPOSOS

2360   La sexualidad está ordenada al amor conyugal del hombre

1601   y de la mujer. En el matrimonio, la intimidad corporal de los esposos viene a ser un signo y una garantía de comunión espiritual. Entre bautizados, los vínculos del matrimonio están santificados por el sacramento.

1643   **2361**   "La sexualidad, mediante la cual el hombre y la mujer se dan el uno al otro con los actos propios y exclusivos de los espo-

2332   sos, no es algo puramente biológico, sino que afecta al núcleo íntimo de la persona humana en cuanto tal. Ella se realiza de modo verdaderamente humano solamente cuando es parte integral del amor con el que el hombre y la mujer se comprometen totalmente entre sí hasta la muerte" (FC 11):

1611   Tobías se levantó del lecho y dijo a Sara: "Levántate, hermana, y oremos y pidamos a nuestro Señor que se apiade de nosotros y nos salve". Ella se levantó y empezaron a suplicar y a pedir el poder quedar a salvo. Comenzó él diciendo: "¡Bendito seas tú, Dios de nuestros padres... tú creaste a Adán, y para él creaste a Eva, su mujer, para sostén y ayuda, y para que de ambos proviniera la raza de los hombres. Tú mismo dijiste: 'no es bueno que el hombre se halle solo; hagámosle una ayuda semejante a él'. Yo no tomo a ésta mi hermana con deseo impuro, mas con recta intención. Ten piedad de mí y de ella y podamos llegar juntos a nuestra ancianidad". Y dijeron a coro: "Amén, amén". Y se acostaron para pasar la noche (Tb 8, 4-9).

2362 "Los actos con los que los esposos se unen íntima y castamente entre sí son honestos y dignos, y, realizados de modo verdaderamente humano, significan y fomentan la recíproca donación, con la que se enriquecen mutuamente con alegría y gratitud" (GS 49, 2). La sexualidad es fuente de alegría y de agrado:

> El Creador... estableció que en esta función (de generación) los esposos experimentasen un placer y una satisfacción del cuerpo y del espíritu. Por tanto, los esposos no hacen nada malo procurando este placer y gozando de él. Aceptan lo que el Creador les ha destinado. Sin embargo, los esposos deben saber mantenerse en los límites de una justa moderación (Pío XII, discurso 29 octubre 1951).

2363 Por la unión de los esposos se realiza el doble fin del matrimonio: el bien de los esposos y la transmisión de la vida. No se pueden separar estas dos significaciones o valores del matrimonio sin alterar la vida espiritual de los cónyuges ni comprometer los bienes del matrimonio y el porvenir de la familia.

Así, el amor conyugal del hombre y de la mujer queda situado bajo la doble exigencia de la fidelidad y la fecundidad.

La fidelidad conyugal

1646-1648

2364 El matrimonio constituye una "íntima comunidad de vida y amor conyugal, fundada por el Creador y provista de leyes propias". Esta comunidad "se establece con la alianza del matrimonio, es decir, con un consentimiento personal e irrevocable" (GS 48, 1). Los dos se dan definitiva y totalmente el uno al otro. Ya no son dos, ahora forman una sola carne. La alianza contraída libremente por los esposos les impone la obligación de mantenerla una e indisoluble (cf CIC can. 1056). "Lo que Dios unió, no lo separe el hombre" (Mc 10, 9; cf Mt 19, 1-12; 1 Co 7, 10-11).

1603

1615

2365 La fidelidad expresa la constancia en el mantenimiento de la palabra dada. Dios es fiel. El sacramento del Matrimonio hace entrar al hombre y la mujer en el misterio de la fidelidad de Cristo

1640

para con su Iglesia. Por la castidad conyugal dan testimonio de este misterio ante el mundo.

> S. Juan Crisóstomo sugiere a los jóvenes esposos hacer este razonamiento a sus esposas: "Te he tomado en mis brazos, te amo y te prefiero a mi vida. Porque la vida presente no es nada, mi deseo más ardiente es pasarla contigo de tal manera que estemos seguros de no estar separados en la vida que nos está reservada... pongo tu amor por encima de todo, y nada me será más penoso que no tener los mismos pensamientos que tú tienes" (hom. in Eph. 20, 8).

1652-1653   ## La fecundidad del matrimonio

2366   La fecundidad es un don, un *fin del matrimonio*, pues el amor conyugal tiende naturalmente a ser fecundo. El niño no viene de fuera a añadirse al amor mutuo de los esposos; brota del corazón mismo de ese don recíproco, del que es fruto y cumplimiento. Por eso la Iglesia, que "está en favor de la vida" (FC 30), enseña que todo "acto matrimonial debe quedar abierto a la transmisión de la vida" (HV 11). "Esta doctrina, muchas veces expuesta por el Magisterio, está fundada sobre la inseparable conexión que Dios ha querido y que el hombre no puede romper por propia iniciativa, entre los dos significados del acto conyugal: el significado unitivo y el significado procreador" (HV 12; cf Pío XI, enc. "Casti connubii").

2205   **2367**   Llamados a dar la vida, los esposos participan del poder creador y de la paternidad de Dios (cf Ef 3, 14; Mt 23, 9). "En el deber de transmitir la vida humana y educarla, que han de considerar como su misión propia, los cónyuges saben que son *cooperadores del amor de Dios Creador* y en cierta manera sus intérpretes. Por ello, cumplirán su tarea con responsabilidad humana y cristiana" (GS 50, 2).

2368   Un aspecto particular de esta responsabilidad se refiere a la "regulación de la natalidad". Por razones justificadas, los esposos pueden querer espaciar los nacimientos de sus hijos. En este caso, deben cerciorarse de que su deseo no nace del egoísmo, sino que es conforme a la justa generosidad de una paternidad responsable. Por otra parte, ordenarán su comportamiento según los criterios objetivos de la moralidad:

> El carácter moral de la conducta, cuando se trata de conciliar el amor conyugal con la transmisión responsable de la vida, no depende sólo de la sincera intención y la apreciación de los motivos, sino que debe determinarse a partir de criterios objetivos, tomados de la naturaleza de la persona y de sus actos; crite-

rios que conserven íntegro el sentido de la donación mutua y de la procreación humana en el contexto del amor verdadero; esto es imposible si no se cultiva con sinceridad la virtud de la castidad conyugal (GS 51, 3).

2369 "Salvaguardando ambos aspectos esenciales, unitivo y procreador, el acto conyugal conserva íntegro el sentido de amor mutuo y verdadero y su ordenación a la altísima vocación del hombre a la paternidad" (HV 12).

2370 La continencia periódica, los métodos de regulación de nacimientos fundados en la autoobservación y el recurso a los períodos infecundos (cf HV 16) son conformes a los criterios objetivos de la moralidad. Estos métodos respetan el cuerpo de los esposos, fomentan el afecto entre ellos y favorecen la educación de una libertad auténtica. Por el contrario, es intrínsecamente mala "toda acción que, o en previsión del acto conyugal, o en su realización, o en el desarrollo de sus consecuencias naturales, se proponga como fin o como medio, hacer imposible la procreación" (HV 14):

> "Al lenguaje natural que expresa la recíproca donación total de los esposos, el anticoncepcionismo impone un lenguaje objetivamente contradictorio, es decir, el de no darse al otro totalmente: se produce no sólo el rechazo positivo de la apertura a la vida, sino también una falsificación de la verdad interior del amor conyugal, llamado a entregarse en plenitud personal". Esta diferencia antropológica y moral entre la anticoncepción y el recurso a los ritmos periódicos "implica... dos concepciones de la persona y de la sexualidad humana irreconciliables entre sí" (FC 32).

2371 Por otra parte, "sea claro a todos que la vida de los hombres y la tarea de transmitirla no se limita sólo a este mundo y no se puede medir ni entender sólo por él, sino que mira siempre al destino eterno de los hombres" (GS 51, 4).

1703

2372 El Estado es responsable del bienestar de los ciudadanos. Por eso es legítimo que intervenga para orientar la demografía de la población. Puede hacerlo mediante una información objetiva y respetuosa, pero no mediante una decisión autoritaria y coaccionante. No puede legítimamente suplantar la iniciativa de los esposos, primeros responsables de la procreación y educación de sus hijos (cf HV 23; PP 37). El Estado no está autorizado a favorecer medios de regulación demográfica contrarios a la moral.

2209

El don del hijo

2373 La Sagrada Escritura y la práctica tradicional de la Iglesia ven en las *familias numerosas* como un signo de la bendición divina y de la generosidad de los padres (cf GS 50, 2).

1654 **2374**   Grande es el sufrimiento de los esposos que se descubren estériles. Abraham pregunta a Dios: "¿Qué me vas a dar, si me voy sin hijos...?" (Gn 15, 2). Y Raquel dice a su marido Jacob: "Dame hijos, o si no me muero" (Gn 30, 1).

2293 **2375**   Las investigaciones que intentan reducir la esterilidad humana deben alentarse, a condición de que se pongan "al servicio de la persona humana, de sus derechos inalienables, de su bien verdadero e integral, según el plan y la voluntad de Dios" (CDF, instr. "Donum vitae" intr. 2).

2376   Las técnicas que provocan una disociación de la paternidad por intervención de una persona extraña a los cónyuges (donación del esperma o del óvulo, préstamo de útero) son gravemente deshonestas. Estas técnicas (inseminación y fecundación artificiales heterólogas) lesionan el derecho del niño a nacer de un padre y una madre conocidos de él y ligados entre sí por el matrimonio. Quebrantan "su derecho a llegar a ser padre y madre exclusivamente el uno a través del otro" (CDF, instr. "Donum vitae" 2, 1).

2377   Practicadas dentro de la pareja, estas técnicas (inseminación y fecundación artificiales homólogas) son quizá menos perjudiciales, pero no dejan de ser moralmente reprobables. Disocian el acto sexual del acto procreador. El acto fundador de la existencia del hijo ya no es un acto por el que dos personas se dan una a otra, sino que "confía la vida y la identidad del embrión al poder de los médicos y de los biólogos, e instaura un dominio de la técnica sobre el origen y sobre el destino de la persona humana. Una tal relación de dominio es en sí contraria a la dignidad e igualdad que debe ser común a padres e hijos" (cf CDF, instr. "Donum vitae" 82). "La procreación queda privada de su perfección propia, desde el punto de vista moral, cuando no es querida como el fruto del acto conyugal, es decir, del gesto específico de la unión de los esposos... solamente el respeto de la conexión existente entre los significados del acto conyugal y el respeto de la unidad del ser humano, consiente una procreación conforme con la dignidad de la persona" (CDF, instr. "Donum vitae" 2, 4).

2378   El hijo no es un *derecho* sino un *don*. El "don más excelente del matrimonio" es una persona humana. El hijo no puede ser considerado como un objeto de propiedad, a lo que conduciría el reconocimiento de un pretendido "derecho al hijo". A este respecto, sólo el hijo posee verdaderos derechos: el de "ser el fruto del acto específico del amor conyugal de sus padres, y tiene también el derecho a ser respetado como persona desde el momento de su concepción" (CDF, instr. "Donum vitae" 2, 8).

2379   El Evangelio enseña que la esterilidad física no es un mal absoluto. Los esposos que, tras haber agotado los recursos legítimos de la medicina, sufren por la esterilidad, deben asociarse a la Cruz del Señor, fuente de toda fecundidad espiritual. Pueden manifestar su generosidad adoptando niños abandonados o realizando servicios abnegados en beneficio del prójimo.

IV LAS OFENSAS A LA DIGNIDAD DEL MATRIMONIO

2380 El *adulterio*. Esta palabra designa la infidelidad conyugal. Cuando un hombre y una mujer, de los cuales al menos uno está casado, establecen una relación sexual, aunque ocasional, cometen un adulterio. Cristo condena incluso el deseo del adulterio (cf Mt 5, 27-28). El sexto mandamiento y el Nuevo Testamento prohíben absolutamente el adulterio (cf Mt 5, 32; 19, 6; Mc 10, 11; 1 Co 6, 9-10). Los profetas denuncian su gravedad; ven en el adulterio la imagen del pecado de idolatría (cf Os 2, 7; Jr 5, 7; 13, 27). 1611

2381 El adulterio es una injusticia. El que lo comete falta a sus compromisos. Lesiona el signo de la Alianza que es el vínculo matrimonial. Quebranta el derecho del otro cónyuge y atenta contra la institución del matrimonio, violando el contrato que le da origen. Compromete el bien de la generación humana y de los hijos, que necesitan la unión estable de los padres. 1640

El divorcio

2382 El Señor Jesús insiste en la intención original del Creador que quería un matrimonio indisoluble (cf Mt 5, 31-32; 19, 3-9; Mc 10, 9; Lc 16, 18; 1 Co 7, 10-11), y deroga la tolerancia que se había introducido en la ley antigua (cf Mt 19, 7-9). 1614

Entre bautizados católicos, "el matrimonio rato y consumado no puede ser disuelto por ningún poder humano ni por ninguna causa fuera de la muerte" (CIC can. 1141).

2383 La *separación* de los esposos con mantención del vínculo matrimonial puede ser legítima en ciertos casos previstos por el Derecho Canónico (cf CIC can. 1151-1155). 1649

Si el divorcio civil representa la única manera posible de asegurar ciertos derechos legítimos, el cuidado de los hijos o la defensa del patrimonio, puede ser tolerado sin constituir una falta moral.

2384 El *divorcio* es una ofensa grave a la ley natural. Pretende romper el contrato, aceptado libremente por los esposos, de vivir juntos hasta la muerte. El divorcio atenta contra la Alianza de salvación de la cual el matrimonio sacramental es un signo. El hecho de contraer una nueva unión, aunque reconocida por la ley civil, 1650 aumenta la gravedad de la ruptura: el cónyuge casado de nuevo se haya entonces en situación de adulterio público y permanente:

> Si el marido, tras haberse separado de su mujer, se une a otra mujer, es adúltero, porque hace cometer un adulterio a esta mujer; y la mujer que habita con él es adúltera, porque ha atraído a sí al marido de otra (S. Basilio, moral. regla 73).

2385   El divorcio adquiere también su carácter inmoral a causa del desorden que introduce en la célula familiar y en la sociedad. Este desorden entraña daños graves: para el cónyuge, que se ve abandonado; para los hijos, traumatizados por la separación de los padres, y a menudo viviendo en tensión a causa de sus padres; por su efecto contagioso, que hace de él una verdadera plaga social.

2386   Puede ocurrir que uno de los cónyuges sea la víctima inocente del divorcio dictado en conformidad con la ley civil; entonces no contradice el precepto moral. Existe una diferencia considerable entre el cónyuge que se ha esforzado con sinceridad por ser fiel al sacramento del Matrimonio y se ve injustamente abandonado y el que, por una falta grave de su parte, destruye un matrimonio canónicamente válido (cf FC 84).

1640

Otras ofensas a la dignidad del matrimonio

2387   Es comprensible el drama del que, deseoso de convertirse al Evangelio, se ve obligado a repudiar una o varias mujeres con las que ha compartido años de vida conyugal. Sin embargo, la *poligamia* no se ajusta a la ley moral, pues contradice radicalmente la comunión conyugal. La poligamia "niega directamente el designio de Dios, tal como es revelado desde los orígenes, porque es contraria a la igual dignidad personal del hombre y de la mujer, que en el matrimonio se dan con un amor total y por lo mismo único y exclusivo" (FC 19; cf GS 47, 2). El cristiano que había sido polígamo está gravemente obligado en justicia a cumplir los deberes contraídos respecto a sus antiguas mujeres y sus hijos.

1610

2388   *Incesto* es la relación carnal entre parientes dentro de los grados en que está prohibido el matrimonio (cf Lv 18, 7-20). S. Pablo condena esta falta particularmente grave: "Se oye hablar de que hay inmoralidad entre vosotros... hasta el punto de que uno de vosotros vive con la mujer de su padre... en nombre del Señor Jesús... sea entregado ese individuo a Satanás para destrucción de la carne..." (1 Co 5, 1.4-5). El incesto corrompe las relaciones familiares y representa una regresión a la animalidad.

2356

2207

2389   Se puede equiparar al incesto los abusos sexuales perpetrados por adultos en niños o adolescentes confiados a su guarda. En-

tonces esta falta adquiere una mayor gravedad por atentar escanda- ·2285
losamente contra la integridad física y moral de los jóvenes que
quedarán así marcados para toda la vida, y por ser una violación de
la responsabilidad educativa.

2390   Hay *unión libre* cuando el hombre y la mujer se niegan a
dar forma jurídica y pública a una unión que implica la intimidad   1631
sexual.

> La expresión en sí misma es engañosa: ¿qué puede signifi-
> car una unión en la que las personas no se comprometen entre sí
> y testimonian con ello una falta de confianza en el otro, en sí
> mismo, o en el porvenir?

Esta expresión abarca situaciones distintas: concubinato,
rechazo del matrimonio en cuanto tal, incapacidad de unirse mediante compromisos a largo plazo (cf FC 81). Todas estas situaciones ofenden la dignidad del matrimonio; destruyen la idea misma
de la familia; debilitan el sentido de la fidelidad. Son contrarias a
la ley moral: el acto sexual debe tener lugar exclusivamente en el   2353
matrimonio; fuera de éste constituye siempre un pecado grave y
excluye de la comunión sacramental. ·   1385

2391   No pocos postulan hoy una especie de *"unión a prueba"*
cuando existe intención de casarse. Cualquiera que sea la firmeza
del propósito de los que se comprometen en relaciones sexuales
prematuras, éstas "no garantizan que la sinceridad y la fidelidad de
la relación interpersonal entre un hombre y una mujer queden ase-
guradas, y sobre todo protegidas, contra los vaivenes y las veleida-
des de las pasiones" (CDF, decl. "Persona humana" 7). La unión
carnal sólo es moralmente legítima cuando se ha instaurado una
comunidad de vida definitiva entre el hombre y la mujer. El amor   2364
humano no tolera la "prueba". Exige un don total y definitivo de
las personas entre sí (cf FC 80).

RESUMEN

2392   *"El amor es la vocación fundamental e innata de todo ser
        humano" (FC 11).*

2393   *Al crear al ser humano hombre y mujer, Dios confiere la
        dignidad personal de manera idéntica a uno y a otra. A
        cada uno, hombre y mujer, corresponde reconocer y acep-
        tar su identidad sexual.*

2394   *Cristo es el modelo de la castidad. Todo bautizado es lla-*
mado a llevar una vida casta, cada uno según su estado
de vida.

2395   *La castidad significa la integración de la sexualidad en la*
persona. Entraña el aprendizaje del dominio personal.

2396   *Entre los pecados gravemente contrarios a la castidad se*
deben citar la masturbación, la fornicación, las activida-
des pornográficas y las prácticas homosexuales.

2397   *La alianza que los esposos contraen libremente implica un*
amor fiel. Les confiere la obligación de guardar indisolu-
ble su matrimonio.

2398   *La fecundidad es un bien, un don, un fin del matrimonio.*
Dando la vida, los esposos participan de la paternidad de
Dios.

2399   *La regulación de la natalidad representa uno de los as-*
pectos de la paternidad y la maternidad responsables. La
legitimidad de las intenciones de los esposos no justifica
el recurso a medios moralmente reprobables (p.e., la este-
rilización directa o la anticoncepción).

2400   *El adulterio y el divorcio, la poligamia y la unión libre*
son ofensas graves a la dignidad del matrimonio.

Artículo 7   **EL SEPTIMO MANDAMIENTO**

No robarás (Ex 20, 15; Dt 5, 19).
No robarás (Mt 19, 18).

2401   El séptimo mandamiento prohíbe tomar o retener el bien
del prójimo injustamente y perjudicar de cualquier manera al próji-
1807   mo en sus bienes. Prescribe la justicia y la caridad en la gestión de
los bienes terrenos y de los frutos del trabajo de los hombres. Con
miras al bien común exige el respeto del destino universal de los
952   bienes y del derecho de propiedad privada. La vida cristiana se esfuerza por ordenar a Dios y a la caridad fraterna los bienes de este
mundo.

I   EL DESTINO UNIVERSAL Y LA PROPIEDAD PRIVADA
DE LOS BIENES

2402   Al comienzo Dios confió la tierra y sus recursos a la administración común de la humanidad para que tuviera cuidado de

ellos, los dominara mediante su trabajo y se beneficiara de sus frutos (cf Gn 1, 26-29). Los bienes de la creación están destinados a   226
todo el género humano. Sin embargo, la tierra está repartida entre los hombres para dar seguridad a su vida, expuesta a la penuria y amenazada por la violencia. La apropiación de bienes es legítima para garantizar la libertad y la dignidad de las personas, para ayudar a cada uno a atender sus necesidades fundamentales y las necesidades de los que están a su cargo. Debe hacer posible que se viva   1939
una solidaridad natural entre los hombres.

2403 El *derecho a la propiedad privada*, adquirida por el trabajo, o recibida de otro por herencia o por regalo, no anula la donación original de la tierra al conjunto de la humanidad. El *destino universal de los bienes* continúa siendo primordial, aunque la promoción del bien común exija el respeto de la propiedad privada, de su derecho y de su ejercicio.

2404 "El hombre, al servirse de esos bienes, debe considerar las cosas externas que posee legítimamente no sólo como suyas, sino también como comunes, en el sentido de que han de aprovechar no sólo a él, sino también a los demás" (GS 69, 1). La propiedad de un bien hace de su dueño un administrador de la providencia para   307
hacerlo fructificar y comunicar sus beneficios a otros, ante todo a sus próximos.

2405 Los bienes de producción –materiales o inmateriales– como tierras o fábricas, profesiones o artes, requieren los cuidados de sus poseedores para que su fecundidad aproveche al mayor número de personas. Los poseedores de bienes de uso y consumo deben usarlos con templanza reservando la mejor parte al huésped, al enfermo, al pobre.

2406   La *autoridad política* tiene el derecho y el deber de regular   1903
en función del bien común el ejercicio legítimo del derecho de propiedad (cf GS 71, 4; SRS 42; CA 40; 48).

II   EL RESPETO DE LAS PERSONAS Y DE SUS BIENES

2407   En materia económica el respeto de la dignidad humana exige la práctica de la virtud de la *templanza,* para moderar el ape-   1809
go a los bienes de este mundo; de la *justicia*, para preservar los de-   1807
rechos del prójimo y darle lo que le es debido; y de la *solidaridad*,   1839
siguiendo la regla de oro y según la generosidad del Señor, que "siendo rico, por vosotros se hizo pobre a fin de que os enriquecierais con su pobreza" (2 Co 8, 9).

El respeto de los bienes ajenos

2408   El séptimo mandamiento prohíbe el *robo*, es decir, la usurpación del bien ajeno contra la voluntad razonable de su dueño. No hay robo si el consentimiento puede ser presumido o si el rechazo es contrario a la razón y al destino universal de los bienes. Es el caso de la necesidad urgente y evidente en que el único medio de remediar las necesidades inmediatas y esenciales (alimento, vivienda, vestido...) es disponer y usar de los bienes ajenos (cf GS 69, 1).

2409   Toda forma de tomar o retener injustamente el bien ajeno, aunque no contradiga las disposiciones de la ley civil, es contraria al séptimo mandamiento. Así, retener deliberadamente bienes prestados u objetos perdidos, defraudar en el ejercicio del comercio (cf Dt 25, 13-16), pagar salarios injustos (cf Dt 24, 14-15; St 5, 4), elevar los precios especulando con la ignorancia o la necesidad ajenas (cf Am 8, 4-6).

1867

Son también moralmente ilícitos, la especulación mediante la cual se pretende hacer variar artificialmente la valoración de los bienes con el fin de obtener un beneficio en detrimento ajeno; la corrupción mediante la cual se vicia el juicio de los que deben tomar decisiones conforme a derecho; la apropiación y el uso privados de los bienes sociales de una empresa; los trabajos mal hechos, el fraude fiscal, la falsificación de cheques y facturas, los gastos excesivos, el despilfarro. Infligir voluntariamente un daño a las propiedades privadas o públicas es contrario a la ley moral y exige reparación.

2101   **2410**   Las *promesas* deben ser cumplidas, y los *contratos* rigurosamente observados en la medida en que el compromiso adquirido es moralmente justo. Una parte notable de la vida económica y social depende del valor de los contratos entre personas físicas o morales. Así, los contratos comerciales de venta o compra, los contratos de arriendo o de trabajo. Todo contrato debe ser hecho y ejecutado de buena fe.

1807   **2411**   Los contratos están sometidos a la *justicia conmutativa*, que regula los intercambios entre las personas en el respeto exacto de sus derechos. La justicia conmutativa obliga estrictamente; exige la salvaguardia de los derechos de propiedad, el pago de las deudas y el cumplimiento de obligaciones libremente contraídas. Sin justicia conmutativa no es posible ninguna otra forma de justicia.

La justicia *conmutativa* se distingue de la justicia *legal*, que se refiere a lo que el ciudadano debe equitativamente a la comunidad, y de la justicia *distributiva* que regula lo que la comunidad debe a los ciudadanos en proporción a sus contribuciones y a sus necesidades.

2412 En virtud de la justicia conmutativa, la *reparación de la injusticia* cometida exige la restitución del bien robado a su propietario:

1459

Jesús bendijo a Zaqueo por su resolución: "Si en algo defraudé a alguien, le devolveré el cuádruplo" (Lc 19, 8). Los que, de manera directa o indirecta, se han apoderado de un bien ajeno, están obligados a restituirlo o a devolver el equivalente en naturaleza o en especie si la cosa ha desaparecido, así como los frutos y beneficios que su propietario hubiera obtenido legítimamente de ese bien. Están igualmente obligados a restituir, en proporción a su responsabilidad y al beneficio obtenido, todos los que han participado de alguna manera en el robo, o que se han aprovechado de él a sabiendas; por ejemplo, quienes lo hayan ordenado o ayudado o encubierto.

2487

2413 Los *juegos de azar* (de cartas, etc.) o las apuestas no son en sí mismos contrarios a la justicia. No obstante, resultan moralmente inaceptables cuando privan a la persona de lo que le es necesario para atender a sus necesidades o las de los demás. La pasión del juego corre peligro de convertirse en una grave servidumbre. Apostar injustamente o hacer trampas en los juegos constituye una materia grave, a no ser que el daño infligido sea tan leve que quien lo padece no pueda razonablemente considerarlo significativo.

2414 El séptimo mandamiento proscribe los actos o empresas que, por una u otra razón, egoísta o ideológica, mercantil o totalitaria, conducen a *esclavizar seres humanos*, a menospreciar su dignidad personal, a comprarlos, a venderlos y a cambiarlos como mercancía. Es un pecado contra la dignidad de las personas y sus derechos fundamentales reducirlos por la violencia a la condición de objeto de consumo o a una fuente de beneficio. S. Pablo ordenaba a un amo cristiano que tratase a su esclavo cristiano "no como esclavo, sino... como un hermano... en el Señor" (Flm 16).

2297

El respeto de la integridad de la creación

2415 El séptimo mandamiento exige el respeto de la integridad de la creación. Los animales, como las plantas y los seres inanimados, están naturalmente destinados al bien común de la humanidad pasada, presente y futura (cf Gn 1, 28-31). El uso de los recursos minerales, vegetales y animales del universo no puede ser separado del respeto a las exigencias morales. El dominio concedido por el Creador al hombre sobre los seres inanimados y los seres vivos no es absoluto; está regulado por el cuidado de la calidad de la vida del prójimo incluyendo la de las generaciones venideras; exige un respeto religioso de la integridad de la creación (cf CA 37-38).

226; 358

373

378

2416 Los *animales* son criaturas de Dios, que los rodea de su solicitud providencial (cf Mt 6, 16). Por su simple existencia, lo bendicen y le dan gloria (cf Dn 3, 57-58). También los hombres les deben aprecio. Recuérdese con qué delicadeza trataban a los animales S. Francisco de Asís o S. Felipe Neri.

2417 Dios confió los animales a la administración del que fue creado por él a su imagen (cf Gn 2, 19-20; 9, 1-4). Por tanto, es legítimo servirse de los animales para el alimento y la confección de vestidos. Se los puede domesticar para que ayuden al hombre en sus trabajos y en sus ocios. Los experimentos médicos y científicos en animales, si se mantienen en límites razonables, son prácticas moralmente aceptables, pues contribuyen a cuidar o salvar vidas humanas.

2418 Es contrario a la dignidad humana hacer sufrir inútilmente a los animales y sacrificar sin necesidad sus vidas. Es también indigno invertir en ellos sumas que deberían remediar más bien la miseria de los hombres. Se puede amar a los animales; pero no se puede desviar hacia ellos el afecto debido únicamente a los seres humanos.

III   LA DOCTRINA SOCIAL DE LA IGLESIA

2419 "La revelación cristiana... nos conduce a una comprensión más profunda de las leyes de la vida social" (GS 23, 1). La Iglesia recibe del Evangelio la plena revelación de la verdad del hombre. Cuando cumple su misión de anunciar el Evangelio, enseña al hombre, en nombre de Cristo, su dignidad propia y su vocación a la comunión de las personas; y le descubre las exigencias de la justicia y de la paz, conformes a la sabiduría divina.

2420 La Iglesia expresa un juicio moral, en materia económica y social, "cuando lo exigen los derechos fundamentales de la persona o la salvación de las almas" (GS 76, 5). En el orden de la moralidad, la Iglesia ejerce una misión distinta de la que ejercen las autoridades políticas: ella se ocupa de los aspectos temporales del bien común a causa de su ordenación al supremo Bien, nuestro fin último. Se esfuerza por inspirar las actitudes justas en el uso de los bienes terrenos y en las relaciones socioeconómicas.

2421 La doctrina social de la Iglesia se desarrolló en el siglo XIX, cuando se produce el encuentro entre el Evangelio y la sociedad industrial moderna, sus nuevas estructuras para producción de bienes de consumo, su nueva concepción de la sociedad, del Estado y de la autoridad, sus nuevas formas de trabajo y de propiedad. El desarrollo de la doctrina de la Iglesia en materia económica y social da testimonio del valor permanente de la enseñanza de la Iglesia, al mismo tiempo que del sentido verdadero de su Tradición siempre viva y activa (cf CA 3).

Marginal references: 344, 2234, 2446, 1960, 359, 2032, 2246

2422 La enseñanza social de la Iglesia contiene un cuerpo de doctrina que se articula a medida que la Iglesia interpreta los acontecimientos a lo largo de la historia, a la luz del conjunto de la palabra revelada por Cristo Jesús y con la asistencia del Espíritu Santo (cf SRS 1; 41). Esta enseñanza resultará tanto más aceptable para los hombres de buena voluntad cuanto más inspire la conducta de los fieles.

2044

2423 La doctrina social de la Iglesia propone principios de reflexión, extrae criterios de juicio, da orientaciones para la acción:

Todo sistema según el cual las relaciones sociales deben estar determinadas enteramente por los factores económicos, resulta contrario a la naturaleza de la persona humana y de sus actos (cf CA 24).

2424 Una teoría que hace del lucro la norma exclusiva y el fin último de la actividad económica es moralmente inaceptable. El apetito desordenado de dinero no deja de producir efectos perniciosos. Es una de las causas de los numerosos conflictos que perturban el orden social (cf GS 63, 3; LE 7; CA 35).

2317

Un sistema que "sacrifica los derechos fundamentales de la persona y de los grupos en aras de la organización colectiva de la producción" es contrario a la dignidad del hombre (cf GS 65). Toda práctica que reduce a las personas a no ser más que medios con vistas al lucro esclaviza al hombre, conduce a la idolatría del dinero y contribuye a difundir el ateísmo. "No podéis servir a Dios y al dinero" (Mt 6, 24; Lc 16, 13).

2425 La Iglesia ha rechazado las ideologías totalitarias y ateas asociadas en los tiempos modernos al "comunismo" o "socialismo". Por otra parte, ha rechazado en la práctica del "capitalismo" el individualismo y la primacía absoluta de la ley de mercado sobre el trabajo humano (cf CA 10, 13.44). La regulación de la economía por la sola planificación centralizada pervierte en su base los vínculos sociales; su regulación únicamente por la ley de mercado quebranta la justicia social, porque "existen numerosas necesidades humanas que no pueden ser satisfechas por el mercado" (CA 34). Es preciso promover una regulación razonable del mercado y de las iniciativas económicas, según una justa jerarquía de valores y con vistas al bien común.

676

1886

IV   LA ACTIVIDAD ECONOMICA Y LA JUSTICIA SOCIAL

2426 El desarrollo de las actividades económicas y el crecimiento de la producción están destinados a satisfacer las necesidades de los seres humanos. La vida económica no tiende solamente a multiplicar los bienes producidos y a aumentar el lucro o el poder; está ordenada ante todo al servicio de las personas, del hombre entero y de toda la comunidad humana. La actividad económica dirigida según sus propios métodos, debe moverse no obstante

1928   dentro de los límites del orden moral, según la justicia social, a fin
        de responder al plan de Dios sobre el hombre (cf GS 64).

307   **2427**   El *trabajo humano* procede directamente de personas crea-
        das a imagen de Dios y llamadas a prolongar, unidas y para mutuo
378   beneficio, la obra de la creación dominando la tierra (cf Gn 1, 28;
        GS 34; CA 31). El trabajo es, por tanto, un deber: "Si alguno no
        quiere trabajar, que tampoco coma" (2 Ts 3, 10; cf. 1 Ts 4, 11). El
        trabajo honra los dones del Creador y los talentos recibidos. Puede
        ser también redentor. Soportando el peso del trabajo (cf Gn 3, 14-
531   19), en unión con Jesús, el carpintero de Nazaret y el crucificado
        del Calvario, el hombre colabora en cierta manera con el Hijo de
        Dios en su obra redentora. Se muestra como discípulo de Cristo
        llevando la Cruz cada día, en la actividad que está llamado a reali-
        zar (cf LE 27). El trabajo puede ser un medio de santificación y de
        animación de las realidades terrenas en el espíritu de Cristo.

2834   **2428**   En el trabajo, la persona ejerce y aplica una parte de las
        capacidades inscritas en su naturaleza. El valor primordial del
        trabajo pertenece al hombre mismo, que es su autor y su destinata-
2185   rio. El trabajo es para el hombre y no el hombre para el trabajo (cf
        LE 6).

        Cada cual debe poder sacar del trabajo los medios para
        sustentar su vida y la de los suyos, y para prestar servicio a la co-
        munidad humana.

        2429   Cada uno tiene el *derecho de iniciativa económica*, y po-
        drá usar legítimamente de sus talentos para contribuir a una abun-
        dancia provechosa para todos, y para recoger los justos frutos de
        sus esfuerzos. Deberá ajustarse a las reglamentaciones dictadas por
        las autoridades legítimas con miras al bien común (cf CA 32; 34).

        2430   La *vida económica* se ve afectada por intereses diversos,
        con frecuencia opuestos entre sí. Así se explica el surgimiento de
        conflictos que la caracterizan (cf LE 11). Será preciso esforzarse pa-
        ra reducir estos últimos mediante la negociación, que respete los de-
        rechos y los deberes de cada parte: los responsables de las empresas,
        los representantes de los trabajadores, por ejemplo, de las organiza-
        ciones sindicales y, en caso necesario, los poderes públicos.

        2431   La *responsabilidad del Estado*. "La actividad económica, en
        particular la economía de mercado, no puede desenvolverse en me-
        dio de un vacío institucional, jurídico y político. Por el contrario su-
        pone una seguridad que garantiza la libertad individual y la propie-
        dad, además de un sistema monetario estable y servicios públicos

eficientes. La primera incumbencia del Estado es, pues, la de garantizar esa seguridad, de manera que quien trabaja y produce pueda gozar de los frutos de su trabajo y, por tanto, se sienta estimulado a realizarlo eficiente y honestamente... Otra incumbencia del Estado es la de vigilar y encauzar el ejercicio de los derechos humanos en el sector económico; pero en este campo la primera responsabilidad no es del Estado, sino de cada persona y de los diversos grupos y asociaciones en que se articula la sociedad" (CA 48). 1908 1883

2432 A los *responsables de las empresas* les corresponde ante la sociedad la responsabilidad económica y ecológica de sus operaciones (CA 37). Están obligados a considerar el bien de las personas y no solamente el aumento de las *ganancias*. Sin embargo, éstas son necesarias; permiten realizar las inversiones que aseguran el porvenir de las empresas, y garantizan los puestos de trabajo. 2415

2433 El *acceso al trabajo* y a la profesión debe estar abierto a todos sin discriminación injusta, a hombres y mujeres, sanos y disminuidos, autóctonos e inmigrados (cf LE 19; 22-23). Habida consideración de las circunstancias, la sociedad debe por su parte ayudar a los ciudadanos a procurarse un trabajo y un empleo (cf CA 48).

2434 El *salario justo* es el fruto legítimo del trabajo. Negarlo o retenerlo puede constituir una grave injusticia (cf Lv 19, 13; Dt 24, 14-15; St 5, 4). Para determinar la justa remuneración se han de tener en cuenta a la vez las necesidades y las contribuciones de cada uno. "El trabajo debe ser remunerado de tal modo que se den al hombre posibilidades de que él y los suyos vivan dignamente su vida material, social, cultural y espiritual, teniendo en cuenta la tarea y la productividad de cada uno, así como las condiciones de la empresa y el bien común" (GS 67, 2). El acuerdo de las partes no basta para justificar moralmente la cuantía del salario. 1867

2435 La *huelga* es moralmente legítima cuando constituye un recurso inevitable, si no necesario para obtener un beneficio proporcionado. Resulta moralmente inaceptable cuando va acompañada de violencias o también cuando se lleva a cabo en función de objetivos no directamente vinculados con las condiciones del trabajo o contrarios al bien común.

2436 Es injusto no pagar a los organismos de seguridad social las *cotizaciones* establecidas por las autoridades legítimas.

La *privación de empleo* a causa de la huelga es casi siempre para su víctima un atentado contra su dignidad y una amenaza para el equilibrio de la vida. Además del daño personal padecido, de esa privación se derivan riesgos numerosos para su hogar (cf LE 18).

V   JUSTICIA Y SOLIDARIDAD ENTRE LAS NACIONES

1938   **2437**   En el plano internacional la desigualdad de los recursos y de los medios económicos es tal que crea entre las naciones un verdadero "abismo" (SRS 14). Por un lado están los que poseen y desarrollan los medios de crecimiento, y por otro, los que acumulan deudas.

2438   Diversas causas, de naturaleza religiosa, política, económica y financiera, confieren hoy a la cuestión social "una dimensión mundial" (SRS 9). Es necesaria la solidaridad entre las naciones cuyas políticas son ya interdependientes. Es todavía más indispensable cuando se trata de acabar con los "mecanismos perversos" que obstaculizan el desarrollo de los países menos avanzados (cf SRS 17; 45). Es preciso sustituir los sistemas financieros abusivos, si no usurarios (cf CA 35), las relaciones comerciales inicuas entre las naciones, la carrera de armamentos, por un esfuerzo común para movilizar los recursos hacia objetivos de desarrollo moral, cultural y económico "redefiniendo las prioridades y las escalas de valores" (CA 28).

1911

2315

2439   Las *naciones ricas* tienen una responsabilidad moral grave respecto a las que no pueden por sí mismas asegurar los medios de su desarrollo, o han sido impedidas de realizarlo por trágicos acontecimientos históricos. Es un deber de solidaridad y de caridad; es también una obligación de justicia si el bienestar de las naciones ricas procede de recursos que no han sido pagados con justicia.

2440   La *ayuda directa* constituye una respuesta apropiada a necesidades inmediatas, extraordinarias, causadas por ejemplo por catástrofes naturales, epidemias, etc. Pero no basta para reparar los graves daños que resultan de situaciones de indigencia ni para remediar de forma duradera las necesidades. Es preciso también *reformar las instituciones* económicas y financieras internacionales para que promuevan y potencien relaciones equitativas con los países menos desarrollados (cf SRS 16). Es preciso sostener el esfuerzo de los países pobres que trabajan por su crecimiento y su liberación (cf CA 26). Esta doctrina exige ser aplicada de manera muy particular en el ámbito del trabajo agrícola. Los campesinos, sobre todo en el Tercer Mundo, forman la masa mayoritaria de los pobres.

2441 Acrecentar el sentido de Dios y el conocimiento de sí mismo constituye la base de todo *desarrollo completo de la sociedad humana*. Este multiplica los bienes materiales y los pone al servicio de la persona y de su libertad. Disminuye la miseria y la explotación económicas. Hace crecer el respeto de las identidades culturales y la apertura a la trascendencia (cf SRS 32; CA 51).

1908

2442 No corresponde a los pastores de la Iglesia intervenir directamente en la actividad política y en la organización de la vida social. Esta tarea forma parte de la vocación de los *fieles laicos*, que actúan por su propia iniciativa con sus conciudadanos. La acción social puede implicar una pluralidad de vías concretas. Deberá atender siempre al bien común y ajustarse al mensaje evangélico y a la enseñanza de la Iglesia. Pertenece a los fieles laicos "animar, con su compromiso cristiano, las realidades y, en ellas, procurar ser testigos y operadores de paz y de justicia" (SRS 47; cf 42).

899

VI   EL AMOR DE LOS POBRES

2544-2547

2443 Dios bendice a los que ayudan a los pobres y reprueba a los que se niegan a hacerlo: "A quien te pide da, al que desee que le prestes algo no le vuelvas la espalda" (Mt 5, 42). "Gratis lo recibisteis, dadlo gratis" (Mt 10, 8). Jesucristo reconocerá a sus elegidos en lo que hayan hecho por los pobres (cf Mt 25, 31-36). La buena nueva "anunciada a los pobres" (Mt 11, 5; Lc 4, 18) es el signo de la presencia de Cristo.

786
525; 544; 853

2444 "El amor de la Iglesia por los pobres... pertenece a su constante tradición" (CA 57). Está inspirado en el Evangelio de las bienaventuranzas (cf Lc 6, 20-22), en la pobreza de Jesús (cf Mt 8, 20), y en su atención a los pobres (cf Mc 12, 41-44). El amor a los pobres es también uno de los motivos del deber de trabajar, con el fin de "hacer partícipe al que se halle en necesidad" (Ef 4, 28). No abarca sólo la pobreza material, sino también las numerosas formas de pobreza cultural y religiosa (cf CA 57).

1716

2445 El amor a los pobres es incompatible con el amor desordenado de las riquezas o su uso egoísta:

2536

> Ahora bien, vosotros, ricos, llorad y dad alaridos por las desgracias que están para caer sobre vosotros. Vuestra riqueza está podrida y vuestros vestidos están apolillados; vuestro oro y vuestra plata están tomados de herrumbre y su herrumbre será testimonio contra vosotros y devorará vuestras carnes como fuego. Habéis acumulado riquezas en estos días que son los últimos. Mirad: el salario que no habéis pagado a los obreros que segaron

2547

vuestros campos está gritando; y los gritos de los segadores han llegado a los oídos del Señor de los ejércitos. Habéis vivido sobre la tierra regaladamente y os habéis entregado a los placeres; habéis hartado vuestros corazones en el día de la matanza. Condenasteis y matasteis al justo; él no os resiste (St 5, 1-6).

2446 S. Juan Crisóstomo lo recuerda vigorosamente: "No hacer participar a los pobres de los propios bienes es robarles y quitarles 2402 la vida. Lo que poseemos no son bienes nuestros, sino los suyos" (Laz. 1, 6). Es preciso "satisfacer ante todo las exigencias de la justicia, de modo que no se ofrezca como ayuda de caridad lo que ya se debe a título de justicia" (AA 8):

> Cuando damos a los pobres las cosas indispensables no les hacemos liberalidades personales, sino que les devolvemos lo que es suyo. Más que realizar un acto de caridad, lo que hacemos es cumplir un deber de justicia (S. Gregorio Magno, past. 3, 21).

1460 **2447** Las *obras de misericordia* son acciones caritativas mediante las cuales ayudamos a nuestro prójimo en sus necesidades corporales y espirituales (cf Is 58, 6-7; Hb 13, 3). Instruir, aconsejar, consolar, confortar, son obras de misericordia espiritual, como también lo son perdonar y sufrir con paciencia. Las obras de misericordia corporales consisten especialmente en dar de comer al hambriento, dar techo a quien no lo tiene, vestir al desnudo, visitar 1038 a los enfermos y a los presos, enterrar a los muertos (cf Mt 25, 31- 1969 46). Entre estas obras, la limosna hecha a los pobres (cf Tb 4, 5- 11; Si 17, 22) es uno de los principales testimonios de la caridad fraterna; es también una práctica de justicia que agrada a Dios (cf Mt 6, 2-4):

> El que tenga dos túnicas que las reparta con el que no tiene; el que tenga para comer que haga lo mismo (Lc 3, 11). Dad más bien en limosna lo que tenéis, y así todas las cosas serán puras para vosotros (Lc 11, 41). Si un hermano o una hermana están desnudos y carecen del sustento diario, y alguno de vosotros les dice: "Id en paz, calentaos o hartaos", pero no les dais lo necesa-
> 1004 rio para el cuerpo, ¿de qué sirve? (St 2, 15-16; cf 1 Jn 3, 17).

2448 "Bajo sus múltiples formas –indigencia material, opresión injusta, enfermedades físicas o psíquicas y, por último, la muerte–, 596 *la miseria humana* es el signo manifiesto de la debilidad congénita en que se encuentra el hombre tras el primer pecado y de la necesidad que tiene de salvación. Por ello, la miseria humana atrae la compasión de Cristo Salvador, que la ha querido cargar sobre sí e identificarse con los 'más pequeños de sus hermanos'. También 1586 por ello, los oprimidos por la miseria son objeto de un *amor de preferencia* por parte de la Iglesia, que, desde los orígenes, y a pesar de los fallos de muchos de sus miembros, no ha cesado de trabajar para aliviarlos, defenderlos y liberarlos. Lo ha hecho mediante innumerables obras de beneficiencia, que siempre y en todo lugar continúan siendo indispensables" (CDF, instr. "Libertatis conscientia" 68).

2449 En el Antiguo Testamento, toda una serie de medidas jurídicas (año jubilar, prohibición del préstamo a interés, retención de la prenda, obligación del diezmo, pago cotidiano del jornalero, derecho de rebusca después de la vendimia y la siega) corresponden a la exhortación del Deuteronomio: "Ciertamente nunca faltarán pobres en este país; por esto te doy yo este mandamiento: debes abrir tu mano a tu hermano, a aquél de los tuyos que es indigente y pobre en tu tierra" (Dt 15, 11). Jesús hace suyas estas palabras: "Porque pobres siempre tendréis con vosotros; pero a mí no siempre me tendréis" (Jn 12, 8). Con esto, no hace caduca la vehemencia de los oráculos antiguos: "comprando por dinero a los débiles y al pobre por un par de sandalias..." (Am 8, 6), sino que nos invita a reconocer su presencia en los pobres que son sus hermanos (cf Mt 25, 40):

1397

> El día en que su madre le reprendió por atender en la casa a pobres y enfermos, Santa Rosa de Lima le contestó: "Cuando servimos a los pobres y a los enfermos, servimos a Jesús. No debemos cansarnos de ayudar a nuestro prójimo, porque en ellos servimos a Jesús".

786

RESUMEN

2450 *"No robarás" (Dt 5, 19). "Ni los ladrones, ni los avaros..., ni los rapaces heredarán el Reino de Dios" (1 Co 6, 10).*

2451 *El séptimo mandamiento prescribe la práctica de la justicia y de la caridad en el uso de los bienes terrenos y de los frutos del trabajo de los hombres.*

2452 *Los bienes de la creación están destinados a todo el género humano. El derecho a la propiedad privada no anula el destino universal de los bienes.*

2453 *El séptimo mandamiento prohíbe el robo. El robo es la usurpación del bien ajeno contra la voluntad razonable de su dueño.*

2454 *Toda manera de tomar y de usar injustamente un bien ajeno es contraria al séptimo mandamiento. La injusticia cometida exige reparación. La justicia conmutativa impone la restitución del bien robado.*

2455   *La ley moral prohíbe los actos que, con fines mercantiles o totalitarios, llevan a esclavizar a los seres humanos, a comprarlos, venderlos y cambiarlos como si fueran mercaderías.*

2456   *El dominio, concedido por el Creador, sobre los recursos minerales, vegetales y animales del universo, no puede ser separado del respeto de las obligaciones morales frente a todos los hombres, incluidos los de las generaciones venideras.*

2457   *Los animales están confiados a la administración del hombre que les debe benevolencia. Pueden servir a la justa satisfacción de las necesidades del hombre.*

2458   *La Iglesia pronuncia un juicio en materia económica y social cuando lo exigen los derechos fundamentales de la persona o la salvación de las almas. Cuida del bien común temporal de los hombres en razón de su ordenación al supremo Bien, nuestro fin último.*

2459   *El hombre es el autor, el centro y el fin de toda la vida económica y social. El punto decisivo de la cuestión social estriba en que los bienes creados por Dios para todos lleguen de hecho a todos, según la justicia y con la ayuda de la caridad.*

2460   *El valor primordial del trabajo atañe al hombre mismo que es su autor y su destinatario. Mediante su trabajo, el hombre participa en la obra de la creación. Unido a Cristo, el trabajo puede ser redentor.*

2461   *El desarrollo verdadero es el del hombre en su integridad. Se trata de hacer crecer la capacidad de cada persona a fin de responder a su vocación y, por lo tanto, a la llamada de Dios (cf CA 29).*

2462   *La limosna hecha a los pobres es un testimonio de caridad fraterna; es también una práctica de justicia que agrada a Dios.*

2463   *En la multitud de seres humanos sin pan, sin techo, sin patria, hay que reconocer a Lázaro, el mendigo hambriento de la parábola (cf Lc 16, 19-31). En dicha multitud hay que oír a Jesús que dice: "Cuanto dejasteis de hacer con uno de éstos, también conmigo dejasteis de hacerlo" (Mt 25, 45).*

Artículo 8   **EL OCTAVO MANDAMIENTO**

No darás testimonio falso contra tu prójimo (Ex 20, 16).

Se dijo a los antepasados: No perjurarás, sino que cumplirás al Señor tus juramentos (Mt 5, 33).

2464 El octavo mandamiento prohíbe falsear la verdad en las relaciones con el prójimo. Este precepto moral deriva de la vocación del pueblo santo a ser testigo de su Dios, que es y que quiere la verdad. Las ofensas a la verdad expresan, mediante palabras o acciones, un rechazo a comprometerse con la rectitud moral: son infidelidades básicas frente a Dios y, en este sentido, socavan las bases de la Alianza.

I   VIVIR EN LA VERDAD

2465 El Antiguo Testamento lo proclama: *Dios es fuente de toda verdad.* Su Palabra es verdad (cf Pr 8, 7; 2 S 7, 28). Su ley es verdad (cf Sal 119, 142). "Tu verdad, de edad en edad" (Sal 119, 90; Lc 1, 50). Puesto que Dios es el "Veraz" (Rm 3, 4), los miembros de su pueblo son llamados a vivir en la verdad (cf Sal 119, 30).   215

2466 En Jesucristo la verdad de Dios se manifestó en plenitud. "Lleno de gracia y de verdad" (Jn 1, 14), él es la "luz del mundo" (Jn 8, 12), *la Verdad* (cf Jn 14, 6). El que cree en él, no permanece en las tinieblas (cf Jn 12, 46). El discípulo de Jesús, "permanece en su palabra", para conocer "la verdad que hace libre" (cf Jn 8, 31-32) y que santifica (cf Jn 17, 17). Seguir a Jesús es vivir del "Espíritu de verdad" (Jn 14, 17) que el Padre envía en su nombre (cf Jn 14, 26) y que conduce "a la verdad completa" (Jn 16, 13). Jesús enseña a sus discípulos el amor incondicional de la verdad: "Sea   2153 vuestro lenguaje: 'sí, sí'; 'no, no'" (Mt 5, 37).

2467 El hombre busca naturalmente la verdad. Está obligado a honrarla y atestiguarla: "Todos los hombres, conforme a su dignidad, por ser personas..., se ven impulsados, por su misma naturaleza, a buscar la verdad y, además, tienen la obligación moral de hacerlo, sobre todo con respecto a la verdad religiosa. Están obliga-   2104 dos también a adherirse a la verdad una vez que la han conocido y a ordenar toda su vida según sus exigencias" (DH 2).

2468 La verdad como rectitud de la acción y de la palabra humana, tiene por nombre *veracidad*, sinceridad o franqueza. La verdad o veracidad es la virtud que consiste en mostrarse veraz en los   1458 propios actos y en decir verdad en sus palabras, evitando la duplicidad, la simulación y la hipocresía.

2469   "Los hombres no podrían vivir juntos si no tuvieran *confianza recíproca, es decir, si no se manifestasen la verdad"* (S. Tomás de A., s. th. 2-2, 109, 3 ad 1). La virtud de la veracidad da justamente al prójimo lo que le es debido; observa un justo medio entre lo que debe ser expresado y el secreto que debe ser guardado: implica la honradez y la discreción. En justicia, "un hombre debe honestamente a otro la manifestación de la verdad" (S. Tomás de A., s. th. 2-2, 109, 3).

1807

2470   El discípulo de Cristo acepta "vivir en la verdad", es decir, en la simplicidad de una vida conforme al ejemplo del Señor y permaneciendo en su Verdad. "Si decimos que estamos en comunión con él, y caminamos en tinieblas, mentimos y no obramos conforme a la verdad" (1 Jn 1, 6).

II   "DAR TESTIMONIO DE LA VERDAD"

2471   Ante Pilato, Cristo proclama que había "venido al mundo: para dar testimonio de la verdad" (Jn 18, 37). El cristiano no debe "avergonzarse de dar testimonio del Señor" (2 Tm 1, 8). En las situaciones que exigen dar testimonio de la fe, el cristiano debe profesarla sin ambigüedad, a ejemplo de S. Pablo ante sus jueces. Debe guardar una "conciencia limpia ante Dios y ante los hombres" (Hch 24, 16).

1816

2472   El deber de los cristianos de tomar parte en la vida de la Iglesia, los impulsa a actuar como *testigos del Evangelio* y de las obligaciones que de él se derivan. Este testimonio es transmisión de la fe en palabras y obras. El testimonio es un acto de justicia que establece o da a conocer la verdad (cf Mt 18, 16):

863; 905

1807

> Todos los fieles cristianos, dondequiera que vivan, están obligados a manifestar con el ejemplo de su vida y el testimonio de su palabra al hombre nuevo de que se revistieron por el bautismo y la fuerza del Espíritu Santo que les ha fortalecido con la confirmación (AG 11).

852

2473   El *martirio* es el supremo testimonio de la verdad de la fe; designa un testimonio que llega hasta la muerte. El mártir da testimonio de Cristo, muerto y resucitado, al cual está unido por la caridad. Da testimonio de la verdad de la fe y de la doctrina cristiana. Soporta la muerte mediante un acto de fortaleza. "Dejadme ser pasto de las fieras. Por ellas me será dado llegar a Dios" (S. Ignacio de Antioquía, Rom 4, 1).

1808

1258

2474   Con el más exquisito cuidado, la Iglesia ha recogido los recuerdos de quienes llegaron hasta el extremo para dar testimonio de su fe. Son las actas de los Mártires, que constituyen los archivos de la Verdad escritos con letras de sangre:

> No me servirá nada de los atractivos del mundo ni de los 1011
> reinos de este siglo. Es mejor para mí morir (para unirme) a
> Cristo Jesús que reinar hasta los confines de la tierra. Es a El a
> quien busco, a quien murió por nosotros. A El quiero, al que resucitó por nosotros. Mi nacimiento se acerca... (S. Ignacio de
> Antioquía, Rom. 6, 1-2).

> Te bendigo por haberme juzgado digno de este día y esta
> hora, digno de ser contado en el número de tus mártires... Has
> cumplido tu promesa, Dios de la fidelidad y de la verdad. Por
> esta gracia y por todo te alabo, te bendigo, te glorifico por el
> eterno y celestial Sumo Sacerdote, Jesucristo, tu Hijo amado.
> Por El, que está contigo y con el Espíritu, te sea dada gloria ahora y en los siglos venideros. Amén. (S. Policarpo, mart. 14, 2-3).

III   LAS OFENSAS A LA VERDAD

2475   Los discípulos de Cristo se han "revestido del Hombre Nuevo, creado según Dios en la justicia y santidad de la verdad" (Ef 4, 24). "Desechando la mentira" (Ef 4, 25), deben "rechazar toda malicia y todo engaño, hipocresías, envidias y toda clase de maledicencias" (1 P 2, 1).

2476   *Falso testimonio y perjurio.* Una afirmación contraria a la   2152
verdad posee una gravedad particular cuando se hace públicamente. Ante un tribunal viene a ser un falso testimonio (cf Pr 19, 9). Cuando es pronunciada bajo juramento se trata de perjurio. Estas maneras de obrar contribuyen a condenar a un inocente, a disculpar a un culpable o a aumentar la sanción en que ha incurrido el acusado (cf Pr 18, 5); comprometen gravemente el ejercicio de la justicia y la equidad de la sentencia pronunciada por los jueces.

2477   El *respeto de la reputación* de las personas prohíbe toda actitud y toda palabra susceptibles de causarles un daño injusto (cf CIC can. 220). Se hace culpable

– de *juicio temerario* el que, incluso tácitamente, admite como verdadero, sin tener para ellos fundamento suficiente, un defecto moral en el prójimo;

– de *maledicencia* el que, sin razón objetivamente válida, manifiesta los defectos y las faltas de otros a personas que los ignoran (cf Si 21, 28);

– de *calumnia* el que, mediante palabras contrarias a la verdad, daña la reputación de otros y da ocasión a juicios falsos respecto a ellos.

2478   Para evitar el juicio temerario, cada uno debe interpretar, en cuanto sea posible, en un sentido favorable los pensamientos, palabras y acciones de su prójimo:

> Todo buen cristiano ha de ser más pronto a salvar la proposición del prójimo, que a condenarla; y si no la puede salvar, inquirirá cómo la entiende, y si mal la entiende, corríjale con amor; y si no basta, busque todos los medios convenientes para que, bien entendiéndola, se salve (S. Ignacio de Loyola, ex. spir. 22).

2479   La maledicencia y la calumnia destruyen la *reputación* y el *honor del prójimo*. Ahora bien, el honor es el testimonio social dado a la dignidad humana y cada uno posee un derecho natural al honor de su nombre, a su reputación y a su respeto. Así, la maledicencia y la calumnia lesionan las virtudes de la justicia y de la caridad.

1753

2480   Debe proscribirse toda palabra o actitud que, por *halago, adulación o complacencia*, alienta y confirma a otro en la malicia de sus actos y en la perversidad de su conducta. La adulación es una falta grave si se hace cómplice de vicios o pecados graves. El deseo de prestar un servicio o la amistad no justifica una doblez del lenguaje. La adulación es un pecado venial cuando sólo desea hacerse grato, evitar un mal, remediar una necesidad u obtener ventajas legítimas.

2481   La *vanagloria* o *jactancia* constituye una falta contra la verdad. Lo mismo sucede con la *ironía* que trata de ridiculizar a uno caricaturizando de manera malévola tal o cual aspecto de su comportamiento.

2482   "La *mentira* consiste en decir falsedad con intención de engañar" (S. Agustín, mend. 4, 5). El Señor denuncia en la mentira una obra diabólica: "Vuestro padre es el diablo... porque no hay verdad en él; cuando dice la mentira, dice lo que le sale de dentro, porque es mentiroso y padre de la mentira" (Jn 8, 44).

392

2483   La mentira es la ofensa más directa contra la verdad. Mentir es hablar u obrar contra la verdad para inducir a error al que tiene el derecho de conocerla. Lesionando la relación del hombre con la verdad y con el prójimo, la mentira ofende el vínculo fundamental del hombre y de su palabra con el Señor.

2484   La *gravedad de la mentira* se mide según la naturaleza de la verdad que deforma, según las circunstancias, las intenciones del que la comete, y los daños padecidos por los que resultan perjudicados. Si la mentira en sí sólo constituye un pecado venial, sin embargo llega a ser mortal cuando lesiona gravemente las virtudes de la justicia y la caridad.

1750

2485 La mentira es condenable por su misma naturaleza. Es una 1756 profanación de la palabra cuyo objeto es comunicar a otros la verdad conocida. La intención deliberada de inducir al prójimo a error mediante palabras contrarias a la verdad constituye una falta contra la justicia y la caridad. La culpabilidad es mayor cuando la intención de engañar corre el riesgo de tener consecuencias funestas para los que son desviados de la verdad.

2486 La mentira, por ser una violación de la virtud de la veracidad, es una verdadera violencia hecha a los demás. Atenta contra ellos en su capacidad de conocer, que es la condición de todo juicio y de toda decisión. Contiene en germen la división de los espí- 1607 ritus y todos los males que ésta suscita. La mentira es funesta para toda sociedad: socava la confianza entre los hombres y rompe el tejido de las relaciones sociales.

2487 Toda falta cometida contra la justicia y la verdad entraña el *deber de reparación,* aunque su autor haya sido perdonado. 1459 Cuando es imposible reparar un daño públicamente, es preciso hacerlo en secreto; si el que ha sufrido un perjuicio no puede ser indemnizado directamente, es preciso darle satisfacción moralmente, en nombre de la caridad. Este deber de reparación se refiere tam- 2412 bién a las faltas cometidas contra la reputación del prójimo. Esta reparación, moral y a veces material, debe apreciarse según la medida del daño causado. Obliga en conciencia.

IV EL RESPETO DE LA VERDAD

2488 El *derecho a la comunicación* de la verdad no es incondi- 1740 cional. Todos deben conformar su vida al precepto evangélico del amor fraterno. Este exige, en las situaciones concretas, estimar si conviene o no revelar la verdad a quien la pide.

2489 La caridad y el respeto de la verdad deben dictar la respuesta a toda *petición de información o de comunicación.* El bien y la seguridad del prójimo, el respeto de la vida privada, el bien común, son razones suficientes para callar lo que no debe ser conocido, o para usar un lenguaje discreto. El deber de evitar el es- 2284 cándalo obliga con frecuencia a una estricta discreción. Nadie está obligado a revelar una verdad a quien no tiene derecho a conocerla (cf Si 27, 16; Pr 25, 9-10).

2490 El *secreto del sacramento de la Reconciliación* es sagrado 1467 y no puede ser revelado bajo ningún pretexto. "El sigilo sacramental es inviolable; por lo cual está terminantemente prohibido al confesor descubrir al penitente, de palabra o de cualquier otro modo, y por ningún motivo" (CIC can. 983, 1).

2491 Los *secretos profesionales* –que obligan, por ejemplo, a políticos, militares, médicos, juristas– o las confidencias hechas bajo secreto deben ser guardados, salvo los casos excepcionales en los que el no revelarlos podría causar al que los ha confiado, al que los ha recibido o a un tercero daños muy graves y evitables únicamente mediante la divulgación de la verdad. Las informaciones privadas perjudiciales al prójimo, aunque no hayan sido confiadas bajo secreto, no deben ser divulgadas sin una razón grave y proporcionada.

2522 **2492** Se debe guardar la justa reserva respecto a la vida privada de la gente. Los responsables de la comunicación deben mantener un justo equilibrio entre las exigencias del bien común y el respeto de los derechos particulares. La ingerencia de la información en la vida privada de personas comprometidas en una actividad política o pública, es condenable en la medida en que atenta contra su intimidad y libertad.

V EL USO DE LOS MEDIOS DE COMUNICACION SOCIAL

2493 Dentro de la sociedad moderna, los medios de comunicación social desempeñan un papel importante en la información, la promoción cultural y la formación. Su acción aumenta en importancia por razón de los progresos técnicos, de la amplitud y la diversidad de las noticias transmitidas, y la influencia ejercida sobre la opinión pública.

1906 **2494** La información de estos medios es un servicio del bien común (cf IM 11). La sociedad tiene derecho a una información fundada en la verdad, la libertad, la justicia y la solidaridad:

> El recto ejercicio de este derecho exige que, en cuanto a su contenido, la comunicación sea siempre verdadera e íntegra, salvadas la justicia y la caridad; además, en cuanto al modo, ha de ser honesta y conveniente, es decir, debe respetar escrupulosamente las leyes morales, los derechos legítimos y la dignidad del hombre, tanto en la búsqueda de la noticia como en su divulgación (IM 5, 2).

906 **2495** "Es necesario que todos los miembros de la sociedad cumplan sus deberes de caridad y justicia también en este campo, y, así, con ayuda de estos medios, se esfuercen por formar y difundir una recta opinión pública" (IM 8). La solidaridad aparece como una consecuencia de una in-

formación verdadera y justa, y de la libre circulación de las ideas, que favorecen el conocimiento y el respeto del prójimo.

2496   Los medios de comunicación social (en particular, los mass–media) pueden engendrar cierta pasividad en los usuarios, haciendo de éstos, consumidores poco vigilantes de mensajes o de espectáculos. Los usuarios deben imponerse moderación y disciplina respecto a los mass–media. Han de formarse una conciencia clara y recta para resistir más fácilmente las influencias menos honestas.

2497   Por razón de su profesión en la prensa, sus responsables tienen la obligación, en la difusión de la información, de servir a la verdad y de no ofender a la caridad. Han de esforzarse por respetar con una delicadeza igual, la naturaleza de los hechos y los límites y el juicio crítico respecto a las personas. Deben evitar ceder a la difamación.

2498   "La *autoridad civil* tiene en esta materia deberes peculiares en razón del bien común, al que se ordenan estos medios. Corresponde, pues, a dicha autoridad... defender y asegurar la verdadera y justa libertad" (IM 12). Promulgando leyes y velando por su aplicación, los poderes públicos se asegurarán de que el mal uso de los medios no llegue a causar "graves peligros para las costumbres públicas y el progreso de la sociedad" (IM 12). Deberán sancionar la violación de los derechos de cada uno a la reputación y al secreto de la vida privada. Tienen obligación de dar a tiempo y honestamente las informaciones que se refieren al bien general y responden a las inquietudes fundadas de la población. Nada puede justificar el recurso a falsas informaciones para manipular la opinión pública mediante los mass-media. Estas intervenciones no deberán atentar contra la libertad de los individuos y de los grupos.

2499   La moral denuncia la llaga de los estados totalitarios que falsifican sistemáticamente la verdad, ejercen mediante los mass–media un dominio político de la opinión, manipulan a los acusados y a los testigos en los procesos públicos y tratan de asegurar su tiranía yugulando y reprimiendo todo lo que consideran "delitos de opinión".

VI   VERDAD, BELLEZA Y ARTE SACRO

2500   La práctica del bien va acompañada de un placer espiritual gratuito y de belleza moral. De igual modo, la verdad entraña el gozo y el esplendor de la belleza espiritual. La verdad es bella por sí misma. La verdad de la palabra, expresión racional del conocimiento de la realidad creada e increada, es necesaria al hombre dotado de inteligencia, pero la verdad puede también encontrar otras formas de expresión humana, complementarias, sobre todo cuando se trata de evocar lo que ella entraña de indecible, las profundidades del corazón humano, las elevaciones del alma, el Misterio de Dios. Antes de revelarse al hombre en palabras de verdad, Dios se revela a él, mediante el lenguaje universal de la Creación, obra de

2129 su Palabra, de su Sabiduría: el orden y la armonía del cosmos, que percibe tanto el niño como el hombre de ciencia, "pues por la grandeza y hermosura de las criaturas se llega, por analogía, a contemplar a su Autor" (Sb 13, 5), "pues fue el Autor mismo de la belleza quien las creó" (Sb 13, 3).

> La sabiduría es un hálito del poder de Dios, una emanación pura de la gloria del Omnipotente, por lo que nada manchado llega a alcanzarla. Es un reflejo de la luz eterna, un espejo sin mancha de la actividad de Dios, una imagen de su bondad (Sb 7, 25-26). La sabiduría es en efecto más bella que el Sol, supera a todas las constelaciones; comparada con la luz, sale vencedora, porque a la luz sucede la noche, pero contra la sabiduría no prevalece la maldad (Sb 7, 29-30). Yo me constituí en el amante de su belleza (Sb 8, 2).

2501 El hombre, "creado a imagen de Dios" (Gn 1, 26), expresa también la verdad de su relación con Dios Creador mediante la belleza de sus obras artísticas. El *arte*, en efecto, es una forma de expresión propiamente humana; por encima de la satisfacción de las necesidades vitales, común a todas las criaturas vivas, el arte es una sobreabundancia gratuita de la riqueza interior del ser humano. Este brota de un talento concedido por el Creador y del esfuerzo del hombre, y es un género de sabiduría práctica, que une conocimiento y habilidad (cf Sb 7, 16-17) para dar forma a la verdad de una realidad en lenguaje accesible a la vista y al oído. El arte entraña así cierta semejanza con la actividad de Dios en la creación, en la medida en que se inspira en la verdad y el amor de los seres. Como cualquier otra actividad humana, el arte no tiene en sí mismo su fin absoluto, sino que está ordenado y se ennoblece por el fin último del hombre (cf Pío XII, discurso 25 diciembre 1955 y discurso 3 septiembre 1950).

339

1156-1162 **2502** El *arte sacro* es verdadero y bello cuando corresponde por su forma a su vocación propia: evocar y glorificar, en la fe y la adoración, el Misterio trascendente de Dios, Belleza sobreeminente e invisible de Verdad y de Amor, manifestado en Cristo, "Resplandor de su gloria e Impronta de su esencia" (Hb 1, 3), en quien "reside toda la Plenitud de la Divinidad corporalmente" (Col 2, 9), belleza espiritual reflejada en la Santísima Virgen Madre de Dios, en los Angeles y los Santos. El arte sacro verdadero lleva al hombre a la adoración, a la oración y al amor de Dios Creador y Salvador, Santo y Santificador.

2503 Por eso los obispos deben personalmente o por delegación vigilar y promover el arte sacro antiguo y nuevo en todas sus formas, y apartar con la misma atención religiosa de la liturgia y de los edificios de culto todo lo que no está de acuerdo con la verdad de la fe y la auténtica belleza del arte *sacro* (cf SC 122-127).

RESUMEN

2504 *"No darás falso testimonio contra tu prójimo" (Ex 20, 16). Los discípulos de Cristo se han "revestido del Hombre Nuevo, creado según Dios, en la justicia y santidad de la verdad" (Ef 4, 24).*

2505 *La verdad o veracidad es la virtud que consiste en mostrarse verdadero en sus actos y en sus palabras, evitando la duplicidad, la simulación y la hipocresía.*

2506 *El cristiano no debe "avergonzarse de dar testimonio del Señor" (2 Tm 1, 8) en obras y palabras. El martirio es el supremo testimonio de la verdad de la fe.*

2507 *El respeto de la reputación y del honor de las personas prohíbe toda actitud y toda palabra de maledicencia o de calumnia.*

2508 *La mentira consiste en decir algo falso con intención de engañar al prójimo que tiene derecho a la verdad.*

2509 *Una falta cometida contra la verdad exige reparación.*

2510 *La regla de oro ayuda a discernir en las situaciones concretas si conviene o no revelar la verdad a quien la pide.*

2511 *"El sigilo sacramental es inviolable" (CIC can. 983, 1). Los secretos profesionales deben ser guardados. Las confidencias perjudiciales a otros no deben ser divulgadas.*

2512 *La sociedad tiene derecho a una información fundada en la verdad, la libertad, la justicia. Es preciso imponerse moderación y disciplina en el uso de los medios de comunicación social.*

2513 *Las bellas artes, sobre todo el arte sacro, "están relacionadas, por su naturaleza, con la infinita belleza divina, que se intenta expresar, de algún modo, en las obras humanas. Y tanto más se consagran a Dios y contribuyen a su alabanza y a su gloria, cuanto más lejos están de todo propósito que no sea colaborar lo más posible con sus obras a dirigir las almas de los hombres piadosamente hacia Dios" (SC 122).*

Artículo 9   EL NOVENO MANDAMIENTO

> No codiciarás la casa de tu prójimo, ni codiciarás la mujer de tu prójimo, ni su siervo, ni su sierva, ni su buey, ni su asno, ni nada que sea de tu prójimo (Ex 20, 17).
>
> El que mira a una mujer deseándola, ya cometió adulterio con ella en su corazón (Mt 5, 28).

377; 400   **2514**   San Juan distingue tres especies de codicia o concupiscencia: la concupiscencia de la carne, la concupiscencia de los ojos y la soberbia de la vida (cf 1 Jn 2, 16). Siguiendo la tradición catequética católica, el noveno mandamiento prohíbe la concupiscencia de la carne; el décimo prohíbe la codicia del bien ajeno.

405   **2515**   En sentido etimológico, la "concupiscencia" puede designar toda forma vehemente de deseo humano. La teología cristiana le ha dado el sentido particular de un movimiento del apetito sensible que contraría la obra de la razón humana. El apóstol S. Pablo la identifica con la lucha que la "carne" sostiene contra el "espíritu" (cf Ga 5, 16.17.24; Ef 2, 3). Procede de la desobediencia del primer pecado (Gn 3, 11). Desordena las facultades morales del hombre y, sin ser una falta en sí misma, le inclina a cometer pecados (cf Cc. Trento: DS 1515).

362   **2516**   En el hombre, porque es un ser *compuesto de espíritu y cuerpo*, existe cierta tensión, y se desarrolla una lucha de tendencias entre el "espíritu" y la "carne". Pero, en realidad, esta lucha pertenece a la herencia del pecado. Es una consecuencia de él, y, al mismo tiempo, confirma su existencia. Forma parte de la experien-
407   cia cotidiana del combate espiritual:

> Para el apóstol no se trata de discriminar o condenar el cuerpo, que con el alma espiritual constituye la naturaleza del hombre y su subjetividad personal, sino que trata de las obras –mejor dicho, de las disposiciones estables–, virtudes y vicios, moralmente *buenas o malas,* que son fruto de *sumisión* (en el primer caso) o bien de *resistencia* (en el segundo caso) a la *acción salvífica del Espíritu Santo.* Por ello el apóstol escribe: "si vivimos según el Espíritu, obremos también según el Espíritu" (Ga 5, 25) (Juan Pablo II, DeV 55).

I   LA PURIFICACION DEL CORAZON

368   **2517**   El corazón es la sede de la personalidad moral: "de dentro del corazón salen las intenciones malas, asesinatos, adulterios, fornicaciones" (Mt 15, 19). La lucha contra la concupiscencia de la
1809   carne pasa por la purificación del corazón:

> Mantente en la simplicidad, la inocencia y serás como los niños pequeños que ignoran el mal destructor de la vida de los hombres (Hermas, mand. 2, 1).

2518 La sexta bienaventuranza proclama: "Bienaventurados los limpios de corazón porque ellos verán a Dios" (Mt 5, 8). Los "corazones limpios" designan a los que han ajustado su inteligencia y su voluntad a las exigencias de la santidad de Dios, principalmente en tres dominios: la caridad (cf 1 Tm 4, 3-9; 2 Tm 2, 22), la castidad o rectitud sexual (cf 1 Ts 4, 7; Col 3, 5; Ef 4, 19), el amor de la verdad y la ortodoxia de la fe (cf Tt 1, 15; 1 Tm 1, 3-4; 2 Tm 2, 23-26). Existe un vínculo entre la pureza del corazón, la del cuerpo y la de la fe: 94

> Los fieles deben creer los artículos del Símbolo "para que, creyendo, obedezcan a Dios; obedeciéndole, vivan bien; viviendo bien, purifiquen su corazón; y purificando su corazón, comprendan lo que creen" (S. Agustín, fid. et symb. 10, 25).   158

2519 A los "limpios de corazón" se les promete que verán a   2548
Dios cara a cara y que serán semejantes a El (cf 1 Co 13, 12; 1 Jn 3, 2). La pureza de corazón es el preámbulo de la visión. Ya desde ahora esta pureza nos concede ver *según* Dios, recibir al otro como   2819
un "prójimo"; nos permite considerar el cuerpo humano, el nuestro y el del prójimo, como un templo del Espíritu Santo, una manifestación de la belleza divina.   2501

II   EL COMBATE POR LA PUREZA

2520 El Bautismo confiere al que lo recibe la gracia de la purifi-   1264
cación de todos los pecados. Pero el bautizado debe seguir luchando contra la concupiscencia de la carne y los apetitos desordenados. Con la gracia de Dios lo consigue

– mediante la *virtud y* el *don de la castidad*, pues la castidad per-   2337
mite amar con un corazón recto e indiviso;

– mediante la *pureza de intención*, que consiste en buscar el fin   1752
verdadero del hombre: con una mirada limpia el bautizado se afana por encontrar y realizar en todo la voluntad de Dios (cf Rm 12, 2; Col 1, 10);

– mediante la *pureza de la mirada* exterior e interior; mediante la   1762
disciplina de los sentidos y la imaginación; mediante el rechazo de toda complacencia en los pensamientos impuros que inclinan a apartarse del camino de los mandamientos divinos: "la vista despierta la pasión de los insensatos" (Sb 15, 5);

– mediante la *oración*:   2846

> Creía que la continencia dependía de mis propias fuerzas, las cuales no sentía en mí; siendo tan necio que no entendía lo que estaba escrito: que nadie puede ser continente, si tú no se lo das. Y cierto que tú me lo dieras, si con interior gemido llamase a tus oídos, y con fe sólida arrojase en ti mi cuidado (S. Agustín, conf. 6, 11, 20).

2521 La pureza exige el *pudor*. Este es parte integrante de la templanza. El pudor preserva la intimidad de la persona. Designa el rechazo a mostrar lo que debe permanecer velado. Está ordenado a la castidad, cuya delicadeza proclama. Ordena las miradas y los gestos en conformidad con la dignidad de las personas y con la relación que existe entre ellas.

2492   **2522** El pudor protege el misterio de las personas y de su amor. Invita a la paciencia y a la moderación en la relación amorosa; exige que se cumplan las condiciones del don y del compromiso definitivo del hombre y de la mujer entre sí. El pudor es modestia; inspira la elección de la vestimenta. Mantiene silencio o reserva donde se adivina el riesgo de una curiosidad malsana; se convierte en discreción.

2354   **2523** Existe un pudor de los sentimientos como también un pudor del cuerpo. Este pudor rechaza, por ejemplo, los exhibicionismos del cuerpo humano propios de cierta publicidad o las incitaciones de algunos medios de comunicación a hacer pública toda confidencia íntima. El pudor inspira una manera de vivir que permite resistir a las solicitaciones de la moda y a la presión de las ideologías dominantes.

2524 Las formas que reviste el pudor varían de una cultura a otra. Sin embargo, en todas partes constituye la intuición de una dignidad espiritual propia al hombre. Nace con el despertar de la conciencia personal. Educar en el pudor a niños y adolescentes es despertar en ellos el respeto de la persona humana.

2344   **2525** La pureza cristiana exige una *purificación del clima social*. Obliga a los medios de comunicación social a una información cuidadosa del respeto y de la discreción. La pureza de corazón libera del erotismo difuso y aparta de los espectáculos que favorecen el exhibicionismo y los sueños indecorosos.

1740   **2526** Lo que se llama *permisividad de las costumbres* se basa en una concepción errónea de la libertad humana; para llegar a su madurez, ésta necesita dejarse educar previamente por la ley moral. Conviene pedir a los responsables de la educación que impartan a la juventud una enseñanza respetuosa de la verdad, de las cualidades del corazón y de la dignidad moral y espiritual del hombre.

2527 "La buena nueva de Cristo renueva continuamente la vida
1204   y la cultura del hombre caído; combate y elimina los errores y males que brotan de la seducción, siempre amenazadora, del pecado.

Purifica y eleva sin cesar las costumbres de los pueblos. Con las riquezas de lo alto fecunda, consolida, completa y restaura en Cristo, como desde dentro, las bellezas y cualidades espirituales de cada pueblo o edad" (GS 58, 4).

RESUMEN

2528 *"Todo el que mira a una mujer deseándola, ya cometió adulterio con ella en su corazón" (Mt 5, 28).*

2529 *El noveno mandamiento pone en guardia contra el desorden o concupiscencia de la carne.*

2530 *La lucha contra la concupiscencia de la carne pasa por la purificación del corazón y por la práctica de la templanza.*

2531 *La pureza del corazón nos alcanzará el ver a Dios: nos da desde ahora la capacidad de ver según Dios todas las cosas.*

2532 *La purificación del corazón es imposible sin la oración, la práctica de la castidad y la pureza de intención y de mirada.*

2533 *La pureza del corazón requiere el pudor, que es paciencia, modestia y discreción. El pudor preserva la intimidad de la persona.*

Artículo 10 **EL DECIMO MANDAMIENTO**

> No codiciarás... nada que sea de tu prójimo (Ex 20, 17).
>
> No desearás... su casa, su campo, su siervo o su sierva, su buey o su asno: nada que sea de tu prójimo (Dt 5, 21).
>
> Donde esté tu tesoro, allí estará también tu corazón (Mt 6, 21).

2534 El décimo mandamiento desdobla y completa el noveno, que versa sobre la concupiscencia de la carne. Prohíbe la codicia del bien ajeno, raíz del robo, de la rapiña y del fraude, prohibidos por el séptimo mandamiento. La "concupiscencia de los ojos" (cf 1 Jn 2, 16) lleva a la violencia y la injusticia prohibidas por el quinto precepto (cf Mi 2, 2). La codicia tiene su origen, como la fornicación, en la idolatría condenada en las tres primeras prescripciones de la ley (cf Sb 14, 12). El décimo mandamiento se refiere a la intención del corazón; resume, con el noveno, todos los preceptos de la Ley.

2112

2069

I   EL DESORDEN DE LA CONCUPISCENCIA

2535 El apetito sensible nos impulsa a desear las cosas agradables que no poseemos. Así, desear comer cuando se tiene hambre,

1767   o calentarse cuando se tiene frío. Estos deseos son buenos en sí mismos; pero con frecuencia no guardan la medida de la razón y nos empujan a codiciar injustamente lo que no es nuestro y pertenece, o es debido a otra persona.

2536 El décimo mandamiento prohíbe la *avaricia* y el deseo de
2445   una apropiación inmoderada de los bienes terrenos. Prohíbe el *deseo* desordenado nacido de la pasión inmoderada de las riquezas y de su poder. Prohíbe también el deseo de cometer una injusticia mediante la cual se dañaría al prójimo en sus bienes temporales:

> Cuando la Ley nos dice: "No codiciarás", nos dice, en otros términos, que apartemos nuestros deseos de todo lo que no nos pertenece. Porque la sed del bien del prójimo es inmensa, infinita y jamás saciada, como está escrito: "El ojo del avaro no se satisface con su suerte" (Si 14, 9) (Catec. R. 3, 37).

2537 No se quebranta este mandamiento deseando obtener cosas que pertenecen al prójimo siempre que sea por medios justos. La catequesis tradicional señala con realismo "quiénes son los que más deben luchar contra sus codicias pecaminosas" y a los que, por tanto, es preciso "exhortar más a observar este precepto":

> Los comerciantes, que desean la escasez o la carestía de las mercancías, que ven con tristeza que no son los únicos en comprar y vender, pues de lo contrario podrían vender más caro y comprar a precio más bajo; los que desean que sus semejantes estén en la miseria para lucrarse vendiéndoles o comprándoles... Los médicos, que desean tener enfermos; los abogados que anhelan causas y procesos importantes y numerosos... (Cat. R. 3, 37).

2538 El décimo mandamiento exige que se destierre del corazón
2317   humano la *envidia*. Cuando el profeta Natán quiso estimular el arrepentimiento del rey David, le contó la historia del pobre que sólo poseía una oveja, a la que trataba como una hija, y del rico que, a pesar de sus numerosos rebaños, envidiaba al primero y acabó por robarle la cordera (cf 2 S 12, 1-4). La envidia puede conducir a las peores fechorías (cf Gn 4, 3-7; 1 R 21, 1-29). La muerte
351   entró en el mundo por la envidia del diablo (cf Sb 2, 24).

> Luchamos entre nosotros, y es la envidia la que nos arma unos contra otros... Si todos se afanan así por perturbar el Cuerpo de Cristo, ¿a dónde llegaremos? Estamos debilitando el Cuerpo de Cristo... Nos declaramos miembros de un mismo organismo y nos devoramos como lo harían las fieras (S. Juan Crisóstomo, hom. in 2 Cor. 28, 3-4).

1866   **2539** La envidia es un pecado capital. Manifiesta la tristeza experimentada ante el bien del prójimo y el deseo desordenado de poseerlo, aunque sea en forma indebida. Cuando desea al prójimo un mal grave es un pecado mortal:

San Agustín veía en la envidia el "pecado diabólico por excelencia" (ctech. 4, 8). "De la envidia nacen el odio, la maledicencia, la calumnia, la alegría causada por el mal del prójimo y la tristeza causada por su prosperidad" (S. Gregorio Magno, mor. 31, 45).

2540 La envidia representa una de las formas de la tristeza y, por tanto, un rechazo de la caridad; el bautizado debe luchar contra ella mediante la benevolencia. La envidia procede con frecuencia del orgullo; el bautizado ha de esforzarse por vivir en la humildad:

1829

¿Querríais ver a Dios glorificado por vosotros? Pues bien, alegraos del progreso de vuestro hermano y con ello Dios será glorificado por vosotros. Dios será alabado –se dirá– porque su siervo ha sabido vencer la envidia poniendo su alegría en los méritos de otros (S. Juan Crisóstomo, hom. in Rom. 7, 3).

II LOS DESEOS DEL ESPÍRITU

2541 La economía de la Ley y de la Gracia aparta el corazón de los hombres de la codicia y de la envidia: lo inicia en el deseo del Supremo Bien; lo instruye en los deseos del Espíritu Santo, que sacia el corazón del hombre.

1718
2764

El Dios de las promesas puso desde el comienzo al hombre en guardia contra la seducción de lo que, desde entonces, aparece como "bueno para comer, apetecible a la vista y excelente para lograr sabiduría" (Gn 3, 6).

397

2542 La Ley confiada a Israel nunca fue suficiente para justificar a los que le estaban sometidos; incluso vino a ser instrumento de la "concupiscencia" (cf Rm 7, 7). La inadecuación entre el querer y el hacer (cf Rm 7, 10) manifiesta el conflicto entre la "ley de Dios", que es la "ley de la razón", y la otra ley que "me esclaviza a la ley del pecado que está en mis miembros" (Rm 7, 23).

1963

2543 "Pero ahora, independientemente de la ley, la justicia de Dios se ha manifestado, atestiguada por la ley y los profetas, justicia de Dios por la fe en Jesucristo, para todos los que creen" (Rm 3, 21–22). Por eso, los fieles de Cristo "han crucificado la carne con sus pasiones y sus apetencias" (Ga 5, 24); "son guiados por el Espíritu" (Rm 8, 14) y siguen los deseos del Espíritu (cf Rm 8, 27).

1992

III LA POBREZA DE CORAZÓN

2443-2449

2544 Jesús exhorta a sus discípulos a preferirle a El respecto a todo y a todos y les propone "renunciar a todos sus bienes" (Lc 14,

33) por El y por el Evangelio (cf Mc 8, 35). Poco antes de su pasión les mostró como ejemplo la pobre viuda de Jerusalén que, de su indigencia, dio todo lo que tenía para vivir (cf Lc 21, 4). El precepto del desprendimiento de las riquezas es obligatorio para entrar en el Reino de los cielos.

2545 "Todos los cristianos... han de intentar orientar rectamente sus deseos para que el uso de las cosas de este mundo y el apego a las riquezas no les impidan, en contra del espíritu de pobreza evangélica, buscar el amor perfecto" (LG 42).

2546 "Bienaventurados los pobres en el espíritu" (Mt 5, 3). Las bienaventuranzas revelan un orden de felicidad y de gracia, de belleza y de paz. Jesús celebra la alegría de los pobres, a quienes pertenece ya el Reino (Lc 6, 20):

> El Verbo llama "pobreza en el Espíritu" a la humildad voluntaria de un espíritu humano y su renuncia; el apóstol nos da como ejemplo la pobreza de Dios cuando dice: "Se hizo pobre por nosotros" (2 Co 8, 9) (S. Gregorio de Nisa, beat, 1).

2547 El Señor se lamenta de los ricos porque encuentran su consuelo en la abundancia de bienes (cf Lc 6, 24). "El orgulloso busca el poder terreno, mientras el pobre en espíritu busca el Reino de los cielos" (S. Agustín, serm. Dom. 1, 3). El abandono en la providencia del Padre del cielo libera de la inquietud por el mañana (cf Mt 6, 25-34). La confianza en Dios dispone a la bienaventuranza de los pobres: ellos verán a Dios.

IV   "QUIERO VER A DIOS"

2548 El deseo de la felicidad verdadera aparta al hombre del apego desordenado a los bienes de este mundo, y tendrá su plenitud en la visión y la bienaventuranza de Dios. "La promesa de ver a Dios supera toda felicidad. En la Escritura, ver es poseer. El que ve a Dios obtiene todos los bienes que se pueden concebir" (S. Gregorio de Nisa, beat. 6).

2549 Corresponde, por tanto, al pueblo santo luchar, con la gracia de lo alto, para obtener los bienes que Dios promete. Para poseer y contemplar a Dios, los fieles cristianos mortifican sus concupiscencias y, con la ayuda de Dios, vencen las seducciones del placer y del poder.

2550 En este camino hacia la perfección, el Espíritu y la Esposa llaman a quien les escucha (cf Ap 22, 17) a la comunión perfecta con Dios:

Marginal references: 544, 2013, 1716, 305, 2519, 2015

Allí se dará la gloria verdadera; nadie será alabado allí por error o por adulación; los verdaderos honores no serán ni negados a quienes los merecen ni concedidos a los indignos; por otra parte, allí nadie indigno pretenderá honores, pues allí sólo serán admitidos los dignos. Allí reinará la verdadera paz, donde nadie experimentará oposición ni de sí mismo ni de otros. La recompensa de la virtud será Dios mismo, que ha dado la virtud y se prometió a ella como la recompensa mejor y más grande que puede existir: "Yo seré su Dios, y ellos serán mi pueblo" (Lv 26, 12)... Este es también el sentido de las palabras del apóstol: "para que Dios sea todo en todos" (1 Co 15, 28). El será el fin de nuestros deseos, a quien contemplaremos sin fin, amaremos sin saciedad, alabaremos sin cansancio. Y este don, este amor, esta ocupación serán ciertamente, como la vida eterna, comunes a todos (S. Agustín, civ. 22, 30).

314

RESUMEN

2551   *"Donde está tu tesoro allí estará tu corazón" (Mt 6, 21).*

2552   *El décimo mandamiento prohíbe el deseo desordenado, nacido de la pasión inmoderada de las riquezas y del poder.*

2553   *La envidia es la tristeza que se experimenta ante el bien del prójimo y el deseo desordenado de apropiárselo. Es un pecado capital.*

2554   *El bautizado combate la envidia mediante la benevolencia, la humildad y el abandono en la providencia de Dios.*

2555   *Los fieles cristianos "han crucificado la carne con sus pasiones y sus concupiscencias" (Ga 5, 24); son guiados por el Espíritu y siguen los deseos del Espíritu.*

2556   *El desprendimiento de las riquezas es necesario para entrar en el Reino de los cielos. "Bienaventurados los pobres de corazón".*

2557   *El hombre que anhela dice: "Quiero ver a Dios". La sed de Dios es saciada por el agua de la vida eterna (cf Jn 4, 14).*

Cuarta Parte

La oración cristiana

PRIMERA SECCION

LA ORACION EN LA VIDA CRISTIANA

2558   "Este es el Misterio de la fe". La Iglesia lo profesa en el Símbolo de los Apóstoles (Primera parte del Catecismo) y lo celebra en la Liturgia sacramental (Segunda parte), para que la vida de los fieles se conforme con Cristo en el Espíritu Santo para gloria de Dios Padre (Tercera parte). Por tanto, este Misterio exige que los fieles crean en él, lo celebren y vivan de él en una relación viviente y personal con Dios vivo y verdadero. Esta relación es la oración.

¿QUE ES LA ORACION?

> Para mí, la *oración* es un impulso del corazón, una sencilla mirada lanzada hacia el cielo, un grito de reconocimiento y de amor tanto desde dentro de la prueba como desde dentro de la alegría (Santa Teresa del Niño Jesús, ms autob. C 25r).

La oración como don de Dios

2559   "La oración es la elevación del alma a Dios o la petición a Dios de bienes convenientes" (San Juan Damasceno, f. o. 3, 24). ¿Desde dónde hablamos cuando oramos? ¿Desde la altura de nuestro orgullo y de nuestra propia voluntad, o desde "lo más profundo" (Sal 130, 14) de un corazón humilde y contrito? El que se humilla es ensalzado (cf Lc 18, 9-14). La *humildad* es la base de la oración. "Nosotros no sabemos pedir como conviene" (Rm 8, 26). La humildad es una disposición necesaria para recibir gratuitamente el don de la oración: el hombre es un mendigo de Dios (cf San Agustín, serm 56, 6, 9).

2613
2736

2560   "Si conocieras el don de Dios" (Jn 4, 10). La maravilla de la oración se revela precisamente allí, junto al pozo donde vamos a buscar nuestra agua: allí Cristo va al encuentro de todo ser humano, es el primero en buscarnos y el que nos pide de beber. Jesús tiene sed, su petición llega desde las profundidades de Dios que nos desea. La oración, sepámoslo o no, es el encuentro de la sed de Dios y de la sed del hombre. Dios tiene sed de que el hombre tenga sed de El (cf San Agustín, quaest. 64, 4).

2561   "Tú le habrías rogado a él, y él te habría dado agua viva" (Jn 4, 10). Nuestra oración de petición es paradójicamente una respuesta. Respuesta a la queja del Dios vivo: "A mí me dejaron, Manantial de aguas vivas, para hacerse cisternas, cisternas agrietadas" (Jr 2, 13), respuesta de fe a la promesa gratuita de salvación (cf Jn 7, 37-39; Is 12, 3; 51, 1), respuesta de amor a la sed del Hijo único (cf Jn 19, 28; Za 12, 10; 13, 1).

La oración como Alianza

2562   ¿De dónde viene la oración del hombre? Cualquiera que sea el lenguaje de la oración (gestos y palabras), el que ora es todo el hombre. Sin embargo, para designar el lugar de donde brota la oración, las Sagradas Escrituras hablan a veces del alma o del espíritu, y con más frecuencia del corazón (más de mil veces). Es el *corazón* el que ora. Si éste está alejado de Dios, la expresión de la oración es vana.

368   **2563**   El corazón es la morada donde yo estoy, o donde yo habito (según la expresión semítica o bíblica: donde yo "me adentro"). Es nuestro centro escondido, inaprensible, ni por nuestra razón ni por la de nadie; sólo el Espíritu de Dios puede sondearlo y conocerlo. Es el lugar de la decisión, en lo más profundo de nuestras tendencias psíquicas. Es el lugar de la verdad, allí donde elegimos 2699 entre la vida y la muerte. Es el lugar del encuentro, ya que a imagen de Dios, vivimos en relación: es el lugar de la Alianza.

1696

2564   La oración cristiana es una relación de Alianza entre Dios y el hombre en Cristo. Es acción de Dios y del hombre; brota del Espíritu Santo y de nosotros, dirigida por completo al Padre, en unión con la voluntad humana del Hijo de Dios hecho hombre.

La oración como Comunión

2565   En la nueva Alianza, la oración es la relación viva de los hijos de Dios con su Padre infinitamente bueno, con su Hijo Jesucristo y con el Espíritu Santo. La gracia del Reino es "la unión de la Santísima Trinidad toda entera con el espíritu todo entero" (San Gregorio Nac., or. 16, 9). Así, la vida de oración es estar habitualmente en presencia de Dios, tres veces Santo, y en comunión con El. Esta comunión de vida es posible siempre porque, mediante el

Bautismo, nos hemos convertido en un mismo ser con Cristo (cf Rm 6, 5). La oración es *cristiana* en tanto en cuanto es comunión con Cristo y se extiende por la Iglesia que es su Cuerpo. Sus dimensiones son las del Amor de Cristo (cf Ef 3, 18-21).

792

CAPITULO PRIMERO

LA REVELACION DE LA ORACION
LA LLAMADA UNIVERSAL A LA ORACION

2566   *El hombre busca a Dios.* Por la creación Dios llama a todo ser desde la nada a la existencia. "Coronado de gloria y esplendor" (Sal 8, 6), el hombre es, después de los ángeles, capaz de reconocer "¡qué glorioso es el Nombre del Señor por toda la tierra!" (Sal 8, 2). Incluso después de haber perdido, por su pecado, su semejanza con Dios, el hombre sigue siendo imagen de su Creador. Conserva el deseo de Aquel que le llama a la existencia. Todas las religiones dan testimonio de esta búsqueda esencial de los hombres (cf Hch 17, 27).

296

355

28

2567   *Dios es quien primero llama al hombre.* Olvide el hombre a su Creador o se esconda lejos de su Faz, corra detrás de sus ídolos o acuse a la divinidad de haberlo abandonado, el Dios vivo y verdadero llama incansablemente a cada persona al encuentro misterioso de la oración. Esta iniciativa de amor del Dios fiel es siempre lo primero en la oración, la iniciativa del hombre es siempre una respuesta. A medida que Dios se revela, y revela al hombre a sí mismo, la oración aparece como un llamamiento recíproco, un hondo acontecimiento de Alianza. A través de palabras y de acciones, tiene lugar un trance que compromete el corazón humano. Este se revela a través de toda la historia de la salvación.

30

142

Artículo 1   **EN EL ANTIGUO TESTAMENTO**

2568   La revelación de la oración en el Antiguo Testamento se encuadra entre la caída y la elevación del hombre, entre la llamada dolorosa de Dios a sus primeros hijos: "¿Dónde estás?... ¿Por qué lo has hecho?" (Gn 3, 9.13) y la respuesta del Hijo único al entrar en el mundo: "He aquí que vengo... a hacer, oh Dios, tu voluntad" (Hb 10, 5-7). De este modo, la oración está unida a la historia de los hombres; es la relación a Dios en los acontecimientos de la historia humana.

410
1736

2738

La creación, fuente de la oración

288   **2569**   La oración se vive primeramente a partir de las realidades de la *creación*. Los nueve primeros capítulos del Génesis describen esta relación con Dios como ofrenda por Abel de los primogénitos de su rebaño (cf Gn 4, 4), como invocación del nombre divino por Enós (cf Gn 4, 26), como "marcha con Dios" (Gn 5, 24). La

58   ofrenda de Noé es "agradable" a Dios que le bendice y, a través de él, bendice a toda la creación (cf Gn 8, 20-9, 17), porque su corazón es justo e íntegro; él también "marcha con Dios" (Gn 6, 9). Este carácter de la oración ha sido vivido, en todas las religiones, por una muchedumbre de hombres piadosos.

En su alianza indefectible con todos los seres vivientes (cf Gn 9, 8-16), Dios llama siempre a los hombres a orar. Pero, en el Antiguo Testamento, la oración se revela sobre todo a partir de

59   nuestro padre Abraham.

La Promesa y la oración de la fe

2570   Cuando Dios lo llama, Abraham se pone en camino "como se lo había dicho el Señor" (Gn 12, 4): todo su corazón se so-

145   mete a la Palabra y obedece. La obediencia del corazón a Dios que llama es esencial a la oración, las palabras tienen un valor relativo. Por eso, la oración de Abraham se expresa primeramente con hechos: hombre de silencio, en cada etapa construye un altar al Señor. Solamente más tarde aparece su primera oración con palabras: una queja velada recordando a Dios sus promesas que no parecen cumplirse (cf Gn 15, 2-3). De este modo surge desde el principio uno de los aspectos de la tensión dramática de la oración: la prueba de la fe en Dios que es fiel.

2571   Habiendo creído en Dios (cf Gn 15, 6), marchando en su presencia y en alianza con él (cf Gn 17, 2), el patriarca está dis-puesto a acoger en su tienda al Huésped misterioso: es la admira-

494   ble hospitalidad de Mambré, preludio a la anunciación del verda-dero Hijo de la promesa (cf Gn 18, 1-15; Lc 1, 26-38). Desde entonces, habiéndole confiado Dios su plan, el corazón de Abraham está en consonancia con la compasión de su Señor hacia los hom-

2635 bres y se atreve a interceder por ellos con una audaz confianza (cf Gn 18, 16-33).

2572   Como última purificación de su fe, se le pide al "que había recibido las promesas" (Hb 11, 17) que sacrifique al hijo que Dios le ha dado. Su fe no vacila: "Dios proveerá el cordero para el holocausto" (Gn 22, 8), "pensaba que poderoso era Dios aun para resucitar a los muertos" (Hb 11, 19). Así, el padre de los creyentes se hace semejante al Padre que no perdonará a su propio Hijo, sino que lo entregará por todos nosotros (cf Rm 8, 32). La oración restablece al hombre en la semejanza con Dios y le hace participar en la potencia del amor de Dios que salva a la multitud (cf Rm 4, 16-21).

603

2573 Dios renueva su promesa a Jacob, origen de las doce tribus de Israel (cf Gn 28, 10-22). Antes de enfrentarse con su hermano Esaú, lucha una noche entera con "alguien" misterioso que rehúsa revelar su nombre, pero que le bendice antes de dejarle, al alba. La tradición espiritual de la Iglesia ha tomado de este relato el símbolo de la oración como un combate de la fe y una victoria de la perseverancia (cf Gn 32, 25-31; Lc 18, 1-8).

162

Moisés y la oración del mediador

2574 Cuando comienza a realizarse la promesa (Pascua, Exodo, entrega de la Ley y conclusión de la Alianza), la oración de Moisés es la figura cautivadora de la oración de intercesión que tiene su cumplimiento en "el único Mediador entre Dios y los hombres, Cristo-Jesús" (1 Tm 2, 5).

62

2575 También aquí, Dios interviene, el primero. Llama a Moisés desde la zarza ardiendo (cf Ex 3, 1-10). Este acontecimiento quedará como una de las figuras principales de la oración en la tradición espiritual judía y cristiana. En efecto, si "el Dios de Abraham, de Isaac y de Jacob" llama a su servidor Moisés es que él es el Dios vivo que quiere la vida de los hombres. El se revela para salvarlos, pero no lo hace solo ni contra la voluntad de los hombres: llama a Moisés para enviarlo, para asociarlo a su compasión, a su obra de salvación. Hay como una imploración divina en esta misión, y Moisés, después de debatirse, acomodará su voluntad a la de Dios salvador. Pero en este diálogo en el que Dios se confía, Moisés aprende también a orar: se humilla, objeta, y sobre todo pide y, en respuesta a su petición, el Señor le confía su Nombre inefable que se revelará en sus grandes gestas.

205

2576 Pues bien, "Dios hablaba con Moisés cara a cara, como habla un hombre con su amigo" (Ex 33, 11). La oración de Moisés es típica de la oración contemplativa gracias a la cual el servidor de Dios es fiel a su misión. Moisés "conversa" con Dios frecuentemente y durante largo rato, subiendo a la montaña para escucharle e implorarle, bajando hacia el pueblo para transmitirle las palabras

555

de su Dios y guiarlo. "El es de toda confianza en mi casa; boca a boca hablo con él, abiertamente" (Nm 12, 7-8), porque "Moisés era un hombre humilde más que hombre alguno sobre la haz de la tierra" (Nm 12, 3).

2577 De esta intimidad con el Dios fiel, lento a la ira y rico en amor (cf Ex 34, 6), Moisés ha sacado la fuerza y la tenacidad de su intercesión. No pide por él, sino por el pueblo que Dios ha reunido. Moisés intercede ya durante el combate con los amalecitas (cf Ex 17, 8-13) o para obtener la curación de Myriam (cf Nm 12, 13-14). Pero es sobre todo después de la apostasía del pueblo cuando "se mantiene en la brecha" ante Dios (Sal 106, 23) para salvar al pueblo (cf Ex 32, 1-34, 9). Los argumentos de su oración (la intercesión es también un combate misterioso) inspirarán la audacia de los grandes orantes tanto del pueblo judío como de la Iglesia. Dios es amor, por tanto es justo y fiel; no puede contradecirse, debe acordarse de sus acciones maravillosas, su Gloria está en juego, no puede abandonar al pueblo que lleva su Nombre.

David y la oración del rey

2578 La oración del pueblo de Dios se desarrolla a la sombra de la Morada de Dios, el Arca de la Alianza y más tarde el Templo. Los guías del pueblo –pastores y profetas– son los primeros que le enseñan a orar. El niño Samuel aprendió de su madre Ana cómo "estar ante el Señor" (cf 1 S 1, 9-18) y del sacerdote Elí cómo escuchar su Palabra: "Habla, Señor, que tu siervo escucha" (cf 1 S 3, 9-10). Más tarde, también él conocerá el precio y la carga de la intercesión: "Por mi parte, lejos de mí pecar contra el Señor dejando de suplicar por vosotros y de enseñaros el camino bueno y recto" (1 S 12, 23).

2579 David es, por excelencia, el rey "según el corazón de Dios", el pastor que ruega por su pueblo y en su nombre, aquel cuya sumisión a la voluntad de Dios, cuya alabanza y arrepentimiento serán modelo de la oración del pueblo. Ungido de Dios, su oración es adhesión fiel a la promesa divina (cf 2 S 7, 18-29), confianza cordial y gozosa en aquel que es el único Rey y Señor. En los Salmos, David, inspirado por el Espíritu Santo, es el primer profeta de la oración judía y cristiana. La oración de Cristo, verdadero Mesías e hijo de David, revelará y llevará a su plenitud el sentido de esta oración.

2580 El Templo de Jerusalén, la casa de oración que David quería construir, será la obra de su hijo, Salomón. La oración de la De-

(marginal references: 210, 2635, 214, 709, 436, 583)

dicación del Templo (cf 1 R 8, 10-61) se apoya en la Promesa de Dios y su Alianza, la presencia activa de su Nombre entre su Pueblo y el recuerdo de los grandes hechos del Exodo. El rey eleva entonces las manos al cielo y ruega al Señor por él, por todo el pueblo, por las generaciones futuras, por el perdón de sus pecados y sus necesidades diarias, para que todas las naciones sepan que Dios es el único Dios y que el corazón de su pueblo le pertenece por entero a El.

Elías, los profetas y la conversión del corazón

2581 Para el pueblo de Dios, el Templo debía ser el lugar donde aprender a orar: las peregrinaciones, las fiestas, los sacrificios, la ofrenda de la tarde, el incienso, los panes de "la proposición", todos estos signos de la Santidad y de la Gloria de Dios, Altísimo pero muy cercano, eran llamamientos y caminos para la oración. Sin embargo, el ritualismo arrastraba al pueblo con frecuencia hacia un culto demasiado exterior. Era necesaria la educación de la fe, la conversión del corazón. Esta fue la misión de los profetas, antes y después del destierro. 　1150

2582 Elías es el padre de los profetas, de "la raza de los que buscan a Dios, los que van tras su rostro" (Sal 24, 6). Su nombre, "el Señor es mi Dios", anuncia el grito del pueblo en respuesta a su oración sobre el monte Carmelo (cf 1 R 18, 39). Santiago nos remite a él para incitarnos a orar: "La oración ferviente del justo tiene mucho poder" (St 5, 16b-18).

2583 Después de haber aprendido la misericordia en su retiro en el torrente de Kérit, Elías enseña a la viuda de Sarepta la fe en la palabra de Dios, fe que confirma con su oración insistente: Dios devuelve la vida al hijo de la viuda (cf 1 R 17, 7-24).

En el sacrificio sobre el monte Carmelo, prueba decisiva para la fe del pueblo de Dios, el fuego del Señor es la respuesta a su súplica de que se consume el holocausto "a la hora de la ofrenda de la tarde": "¡Respóndeme, Señor, respóndeme!" son palabras de Elías que las liturgias orientales recogen en la epiclesis eucarística (cf 1 R 18, 20-39). 　696

Finalmente, volviendo a andar el camino del desierto hacia el lugar donde el Dios vivo y verdadero se reveló a su pueblo, Elías se recoge como Moisés "en la hendidura de la roca" hasta que "pasa" la presencia misteriosa de Dios (cf 1 R 19, 1-14; Ex 33, 19-23). Pero solamente en el monte de la Transfiguración se dará a 　555

conocer Aquél cuyo Rostro buscan (cf Lc 9, 30-35): el conocimiento de la Gloria de Dios está en el rostro de Cristo crucificado
y resucitado (cf 2 Co 4, 6).

2709   **2584**   En el "cara a cara" con Dios, los profetas extraen luz y
fuerza para su misión. Su oración no es una huida del mundo infiel, sino una escucha de la palabra de Dios, es, a veces, un debatirse o una queja, y siempre, una intercesión que espera y prepara
la intervención del Dios salvador, Señor de la historia (cf Am 7,
2.5; Is 6, 5.8.11; Jr 1, 6; 15, 15-18; 20, 7-18).

Los Salmos, oración de la Asamblea

2585   Desde David hasta la venida del Mesías, las Sagradas Es-
1093   crituras contienen textos de oración que atestiguan el sentido profundo de la oración para sí mismo y para los demás (cf Esd 9, 6-
15; Ne 1, 4-11; Jon 2, 3-10; Tb 3, 11-16; Jdt 9, 2-14). Los salmos
fueron reunidos poco a poco en un conjunto de cinco libros: los
Salmos (o "alabanzas"), son la obra maestra de la oración en el
Antiguo Testamento.

2586   Los Salmos alimentan y expresan la oración del pueblo de
Dios como Asamblea, con ocasión de las grandes fiestas en Jerusalén y los sábados en las sinagogas. Esta oración es indisociable-
mente individual y comunitaria; concierne a los que oran y a todos
los hombres; brota de la Tierra santa y de las comunidades de la
Diáspora, pero abarca a toda la creación; recuerda los acontecimientos salvadores del pasado y se extiende hasta la consumación
de la historia; hace memoria de las promesas de Dios ya realizadas
y espera al Mesías que les dará cumplimiento definitivo. Los Sal-
1177   mos, usados por Cristo en su oración y que en El encuentran su
cumplimiento, continúan siendo esenciales en la oración de su
Iglesia (cf IGLH 100-109).

2587   El Salterio es el libro en el que la Palabra de Dios se convierte en oración del hombre. En los demás libros del Antiguo Testamento "las palabras proclaman las obras" (de Dios por los hombres) "y explican su misterio" (DV 2). En el Salterio, las palabras
del salmista expresan, proclamándolas ante Dios, las obras divinas
de salvación. El mismo Espíritu inspira la obra de Dios y la res-
2641   puesta del hombre. Cristo unirá ambas. En El, los salmos no cesan
de enseñarnos a orar.

2588   Las múltiples expresiones de oración de los Salmos se hacen realidad viva tanto en la liturgia del templo como en el corazón del hombre. Tanto si se trata de un himno como de una oración

de desamparo o de acción de gracias, de súplica individual o comunitaria, de canto real o de peregrinación o de meditación sapiencial, los salmos son el espejo de las maravillas de Dios en la historia de su pueblo y en las situaciones humanas vividas por el salmista. Un salmo puede reflejar un acontecimiento pasado, pero es de una sobriedad tal que verdaderamente pueden orar con él los hombres de toda condición y de todo tiempo.

2589 Hay unos rasgos constantes en los Salmos: la simplicidad y la espontaneidad de la oración, el deseo de Dios mismo a través de su creación, y con todo lo que hay de bueno en ella, la situación incómoda del creyente que, en su amor preferente por el Señor, se enfrenta con una multitud de enemigos y de tentaciones; y que, en la espera de lo que hará el Dios fiel, mantiene la certeza del amor de Dios, y la entrega a la voluntad divina. La oración de los salmos está siempre orientada a la alabanza; por lo cual, corresponde bien al conjunto de los salmos el título de "Las Alabanzas". Recopilados los salmos en función del culto de la Asamblea, son invitación a la oración y respuesta a la misma: "Hallelu-Ya!" (Aleluya), "¡Alabad al Señor!" 304

> ¿Qué hay mejor que un salmo? Por eso, David dice muy bien: "¡Alabad al Señor, porque es bueno salmodiar: a nuestro Dios alabanza dulce y bella!". Y es verdad. Porque el salmo es bendición pronunciada por el pueblo, alabanza de Dios por la Asamblea, aclamación de todos, palabra dicha por el universo, voz de la Iglesia, melodiosa profesión de fe (San Ambrosio, *Sal.* 1, 9).

RESUMEN

2590   *"La oración es la elevación del alma hacia Dios o la petición a Dios de bienes convenientes" (San Juan Damasceno, f. o. 3, 24).*

2591   *Dios llama incansablemente a cada persona al encuentro misterioso con Él. La oración acompaña a toda la historia de la salvación como una llamada recíproca entre Dios y el hombre.*

2592   *La oración de Abraham y de Jacob aparece como una lucha de fe vivida en la confianza a la fidelidad de Dios, y en la certeza de la victoria prometida a quienes perseveran.*

2593   *La oración de Moisés responde a la iniciativa del Dios vivo para la salvación de su pueblo. Prefigura la oración de intercesión del único mediador, Cristo Jesús.*

2594   *La oración del pueblo de Dios se desarrolla a la sombra de la Morada de Dios, del Arca de la Alianza y del Templo, bajo la guía de los pastores, especialmente del rey David, y de los profetas.*

2595   *Los profetas llaman a la conversión del corazón y, al buscar ardientemente el rostro de Dios, como hizo Elías, interceden por el pueblo.*

2596   *Los salmos constituyen la obra maestra de la oración en el Antiguo Testamento. Presentan dos componentes inseparables: individual y comunitario. Y cuando conmemoran las promesas de Dios ya cumplidas y esperan la venida del Mesías, abarcan todas las dimensiones de la historia.*

2597   *Rezándolos en referencia a Cristo y viendo su cumplimiento en El, los Salmos son elemento esencial y permanente de la oración de su Iglesia. Se adaptan a los hombres de toda condición y de todo tiempo.*

Artículo 2   **EN LA PLENITUD DE LOS TIEMPOS**

2598   El drama de la oración se nos revela plenamente en el Verbo que se ha hecho carne y que habita entre nosotros. Intentar comprender su oración, a través de lo que sus testigos nos dicen en el Evangelio, es aproximarnos a la santidad de Jesús Nuestro Señor como a la zarza ardiendo: primero contemplando a El mismo en oración y después escuchando cómo nos enseña a orar, para conocer finalmente cómo acoge nuestra plegaria.

Jesús ora

2599   El Hijo de Dios hecho Hijo de la Virgen aprendió a orar conforme a su corazón de hombre. Y lo hizo de su madre que conservaba todas las "maravillas" del Todopoderoso y las meditaba en su corazón (cf Lc 1, 49; 2, 19; 2, 51). Lo aprende en las palabras y en los ritmos de la oración de su pueblo, en la sinagoga de Nazaret y en el Templo. Pero su oración brota de una fuente secreta distinta, como lo deja presentir a la edad de los doce años: "Yo debo estar en las cosas de mi Padre" (Lc 2, 49). Aquí comienza a revelarse la novedad de la oración en la plenitud de los tiempos: la *oración filial,* que el Padre esperaba de sus hijos va a ser vivida por fin por el propio Hijo único en su Humanidad, con los hombres y en favor de ellos.

2600   El Evangelio según San Lucas subraya la acción del Espíritu Santo y el sentido de la oración en el ministerio de Cristo. Jesús ora *antes* de los momentos decisivos de su misión: antes de que el Padre dé testimonio de El en su Bautismo (cf Lc 3, 21) y de su Transfiguración (cf Lc 9, 28), y antes de dar cumplimiento con su Pasión al designio de amor del Padre (cf Lc 22, 41-44); Jesús ora también ante los momentos decisivos que van a comprometer la misión de sus apóstoles: antes de elegir y de llamar a los Doce (cf Lc 6, 12), antes de que Pedro lo confiese como "el Cristo de Dios" (Lc 9, 18-20) y para que la fe del príncipe de los apóstoles no desfallezca ante la tentación (cf Lc 22, 32). La oración de Jesús ante los acontecimientos de salvación que el Padre le pide que cumpla es una entrega, humilde y confiada, de su voluntad humana a la voluntad amorosa del Padre.

535
554
612

858
443

2601 "Estando él orando en cierto lugar, cuando terminó, le dijo uno de sus discípulos: 'Maestro, enséñanos a orar'" (Lc 11, 1). Es, sobre todo, al contemplar a su Maestro en oración, cuando el discípulo de Cristo desea orar. Entonces, puede aprender del Maestro de oración. *Contemplando* y escuchando al Hijo, los hijos aprenden a orar al Padre.

2765

2602 Jesús se retira con frecuencia en soledad a la montaña, con preferencia por la noche, para orar (cf Mc 1, 35; 6, 46; Lc 5, 16). *Lleva a los hombres* en su oración, ya que también asume la humanidad en la Encarnación, y los ofrece al Padre, ofreciéndose a sí mismo. El, el Verbo que ha "asumido la carne", comparte en su oración humana todo lo que viven "sus hermanos" (Hb 2, 12); comparte sus debilidades para librarlos de ellas (cf Hb 2, 15; 4, 15). Para eso le ha enviado el Padre. Sus palabras y sus obras aparecen entonces como la manifestación visible de su oración "en lo secreto".

616

2603 Los evangelistas han conservado las dos oraciones más explícitas de Cristo durante su ministerio. Cada una de ellas comienza precisamente con la acción de gracias. En la primera (cf Mt 11, 25-27 y Lc 10, 21-23), Jesús confiesa al Padre, le da gracias y lo bendice porque ha escondido los misterios del Reino a los que se creen doctos y los ha revelado a los "pequeños" (los pobres de las Bienaventuranzas). Su conmovedor "¡Sí, Padre!" expresa el fondo de su corazón, su adhesión al querer del Padre, de la que fue un eco el "Fiat" de su Madre en el momento de su concepción y que preludia lo que dirá al Padre en su agonía. Toda la oración de Jesús está en esta adhesión amorosa de su corazón de hombre al "misterio de la voluntad" del Padre (Ef 1, 9).

2637

2546

494

2604 La segunda oración es narrada por San Juan (cf Jn 11, 41-42) en el pasaje de la resurrección de Lázaro. La acción de gracias precede al acontecimiento: "Padre, yo te doy gracias por haberme escuchado", lo que implica que el Padre escucha siempre su súplica; y Jesús añade a continuación: "Yo sabía bien que tú siempre me escuchas", lo que implica que Jesús, por su parte, *pide* de una manera constante. Así, apoyada en la acción de gracias, la oración de Jesús nos revela cómo pedir: *antes* de que lo pedido sea otorgado, Jesús se adhiere a Aquel que da y que se da en sus dones. El Dador es más precioso que el don otorgado, es el "tesoro", y en El está el corazón de su Hijo; el don se otorga como "por añadidura" (cf Mt 6, 21.33).

478

2746   La oración "sacerdotal" de Jesús (cf Jn 17) ocupa un lugar único en la Economía de la salvación (su explicación se hace al final de esta Primera sección). Esta oración, en efecto, muestra el carácter permanente de la plegaria de nuestro Sumo Sacerdote, y, al mismo tiempo, contiene lo que Jesús nos enseña en la oración del Padre Nuestro (la cual se explica en la Segunda sección).

2605   Cuando llega la hora de cumplir el plan amoroso del Padre, Jesús deja entrever la profundidad insondable de su plegaria filial, no sólo antes de entregarse libremente ("Abbá... no mi voluntad, sino la tuya": Lc 22, 42), sino hasta en sus *últimas palabras* en la Cruz, donde orar y entregarse son una sola cosa: "Padre, perdónales, porque no saben lo que hacen" (Lc 23, 34); "Yo te aseguro: hoy estarás conmigo en el Paraíso" (Lc 24, 43); "Mujer, ahí tienes a tu Hijo" – "Ahí tienes a tu madre" (Jn 19, 26-27); "Tengo sed" (Jn 19, 28); "¡Dios mío, Dios mío! ¿Por qué me has abandonado?" (Mc 15, 34; cf Sal 22, 2); "Todo está cumplido" (Jn 19, 30); "Padre, en tus manos pongo mi espíritu" (Lc 23, 46), hasta ese "fuerte grito" cuando expira entregando el espíritu (cf Mc 15, 37; Jn 19, 30b).

614

403   **2606**   Todos los infortunios de la humanidad de todos los tiempos, esclava del pecado y de la muerte, todas las súplicas y las intercesiones de la historia de la salvación están recogidas en este grito del Verbo encarnado. He aquí que el Padre las acoge y, por encima de toda esperanza, las escucha al resucitar a su Hijo. Así se realiza y se consuma el drama de la oración en la Economía de la creación y de la salvación. El Salterio nos da la clave para su comprensión en Cristo. Es en el "hoy" de la Resurrección cuando dice el Padre: "Tú eres mi Hijo; yo te he engendrado hoy. *Pídeme,* y te *daré* en herencia las naciones, en propiedad los confines de la tierra" (Sal 2, 7-8; cf Hch 13, 33).

653

2587

La carta a los Hebreos expresa en términos dramáticos cómo actúa la plegaria de Jesús en la victoria de la salvación: "El cual, habiendo ofrecido en los días de su vida mortal ruegos y súplicas con poderoso clamor y lágrimas al que podía salvarle de la muerte, fue escuchado por su actitud reverente, y aun siendo Hijo, con lo que padeció experimentó la obediencia; y llegado a la perfección, se convirtió en causa de salvación eterna para todos los que le obedecen" (Hb 5, 7-9).

Jesús enseña a orar

2607 Con el hecho de su oración, Jesús nos enseña a orar. El camino teologal de nuestra oración es su propia oración al Padre. Pero el Evangelio nos transmite una enseñanza explícita de Jesús sobre la oración. Como un pedagogo, nos toma donde estamos y, progresivamente, nos conduce al Padre. Dirigiéndose a las multitudes que le siguen, Jesús comienza con lo que ellas ya saben de la oración por la Antigua Alianza y las prepara para la novedad del Reino que está viniendo. Después les revela en parábolas esta novedad. Por último, a sus discípulos que deberán ser los pedagogos de la oración en su Iglesia, les hablará abiertamente del Padre y del Espíritu Santo.   520

2608 Ya en el *Sermón de la Montaña,* Jesús insiste en la *conversión del corazón:* la reconciliación con el hermano antes de presentar una ofrenda sobre el altar (cf Mt 5, 23-24), el amor a los enemigos y la oración por los perseguidores (cf Mt 5, 44-45), orar al Padre "en lo secreto" (Mt 6, 6), no gastar muchas palabras (cf Mt 6, 7), perdonar desde el fondo del corazón al orar (cf Mt 6, 14-15), la pureza del corazón y la búsqueda del Reino (cf Mt 6, 21.25.33). Esta conversión se centra totalmente en el Padre; es lo propio de un hijo.   541 1430

2609 Decidido así el corazón a convertirse, aprende a orar en la *fe.* La fe es una adhesión filial a Dios, más allá de lo que nosotros sentimos y comprendemos. Se ha hecho posible porque el Hijo amado nos abre el acceso al Padre. Puede pedirnos que "busquemos" y que "llamemos" porque Él es la puerta y el camino (cf Mt 7, 7-11. 13-14).   153; 1814

2610 Del mismo modo que Jesús ora al Padre y le da gracias antes de recibir sus dones, nos enseña esta *audacia filial:* "todo cuanto pidáis en la oración, creed que ya lo habéis recibido" (Mc 11, 24). Tal es la fuerza de la oración, "todo es posible para quien cree" (Mc 9, 23), con una fe "que no duda" (Mt 21, 22). Tanto como Jesús se entristece por la "falta de fe" de los de Nazaret (Mc 6, 6) y la "poca fe" de sus discípulos (Mt 8, 26), así se admira ante la "gran fe" del centurión romano (cf Mt 8, 10) y de la cananea (cf Mt 15, 28).   165

2611   La oración de fe no consiste solamente en decir "Señor,
2827   Señor", sino en disponer el corazón para hacer la *voluntad del Pa-*
dre (Mt 7, 21). Jesús invita a sus discípulos a llevar a la oración esta voluntad de cooperar con el plan divino (cf Mt 9, 38; Lc 10, 2;
Jn 4, 34).

2612   En Jesús "el Reino de Dios está próximo", llama a la con-
672   versión y a la fe pero también a la *vigilancia*. En la oración, el discípulo espera atento a Aquel que "es y que viene", en el recuerdo
de su primera venida en la humildad de la carne, y en la esperanza
de su segundo advenimiento en la gloria (cf Mc 13; Lc 21, 34-36).
En comunión con su Maestro, la oración de los discípulos es un
2725   combate, y velando en la oración es como no se cae en la tentación
(cf Lc 22, 40.46).

546   **2613**   S. Lucas nos ha transmitido tres *parábolas* principales sobre la
oración:

        La primera, "el amigo importuno" (cf Lc 11, 5-13), invita a una
oración insistente: "Llamad y se os abrirá". Al que ora así, el Padre del
cielo "le dará todo lo que necesite", y sobre todo el Espíritu Santo que
contiene todos los dones.

        La segunda, "la viuda importuna" (cf Lc 18, 1-8), está centrada
en una de las cualidades de la oración: es necesario orar siempre, sin cansarse, con la *paciencia* de la fe. "Pero, cuando el Hijo del hombre venga,
¿encontrará fe sobre la tierra?"

        La tercera parábola, "el fariseo y el publicano" (cf Lc 18, 9-14),
2559   se refiere a la *humildad* del corazón que ora. "Oh Dios, ten compasión de
mí que soy pecador". La Iglesia no cesa de hacer suya esta oración: "¡Ky-
rie eleison!".

2614   Cuando Jesús confía abiertamente a sus discípulos el misterio de la oración al Padre, les desvela lo que deberá ser su oración, y la nuestra, cuando haya vuelto, con su humanidad glorifica-
434   da, al lado del Padre. Lo que es nuevo ahora es "pedir en *su Nom-*
bre" (Jn 14, 13). La fe en Él introduce a los discípulos en el conocimiento del Padre porque Jesús es "el Camino, la Verdad y la Vida" (Jn 14, 6). La fe da su fruto en el amor: guardar su Palabra, sus
mandamientos, permanecer con Él en el Padre que nos ama en Él
hasta permanecer en nosotros. En esta nueva Alianza, la certeza de
ser escuchados en nuestras peticiones se funda en la oración de Jesús (cf Jn 14, 13-14).

728   **2615**   Más todavía, lo que el Padre nos da cuando nuestra oración está unida a la de Jesús, es "otro Paráclito, para que esté con
vosotros para siempre, el Espíritu de la verdad" (Jn 14, 16-17). Esta novedad de la oración y de sus condiciones aparece en todo el

discurso de despedida (cf Jn 14, 23-26; 15, 7.16; 16, 13-15; 16, 23-27). En el Espíritu Santo, la oración cristiana es comunión de amor con el Padre, no solamente por medio de Cristo, sino también *en El:* "Hasta ahora nada le habéis pedido en mi Nombre. Pedid y recibiréis para que vuestro gozo sea perfecto" (Jn 16, 24).

Jesús escucha la oración

2616   La oración *a Jesús* ya ha sido escuchada por El durante su ministerio, a través de los signos que anticipan el poder de su muerte y de su resurrección: Jesús escucha la oración de fe expresada en palabras (el leproso: cf Mc 1, 40-41; Jairo: cf Mc 5, 36; la cananea: cf Mc 7, 29; el buen ladrón: cf Lc 23, 39-43), o en silencio (los portadores del paralítico: cf Mc 2, 5; la hemorroísa que toca su vestido: cf Mc 5, 28; las lágrimas y el perfume de la pecadora: cf Lc 7, 37-38). La petición apremiante de los ciegos: "¡Ten piedad de nosotros, Hijo de David!" (Mt 9, 27) o "¡Hijo de David, Jesús, ten compasión de mí!" (Mc 10, 48) ha sido recogida en la tradición de la *Oración a Jesús:* "¡Jesús, Cristo, Hijo de Dios, Señor, ten piedad de mí, pecador!" Sanando enfermedades o perdonando pecados, Jesús siempre responde a la plegaria del que le suplica con fe: "Ve en paz, ¡tu fe te ha salvado!".

> San Agustín resume admirablemente las tres dimensiones de la oración de Jesús: "Orat pro nobis ut sacerdos noster, orat in nobis ut caput nostrum, oratur a nobis ut Deus noster. Agnoscamus ergo et in illo voces nostras et voces eius in nobis" ("Ora por nosotros como sacerdote nuestro; ora en nosotros como cabeza nuestra; a El se dirige nuestra oración como a Dios nuestro. Reconozcamos, por tanto, en El nuestras voces; y la voz de El, en nosotros", Sal 85, 1; cf IGLH 7).

La oración de la Virgen María

2617   La oración de María se nos revela en la aurora de la plenitud de los tiempos. Antes de la encarnación del Hijo de Dios y antes de la efusión del Espíritu Santo, su oración coopera de manera única con el designio amoroso del Padre: en la anunciación, para la concepción de Cristo (cf Lc 1, 38); en Pentecostés para la formación de la Iglesia, Cuerpo de Cristo (cf Hch 1, 14). En la fe de su humilde esclava, el don de Dios encuentra la acogida que esperaba desde el comienzo de los tiempos. La que el Omnipotente ha hecho "llena de gracia" responde con la ofrenda de todo su ser: "He aquí la esclava del Señor, hágase en mí según tu palabra". *Fiat,* ésta es la oración cristiana: ser todo de El, ya que El es todo nuestro.

548

2667

148

494

490

2674   **2618**   El Evangelio nos revela cómo María ora e intercede en la
fe: en Caná (cf Jn 2, 1-12), la madre de Jesús ruega a su hijo por
las necesidades de un banquete de bodas, signo de otro banquete,
el de las bodas del Cordero que da su Cuerpo y su Sangre a petición de la Iglesia, su Esposa. Y en la hora de la nueva Alianza, al
726   pie de la Cruz, María es escuchada como la Mujer, la nueva Eva,
la verdadera "madre de los que viven".

2619   Por eso, el cántico de María (cf Lc 1, 46-55; el *"Magnificat"* latino, el *"Megalynei"* bizantino) es a la vez el cántico de la
Madre de Dios y el de la Iglesia, cántico de la Hija de Sión y del
nuevo Pueblo de Dios, cántico de acción de gracias por la plenitud
724   de gracias derramadas en la Economía de la salvación, cántico de
los "pobres" cuya esperanza ha sido colmada con el cumplimiento
de las promesas hechas a nuestros padres "en favor de Abraham y
su descendencia por siempre".

RESUMEN

2620   *En el Nuevo Testamento el modelo perfecto de oración se
encuentra en la oración filial de Jesús. Hecha con frecuencia en la soledad, en lo secreto, la oración de Jesús
entraña una adhesión amorosa a la voluntad del Padre
hasta la cruz y una absoluta confianza en ser escuchada.*

2621   *En su enseñanza, Jesús instruye a sus discípulos para que
oren con un corazón purificado, una fe viva y perseverante, una audacia filial. Les insta a la vigilancia y les invita
a presentar sus peticiones a Dios en su Nombre. El mismo
escucha las plegarias que se le dirigen.*

2622   *La oración de la Virgen María, en su Fiat y en su Magníficat, se caracteriza por la ofrenda generosa de todo su ser
en la fe.*

Artículo 3   EN EL TIEMPO DE LA IGLESIA

731   **2623**   El día de Pentecostés, el Espíritu de la promesa se derramó sobre los discípulos, "reunidos en un mismo lugar" (Hch 2, 1),
que lo esperaban "perseverando en la oración con un mismo espíritu" (Hch 1, 14). El Espíritu que enseña a la Iglesia y le recuerda
todo lo que Jesús dijo (cf Jn 14, 26), será también quien la instruya
en la vida de oración.

1342   **2624**   En la primera comunidad de Jerusalén, los creyentes "acudían asiduamente a las enseñanzas de los apóstoles, a la comunión,

a la fracción del pan y a las oraciones" (Hch 2, 42). Esta secuencia de actos es típica de la oración de la Iglesia; fundada sobre la fe apostólica y autentificada por la caridad, se alimenta con la Eucaristía.

2625 Estas oraciones son en primer lugar las que los fieles escuchan y leen en la Sagrada Escritura, pero las actualizan, especialmente las de los salmos, a partir de su cumplimiento en Cristo (cf Lc 24, 27.44). El Espíritu Santo, que recuerda así a Cristo ante su Iglesia orante, conduce a ésta también hacia la Verdad plena, y suscita nuevas formulaciones que expresarán el insondable Misterio de Cristo que actúa en la vida, en los sacramentos y en la misión de su Iglesia. Estas formulaciones se desarrollan en las grandes tradiciones litúrgicas y espirituales. Las *formas de la oración,* tal como las revelan los escritos apostólicos canónicos, siguen siendo normativas para la oración cristiana.

1092

1200

I   LA BENDICION Y LA ADORACION

2626 La *bendición* expresa el movimiento de fondo de la oración cristiana: es encuentro de Dios con el hombre; en ella, el don de Dios y la acogida del hombre se convocan y se unen. La oración de bendición es la respuesta del hombre a los dones de Dios: porque Dios bendice, el corazón del hombre puede bendecir a su vez a Aquel que es la fuente de toda bendición.

1078

2627 Dos formas fundamentales expresan este movimiento: o bien la oración asciende llevada por el Espíritu Santo, por medio de Cristo hacia el Padre (nosotros le bendecimos por habernos bendecido; cf Ef 1, 3-14; 2 Co 1, 3-7; 1 P 1, 3-9); o bien implora la gracia del Espíritu Santo que, por medio de Cristo, desciende de junto al Padre (es él quien nos bendice; cf 2 Co 13, 13; Rm 15, 5-6.13; Ef 6, 23-24).

1083

2628 La *adoración* es la primera actitud del hombre que se reconoce criatura ante su Creador. Exalta la grandeza del Señor que nos ha hecho (cf Sal 95, 1-6) y la omnipotencia del Salvador que nos libra del mal. Es la acción de humillar el espíritu ante el "Rey de la gloria" (Sal 24, 9-10) y el silencio respetuoso en presencia de Dios "siempre mayor" (S. Agustín, Sal. 62, 16). La adoración de Dios tres veces santo y soberanamente amable nos llena de humildad y da seguridad a nuestras súplicas.

2096-2097

2559

II   LA ORACION DE PETICION

2629 El vocabulario neotestamentario sobre la oración de súplica está lleno de matices: pedir, reclamar, llamar con insistencia, invocar, clamar, gritar, e incluso "luchar en la oración" (cf Rm 15, 30; Col 4, 12). Pero su forma más habitual, por ser la más espontánea, es la petición: Mediante la oración de petición mostramos la conciencia de nuestra relación con Dios: por ser criaturas, no somos ni nuestro propio origen, ni dueños de nuestras adversidades, ni nuestro fin último; pero también, por ser pecadores, sabemos, como cristianos, que nos apartamos de nuestro Padre. La petición ya es un retorno hacia El.

2630   El Nuevo Testamento no contiene apenas oraciones de lamentación, frecuentes en el Antiguo Testamento. En adelante, en Cristo resucitado, la oración de la Iglesia es sostenida por la esperanza, aunque todavía estemos en la espera y tengamos que convertirnos cada día. La petición cristiana brota de otras profundidades, de lo que S. Pablo llama el *gemido:* el de la creación "que sufre dolores de parto" (Rm 8, 22), el nuestro también en la espera "del rescate de nuestro cuerpo. Porque nuestra salvación es objeto de esperanza" (Rm 8, 23-24), y, por último, los "gemidos inefables" del propio Espíritu Santo que "viene en ayuda de nuestra flaqueza. Pues nosotros no sabemos pedir como conviene" (Rm 8, 26).

2631   *La petición de perdón* es el primer movimiento de la oración de petición (cf el publicano: "ten compasión de mí que soy pecador": Lc 18, 13). Es el comienzo de una oración justa y pura. La humildad confiada nos devuelve a la luz de la comunión con el Padre y su Hijo Jesucristo, y de los unos con los otros (cf 1 Jn 1, 7-2, 2): entonces "cuanto pidamos lo recibimos de él" (1 Jn 3, 22). Tanto la celebración de la Eucaristía como la oración personal comienzan con la petición de perdón.

2632   La petición cristiana está centrada en el deseo y en la *búsqueda del Reino* que viene, conforme a las enseñanzas de Jesús (cf Mt 6, 10.33; Lc 11, 2.13). Hay una jerarquía en las peticiones: primero el Reino, a continuación lo que es necesario para acogerlo y para cooperar a su venida. Esta cooperación con la misión de Cristo y del Espíritu Santo, que es ahora la de la Iglesia, es objeto de la oración de la comunidad apostólica (cf Hch 6, 6; 13, 3). Es la oración de Pablo, el apóstol por excelencia, que nos revela cómo la solicitud divina por todas las Iglesias debe animar la oración cristiana (cf Rm 10, 1; Ef 1, 16-23; Flp 1, 9-11; Col 1, 3-6; 4, 3-4. 12). Al orar, todo bautizado trabaja en la Venida del Reino.

2633   Cuando se participa así en el amor salvador de Dios, se comprende que *toda necesidad* pueda convertirse en objeto de petición. Cristo, que ha asumido todo para rescatar todo, es glorificado por las peticiones que ofrecemos al Padre en su Nombre (cf Jn 14, 13). Con esta seguridad, Santiago (cf St 1, 5-8) y Pablo nos exhortan a orar *en toda ocasión* (cf Ef 5, 20; Flp 4, 6-7; Col 3, 16-17; 1 Ts 5, 17-18).

III   LA ORACION DE INTERCESION

2634   La intercesión es una oración de petición que nos conforma muy de cerca con la oración de Jesús. El es el único intercesor ante el Padre en favor de todos los hombres, de los pecadores en particular (cf Rm 8, 34; 1 Jn 2, 1; 1 Tm 2, 5-8). Es capaz de "salvar perfectamente a los que por El se llegan a Dios, ya que está siempre vivo para interceder en su favor" (Hb 7, 25). El propio Espíritu Santo "intercede por nosotros... y su intercesión a favor de los santos es según Dios" (Rm 8, 26-27).   432

2635   Interceder, pedir en favor de otro, es, desde Abraham, lo propio de un corazón conforme a la misericordia de Dios. En el tiempo de la Iglesia, la intercesión cristiana participa de la de Cristo: es la expresión de la comunión de los santos. En la intercesión, el que ora busca "no su propio interés sino el de los demás" (Flp 2, 4), hasta rogar por los que le hacen mal (recuérdese a Esteban rogando por sus verdugos, como Jesús: cf Hch 7, 60; Lc 23, 28.34).   2571   2577

2636   Las primeras comunidades cristianas vivieron intensamente esta forma de participación (cf Hch 12, 5; 20, 36; 21, 5; 2 Co 9, 14). El apóstol Pablo les hace participar así en su ministerio del Evangelio (cf Ef 6, 18-20; Col 4, 3-4; 1 Ts 5, 25); él intercede también por las comunidades (cf 2 Ts 1, 11; Col 1, 3; Flp 1, 3-4). La intercesión de los cristianos no conoce fronteras: "por todos los hombres, por todos los constituidos en autoridad" (1 Tm 2, 1), por los perseguidores (cf Rm 12, 14), por la salvación de los que rechazan el Evangelio (cf Rm 10, 1).   1900   1037

IV   LA ORACION DE ACCION DE GRACIAS

2637   La acción de gracias caracteriza la oración de la Iglesia que, al celebrar la Eucaristía, manifiesta y se convierte cada vez más en lo que ella es. En efecto, en la obra de salvación, Cristo libera a la creación del pecado y de la muerte para consagrarla de nuevo y devolverla al Padre, para su gloria. La acción de gracias de los miembros del Cuerpo participa de la de su Cabeza.   224   1328   2603

2638   Al igual que en la oración de petición, todo acontecimiento y toda necesidad pueden convertirse en ofrenda de acción de gracias. Las cartas de San Pablo comienzan y terminan frecuentemente con una acción de gracias, y el Señor Jesús siempre está presente en ella. "En todo dad gracias, pues esto es lo que Dios, en Cristo Jesús, quiere de vosotros" (1 Ts 5, 18). "Sed perseverantes en la oración, velando en ella con acción de gracias" (Col 4, 2).

V   LA ORACION DE ALABANZA

2639   La alabanza es la forma de orar que reconoce de la manera más directa que Dios es Dios. Le canta por El mismo, le da gloria no por lo que hace, sino por lo que El es. Participa en la bienaventuranza de los corazones puros que le aman en la fe antes de verle en la Gloria. Mediante ella, el Espíritu se une a nuestro espíritu para dar testimonio de que somos hijos de Dios (cf Rm 8, 16), da testimonio del Hijo único en quien somos adoptados y por quien glorificamos al Padre. La alabanza integra las otras formas de oración y las lleva hacia Aquel que es su fuente y su término: "un solo Dios, el Padre, del cual proceden todas las cosas y por el cual somos nosotros" (1 Co 8, 6).

2640   San Lucas menciona con frecuencia en su Evangelio la admiración y la alabanza ante las maravillas de Cristo, y las subraya también respecto a las acciones del Espíritu Santo que son los hechos de los apóstoles: la comunidad de Jerusalén (cf Hch 2, 47), el tullido curado por Pedro y Juan (cf Hch 3, 9), la muchedumbre que glorificaba a Dios por ello (cf Hch 4, 21), y los gentiles de Pisidia que "se alegraron y se pusieron a glorificar la Palabra del Señor" (Hch 13, 48).

2641   "Recitad entre vosotros salmos, himnos y cánticos inspirados; cantad y salmodiad en vuestro corazón al Señor" (Ef 5, 19; Col 3, 16). Como los autores inspirados del Nuevo Testamento, las primeras comunidades cristianas releen el libro de los Salmos cantando en él el Misterio de Cristo. En la novedad del Espíritu, componen también himnos y cánticos a partir del acontecimiento inaudito que Dios ha realizado en su Hijo: su encarnación, su muerte vencedora de la muerte, su resurrección y su ascensión a su derecha (cf Flp 2, 6-11; Col 1, 15-20; Ef 5, 14; 1 Tm 3, 16; 6, 15-16; 2 Tm 2, 11-13). De esta "maravilla" de toda la Economía de la salvación brota la doxología, la alabanza a Dios (cf Ef 1, 3-14; Rm 16, 25-27; Ef 3, 20-21; Judas 24-25).

2642   La revelación "de lo que ha de suceder pronto" –el Apocalipsis–, está sostenida por los cánticos de la liturgia celestial (cf Ap 4, 8-11; 5, 9-14; 7, 10-12) y también por la intercesión de los "testigos" (mártires: Ap 6, 10). Los profetas y los santos, todos los que fueron degollados en la tierra por dar testimonio de Jesús (cf Ap 18, 24), la muchedumbre inmensa de los que, venidos de la gran tribulación nos han precedido en el Reino, cantan la alabanza de gloria de Aquel que se sienta en el trono y del Cordero (cf Ap 19, 1-8). En comunión con ellos, la Iglesia terrestre canta también estos cánticos, en la fe y la prueba. La fe, en la petición y la intercesión, espera contra toda esperanza y da gracias al "Padre de las luces de quien desciende todo don excelente" (St 1, 17). La fe es así una pura alabanza.

Marginal references: 213, 2587, 1137

2643 La Eucaristía contiene y expresa todas las formas de oración: es la "ofrenda pura" de todo el Cuerpo de Cristo "a la gloria de su Nombre" (cf Ml 1, 11); es, según las tradiciones de Oriente y de Occidente, "el sacrificio de alabanza".

1330

RESUMEN

2644 *El Espíritu Santo que enseña a la Iglesia y le recuerda todo lo que Jesús dijo, la educa también en la vida de oración, suscitando expresiones que se renuevan dentro de unas formas permanentes de orar: bendición, petición, intercesión, acción de gracias y alabanza.*

2645 *Gracias a que Dios le bendice, el hombre en su corazón puede bendecir, a su vez, a Aquel que es la fuente de toda bendición.*

2646 *La oración de petición tiene por objeto el perdón, la búsqueda del Reino y cualquier necesidad verdadera.*

2647 *La oración de intercesión consiste en una petición en favor de otro. No conoce fronteras y se extiende hasta los enemigos.*

2648 *Toda alegría y toda pena, todo acontecimiento y toda necesidad pueden ser motivo de oración de acción de gracias, la cual, participando de la de Cristo, debe llenar la vida entera: "En todo dad gracias" (1 Ts 5, 18).*

2649 *La oración de alabanza, totalmente desinteresada, se dirige a Dios; canta para El y le da gloria no sólo por lo que ha hecho sino porque El es.*

CAPITULO SEGUNDO

LA TRADICION DE LA ORACION

2650 La oración no se reduce al brote espontáneo de un impulso interior: para orar es necesario querer orar. No basta sólo con saber lo que las Escrituras revelan sobre la oración: es necesario también aprender a orar. Pues bien, por una transmisión viva (la sagrada Tradición), el Espíritu Santo, en la "Iglesia creyente y orante" (DV 8), enseña a orar a los hijos de Dios.

75

2651 La tradición de la oración cristiana es una de las formas de crecimiento de la Tradición de la fe, en particular mediante la con-

94

templación y la reflexión de los creyentes que conservan en su corazón los acontecimientos y las palabras de la Economía de la salvación, y por la penetración profunda en las realidades espirituales de las que adquieren experiencia (cf DV 8).

Artículo 1   **LAS FUENTES DE LA ORACION**

694   **2652**   El Espíritu Santo es el "agua viva" que, en el corazón orante, "brota para vida eterna" (Jn 4, 14). El es quien nos enseña a recogerla en la misma Fuente: Cristo. Pues bien, en la vida cristiana hay manantiales donde Cristo nos espera para darnos a beber el Espíritu Santo.

La Palabra de Dios

133   **2653**   La Iglesia "recomienda insistentemente a todos sus fieles... la lectura asidua de la Escritura para que adquieran 'la ciencia
1100   suprema de Jesucristo' (Flp 3, 8)... Recuerden que a la lectura de la Sagrada Escritura debe acompañar la oración para que se realice el diálogo de Dios con el hombre, pues 'a Dios hablamos cuando oramos, a Dios escuchamos cuando leemos sus palabras' (San Ambrosio, off. 1, 88)" (DV 25).

2654   Los Padres espirituales parafraseando Mt 7, 7, resumen así las disposiciones de un corazón alimentado por la palabra de Dios en la oración: "Buscad leyendo, y encontraréis meditando; llamad orando, y se os abrirá por la contemplación" (cf Guido el Cartujano, scala: PL 184, 476C).

La Liturgia de la Iglesia

1073   **2655**   La misión de Cristo y del Espíritu Santo que, en la liturgia sacramental de la Iglesia, anuncia, actualiza y comunica el Misterio de la salvación, se continúa en el corazón que ora. Los Padres
368   espirituales comparan a veces el corazón a un altar. La oración interioriza y asimila la liturgia durante su celebración y después de la misma. Incluso cuando la oración se vive "en lo secreto" (Mt 6, 6), siempre es oración de la *Iglesia,* comunión con la Santísima Trinidad (cf IGLH 9).

1812-1829   ### Las virtudes teologales

2656   Se entra en oración como se entra en la liturgia: por la puerta estrecha de la *fe.* A través de los signos de su presencia, es el rostro del Señor lo que buscamos y deseamos, es su palabra lo que queremos escuchar y guardar.

2657 El Espíritu Santo nos enseña a celebrar la liturgia esperando el retorno de Cristo, nos educa para orar en la *esperanza*. Inversamente, la oración de la Iglesia y la oración personal alimentan en nosotros la esperanza. Los salmos muy particularmente, con su lenguaje concreto y variado, nos enseñan a fijar nuestra esperanza en Dios: "En el Señor puse toda mi esperanza, él se inclinó hacia mí y escuchó mi clamor" (Sal 40, 2). "El Dios de la esperanza os colme de todo gozo y paz en vuestra fe, hasta rebosar de esperanza por la fuerza del Espíritu Santo" (Rm 15, 13).

2658 "La esperanza no falla, porque el *amor* de Dios ha sido derramado en nuestros corazones por el Espíritu Santo que nos ha sido dado" (Rm 5, 5). La oración, formada en la vida litúrgica, saca todo del amor con el que somos amados en Cristo y que nos permite responder amando como El nos ha amado. El amor es *la* fuente de la oración: quien bebe de ella, alcanza la cumbre de la oración:

> Te amo, Dios mío, y mi único deseo es amarte hasta el último suspiro de mi vida. Te amo, Dios mío infinitamente amable, y prefiero morir amándote a vivir sin amarte. Te amo, Señor, y la única gracia que te pido es amarte eternamente... Dios mío, si mi lengua no puede decir en todos los momentos que te amo, quiero que mi corazón te lo repita cada vez que respiro (S. Juan María Bautista Vianney, oración).

"Hoy"

2659 Aprendemos a orar en ciertos momentos escuchando la palabra del Señor y participando en su Misterio Pascual; pero, en todo tiempo, en los acontecimientos de *cada día,* su Espíritu se nos ofrece para que brote la oración. La enseñanza de Jesús sobre la oración a nuestro Padre está en la misma línea que la de la Providencia (cf Mt 6, 11.34): el tiempo está en las manos del Padre; lo encontramos en el presente, ni ayer ni mañana, sino hoy: "¡Ojalá oyerais hoy su voz!: No endurezcáis vuestro corazón" (Sal 95, 7-8).

2660 Orar en los acontecimientos de cada día y de cada instante es uno de los secretos del Reino revelados a los "pequeños", a los servidores de Cristo, a los pobres de las bienaventuranzas. Es justo y bueno orar para que la venida del Reino de justicia y de paz influya en la marcha de la historia, pero también es importante impregnar de oración las humildes situaciones cotidianas. Todas las formas de oración pueden ser la levadura con la que el Señor compara el Reino (cf Lc 13, 20-21).

RESUMEN

2661   *Mediante una transmisión viva –la Sagrada Tradición–, el Espíritu Santo, en la Iglesia, enseña a orar a los hijos de Dios.*

2662   *La Palabra de Dios, la liturgia de la Iglesia y las virtudes de la fe, la esperanza y la caridad son fuentes de la oración.*

Artículo 2   **EL CAMINO DE LA ORACION**

1201   **2663**   En la tradición viva de la oración, cada Iglesia propone a sus fieles, según el contexto histórico, social y cultural, el lenguaje de su oración: palabras, melodías, gestos, iconografía. Corresponde al magisterio (cf DV 10) discernir la fidelidad de estos caminos de oración a la tradición de la fe apostólica y compete a los pastores y catequistas explicar el sentido de ello, con relación siempre a Jesucristo.

La oración al Padre

2664   No hay otro camino de oración cristiana que Cristo. Sea comunitaria o individual, vocal o interior, nuestra oración no tiene
2780   acceso al Padre más que si oramos "en el Nombre" de Jesús. La santa humanidad de Jesús es, pues, el camino por el que el Espíritu Santo nos enseña a orar a Dios nuestro Padre.

La oración a Jesús

2665   La oración de la Iglesia, alimentada por la palabra de Dios
451   y por la celebración de la liturgia, nos enseña a orar al Señor Jesús. Aunque esté dirigida sobre todo al Padre, en todas las tradiciones litúrgicas incluye formas de oración dirigidas a Cristo. Algunos salmos, según su actualización en la oración de la Iglesia, y el Nuevo Testamento ponen en nuestros labios y graban en nuestros corazones las invocaciones de esta oración a Cristo: Hijo de Dios, Verbo de Dios, Señor, Salvador, Cordero de Dios, Rey, Hijo amado, Hijo de la Virgen, Buen Pastor, Vida nuestra, nuestra Luz, nuestra Esperanza, Resurrección nuestra, Amigo de los hombres...

2666   Pero el Nombre que todo lo contiene es aquel que el Hijo
432   de Dios recibe en su encarnación: Jesús. El nombre divino es inefable para los labios humanos (cf Ex 3, 14; 33, 19-23), pero el Ver-

bo de Dios, al asumir nuestra humanidad, nos lo entrega y nosotros podemos invocarlo: "Jesús", "YHWH salva" (cf Mt 1, 21). El Nombre de Jesús contiene todo: Dios y el hombre y toda la Economía de la creación y de la salvación. Decir "Jesús" es invocarlo desde nuestro propio corazón. Su Nombre es el único que contiene la presencia que significa. Jesús es el resucitado, y cualquiera que invoque su Nombre acoge al Hijo de Dios que le amó y se entregó por él (cf Rm 10, 13; Hch 2, 21; 3, 15-16; Ga 2, 20). *435*

2667 Esta invocación de fe bien sencilla ha sido desarrollada en la tradición de la oración bajo formas diversas en Oriente y en Occidente. La formulación más habitual, transmitida por los espirituales del Sinaí, de Siria y del monte Athos es la invocación: "¡Jesús, Cristo, Hijo de Dios, Señor, Ten piedad de nosotros, pecadores!" Conjuga el himno cristológico de Flp 2, 6-11 con la petición del publicano y del mendigo ciego (cf Lc 18, 13; Mc 10, 46-52). Mediante ella, el corazón se abre a la miseria de los hombres y a la misericordia de su Salvador. *2616*

2668 La invocación del santo Nombre de Jesús es el camino más sencillo de la oración continua. Repetida con frecuencia por un corazón humildemente atento, no se dispersa en "palabrerías" (Mt 6, 7), sino que "conserva la Palabra y fructifica con perseverancia" (cf Lc 8, 15). Es posible "en todo tiempo" porque no es una ocupación al lado de otra, sino la única ocupación, la de amar a Dios, que anima y transfigura toda acción en Cristo Jesús. *435*

2669 La oración de la Iglesia venera y honra al *Corazón de Jesús*, como invoca su Santísimo Nombre. Adora al Verbo encarnado y a su Corazón que, por amor a los hombres, se dejó traspasar por nuestros pecados. La oración cristiana practica el *Vía Crucis* siguiendo al Salvador. Las estaciones desde el Pretorio, al Gólgota y al Sepulcro jalonan el recorrido de Jesús que con su santa Cruz nos redimió. *478* *1674*

"Ven, Espíritu Santo"

2670 "Nadie puede decir: '¡Jesús es Señor!', sino por influjo del Espíritu Santo" (1 Co 12, 3). Cada vez que en la oración nos dirigimos a Jesús, es el Espíritu Santo quien, con su gracia preveniente, nos atrae al camino de la oración. Puesto que él nos enseña a orar recordándonos a Cristo, ¿cómo no dirigirnos también a él orando? Por eso, la Iglesia nos invita a implorar todos los días al Espíritu Santo, especialmente al comenzar y al terminar cualquier acción importante. *683* *2001* *1310*

> Si el Espíritu no debe ser adorado, ¿cómo me diviniza él por el bautismo? Y si debe ser adorado, ¿no debe ser objeto de un culto particular? (San Gregorio Nacianceno, or. theol. 5, 28).

2671 La forma tradicional para pedir el Espíritu es invocar al Padre por medio de Cristo nuestro Señor para que nos dé el Espíritu Consolador (cf Lc 11, 13). Jesús insiste en esta petición en su Nombre en el momento mismo en que promete el don del Espíritu de Verdad (cf Jn 14, 17; 15, 26; 16, 13). Pero la oración más sencilla y la más directa es también la más tradicional: "Ven, Espíritu Santo", y cada tradición litúrgica la ha desarrollado en antífonas e himnos:

> Ven, Espíritu Santo, llena los corazones de tus fieles y enciende en ellos el fuego de tu amor (cf secuencia de Pentecostés).

> Rey celeste, Espíritu Consolador, Espíritu de Verdad, que estás presente en todas partes y lo llenas todo, tesoro de todo bien y fuente de la vida, ven, habita en nosotros, purifícanos y sálvanos, Tú que eres bueno (Liturgia bizantina, Tropario de vísperas de Pentecostés).

695   **2672**   El Espíritu Santo, cuya unción impregna todo nuestro ser, es el Maestro interior de la oración cristiana. Es el artífice de la tradición viva de la oración. Ciertamente hay tantos caminos en la oración como orantes, pero es el mismo Espíritu el que actúa en todos y con todos. En la comunión en el Espíritu Santo la oración cristiana es oración en la Iglesia.

En comunión con la Santa Madre de Dios

689   **2673**   En la oración, el Espíritu Santo nos une a la Persona del Hijo Unico, en su humanidad glorificada. Por medio de ella y en ella, nuestra oración filial comulga en la Iglesia con la Madre de Jesús (cf Hch 1, 14).

494   **2674**   Desde el sí dado por la fe en la anunciación y mantenido sin vacilar al pie de la cruz, la maternidad de María se extiende desde entonces a los hermanos y a las hermanas de su Hijo, "que son peregrinos todavía y que están ante los peligros y las miserias" (LG 62). Jesús, el único Mediador, es el Camino de nuestra oración; María, su Madre y nuestra Madre, es pura transparencia de él: María "muestra el Camino" ["Hodoghitria"], ella es su "signo", según la iconografía tradicional de Oriente y Occidente.

970   **2675**   A partir de esta cooperación singular de María a la acción del Espíritu Santo, las Iglesias han desarrollado la oración a la santa Madre de Dios, centrándola sobre la persona de Cristo manifestada en sus misterios. En los innumerables himnos y antífonas que expresan esta oración, se alternan habitualmente dos movimientos: uno "engrandece" al Señor por las "maravillas" que ha hecho en su humilde esclava, y por medio de ella, en todos los seres humanos (cf Lc 1, 46-55); el segundo confía a la Madre de Jesús las súplicas

512

2619

y alabanzas de los hijos de Dios, ya que ella conoce ahora la humanidad que en ella ha sido desposada por el Hijo de Dios.

2676 Este doble movimiento de la oración a María ha encontrado una expresión privilegiada en la oración del Avemaría:

"Dios te salve, María [Alégrate, María]". La salutación del ángel Gabriel abre la oración del Avemaría. Es Dios mismo quien por mediación de su ángel, saluda a María. Nuestra oración se atreve a recoger el saludo a María con la mirada que Dios ha puesto sobre su humilde esclava (cf Lc 1, 48) y a alegrarnos con el gozo que Dios encuentra en ella (cf So 3, 17b).

722

"Llena de gracia, el Señor es contigo": Las dos palabras del saludo del ángel se aclaran mutuamente. María es la llena de gracia porque el Señor está con ella. La gracia de la que está colmada es la presencia de Aquel que es la fuente de toda gracia. "Alégrate... Hija de Jerusalén... el Señor está en medio de ti" (So 3, 14, 17a). María, en quien va a habitar el Señor, es en persona la hija de Sión, el Arca de la Alianza, el lugar donde reside la Gloria del Señor: ella es "la morada de Dios entre los hombres" (Ap 21, 3). "Llena de gracia", se ha dado toda al que viene a habitar en ella y al que ella entregará al mundo.

490

"Bendita tú eres entre todas las mujeres y bendito es el fruto de tu vientre, Jesús". Después del saludo del ángel, hacemos nuestro el de Isabel. "Llena del Espíritu Santo" (Lc 1, 41), Isabel es la primera en la larga serie de las generaciones que llaman bienaventurada a María (cf Lc 1, 48): "Bienaventurada la que ha creído..." (Lc 1, 45): María es "bendita entre todas las mujeres" porque ha creído en el cumplimiento de la palabra del Señor. Abraham, por su fe, se convirtió en bendición para todas las "naciones de la tierra" (Gn 12, 3). Por su fe, María vino a ser la madre de los creyentes, gracias a la cual todas las naciones de la tierra reciben a Aquel que es la bendición misma de Dios: Jesús, el fruto bendito de su vientre.

435

146

2677 *"Santa María, Madre de Dios, ruega por nosotros..."* Con Isabel, nos maravillamos y decimos: "¿De dónde a mí que la madre de mi Señor venga a mí?" (Lc 1, 43). Porque nos da a Jesús su hijo, María es madre de Dios y madre nuestra; podemos confiarle todos nuestros cuidados y nuestras peticiones: ora por nosotros como ella oró por sí misma: "Hágase en mí según tu palabra" (Lc 1, 38). Confiándonos a su oración, nos abandonamos con ella en la voluntad de Dios: "Hágase tu voluntad".

495

"Ruega por nosotros, pecadores, ahora y en la hora de nuestra muerte". Pidiendo a María que ruegue por nosotros, nos reconocemos pecadores y nos dirigimos a la "Madre de la Misericordia", a la Virgen Santísima. Nos ponemos en sus manos "ahora", en el hoy de nuestras vidas. Y nuestra confianza se ensancha para entregarle desde ahora, "la hora de nuestra muerte". Que esté presente en esa hora, como estuvo en la muerte en Cruz de su Hijo y que en la hora de nuestro tránsito nos acoja como madre nuestra (cf Jn 19, 27) para conducirnos a su Hijo Jesús, al Paraíso.

1020

2678 La piedad medieval de Occidente desarrolló la oración del Rosario, en sustitución popular de la Oración de las Horas. En Oriente, la forma litánica del Acathistós y de la Paráclisis se ha conservado más cer-

971; 1674

ca del oficio coral en las Iglesias bizantinas, mientras que las tradiciones armenia, copta y siríaca han preferido los himnos y los cánticos populares a la Madre de Dios. Pero en el Avemaría, los theotokia, los himnos de San Efrén o de San Gregorio de Narek, la tradición de la oración es fundamentalmente la misma.

967 **2679** María es la orante perfecta, figura de la Iglesia. Cuando le rezamos, nos adherimos con ella al designio del Padre, que envía a su Hijo para salvar a todos los hombres. Como el discípulo amado, acogemos (cf Jn 19, 27) a la Madre de Jesús, hecha madre de todos los vivientes. Podemos orar con ella y a ella. La oración de la Iglesia está sostenida por la oración de María. La Iglesia se une a María en la esperanza (cf LG 68-69).

972

RESUMEN

2680 *La oración está dirigida principalmente al Padre; igualmente se dirige a Jesús, en especial por la invocación de su santo Nombre: "Jesús, Cristo, Hijo de Dios, Señor, ¡ten piedad de nosotros, pecadores!"*

2681 *"Nadie puede decir: 'Jesús es Señor', sino por influjo del Espíritu Santo" (1 Co 12, 3). La Iglesia nos invita a invocar al Espíritu Santo como Maestro interior de la oración cristiana.*

2682 *En virtud de su cooperación singular con la acción del Espíritu Santo, la Iglesia ora también en comunión con la Virgen María para ensalzar con ella las maravillas que Dios ha realizado en ella y para confiarle súplicas y alabanzas.*

Artículo 3   MAESTROS Y LUGARES DE ORACION

Una pléyade de testigos

2683 Los testigos que nos han precedido en el Reino (cf Hb 12, 1), especialmente los que la Iglesia reconoce como "santos", participan en la tradición viva de la oración, por el testimonio de sus
956 vidas, por la transmisión de sus escritos y por su oración hoy. Contemplan a Dios, lo alaban y no dejan de cuidar de aquellos que han quedado en la tierra. Al entrar "en la alegría" de su Señor, han sido "constituidos sobre lo mucho" (cf Mt 25, 21). Su intercesión es su más alto servicio al plan de Dios. Podemos y debemos rogarles que intercedan por nosotros y por el mundo entero.

2684 En la comunión de los santos, se han desarrollado diversas *espiritualidades* a lo largo de la historia de la Iglesia. El carisma personal de un testigo del amor de Dios hacia los hombres puede transmitirse a fin de que sus discípulos participen de ese espíritu (cf PC 2), como aconteció con el "espíritu" de Elías a Eliseo (cf 2 R 2, 9) y a Juan Bautista (cf Lc 1, 17). En la confluencia de corrientes litúrgicas y teológicas se encuentra también una espiritualidad que muestra cómo el espíritu de oración incultura la fe en un ámbito humano y en su historia. Las diversas espiritualidades cristianas participan en la tradición viva de la oración y son guías indispensables para los fieles. En su rica diversidad, reflejan la pura y única Luz del Espíritu Santo.

917

919

1202

> "El Espíritu es verdaderamente el lugar de los santos, y el santo es para el Espíritu un lugar propio, ya que se ofrece a habitar con Dios y es llamado templo suyo" (San Basilio, Spir. 26, 62).

Servidores de la oración

2685 La *familia cristiana* es el primer ambito para la educación en la oración. Fundada en el sacramento del Matrimonio, es la "iglesia doméstica" donde los hijos de Dios aprenden a orar "en Iglesia" y a perseverar en la oración. Particularmente para los niños pequeños, la oración diaria familiar es el primer testimonio de la memoria viva de la Iglesia que es despertada pacientemente por el Espíritu Santo.

1657

2686 Los *ministros ordenados* son también responsables de la formación en la oración de sus hermanos y hermanas en Cristo. Servidores del buen Pastor, han sido ordenados para guiar al pueblo de Dios a las fuentes vivas de la oración: la Palabra de Dios, la liturgia, la vida teologal, el hoy de Dios en las situaciones concretas (cf PO 4-6).

1547

2687 Muchos *religiosos* han consagrado y consagran toda su vida a la oración. Desde el desierto de Egipto, eremitas, monjes y monjas han dedicado su tiempo a la alabanza de Dios y a la intercesión por su pueblo. La vida consagrada no se mantiene ni se propaga sin la oración; es una de las fuentes vivas de la contemplación y de la vida espiritual en la Iglesia.

916

2688 La *catequesis* de niños, jóvenes y adultos está orientada a que la Palabra de Dios se medite en la oración personal, se actualice en la oración litúrgica, y se interiorice en todo tiempo a fin de fructificar en una vida nueva. La catequesis es también el momento en que se puede purificar y educar la piedad popular (cf CT 54).

1674

La memorización de las oraciones fundamentales ofrece una base indispensable para la vida de oración, pero es importante hacer gustar su sentido (cf CT 55).

2689 *Grupos de oración,* es decir, "escuelas de oración", son hoy uno de los signos y uno de los acicates de la renovación de la oración en la Iglesia, a condición de beber en las auténticas fuentes de la oración cristiana. La salvaguardia de la comunión es señal de la verdadera oración en la Iglesia.

2690 El Espíritu Santo da a ciertos fieles dones de sabiduría, de fe y de discernimiento dirigidos a este bien común que es la oración *(dirección espiritual).* Aquellos y aquellas que han sido dotados de tales dones son verdaderos servidores de la tradición viva de la oración:

> Por eso, el alma que quiere avanzar en la perfección, según el consejo de San Juan de la Cruz, debe "considerar bien entre qué manos se pone porque tal sea el maestro, tal será el discípulo; tal sea el padre, tal será el hijo". Y añade: "No sólo el director debe ser sabio y prudente, sino también experimentado... Si el guía espiritual no tiene experiencia de la vida espiritual, es incapaz de conducir por ella a las almas que Dios en todo caso llama, e incluso no las comprenderá" (Llama, estrofa 3).

Lugares favorables para la oración

1181
2197
1379

2691 La iglesia, casa de Dios, es el lugar propio de la oración litúrgica de la comunidad parroquial. Es también el lugar privilegiado para la adoración de la presencia real de Cristo en el Santísimo Sacramento. La elección de un lugar favorable no es indiferente para la verdad de la oración:

– para la oración personal, el lugar favorable puede ser un "rincón de oración", con las Sagradas Escrituras e imágenes, a fin de estar "en lo secreto" ante nuestro Padre (cf Mt 6, 6). En una familia cristiana este tipo de pequeño oratorio favorece la oración en común;

1175

– en las regiones en que existen monasterios, una misión de estas comunidades es favorecer la participación de los fieles en la Oración de las Horas y permitir la soledad necesaria para una oración personal más intensa (cf PC 7);

1674

– las peregrinaciones evocan nuestro caminar por la tierra hacia el cielo. Son tradicionalmente tiempos fuertes de renovación de la oración. Los santuarios son, para los peregrinos en busca de fuentes vivas, lugares excepcionales para vivir "en Iglesia" las formas de la oración cristiana.

RESUMEN

2692 *En su oración, la Iglesia peregrina se asocia con la de los santos cuya intercesión solicita.*

2693 *Las diferentes espiritualidades cristianas participan en la tradición viva de la oración y son guías preciosos para la vida espiritual.*

2694 *La familia cristiana es el primer lugar de educación para la oración.*

2695 *Los ministros ordenados, la vida consagrada, la catequesis, los grupos de oración, la "dirección espiritual" aseguran en la Iglesia una ayuda para la oración.*

2696 *Los lugares más favorables para la oración son el oratorio personal o familiar, los monasterios, los santuarios de peregrinación y, sobre todo, el templo que es el lugar propio de la oración litúrgica para la comunidad parroquial y el lugar privilegiado de la adoración eucarística.*

CAPITULO TERCERO

LA VIDA DE ORACION

2697 La oración es la vida del corazón nuevo. Debe animarnos en todo momento. Nosotros, sin embargo, olvidamos al que es nuestra Vida y nuestro Todo. Por eso, los Padres espirituales, en la tradición del Deuteronomio y de los profetas, insisten en la oración como un "recuerdo de Dios", un frecuente despertar la "memoria del corazón": "Es necesario acordarse de Dios más a menudo que de respirar" (San Gregorio Nacianceno, or. theol. 1, 4). Pero no se puede orar "en todo tiempo" si no se ora, con particular dedicación, en algunos momentos: son los tiempos fuertes de la oración cristiana, en intensidad y en duración. 1099

2698 La Tradición de la Iglesia propone a los fieles unos ritmos de oración destinados a alimentar la oración continua. Algunos son diarios: la oración de la mañana y la de la tarde, antes y después de comer, la Liturgia de las Horas. El domingo, centrado en la Eucaristía, se santifica principalmente por medio de la oración. El ciclo del año litúrgico y sus grandes fiestas son los ritmos fundamentales de la vida de oración de los cristianos. 1168
1174
2177

2699   El Señor conduce a cada persona por los caminos que El dispone y de la manera que El quiere. Cada fiel, a su vez, le responde según la determinación de su corazón y las expresiones personales de su oración. No obstante, la tradición cristiana ha conservado tres expresiones principales de la vida de oración: la oración vocal, la meditación y la oración de contemplación. Tienen en común un rasgo fundamental: el recogimiento del corazón. Esta actitud vigilante para conservar la Palabra y permanecer en presencia de Dios hace de estas tres expresiones tiempos fuertes de la vida de oración.

2563

Artículo 1   **LAS EXPRESIONES DE LA ORACION**

I   LA ORACION VOCAL

2700   Por medio de su Palabra, Dios habla al hombre. Por medio de palabras, mentales o vocales, nuestra oración toma cuerpo. Pero lo más importante es la presencia del corazón ante Aquel a quien hablamos en la oración. "Que nuestra oración se oiga no depende de la cantidad de palabras, sino del fervor de nuestras almas" (San Juan Crisóstomo, ecl. 2).

1176

2701   La oración vocal es un elemento indispensable de la vida cristiana. A los discípulos, atraídos por la oración silenciosa de su Maestro, éste les enseña una oración vocal: el "Padre Nuestro". Jesús no solamente ha rezado las oraciones litúrgicas de la sinagoga; los Evangelios nos lo presentan elevando la voz para expresar su oración personal, desde la bendición exultante del Padre (cf Mt 11, 25-26), hasta la agonía de Getsemaní (cf Mc 14, 36).

2603

612

2702   Esta necesidad de asociar los sentidos a la oración interior responde a una exigencia de nuestra naturaleza humana. Somos cuerpo y espíritu, y experimentamos la necesidad de traducir exteriormente nuestros sentimientos. Es necesario rezar con todo nuestro ser para dar a nuestra súplica todo el poder posible.

1146

2703   Esta necesidad responde también a una exigencia divina. Dios busca adoradores en espíritu y en verdad, y, por consiguiente, la oración que brota viva desde las profundidades del alma. También reclama una expresión exterior que asocia el cuerpo a la oración interior, esta expresión corporal es signo del homenaje perfecto al que Dios tiene derecho.

2097

2704   La oración vocal es la oración por excelencia de las multitudes por ser exterior y tan plenamente humana. Pero incluso la más interior de las oraciones no podría prescindir de la oración vocal. La oración se hace interior en la medida en que tomamos conciencia de Aquel "a quien hablamos" (Santa Teresa de Jesús, cam. 26). Por ello, la oración vocal se convierte en una primera forma de oración contemplativa.

II   LA MEDITACION

2705   La meditación es, sobre todo, una búsqueda. El espíritu trata de comprender el porqué y el cómo de la vida cristiana para adherirse y responder a lo que el Señor pide. Hace falta una atención difícil de encauzar. Habitualmente se hace con la ayuda de algún libro, que a los cristianos no les falta: las Sagradas Escrituras, especialmente el Evangelio, las imágenes sagradas, los textos litúrgicos del día o del tiempo, los escritos de los Padres espirituales, las obras de espiritualidad, el gran libro de la creación y el de la historia, la página del "hoy" de Dios.

158

127

2706   Meditar lo que se lee conduce a apropiárselo confrontándolo consigo mismo. Aquí, se abre otro libro: el de la vida. Se pasa de los pensamientos a la realidad. Según sean la humildad y la fe, se descubren los movimientos que agitan el corazón y se les puede discernir. Se trata de hacer la verdad para llegar a la Luz: "Señor, ¿qué quieres que haga?".

2707   Los métodos de meditación son tan diversos como diversos son los maestros espirituales. Un cristiano debe querer meditar regularmente; si no, se parece a las tres primeras clases de terreno de la parábola del sembrador (cf Mc 4, 4-7. 15-19). Pero un método no es más que un guía; lo importante es avanzar, con el Espíritu Santo, por el único camino de la oración: Cristo Jesús.

2690

2664

2708   La meditación hace intervenir al pensamiento, la imaginación, la emoción y el deseo. Esta movilización es necesaria para profundizar en las convicciones de fe, suscitar la conversión del corazón y fortalecer la voluntad de seguir a Cristo. La oración cristiana se aplica preferentemente a meditar "los misterios de Cristo", como en la "lectio divina" o en el Rosario. Esta forma de reflexión orante es de gran valor, pero la oración cristiana debe ir más lejos: hacia el conocimiento del amor del Señor Jesús, a la unión con El.

516
2678

III   LA ORACION DE CONTEMPLACION

2709   ¿Qué es esta oración? Santa Teresa responde: "No es otra cosa oración mental, a mi parecer, sino tratar de amistad, estando muchas veces tratando a solas con quien sabemos nos ama" (vida 8).

2562-2564

La contemplación busca al "amado de mi alma" (Ct 1, 7; cf Ct 3, 1-4). Esto es, a Jesús y en El, al Padre. Es buscado porque desearlo es siempre el comienzo del amor, y es buscado en la fe pura, esta fe que nos hace nacer de El y vivir en El. En la contemplación se puede también meditar, pero la mirada está centrada en el Señor.

2710 La elección *del tiempo y de la duración de la oración* de contemplación depende de una voluntad decidida reveladora de los secretos del corazón. No se hace contemplación cuando se tiene tiempo, sino que se toma el tiempo de estar con el Señor con la firme decisión de no dejarlo y volverlo a tomar, cualesquiera que sean las pruebas y la sequedad del encuentro. No se puede meditar en todo momento, pero sí se puede entrar siempre en contemplación, independientemente de las condiciones de salud, trabajo o afectividad. El corazón es el lugar de la búsqueda y del encuentro, en la pobreza y en la fe.

2711 La *entrada en la contemplación* es análoga a la de la Liturgia eucarística: "recoger" el corazón, recoger todo nuestro ser bajo la moción del Espíritu Santo, habitar la morada del Señor que somos nosotros mismos, despertar la fe para entrar en la presencia de Aquel que nos espera, hacer que caigan nuestras máscaras y volver nuestro corazón hacia el Señor que nos ama para ponernos en sus manos como una ofrenda que hay que purificar y transformar.

2712 La contemplación es la oración del hijo de Dios, del pecador perdonado que consiente en acoger el amor con el que es amado y que quiere responder a él amando más todavía (cf Lc 7, 36-50; 19, 1-10). Pero sabe que su amor, a su vez, es el que el Espíritu derrama en su corazón, porque todo es gracia por parte de Dios. La contemplación es la entrega humilde y pobre a la voluntad amorosa del Padre, en unión cada vez más profunda con su Hijo amado.

2713 Así, la contemplación es la expresión más sencilla del misterio de la oración. Es un *don,* una gracia; no puede ser acogida más que en la humildad y en la pobreza. La oración contemplativa es una relación de *alianza* establecida por Dios en el fondo de nuestro ser (cf Jr 31, 33). Es *comunión:* en ella, la Santísima Trinidad conforma al hombre, imagen de Dios, "a su semejanza".

2714 La contemplación es también el *tiempo fuerte* por excelencia de la oración. En ella, el Padre nos concede "que seamos vigorosamente fortalecidos por la acción de su Espíritu en el hombre interior, que Cristo habite por la fe en nuestros corazones y que quedemos arraigados y cimentados en el amor" (Ef 3, 16-17).

2726

1348

2100

2822

2259

2715 La contemplación es *mirada* de fe, fijada en Jesús. "Yo le miro y él me mira", decía a su santo cura un campesino de Ars que oraba ante el Sagrario. Esta atención a El es renuncia a "mí". Su mirada purifica el corazón. La luz de la mirada de Jesús ilumina los ojos de nuestro corazón; nos enseña a ver todo a la luz de su verdad y de su compasión por todos los hombres. La contemplación dirige también su mirada a los misterios de la vida de Cristo. Aprende así el "conocimiento interno del Señor" para más amarle y seguirle (cf San Ignacio de Loyola, ex. sp. 104).   *1380*   *521*

2716 La contemplación es *escucha* de la palabra de Dios. Lejos de ser pasiva, esta escucha es la obediencia de la fe, acogida incondicional del siervo y adhesión amorosa del hijo. Participa en el "sí" del Hijo hecho siervo y en el "fiat" de su humilde esclava.   *494*

2717 La contemplación es *silencio*, este "símbolo del mundo venidero" (San Isaac de Nínive, tract. myst. 66) o "amor silencioso" (San Juan de la Cruz). Las palabras en la oración contemplativa no son discursos, sino ramillas que alimentan el fuego del amor. En este silencio, insoportable para el hombre "exterior", el Padre nos da a conocer a su Verbo encarnado, sufriente, muerto y resucitado, y el Espíritu filial nos hace partícipes de la oración de Jesús.   *533*   *498*

2718 La contemplación es *unión* con la oración de Cristo en la medida en que ella nos hace participar en su misterio. El misterio de Cristo es celebrado por la Iglesia en la Eucaristía; y el Espíritu Santo lo hace vivir en la contemplación para que sea manifestado por medio de la caridad en acto.

2719 La contemplación es una comunión de amor portadora de vida para la multitud, en la medida en que se acepta vivir en la noche de la fe. La noche pascual de la resurrección pasa por la de la agonía y la del sepulcro. Son estos tres tiempos fuertes de la Hora de Jesús los que su Espíritu (y no la "carne que es débil") hace vivir en la contemplación. Es necesario aceptar el "velar una hora con él" (cf Mt 26, 40).   *165*   *2730*

RESUMEN

2720 *La Iglesia invita a los fieles a una oración regulada: oraciones diarias, Liturgia de las Horas, Eucaristía dominical, fiestas del año litúrgico.*

2721   *La tradición cristiana contiene tres importantes expresiones de la vida de oración: la oración vocal, la meditación y la oración contemplativa. Las tres tienen en común el recogimiento del corazón.*

2722   *La oración vocal, fundada en la unión del cuerpo con el espíritu en la naturaleza humana, asocia el cuerpo a la oración interior del corazón a ejemplo de Cristo que ora a su Padre y enseña el "Padre Nuestro" a sus discípulos.*

2723   *La meditación es una búsqueda orante, que hace intervenir al pensamiento, la imaginación, la emoción, el deseo. Tiene por objeto la apropiación creyente de la realidad considerada, que es confrontada con la realidad de nuestra vida.*

2724   *La oración contemplativa es la expresión sencilla del misterio de la oración. Es una mirada de fe, fijada en Jesús, una escucha de la Palabra de Dios, un silencioso amor. Realiza la unión con la oración de Cristo en la medida en que nos hace participar de su misterio.*

Artículo 2   **EL COMBATE DE LA ORACION**

2725   La oración es un don de la gracia y una respuesta decidida por nuestra parte. Supone siempre un esfuerzo. Los grandes orantes de la Antigua Alianza antes de Cristo, así como la Madre de Dios y los santos con El nos enseñan que la oración es un combate. ¿Contra quién? Contra nosotros mismos y contra las astucias del Tentador que hace todo lo posible por separar al hombre de la oración, de la unión con su Dios. Se ora como se vive, porque se vive como se ora. El que no quiere actuar habitualmente según el Espíritu de Cristo, tampoco podrá orar habitualmente en su Nombre. El "combate espiritual" de la vida nueva del cristiano es inseparable del combate de la oración.

2612
409
2015

I   LAS OBJECIONES A LA ORACION

2726   En el combate de la oración, tenemos que hacer frente en nosotros mismos y en torno a nosotros a *conceptos erróneos sobre la oración.* Unos ven en ella una simple operación psicológica, otros un esfuerzo de concentración para llegar a un vacío mental. Otros la reducen a actitudes y palabras rituales. En el inconsciente de muchos cristianos, orar es una ocupación incompatible con todo lo que tienen que hacer: no tienen tiempo. Hay quienes buscan a Dios por medio de la oración, pero se desalientan pronto porque ignoran que la oración viene también del Espíritu Santo y no solamente de ellos. 2710

2727 También tenemos que hacer frente a *mentalidades* de "este mundo" que nos invaden si no estamos vigilantes. Por ejemplo: lo verdadero sería sólo aquello que se puede verificar por la razón y la ciencia (ahora bien, orar es un misterio que desborda nuestra conciencia y nuestro inconsciente); es valioso aquello que produce y da rendimiento (luego, la oración es inútil, pues es improductiva); el sensualismo y el confort adoptados como criterios de verdad, de bien y de belleza (y he aquí que la oración es "amor de la Belleza absoluta" [philocalia], y sólo se deja cautivar por la gloria del Dios vivo y verdadero); y por reacción contra el activismo, se da otra mentalidad según la cual la oración es vista como posibilidad de huir de este mundo (pero la oración cristiana no puede escaparse de la historia ni divorciarse de la vida). 37

2500

2728 Por último, en este combate hay que hacer frente a lo que es sentido como *fracasos en la oración:* desaliento ante la sequedad, tristeza de no entregarnos totalmente al Señor, porque tenemos "muchos bienes" (cf Mc 10, 22); decepción por no ser escuchados según nuestra propia voluntad; herida de nuestro orgullo que se endurece en nuestra indignidad de pecadores, alergia a la gratuidad de la oración... La conclusión es siempre la misma: ¿Para qué orar? Es necesario luchar con humildad, confianza y perseverancia, si se quieren vencer estos obstáculos.

II   NECESIDAD DE UNA HUMILDE VIGILANCIA

Frente a las dificultades de la oración

2729 La dificultad habitual de la oración es la *distracción*. En la oración vocal, la distracción puede referirse a las palabras y al sentido de éstas. La distracción, de un modo más profundo, puede referirse a Aquél al que oramos, tanto en la oración vocal (litúrgica o personal), como en la meditación y en la oración contemplativa. Salir a la caza de la distracción es caer en sus redes; basta volver a concentrarse en la oración: la distracción descubre al que ora aquello a lo que su corazón está apegado. Esta humilde toma de conciencia debe empujar al orante a ofrecerse al Señor para ser purificado. El combate se decide cuando se elige a quién se desea servir (cf Mt 6, 21.24). 2711

2730   Mirado positivamente, el combate contra el yo posesivo y dominador consiste en la *vigilancia*. Cuando Jesús insiste en la vigilancia, es siempre en relación a El, a su Venida, al último día y al "hoy". El esposo viene en mitad de la noche; la luz que no debe apagarse es la de la fe: "Dice de ti mi corazón: busca su rostro" (Sal 27, 8).

2659

2731   Otra dificultad, especialmente para los que quieren sinceramente orar, es la *sequedad*. Forma parte de la contemplación en la que el corazón está seco, sin gusto por los pensamientos, recuerdos y sentimientos, incluso espirituales. Es el momento en que la fe es más pura, la fe que se mantiene firme junto a Jesús en su agonía y en el sepulcro. "El grano de trigo, si muere, da mucho fruto" (Jn 12, 24). Si la sequedad se debe a falta de raíz, porque la Palabra ha caído sobre roca, no hay éxito en el combate sin una mayor conversión (cf Lc 8, 6.13).

1426

Frente a las tentaciones en la oración

2609

2732   La tentación más frecuente, la más oculta, es nuestra *falta de fe*. Esta se expresa menos en una incredulidad declarada que en unas preferencias de hecho. Cuando se empieza a ora, se presentan como prioritarios mil trabajos y cuidados que se consideran más urgentes; una vez más, es el momento de la verdad del corazón y de clarificar preferencias. En cualquier caso, la falta de fe revela que no se ha alcanzado todavía la disposición propia de un corazón humilde: "Sin mí, no podéis hacer nada" (Jn 15, 5).

2089

2733   Otra tentación a la que abre la puerta la presunción es la *acedía*. Los Padres espirituales entienden por ella una forma de aspereza o de desabrimiento debidos a la pereza, al relajamiento de la ascesis, al descuido de la vigilancia, a la negligencia del corazón. "El espíritu está pronto pero la carne es débil" (Mt 26, 41). El desaliento, doloroso, es el reverso de la presunción. Quien es humilde no se extraña de su miseria; ésta le lleva a una mayor confianza, a mantenerse firme en la constancia.

2094

2559

III   LA CONFIANZA FILIAL

2734   La confianza filial se prueba en la tribulación (cf Rm 5, 3-5), particularmente cuando se *ora pidiendo* para sí o para los demás. Hay quien deja de orar porque piensa que su oración no es

2629

escuchada. A este respecto se plantean dos cuestiones: Por qué la oración de petición no ha sido escuchada; y cómo la oración es escuchada o "eficaz".

Queja por la oración no escuchada

2735 He aquí una observación llamativa: cuando alabamos a Dios o le damos gracias por sus beneficios en general, no estamos preocupados por saber si esta oración le es agradable. Por el contrario, cuando pedimos, exigimos ver el resultado. ¿Cuál es entonces la imagen de Dios presente en este modo de orar: Dios como medio o Dios como el Padre de Nuestro Señor Jesucristo?

2779

2736 ¿Estamos convencidos de que "nosotros no sabemos pedir como conviene" (Rm 8, 26)? ¿Pedimos a Dios los "bienes convenientes"? Nuestro Padre sabe bien lo que nos hace falta antes de que nosotros se lo pidamos (cf Mt 6, 8), pero espera nuestra petición porque la dignidad de sus hijos está en su libertad. Por tanto es necesario orar con su Espíritu de libertad, para poder conocer en verdad su deseo (cf Rm 8, 27).

2559

1730

2737 "No tenéis porque no pedís. Pedís y no recibís porque pedís mal, con la intención de malgastarlo en vuestras pasiones" (St 4, 2-3; cf todo el contexto St 4, 1-10; 1, 5-8; 5, 16). Si pedimos con un corazón dividido, "adúltero" (St 4, 4), Dios no puede escucharnos porque El quiere nuestro bien, nuestra vida. "¿Pensáis que la Escritura dice en vano: Tiene deseos ardientes el espíritu que él ha hecho habitar en nosotros" (St 4, 5)? Nuestro Dios está "celoso" de nosotros, lo que es señal de la verdad de su amor. Entremos en el deseo de su Espíritu y seremos escuchados:

> No te aflijas si no recibes de Dios inmediatamente lo que pides: es él quien quiere hacerte más bien todavía mediante tu perseverancia en permanecer con él en oración (Evagrio, or. 34). El quiere que nuestro deseo sea probado en la oración. Así nos dispone para recibir lo que él está dispuesto a darnos (San Agustín, ep. 130, 8, 17).

La oración es eficaz

2738 La revelación de la oración en la Economía de la salvación enseña que la fe se apoya en la acción de Dios en la historia. La confianza filial es suscitada por medio de su acción por excelencia: la Pasión y la Resurrección de su Hijo. La oración cristiana es cooperación con su Providencia y su designio de amor hacia los hombres.

2568

307

2778   **2739**   En San Pablo, esta confianza es audaz (cf Rm 10, 12-13), basada en la oración del Espíritu en nosotros y en el amor fiel del Padre que nos ha dado a su Hijo único (cf Rm 8, 26-39). La transformación del corazón que ora es la primera respuesta a nuestra petición.

2740   La oración de Jesús hace de la oración cristiana una petición eficaz. El es su modelo. El ora en nosotros y con nosotros. Puesto que el corazón del Hijo no busca más que lo que agrada al

2604   Padre, ¿cómo el de los hijos de adopción se apegaría más a los dones que al Dador?

2741   Jesús ora también por nosotros, en nuestro lugar y en favor nuestro. Todas nuestras peticiones han sido recogidas una vez

2606   por todas en sus Palabras en la Cruz; y escuchadas por su Padre en la Resurrección: por eso no deja de interceder por nosotros ante el Padre (cf Hb 5, 7; 7, 25; 9, 24). Si nuestra oración está resueltamente unida a la de Jesús, en la confianza y la audacia filial, obte-

2614   nemos todo lo que pidamos en su Nombre, y aún más de lo que pedimos: recibimos al Espíritu Santo, que contiene todos los dones.

IV   PERSEVERAR EN EL AMOR

2098   **2742**   "Orad constantemente" (1 Ts 5, 17), "dando gracias continuamente y por todo a Dios Padre, en nombre de Nuestro Señor Jesucristo" (Ef 5, 20), "siempre en oración y súplica, orando en toda ocasión en el Espíritu, velando juntos con perseverancia e intercediendo por todos los santos" (Ef 6, 18). "No nos ha sido prescrito trabajar, vigilar y ayunar constantemente; pero sí tenemos una ley que nos manda orar sin cesar" (Evagrio, cap. pract. 49). Este ardor incansable no puede venir más que del amor. Contra nuestra inercia y nuestra pereza, el combate de la oración es el del *amor*

162   humilde, confiado y perseverante. Este amor abre nuestros corazones a tres evidencias de fe, luminosas y vivificantes:

2743   Orar es *siempre posible:* El tiempo del cristiano es el de Cristo resucitado que está "con nosotros, todos los días" (Mt 28, 20), cualesquiera que sean las tempestades (cf Lc 8, 24). Nuestro tiempo está en las manos de Dios:

> Es posible, incluso en el mercado o en un paseo solitario, hacer una frecuente y fervorosa oración. Sentados en vuestra tienda, comprando o vendiendo, o incluso haciendo la cocina (San Juan Crisóstomo, ecl. 2).

2744   Orar es una *necesidad vital:* si no nos dejamos llevar por el Espíritu caemos en la esclavitud del pecado (cf Ga 5, 16-25).

¿Cómo puede el Espíritu Santo ser "vida nuestra", si nuestro corazón está lejos de él?

> Nada vale como la oración: hace posible lo que es imposible, fácil lo que es difícil. Es imposible que el hombre que ora pueda pecar (San Juan Crisóstomo, Anna 4, 5).

> Quien ora se salva ciertamente, quien no ora se condena ciertamente (San Alfonso María de Ligorio, mez.).

2745 Oración y *vida cristiana* son *inseparables* porque se trata del mismo amor y de la misma renuncia que procede del amor. La misma conformidad filial y amorosa al designio de amor del Padre. La misma unión transformante en el Espíritu Santo que nos conforma cada vez más con Cristo Jesús. El mismo amor a todos los hombres, ese amor con el cual Jesús nos ha amado. "Todo lo que pidáis al Padre en mi Nombre os lo concederá. Lo que os mando es que os améis los unos a los otros" (Jn 15, 16-17).

2660

> Ora continuamente el que une la oración a las obras y las obras a la oración. Sólo así podemos encontrar realizable el principio de la oración continua (Orígenes, or. 12).

LA ORACION DE LA HORA DE JESUS

2746 Cuando ha llegado su hora, Jesús ora al Padre (cf Jn 17). Su oración, la más larga transmitida por el Evangelio, abarca toda la Economía de la creación y de la salvación, así como su Muerte y su Resurrección. Al igual que la Pascua de Jesús, sucedida "una vez por todas", permanece siempre actual, de la misma manera la oración de la "Hora de Jesús" sigue presente en la Liturgia de la Iglesia.

1085

2747 La tradición cristiana acertadamente la denomina la oración "sacerdotal" de Jesús. Es la oración de nuestro Sumo Sacerdote, inseparable de su sacrificio, de su "paso" [pascua] hacia el Padre donde él es "consagrado" enteramente al Padre (cf Jn 17, 11. 13.19).

2748 En esta oración pascual, sacrificial, todo está "recapitulado" en El (cf Ef 1, 10): Dios y el mundo, el Verbo y la carne, la vida eterna y el tiempo, el amor que se entrega y el pecado que lo traiciona, los discípulos presentes y los que creerán en El por su palabra, su humillación y su Gloria. Es la oración de la unidad.

518

820

2749 Jesús ha cumplido toda la obra del Padre, y su oración, al igual que su sacrificio, se extiende hasta la consumación de los siglos. La oración de la "Hora de Jesús" llena los últimos tiempos y los lleva hacia su consumación. Jesús, el Hijo a quien el Padre ha dado todo, se entrega enteramente al Padre y, al mismo tiempo, se expresa con una libertad soberana (cf Jn 17, 11.13.19.24) debido al poder que el Padre le ha dado sobre toda carne. El Hijo que se ha hecho Siervo, es el Señor, el Pantocrátor. Nuestro Sumo Sacerdote **2616** que ruega por nosotros es también el que ora en nosotros y el Dios que nos escucha.

2750 Si en el Santo Nombre de Jesús, nos ponemos a orar, podemos recibir en toda su hondura la oración que El nos enseña: **2815** "Padre Nuestro". La oración sacerdotal de Jesús inspira, desde dentro, las grandes peticiones del Padre Nuestro: la preocupación por el Nombre del Padre (cf Jn 17, 6.11.12.26), el deseo de su Reino (la Gloria; cf Jn 17, 1.5.10.24.23-26), el cumplimiento de la voluntad del Padre, de su Designio de salvación (cf Jn 17, 2. 4.6.9.11.12.24) y la liberación del mal (cf Jn 17, 15).

2751 Por último, en esta oración Jesús nos revela y nos da el **240** "conocimiento" indisociable del Padre y del Hijo (cf Jn 17, 3.6-10.25) que es el misterio mismo de la vida de oración.

RESUMEN

2752   *La oración supone un esfuerzo y una lucha contra nosotros mismos y contra las astucias del Tentador. El combate de la oración es inseparable del "combate espiritual" necesario para actuar habitualmente según el Espíritu de Cristo: Se ora como se vive porque se vive como se ora.*

2753   *En el combate de la oración debemos hacer frente a concepciones erróneas, a diversas corrientes de mentalidad, a la experiencia de nuestros fracasos. A estas tentaciones que ponen en duda la utilidad o la posibilidad misma de la oración conviene responder con humildad, confianza y perseverancia.*

2754   *Las dificultades principales en el ejercicio de la oración son la distracción y la sequedad. El remedio está en la fe, la conversión y la vigilancia del corazón.*

2755   *Dos tentaciones frecuentes amenazan la oración: la falta de fe y la acedía que es una forma de depresión o de pereza debida al relajamiento de la ascesis y que lleva al desaliento.*

2756   *La confianza filial se pone a prueba cuando tenemos el sentimiento de no ser siempre escuchados. El Evangelio nos invita a conformar nuestra oración al deseo del Espíritu.*

2757   *"Orad continuamente" (1 Ts 5, 17). Orar es siempre posible. Es incluso una necesidad vital. Oración y vida cristiana son inseparables.*

2758   *La oración de la "Hora de Jesús", llamada con razón "oración sacerdotal" (cf Jn 17), recapitula toda la Economía de la creación y de la salvación. Inspira las grandes peticiones del "Padre Nuestro".*

SEGUNDA SECCION

LA ORACION DEL SEÑOR: "PADRE NUESTRO"

2759 "Estando él [Jesús] en cierto lugar, cuando terminó, le dijo uno de sus discípulos: 'Maestro, enséñanos a orar, como enseñó Juan a sus discípulos.'" (Lc 11, 1). En respuesta a esta petición, el Señor confía a sus discípulos y a su Iglesia la oración cristiana fundamental. San Lucas da de ella un texto breve (con cinco peticiones: cf Lc 11, 2-4), San Mateo nos transmite una versión más desarrollada (con siete peticiones: cf Mt 6, 9-13). La tradición litúrgica de la Iglesia ha conservado el texto de San Mateo:

> Padre nuestro, que estás en el cielo,
>
> santificado sea tu Nombre;
>
> venga a nosotros tu reino;
>
> hágase tu voluntad en la tierra como en
>
> el cielo.
>
> Danos hoy nuestro pan de cada día;
>
> perdona nuestras ofensas como también
>
> nosotros perdonamos a los que nos ofenden;
>
> no nos dejes caer en la tentación,
>
> y líbranos del mal.

2760 Muy pronto, la práctica litúrgica concluyó la oración del Señor con una doxología. En la Didaché (8, 2) se afirma: "Tuyo es el poder y la gloria por siempre". Las Constituciones apostólicas (7, 24, 1) añaden en el comienzo: "el reino": y ésta es la fórmula actual para la oración ecuménica. La tradición bizantina añade después un gloria al "Padre, Hijo y Espíritu Santo". El misal romano desarrolla la última petición (Embolismo: "líbranos del mal") en la perspectiva explícita de "aguardando la feliz esperanza" (Tt 2, 13) y "la gloriosa venida de nuestro Salvador Jesucristo"; después se hace la aclamación de la asamblea, volviendo a tomar la doxología de las Constituciones apostólicas. 2855 2854

Artículo 1   **"RESUMEN DE TODO EL EVANGELIO"**

2761 "La oración dominical es, en verdad, el resumen de todo el Evangelio" (Tertuliano, or. 1). "Cuando el Señor hubo legado esta fórmula de oración, añadió: 'Pedid y se os dará' (Lc 11, 9).

Por tanto, cada uno puede dirigir al cielo diversas oraciones según sus necesidades, pero comenzando siempre por la oración del Señor que sigue siendo la oración fundamental" (Tertuliano, or. 10).

I   CORAZON DE LAS SAGRADAS ESCRITURAS

2762   Después de haber expuesto cómo los salmos son el alimento principal de la oración cristiana y confluyen en las peticiones del Padre Nuestro, San Agustín concluye:

> Recorred todas las oraciones que hay en las Escrituras, y no creo que podáis encontrar algo que no esté incluido en la oración dominical (ep. 130, 12, 22).

2763   Toda la Escritura (la Ley, los Profetas y los Salmos) se
102   cumple en Cristo (cf Lc 24, 44). El Evangelio es esta "Buena Nueva". Su primer anuncio está resumido por San Mateo en el Sermón de la Montaña (cf Mt 5-7). Pues bien, la oración del Padre Nuestro está en el centro de este anuncio. En este contexto se aclara cada una de las peticiones de la oración que nos dio el Señor:

> La oración dominical es la más perfecta de las Oraciones...
2541   En ella, no sólo pedimos todo lo que podemos desear con rectitud, sino además según el orden en que conviene desearlo. De modo que esta oración no sólo nos enseña a pedir, sino que también forma toda nuestra afectividad (Santo Tomás de A., s. th. 2-2, 83, 9).

1965   **2764**   El Sermón de la Montaña es doctrina de vida, la Oración dominical es plegaria, pero en uno y otra el Espíritu del Señor da forma nueva a nuestros deseos, esos movimientos interiores que animan nuestra vida. Jesús nos enseña esta vida nueva por medio
1969   de sus palabras y nos enseña a pedirla por medio de la oración. De la rectitud de nuestra oración dependerá la de nuestra vida en El.

II   "LA ORACION DEL SEÑOR"

2765   La expresión tradicional "Oración dominical" [es decir, "Oración del Señor"] significa que la oración al Padre nos la ense-
2701   ñó y nos la dio el Señor Jesús. Esta oración que nos viene de Jesús es verdaderamente única: ella es "del Señor". Por una parte, en efecto, por las palabras de esta oración el Hijo único nos da las palabras que el Padre le ha dado (cf Jn 17, 7): El es el Maestro de nuestra oración. Por otra parte, como Verbo encarnado, conoce en

su corazón de hombre las necesidades de sus hermanos y hermanas los hombres, y nos las revela: es el Modelo de nuestra oración.

2766 Pero Jesús no nos deja una fórmula para repetirla de modo mecánico (cf Mt 6, 7; 1 R 18, 26-29). Como en toda oración vocal, el Espíritu Santo, a través de la Palabra de Dios, enseña a los hijos de Dios a hablar con su Padre. Jesús no sólo nos enseña las palabras de la oración filial, sino que nos da también el Espíritu por el que éstas se hacen en nosotros "espíritu y vida" (Jn 6, 63). Más todavía: la prueba y la posibilidad de nuestra oración filial es que el Padre "ha enviado a nuestros corazones el Espíritu de su Hijo que clama: '¡Abbá, Padre!'" (Ga 4, 6). Ya que nuestra oración interpreta nuestros deseos ante Dios, es también "el que escruta los corazones", el Padre, quien "conoce cuál es la aspiración del Espíritu, y que su intercesión en favor de los santos es según Dios" (Rm 8, 27). La oración al Padre se inserta en la misión misteriosa del Hijo y del Espíritu.

690

III   ORACION DE LA IGLESIA

2767 Este don indisociable de las palabras del Señor y del Espíritu Santo que les da vida en el corazón de los creyentes ha sido recibido y vivido por la Iglesia desde los comienzos. Las primeras comunidades recitan la Oración del Señor "tres veces al día" (Didaché 8, 3), en lugar de las "Dieciocho bendiciones" de la piedad judía.

2768 Según la Tradición apostólica, la Oración del Señor está arraigada esencialmente en la oración litúrgica.

> El Señor nos enseña a orar en común por todos nuestros hermanos. Porque El no dice "Padre mío" que estás en el cielo, sino "Padre nuestro", a fin de que nuestra oración sea de una sola alma para todo el Cuerpo de la Iglesia (San Juan Crisóstomo, hom. in Mt. 19, 4).

En todas las tradiciones litúrgicas, la Oración del Señor es parte integrante de las principales Horas del Oficio divino. Este carácter eclesial aparece con evidencia, sobre todo, en los tres sacramentos de la iniciación cristiana:

2769 En el *Bautismo* y la *Confirmación,* la entrega ["traditio"] de la Oración del Señor significa el nuevo nacimiento a la vida divina. Como la oración cristiana es hablar con Dios con la misma Palabra de Dios, "los que son engendrados de nuevo por la Palabra del Dios vivo" (1 P 1, 23) aprenden a invocar a su Padre con la

1243

única Palabra que Él escucha siempre. Y pueden hacerlo de ahora en adelante porque el Sello de la Unción del Espíritu Santo ha sido grabado indeleble en sus corazones, sus oídos, sus labios, en todo su ser filial. Por eso, la mayor parte de los comentarios patrísticos del Padre Nuestro están dirigidos a los catecúmenos y a los neófitos. Cuando la Iglesia reza la Oración del Señor, es siempre el Pueblo de los "neófitos" el que ora y obtiene misericordia (cf 1 P 2, 1-10).

1350   **2770**   En la *Liturgia eucarística,* la Oración del Señor aparece como la oración de toda la Iglesia. Allí se revela su sentido pleno y su eficacia. Situada entre la Anáfora (Oración eucarística) y la liturgia de la Comunión, recapitula, por una parte, todas las peticiones e intercesiones expresadas en el movimiento de la epiclesis, y, por otra parte, llama a la puerta del Festín del Reino que la comunión sacramental va a anticipar.

2771   En la Eucaristía, la Oración del Señor manifiesta también
1403   el carácter *escatológico* de sus peticiones. Es la oración propia de los "últimos tiempos", tiempos de salvación que han comenzado con la efusión del Espíritu Santo y que terminarán con la Vuelta del Señor. Las peticiones al Padre, a diferencia de las oraciones de la Antigua Alianza, se apoyan en el misterio de salvación ya realizado, de una vez por todas, en Cristo crucificado y resucitado.

1820   **2772**   De esta fe inquebrantable brota la esperanza que suscita cada una de las siete peticiones. Estas expresan los gemidos del tiempo presente, este tiempo de paciencia y de espera durante el cual "aún no se ha manifestado lo que seremos" (1 Jn 3, 2; cf Col 3, 4). La Eucaristía y el Padre Nuestro están orientados hacia la venida del Señor, "¡hasta que venga!" (1 Co 11, 26).

RESUMEN

2773   *En respuesta a la petición de sus discípulos ("Señor, enséñanos a orar": Lc 11, 1), Jesús les entrega la oración cristiana fundamental, el "Padre Nuestro".*

2774   *"La Oración dominical es, en verdad, el resumen de todo el Evangelio" (Tertuliano, or. 1), "la más perfecta de las oraciones" (Santo Tomás de A., s. th. 2-2, 83, 9). Es el corazón de las Sagradas Escrituras.*

2775   *Se llama "Oración dominical" porque nos viene del Señor Jesús, Maestro y modelo de nuestra oración.*

2776 *La Oración dominical es la oración por excelencia de la Iglesia. Forma parte integrante de las principales Horas del Oficio divino y de la celebración de los sacramentos de la iniciación cristiana: Bautismo, Confirmación y Eucaristía. Inserta en la Eucaristía, manifiesta el carácter "escatológico" de sus peticiones, en la esperanza del Señor, "hasta que venga" (1 Co 11, 26).*

Artículo 2 **"PADRE NUESTRO QUE ESTAS EN EL CIELO"**

I ACERCARSE A EL CON TODA CONFIANZA

2777 En la liturgia romana, se invita a la asamblea eucarística a rezar el Padre Nuestro con una audacia filial; las liturgias orientales usan y desarrollan expresiones análogas: "Atrevernos con toda confianza", "Haznos dignos de". Ante la zarza ardiendo, se le dijo a Moisés: "No te acerques aquí. Quita las sandalias de tus pies" (Ex 3, 5). Este umbral de la santidad divina, sólo lo podía franquear Jesús, el que "después de llevar a cabo la purificación de los pecados" (Hb 1, 3), nos introduce en presencia del Padre: "Henos aquí, a mí y a los hijos que Dios me dio" (Hb 2, 13):

> La conciencia que tenemos de nuestra condición de esclavos nos haría meternos bajo tierra, nuestra condición terrena se desharía en polvo, si la autoridad de nuestro mismo Padre y el Espíritu de su Hijo, no nos empujasen a proferir este grito: 'Abbá, Padre' (Rm 8, 15)... ¿Cuándo la debilidad de un mortal se atrevería a llamar a Dios Padre suyo, sino solamente cuando lo íntimo del hombre está animado por el Poder de lo alto? (San Pedro Crisólogo, serm. 71).

270

2778 Este poder del Espíritu que nos introduce en la Oración del Señor se expresa en las liturgias de Oriente y de Occidente con la bella palabra, típicamente cristiana: *"parrhesia"*, simplicidad sin desviación, conciencia filial, seguridad alegre, audacia humilde, certeza de ser amado (cf Ef 3, 12; Hb 3, 6; 4, 16; 10, 19; 1 Jn 2, 28; 3, 21; 5, 14).

2828

II "¡PADRE!"

2779 Antes de hacer nuestra esta primera exclamación de la Oración del Señor, conviene purificar humildemente nuestro corazón de ciertas imágenes falsas de "este mundo". La *humildad* nos hace reconocer que "nadie conoce al Padre, sino el Hijo y aquel a quien el Hijo se lo quiera revelar", es decir "a los pequeños" (Mt 11, 25-27). La *purificación* del corazón concierne a imágenes paternales o maternales, correspondientes a nuestra historia personal y cultural, y que impregnan nuestra relación con Dios. Dios nuestro Padre trasciende las categorías del mundo creado. Transferir a él, o contra él, nuestras ideas en este campo sería fabricar ídolos para adorar o demoler. Orar al Padre es entrar en su misterio, tal como El es, y tal como el Hijo nos lo ha revelado:

239

> La expresión Dios Padre no había sido revelada jamás a nadie. Cuando Moisés preguntó a Dios quién era El, oyó otro nombre. A nosotros este nombre nos ha sido revelado en el Hijo, porque este nombre implica el nuevo nombre del Padre (Tertuliano, or. 3).

240

2780   Podemos invocar a Dios como "Padre" porque *El nos ha sido revelado* por su Hijo hecho hombre y su Espíritu nos lo hace conocer. Lo que el hombre no puede concebir ni los poderes angélicos entrever, es decir, la relación personal del Hijo hacia el Padre (cf Jn 1, 1), he aquí que el Espíritu del Hijo nos hace participar de esta relación a quienes creemos que Jesús es el Cristo y que hemos nacido de Dios (cf 1 Jn 5, 1).

2665

2781   Cuando oramos al Padre estamos *en comunión con El* y con su Hijo, Jesucristo (cf 1 Jn 1, 3). Entonces le conocemos y lo reconocemos con admiración siempre nueva. La primera palabra de la Oración del Señor es una bendición de adoración, antes de ser una imploración. Porque la Gloria de Dios es que nosotros le reconozcamos como "Padre", Dios verdadero. Le damos gracias por habernos revelado su Nombre, por habernos concedido creer en El y por haber sido habitados por su presencia.

1267

2782   Podemos adorar al Padre porque nos ha hecho renacer a su vida al *adoptarnos* como hijos suyos en su Hijo único: por el Bautismo nos incorpora al Cuerpo de su Cristo, y, por la Unción de su Espíritu que se derrama desde la Cabeza a los miembros, hace de nosotros "cristos":

> Dios, en efecto, que nos ha destinado a la adopción de hijos, nos ha conformado con el Cuerpo glorioso de Cristo. Por tanto, de ahora en adelante, como participantes de Cristo, sois llamados "cristos" con todo derecho (San Cirilo de Jerusalén, catech. myst. 3, 1).

> El hombre nuevo, que ha renacido y vuelto a su Dios por la gracia, dice primero: "¡Padre!", porque ha sido hecho hijo (San Cipriano, Dom. orat. 9).

1701

2783   Así pues, por la Oración del Señor, hemos sido *revelados a nosotros mismos* al mismo tiempo que nos ha sido revelado el Padre (cf GS 22, 1):

Tú, hombre, no te atrevías a levantar tu cara hacia el cielo, tú bajabas los ojos hacia la tierra, y de repente has recibido la gracia de Cristo: todos tus pecados te han sido perdonados. De siervo malo, te has convertido en buen hijo... Eleva, pues, los ojos hacia el Padre que te ha rescatado por medio de su Hijo y di: Padre nuestro... Pero no reclames ningún privilegio. No es Padre, de manera especial, más que de Cristo, mientras que a nosotros nos ha creado. Di entonces también por medio de la gracia: Padre nuestro, para merecer ser hijo suyo (San Ambrosio, sacr. 5, 19).

2784   Este don gratuito de la adopción exige por nuestra parte una conversión continua y una *vida nueva*. Orar a nuestro Padre   1428
debe desarrollar en nosotros dos disposiciones fundamentales:

El *deseo y la voluntad de asemejarnos a él*. Creados a su imagen, la semejanza se nos ha dado por gracia y tenemos que res-   1997
ponder a ella.

Es necesario acordarnos, cuando llamemos a Dios 'Padre nuestro', de que debemos comportarnos como hijos de Dios (San Cipriano, Dom. orat. 11).

No podéis llamar Padre vuestro al Dios de toda bondad si mantenéis un corazón cruel e inhumano; porque en este caso ya no tenéis en vosotros la señal de la bondad del Padre celestial (San Juan Crisóstomo, hom. in Mt 7, 14).

Es necesario contemplar continuamente la belleza del Padre e impregnar de ella nuestra alma (San Gregorio de Nisa, or. dom. 2).

2785   Un *corazón humilde y confiado* que nos hace volver a ser   2562
como niños (cf Mt 18, 3); porque es a "los pequeños" a los que el Padre se revela (cf Mt 11, 25):

Es una mirada a Dios y sólo a El, un gran fuego de amor. El alma se hunde y se abisma allí en la santa dilección y habla con Dios como con su propio Padre, muy familiarmente, en una ternura de piedad en verdad entrañable (San Juan Casiano, coll. 9, 18).

Padre nuestro: este nombre suscita en nosotros todo a la vez, el amor, el gusto en la oración..., y también la esperanza de obtener lo que vamos a pedir... ¿Qué puede El, en efecto, negar a la oración de sus hijos, cuando ya previamente les ha permitido ser sus hijos? (San Agustín, serm. Dom. 2, 4, 16).

III   PADRE "NUESTRO"

2786   Padre "Nuestro" se refiere a Dios. Este adjetivo, por nues-   443
tra parte, no expresa una posesión, sino una relación totalmente nueva con Dios.

2787 Cuando decimos Padre "nuestro", reconocemos ante todo que todas sus promesas de amor anunciadas por los profetas se han cumplido en la *nueva y eterna Alianza* en Cristo: hemos llegado a ser "su Pueblo" y El es desde ahora en adelante "nuestro Dios". Esta relación nueva es una pertenencia mutua dada gratuitamente: por amor y fidelidad (cf Os 2, 21-22; 6, 1-6) tenemos que responder a la gracia y a la verdad que nos han sido dadas en Jesucristo (cf Jn 1, 17).

782

2788 Como la Oración del Señor es la de su Pueblo en los "últimos tiempos", ese "nuestro" expresa también la certeza de nuestra esperanza en la última promesa de Dios: en la nueva Jerusalén dirá al vencedor: "Yo seré su Dios y él será mi hijo" (Ap 21, 7).

2789 Al decir Padre "nuestro", es al Padre de nuestro Señor Jesucristo a quien nos dirigimos personalmente. No dividimos la divinidad, ya que el Padre es su "fuente y origen", sino que confesamos que eternamente el Hijo es engendrado por El y que de El procede el Espíritu Santo. No confundimos de ninguna manera las personas, ya que confesamos que nuestra comunión es con el Padre y su Hijo, Jesucristo, en su único Espíritu Santo. La *Santísima Trinidad* es consubstancial e indivisible. Cuando oramos al Padre, le adoramos y le glorificamos con el Hijo y el Espíritu Santo.

245

253

2790 Gramaticalmente, "nuestro" califica una realidad común a varios. No hay más que un solo Dios y es reconocido Padre por aquellos que, por la fe en su Hijo único, han renacido de El por el agua y por el Espíritu (cf 1 Jn 5, 1; Jn 3, 5). La *Iglesia* es esta nueva comunión de Dios y de los hombres: unida con el Hijo único hecho "el primogénito de una multitud de hermanos" (Rm 8, 29) se encuentra en comunión con un solo y mismo Padre, en un solo y mismo Espíritu (cf Ef 4, 4-6). Al decir Padre "nuestro", la oración de cada bautizado se hace en esta comunión: "La multitud de creyentes no tenía más que un solo corazón y una sola alma" (Hch 4, 32).

787

2791 Por eso, a pesar de las divisiones entre los cristianos, la oración al Padre "nuestro" continúa siendo un bien común y un llamamiento apremiante para todos los bautizados. En comunión con Cristo por la fe y el Bautismo, los cristianos deben participar en la oración de Jesús por la unidad de sus discípulos (cf UR 8; 22).

821

2792 Por último, si recitamos en verdad el "Padre Nuestro", salimos del individualismo, porque de él nos libera el Amor que recibimos. El adjetivo "nuestro" al comienzo de la Oración del Señor, así como el "nosotros" de las cuatro últimas peticiones no es exclusivo de nadie. Para que se diga en verdad (cf Mt 5, 23-24; 6, 14-16), debemos superar nuestras divisiones y los conflictos entre nosotros.

2793 Los bautizados no pueden rezar al Padre "nuestro" sin llevar con ellos ante El a todos aquéllos por los que el Padre ha entregado a su Hijo amado. El amor de Dios no tiene fronteras, nuestra oración tampoco debe tenerla (cf NA 5). Orar a "nuestro" Padre nos abre a dimensiones de su Amor manifestado en Cristo: orar con todos los hombres y por todos los que no le conocen aún para que "estén reunidos en la unidad" (Jn 11, 52). Esta solicitud divina por todos los hombres y por toda la creación ha inspirado a todos los grandes orantes: tal solicitud debe ensanchar nuestra oración en un amor sin límites cuando nos atrevemos a decir Padre "nuestro". 634

IV   "QUE ESTAS EN EL CIELO"

2794 Esta expresión bíblica no significa un lugar ["el espacio"] sino una manera de ser; no el alejamiento de Dios sino su majestad. Dios Padre no está "fuera", sino "más allá de todo" lo que, acerca de la santidad divina, puede el hombre concebir. Como es tres veces Santo, está totalmente cerca del corazón humilde y contrito: 326

> Con razón, estas palabras 'Padre nuestro que estás en el cielo' hay que entenderlas en relación al corazón de los justos en el que Dios habita como en su templo. Por eso también el que ora desea ver que reside en él Aquel a quien invoca (San Agustín, serm. Dom. 2, 5, 17).

> El "cielo" bien podía ser también aquellos que llevan la imagen del mundo celestial, y en los que Dios habita y se pasea (San Cirilo de Jerusalén, catech. myst. 5, 11).

2795 El símbolo del cielo nos remite al misterio de la Alianza que vivimos cuando oramos al Padre. El está en el cielo, es su morada, la Casa del Padre es, por tanto, nuestra "patria". De la patria de la Alianza el pecado nos ha desterrado (cf Gn 3) y hacia el Padre, hacia el cielo, la conversión del corazón nos hace volver (cf Jr 3, 19-4, 1a; Lc 15, 18.21). En Cristo se han reconciliado el cielo y la tierra (cf Is 45, 8; Sal 85, 12), porque el Hijo "ha bajado del cielo", solo, y nos hace subir allí con El, por medio de su Cruz, su Resurrección y su Ascensión (cf Jn 12, 32; 14, 2-3; 16, 28; 20, 17; Ef 4, 9-10; Hb 1, 3; 2, 13). 1024

2796 Cuando la Iglesia ora diciendo "Padre nuestro que estás en el cielo", profesa que somos el Pueblo de Dios "sentado en el cielo, en Cristo Jesús" (Ef 2, 6), "ocultos con Cristo en Dios" (Col 3, 1003

3), y, al mismo tiempo, "gemimos en este estado, deseando ardientemente ser revestidos de nuestra habitación celestial" (2 Co 5, 2; cf Flp 3, 20; Hb 13, 14):

> Los cristianos están en la carne, pero no viven según la carne. Pasan su vida en la tierra, pero son ciudadanos del cielo (Epístola a Diogneto 5, 8-9).

RESUMEN

2797 *La confianza sencilla y fiel, y la seguridad humilde y alegre son las disposiciones propias del que reza el "Padre Nuestro".*

2798 *Podemos invocar a Dios como "Padre" porque nos lo ha revelado el Hijo de Dios hecho hombre, en quien, por el Bautismo, somos incorporados y adoptados como hijos de Dios.*

2799 *La Oración del Señor nos pone en comunión con el Padre y con su Hijo, Jesucristo. Al mismo tiempo, nos revela a nosotros mismos (cf GS 22, 1).*

2800 *Orar al Padre debe hacer crecer en nosotros la voluntad de asemejarnos a El, así como debe fortalecer un corazón humilde y confiado.*

2801 *Al decir Padre "nuestro", invocamos la nueva Alianza en Jesucristo, la comunión con la Santísima Trinidad y la caridad divina que se extiende por medio de la Iglesia a lo largo del mundo.*

2802 *"Que estás en el cielo" no designa un lugar, sino la majestad de Dios y su presencia en el corazón de los justos. El cielo, la Casa del Padre, constituye la verdadera patria hacia donde tendemos y a la que ya pertenecemos.*

Artículo 3   **LAS SIETE PETICIONES**

2803   Después de habernos puesto en presencia de Dios nuestro Padre para adorarle, amarle y bendecirle, el Espíritu filial hace surgir de nuestros corazones siete peticiones, siete bendiciones. Las tres primeras, más teologales, nos atraen hacia la Gloria del Padre; las cuatro últimas, como caminos hacia El, ofrecen nuestra miseria a su Gracia. "Abismo que llama al abismo" (Sal 42, 8).

2627

2804   El primer grupo de peticiones nos lleva hacia El, para El: ¡*tu* Nombre, *tu* Reino, *tu* Voluntad! Lo propio del amor es pensar primeramente en Aquel que amamos. En cada una de estas tres peticiones, nosotros no "nos" nombramos, sino que lo que nos mueve es "el deseo ardiente", "el ansia" del Hijo amado, por la Gloria de su Padre (cf Lc 22, 14; 12, 50): "Santificado sea... venga... hágase...": estas tres súplicas ya han sido escuchadas en el Sacrificio de Cristo Salvador, pero ahora están orientadas, en la esperanza, hacia su cumplimiento final mientras Dios no sea todavía todo en todos (cf 1 Co 15, 28).

2805   El segundo grupo de peticiones se desenvuelve en el movimiento de ciertas epiclesis eucarísticas: son la ofrenda de nuestra esperanza y atrae la mirada del Padre de las misericordias. Brota de nosotros y nos afecta ya ahora, en este mundo: "danos... perdónanos... no nos dejes... líbranos". La cuarta y la quinta petición se refieren a nuestra vida como tal, sea para alimentarla, sea para sanarla del pecado; las dos últimas se refieren a nuestro combate por la victoria de la Vida, el combate mismo de la oración.   1105

2806   Mediante las tres primeras peticiones somos afirmados en la fe, colmados de esperanza y abrasados por la caridad. Como criaturas y pecadores todavía, debemos pedir para nosotros, un "nosotros" que abarca el mundo y la historia, que ofrecemos al amor sin medida de nuestro Dios. Porque nuestro Padre cumple su plan de salvación para nosotros y para el mundo entero por medio del Nombre de Cristo y del Reino del Espíritu Santo.   2656-2658

I   SANTIFICADO SEA TU NOMBRE   2142-2159

2807   El término "santificar" debe entenderse aquí, en primer lugar, no en su sentido causativo (sólo Dios santifica, hace santo), sino sobre todo en un sentido estimativo: reconocer como santo, tratar de una manera santa. Así es como, en la adoración, esta invocación se entiende a veces como una alabanza y una acción de gracias (cf Sal 111, 9; Lc 1, 49). Pero esta petición es enseñada por Jesús como algo a desear profundamente y como proyecto en que Dios y el hombre se comprometen. Desde la primera petición a nuestro Padre, estamos sumergidos en el misterio íntimo de su Divinidad y en el drama de la salvación de nuestra humanidad. Pedirle que su Nombre sea santificado nos implica en "el benévolo designio que él se propuso de antemano" para que nosotros seamos "santos e inmaculados en su presencia, en el amor" (cf Ef 1, 9.4).   2097

203; 432   **2808**   En los momentos decisivos de su Economía, Dios revela su Nombre, pero lo revela realizando su obra. Esta obra no se realiza para nosotros y en nosotros más que si su Nombre es santificado por nosotros y en nosotros.

2809   La santidad de Dios es el hogar inaccesible de su misterio eterno. Lo que se manifiesta de El en la creación y en la historia, la
293   Escritura lo llama *Gloria,* la irradiación de su Majestad (cf Sal 8; Is 6, 3). Al crear al hombre "a su imagen y semejanza" (Gn 1, 26), Dios "lo corona de gloria" (Sal 8, 6), pero al pecar, el hombre queda "privado de la Gloria de Dios" (Rm 3, 23). A partir de enton-
705   ces, Dios manifestará su Santidad revelando y dando su Nombre, para restituir al hombre "a la imagen de su Creador" (Col 3, 10).

2810   En la promesa hecha a Abraham y en el juramento que la acompaña (cf Hb 6, 13), Dios se compromete a sí mismo sin revelar su Nombre. Empieza a revelarlo a Moisés (cf Ex 3, 14) y lo manifiesta a los ojos de todo el pueblo salvándolo de los egipcios: "se cubrió de Gloria" (Ex 15, 1). Desde la Alianza del Sinaí, este
63   pueblo es "suyo" y debe ser una "nación santa" (o consagrada, es la misma palabra en hebreo: cf Ex 19, 5-6) porque el Nombre de Dios habita en él.

2143   **2811**   A pesar de la Ley santa que le da y le vuelve a dar el Dios Santo (cf Lv 19, 2: "Sed santos, porque yo, el Señor, vuestro Dios soy santo"), y aunque el Señor "tuvo respeto a su Nombre" y usó de paciencia, el pueblo se separó del Santo de Israel y "profanó su Nombre entre las naciones" (cf Ez 20, 36). Por eso, los justos de la Antigua Alianza, los pobres que regresaron del exilio y los profetas se sintieron inflamados de pasión por su Nombre.

2812   Finalmente, el Nombre de Dios Santo se nos ha revelado y
434   dado, en la carne, en Jesús, como Salvador (cf Mt 1, 21; Lc 1, 31): revelado por lo que El es, por su Palabra y por su Sacrificio (cf Jn 8, 28; 17, 8; 17, 17-19). Esto es el núcleo de su oración sacerdotal: "Padre santo... por ellos me consagro a mí mismo, para que ellos también sean consagrados en la verdad" (Jn 17, 19). Jesús nos "manifiesta" el Nombre del Padre (Jn 17, 6) porque "santifica" El mismo su Nombre (cf Ez 20, 39; 36, 20-21). Al terminar su Pascua, el Padre le da el Nombre que está sobre todo nombre: Jesús es Señor para gloria de Dios Padre (cf Flp 2, 9-11).

2813   En el agua del bautismo, hemos sido "lavados, santificados, justificados en el Nombre del Señor Jesucristo y en el Espíritu de nuestro Dios" (1 Co 6, 11). A lo largo de nuestra vida, nuestro Padre "nos llama a la santidad" (1 Ts 4, 7) y como nos viene de El que "estemos en Cristo Jesús, al cual hizo Dios para nosotros santificación" (1 Co 1, 30), es cuestión de su Gloria y de nuestra vida el que su Nombre sea santificado en nosotros y por nosotros. Tal es la exigencia de nuestra primera petición. 2013

> ¿Quién podría santificar a Dios puesto que El santifica? Inspirándonos nosotros en estas palabras 'Sed santos porque yo soy santo' (Lv 20, 26), pedimos que, santificados por el bautismo, perseveremos en lo que hemos comenzado a ser. Y lo pedimos todos los días porque faltamos diariamente y debemos purificar nuestros pecados por una santificación incesante... Recurrimos, por tanto, a la oración para que esta santidad permanezca en nosotros (San Cipriano, Dom orat. 12).

2814 Depende inseparablemente de nuestra *vida* y de nuestra *oración* que su Nombre sea santificado entre las naciones: 2045

> Pedimos a Dios santificar su Nombre porque El salva y santifica a toda la creación por medio de la santidad... Se trata del Nombre que da la salvación al mundo perdido, pero nosotros pedimos que este Nombre de Dios sea santificado en nosotros *por nuestra vida.* Porque si nosotros vivimos bien, el nombre divino es bendecido; pero si vivimos mal, es blasfemado, según las palabras del apóstol: 'el nombre de Dios, por vuestra causa, es blasfemado entre las naciones' (Rm 2, 24; Ez 36, 20-22). Por tanto, rogamos para merecer tener en nuestras almas tanta santidad como santo es el nombre de nuestro Dios (San Pedro Crisólogo, serm. 71).

> Cuando decimos 'santificado sea tu Nombre', pedimos que sea santificado en nosotros que estamos en él, pero también en los otros a los que la gracia de Dios espera todavía para conformarnos al precepto que nos obliga a *orar por todos,* incluso por nuestros enemigos. He ahí por qué no decimos expresamente: Santificado sea tu Nombre 'en nosotros', porque pedimos que lo sea en todos los hombres (Tertuliano, or. 3).

2815 Esta petición, que contiene a todas, es escuchada gracias a la *oración de Cristo,* como las otras seis que siguen. La oración del Padre Nuestro es oración nuestra si se hace *"en el Nombre"* de Jesús (cf Jn 14, 13; 15, 16; 16, 24.26). Jesús pide en su oración sacerdotal: "Padre santo, cuida en tu Nombre a los que me has dado" (Jn 17, 11). 2750

II   VENGA A NOSOTROS TU REINO

2816 En el Nuevo Testamento, la palabra "basileia" se puede traducir por realeza (nombre abstracto), reino (nombre concreto) o reinado (de reinar, nombre de acción). El Reino de Dios está ante 541

2632

560
1107

nosotros. Se aproxima en el Verbo encarnado, se anuncia a través de todo el Evangelio, llega en la muerte y la Resurrección de Cristo. El Reino de Dios adviene en la Ultima Cena y por la Eucaristía está entre nosotros. El Reino de Dios llegará en la gloria cuando Jesucristo lo devuelva a su Padre:

> Incluso puede ser que el Reino de Dios signifique Cristo en persona, al cual llamamos con nuestras voces todos los días y de quien queremos apresurar su advenimiento por nuestra espera. Como es nuestra Resurrección porque resucitamos en él, puede ser también el Reino de Dios porque en él reinaremos (San Cipriano, Dom. orat. 13).

451; 2632
671

2817 Esta petición es el "Marana Tha", el grito del Espíritu y de la Esposa: "Ven, Señor Jesús":

> Incluso aunque esta oración no nos hubiera mandado pedir el advenimiento del Reino, habríamos tenido que expresar esta petición, dirigiéndonos con premura a la meta de nuestras esperanzas. Las almas de los mártires, bajo el altar, invocan al Señor con grandes gritos: '¿Hasta cuándo, Dueño santo y veraz, vas a estar sin hacer justicia por nuestra sangre a los habitantes de la tierra?' (Ap 6, 10). En efecto, los mártires deben alcanzar la justicia al fin de los tiempos. Señor, ¡apresura, pues, la venida de tu Reino! (Tertuliano, or. 5).

769

2818 En la Oración del Señor, se trata principalmente de la venida final del Reino de Dios por medio del retorno de Cristo (cf Tt 2, 13). Pero este deseo no distrae a la Iglesia de su misión en este mundo, más bien la compromete. Porque desde Pentecostés, la venida del Reino es obra del Espíritu del Señor "a fin de santificar todas las cosas llevando a plenitud su obra en el mundo" (MR, plegaria eucarística IV).

2046

2819 "El Reino de Dios es justicia y paz y gozo en el Espíritu Santo" (Rm 14, 17). Los últimos tiempos en los que estamos son los de la efusión del Espíritu Santo. Desde entonces está entablado un combate decisivo entre "la carne" y el Espíritu (cf Ga 5, 16-25):

2516

2519

> Sólo un corazón puro puede decir con seguridad: '¡Venga a nosotros tu Reino!' Es necesario haber estado en la escuela de Pablo para decir: 'Que el pecado no reine ya en nuestro cuerpo mortal' (Rm 6, 12). El que se conserva puro en sus acciones, sus pensamientos y sus palabras, puede decir a Dios: '¡Venga tu Reino!' (San Cirilo de Jerusalén, catech. myst. 5, 13).

2820 Discerniendo según el Espíritu, los cristianos deben distinguir entre el crecimiento del Reino de Dios y el progreso de la cultura y la promoción de la sociedad en las que están implicados. Esta distinción no es una separación. La vocación del hombre a la vida eterna no suprime, sino que refuerza su deber de poner en prác-

1049

tica las energías y los medios recibidos del Creador para servir en este mundo a la justicia y a la paz (cf GS 22; 32; 39; 45; EN 31).

2821 Esta petición está sostenida y escuchada en la oración *de* Jesús (cf Jn 17, 17-20), presente y eficaz en la Eucaristía; su fruto es la vida nueva según las Bienaventuranzas (cf Mt 5, 13-16; 6, 24; 7, 12-13).

2746

III   HAGASE TU VOLUNTAD EN LA TIERRA COMO
       EN EL CIELO

2822 La voluntad de nuestro Padre es "que todos los hombres se salven y lleguen al conocimiento pleno de la verdad" (1 Tm 2, 3-4). El "usa de paciencia, no queriendo que algunos perezcan" (2 P 3, 9; cf Mt 18, 14). Su mandamiento que resume todos los demás y que nos dice toda su voluntad es que "nos amemos los unos a los otros como él nos ha amado" (Jn 13, 34; cf 1 Jn 3; 4; Lc 10, 25-37).

851

2196

2823 El nos ha dado a "conocer el Misterio de su voluntad según el benévolo designio que en él se propuso de antemano...: hacer que todo tenga a Cristo por Cabeza... a él por quien entramos en herencia, elegidos de antemano según el previo designio del que realiza todo conforme a la decisión de su Voluntad" (Ef 1, 9-11). Pedimos con insistencia que se realice plenamente este designio de benevolencia, en la tierra como ya ocurre en el cielo.

59

2824 En Cristo, y por medio de su voluntad humana, la voluntad del Padre fue cumplida perfectamente y de una vez por todas. Jesús dijo al entrar en el mundo: "He aquí que yo vengo, oh Dios, a hacer tu voluntad" (Hb 10, 7; Sal 40, 7). Sólo Jesús puede decir: "Yo hago siempre lo que le agrada a él" (Jn 8, 29). En la oración de su agonía, acoge totalmente esta Voluntad: "No se haga mi voluntad sino la tuya" (Lc 22, 42; cf Jn 4, 34; 5, 30; 6, 38). He aquí por qué Jesús "se entregó a sí mismo por nuestros pecados según la voluntad de Dios" (Ga 1, 4). "Y en virtud de esta voluntad somos santificados, merced a la oblación de una vez para siempre del cuerpo de Jesucristo" (Hb 10, 10).

475

612

2825 Jesús, "aun siendo Hijo, con lo que padeció, experimentó la obediencia" (Hb 5, 8). ¡Con cuánta más razón la deberemos experimentar nosotros, criaturas y pecadores, que hemos llegado a ser hijos de adopción en El! Pedimos a nuestro Padre que una nuestra voluntad a la de su Hijo para cumplir su voluntad, su designio de salvación para la vida del mundo. Nosotros somos radi-

615

calmente impotentes para ello, pero unidos a Jesús y con el poder de su Espíritu Santo, podemos poner en sus manos nuestra voluntad y decidir escoger lo que su Hijo siempre ha escogido: hacer lo que agrada al Padre (cf Jn 8, 29):

> Adheridos a Cristo, podemos llegar a ser un solo espíritu con El, y así cumplir su voluntad: de esta forma ésta se hará tanto en la tierra como en el cielo (Orígenes, or. 26).

> Considerad cómo Jesucristo nos enseña a ser humildes, haciéndonos ver que nuestra virtud no depende sólo de nuestro esfuerzo sino de la gracia de Dios. El ordena a cada fiel que ora, que lo haga universalmente por toda la tierra. Porque no dice 'Que tu voluntad se haga' en mí o en vosotros 'sino en toda la tierra': para que el error sea desterrado de ella, que la verdad reine en ella, que el vicio sea destruido en ella, que la virtud vuelva a florecer en ella y que la tierra ya no sea diferente del cielo (San Juan Crisóstomo, hom. in Mt 19, 5).

2826 Por la oración, podemos "discernir cuál es la voluntad de Dios" (Rm 12, 2; Ef 5, 17) y obtener "constancia para cumplirla" (Hb 10, 36). Jesús nos enseña que se entra en el Reino de los cielos, no mediante palabras, sino "haciendo la voluntad de mi Padre que está en los cielos" (Mt 7, 21).

2611 **2827** "Si alguno cumple la voluntad de Dios, a ese le escucha" (Jn 9, 31; cf 1 Jn 5, 14). Tal es el poder de la oración de la Iglesia en el Nombre de su Señor, sobre todo en la Eucaristía; es comunión de intercesión con la Santísima Madre de Dios (cf Lc 1, 38. 49) y con todos los santos que han sido "agradables" al Señor por no haber querido más que su Voluntad:

796
> Incluso podemos, sin herir la verdad, cambiar estas palabras: 'Hágase tu voluntad en la tierra como en el cielo', por estas otras: en la Iglesia como en nuestro Señor Jesucristo; en la Esposa que le ha sido desposada, como en el Esposo que ha cumplido la voluntad del Padre (San Agustín, serm. Dom. 2, 6, 24).

IV   DANOS HOY NUESTRO PAN DE CADA DIA

2778 **2828** *"Danos":* es hermosa la confianza de los hijos que esperan todo de su Padre. "Hace salir su sol sobre malos y buenos, y llover sobre justos e injustos" (Mt 5, 45) y da a todos los vivientes "a su tiempo su alimento" (Sal 104, 27). Jesús nos enseña esta petición; con ella se glorifica, en efecto, a nuestro Padre reconociendo hasta qué punto es Bueno más allá de toda bondad.

2829 Además, "danos" es la expresión de la Alianza: nosotros somos de El y El de nosotros, para nosotros. Pero este "nosotros" lo reconoce también como Padre de todos los hombres, y nosotros le pedimos por todos ellos, en solidaridad con sus necesidades y sus sufrimientos.

1939

2830 "Nuestro pan". El Padre que nos da la vida no puede dejar de darnos el alimento necesario para ella, todos los bienes convenientes, materiales y espirituales. En el Sermón de la Montaña, Jesús insiste en esta confianza filial que coopera con la Providencia de nuestro Padre (cf Mt 6, 25-34). No nos impone ninguna pasividad (cf 2 Ts 3, 6-13), sino que quiere librarnos de toda inquietud agobiante y de toda preocupación. Así es el abandono filial de los hijos de Dios:

2633

> A los que buscan el Reino y la justicia de Dios, Él les promete darles todo por añadidura. Todo en efecto pertenece a Dios: al que posee a Dios, nada le falta, si él mismo no falta a Dios (S. Cipriano, Dom. orat. 21).

227

2831 Pero la existencia de hombres que padecen hambre por falta de pan revela otra hondura de esta petición. El drama del hambre en el mundo, llama a los cristianos que oran en verdad a una responsabilidad efectiva hacia sus hermanos, tanto en sus conductas personales como en su solidaridad con la familia humana. Esta petición de la Oración del Señor no puede ser aislada de las parábolas del pobre Lázaro (cf Lc 16, 19-31) y del juicio final (cf Mt 25, 31-46).

1038

2832 Como la levadura en la masa, la novedad del Reino debe fermentar la tierra con el Espíritu de Cristo (cf AA 5). Debe manifestarse por la instauración de la justicia en las relaciones personales y sociales, económicas e internacionales, sin olvidar jamás que no hay estructura justa sin seres humanos que quieran ser justos.

1928

2833 Se trata de "nuestro" pan, "uno" para "muchos": La pobreza de las Bienaventuranzas entraña compartir los bienes: invita a comunicar y compartir bienes materiales y espirituales, no por la fuerza sino por amor, para que la abundancia de unos remedie las necesidades de otros (cf 2 Co 8, 1-15).

2546

2834 "Ora et labora" (cf San Benito, reg. 20; 48). "Orad como si todo dependiese de Dios y trabajad como si todo dependiese de vosotros". Una vez hecho nuestro trabajo, el alimento viene a ser un don del Padre; es bueno pedírselo y darle gracias por él. Este es el sentido de la bendición de la mesa en una familia cristiana.

2428

2835 Esta petición y la responsabilidad que implica sirven además para otra clase de hambre de la que desfallecen los hombres: "No sólo de pan vive el hombre, sino que el hombre vive de todo lo que sale de la boca de Dios" (Dt 8, 3; Mt 4, 4), es decir, de su Palabra y de su Espíritu. Los cristianos deben movilizar todos sus 2443 esfuerzos para "anunciar el Evangelio a los pobres". Hay hambre sobre la tierra, "mas no hambre de pan, ni sed de agua, sino de oír la Palabra de Dios" (Am 8, 11). Por eso, el sentido específicamen- 1384 te cristiano de esta cuarta petición se refiere al Pan de Vida: la Palabra de Dios que se tiene que acoger en la fe, el Cuerpo de Cristo recibido en la Eucaristía (cf Jn 6, 26-58).

1165 **2836**   *"Hoy"* es también una expresión de confianza. El Señor nos lo enseña (cf Mt 6, 34; Ex 16, 19); no hubiéramos podido inventarlo. Como se trata sobre todo de su Palabra y del Cuerpo de su Hijo, este "hoy" no es solamente el de nuestro tiempo mortal: es el Hoy de Dios:

> Si recibes el pan cada día, cada día para ti es hoy. Si Jesucristo es para ti hoy, todos los días resucita para ti. ¿Cómo es eso? 'Tú eres mi Hijo; yo te he engendrado hoy' (Sal 2, 7). Hoy, es decir, cuando Cristo resucita (San Ambrosio, sacr. 5, 26).

2659 **2837**   *"De cada día"*. La palabra griega, "epiousios", no tiene otro sentido en el Nuevo Testamento. Tomada en un sentido temporal, es una repetición pedagógica de "hoy" (cf Ex 16, 19-21) para confirmarnos en una confianza "sin reserva". Tomada en un sentido cualitativo, significa lo necesario a la vida, y más amplia- 2633 mente cualquier bien suficiente para la subsistencia (cf 1 Tm 6, 8). Tomada al pie de la letra [epiousios: "lo más esencial"], designa 1405 directamente el Pan de Vida, el Cuerpo de Cristo, "remedio de inmortalidad" (San Ignacio de Antioquía) sin el cual no tenemos la Vida en nosotros (cf Jn 6, 53-56). Finalmente, ligado a lo que pre- 1166 cede, el sentido celestial es claro: este "día" es el del Señor, el del Festín del Reino, anticipado en la Eucaristía, en que pregustamos el Reino venidero. Por eso conviene que la liturgia eucarística se 1389 celebre "cada día".

> La Eucaristía es nuestro pan cotidiano. La virtud propia de este divino alimento es una fuerza de unión: nos une al Cuerpo del Salvador y hace de nosotros sus miembros para que vengamos a ser lo que recibimos... Este pan cotidiano se encuentra, además, en las lecturas que oís cada día en la iglesia, en los himnos que se cantan y que vosotros cantáis. Todo eso es necesario en nuestra peregrinación (San Agustín, serm. 57, 7, 7).

> El Padre del cielo nos exhorta a pedir como hijos del cielo el Pan del cielo (cf Jn 6, 51). Cristo "mismo es el pan que, sembrado en la Virgen, florecido en la Carne, amasado en la Pasión, cocido en el Horno del sepulcro, reservado en la iglesia, llevado a los altares, suministra cada día a los fieles un alimento celestial" (San Pedro Crisólogo, serm. 71).

V	PERDONA NUESTRAS OFENSAS COMO TAMBIEN
	NOSOTROS PERDONAMOS A LOS QUE NOS OFENDEN

2838	Esta petición es sorprendente. Si sólo comprendiera la pri-	1425
mera parte de la frase –"perdona nuestras ofensas"–, podría estar
incluida, implícitamente, en las tres primeras peticiones de la Ora-
ción del Señor, ya que el Sacrificio de Cristo es "para la remisión	1933
de los pecados". Pero, según el segundo miembro de la frase,
nuestra petición no será escuchada si no hemos respondido antes a
una exigencia. Nuestra petición se dirige al futuro, nuestra res-	2631
puesta debe haberla precedido; una palabra las une: "como".

Perdona nuestras ofensas...

2839	Con una audaz confianza hemos empezado a orar a nues-
tro Padre. Suplicándole que su Nombre sea santificado, le hemos
pedido que seamos cada vez más santificados. Pero, aun revestidos	1425
de la vestidura bautismal, no dejamos de pecar, de separarnos de
Dios. Ahora, en esta nueva petición, nos volvemos a El, como el
hijo pródigo (cf Lc 15, 11-32), y nos reconocemos pecadores ante	1439
El como el publicano (cf Lc 18, 13). Nuestra petición empieza con
una "confesión" en la que afirmamos, al mismo tiempo, nuestra
miseria y su Misericordia. Nuestra esperanza es firme porque, en
su Hijo, "tenemos la redención, la remisión de nuestros pecados"
(Col 1, 14; Ef 1, 7). El signo eficaz e indudable de su perdón lo	1422
encontramos en los sacramentos de su Iglesia (cf Mt 26, 28; Jn
20, 23).

2840	Ahora bien, lo temible es que este desbordamiento de mi-
sericordia no puede penetrar en nuestro corazón mientras no hayamos perdonado a los que nos han ofendido. El Amor, como el
Cuerpo de Cristo, es indivisible; no podemos amar a Dios a quien
no vemos, si no amamos al hermano y a la hermana a quienes vemos (cf 1 Jn 4, 20). Al negarse a perdonar a nuestros hermanos y
hermanas, el corazón se cierra, su dureza lo hace impermeable al
amor misericordioso del Padre; en la confesión del propio pecado,	1864
el corazón se abre a su gracia.

2841	Esta petición es tan importante que es la única sobre la
cual el Señor vuelve y explicita en el Sermón de la Montaña (cf Mt
6, 14-15; 5, 23-24; Mc 11, 25). Esta exigencia crucial del misterio
de la Alianza es imposible para el hombre. Pero "todo es posible
para Dios".

...como también nosotros perdonamos a los que nos ofenden

2842   Este "como" no es el único en la enseñanza de Jesús: "Sed perfectos 'como' es perfecto vuestro Padre celestial" (Mt 5, 48); "Sed misericordiosos, 'como' vuestro Padre es misericordioso" (Lc 6, 36); "Os doy un mandamiento nuevo: que os améis los unos a los otros. Que 'como' yo os he amado, así os améis también vosotros los unos a los otros" (Jn 13, 34). Observar el mandamiento del Señor es imposible si se trata de imitar desde fuera el modelo divino. Se trata de una participación, vital y nacida "del fondo del corazón", en la santidad, en la misericordia, y en el amor de nuestro Dios. Sólo el Espíritu que es "nuestra Vida" (Ga 5, 25) puede hacer nuestros los mismos sentimientos que hubo en Cristo Jesús (cf Flp 2, 1.5). Así, la unidad del perdón se hace posible, "perdonándonos mutuamente 'como' nos perdonó Dios en Cristo" (Ef 4, 32).

521

2843   Así adquieren vida las palabras del Señor sobre el perdón, este Amor que ama hasta el extremo del amor (cf Jn 13, 1). La parábola del siervo sin entrañas, que culmina la enseñanza del Señor sobre la comunión eclesial (cf. Mt 18, 23-35), acaba con esta frase: "Esto mismo hará con vosotros mi Padre celestial si no perdonáis cada uno de corazón a vuestro hermano". Allí es, en efecto, en el fondo "del *corazón*" donde todo se ata y se desata. No está en nuestra mano no sentir ya la ofensa y olvidarla; pero el corazón que se ofrece al Espíritu Santo cambia la herida en compasión y purifica la memoria transformando la ofensa en intercesión.

368

2844   La oración cristiana llega hasta el *perdón de los enemigos* (cf Mt 5, 43-44). Transfigura al discípulo configurándolo con su Maestro. El perdón es cumbre de la oración cristiana; el don de la oración no puede recibirse más que en un corazón acorde con la compasión divina. Además, el perdón da testimonio de que, en nuestro mundo, el amor es más fuerte que el pecado. Los mártires de ayer y de hoy dan este testimonio de Jesús. El perdón es la condición fundamental de la reconciliación (cf 2 Co 5, 18-21) de los hijos de Dios con su Padre y de los hombres entre sí (cf Juan Pablo II, DM 14).

2262

2845   No hay límite ni medida en este perdón, esencialmente divino (cf Mt 18, 21-22; Lc 17, 3-4). Si se trata de ofensas (de "pecados" según Lc 11, 4, o de "deudas" según Mt 6, 12), de hecho nosotros somos siempre deudores: "Con nadie tengáis otra deuda que la del mutuo amor" (Rm 13, 8). La comunión de la Santísima Trinidad es la fuente y el criterio de verdad en toda relación (cf 1

1441

Jn 3, 19-24). Se vive en la oración y, sobre todo, en la Eucaristía (cf Mt 5, 23-24):

> Dios no acepta el sacrificio de los que provocan la desunión, los despide del altar para que antes se reconcilien con sus hermanos: Dios quiere ser pacificado con oraciones de paz. La obligación más bella para Dios es nuestra paz, nuestra concordia, la unidad en el Padre, el Hijo y el Espíritu Santo de todo el pueblo fiel (San Cipriano, Dom. orat. 23: PL 4, 535C-536A).

VI NO NOS DEJES CAER EN LA TENTACION

2846 Esta petición llega a la raíz de la anterior, porque nuestros pecados son los frutos del consentimiento a la tentación. Pedimos a nuestro Padre que no nos "deje caer" en ella. Traducir en una sola palabra el texto griego es difícil: significa "no permitas entrar en" (cf Mt 26, 41), "no nos dejes sucumbir a la tentación". "Dios ni es tentado por el mal ni tienta a nadie" (St 1, 13), al contrario, quiere librarnos del mal. Le pedimos que no nos deje tomar el camino que conduce al pecado, pues estamos empeñados en el combate "entre la carne y el Espíritu". Esta petición implora el Espíritu de discernimiento y de fuerza.

164

2516

2847 El Espíritu Santo nos hace *discernir* entre la prueba, necesaria para el crecimiento del hombre interior (cf Lc 8, 13-15; Hch 14, 22; 2 Tm 3, 12) en orden a una "virtud probada" (Rm 5, 3-5), y la tentación que conduce al pecado y a la muerte (cf St 1, 14-15). También debemos distinguir entre "ser tentado" y "consentir" en la tentación. Por último, el discernimiento desenmascara la mentira de la tentación: aparentemente su objeto es "bueno, seductor a la vista, deseable" (Gn 3, 6), mientras que, en realidad, su fruto es la muerte.

2284

> Dios no quiere imponer el bien, quiere seres libres... En algo la tentación es buena. Todos, menos Dios, ignoran lo que nuestra alma ha recibido de Dios, incluso nosotros. Pero la tentación lo manifiesta para enseñarnos a conocernos, y así, descubrirnos nuestra miseria, y obligarnos a dar gracias por los bienes que la tentación nos ha manifestado (Orígenes, or. 29).

2848 "No entrar en la tentación" implica una *decisión del corazón*: "Porque donde esté tu tesoro, allí también estará tu corazón... Nadie puede servir a dos señores" (Mt 6, 21.24). "Si vivimos según el Espíritu, obremos también según el Espíritu" (Ga 5, 25). El Padre nos da la fuerza para este "dejarnos conducir" por el Espíritu Santo. "No habéis sufrido tentación superior a la medida humana. Y fiel es Dios que no permitirá que seáis tentados sobre vuestras

1808

fuerzas. Antes bien, con la tentación os dará modo de poderla resistir con éxito" (1 Co 10, 13).

2849   Pues bien, este combate y esta victoria sólo son posibles con la oración. Por medio de su oración, Jesús es vencedor del Tentador, desde el principio (cf Mt 4, 11) y en el último combate de su agonía (cf Mt 26, 36-44). En esta petición a nuestro Padre, Cristo nos une a su combate y a su agonía. La vigilancia del corazón es recordada con insistencia en comunión con la suya (cf Mc 13, 9.23.33-37; 14, 38; Lc 12, 35-40). La *vigilancia* es "guarda del corazón", y Jesús pide al Padre que "nos guarde en su Nombre" (Jn 17, 11). El Espíritu Santo trata de despertarnos continuamente a esta vigilancia (cf 1 Co 16, 13; Col 4, 2; 1 Ts 5, 6; 1 P 5, 8). Esta petición adquiere todo su sentido dramático referida a la tentación final de nuestro combate en la tierra; pide la *perseverancia final.* "Mira que vengo como ladrón. Dichoso el que esté en vela" (Ap 16, 15).

540; 612

2612

162

VII   Y LIBRANOS DEL MAL

2850   La última petición a nuestro Padre está también contenida en la oración de Jesús: "No te pido que los retires del mundo, sino que los guardes del Maligno" (Jn 17, 15). Esta petición concierne a cada uno individualmente, pero siempre quien ora es el "nosotros", en comunión con toda la Iglesia y para la salvación de toda la familia humana. La Oración del Señor no cesa de abrirnos a las dimensiones de la Economía de la salvación. Nuestra interdependencia en el drama del pecado y de la muerte se vuelve solidaridad en el Cuerpo de Cristo, en "comunión con los santos" (cf RP 16).

309

2851   En esta petición, el mal no es una abstracción, sino que designa una persona, Satanás, el Maligno, el ángel que se opone a Dios. El "diablo" ["dia-bolos"] es aquel que "se atraviesa" en el designio de Dios y su obra de salvación cumplida en Cristo.

391

2852   "Homicida desde el principio, mentiroso y padre de la mentira" (Jn 8, 44), "Satanás, el seductor del mundo entero" (Ap 12, 9), es aquél por medio del cual el pecado y la muerte entraron en el mundo y, por cuya definitiva derrota, toda la creación entera será "liberada del pecado y de la muerte" (MR, Plegaria Eucarística IV). "Sabemos que todo el que ha nacido de Dios no peca, sino que el Engendrado de Dios le guarda y el Maligno no llega a tocarle. Sabemos que somos de Dios y que el mundo entero yace en poder del Maligno" (1 Jn 5, 18-19):

> El Señor que ha borrado vuestro pecado y perdonado vuestras faltas también os protege y os guarda contra las astucias del diablo que os combate para que el enemigo, que tiene la costumbre de engendrar la falta, no os sorprenda. Quien confía en Dios, no tema al demonio. "Si Dios está con nosotros, ¿quién estará contra nosotros?" (Rm 8, 31) (S. Ambrosio, sacr. 5, 30).

2853 La victoria sobre el "príncipe de este mundo" (Jn 14, 30) se adquirió de una vez por todas en la Hora en que Jesús se entregó libremente a la muerte para darnos su Vida. Es el juicio de este mundo, y el príncipe de este mundo ha sido "echado abajo" (Jn 12, 31; Ap 12, 11). "Él se lanza en persecución de la Mujer" (cf Ap 12, 13-16), pero no consigue alcanzarla: la nueva Eva, "llena de gracia" del Espíritu Santo es librada del pecado y de la corrupción de la muerte (Concepción inmaculada y Asunción de la santísima Madre de Dios, María, siempre virgen). "Entonces despechado contra la Mujer, se fue a hacer la guerra al resto de sus hijos" (Ap 12, 17). Por eso, el Espíritu y la Iglesia oran: "Ven, Señor Jesús" (Ap 22, 17.20), ya que su Venida nos librará del Maligno. 677 490 972

2854 Al pedir ser liberados del Maligno, oramos igualmente para ser liberados de todos los males, presentes, pasados y futuros de los que él es autor o instigador. En esta última petición, la Iglesia presenta al Padre todas las desdichas del mundo. Con la liberación de todos los males que abruman a la humanidad, implora el don precioso de la paz y la gracia de la espera perseverante en el retorno de Cristo. Orando así, anticipa en la humildad de la fe la recapitulación de todos y de todo en Aquel que "tiene las llaves de la Muerte y del Hades" (Ap 1, 18), "el Dueño de todo, Aquel que es, que era y que ha de venir" (Ap 1, 8; cf Ap 1, 4): 2632

> Líbranos de todos los males, Señor, y concédenos la paz en nuestros días, para que, ayudados por tu misericordia, vivamos siempre libres de pecado y protegidos de toda perturbación, mientras esperamos la gloriosa venida de nuestro Salvador Jesucristo (MR, Embolismo). 1041

LA DOXOLOGIA FINAL

2855 La doxología final "Tuyo es el reino, tuyo el poder y la gloria por siempre Señor" vuelve a tomar, implícitamente, las tres primeras peticiones del Padre Nuestro: la glorificación de su Nombre, la venida de su Reino y el poder de su Voluntad salvífica. Pero esta repetición se hace en forma de adoración y de acción de gracias, como en la Liturgia celestial (cf Ap 1, 6; 4, 11; 5, 13). El príncipe de este mundo se había atribuido con mentira estos tres títulos de realeza, poder y gloria (cf Lc 4, 5-6). Cristo, el Señor, los 2760 restituye a su Padre y nuestro Padre, hasta que le entregue el Reino, cuando sea consumado definitivamente el Misterio de la salvación y Dios sea todo en todos (cf 1 Co 15, 24-28).

1061-1065 **2856** "Después, terminada la oración, dices: *Amén*, refrendando por medio de este Amén, que significa 'Así sea' (cf Lc 1, 38), lo que contiene la oración que Dios nos enseñó" (San Cirilo de Jerusalén, catech. myst. 5, 18).

RESUMEN

2857 *En el Padre Nuestro, las tres primeras peticiones tienen por objeto la Gloria del Padre: la santificación del nombre, la venida del reino y el cumplimiento de la voluntad divina. Las otras cuatro presentan al Padre nuestros deseos: estas peticiones conciernen a nuestra vida para alimentarla o para curarla del pecado y se refieren a nuestro combate por la victoria del Bien sobre el Mal.*

2858 *Al pedir: "Santificado sea tu Nombre" entramos en el plan de Dios, la santificación de su Nombre –revelado a Moisés, después en Jesús– por nosotros y en nosotros, lo mismo que en toda nación y en cada hombre.*

2859 *En la segunda petición, la Iglesia tiene principalmente a la vista el retorno de Cristo y la venida final del Reino de Dios. También ora por el crecimiento del Reino de Dios en el "hoy" de nuestras vidas.*

2860 *En la tercera petición, rogamos al Padre que una nuestra voluntad a la de su Hijo para realizar su Plan de salvación en la vida del mundo.*

2861 *En la cuarta petición, al decir "danos", expresamos, en comunión con nuestros hermanos, nuestra confianza filial en nuestro Padre del cielo. "Nuestro pan" designa el alimento terrenal necesario para la subsistencia de todos y significa también el Pan de Vida: Palabra de Dios y Cuerpo de Cristo. Se recibe en el "hoy" de Dios, como el alimento indispensable, lo más esencial del Festín del Reino que anticipa la Eucaristía.*

2862 *La quinta petición implora para nuestras ofensas la misericordia de Dios, la cual no puede penetrar en nuestro corazón si no hemos sabido perdonar a nuestros enemigos, a ejemplo y con la ayuda de Cristo.*

2863   *Al decir: "No nos dejes caer en la tentación", pedimos a Dios que no nos permita tomar el camino que conduce al pecado. Esta petición implora el Espíritu de discernimiento y de fuerza; solicita la gracia de la vigilancia y la perseverancia final.*

2864   *En la última petición, "y líbranos del mal", el cristiano pide a Dios con la Iglesia que manifieste la victoria, ya conquistada por Cristo, sobre el "príncipe de este mundo", sobre Satanás, el ángel que se opone personalmente a Dios y a su plan de salvación.*

2865   *Con el "Amén" final expresamos nuestro "fiat" respecto a las siete peticiones: "Así sea".*

INDICES

- de Textos
- Temático
- General

ORDEN ALFABETICO
DE LOS LIBROS SAGRADOS

Ab	Abdías	Jos	Josué
Ag	Ageo	Jr	Jeremías
Am	Amós	Judas	Judas
Ap	Apocalipsis	Lc	Evang. de Lucas
Ba	Baruc	Lm	Lamentaciones
1 Co	1.ª Corintios	Lv	Levítico
2 Co	2.ª Corintios	1 M	1.º Macabeos
Col	Colosenses	2 M	2.º Macabeos
1 Cro	1.º Crónicas	Mc	Evang. de Marcos
2 Cro	2.º Crónicas	Mi	Miqueas
Ct	Cantar	Ml	Malaquías
Dn	Daniel	Mt	Evang. de Mateo
Dt	Deuteronomio	Na	Nahúm
	Eclesiastés =	Ne	Nehemías
	Qohélet (Qo)	Nm	Números
	Eclesiástico =	Os	Oseas
	Sirácida (Si)	1 P	1.ª Pedro
Ef	Efesios	2 P	2.ª Pedro
Esd	Esdras	Pr	Proverbios
Est	Ester	Qo	Eclesiastés (Qohélet)
Ex	Exodo	1 R	1.º Reyes
Ez	Ezequiel	2 R	2.º Reyes
Flm	Filemón	Rm	Romanos
Flp	Filipenses	Rt	Rut
Ga	Gálatas	1 S	1.º Samuel
Gn	Génesis	2 S	2.º Samuel
Ha	Habacuc	Sal	Salmos
Hb	Hebreos	Sb	Sabiduría
Hch	Hechos	Si	Eclesiástico
Is	Isaías		(Sirácida)
Jb	Job	So	Sofonías
Jc	Jueces	St	Santiago
Jdt	Judit	Tb	Tobías
Jl	Joel	1 Tm	1.ª Timoteo
Jn	Evang. de Juan	2 Tm	2.ª Timoteo
1 Jn	1.ª Juan	1 Ts	1.ª Tesalonicenses
2 Jn	2.ª Juan	2 Ts	2.ª Tesalonicenses
3 Jn	3.ª Juan	Tt	Tito
Jon	Jonás	Za	Zacarías

ORDEN ALFABETICO
DE LOS DOCUMENTOS DE LA IGLESIA

INDICE DE TEXTOS

Hechos de los Apóstoles

6	14	989*
6	15-20	2355*
6	15-16	796*
6	15-17	796
6	15	1265*
6	19-20	364*, 1004
6	19	1265*, 1269, 1695*
7	10-11	2364, 2382*
7	14	1637
7	16	1637*
7	26	672
7	31	1619*
7	32	1579*, 1618*
7	34-36	922*
7	34-35	506*
7	39	1602
7	40	693
8	6	258*, 2639
8	10-13	2285*
8	12	1789
9	1	659*, 857*
9	5-18	2122*
9	5	500*
9	19	876*
9	22	24
10	1-11	129*
10	1-6	1094*
10	1-2	697*
10	2	117*
10	4	694*
10	6	128*
10	9	2119*
10	11	117, 128*, 2175*
10	13	2848
10	16-17	1329*, 1331*, 1396
10	16	1334
10	17	1621*
10	24	953*
11	13	1366
11	15	613*
11	17-34	1329*
11	17	2178*
11	18	752*
11	20	1329*
11	23-26	1339*
11	23	610, 1366
11	24-25	1356
11	24	1328, 1329*
11	25	611, 613*
11	26	671*, 1076, 1130, 1344, 1393, 2772, 2776
11	27-29	1385
11	30	1509*
12-13		1454*, 1971*
12		1988*, 2003*
12	3	152, 449*, 455, 683, 2670, 2681
12	4-6	249*
12	6	308*
12	7	801, 951
12	9	1508*
12	13	694, 790*, 798*, 1227*, 1267, 1396*
12	26-27	953
12	26	1469*
12	27	1265*
12	28	1508*
12	30	1508*
13		735*, 800*
13	1-4	1826
13	4-7	1825
13	5	953
13	8	773
13	12	163, 164, 314, 1023*, 1720*, 2519*
13	13	1813*, 1826, 1841*
14	19	752*
14	28	752*
14	34	752*
14	35	752*
15	3-5	186*
15	3-4	639, 652*
15	3	519, 601, 601, 619, 624
15	4-8	642*
15	4	627
15	5	552*, 641*
15	7-8	857*
15	8	659
15	9	752*
15	12-14	991
15	12-13	996*
15	12	2550
15	14	651
15	20-22	655
15	20	632, 991
15	21-22	411*
15	24-28	2855*
15	24	668*
15	26	1008*
16	27-28	668*
15	28	130, 294, 671*, 674, 1050, 1060, 1130, 1326*, 2550, 2804*
15	35-50	646*
15	35-37	999
15	42-44	1683*
15	42	999, 1017*
15	44-45	364*
15	44	999, 1017
15	45	411*, 504*
15	47	504
15	52-53	999
15	56	602*
16	1	752*, 823*, 1351*
16	13	2849
16	15-16	1269*
16	22	451, 671, 1130, 1403

Segunda carta a los Corintios

1		2627*
1	3-7	2627*
1	20	1065

SIMBOLOS DE LA FE

CONCILIOS ECUMENICOS

(citados según DS, a excepción del Cc. Vaticano II)

Cc. NICEA I

Credo

Cc. CONSTANTINOPLA I

Símbolo de Nicea-Constantinopla

CONCILIOS Y SINODOS

(citados según DS)

Cc. ROMA

Cc. CARTAGO
Estatutos de la Iglesia antigua

Cc. ORANGE II

SINODO DE CONSTANTINOPLA

Cc. BRAGA I

Cc. TOLEDO IV

Cc. TOLEDO VI

Cc. LETRAN

Cc. TOLEDO XI

Cc. TOLEDO XVI

Cc. ROMA

Cc. FRIAUL

Cc. QUIERCY

DOCUMENTOS PONTIFICIOS

Dámaso I
c. a los obispos orientales

Inocente I
c. «Si instituta ecclesiastica» del 19 marzo 416

León el Grande
c. «Quam laudabiliter» del 21 de julio 447

c. «lectis dilectionis tuae» del 13 junio 449

Anastasio II
c. «In prolixitate epistolae» del 497

Hormisdas
c. «inter ea quae» del 26 de marzo 521

Vigilio
c. «Dum in sanctae» del 5 febrero 552

Pelagio I
c. «Humani generis» del 3 febrero 557

Gregorio el Grande
c. «Sicut aqua» del 600

Nicolás I
respuesta «Ad consulta vestra»
del 13 noviembre 866

Inocente III
c. «Eius exemplo» del 18 diciembre 1208

DOCUMENTOS ECLESIALES

CATECHISMUS ROMANUS

CONGREGACIONES

Congregación para la doctrina de la fe

INDICE TEMATICO

Crisma: 1183, 1241 ss., 1289 ss., 1574.

Crismación: 695, 1113, 1242, 1289.

Cristianismo: 108.

Cristiano: 88, 123, 129, 133, 187, 232, 234, 250, 259, 336, 401, 435, 449, 537, 598, 628, 642, 655, 671, 752, 786, 795, 818 ss., 852, 855, 897 ss., 952, 966, 1011, 1102, 1121, 1141, 1166, 1210 ss., 1229, 1241, 1271 ss., 1289, 1294, 1314, 1348, 1356, 1369, 1392, 1401, 1428, 1434, 1466, 1473, 1523, 1617, 1671, 1681, 1691 ss., 1769, 1830, 1973, 1997, 2040, 2101 ss., 2156 ss., 2186, 2471, 2653, 2707, 2820, 2831, 2835.

– *primeros cristianos:* 83, 760, 2636, 2641.

– *fe cristiana:* 108, 202, 282, 285, 309, 425, 463, 465, 991, 996, 1329, 1343, 2089.

– *vida pública:* 535 ss., 1223, 1430, 1506, 1717, 1846, 2052 ss., 2382, 2599 ss., 2746, 2789 ss.

– *muerto y resucitado:* 557 ss., 992 ss., 1166, 1337 ss., 1362, 1681, 2014, 2174, 2748.

– *fundamento, Cabeza de la Iglesia:* 75, 551 ss., 771, 787, 796, 811, 871, 880 ss., 981, 1076, 2032.

– *fuente de los sacramentos:* 1076, 1114 ss., 1213 ss., 1323, 1446, 1503, 1536, 1612.

Cristo (Jesucristo):

– *Dios hecho hombre:* 423, 430, 432, 456 ss., 486, 495, 1161, 1374.

– *verdadero Dios:* 151 ss., 461.

– *hombre perfecto:* 464, 520, 632, 1701.

– *Dios revelado:* 101, 125, 129, 238 ss., 425.

– *segunda persona de la Trinidad:* 430 ss., 232, 290 ss., 331, 356, 422 ss., 689 ss.

– *mediador:* 50, 65 ss., 151, 1066, 1071, 1691 ss., 1995, 2634, 2665, 2765 ss.

– *redentor, salvador:* 52 ss., 436, 668-679, 823 ss., 1085, 1987, 1999.

– *vida oculta:* 512 ss.

Cruz: 149, 160, 410, 421, 440 ss., 517, 542, 550, 555 ss., 585, 616, 662, 710.

Cuaresma: 540, 1095, 1438.

Cuerpo: 298, 364 ss., 400, 901, 922, 990 ss., 1004, 1503 ss., 1643, 1681, 2031, 2185, 2289, 2301, 2332, 2370, 2516, 2523, 2702.

– *templo del Espíritu Santo:* 2356, 2519.

Cuerpo de Cristo:

– *eucarístico:* 753, 948, 1003, 1244, 1331 ss., 1426, 2120, 2618, 2643, 2824, 2837.

– *eclesial:* 4, 21, 556, 669, 737, 753, 771, 787 ss., 817, 823, 872, 1108, 1140, 1174, 1267, 1362, 1396, 1988, 1997, 2003, 2041, 2617, 2637, 2782, 2850.

– *resucitado:* 103, 466, 470, 476 ss., 488, 606 ss., 624, 641 ss., 659, 690.

Culpabilidad: 1784, 2352, 2485.

Culpable: 598, 678, 982, 1439, 1455, 1791, 1864, 2264, 2286, 2297, 2476, 2477.

Culto: 28, 78, 347, 527, 815, 839, 901, 971 ss., 1070, 1089, 1093, 1123, 1148, 1178 ss., 1273, 1378, 1553, 1564, 2035, 2095 ss., 2631 ss., 2175 ss., 2289, 2581.

Cultura: 24, 110, 172, 285, 361, 755, 814, 835, 854, 887, 909, 1075, 1097, 1145, 1149, 1202 ss., 1267, 1603, 1668, 1740, 1882, 1908, 1915, 1937, 1957, 2184, 2344, 2434, 2438, 2444, 2493, 2663, 2779, 2820.

Cumplimiento: 130, 148 ss., 306, 351, 484, 497, 561, 580, 591, 624, 634, 652 ss., 664, 670, 715, 729, 1088 ss., 1093, 1138, 1168, 1285, 1335, 1403, 1494, 1544, 1562, 1627, 1886, 2053, 2068, 2102, 2175, 2213, 2317, 2366, 2619, 2625, 2676, 2750, 2804, 2857.

Curación: 448, 517, 574, 695, 798, 1151, 1210, 1293, 1420 ss., 1466, 1502 ss., 1520, 2274, 2292, 2577, 2616.

Curar: 551, 739, 827, 1458, 1484, 1502 ss., 1608, 1999, 2805.

D

Deber: 848, 912, 1141, 1205, 1269, 1535, 1886, 1908, 1916, 1956, 2070, 2083, 2472, 2810.

Debilidad: 268, 272, 273, 306, 387, 540, 741, 853, 896, 990, 1264, 1426, 1508, 1550, 1589, 1784, 2285, 2448, 2602, 2630, 2777.

Debilidades: 517, 978, 1505, 1523, 2448, 2616.

Decálogo: 1456, 1697, 1724, 1957 ss., 2033, 2056 ss.

Defensa: 396, 1435, 1910, 1929, 2240;

– *legítima defensa:* 2263 ss., 2306, 2308 ss.

Demonio-Diablo-Satán: 391 ss., 538 ss., 635, 1086, 1673, 1708, 1237, 2113 ss., 2482, 2538, 2851 ss.

Derecho: 360, 1738, 1740, 1778 ss., 1807, 1882, 1886, 1889, 1901, 1904 ss., 1930 ss., 1956, 2007, 2032, 2070, 2104 ss.

Desarrollo:

– *de la Iglesia:* 1201, 2063, 2421.

– *de la economía:* 1908, 1936, 1942, 2293, 2344, 2426, 2438 ss.

Descanso: 30, 1193, 2216

– *sábado (sabbat), domingo:* 314, 583, 624, 1166, 1726, 2057, 2168 ss., 2184

Deseo

– *del bien, de la felicidad:* 1707, 1718 ss., 1765, 1970, 2535, 2548, 2764.

– *malo:* 37, 548, 2302, 2336, 2351, 2380, 2515;

– *de Dios, del Espíritu:* 27 ss., 2541 ss., 2589, 2632, 2737, 2784.

Desesperación: 844, 1501, 2091

Designio (de Dios): 1, 7, 50 ss., 112, 117, 158,

— *símbolo de la:* 697, 1147;
— *hijos de la:* 736, 1216, 1695;
— *del mundo:* 782, 1243, 2105, 2466;
— */Palabra de Dios:* 1785, 1962.

LL

Llamada: 1 ss., 160, 545 ss., 597, 820, 838, 879, 910, 915, 921 ss., 1011, 1036 ss., 1142, 1165, 1261, 1396, 1424, 1427 s., 1572 ss., 1604, 1644, 1669, 1692, 1719, 1878, 2012 ss., 2053, 2158, 2207, 2232 ss., 2348 ss., 2367, 2465, 2550, 2566 ss., 2791, 2831.
Llave: 551 ss., 635, 881 979 ss., 1444.

M

Madre: 716, 1245, 1605, 1616, 1657, 1683, 1737, 1858, 2057, 1297 ss., 2214 ss., 2232, 2335, 2599;
— *Iglesia:* 757, 813, 1141, 1163, 1249, 1667, 2016, 2040, 2212.
Magia: 1852, 2115 ss.
Magisterio: 11, 67, 83 ss., 598, 688, 884 ss., 1008, 1554, 2032 ss., 2352, 2366, 2663.
Magnificat: 2097, 2619.
Mal: 29, 164, 272 ss., 309 ss., 385, 677, 978, 998, 1427, 1431, 1502, 1606, 1706 ss., 1732, 1751, 1765, 1777, 1789 ss., 1850, 1889, 1933, 1950, 1962, 2148, 2284, 2302, 2362, 2379, 2539, 2568, 2750, 2850 ss.
Maledicencia: 1753, 2475, 2479.
Malvado: 2153, 2850 ss.
Maná: 1094, 1334.
Mandamiento: 16, 26, 199, 397, 575, 782, 849, 1050, 1064, 1337, 1341, 1345, 1697, 1777, 1822 ss., 1858, 1933, 1962, 1968, 1970 ss., 2041 ss., 2052 ss., 2614, 2822, 2842.
Manifestación: 639, 2101, 2351, 2469;
— *divina:* 66, 294, 486, 528 ss., 649, 660, 671, 702, 707, 727, 812, 865, 951, 1224, 2519, 2602.
María:
— *su fe:* 148 ss., 165, 273, 494, 2618;
— *su vida:* 484, 490 ss., 529, 721, 2097;
— *Madre de Cristo:* 437, 466 ss., 726, 963 ss., 1014, 1171;
— *y la Iglesia:* 829, 963 ss., 972 ss., 1172, 1370, 1477, 1655, 1717, 2146, 2617, 2674, 2676 ss.;
— *nueva Eva:* 411, 726.
Martirio: 297, 313, 523, 558, 1434, 2473.
Masturbación: 2352.
Matar: 2258 ss.

Materialismo: 285, 2124.
Matrimonio: 372, 1113, 1210, 1534, 1601 ss., 2101, 2201 ss., 2225, 2333, 2350, 2360 ss., 2685.
Mediador/mediación: 64, 618, 771, 846, 956, 970, 1023, 1369, 1544, 1546, 2574, 2674.
Médico: 1421, 1456, 1484, 1503, 1848, 2377, 2379, 2491.
Medios de comunicación: 2496, 2498, 2523.
Meditación: 28, 197, 1154, 1162, 2186, 2588, 2699, 2705 ss., 2729.
Memoria: 113, 171, 335, 957, 1032, 1090, 1103, 1162, 1167, 1173, 1217, 1334, 1341, 1363, 1370, 1658, 1930, 2143, 2169, 2612, 2685, 2697, 2843.
Memorial: 559, 610, 1099, 1166, 1323, 1330, 1356 ss., 1382, 1517, 1621, 2170.
Mentalidades: 1634, 2105, 2727.
Mentira: 215, 392, 844, 1753, 1954, 2151, 2475, 2482 ss., 2848, 2852.
Mérito: 604, 927, 1173, 1732, 1900, 2006 ss.,
— *de los santos:* 491, 956, 970, 1163, 1476, 1820.
Mesías: 410, 436 ss., 524, 528, 535, 540, 556, 559, 590, 664, 674, 702, 711 ss., 840, 1286, 2579, 2585.
Mesianismo: 675.
Miembros:
— *de un cuerpo:* 191, 887, 917, 929, 1039, 1559, 1657, 1906, 2006, 2199;
— *de la Iglesia, de Cristo:* 521, 661, 738, 773, 789 ss., 814, 823, 827, 863, 873, 912, 947, 958, 1140, 1142, 1213, 1267, 1368, 1446, 1988, 2040, 2637, 2782.
Milagro: 156, 434, 468, 547 ss., 1335, 2004.
Milenarismo: 676.
Ministerio: 9, 24, 132, 331, 553, 574, 830, 858, 873 ss., 1088, 1120, 1142, 1175, 1367, 1442, 1461, 1536 ss., 1668, 1684, 2004, 2039, 2600, 2636.
Ministro: 168, 827, 859, 875 ss., 1088, 1090, 1120, 1125, 1256, 1312, 1370, 1461, 1466, 1516, 1548 ss., 1584, 1623, 1884, 2122, 2686.
Misericordia: 1781, 1829, 2100;
— *obra de:* 1460, 1473, 2185, 2300, 2447 ss.;
— *del hombre:* 1781, 1829, 2100.
Misión:
— *de los apóstoles:* 2, 551 ss., 766, 858 ss., 1223;
— *de la Iglesia:* 6, 257, 730, 737 ss., 782, 811, 849, 890, 913, 1201, 1538, 2246, 2818;
— *«ad Gentes»:* 1122, 1533, 1565, 2044, 2419;
— *de Cristo, del Espíritu:* 237, 244, 394, 430 ss., 485, 502, 536, 606, 669, 689 ss., 1108, 2600.

N

O

Propiciación: 457, 604, 1992.

Propiciatorio: 433.

Propiedad privada: 1295, 2211, 2378, 2401 ss., 2412, 2421, 2431.

Propiedades:

— *de las personas divinas:* 258 ss., 467.

— *del cuerpo glorioso de Cristo:* 645, 659.

— *de la Iglesia:* 812.

— *del matrimonio:* 1635.

Prostitución: 2355.

Protestante: 406.

Providencia: 37, 57, 302 ss., 373, 395, 1040, 1884, 1951, 2115, 2404, 2547, 2679, 2738, 2830.

Prudencia: 1586, 1788, 1805 ss., 1906, 2088, 2104, 2109.

Prueba: 149, 164 ss., 272, 395, 642 ss., 672 ss., 769, 901, 1473, 1508, 1742, 1808, 1820, 2847.

Publicano: 2631, 2839, 535, 574, 588, 2613.

Pueblo de Dios: 12, 93, 192, 440, 674, 723, 776, 781 ss., 814, 831, 839, 865, 885 ss., 1069, 1091, 1267, 1325, 1443, 1567, 1617, 2796.

— *Israel:* 64, 332, 388, 710, 753, 761 ss., 1164, 1222, 2578, 2586.

Pudor: 2521 ss.

Pureza: 574, 889, 2336, 2345, 2518, 2520 ss., 2608.

Purgatorio: 1030 ss., 1472.

Purificar: 42, 827, 856, 1023, 1393, 1428, 1474, 1676, 1723, 1847, 2527, 2711, 2779.

R

Rapiña: 2534.

Raza: 496, 775, 842, 1138, 1221, 1267, 1935, 2113, 2582.

Razón: 35 ss., 50, 156 ss., 274, 286, 377, 812, 1319, 1704 ss., 1731, 1767, 1778, 1781 ss., 1804, 1849, 1951, 2037, 2040, 2071, 2312, 2408, 2535, 2727.

Razonable: 471, 1464, 1730, 1934, 2235.

Rebaño: 754, 764, 893.

Recapitulación: 518, 668, 2854.

Reconciliación: 755, 822, 981, 1383, 1649, 2608, 2844.

— *sacramento:* 1385, 1390, 1422 ss., 1650, 1856, 2040, 2490.

Recuerdo: 534, 1007, 1164, 1185, 1334, 1364, 2178, 2220, 2474, 2697, 2731, 2784.

Redención: 55, 190, 235, 312, 401, 432, 494, 517 ss., 587, 613, 616, 635, 669, 776, 1026, 1069, 1163, 1360 ss., 1692, 2630, 2839.

Redentor: 14, 388, 410, 431, 598, 602, 633, 898, 1069, 1372, 1545 ss., 1701, 1951, 1961, 2244.

Reforma: 406, 1400.

Regeneración: 784, 1141, 1215, 1262, 1270, 1587.

Regla moral: 24, 75, 1751, 1789, 1907, 1950 ss., 1959, 2033, 2407.

Reinado: 392, 664, 671 ss., 763, 865, 1579, 1615, 2046, 2750, 2759, 2818 ss., 2855.

Reino: 160, 395, 436, 526, 541 ss., 577, 659, 664, 669, 676, 709, 732, 736, 763 ss., 782, 865, 981, 1023, 1042, 1050, 1086, 1107, 1130, 1151, 1164, 1168, 1187, 1215, 1225, 1263, 1335, 1339, 1386, 1403, 1427, 1443, 1470, 1503, 1505, 1587, 1599, 1617, 1680, 1689, 1716, 1720, 1817, 1861, 1942, 1967, 2159, 2546, 2565, 2603, 2612, 2632, 2660, 2683, 2770, 2816, 2830, 2837.

Relación:

— *Dios-hombre:* 216, 229, 796, 1039, 1101, 1146, 1812.

— *entre hombres:* 2199, 1606, 1807, 2201, 2207, 2213, 2230, 2238.

— *en Dios:* 240, 251 ss., 711.

Religión: 29, 107, 238, 839, 842 ss., 1149, 2244, 2569.

— *virtud de:* 1807, 1969, 2095 ss., 2104 ss., 2117, 2125, 2142.

Religioso: 897, 916, 925 ss., 1174, 1203, 1462.

Remisión (de los pecados): 404, 535 ss., 610, 734, 981, 1122, 1263 ss., 1365, 1393, 1846, 1989, 2616, 2838.

Renovación: 670, 827, 1185, 1254, 1262, 1428, 1602.

Reparación: 616, 2302, 2409, 2412, 2487.

Rescatar: 277, 422, 580, 2633.

Respeto: 82, 209, 299, 341, 448, 818, 1004, 1125, 1269, 1466, 1738, 1789, 1900, 1929 ss., 2101, 2145, 2148, 2152, 2188, 2206, 2214 ss., 2241, 2259 ss., 2276 ss., 2284 ss., 2350, 2403, 2407 ss., 2415 ss., 2488 ss.

Responsabilidad: 373, 597, 783, 819, 1036, 1269, 1309, 1578, 1731, 1981, 1868, 1902, 2115, 2203, 2223, 2282, 2368, 2439, 2835.

Resurrección/resucitado: 349, 366, 428, 556, 625, 639 ss., 659, 860, 966, 988 ss., 1023, 1026, 1038, 1096, 1163 ss., 1214, 1323, 1330, 1337 ss., 1391, 1429, 1449, 1468, 1523, 1681, 1689, 1988, 2042, 2174, 2300, 2606, 2641, 2719, 2741, 2746, 2795, 2816.

Revelación: 14, 26, 35 ss., 50 ss., 101, 105, 114, 124, 129, 142, 150 ss., 201 ss., 235 ss., 272, 287, 294, 337, 384, 387 ss., 401, 438, 442, 474, 502, 515, 544, 561, 648, 684, 702, 707, 732, 753, 891, 992, 1046, 1066, 1103, 1701, 1814, 1846, 1952, 1980, 2059, 2085, 2155, 2143, 2204, 2387, 2419, 2500, 2568, 2583, 2642, 2779.

Rito: 522, 835, 923, 1075, 1125, 1149, 1203, 1214, 1234, 1262, 1289, 1293, 1513, 1573, 2180.

Semejanza: 225, 518, 705, 734, 1161, 1210, 1602, 1682, 1700, 1758, 2085, 2334, 2810.

Sentidos (los): 37, 377, 647, 1320, 1381, 2702;
– _de la fe:_ 91 ss., 250, 785, 889;
– _de la Escritura:_ 115 ss.

Señor: 446 ss.

Seol: 633.

Servidor: 1292, 1369, 1465, 1570, 1586, 1972, 2513, 2576, 2578, 2716, 2749, 2783, 2843.

Servidor (Cristo): 440, 536, 539, 555, 565, 580, 600 ss., 713, 786, 1551, 2235.

Servidumbre: 400, 407, 431, 1046, 1221, 1792, 1963, 1990, 2061, 2083, 2148, 2170, 2307, 2339.

Sexualidad: 2332, 2336, 2337, 2353, 2360 ss., 2370, 2395.

Signo: 188, 306, 378, 463, 506, 530, 923, 1071, 1323, 1334, 1369, 1378, 1390, 1405, 1438, 1465, 1550, 1617, 1619, 1623, 1705, 2099, 2260, 2360, 2373, 2448, 2674, 2689;
– _de Dios/alianza:_ 346, 709, 1650, 2171, 2176, 2738;
– _de Jesucristo:_ 117, 496, 515, 527, 529, 575, 640, 647, 701, 994, 1286, 1335, 1443, 1503, 1613, 2443;
– _mesiánico:_ 699, 762, 972, 1287, 2168:
– _y sacramentos:_ 628, 694, 695, 774, 775, 932, 1130, 1183, 1216, 1274, 1293 ss., 1303 ss., 1442, 1535, 1574, 1579, 2381, 2384, 2839;
– _de Cruz:_ 786, 1668, 1671, 2157, 2159.

Silencio: 498, 533, 534, 635, 920, 1519, 2143, 2186, 2522, 2570, 2616, 2628, 2717.

Símbolo (realidades/lenguajes): 188, 375, 894 ss., 753 ss., 1100, 1145 ss.;
– _S. de los Apóstoles/de la fe:_ 167, 185 ss.

Simonía: 2118, 2121.

Sinaxis: 1566.

Sindicato: 2430.

Sínodo: 887, 911.

Sobrenatural: 91 ss., 179, 367, 659, 889, 1266, 1722, 1998 ss.

Social:
– _estructura, vida, contexto:_ 24, 57, 387, 407, 409, 899, 907, 1093, 1146 ss., 1571, 1603, 1740, 1869, 1879 ss., 1905 ss., 1928 ss., 2032, 2069, 2105, 2109, 2124, 2184 ss., 2207, 2286, 2288, 2317, 2356, 2424, 2430, 2434, 2479, 2525, 2663, 2832;
– _enseñanza:_ 2198, 2422.

Sociedad: 336, 395, 771, 816, 837, 854, 899, 912, 1023, 1049, 1090, 1372, 1603, 1639, 1880 ss., 1958, 2006, 2105 ss., 2188, 2203, 2207 ss., 2234 ss., 2263 ss., 2288, 2344, 2385, 2421, 2431 ss., 2486, 2493, 2820.

Solidaridad: 344, 361, 953, 1699, 1849, 1939 ss., 2224, 2239, 2281, 2402, 2407, 2438 ss., 2494, 2496, 2829, 2831, 2850.

Subsidiaridad: 1883, 1885, 1894, 2209.

Substancia: 200, 202, 241, 245, 251 ss., 296, 465, 1356, 1376, 1400, 2502.

Substitución: 615.

Sucesión (apostólica): 77, 94, 815, 831, 833, 1087, 1209, 1399, 1576.

Sufrimiento/sufrir: 164, 165, 272, 307, 376, 385, 405, 428, 468, 516, 554, 555, 572, 601, 609, 618, 649, 787 ss., 1004, 1030, 1225, 1264, 1339, 1368, 1420, 1435, 1460, 1473, 1500 ss., 2279, 2282, 2374, 2379, 2418, 2606, 2825, 2829.

Suicidio: 2281 ss.

Sumisión del hombre: 154, 341, 396, 517, 576, 786, 801, 1951, 1955, 2089, 2097, 2239, 2240, 2516, 2579;
– _«de Cristo»:_ 527, 532, 1009.

Superstición: 2100 ss.

Súplica: 1371, 2099, 2583, 2629 ss.

T

Tabernáculo: 1183, 1330, 1379.

Tabla:
– _de los diez mandamientos:_ 2056 ss.
– _(Mesa) del Señor/de la Palabra:_ 103, 545, 1182, 1339, 1346.

Talentos: 1880, 1936.

Técnicas: 2293, 2976.

Temor: 635, 714, 1041, 1299, 1303, 1453, 1628, 1642, 1735, 1754, 1765, 1769, 1828, 1931, 1964, 1972, 2090, 2116, 2144, 2217, 2282.

Templanza: 1809.

Templo: 364, 529, 534, 576, 583 ss., 2580.

Tentación: 538 ss., 1520, 1707, 1806, 2846 ss.

Teofanía: 707.

Teología: 94.

Ternura: 210 ss., 239, 295, 1611, 2335.

Terrorismo: 2297.

Testamento (Antiguo): 121 ss.

Testamento (Nuevo): 124 ss.

Testimonio/testigo: 54, 125, 165, 303, 642, 905, 995, 1303, 1630, 2058, 2683.

Tiempo: 484, 541, 600, 672, 702, 717 ss., 1041, 1048.
– _fin de los:_ 1042 ss.
– _litúrgico:_ 1163 ss.

Tierra/terreno: 515, 763, 1013, 2622 ss.
– _creación de la:_ 282 ss, 325 ss.
– _promesa:_ 145, 1222.
– _nueva:_ 1042 ss.
– _cuidado de la:_ 372 ss., 2402 ss.

Tinieblas: 285, 409, 530, 2466.

INDICE GENERAL

ESTA OBRA SE ACABÓ DE IMPRIMIR
EL DÍA 21 DE NOVIEMBRE DE
1992, VÍSPERA DE LA FES-
TIVIDAD DE JESU-
CRISTO REY DEL
UNIVERSO.

*MORTEM TUAM ANNUNTIAMUS, DOMINE, ET TUAM RESURRECTIONEM
CONFITEMUR, DONEC VENIAS.*